CAMBRIDGE LIBRARY COLLECTION

Rerum Britannicarum Medii Aevi Scriptores, or Chronicles and Memorials of Great Britain and Ireland during the Middle Ages, referred to as the 'Rolls Series', was an ambitious project first proposed to the British Treasury in 1857 by Sir John Romilly, the Master of the Rolls, and quickly approved for public funding. Its purpose was to publish historical source material covering the period from the arrival of the Romans to the reign of Henry VIII, 'without mutilation or abridgement', starting with the 'most scarce and valuable' texts. A 'correct text' of each work would be established by collating 'the best manuscripts', and information was to be included in every case about the manuscripts used, the life and times of the author, and the work's 'historical credibility', but there would be no additional annotation. The first books were published in 1858, and by the time it was completed in 1896 the series contained 99 titles and 255 volumes. Although many of the works have since been re-edited by modern scholars, the enterprise as a whole stands as a testament to the Victorian revival of interest in the middle ages.

Literae Cantuarienses: The Letter Books of the Monastery of Christ Church, Canterbury

Christ Church, Canterbury, was the seat of the archbishop and an important pilgrimage site. The letters and other documents in its register reveal not only its history, but how complex was the management of the priory and its estates. This three-volume edition is based on a transcript of the register compiled in 1411 and continued thereafter. Volume 3, edited by Joseph Brigstocke Sheppard (1827–95) and published in 1889, contains items 944–1119, ranging in date from 1375 to 1536. The editor has selected documents addressed to individuals or groups, and the subjects vary widely. Most relate to church affairs, including formal letters of appointment and items addressing building work. Others are financial, dealing with rents, taxes and problems with property in Ireland. The texts are in Latin, Norman French and English, with translations provided for the French documents. Appendices and a general index to the three volumes are also included.

Cambridge University Press has long been a pioneer in the reissuing of out-of-print titles from its own backlist, producing digital reprints of books that are still sought after by scholars and students but could not be reprinted economically using traditional technology. The Cambridge Library Collection extends this activity to a wider range of books which are still of importance to researchers and professionals, either for the source material they contain, or as landmarks in the history of their academic discipline.

Drawing from the world-renowned collections in the Cambridge University Library and other partner libraries, and guided by the advice of experts in each subject area, Cambridge University Press is using state-of-the-art scanning machines in its own Printing House to capture the content of each book selected for inclusion. The files are processed to give a consistently clear, crisp image, and the books finished to the high quality standard for which the Press is recognised around the world. The latest print-on-demand technology ensures that the books will remain available indefinitely, and that orders for single or multiple copies can quickly be supplied.

The Cambridge Library Collection brings back to life books of enduring scholarly value (including out-of-copyright works originally issued by other publishers) across a wide range of disciplines in the humanities and social sciences and in science and technology.

Literae Cantuarienses
The Letter Books of the Monastery of Christ Church, Canterbury

VOLUME 3

EDITED BY
J. BRIGSTOCKE SHEPPARD

CAMBRIDGE
UNIVERSITY PRESS

CAMBRIDGE UNIVERSITY PRESS

Cambridge, New York, Melbourne, Madrid, Cape Town,
Singapore, São Paolo, Delhi, Mexico City

Published in the United States of America by Cambridge University Press, New York

www.cambridge.org
Information on this title: www.cambridge.org/9781108052412

© in this compilation Cambridge University Press 2012

This edition first published 1889
This digitally printed version 2012

ISBN 978-1-108-05241-2 Paperback

This book reproduces the text of the original edition. The content and language reflect
the beliefs, practices and terminology of their time, and have not been updated.

Cambridge University Press wishes to make clear that the book, unless originally published
by Cambridge, is not being republished by, in association or collaboration with, or
with the endorsement or approval of, the original publisher or its successors in title.

RERUM BRITANNICARUM MEDII ÆVI SCRIPTORES,

OR

CHRONICLES AND MEMORIALS OF GREAT BRITAIN AND IRELAND

DURING

THE MIDDLE AGES.

THE CHRONICLES AND MEMORIALS

OF

GREAT BRITAIN AND IRELAND

DURING THE MIDDLE AGES.

PUBLISHED BY THE AUTHORITY OF HER MAJESTY'S TREASURY, UNDER THE DIRECTION OF THE MASTER OF THE ROLLS.

ON the 26th of January 1857, the Master of the Rolls submitted to the Treasury a proposal for the publication of materials for the History of this Country from the Invasion of the Romans to the reign of Henry VIII.

The Master of the Rolls suggested that these materials should be selected for publication under competent editors without reference to periodical or chronological arrangement, without mutilation or abridgment, preference being given, in the first instance, to such materials as were most scarce and valuable.

He proposed that each chronicle or historical document to be edited should be treated in the same way as if the editor were engaged on an Editio Princeps; and for this purpose the most correct text should be formed from an accurate collation of the best MSS.

To render the work more generally useful, the Master of the Rolls suggested that the editor should give an account of the MSS. employed by him, of their age and their peculiarities; that he should add to the work a brief account of the life and times of the author, and any remarks necessary to explain the chronology; but no other note or comment was to be allowed, except what might be necessary to establish the correctness of the text.

The works to be published in octavo, separately, as they were finished; the whole responsibility of the task resting upon the editors, who were to be chosen by the Master of the Rolls with the sanction of the Treasury.

The Lords of Her Majesty's Treasury, after a careful consideration of the subject, expressed their opinion in a Treasury Minute, dated February 9, 1857, that the plan recommended by the Master of the Rolls " was well calculated for the accomplishment of this important national object, in an effectual and satisfactory manner, within a reasonable time, and provided proper attention be paid to economy, in making the detailed arrangements, without unnecessary expense."

They expressed their approbation of the proposal that each Chronicle and historical document should be edited in such a manner as to represent with all possible correctness the text of each writer, derived from a collation of the best MSS., and that no notes should be added, except such as were illustrative of the various readings. They suggested, however, that the preface to each work should contain, in addition to the particulars proposed by the Master of the Rolls, a biographical account of the author, so far as authentic materials existed for that purpose, and an estimate of his historical credibility and value.

Rolls House,
    December 1857.

LITERÆ CANTUARIENSES.

THE LETTER BOOKS

OF THE

MONASTERY OF CHRIST CHURCH,

CANTERBURY.

VOL. III.

EDITED BY

J. BRIGSTOCKE SHEPPARD, LL.D.

PUBLISHED BY THE AUTHORITY OF THE LORDS COMMISSIONERS OF HER MAJESTY'S TREASURY, UNDER THE DIRECTION OF THE MASTER OF THE ROLLS.

LONDON:
PRINTED FOR HER MAJESTY'S STATIONERY OFFICE,
BY EYRE AND SPOTTISWOODE,
PRINTERS TO THE QUEEN'S MOST EXCELLENT MAJESTY.

And to be purchased, either directly or through any Bookseller, from
EYRE AND SPOTTISWOODE, EAST HARDING STREET, FLEET STREET, E.C.; or
ADAM AND CHARLES BLACK, 6, NORTH BRIDGE, EDINBURGH; or
HODGES, FIGGIS, & Co., 104, GRAFTON STREET, DUBLIN.

1889.

Printed by
EYRE and SPOTTISWOODE, Her Majesty's Printers.
For Her Majesty's Stationery Office.

TABLE OF CONTENTS.

	Page
944. A petition asking for leave to receive Irish rents	1
945. Rules for the monastic Infirmary	4
946. The King's favourable reply to 944	6
947. A part of the statute against Irish absentees	6
948. Bond of the Abbot of the Welsh Tynterne	10
949. The Chapter undertake to observe the *obit* of King Richard II.	12
950. A corrody granted to a citizen of Canterbury	13
951. Conveyance to the Abbot of Westminster of the Canterbury portion of the Benedictine House at Oxford	14
952. Ordination of Bredgar College	15
953. Ordination of a chantry at Ickham	21
954. Bull of Honorius III., on the Jubilee	26
955. On the report of a miracle	26
956. Processions to be made on behalf of the King's expedition	30
957. Manumission of a bondman	31
958. Petition to the King on corrodies	32
959. The King's favourable answer	36
960. The Chapter undertake to keep two festivals for the King's benefit	40
961. The Chapter promise a daily mass for Archbishop Courtenay	41
962. Bull, on the foundation of Maidstone College	45
963. Receipt for Irish rent	48
964. The Archbishop and the Chapter offer themselves and their goods for the King's service	49
965. The King's grateful answer	50
966. Foundation of Bocking chantry	52
967. Transfer of a chantry from Bekesbourne to Eastbridge Hospital	58
968. Two scholars from Bredgar College to be maintained in the Almonry School	68
969. Archbishop Arundel's letter from Florence	70

CONTENTS.

		Page
970.	Another letter from the same	73
971.	Apostolic letters as to St. Jacob's Hospital	75
972.	The Hospital endowed with the appropriation of Bradgate Church	76
973.	The Chapter assume the administration of the Hospital	77
974.	A declaration of damage done by English	78
975.	A declaration of English goods seized by German authorities	79
976.	On the same subject	81
977.	On the same subject	83
978.	On the same subject	84
979.	English reply to German complaints	86
980.	Instruction given to English Ambassadors	90
981.	The mastership of Eastbridge Hospital conferred	91
982.	A statement of injuries and reprisals at Stralsund	91
983.	Preliminary treaty of peace between England and Hanse Towns	94
984.	A mass to be sung for Roger Walden, once Archbishop of Canterbury	98
985.	Lydd Church sequestrated to pay the Irish rent	99
986.	Injuries suffered by citizens of York at the hands of the Germans	100
987.	The Hanse Towns are ready to treat with the English Ambassadors	101
988.	The Captain of Calais denies that he has injured German ships	104
989.	An ordained bondman asks for manumission	108
990.	The form of manumission	109
991.	Apostolical letters approving of Archbishop Arundel's chantries at Canterbury and Maidstone	109
992.	The additions and repairs made to the property of Christ Church by Prior Chillenden	112
993.	Ordination of Arundel's chantry	123
994.	Amended statutes for St. Jacob's Hospital	132
995.	Confraternity granted to a kinsman of St. Thomas from Iceland	137
996.	Power-of-Attorney for collecting the Wine of St. Thomas	138
997.	Letter of thanks to Archbishop Chicheley for his help in the matter of the Wine of St. Thomas	138
998.	A letter of friendship from St. Bertin's Abbey	140
999.	The answer to the same	141
1000.	Agreement as to the patronage of Whittington's College	143

CONTENTS. iii

	Page
1001. The Bailiffs of Canterbury violate sanctuary at Christ Church	146
1002. Nomination to the mastership of Whittington's College	148
1003. The Prior binds himself to abide the award of arbitrators	150
1004. A similar bond	151
1005. Thomas Chawcers received into confraternity	152
1006. The Prior offers to accept part of the Irish rent for the whole	153
1007. The Irish rent seized by the Crown and then restored	153
1008. Certificate of the reconciliation of certain heretics	156
1009. The site for Archbishop Chicheley's tomb granted	159
1010. Instructions for collecting the Irish rent	161
1011. The Sub-Prior is accredited to the Council of Basel	163
1012. Agreement between the Chapter and their master-mason	165
1013. Prayers to be offered for peace	167
1014. The master-mason of Christ Church asked to give advice about London Bridge	169
1015. The tomb to be built for Margaret Holland and her two husbands, the Earl of Somerset and the Duke of Clarence	170
1016. Archbishop Chicheley's benefactions to Christ Church	171
1017. A writ of *Præmunire facias*	172
1018. On the reconciling of a fugitive monk	173
1019. On the same subject	174
1020. On the same subject	175
1021. A case of the *vitium proprietatis*	176
1022. Sentence on the culprit in the preceding article	177
1023. Petition for the Wine of St. Thomas	176
1024. The Archbishop appoints a steward	182
1025. The King's letter on the steward's behalf	183
1026. Form of nomination of a poor scholar at Oxford	184
1026a. A similar but better form	185
1027. The grounds upon which the Chapter claim *professional copes* from suffragan bishops	185
1028. The Bishop of Chichester asks for a relic of St. Wilfrid	187
1029. The reply to the preceding letter	188
1030. A letter from the Duke of Orleans relating to the Wine of St. Thomas	189

iv   CONTENTS.

		Page
1031.	The same translated into Latin	190
1032.	A miracle at the shrine of St. Thomas reported	191
1033.	Conditional receipt for Irish rent	192
1034.	The Archbishop's licence for the foundation of Brenchley's chantry	193
1035.	Confessiones latronum	195
1036.	A release of a rent given by the Mayor of Oxford to Canterbury College	197
1037.	Wye vicarage united to Wye College	198
1038.	On the same subject	202
1039.	A pardon to Jack Cade and his followers	205
1039a.	On the same subject	207
1040.	Regulations for the priests of the Black Prince's chantry	210
1041.	A mass founded for Archbishop Chicheley	212
1042.	Meisterhomers leased to the Duke of Somerset	214
1043.	Letter of thanks addressed to the Earl of Worcester	215
1044.	Bull of Innocent VI. concerning the cross of the Archbishop of York	217
1044a.	On the same subject	223
1045.	An absent monk invited to return to his monastery	224
1046.	The King's commission of array for Kent	225
1047.	Lease of the site of the fairs held in the Cathedral churchyard	233
1048.	The Prior is deputed to receive the official oath of the Sheriff of Kent	234
1049.	A similar oath administered	237
1050.	An indulgence from the shrine at Compostella	238
1051.	Letter of credence of a pilgrim bound for Palestine	239
1052.	Leave of absence granted to William Sellyng	239
1053.	The union of the parishes of Bersted and Bagnor	240
1054.	On the same subject	241
1055.	On the endowment of Bourchier's chantry	242
1056.	The oath taken by the Abbot of St. Augustine's on going abroad	243
1057.	Licence to the same for going abroad	244
1058.	Letter of credence for Sellyng and Goldstone, going to Rome	244
1059.	Petition for Jubilee indulgences	245
1060.	Demise for sixty years of the Irish estates of Christ Church	248
1061.	Arrears of the Irish rent	250
1062.	The new lessee pays one half-year's rent	250
1063.	The new lessee ousted by Gilbert Talbot	251

CONTENTS.

		Page
1064.	Special confessors at the jubilee forbidden to exact fees, and the Bull by which the indulgences were granted	252
1065.	Letter of confraternity granted to the Bishop of Bayeux	255
1066.	Goods seized for customs dues	256
1067.	The profits of Walworth manor insufficient to support the priests of the Black Prince's chantry	257
1068.	The manor of Walworth recovered after an improvident lease	257
1069.	Licence in Mortmain. Bourchier's chantry	258
1070.	Dr. Chandler of New College is thanked for his benevolence to Canterbury College	260
1071.	On the same subject	261
1072.	A warden recommended for Canterbury College	262
1073.	Ordination of Bourchier's chantry	263
1074.	A mass established for Dr. Chandler	267
1075.	On the same subject	270
1076.	A London tradesman's letter	272
1077.	A fugitive monk wishes to return	272
1078.	On marsh drainage	274
1079.	The Chancellor's speech in Parliament on a French war	274
1080.	Thomas Bulkeley to the Prior	285
1081.	Bulkeley's servant to the Prior	287
1082.	Confraternity granted to Thomas Bulkeley	288
1083.	An invasion of the liberties of Christ Church in its manors	288
1084.	Provision for a scholar at Canterbury College	291
1085.	The grant of the Wine of St. Thomas renewed by Louis XI.	292
1086.	Whitstable Church appropriated to Plasshy College	294
1087.	Salt fish furnished to the Monastery	298
1087a.	The fishmonger's advice about the Wine	299
1088.	Dr. Langton to the Prior	299
1089.	An agent in France about the Wine	300
1090.	A site granted for Archbishop Bourchier's tomb	301
1091.	An exchange of land at Well Chapel	302
1092.	A letter from Dom. T. Humphrey in London	303
1093.	A love letter	304
1094.	A business letter from Raynold Goldstone	304
1095.	Romney chantry appropriated to Magdalen College, Oxford	306
1096.	A statement of Irish rent	309
1097.	Robbers captured at Mersham	310

CONTENTS.

	Page
1098. Contract for cloth	311
1099. A heretic's recantation	312
1100. The Cinque Ports have a grievance against the Prior	314
1101. A place of burial in the crypt granted	315
1102. A history of the loss and recovery of Pamfield manor	316
1103. The wall of the City of Canterbury acquired by Christ Church	318
1104. On the same subject	319
1105. On the same subject	321
1106. Power-of-Attorney for buying Caen stone to build the Cathedral tower	330
1107. Expenses in erecting the tower	331
1108. The tenants at Prittlewell complain	333
1109. A scholar at Oxford to his chamber-fellow	334
1110. Sir Richard Guildford to John Hall of Tenterden	336
1111. The same to two neighbours	336
1112. A burial-place chosen by Archbishop Warham	337
1113. Correspondence relating to the Jubilee of St. Thomas	340
1114. On the same subject	343
1115. On the same subject	344
1116. On the same subject	346
1117. Soldiers demanded from the manors of Christ Church	348
1118. On the same subject	348
1119. On the same subject	349

APPENDIX.

1. Composition between the Archbishops as to the primacy	351
2. The cross of the Archbishop of York is not to be carried in London	352
3. On the same subject	353
4. Archbishop Theobald on fugitive monks	354
5. Land given for the waterworks	355
6. The Archdeacon of Canterbury has no place in the Chapter	355
7. An hereditary church appropriated to the Monastery	356

CONTENTS. vii

	Page
8. A similar gift	357
9. A vicarage given to the nephew of St. Thomas	357
10. St. Dunstan's-in-the-East appropriated to Christ Church	357
11. A quay at Fordwich given to the Monastery	358
12. W. de Tracy gives Doccombe to Christ Church	358
13. On the same subject	359
14. King John's charter of protection of the Irish estates	360
15. Demise of Fytherid to Richard of London	360
16. Demise of Irish estates to the Abbey de Voto	361
17. The Irish rent increased	363
18. The Church of Fytherid claimed by the Bishop of Ferns	363
19. Writ of William II. requiring the Abbot of St. Augustine's to submit to the Archbishop	364
20. Alexander III. requires Abbot Clarembald to make his profession to Archbishop Becket	365
21. On the forged privileges of St. Augustine's Abbey	365
22. The forged privileges burnt	367
23. Abbot Silvester's profession of obedience	367
24. Terms of the confraternity of Christ Church and St. Augustine's	368
25. Cantonary letter given at the consecration of Bishop Grostête	369
26 to 36. } Instruments relating to St. Martin's Priory, Dover	369
37. The Convent acquires land bounded by the City wall	379
38. The Convent is not bound to contribute to the fortification of the city	379
39. On the same subject	380
40. 41. } Cost of livery cloth	380
42. Agreement with the Crown for an exchange of the Port of Sandwich	383
43. A trespass in Westwell Park	384
44. De pondere et mensura vitri	384
45. 46. } The removal of Archbishop Winchelsey's suspension	385
47 to 49. } On the coronation of Edward II. by the Bishop of Winchester	387
50. Archbishop Winchelsey's landing at Wissant	387
51. Sons of bondmen ordained	389
52. Safe-conduct for Piers Gaveston	388

CONTENTS.

	Page
53 to 55. On the carrying of the cross of the Archbishop of Canterbury in the Province of York	392
56. A defaulting monk punished	397
57. The City of Canterbury required to furnish soldiers	397
58 to 61. On the canonization of Archbishop Winchelsey	398
62. The Earl of Kent appointed Custos of the County	403
63. 64. The treason of Barth. de Badelsmere of Ledes	403
65. A King's writ on the subject of a palfrey which each new Prior demanded	405
66. Trussel's sentence on Hugh Despenser the younger	404
67. Trussel's renuntiation of allegiance	414
68. The Peers require Edward III. to act with moderation	414
69. A correspondence between the King and Archbishop Warham as to the probate of wills	416

INTRODUCTION.

INTRODUCTION.

THE documents comprised in the third volume of *Literæ Cantuarienses* cover the space of about a hundred and fifty years, during which period the history of the monks flowed smoothly on; the Convent received no remarkable benefactions, nor was it subjected to any great persecutions. It is true that in 1381 an Archbishop of Canterbury was murdered; but, except in the few lines by which the vacancy is noted in the *Sede Vacante* register, the records of the Cathedral do not notice the event. The fact is, that the blameless Sudbury was a purely political victim—that it was as Chancellor and not as Archbishop that he incurred the vengeance of the Commons — and his death hardly seems to have troubled the tranquillity of the Convent. Although during this century and a half twelve Priors in succession ruled the Convent, their reigns were so uneventful that in most cases their names would be unknown, were it not that, in the registers, the Cancellarii have duly recorded their elections and their deaths, as they occurred, in alternate order, during the period. At the beginning of the 15th century the *Literæ* celebrate the results of Prior Chillenden's love of building; and towards the end Prior Sellyng appears as an active promoter of a *concordat* between the Monastery and their jealous neighbours, the Canterbury citizens. Except in these two cases, there is no act recorded which could render illustrious any of the Johns and Williams whose names appear, at the headings of the letters, dignified by the title of *Prior Ecclesiæ Christi Cantuariensis;* possibly this

p. 112.

self-effacement, and abstention from political action, was, during the troubled 15th century, the result of a well-chosen policy, rather than of personal inanity.

Archbishop Arundel.

The friendship which existed between Archbishop Arundel and the Chapter of his cathedral church caused him to write two confidential letters to them, but although they, without doubt, sympathised with him in his troubles, they were not called upon to act as his champions, and in putting his letters upon record by copying them into their register, they showed the writer all the respect which he looked for.

p. 30.

Before Arundel's disgrace with Richard II., he required the Prior to cause processions to be made and prayers to be offered for the success of the King's expedition to Ireland; but, as it is probable that the Head of every religious House in England was ordered by his Bishop to do the same, no specially fervent loyalty can be inferred from the issuing of this mandate; but when in a letter of 1396 the Archbishop and the Prior unconditionally place both their personal services and all their worldly possessions at the King's disposal, if subsequent history did not contradict the supposition, it might be believed that the offer was made in a spirit of self-sacrificing devotion to the King's cause. Richard gracefully thanks the Churchmen for their offer, but there is no evidence existing to show that he availed himself

p. 70.

of it, and the exile of the Archbishop in the next year of course annulled his promise. During his banishment the Archbishop wrote a letter from the "Earthly Paradise near Florence" in a style which implied that he was on terms of confidential intimacy with the Prior; but, although there is a suggestion of a hope of better times to come, the exact drift of the letter is, probably purposely, obscured by the verbose phrases, by which the writer conceals, rather than expresses, his meaning.

p. 73.

In the narrative part of that letter, in which Archbishop Arundel reports that he has escaped a trap laid for him by the nobles who rebelled against Henry IV., in the first year of his reign, his story is clear and distinct; but farther on when, trusting to the ability of his correspondent to read between the lines, he writes as it were in cypher, he becomes unintelligible to modern readers. It is more than probable that the Archbishop exaggerated the guilt of his nephew, whom he charges with attempted sacrilege and quasi-parricide; for in going, as he says he did, from Croydon to the King at Windsor, he would pass Kingston, which at the time was in possession of the rebel forces, in which case his danger would have been great enough, without the additional treachery of an ambuscade especially contrived, as the writer insinuates, by the Earl of Kent to entrap him. The circumstances by which the Archbishop was endangered were shortly these. The Earls of Huntingdon, Kent, and Salisbury, partizans of the dethroned Richard, invited the King to a tournament at Oxford on 3rd January, intending to treasonably assassinate him; but he, being warned, fled from Windsor to London, where his party was predominant, whereupon the conspirators on the next day, 4th January, made a dash at Windsor Castle, which they captured. On this same day the Archbishop, believing that the King was still at Windsor, set out from his palace at Croydon to join him, and on the way approached Kingston-on-Thames, where he had prepared to pass the night, but finding the place in the hands of rebel soldiers he turned aside and escaped without being recognized. In all this, and whatever else the letter contains, there is nothing except the Archbishop's denunciation of the "parricide" to connect the Earl of Kent with the occurrence; nor does it appear that he had any notice of his uncle's journey. The uncle's savage rejoicing over the Ear's death at Cirencester would lead one to think that there was no more love on the side of the uncle than the latter asserts there was on the part of the nephew. The *Sancta Rusticitas*—the rural levy hastily called up by the mayor of Cirencester, by which the Earls were captured and killed—is not easily translated in a serious or dignified form, and seems to be about equivalent to "The Blessed Mob," a not unimportant political factor.

p. 138.   A letter, addressed from the Convent to Archbishop Chicheley, shows that he was in attendance upon the King towards the end of his campaign in France in 1419 ; after which there is in the letters no reference to politics, until, in 1435, the Chapter are required to make intercession for the success of the negotiations, by which it was hoped that the ambassadors, assembled at Arras, might be able to establish a lasting peace between England and France. In the exordium of his letter, Archbishop Chicheley bemoans the desolating war, which, for twenty years, had drained England and ravaged France, apparently forgetting that in order to divert the young King from mischievous innovations he had himself given a more than passive approval to the first invasion. The Congress of Arras bore no good fruit, as far as England and France were concerned, and the war went on as before. The French historian reports:

Monstrelet (Buchon), III. 178.   Le dix-neuvième jour d'Aoust vint le Cardinal de Vincestre en la Ville d'Arras; pour en être au parlement là etant; et étoient la en sa compagnie la Counte de Huntingdon et autres notables, chivaliers, et ecuyers, d'Angleterre, jusques au nombre de trois cents chevaucheurs . . . .
Le sixième jour de Septembre le Cardinal de Vincestre se partit de la Convention d'Arras . . sans ce qu'ils eussent aucune concorde avec les Francois, etc.

p. 176.   In 1443, whilst a congress was discussing the project of a truce at Tours, Charles VII. courteously assisted the journey of Margaret of Anjou, whom Suffolk was escorting to England through territory held by the King of France. It is not easy to guess, why, when so many more important historical events were passed over, this comparatively trifling letter should have been copied into the records of the Convent.

This remark does not apply to the two proclamations p. 205. of pardon offered to the followers of Jack Cade; for the bulk of his men being the "Commons of Kent," many of the tenants and villeins of the Monastery must have been involved in the rebellion, and therefore the question of a general amnesty must have been one of great interest to the Chapter, who were owners of so many Kentish manors.

The last document by which any considerable event in the history of the kingdom is illustrated in these letters, is a remarkable speech addressed on behalf of p. 274. the Crown to a Parliament, assembled under William Alyngton, the Speaker. In the register, where it is entered among documents of 1474, this speech has no title or date attached to it; but internal evidence leads to the conclusion that it refers to that invasion of France which Edward IV. in person undertook in 1475, and which led to the treaty of Picquigny, by which a seven years' truce was agreed upon between England and France.

For some years before, Edward had been contriving an alliance with the Dukes of Burgundy and Brittany, with a view to the humiliation, if not the annihilation, of Louis XI., and at the time of the delivery of the speech here printed, the alliance, as the orator declared, had taken a definite form.

The treaty by which the Duke of Burgundy formally Comines, bound himself to the enterprise was dated 25th July Liv. IV. 1. 1474, but a general understanding between the Powers had been previously arrived at, and only the English constitutional forms delayed the execution of their projects by the allies.

"Mais (en Angleterre) les choses sont longues, car le Roy ne peut entreprendre un tel œuvre sans assembler son parlement, qui vaut autant a dire comme les Trois Estats . . ."

xvi INTRODUCTION.

"Quand lest Estats sont assemblez, il declaro son intention, et demande aide sur ses sujets, car il ne leve nuls aids in Angleterre si ce n'est pas pour passer en France ou aller en Ecosse, ou autres faits semblables . . . . . Et est bien une pratique que ces Roys d'Angleterre font quand ils veulent amasser argent, que faire semblant d'aller en Ecosse ou en France, et faire armées : et pour lever grand argent, ils font un payement de trois mois, et puis rompent leur armée, et s'en retournent a l'hostel, et ils ont receu l'argent pour un an. Et ce Roy Edouard estoit bien plein de cette pratique, et souvent le fit."

By the treaty the King of France was declared to be a public enemy; it was proposed to recognize Edward as King of France; whilst many important advantages were promised to the Duke of Burgundy, who moreover proposed to assume the position of an independent sovereign.

An examination of the Rolls of Parliament proves quite clearly, that the grant by which the King was enabled to raise his army, was passed in the House of Commons on the 18th July 1474, and that it was the response made by the Parliament to the speech here printed, which was delivered a month before.

Parry's "Parliaments." The Parliament first assembled on 20 January 1474, on 1st February it was prorogued to 9th May and then sat until 28th May, adjourned to 6th June, sat until July 18th, when the grant was passed, adjourned to 23rd January 1475, and, after sitting until 14th March, it was dissolved; having endured longer than any Parliament up to the date.

In the Roll is the

"Memorandum, quod Communes Regni Angliæ, in præsenti Parliamento existentes, et coram Domino Rege in pleno Parliamento prædicto, decimo octavo die Julii dicto anno quartodecimo, comparentes, per Willelmum Alyngton Prolocutorem suum declarabant, qualiter ipsi, de avisamento et assensu dominorum spiritualium et temporalium in eodem parliamento existentium, ad Dei honorem et dicti Domini Regis assistentiam, pro celeri atque necessaria dicti regni Angliæ, subdictorumque communitatis ejusdem, defensione, concesserunt

INTRODUCTION. xvii

præfato Domino Regi unam quintamdecimam et decimam, exceptis sex millibus librarum inde deducendis, in partem contentationis et solutionis vadium tresdecim millium hominum sagittariorum, nuper in dicto Parliamento eidem Domino Regi, per præfatos Communes, penes quandam armatam per ipsum Dominum Regem, concessorum . . . . sub certis conditionibus et exceptionibus, in quadam sedula indentata, inde per præfatos Communes confecta et eidem Domini Regi tunc ibidem exhibita, contentis. Et ulterius iidem Communes, eodem die, per dictum Prolocutorem suum similiter declarabant, qualiter ipsi, de avisamento et assensu prædictis, per eandem cedulam indentatam concesserunt eidem Domino Regi summam quinquaginta et unius millium centum quadraginta et septem librarum, quatuor solidorum, septem denariorum, oboli et quadrantis, in plenam satisfactionem dicti concessionis tresdecim millium hominum, ad plenam contentationem et solutionem omnium vadiorum eorundem hominum, sub certis formis, conditionibus, et exceptionibus, et ad certos terminos in dicta cedula indentata contentos, levandam, percipiendam, et solvendam. Cedula indentata sequitur in hæc verba."

Hereupon follows the schedule containing the many conditions, limitations, and exceptions imposed upon the King as conditions for the passing of the grant; after which follows a long *declaration* in English, exhorting and admonishing the King; and especially remarkable because it repeats many of the quaint phrases and unusual verbal combinations which occur in the speech under consideration: for example:

" Ye verily then entendyng, at dyvers tymes, by the mouth of youre Chauncellors for the tyme beyng, hath to us be declared and shewed, that ye, of youre pryncly and knyghtly corage, in youre owne persone, with all diligence to youre Highnes possible, all bodily case laide aparte, wolde resiste the said confident malice of youre and owre said enemyes, in settyng outward a myghte arme, hable, by the help of God, to resiste and subdue the same enemyes, so that your said Highnes myght of us have lovyng assistance, etc."

Here it will be seen in several cases the very words of the speech are reflected; and, in continuation, the *declaration* goes on to explain how the Chancellor during the session beginning on the sixth of June had explained the King's intentions and asked for a subsidy:

". . . Fro the which twentieth day of January, this present Parliament, by dyvers prorogations, hath be contynued unto the sixth day of June the fourteenth yere of yowre noble reign: atte which day and sithen, by the mouth of yowre Chauncellor of Englond, it hath be opened and shewed to us youre said Comens in this present Parliament, that youre knyghtly corage entended, and entendith, to hold the said viage roiall in youre owne roiall persone, in as goodly hast as shall pleas God."

Here again it appears that the person who made the appeal to the Parliament for the grant was the Chancellor of England, and that in the granting of the application the Commons used the same forms of words as are found in the speech which is copied in the Canterbury register. It may, therefore, be safely concluded that this speech is an authentic transcript of that which the Chancellor pronounced on the sixth of June 1474; nor is there any difficulty in explaining the occurrence of a copy at Canterbury. The Chancellor was Thomas Rotherham, first, Bishop of Rochester, then, and at the time when the speech was made, Bishop of Lincoln, and finally, Archbishop of York. He appears, from the registers of Christ Church, to have been a legal adviser of the Convent for many years before he became a Bishop, and in 1465, nine years before he delivered the oration in question, the Chapter showed their appreciation of his merits by electing him, together with Alice Rotherham his mother, to full confraternity with their society. Hence as an ex-counsel of the Monastery, as Bishop of the adjoining diocese which was always intimately associated with that of Canterbury, and as an adopted brother of the Chapter, it may readily be believed that the Chancellor was a personal friend of the Prior, to whom he was likely to present a copy of his great speech, even possibly his own draft; which the Prior would be laudably proud to enrol in his register.

The expedition commanded by Edward himself, in fulfilment of his promise to the Commons, landed at Calais in June 1475, the ships for its transport being furnished by the Duke of Burgundy, who, however, crippled by the unsuccessful siege of Nuys, was unabled to furnish any land force. From the outset Louis showed himself inclined to treat rather than to fight; he sent liberal presents of food and wine to the enemy's camp, and he even compromised, if he did not corrupt, by extravagant presents the very herald who carried Edward's defiance. Very soon a meeting between the Kings was arranged, which took place in the middle of the bridge of Picquigny, and a treaty was made, by which peace for seven years was promised, and a large indemnity, with an annuity, assigned to Edward sent him home rejoicing to England.

In the introduction to the first volume of these Letters, the history of the Wine of St. Thomas—the hundred *muys* given yearly by Louis VII., to the Convent of Christ Church—was brought down to the end of the 14th century. It was there shown that in times of peace the Convent was able to collect and sell its wine at Triel and Poissy, but that when France and England were at war the delivery of the wine ceased; the last occasion upon which an attempt was made to obtain it being in 1367, when there was a prospect of a rupture of the seven years of peace which followed the treaty of Bretigny. *[margin: The Wine of St. Thomas.]*

In the present volume no allusion is made to the wine until the year 1419. It is probable that during the reigns of Richard II. and Henry IV. it was duly received, but that the payment came to an end with the invasion of France by Henry V. Four years after the battle of Agincourt when Henry had captured Rouen, the King's party with John Duke of Burgundy on the one hand, and the opponent party of the Dauphin on the other, were both tentatively approaching the matter of an alliance with the English King. A preference was

given to the former, and according to Monstrelet: " environ la mi-Avril les ambassadeurs du Roi d'Angle-" terre, qui naguère avoient été a Provins, retournerent " devers le Roi de France et le Duc de Bourgogne en la " Ville de Troyes en Champagne. Auquel lieu fut tant " traité entre les deux parties q'une tréve fut faite entre " les deux rois, certaine espace de temps." This truce led to a meeting at Meulan on the Seine, and there a firm alliance between the Kings was agreed upon. At this time Archbishop Chicheley was in the King's train and acted the part of a watchful friend towards the Canterbury Chapter; for even before the end of March, in anticipation of a resumption of the delivery of the wine in case of the establishment of friendly relations between the Kings, they sent over one of the most digni-
p. 138.   fied of their monks, who was empowered to receive and deal with it. It is probable that their suit was successful, for at the end of 1420 they sent a letter of thanks to the Archbishop, acknowledging his zeal in this matter among others.

It may naturally be supposed that when the Dauphin whose friendship the English had rejected became King, as Charles VII., the gift of wine was suspended, and accordingly nothing more is heard of it until the year 1444, when the truce which preceded the marriage of Henry VI. to Margaret of Anjou again gave the Chapter an excuse for soliciting the French King.
p. 189.   On this occasion they approached him through his cousin the Duke of Orleans, possibly founding their
p. 176.   hopes on the goodwill expressed by Charles in the letter to Henry here printed, but, as the truce between the countries was of short duration, it is likely that no good result followed the solicitation.

Henry V., Act 1, Sc. 2.   The year 1477 was remarkable in the history of the Wine of St. Thomas; in the first place, because the records of the Monastery contain at that date more information on the subject than at any other, and secondly, because Louis XI., being evidently anxious to conciliate the English who two years before had read him a severe lesson, not only renewed the ancient grant of his ancestor, but, seeing that the vineyards of the North of France were so wasted by wars that they had ceased to produce wine of any sort, he directed the Steward of his Household to collect that which he gave to the Canterbury Convent from the Bordelais and Gascony; so that instead of the acerb beverage of Poissy, the monks obtained Sauterne and Claret of such good quality, that they at once, for the first time in their history, brought it over to their own cellar in England; instead of selling it in France as they used to sell the inferior wine of Poissy.

The Charter by which Louis confirmed the above-mentioned grant is dated from " Arras, le xiiij^e Jour de Avril, Lan de grace Mil cccc soixante dixhuit," and contains the following clause . . . " par ce que es
" lieux sur lesquelz lesdits cent muys de vin leur
" furent constitues et assignez sont de present en friche
" et ruyne, et nya en la pluspart diceux aucune vigne
" . . . Pourquoi nous, les choses dessusdits consideres,
" et la grant, singulier, parfait, et entiere devocion que
" nous avons tousjours eue, et encore avons, audit glorieux
" Martir et amy de Dieu Monseigneur Saint Thomas de
" Quanturbery, a iceulx Prieur et religieux dudit Con-
" vent avons octroye et octroyons, de grace especial, par
" ces presentes, que doresenavant ilz aient et prengnent
" en nos pais de Bourdelois et Gascongne, par chacun an,
" en la saison de vendengée, *et selon le commun pris*
" ladite quantite de cent muys de vin, a ladite mesure
" de Paris; qui sont estimez valloir les trois muys deux
" pipes; dont les deux pipes font ung tonneau. Et que
" icellui vin ilz puissent faire conduire et emmener,
" franchement et quietement de tous droiz de traicte et
" autre subcides, tant nouveaulx que enciens, que avons
" acostumé prendre et lever sur les vins chargez en

"iceux pais." It might almost seem from the phrase " selon le commun pris " that the only privilege granted to the Chapter was, that they might buy their wines at the market price; but in that case the gratitude expressed to the King by Prior Selling would have been out of proportion to the favour; moreover, Selling's successor, in a petition to Charles VIII., states that the Convent had enjoyed the King's alms " nonnulos annos, " in commodum nostrum non mediocre."

pp. 292, 300.

Letters in this volume give a minute account of the King's benevolence; of the details of the importation of the wine; and also confess the obligation of the Chapter to Dr. Langton who, whilst acting as ambassador for Edward IV. at the Court of Tours, was also an active and successful advocate for the Monastery. The wine on this occasion being of choice quality, the Convent caused it to be sent to England, where its arrival was watched for with much interest not unmixed with

p. 299.

anxiety. There is a good deal of correspondence on this matter in the Camden Society's volume of "Christ Church Letters," which, having been there printed, is not here reproduced, since the book is accessible to all to whom the subject is interesting. One of those letters addressed by Prior Sellyng to Louis XI., the existing Draft being written by the Prior's own hand, announces to him that the Chapter, in gratitude for his generosity, have elected him to the fullest *confraternity* with their Convent, not only granting to him all the benefits which can for ever result from the supererogatory prayers of the brethren, but also promising, as a special grace, that : " nomen serenitatis vestræ, quibusdam " brevibus inscriptum, per nuntium nostrum ad universa " monasteria seu loca religiosa regni Angliæ destinabi- " mus, ut, juxta consuetudinem hactenus inter nos, alii " religiosi nos in hac parte suis orationibus adjuvent. " This form of repayment was exactly suited to the King's religious temperament, which is illustrated by a sentence in another of the letters printed by the Camden Society, in which the writer reports : "Also Ser, ther ys a man of "hys (the Frenssh bysshop) that bare yowr letters, and "a copy of yower patent unto the Kyng of Fraunce, "sayde unto me, that the Kyng of Fraunce askyd "wheder that he had any tokyn of Seynt Thomas "delyveryd hym fro your [Lordship's wis]dome, made "as he mygth wer hit on hys hatt in worsshyppyng "of Seynt Thomas, the which wer to hym a gret "p[leasure]." That this wearing of saints in his hatband was a recognized peculiarity of the King's, is shown by the mention of the habit in Sir Walter Scott's Quentin Durward. The editor has not been able to trace in the French historians of the date any allusion to his adoration of the saints so worn as if by way of ornament, but this letter proves that the great writer of historical fiction was keeping within the bounds of fact, even if his description were entirely the offspring of his imagination.

Ch. Ch. Lrs., xxxiv.

The subject of the wine makes its next appearance in the records in several draft petitions, which, although they are undated, must have been drawn up between 1493 and 1498, during which period Prior Goldstone II. who composed them, and Charles VIII. to whom they were addressed, were contemporaries. One example of these, written by the Prior's own hand, after reciting the original charter of Louis VII. and subsequent frequent renewals of the same, goes on to remind Charles of his father's modification of the "elemosyna," who he writes : " ex sua munificenciæ abundancia, in civitate "opulentissima Burdegalensi quotannis recipiendam (ele-"mosynam) esse ex summa largitate amplitudineque regia "(ut princepem deceret munificentissimum) gratiocis-"sime concedere dignum duxerat. Quam nonnullos "annos, in commodum nostrum non mediocre, sua "beneficentissima gratia, inconcusse sic assecuti sumus. "Majestatem itaque vestram munificentissimam sup-

Cart. Ant. F. 114.

" plices oramus, quatinus elemosynam illam sepedictam,
" *paucis jam annis intermissam*, pristina patrum
" majorumque beneficentia ac largitate retribuere . .
" . . dignetur majestas vestra splendidissima," etc.

There is no evidence to show that any favourable result followed the dispatch of that one of these many forms of petition which was selected as most suited for its purpose; and but one more effort was made by the Convent to obtain a renewal of the gift, which the piety of Louis XI. had made so precious to the monks. In 1514, copies of all the royal charters of the French Kings, bearing upon the subject, were engrossed upon an entire skin of parchment, their genuineness being certified by the attestation of Nich. Lytlington, the official of the Archdeacon of Canterbury, and it was evidently at the time intended to claim, as a right, from Francis I. the yearly tribute which all the most respected of his ancestors had paid. But for some reason these attested copies were never sent from Canterbury, where they remain to this day as a proof that, after more than 300 years of alternating fruition and disappointment, the Convent finally resigned all hope of ever again enjoying the Wine of St. Thomas.

<small>Cart. Ant. F. 149.</small>

<small>Dr. Langton.</small>

The Dr. Langton, whose services to the Monastery are gratefully acknowledged in the letter numbered 1085, was from 1477, the date of the letter, until the time of his death in 1500, a much valued adviser and a powerful protector of the Canterbury monks. The letter mentioned explains how he successfully used his great influence, as an ambassador to Louis XI., to procure for the Convent a renewal of the grant of the Wine of St. Thomas; and many other documents—letters and entries in registers—show that, from the date of that letter onwards, he was in constant correspondence with the Chapter, for whom he acted as a kind of standing advocate at the King's Court.

He was born at Appleby, and after receiving the first part of his education from the Carmelite friars, he proceeded to Queen's College, Oxford, of which House he ultimately became Provost, as well as Master of the "Domus Dei," or St. Julian's Hospital, at Southampton. These offices he continued to hold even after he became a bishop. He received holy orders in the ordinary course, and, as his will states, was preferred to the benefices of Penrith and Soham. In the course of his university career, but it does not appear at what stage, he was driven by a pestilence from Oxford to Cambridge, where he entered at Pembroke Hall, obtained a fellowship, received the degree of Doctor of Laws, and presented the Society with a piece of plate known as the "Anathema Cup;" so called from the usual denunciatory clause in the dedication: "si quis alienaverit, etc." To the same House he also bequeathed a *tabula* of silver made so as to fold up—probably a triptych.

He was much employed in the diplomatic service of Edward IV. and Richard III., his name first appearing in the Fœdera under the date of 31 March 1477, when with the Archdeacon of London he was commissioned to treat for a marriage between the Prince of Wales and the daughter of Ferdinand and Isabella.

At the end of the same year, and also early in the next, he was joined as junior envoy with John Lord Howard and Sir Richard Tunstall in embassies to the King of France, for the purpose of carrying out the terms of the treaty of Amiens (Picquigny).

The Spanish marriage project being undecided in the spring of 1478, Dr. Langton was again deputed to meet Ferdinand's ambassadors, apparently in London, his colleagues being, as he himself reports, "My Lord of Norwich and My Lord of Senct Jamys." At this same time he was appointed treasurer to the Chapter of Exeter, and proctor in Convocation for the Chapter of Canterbury. In this latter capacity he proposed either to pronounce a sermon composed by the Prior, or, contrariwise, to write a sermon which the Prior might preach; the terms of his letter are ambiguous, and his

p. 299.
Ch. Ch.
Letters
Camd.
Soc., 36.

meaning obscure. Later on, in 1478, he went to the Court of France, Sir Richard Tunstall being again his colleague, to treat of a marriage between Elizabeth the daughter of Edward IV. and the Dauphin, a project which the King of England had not abandoned in 1480, when he again sent Langton to press it on Louis XI.

In 1479 the Chapter of Canterbury offered him the living of St. Leonard Eastcheap, which he declined, reserving for himself, however, the patronage of nomination to the next vacancy; but in 1482 he received by the gift of the Chapter the rich benefice of All Hallows, Lombard Street, which he resigned in 1483, when he became Bishop of St. David's. He occupied this see for three years, during which time he stood very high in the favour of Richard III., who employed him as his ambassador to Pope Sixtus IV., to Charles VIII. of France, and to Innocent VIII.

When, in the first year of his reign, Richard made a progress through the Northern Counties, in order to confirm the loyalty of his subjects in those parts, Dr. Langton accompanied him, and trusting to his influence with the King, he began to look forward to further preferment. Writing to the Prior of Christ Church he says: "I trust in God ye shal here such tythings in "hast, that I shalbe an Ynglissh man and no mor "Welshe—*sit hoc clam omnes*:" meaning thereby that he expected soon to exchange his Welsh bishoprick for a richer one in England; an expectation which was realised in 1485, when he was translated to Salisbury.

In this same letter, written from the North, he gives a character of Richard quite at variance with that which is commonly accepted; thus, he writes: ". . . " . . . the Kyng shalbe at London. He contents " the people wher he goys best that ever did prince; " for many a poor man, that hath suffred wrong many " days, have be relevyd and helped by hym and his " commands in his progresse. And in many grete citeis

Ch. Ch. Letters.

" and townis wer grete summis of mony gif hym,
" which he hath refusid. On my trouth I liked never
" the condicions of any prince so wel as his; God
" hathe sent hym to us for the wele of us al." The
truth of Dr. Langton's eulogy in one of its particulars
is curiously proved, by an entry in the accounts of the
Chamberlain (Treasurer) of the City of Canterbury.

When the King, continuing his progress, came into
Kent, in the autumn of 1483, he was still accompanied
by Dr. Langton, and on his arrival at Canterbury the
usual complimentary gift was offered to him, and
declined with the same politic self-denial which he had
shown in other "grete citeis and townis."

The entry is as follows:

" Soluti pro una bursa . . . . xxvjs. viijd.
Quæ bursa, cum xxxiij*li*. vijs. viijd. in auro de Majore et confratribus suis ac triginta sex dignioribus personis collectis, civibus Cantuariensibus data fuit et oblata Domino Regi, qui Dominus Rex, cum gratiarum actionibus, prædictis personis de quibus summa prædicta collecta fuerat mandavit reliberari. Quo facto, bursa data fuit prædicta Doctori Langton, tunc temporis Episcopi Menevensi; propter suas multiplices benevolentias erga Civitatem Cantuariam."

Three months before the Battle of Bosworth, Langton
was translated to Salisbury. With the accession of
Henry VII. his political influence and employments
came to a simultaneous end; but his merits as a
Churchman procured him further promotion to Winchester in 1493, and his advancement to the Primacy
was only prevented by his death in 1500; since in his
last hours he was *postulated* as Archbishop by the
Chapter of Christ Church. The sees of Canterbury and
Winchester being thus simultaneously vacant, and the
Prior of Canterbury being temporarily, therefore, *Custos
spiritualitatis* of both dioceses, the Bishop's will was
proved before him, and is copied in the register of his

Prerogative Court. By this it is shown, that he left a large personal estate together with some landed property; out of which he founded a chantry at Appleby, and provided for his sisters and their children, who bore the names of Blynkensop, Baynbridge, and Machell. He also left memorial legacies to his three cathedral churches, to both his colleges, to the Domus Dei at Southampton, and to the churches of Penrith and Soham "*ubi olim fueram beneficiatus.*"

Henry IV. and the Hanse Towns, pp. 78–101.

There are among the Chapter muniments several documents, so entirely unconnected with the affairs of the Monastery that it is impossible, in the absence of all direct evidence on the subject, to divine how they came to be where they are. They relate to piratical captures of German ships by English cruisers, and to the confiscation, by way of retaliation, of the goods of English merchants warehoused in German ports. A selection from these documents is printed in this volume, but neither they, nor others which exist elsewhere in print or manuscript, suffice to clear up the complete history of the transactions to which they refer.

Rymer, sub. dat.

On 21st August 1388, a composition was made between the *Hochmeister* of Prussia and King Richard II. of England, with the intention of regulating the trade of the Baltic ports, and of preventing the constant disputes which arose between English traders, and the German merchants who were under the protection of the Grand Master. The composition was quite ineffectual, although it nominally remained in force for ten years. As early as 1391 complaints were made of English aggressions, and in 1397 the Stralsunders, protesting that they were acting with the sanction of international or natural law, seized all the English goods upon which they could lay their hands.

This state of things brought to a standstill the reciprocally profitable trade between the English and the Easterlings; the former imposed unheard-of duties upon

German imports, and the latter entirely forbade the traffic in English cloth.

Just at the time when this deadlock occurred, the deposition of King Richard and the accession of Henry IV. opened a way to a diplomatic solution of the difficulty. The new King was personally well known to the Knights of the Teutonic Order, the protectors of the Baltic merchants, for, about ten years before his accession, he had accompanied them in a crusade against the pagan Lithuanians; hence the Order, and the merchants their clients, were prepared to expect just treatment, and to receive any terms which Henry might propose in a favourable spirit.

In addition to the original papers which are preserved at Canterbury, others, some being original documents and others transcripts, are to be found in the MSS. Cott.; and printed copies of commissions, &c. bearing upon the subject are in Rymer's Fœdera. Putting together the evidence collected from all sources, it appears that in 1404, and again in 1407, Henry commissioned Sir William Esturmy, John Kington, a canon of Lincoln, and, on the first occasion, William Brampton, a London citizen (who apparently died before any progress was made in the negotiations) to be his ambassadors to the Teutonic Order and to the Hanse Towns; directing them to receive sworn informations from all persons of both nations who professed to have sustained losses; and, having so done, to strike a balance between the parties, and to calculate the compensation which ought to be awarded to that one which had been the greatest sufferer.

Nero B. II.
Vesp. F. 1.

The ambassadors had several meetings, extending over three or four years, with the representatives of the aggrieved communities; moving from Magdeburg to Dort, Rotterdam, The Hague, and Bruges, or wherever there was evidence to be found. There are no means of arriving at a knowledge of the total damages which were respectively assessed upon the contending parties, although Rymer prints copies of four bonds, by two of which the King of England, on behalf of his subjects, undertakes to pay, to the Grand Master of the Teutonic Order, 5,318½ nobles at Martinmas, 1409, and the same sum at the Feast of the Purification, 1410; a third bond then obliges him to pay, at the Feast of the Purification in 1411, 10,637 nobles, that is exactly the sum of the two previous bonds, and farther he binds himself, at the same feast in 1412, to pay another double forfeit of 10,637 nobles. Also at the second of these terms he undertakes to pay to the citizens of Hamburg compensation to the amount of 416 nobles.

It can hardly be supposed that Henry confessed himself and his subjects indebted to the Grand Master, only one claimant out of many, in the sum total of these four obligations; it would rather appear to be probable that he first agreed to pay 10,637 nobles by two equal instalments, but, having failed to do so at the terms specified, he renewed his bill for both instalments by one promissory note, and, again failing to take up this also, he gave a third for the same amount. It is but just to say that, in a note addressed to the Editor on this point, the late Dr. Pauli of Göttingen expressed his opinion that each of these sums, amounting in all to 31,911 nobles, was paid, beside 416 nobles more to the citizens of Hamburg. But these bonds only state a part of the case, for they do not notice the claims of the other complaining towns, nor the set-off to which Henry was entitled in consideration of the reprisals made upon English goods by the authorities of the ports. Dr. Pauli found it recorded, but the Editor has been unable to trace the authority, that the sum adjudged to be due to the English, as a counterpoise to the great amount above noticed, was only 200 nobles.

In the autumn of 1400, Esturmy having probably died, in the meantime, the Lord Mayor of London, one of his aldermen, and the John Kington who had been Esturmy's colleague, were commissioned to supervise the carrying out of the treaty, and to take care that the damages charged against the English were paid in manufactured goods, and by no means in coined money or bullion.

The Sir William Esturmy, whose name appears as the chief personage in the embassies, although he owned an estate at Chadham in Wiltshire, was Member of Parliament for Devonshire, and in 1404 Speaker of the House of Commons. His family appears to have become extinct at his death, although another of the same name occurs in the *Fœdera* under the date 1418. He left at least one daughter, who was married to Sir Roger Seymour.

As early as 1401 the King had employed him in an embassy connected with the homage of the Count of Gueldres; and again, in the next year, he was engaged in settling the dowry of Blanche, Henry's daughter, who married the Count Palatine Ludwig. On both of these occasions he was associated with the same John Kington, who was his colleague in his two embassies to the Hanse Towns. He probably died between 1407 and 1409, for had he been alive, it is likely that the completion of the German negotiations which he had conducted would have been intrusted to him and his old colleague, instead of to the Lord Mayor, as is mentioned above. It is not impossible that he was taken with death as he was passing through Canterbury, on his way home after he had concluded his business at Dort in 1407; and if this were so, it would account for the presence of his *dossier* in a place so unexpected as the muniment room of the Cathedral. [Rymer, sub. dat.]

A remarkable feature of the records of Christ Church during the fifteenth century is the great increase of letters of confraternity granted to laymen and others, to whom, although not connected with the Monastery, [Confraternity.]

was imparted a share in all the benefits earned by the superfluous prayers, fasts, and other devotional acts of the professed brotherhood. The words of the formulæ by which these benefits were conferred were almost always the same, being only slightly varied on occasion, if the newly adopted brother or sister were of high rank.

pp. 10-12.
Three typical forms are given in the first volume of this *Literæ*, and one or other of these was used on most occasions, the blanks only being filled up with the names

The extent of the privileges conferred is expressed in the clause, which, with a little variation introduced in order to suit special cases, is found in all the *Literæ fraternitatis*, as these grants are named. " . . . . " ipsum J. R. ad nostrum fraternitatis consortium " admittimus et incorporamus, ut omnium et singulorum " operum pietatis, quæ in nostra Cantuariensi Ecclesia " fiunt et amodo fient in futuro, sit particeps, etc." One good example of a special case is the grant made to the Bishop of Urbino, who had greatly helped, in the Curia, to obtain the *indulgences* for the jubilee of 1470. Being a foreigner, the Bishop stood in need of unusual explanations. The copy in the register is in the autograph of Prior Sellyng, and the special form was doubtless composed by him for the information of the Bishop, whose friendship he had enjoyed in Rome.
" . . . Consuetudinem autem habemus, ubi mortem
" cujusque ex hujusmodi in nostræ fraternitatis com-
" munionem receptis intelleximus, ejus nomen obitusque
" diem in registro nostro inscribere; ut annis singulis
" perpetuis temporibus, hujusmodi anniversario die,
" ipsius nomen in Conventu recitetur, et anima per
" orationes commendetur Deo. Et præterea idem no-
" men, quibusdam brevibus inscriptum, per nuncium
" nostrum ad hoc specialiter deputatum, ad universa
" monasteria seu loca religiosa regni Angliæ mittimus;
" ut etiam alii viri religiosi nos pro nostris carissimis

" suis orationibus adjuvent. Quamobrem hortamur Re-
" verendam Paternitatem vestram, quam utique optamus
" in hoc sæculo diu feliciterque valere, ut hanc ipsam
" consuetudinem nostram suos, quos fidelissimos habeat,
" intelligere faciat; ut ipsi, cum placuerit Deo vos ex
" hac mortali vita transferre, obitum vestrum Cantua-
" riensi Ecclesiæ significare possint, etc."

During the 14th century but one or two instances of the granting of this privilege occur, but in the reign of Henry V. a fashion seems to have arisen, by which either the monks were prompted to elect their friends and benefactors into their brotherhood, or else the benefactors were led to seek such election. As the 15th century got older the admissions became more and more frequent, and when the registers approach the beginning of the next century, there is scarcely a page which does not contain one or more examples of the formula.

Several letters towards the end of this volume allude to an "annus jubilæus" or "Jubilee of St. Thomas," a festival which was celebrated in the Monastery of Christ Church in Canterbury, once in fifty years, in memory of the murdered Archbishop, who, in consequence of his violent death and consequent canonization, came, during the middle ages, to be considered the chief patron of the Cathedral. The great tragedy which ended his life, and permanently modified the relations of Church and State up to the time of the Reformation, took place on the 29th December 1170, which day was thenceforward set down in the kalendar as "Festum Sancti Thomæ Martyris." It was observed in each recurring year with appropriate ceremonies, and attracted to the martyr's tomb or shrine a large number of worshipping pilgrims.

The Jubilee of St. Thomas.

When in 1220, just fifty years after the Archbishop's death, his relics were transferred from the tomb in the earth, into which they had been hastily thrust on the day following his martyrdom, to a magnificent new shrine, recently erected in the choir of the church, a new festival, that of the "Translatio Sancti Thomæ" was instituted. This festival was celebrated on 7th July, and, as mediæval roads were passable by pilgrims in the summer whilst they were almost closed to passengers in the winter, it soon happened that the Feast of the Translation almost superseded that of the Passion.

The fact of an interval of exactly fifty years intervening between the martyrdom and the translation, suggested to the Cardinal Archbishop Langton, who conducted the ceremonies of the translation, a parallel between the fiftieth celebration of the martyr's festival, and the fiftieth, jubilee, year of the Jews; and he therefore asked and obtained, from Pope Honorius III., a Bull of indulgence, by which special pardons and privileges were granted to all true penitents who, after confession and a profession of contrition for their past sins, should visit and make their offerings at the shrine, during a period limited by the terms of the Bull.

These privileges, whether by intention or inadvertence, were only granted for the single celebration which was impending at the time at which they were conceded, and, on future recurrences of the jubilee year, it was argued by the successively reigning Popes, that new petitions must be sent to Rome, and a new Bull obtained on each occasion, before the indulgences could be considered effective. This limitation led to considerable correspondence in after years, and it is from this correspondence, as far as it has been preserved, that our knowledge of the characteristics of the indulgences depends.

The petition for the year 1470 recites that Cardinal Langton wrote a "tractatum sive libellum" on the subject, and, from the specimen quoted in the petition it may be gathered, that the writer considered that it was almost in consequence of supernatural intervention that the translation of the relics was deferred, in spite of previous attempts to effect it, until a period of exactly fifty years was interposed between it and the martyrdom, and he supports his opinion by reasons extracted from the Old Testament, expressed with much enthusiasm, but wanting in clearness.

No information remains concerning any celebration of the festivals from 1220 to 1370; and from the silence of the records it may be inferred that the *pardons* were granted as matters of course. As on these occasions there was no controversy, so no documents are to be found relating to the subject. Wharton, in the Anglia Sacra, quotes a narrative, which tells how Simon Sudbury, then Bishop of London, incurred unpopularity by discouraging pilgrims who were on their way to the celebration of 1370; warning them not to trust to the efficacy of the promised indulgences; but no mention of the festival is to be found in the registers of the Monastery. [A. S., I. 49.]

The Jubilee of 1420, according to an entry in a contemporary record belonging to the City of Canterbury, was a most successful celebration, and attracted a hundred thousand pilgrims to the shrine, all of whom were, by the foresight of the municipal authorities, lodged and fed without any increase in the ordinary price of provisions. In this year the oblations at the shrine amounted to more than six hundred pounds, say, in modern currency, at least eight thousand pounds.

In preparation for the festival of 1470, Tiptoft Earl of Worcester, solicited the Pope in 1454, and two of the most eminent of the Canterbury monks were dispatched to Rome, carrying a petition to Pope Paul II., who, apparently, conceded the usual privileges without difficulty; and this was the last occasion upon which the Jubilee was celebrated.

The letters dated in 1520, written by Dr. Grig, the Advocate in the Curia of the Archbishop and of the Monastery, show that the extravagant demands made in that year by Pope Leo X. of participation in the profits of the impending festival caused its extinction, since the Archbishop and the Chapter declined to appropriate one half of the gross receipts to the building of St. Peter's, although they were willing, or rather although they offered, to surrender the same proportion of the net profits after their necessary expenses had been deducted. As the registers contain no reference to any actual celebration of this festival, it may be concluded that neither Rome or Canterbury made the required concessions, and that therefore no celebration took place. At the next recurring period of fifty years, in 1570, Jubilees, the the Monastery of Christ Church, and the cultus of St. Thomas in the Cathedral, had all become matters of ancient history.

The Editor here desires to acknowledge his obligation to the authorities of the Record Office, who have, in consideration of the great interest attaching to these letters of Dr. Grig and a few other documents, allowed him to disregard the rule which directs that nothing shall be printed in the volumes of this series which bears a date more modern than the last year of Henry VII. He offers as his excuse for this trespass that in the case of the Canterbury Monastery the old order of things survived for a few years the birth of the new learning, and the invention of printing, with the consequent multiplication of books; the *dissolution*, which occurred in 1540, being for monks and monastic historians the real watershed dividing the old from the new. This consideration has obtained for him an indulgence which, he is given to understand, must not be looked upon as a repeal of the rule.

The fortifications of Those who are acquainted with the topography of the City of Canterbury do not need to be informed, that the cathedral church with its *precinct*, which exactly occu- Canterpies the site of the ancient monastery of Christ Church, bury. is cramped within the north-eastern angle of the fortifications of the city, that, in fact, the outer wall of the *precinct* and the inner face of the city walls run approximately parallel to each other, leaving between them a narrow lane only a few yards in width.

From a military point of view this arrangement was obviously a matter of necessity; seeing that thus a continuous covered way, protected by the walls, was provided, by which the defenders of the city could be readily marched to the defence of all the faces of the fortifications. But the citizens and the monks were often at variance, and the latter felt themselves insulated within their narrow boundaries, and annoyed by a public thoroughfare, which followed the outline of a great part of their premises. Again, the outer boundary of this thoroughfare, at only thirty feet distance, was formed by the lofty towers and curtains of the city walls, which cut off the view of the country, and entirely destroyed the privacy of the *precinct,* which the towers overlooked. Under these circumstances, it is not a matter of surprise if the inhabitants of the monastery endeavoured to put an end to these inconveniences, by acquiring for themselves the covered way in question and the fortified wall which enclosed it.

The first step towards the acquisition of this precious piece of land was taken, about the year 1160, by Prior Wibert, who purchased, from one Alan of Ratling, a p. 379. small bit of ground, "jacentis retro pistrinum nostrum, " inter murum, scilicet, civitatis et murum Curiæ " nostræ." This little plot did not, of course, form part of the military way—that belonged to the Crown—but it bounded it, on the hither or convent side; nevertheless, by its purchase the convent got rid of a too near neighbour, and completed, at all points, their contract between their *precinct* and the thoroughfare, from which

xxxviii INTRODUCTION.

Alan's plot had hitherto separated them. This little estate "retro pistrinum" now forms a part of the gardens attached to two minor canons' houses.

Two-thirds of a century elapsed before the Chapter again moved in this business, and then, quite unexpectedly, for no preliminary petitions leading up to the subject, a charter of Henry III. appears in the Cartulary, bearing the date 1231, endorsed : "*De via infra murum Civitatis,*" and having the following tenor :

Reg. I. 70.

"Henricus Dei gratia, etc. Archiepiscopis, Episcopis, etc. Sciatis nos intuitu Dei et pro salute animæ nostræ, antecessorum, et successorum nostrorum, dedisse, concessisse, et hac carta nostra confirmasse Priori et monachis Sanctæ Trinitatis Cantuariæ, in augmentum Elemosinariæ suæ, placeam illam inter murum Civitatis nostræ Cantuariæ et murum qui claudit Curiam ipsorum Prioris et monachorum, quæ jacet inter Northgate et Queninghate. Quæ quidem placea continet, in fine sua versus Orientem quadraginta et unum pedem in latitudine, et versus Occidentem viginti quatuor pedes similiter in latitudine; in medio suo decem et septem pedes; in longitudine sexaginta et undecim perticatas.[1] Habendam, etc. in perpetuum in liberam et perpetuam elemosinam; non obstante quod placea prædicta prius cheminium esse consuevit inter muros prædictos. Etc."

The *Via* having thus been secured, the Convent turned its attention to the *Murus;* but the matter required a century of incubation, and then, apparently, the result was disappointing. On this occasion a petition was addressed to Edward III., which will best speak for itself :

Reg. L. 132.

" Ceo monstrent a Nostre Seigneur le Roy ses chapeleins le Prieur, &c., qe les murs de la Cite de Caunterbire, entre Northgate et Queningate, qe se joinent al Esglise où le cors Saint Thomas gist, sount moult deschetz, a grant peril de la dite Esglise; et par ceo, prient a Nostre Seigneur le Roy les avauntditz Prieur, &c., qe, pur Dieu et pur lamour Saint Thomas, sur voille doner et graunter le mur et le fosse, qe se joinent a

---

[1] In the later conveyance (p. 318) the length of this same lane, with a similar one added, is said to be only just over 38 perches.

lur enclos entre les ditz portes de Northgate et Queningate, et murage pur sept ans pur repareiller les defauts de ceaux murs entre les ditz portes ; pur seurte de l'Esglise, et del cors Saint Thomas que leins repose."

As is above stated, no good result followed upon this petition, and it was not until almost two centuries later, that the walls which the monks coveted were conveyed to them, by the joint consent of the Crown and of the Corporation of the city. The three instruments by which this transaction was effected appear in the present volume. They comprise the King's licence, surrendering the rights of the Crown ; the conveyance of their estate by the Corporation ; and the power-of-Attorney by which their official was empowered to deliver seisin to the new owners. It is surprising to find that the military way (known as Queningate Lane) is included in the conveyance, as though the Convent had previously, in some way, lost the possession of it, which the Charter of Henry III. gave them. Also the length of the lane, in the conveyance of 1492, is stated to be something over thirty-eight perches, whilst in that of 1231 it is set down as seventy-one, although the earlier grant only gave the lane from Northgate to Queningate, whilst by the later conveyance the rest of the covered way from Queningate to Burgate is added, so that it would seem as if the measurements ought to be reversed.

Attention may be drawn to a few other notices of the city walls which occur in the records. The defences of the Norman city were constructed, " ob terræ turbatio- p. 379. nem," by Eleanor of Aquitaine, when she heard of her son Richard's captivity in Germany. The Romans had enclosed the comparatively small city of Durovernum with a grand *fossa* and *vallum*, but Eleanor's plan enclosed an area much larger than that of the Roman camp, and therefore a great part of the *vallum* ceased to form part of the outline of the newer fortress and hence much of it was levelled and removed, but still

xl INTRODUCTION.

there is a long stretch of it remaining on the eastern side where the Queen planned her fortification and the earlier one to coincide. That these defences consisted of a ditch and bank strengthened by palisades is probable both because in Hubert de Burgh's repairs executed some thirty years after Eleanor's first construction timber is the only material mentioned; and also because no remains are known of any masonry in the walls older than the 14th century.

p. 380.

When, at the beginning of the reign of Richard II., Archbishop Sudbury took alarm at the spirit shown by the "Commons of Kent," he, with the help of the citizens, enclosed the whole circumference of the city with a stone wall, having flanking towers at frequent intervals, of which a great part is still standing in almost its original perfection; that part being best preserved which the Prior and Chapter took under their protection, by the transaction of 1492. All that remained of the Roman *vallum* was again made use of by the Archbishop, who faced the scarp with masonry, and used the ridge as a platform for the defenders of the battlements.

p. 214.

The conservative tendencies of the successive inhabitants of the city and precinct are curiously indicated by the unaltered state of the dwelling demised in 1453 to the Duke of Somerset, which adjoined the inner side of the city wall. The "*mansum vocatum antiquitus Maisteromers*" is inhabited to this day, and still bears its odd, old name; the "*gardinum Celerarii*" and the "*via ducens per posticum*" which were excepted from the demise, are both still in use, and the descendants of the pigeons who witnessed the Wars of the Roses still build their nests in the niches of the "Columbarium," which is one of the bastion-towers modified ages ago for use as a pigeon-house.

Irish estates of Christ Church.

The Monastery of Christ Church possessed some estates in Ireland from which, as other absentee landlords have done, they received more vexation than profit.

INTRODUCTION. xli

The various schemes which the Chapter devised for obtaining payment of their income from this source are indicated in the letters of these volumes, but in other places also abundant materials exist by means of which the whole history of these estates can be collected. The Abbey de Voto.

The story of the first acquisition of this property is sketched in a letter addressed to the Chapter by the Bishop of Ferns, in the year 1308, who writes: "Quum "Anglici primo intervenerunt terram Hiberniæ, tempore "Regis Henrici patris Regis Johannis quondam regis "Angliæ, plures terræ et ecclesiæ fuerunt datæ prio- "ratui vestro, ad honorem Sancti Thomæ Martyris, per "illos qui terram Hiberniæ intervenerunt." p. 363.

A more detailed history of the donation, and a very minute description of the person and character of the donor are given by Giraldus in the "Expugnatio Hibernica." The historian, under the year 1183, records: "Circa tempus istud, Herveius de Monte Mauricio "nobili Cantuariensi Sanctæ Trinitatis cœnobio se "reddens, cui et ecclesias terræ suæ maritimæ, Water- "fordiam scilicet et Weisefordiam interjacentes, in "eleemosinam donaverat, monasticam vitam elegit. "Qui utinam, sicut habitum sic animum, sicut militiam "sic malitiam deposuisset." Girald (ed. Brewer), V. 327 et seqq.

This benefactor, whom for personal and family reasons Giraldus hated, is farther described by him as being an uncle of Earl Richard FitzGilbert (Strongbow), who went over with his nephew and the Anglo-Norman host to the assistance of Dermod MacMorragh King of Leinster, in 1169, and to whom this King, when by the assistance of his allies he had gained a victory at Wexford, gave two cantreds of land on the coast there. This adventurer left England "fugitivus a facie fortunæ, inermis, inops," but with the successes of Earl Richard Hervey's fortunes improved, and he became Seneschal or Grand Steward of all his nephew's posses-

xlii   INTRODUCTION.

sions in Leinster, and Marshal in Ireland to Henry II. He is described as, externally, a tall handsome man, having full blue eyes and a pleasant countenance; but as greatly deformed internally as he was outwardly well favoured: "erat quippe vir a pueritia veneri datus; "et quicquid in omni libidine, vel aliis in ipsum vel "ipsi in alios collibuerat, licere putans, nec incestus "ullos, nec adulteria vitans. Vir invidus, delator, et "duplex; vir subdolus, facetus, et fallax; cujus sub- "lingua mel et lac veneno confecta." It is but fair to say that Gervase of Canterbury, who must have known Hervey personally after he became a monk, gives a more favourable character of him, and to his skill and experience he attributes a great part of Strongbow's success in Ireland.

Scrip. X. 1419.

The foundation of Dunbrody Abbey (De portu Beatæ Mariæ) by this same Hervey Mount Maurice, his relations with the Earls Marshal, and the cruelties which he perpetrated during his Irish campaign, are fully described in the introduction to the second volume of Mr. Gilbert's "Cartularies, etc. of St. Mary's Abbey, Dublin," published in this series.

The charter by which this property was first settled upon Christ Church does not now exist, even in the shape of a copy; but in the conveyance of the estate to the Abbey of Tintern (to be presently noticed) the property is described, probably, in the words of Hervey's charter; and there it will be seen that the gift consisted of a little land and a great deal of ecclesiastical patronage.

For something over fifty years the monks of Christ Church appear to have profited but little from the grant of the soldier-monk; in fact, during the first half of the thirteenth century there is only one entry in which credit is given to the Irish estate in the Treasurer's book. In this case, under the date of A.D. 1213, a payment of twenty-seven pounds is acknowledged as having been received by the hands of Herlewin, Bishop of Leighlin; and after that time the record is blank until A.D. 1273. It is probable nevertheless that some irregular payments were made, and entered in a lump with other sums, which, as they could not be depended on as a part of the ordinary income of the Convent, might be classed as *sundries.*

In the year 1245 a new scheme was contrived, and the estate was sold to the Cistercian Abbey of Tynterne, p. 361. or De Voto, in the diocese of Ferns; the consideration being the prompt payment of a premium of six hundred and twenty-five marks, and a reserved rent of ten marks.

In 1255 at the suggestion of Archbishop Boniface the Chapter of Tynterne increased the annual rent from 10 to 13 marks. It should be said that they increased the *nominal* rent, for they do not appear to have actually paid either more or less than before (being always in arrear) as a consequence of Boniface's interference.

The Abbey designated *Tynterna in Hibernia* or *Fernensis diœcesis*, was the daughter house of the elder *Tynterna in Wallia* or *Landavensis diœcesis*, and was founded in the year 1200 by that William Marshal Earl of Pembroke who married Isabella the heiress of Richard FitzGilbert. It was stocked with monks swarming from the parent abbey in Wales, in accordance with the practice usually followed by the Cistercians. The Houses of this order, being inhabited by monks who were at the same time skilled and industrious agricultural labourers, required only a comparatively small endowment of land to enable their inmates to support themselves in comfort; and, as every monk beyond the number necessary for cultivating the abbey land was a burthen upon the community, it was the custom of the older houses, beginning with Citeaux herself, like bees, to throw out swarms, and so to pass on their surplus labourers to new foundations, endowed by some benefactor with land for their support. These colonies were spoken of as the *daughters* of the abbeys from which they issued; and thus Tintern in Ireland was a *daughter* of Tintern in Wales, a relationship which the parent acknowledged in a most effectual manner; for when the daughter failed to pay her debts and was troubled in consequence, the mother willingly, but by command of the head of the order, became surety for the debt along with the Abbey of Mellifont, another Irish Cistercian House.

The Irish Abbey has the, at first sight, strange second title of "De Voto," which is thus explained. The Earl Marshall—the founder—being overtaken by so terrible a storm at sea that there seemed to be no hope of saving the ship, thereupon *vowed* to endow a monastery if he came safe to land; and when he performed his *vow*, he conferred upon his new monastery the appropriate name of "De Voto."

The following titles, which are those of the deeds by which the Irish estates of Christ Church (one manor excepted) were conveyed to Tynterne, will explain the transaction almost without commentary. The instruments themselves are in the cathedral archives, and they incidentally tell a curious story of a double transfer of a part of the estate.

p. 360.   Carta Prioris et Conventus Ricardo de Londoniis concessa.

This deed belongs to the earliest days of the 13th century, as is shown by the handwriting. It demises to Richard, on a lease for ever, the Vill of Fytheryd,[1] in consideration of an annual rent of four marks, with the further condition: "ita quod ad defensionem ipsius " terræ castellum debet facere." The entire Vill is included in this transfer, but the church and all ecclesiastical jurisdiction are reserved to the Chapter of

---

[1] Fethard, Co. Wexford.

INTRODUCTION. xlv

Christ Church, together with a competent space of ground for erecting a manor-house (*ad Curiam nostram faciendam*), and 60 acres of land; both being probably provided for the dwelling and sustenance of the rector.

This demise seems to have been soon forgotten; apparently, as much by the lessee as by the lessors, for the former took no steps towards assuming possession, and it was not until the beginning of the next century, as is shown by the remonstrance of the Bishop of Ferns quoted below, that the heirs of the lessee made any claim. Afterwards, before the middle of the century (c. 1230), the Canterbury Convent again alienated this Vill of Fytheryd, on this occasion to the Bishop of the diocese, by a deed bearing the following title :

> Compositio inter nos et Episcopum et Capitulum Fernense, quod nos confirmamus eis manerium de Fytheryd, et ipsi nobis Ecclesias de Banewa, de Kilcogan, de Kenturc, et de Thamagre, confirmant.

This instrument relates how Hervey Mount Maurice gave to Christ Church several churches which really belonged to the See of Ferns; how, on the complaint of the Bishop, a compromise was effected, by which the Bishop resigned his claim to the churches, receiving instead the manor of Fytheryd. This deed is attested by the seals of Lucas de Neterville Archbishop of Dublin (A.D. 1228 to 1256), and of Johannes a Sancto Johanne Bishop of Ferns (A.D. 1223 to 1243); so that its date is fixed within a few years of A.D. 1230. The Bishop probably enjoyed quiet possession for nearly a century, and then a surprise was sprung upon him. A person p. 363. pretending to be the heir of Richard of London came and demanded possession of Fytheryd by virtue of a (genuine) deed which he produced, sealed with a small ancient seal of the Canterbury monastery, which the Bishop knew was not one which the Chapter had ever used in his day. He reminds the Chapter that in ancient times his predecessor had complained of Hervey's

d 2

usurpations, and that, in consequence, there had been a composition entered into, between him and the Chapter of Christ Church, which gave him the manor of Fytheryd, and he adds: "nunc venit quidam dictus Johannes Le
" Lyneyt, asserens se, nomine uxoris suæ, esse here-
" dem cujusdam Ricardi de Londoniis, cui Ricardo dicit
" Priorem et Capitulum Cantuariense dedisse Villam
" de Fytherid et heredibus suis; et habet quandam
" cartam (ut dicit) quam quidem viderunt (vidimus?),
" sub quodam parvo sigillo (non illo sigillo quo nunc
" utimini), et dicit quod fuit feoffatus per vos; et per
" illam cartam portat super nos breve *de recto;* et
" intendit onerare (enervare?) compositionem factam;
" quod esset nobis et vobis dampnosum. Unde rogamus
" vestram in Christo caritatem, quatinus perscrutari
" faciatis in thesauraria vestra instrumenta antiqua
" tangentia materiam prædictam in terra Hyberniæ;
" et si poterit vobis constare de aliquo feoffamento
" facto quondam Ricardo de Londoniis; et si aliquam
" quietamclamanciam vobis inde fecerit; et super hoc
" nos certificetis per latorem præsentium, sub litteris
" vestris. Mandetis etiam si aliquo alio sigillo tunc
" usi fuistis quam in præsenti. Et mittatis nobis, si
" placet, litteras vestras cum illo sigillo sigillatas; et
" si aliquod remedium adinvenire poteritis, pro nobis et
" vobis, ad compositionem servandam prædictam, nobis
" si placet mittatis, pro Dei amore et nostro; quia pium
" est obviare maliciis hominum nocere volentium, etc."
No record remains to tell what remedy was found for the Bishop, but it is clear that the Chapter could not deny that they had demised Fytheryd to Richard of London; seeing that the contemporary counterpart of Richard's deed was in their day, as it still is in ours, preserved among the muniments of their Church.

Whilst this one manor was thus the subject of conflicting claims, the rest of the Irish estates of the Convent were yielding little or no profit, and hence the deeds bearing the titles which here follow were executed:

Cirographum inter Priorem Ecclesiæ Christi Cantuariensis et Abbatem et Conventum De Voto in Hibernia, de dimissione omnium terrarum nostrarum ibidem, pro nomine firmæ, postea nomine juris perpetui, pro decem marcis annuatim, solvendis in conventuali Ecclesia Batoniæ, ad festum Sancti Michaelis.

This is the first deed of a series all of which go to complete the transfer of all the Irish estates to the Monastery of Tintern, and to secure the purchase money and the rent to Christ Church. The bargain was in these terms following. The Convent De Voto agreed to pay a premium of six hundred and twenty-five marks, by instalments spread over two years; and after that to pay an annual rent of ten marks. The property demised consisted of: "Kylmor, Kenturc, et Thamagre, et " duas carucatas terræ in Villa de Banewe, et duas " insulas de Salteya, et insulam de Banewe, cum " omnibus pertinentiis suis et juribus, et ecclesias " et capellas de Kylmor, de Karrec, Omachus de Fyn- " nor, de Kylcogan, et de Kenturch, exceptis Villa et " ecclesia de Fythered, etc." After this date to the end of the fourteenth century, the history of the Irish estates was comprised in a correspondence consisting on one side, of letters asking for the payment of arrears of the annual rent, and on the other, of small remittences of money, paid long after they were due and always leaving a considerable amount still owing. The monks of Christ Church as a rule appeared to be willing to forgive quite large sums in which their Irish tenants were indebted, if by so doing they could secure the payment of a fraction of what they ought to have received. In 1330 they invoked the assistance of the General Chapter of the Cistercian order asking the President to put pressure upon the Tintern monks; but, though the pressure was applied, the Irish tenants showed that not even the vows of their order could induce them to pay their rent; then

Reg. B. 305.

xlviii INTRODUCTION.

the General Chapter laid the duty of exacting the annual payments, or of themselves finding the money, upon the Chapters of the English Tinterne and of the Irish Abbey of Mellifont jointly, and there is evidence that occasionally from this source something was received during the century. In 1370 a statute was passed at Guildford, heavily taxing absentee Irish landlords, and even in some cases forbidding payments to them. The argument employed was, that those who received the profits of the country ought to be present on the spot to defend it, or at least they ought to suffer in pocket for their neglect of their military duties. On the promulgation of this statute the Convent of Canterbury appealed to Edward III., who, in this last year, granted them an exemption from its penalties during the lifetime of the actual Prior. In 1380, Richard II. similarly dispensed them from the penalties of the statute with the same limitation to the life of the Prior. With these exemptions the history of these Irish estates during the 12th, 13th, and 14th centuries came to an end.

At the beginning of the 15th century there were seven years of rent unpaid, and the Canterbury Chapter appealed to Archbishop Arundel, who distrained the profits of the rectory of Lydd which was appropriated to the Welsh Tynterne, the mother who had undertaken to be security for her Irish daughter.

Lrs. Camden Soc.

About 1430 the intervention of the Earl of Ormond and of Sir James Cornwaleys, the Chief Baron of the Irish Exchequer [1] was solicited, but they, apparently, only succeeded in demonstrating the existence of difficulties, of which the landlords were only too conscious before.

pp. 150, 162, 192.

Three letters in the present volume prove the difficulty with which the English landlords obtained even a fraction of their Irish rent, and the last of the three indicates

---

[1] He married Maud (Plunket), widow of Sir R. Talbot, ancestor of | Sir Gilbert Talbot mentioned hereafter.

INTRODUCTION. xlix

that they quite despaired of collecting the arrears due to them, seeing that they were willing to forgive the past entirely, in the hope of regular payments in the future.

In 1470 the absentee owners evidently gave up all hope of receiving their rent of 13 marks directly from their lessees, and they therefore leased all their interest in the annual pension to one James Sherlock, for a yearly payment of nine marks. This man had for a long time previously acted as Irish agent for the English Convent, and evidently looked forward to a clear yearly profit of four marks; but after being in possession for a year or two, he writes to the Prior of Christ Church: "hit is "soo that Maister Gilbard Talbot, att his beyng nowe "in this lande, hath seisied in the seid tethynge and "in all other landys and tethynges that Tynterne "hath of your gyfte; pretendyng his aunsetryes to be "founders therof, wher in dede Hervye Momorthe is "foundour." Sir Gilbert Talbot appears to have proved himself too powerful an opponent to be resisted, for from the date of the above-quoted letter no mention of the Irish estates is to be traced either in the registers or in the Treasurer's accounts. It is not impossible that his descendants may be in possession at the present day.

p. 248.

From the numerous foundation deeds (*ordinationes*) of chantries which are contained in the Chapter archives a typical selection is printed in these volumes. The number is too great to allow of the publication of the whole collection, and, moreover, the multiplication of examples would not contribute any fresh information on the subject of the foundations, endowments, and objects of these institutions. Since all chantries of the same type were endowed in a more or less similar manner, and similar duties were enjoined upon the chaplains, it has been thought expedient to give only one or two examples of each of the chief classes of these foundations.

Chantries and Colleges.

INTRODUCTION.

Of the simplest kind are those where a well-to-do founder established an altar in the aisle of his own village church (Bocking, Ickham), and endowed it with an estate yielding an income sufficient for the support of one priest, who was bound to perform certain religious offices on behalf of the founder and his nominees.

More stately in form, but similar in kind and object, were those chantries which the Archbishops Arundel, Chicheley, Bourchier, and Warham endowed in their cathedral church; in each of which cases chaplains were appointed to perform the daily offices at an altar near the sumptuous tomb of the founder for whose spiritual benefit the offices were recited. Another kind of chantry is indicated in the indented deeds by which the Chapter of Canterbury pledge themselves to provide commemorative services, for Archbishop Courtenay at Canterbury, and Dr. Chandler at Oxford, in gratitude for benefits already voluntarily conferred on them, without stipulation for this or any other kind of repayment. The annual celebrations by which the Chapter requited the favour of King Richard II. who relieved them from the burthen of "corrodies" were of the same class as those last mentioned.

On the principle that "tres faciunt collegium," those foundations which consisted of more than two members were named *colleges*, but where that number was not reached they were described as chantries. The colleges ranged in importance from the little rural establishment at Bredgar, where one priest presided over two scholars or socii, who were eligible for admission to their office at seven years of age, to the great corporations at Maidstone and St. Michael's, London. The former of these had provision for twenty-four members, and the latter consisted of four priests (of whom the rector of the parish was the chief) and a proportionate number of clerks and choristers.

At the end of the 14th century, and for some time after, it was held that a stipend of about ten marks, with a dwelling-house free of rent, was sufficient for the maintenance of a chantry priest. Thus at Bocking the chaplain was passing rich with an income of seven pounds and a house standing in a rood of ground. The third chantry priest at Maidstone was endowed with exactly ten marks, and, without doubt, rooms in the college. Again, although the priests of the Black Prince's Chantry in the crypt of the cathedral had, between them, an income of twenty pounds and a dwelling in common, in their special case this sum was not found sufficient for their support, in consequence, probably, of the greater demands upon their pockets as chaplains of a royal foundation. We gather as much as this from the complaint of the Chapter, who state that, whilst the expenses amount to forty pounds a year they can only realize twenty pounds from the manor of Vauxhall, with the profits of which the chantry was endowed ; and therefore they propose to resign their position of trustees, and to hand over the manor to the chaplains, and so to give them the opportunity " to make it as good as they kan." At Bredgar College the income and the expenses were so nicely balanced, that the founder foresaw a difficulty in finding money to pay for any extraordinary outlay which might be required for repairing the buildings, and he therefore, in his *ordinatio*, arranged that when the College became dilapidated, the Master might sing anniversary masses in other chantries of Bredgar Church —that is, he might condescend to become an *annueller* —" unum annuale per unum annum vel duo ad magis celebrare poterit "—the fees received for the *obits* to be applied for the restoration of the college buildings. In the case of the Bekesbourne chantry the income had in 1363 fallen as low as six marks, farther diminished by the cost of a pair of spurs, which the priest was bound to present yearly to the founder's heirs. As this small sum could not suffice to provide a maintenance for the chaplain, Archbishop Islip consented to the transfer of the chantry to the archiepiscopal hospital of St. Thomas of Eastbridge in the City of Canterbury, with an addition of four marks, in consideration of the increased duties, to the priest's stipend. But in 1375, seeing that ten marks with a dwelling was the minimum amount upon which the priest could live, the bare ten mark to which the income was raised proved to be insufficient to tempt any qualified person to take the office, and therefore Archbishop Sudbury, in lieu of providing a house, added five and a half marks of lodging money to the salary.

The process of endowment of an ordinary village chantry was simplicity itself : the founder, having first procured the licences which common law and the statute of mortmain demanded, settled real estate (Ickham), or a rent-charge purchased for the occasion (Bocking) upon the first priest, whom he himself nominated, and his successors; giving by his foundation deed a power of oversight—a limited trusteeship—to the rector and churchwardens of the parish ; who checked waste, and exacted continuity of the religious services prescribed by the founder. In those cases where the Chapter voluntarily undertook the commemoration of their benefactors, the priest-monks of the monastery were told off in turn to officiate at the altar selected for the special services, and a small payment, amounting to about two pence for each mass, was made to them.

A more complex process was of course necessary for the foundation of the larger colleges, especially when the endowment was derived from quasi public funds, as for instance, when the profits of Northfleet Church were diverted by Archbishop Arundel to the support of his foundations at Canterbury and Maidstone. In these cases papal Bulls were required, permitting the diversion of the income, and providing for the maintenance of an efficient vicar in the church, from which the income was derived; and moreover the interests of the founder's successors required protection.

The patronage of the chantries—the right to nominate the officiating priests—was always carefully provided for in the deed of foundation; in the case of small private chapels being usually assigned to the founder and his heirs, and in those of more importance being vested in a body of trustees, or in some never-dying corporation.

The religious services, on account of which these foundations were established, were always carefully prescribed by the founder, and they differed but little in kind in the various chantries, but there was some variation in their frequency. It was usually required that the daily offices should be recited, including the vespers and nocturnes for the dead (the antiphons of which were *Placebo* and *Dirige* respectively); and, in country churches, the chantry priest was expected to act as assistant to the parish priest in the services of Sundays and festival days; so that by an increase in the number of ministers there might be some increase in the dignity of the ceremonies. It was often directed that the chantry priest should not be the rector or vicar of the parish, and that he should hold no benefice except his chantry; whilst at Bredgar, the founder ordered that neither of his boy-socii should act as parochial *Aquæ bajulus*.

The personal commemoration of the founders, and of those other persons whom they joined as participators with themselves, was secured by the insertion of their names in the blank spaces of the commemorative collects (*orationes missales*) of the various services prescribed. Sometimes it would appear that these collects were either composed for the occasion, or modified from those in the books of the offices, but usually those provided—then and now—by the Church were employed. Thus

liv   INTRODUCTION.

when the founder was a Bishop, and still living, his name was inserted in the Collect. "*Rege quæsumus* "*famulum tuum præsulem nostrum M. N., etc.;*" which was exchanged after his death for: "*Deus qui* "*inter apostolicos sacerdotes famulum tuum M. N.* "*ineffabili tu dispositione connumerari voluisti, etc.*" The one collect, however, which was invariably employed, in place of or in addition to the others, was that whose title was abbreviated in the deeds to "*Inclina*" its first word; the complete text of which is as follows: "*Inclina Domine aurem tuam ad preces nostras, quibus* "*misericordiam tuam supplices deprecamur, ut ani-* "*mam famuli tui M. N., quam de hoc sæculo migrare* "*jussisti, in pacis ac lucis regione constituas, et* "*sanctorum tuorum jubeas esse consortem.*"

King Henry VII., the founder of the grandest chantry in England, also appears twice in the same character in Canterbury Cathedral. In the first case, it was discovered, in the King's seventh year, that the manor of Pamfield in Essex, with which, thirty years before, Cardinal Bourchier had endowed his chantry at the altar of St. Stephen, was, at the time when the Cardinal conveyed it to the church, in the hands of the then King, by virtue of a certain act of resumption, and therefore that the deed by which it was appropriated to the cathedral was worthless and void. The King did not, however, take the opportunity of dispoiling the church, but he entirely subverted the Yorkist Cardinal's foundation; he allowed the Chapter to retain the manor as the endowment of a chantry, but in the commemorative collects of the daily masses the original founder's name was erased and that of the King, the second founder—the Chapter style him *præcipuum fundatorem*—was substituted for it.

The deed by which the Chapter bound themselves, under a penalty, to maintain the services of this renewed chantry, is printed in the present volume, but want of space has excluded a longer, and a more kingly deed, by which the same King settled an annuity upon the Chapter, who in return undertook to celebrate the founder's anniversary, with ceremonies of unusual pomp. The instrument by which this arrangement was assured consists of about 24 pages of parchment, of quarto size, bound into the form of a book, the oaken boards of which are covered with dark blue velvet, and enriched with clasps of cast brass and large bosses of the same material taking the form of Tudor roses and the Lancastrian portcullis. The upper part of the boards is cut into an undulating pattern, to indicate that the document is an *indenture;* and the seals of the King, of the Abbot of Westminster, and of the Mayor of London are attached to this copy, which remained *penes Priorem Ecclesiæ Christi,* the fourth contracting party. The terms of the agreement, which is in the form of a quadripartite indenture, are written in the vernacular, and are as follows: The Abbot, on the King's behalf, promises to pay to the Prior of Christ Church an annual rent of 13*l.* 6*s.* 8*d.,* and the Prior, in return, undertakes to celebrate the King's anniversary on 11th February in each year as long as he lives, and on the day of his death, when that happens. It is also agreed that the King's mother shall be commemorated as long as she lives, and that the souls of the King's father, of his wife, and of his deceased children shall be mentioned in their appropriate places. The ceremonies of the *obit* and mass of *Requiem* are thus prescribed :

"They shall come into the quere of the Church, in the evyn next before the day of suche anniversarie, and there, with note, synge solempnely *Placebo* and *Dirige,* with nine lessons, and *Laudes,* with the orationes following, etc. . . . . And also the seid Prioure shall yerely, for ever whilst the world shall endure, provide, ordeigne and have, at every suche anniversarie, an herce, to be set in the myddes of the High Chauncell of the same Metropolitan Church, before the high altar; covered and appareled with the best and most honorable stuff in the same Metropolitan Church convenient for the same; and also four tapers of wexe, every of them weying eight pounds, to be set about the same herce, during all the time of every such Placebo, etc. And ymmediately after every of the same high masses song and fynyshed, the Prioure of the said Church if he be present, and the Convent of the same, and in his absens the Supprior, etc. shall go to gedir in order unto the said herce, in most solempne and devoute wise, and they, so going therunto and stonding aboute the same, shall devoutely and solempnely singe this response: ' Libera nos Domine de morte eterna,' etc., with the verses accustomed therunto; and after that ymmediately, then and ther, say the spalme ' De profundis clamavi,' etc."

The collects, contrary to the usual custom by which they are only indicated in the deeds by their first word, are in this indenture set forth at full length, and are appropriately chosen for the several persons commemorated.

So large a proportion of the matter printed in these volumes now appears for the first time, that it may practically be said that they contain only inedited materials; but it must be mentioned that a few of the articles are scattered through the Appendices of Somner's " History of Canterbury," a disorderly collection of paragraphs picked up from many sources, and printed without references; and also that Sir W. Trussell's two speeches, that is to say, his sentence upon the younger Despenser, and his renunciation of allegiance to Edward II., are to be found in Knighton's Chronicle. In this latter case it is probable that identical transcripts of these speeches were sent by the new government to all the great religious houses, to be kept among the muniments as a perpetual record of the events referred to; and that Knighton's copy was taken from that supplied to Leicester Abbey, just as that in the present volume is derived from the official copy sent to Canterbury.

LITERÆ CANTUARIENSES.

LITERÆ CANTUARIENSES.

THE LETTER BOOKS

OF THE

MONASTERY OF CHRIST CHURCH,

CANTERBURY.

LITERÆ CANTUARIENSES.

(1375.)
Reg. B.
303.

Petition from the Chapter of Christ Church to the King asking to be allowed to receive the Irish rent notwithstanding the ordinance against absentees.

944.—Petitio Capituli Domino Edwardo tercio de redditu tresdecim marcarum de Hibernia.

A nostre Seignur le Roy et a son bon Conseil supplient ses chapellayns le Priour et Covent de Cristcherche de Cantirbirs; qe come ils aient un annuel enpension de trezze marcz, a prendre annuelment de le Abbe et Covent de Voto en Irland, par cause des fruictes, oblacions, et obvencions, qe un Nichole, en ascun temps Priour du dit Esglise de Cantirbirs, par assent de son Covent, dona et granta a dit Abbe et Covent des[1] dismes queux il avoit de diverces esglises en Irland, rendant annuelment a dit Priour et Covent et a lour successours les avauntditz trezze marcz, a paier a la Nativite de Nostre Dame; et ore tard, par cause dun estatut fait a parlement tenuz a Geldeford,[2] les pocessions queux gent demoerant en Engleterre avoient en Irland furent seisis en la mayn nostre Seignur le Roy, pur ce qe ils ne firent mye lour contribucion en defence de la terre nostre Seignur le Roy illoeqes; qe plese pur lamour de Dieu et de Seynt Thomas le Martyr, et en oevre de charite, granter bref a les Justices et gardeyns de Irland, pur deliverer le dit enpension a dyt Priour et Covent; depuis qil est espirituel, et ne mye seisable, come chose temporel, par la ley.

---

[1] *les*, MS.

[2] As there is no record of a Parliament held at Guildford at this time, it is probable that the *statute* was of the nature of an *order in Council*. The King in his reply describes it as an *ordinatio* not as a *statutum*.

944.

To our Lord the King and his worthy Council his chaplains the Prior and Convent of Christ Church, Canterbury pray ; that whereas they own an annual pension of thirteen marks, to be annually received from the Abbot and Convent De Voto in Ireland, in consideration of the profits, oblations, and sundry receipts, which one Nicholas, aforetime Prior of the said Church of Canterbury, with the assent of his Convent, gave and granted to the said Abbot and Convent from the tithes which they owned, accruing from several churches in Ireland, for an annual payment to the said Prior and Convent and their successors of the said thirteen marks, to be paid at the Nativity of Our Lady ; and now lately, by reason of a statute made in the parliament held at Guildford, the possessions which people dwelling in England owned in Ireland were seized into the King's hand, because they did not contribute to the defence of the land of our Lord the King there ; may it please him for love of God and Saint Thomas the Martyr, and by way of charity, to issue a writ to the Justices and Custodians of Ireland, so that they may deliver the said pension to the said Prior and Convent ; since it is a spiritual matter, and in no way, as a temporal estate, liable to forfeiture by the law.

Apr.
1376.

Cart. Ant.
C. 206.
Rules for the maintenance of sick monks is the Infirmary of the Convent.

945.—Ordinacio de monachis infirmis.

Hæc est ordinacio facta in Scaccario, mense Aprili anno Domini M°CCC°LXXVJ^{to}, post visitacionem [reverendi] in Christo patris et domini Domini Simonis permissione divina Cantuariensis Archiepiscopi; videlicet, in præsencia Domini Stephani Prioris, per Fratres infrascriptos. Per Fratrem Johannem Godniston tunc Suppriorem, Willelmum Eythorne, Johannem Guston, Willelmum Richemund, Ricardum Hatfeld, Johannem Molessch, Johannem Bydynden, Johannem Gloucestre, Willelmum de Dovoria, et Willelmum Woghope. Isti decem Fratres nominati fuerunt, in præsencia dicti Domini Prioris, a senioribus et sanioribus de Conventu ad correcionem infrascriptorum.

Qui ordinarunt, quod quilibet Frater de Conventu claustralis, actualiter infirmus, de licencia Supprioris occupans cameram in Infirmaria, recipiet et habebit de Custode Anniversariorum, pro cibariis emendis et pitanciis suis, diebus carnium, quolibet die quatuor denarios et unum ferculum de liberacione Celerarii, cum pane et cerevisia, sicut moris est. Et cum ad mensam sedere poterit cum aliis fratribus, per licenciam Supprioris et aliorum præsidencium, confratres secum habebit, sicut moris est ab antiquo; nec septa Infirmariæ publice transibit, nec frocco, sed tantum cuculla, exterius uti debet, nisi prius in Conventu ad *primam* fuerit, prout consuetudinis esse dinoscitur. Et notandum est, quod tres lavendarii et balnearius, quando necesse fuerit, custodient dictos Fratres in cameris, et ministrabunt eis per diem et noctem, sicut antea fieri solet; et si isti minus sufficiant pro custodia fratrum prædictorum tunc Supprior qui pro tempore fuerit de aliis custodibus providebit; vel si aliquis dictorum Fratrum infirmorum scolarem habeat in elemosinaria, per discrecionem Supprioris et Elemosinarii, dicto Fratri infirmo ministrare debet; qui vero nullum scolarem habuerit in elemosinaria, habere debet unum scolarem positum in elemosinariam per alios seculares. Et si remunerari alios custodes Fratrum infirmorum libeat, per discrecionem Supprioris et Custodis Anniversariorum remunerentur.

Item: alii Fratres infirmi claustrales, qui propter infirmitatem non possunt sequi Conventum, et per discrecionem et licenciam Supprioris ad *Mensam Magistri*[1] comederint, quilibet eorum duos denarios per diem recipiet de dicto Custode Anniversariorum per discrecionem tamen Supprioris.

Item: quilibet Stacionarius, qui communia cibaria comedere poterit, pro pittanciis suis duodecim denarios recipiet de dicto Custode per septimanam. Pro quibus exhibicionibus faciendis, ut prædictum est, præfatus Custos Anniversariorum recipiet annuatim quinque marcas, sicut prius fieri solet, de pensione ecclesiæ de Bocton; et alias quinque marcas, vel plus si necesse fuerit, recipiet de Custode Tumbæ Beati Martiris Thomæ.

Et notandum, quod infrascripti Fratres, licet infirmi fuerint, nichil recipient de prædicta exhibicione: videlicet, Supprior, Sacrista, Subsacrista, Præcentor, Celerarius, Subcelerarius, Camerarius, Elemosinarius, Capellanus Domini Prioris, Thesaurarii, Feretrarii, Custos Coronæ Beati Martiris Thomæ, Custos Beatæ Mariæ in Criptis, Custos Ensis et Tumbæ Beati Thomæ, Custos granarii et berthonæ, et omnes Custodes maneriorum qui pro tempore fuerint; omnes alii [2] Fratres *mere claustrales* per se nuncupantur.

Item: de medecinis Fratrum infirmorum, medicus, qui pro tempore fuerit, cum apotecario, providere debet; et bis ad minus in anno cedulam expensarum, sicut prædictus Custos Anniversariorum, Priori et Conventui exhibere debet.

---

[1] This was a liberally-supplied table placed in a hall adjoining the Infirmary, and reserved for convalescents and monks who were taking *deportum*.
[2] *alios*, MS.

Item: ordinatum est, quod Camerarius recipiet per annum pro plena administracione officii sui trecentas et viginti libras, ad quatuor anni terminos æqualiter, ad Festum Omnium Sanctorum, Purificacionis Beatæ Mariæ, Pentecostes, et Assumpcionis ejusdem Virginis: videlicet, de Feretrariis viginti libras; de ecclesia de Westerham viginti libras; de elemosinaria, pro fructibus porcionum rectoriarum ecclesiarum de Estry et Monketone, [viginti libras]; et residuum recipiet de custodiis aliorum maneriorum.

6 May 1376.
Reg. B. 30.

The King's favourable reply to the petition of the Chapter. It is decided that the Irish rent is a spiritual profit, and therefore is not touched by the ordinance against absentees.

946.—Littera Regis Edwardi Tercii ad Gubernatorem Hiberniæ.

Rex dilectis et fidelibus suis Gubernatori, Custodi sive Justiciario, ac Cancellario, et Thesaurario nostris, ac Baronibus de Scaccario terræ nostræ Hiberniæ, qui nunc sunt vel qui pro tempore fuerint, salutem. Ex parte delectorum nobis in Christo Prioris et Conventus Ecclesiæ Christi Cantuariensis, nobis est ostensum, ut cum Abbas et Conventus de Voto Hiberniæ, pro certis decimis, fructibus, oblacionibus, et obvencionibus ecclesiasticis in Hibernia, quos quidam Prior dictæ Ecclesiæ Christi Cantuariensis quondam, de assensu Capituli sui, dedit et concessit eisdem Abbati et Conventui et successoribus suis, teneantur eisdem Priori et Conventui in quadam annua pensione tresdecim marcarum, sibi et successoribus suis ad

12 Mar. 1380.
S. 100 a.

A part of a statute of Richard II. which, stating that great injury has

947.—Statutum de Anno Tercio Regis Ricardi Secundi.

. . . . . Item: pur ceo qe nostre Seignur le Roy ad entendu, par la certificacioun de ces foialx lieges de la terre Dirlande, prelats, nobles, et communes qe la dite terre ad est(e), et est, mult en-

festum Beatæ Mariæ annuatim solvenda; et licet dicta annua pensio, virtute cujusdam ordinacionis nuper apud Gildeford factæ (*quod quilibet habens dominia et possessiones in terra Hiberniæ, in dictam terram Hiberniæ veniret, vel gentes sufficientes ibidem mitteret, ante festum Pascha anno regni nostri Angliæ quadragesimo tercio, vel eodem festo, ad morandum super defensionem terrarum et dominiorum suorum ibidem, sub forisfactura eorundem*) ac si dicta pensio temporalis existeret, cum non existat, capta est in manum nostram; unde nobis supplicarunt ut restitucionem dictæ pensionis sibi fieri jubere velimus. Et quia per nos et consilium nostrum extitit concordatum, quod possessiones ecclesiasticæ in terra Hiberniæ, si quæ occasione ordinacionis prædictæ captæ essent in manum nostram, restituerentur; volentes cum eisdem agere graciose, vobis et cuilibet vestrum mandamus, quod si dicta pensio, occasione ordinacionis prædictæ et non aliter,[1] in manu nostra existat, tunc eidem Priori dictam pensionem, una cum exitibus inde perceptis, sine dilacione deliberantes, ipsum seu ejus attornatum pensionem illam libere percipere et habere permittatis, prout ante ordinacionem prædictam percipere et habere consueverunt, absencia ipsius Prioris, seu ordinacione prædicta, non obstantibus. Teste Rege apud Westmonasterium, vj[to] die Maii, anno regni Angliæ quinquagesimo, regni vero Franciæ tricesimo septimo.

947.

. . . . . . Furthermore: whereas our Lord the King has learned by the testimony of his faithful subjects of the land of Ireland, the prelates, nobles, and commonalty, that the said land has been, and is, much

---

[1] *alia*, MS.

happened to Ireland through the absenteeism of many of the most important persons of the population, decrees that all absentees not having the King's licence shall forfeit two-thirds of their incomes, to be applied to the maintenance of the English supremacy, and that one-third of the incomes even of those who have the King's licence shall be taken for the same purpose.

damagez et empoverez, par my ceo qe plusours des lieges nostre dit Seignur le Roy, eiantez terres, rentes. benefices, offices, et autres possessiouns en la dite terre ne sont pas resceants ne demoraunts illoeques, einz se absentent et sont hors de la dite terre, preignaunts et treiants devers eux hors de mesme la terre les profits et revenues des dites terres, rentes, possessions, benefices, et offices; les uns lessants les chastelx et fortresses a eux apportenaunts en les dites parties aler a ruine, les profits et revenues et gouvernement, a grand peril de la dite terre et des lieges; par les quelles causes les rebealx Irrois en la dite terre sont encruez, et entront et conquerront de jour en aulter, et les dits foialx le pluis anientes davoir et de puissaunce a resister a lour malice, si qe la dite terre est en point destre perdue, en disheritesoun nostre dit Seignur le Roy et sa corone Dengleterre, si sur ceo ne soit ordeigne de hastive remedie: ORDEIGNE EST, par nostre Seignour le Roy, de ladvis et assent des seignours et noblez de son roialme esteantz en ceo parlement, que tous maneres de gentz, de quelle estate ou condicion qils soient, eiantz illoqes terres, rentes, benefices, offices, et autres possessions quelecunqs, se treent devers la dite terre Dirlande, parentre cy et la Nativite de Seint Johan proschein veignaunt, et desore soient resceaunts et demourants illoesqes, en aide et afforcement des dits foialx et lieges a garder et defender la dite terre encontre les dits Irrois rebelx et qe tous ceux qont chastelx et forteresses en mesme la terre les facent repairer et tenir en estate convenable, et y mettent bon et suere garde, pur la salvacion de mesme les chastelx et forteresses, sur le peril qappent. Et en cas qascuns de ceux qont terres, offices, rentes, benefices, ou autres possessions en la dite terre soient pur resonable cause absents hors de

injured and impoverished, because that many of the lieges of our said Lord the King, having lands, rents, benefices, offices, and other possessions in the said land, are not resident nor dwelling there, inasmuch as that they absent themselves, and are away from the said land, taking and withdrawing for themselves out of the same land the profits and revenues of the said lands, rents, possessions, benefices, and offices; some of them letting the castles and strongholds belonging to them go to ruin, [together with][1] the profits, revenues, and government, to the great peril of the said land and of the loyal subjects; from which causes the rebel Irish in the said land are encouraged, and from day to day make incursions and win victories, and the aforesaid loyal subjects more and more diminished in property and power of resistance to their malice, so that the said land is like to be ruined, to the disherison of our said Lord the King and his Crown of England, if in this matter some speedy remedy be not ordained: IT IS ORDAINED by our Lord the King, by the advice and assent of the lords and nobles of his realm in this present parliament, that all manner of persons, of whatever rank or condition they be, who there have lands, rents, benefices, offices, and other possessions whatever, shall betake themselves to the said land of Ireland, between this present time and the Nativity of St. John next coming, and that henceforth they shall be resident and dwelling there, for the helping and assisting of the said faithful and lawful subjects against the said Irish rebels; and that all those who own castles and strongholds in the said land shall cause them to be repaired and kept in proper condition, placing therein a good and sufficient guard for the protection of the said castles and strongholds, upon peril of the penalties thereto belonging. And in case that any of those who hold lands, offices, rents, benefices, or other

---

[1] Something is here wanting, and probably not the words within brackets, although it is not easy to suggest anything more suitable.

mesme la terre, apres le dit fest, adonqes pur le temps de lour absence soient tenuz denvoier et de trover illoesqes gentz defensables en lour lieuz, en defence de mesme la terre, solonc ceo qe le necessite requerra, eiant regarde de la quantite et a la value des mesmes les terres, rentes, offices, et aultres possessions; et sils ne facent, soient les deux parties des profits de lour(s) terres, rentes, offices, et possessions avauntdits levez, et convertez a la garde de mesme la terre, par ladvis des Justices et Governours de mesme la terre, qi pur temps serront; horspris toutes foitz, qe les benefices de ceux qi sont en le service du Roy, ou estudiauntz en universitees, ou hors de mesme la terre par resonable cause de la licence du Roy dessoubz son grand seal, en Angleterre, ne serra pris, nappliez a les dites garde et defence, forsque tant solement la tierce partie de la value dicellez, les ordinairs et necessariez chargez rebatuz, solonc le certificacioun de lour ordinairs. Donez le xij^{me} jour de Marcz, lan du nostre regne tierce.

---

20 July 1387.
Reg. B. 304 b.
The Abbot of the Welsh Tinterne is bound to pay the Irish rent if the Abbot of the Irish Tintern fail to do so, and if indifferent arbitrators decide that he is bound by a certain old indenture.

948.—OBLIGATIO ABBATIS DE VOTO IN WALLIA.

Noverint universi per præsentes, nos Johannem Westbych Abbatem de Tynterna, Cisterciensis ordinis, Landavensis diœcesis, teneri et firmiter obligari Johanni permissione divina Priori Ecclesiæ Christi Cantuariensis et ejusdem Conventui in quadraginta libris sterlingorum bonæ et legalis monetæ, solvendis eisdem Priori et ejusdem loci Conventui ad festum Omnium Sanctorum proxime futurum post datam præsentium, apud Cantuariam, sine ulteriori dilatione. Ad quam quidem solutionem præedictarum quadraginta librarum die et loco suprascriptis bene et fideliter faciendam, tenendam, et persolvendam obligamus nos et successores nostros per præsentes. In cujus, etc. vicesimo die mensis Julii, anno regni Regis Ricardi Secundi undecimo.

possessions in the said land be, from reasonable cause, absent from the said land after the feast aforesaid, then, for the term of their absence they shall be bound to send and provide there fencible men to supply their places in defence of the same land, as necessity may require, regard being had to the quantity and value of the said lands, rents, offices, and other possessions; and should they not do so, then shall two-thirds of the profits of their lands, rents, offices, and possessions aforesaid be attached, and used for the protection of the said land, by the discretion and advice of the Justices and Governors of the same land for the time being; always excepting, that the benefices of those who are in the King's service, or studying in universities, or absent from the country in England for good cause with the King's licence under his great seal, shall not be seized nor employed for the said guard and defence, beyond only the third part of their value, all ordinary and necessary charges being deducted, as certified by their ordinaries. Given the twelfth day of March, in the third year of our reign.

Condicio istius obligacionis talis est: Quod si Abbas suprascriptus solvat vel solvi faciat Johanni Priori et Conventui supradictis, vel eorum certo attornato, viginti quinque marcas in festo Pascha proximo extunc sequente, quod dictum scriptum obligatorium quadraginta librarum pro nullo habeatur; alioquin in suo robore permaneat duraturum. Volunt tamen et concedunt dicti Prior et Conventus ac Abbas antedictus, quod si Magister Johannes Barnet, Officialis Curiæ Cantuariensis, et Robertus Charleton velint bona fide judicare, post examinacionem cujusdam indenturæ (per partem Prioris et Conventus eisdem exhibendæ), quod hujusmodi indentura Abbatem et Conventum de Tynterna, Landavensis diœcesis, ad solucionem decem marcarum singulis annis obligat et artat de jure dicto Priori et Conventui, defensionibus et rationibus eorundem Abbatis et Conventus per eosdem primitus auditis, quod tunc obligacio ista, sub modo et forma et diebus solucionis superius recitatis, habeat vim et effectum; si vero pro nulla ipsi Magistri Johannes et Robertus dictam indenturam, quoad ipsos Abbatem et Conventum de Tynterna Landavensis diœcesis, in ea parte judicaverint et pronunciaverint, vel interlocuti fuerint, citra festum Sancti Andreæ proximum post datam suprascriptam, ad instanciam dictorum Prioris et Conventus, quod extunc ista obligacio pro nullo habeatur; alioquin in suo robore permaneat duratura.

949.—Littera concessa Domino Regi.

1 Mar. 1392.
S. 6 a.
The Chapter promise to keep the obit of King Richard II. and of his first Queen in the most solemn form, in recompense for benefits bestowed during the life of the Black Prince.

Excellentissimo domino nostro, Domino Ricardo Dei gratia Regi Angliæ et Franciæ, vestri servientes et oratores humillimi Thomas Prior et Conventus Ecclesiæ Christi Cantuariensis, cum subjectione omnimoda, quicquid potuerimus reverentiæ et honoris. Placuit Omnipotentis Dei misericordiæ, temporibus serenissimi domini Domini Edwardi Principis Walliæ, patris vestri, qui in Ecclesia Christi Cantuariensi honorifice sepellitur, per magnitudinis vestræ excellentiam Cantuariensem Ecclesiam exaltari; pro quo nos, sicut tenemur, ita desideramus paratiores inveniri uberiores proinde Deo gratiarum actiones referre; licet autem juxta merita celsitudinis vestræ prout cupimus non possumus respondere, id tamen modicum quod valemus prosequi decrevimus in præsenti. Sane, de communi voluntate et assensu omnium nostrum, concedimus, pro nobis et successoribus nostris, quod singulis annis imperpetuum, in die obitus excellentissimi domini Domini Edwardi Principis Walliæ patris vestri, cujus

CANTUARIENSES. 13

animæ propitietur Deus, celebrabitur *placebo, dirige* et *missa* cum sonitu campanarum, ita solempniter sicut ab antiquo in Ecclesia Christi Cantuariensi solitum est celebrari; quod pro vobis, Domine serenissime, ac etiam pro vestra consorte Domina Anna Regina Angliæ, cum dies obitus vestræ nobis innotuerit, ita solempniter faciemus celebrari annis singulis, perpetuis temporibus duraturum. In cujus nostræ concessionis et promissionis testimonium atque fidem, has nostras litteras patentes communi sigillo nostro fecimus communiri, et in martilogio nostro transcriptas annotari curavimus, ut in die obitus cujuslibet vestrum revoluto in Capitulo recitentur. Data in domo nostra Capitulari, primo die mensis Martii, anno Domini millesimo ccc^{mo} nonagesimo primo, et anno regni vestri quintodecimo.

950.—CONCESSIO UNIUS CORRODII WILL. SELKYNDENNE DE CANTUARIA.

12 Mar. 1392.
S. 7 a.

Omnibus Christi fidelibus, etc. Thomas permissione divina Prior Ecclesiæ Christi Cantuariensis et ejusdem loci Conventus, salutem in Domino. Noveritis nos, in communi Capitulo nostro, pro nobis et successoribus nostris dedisse, concessisse, et per præsentes confirmasse, Willelmo Selkyndenn de Cantuaria unum corrodium unius monachi, ad totam vitam suam percipiendum, videlicet, cotidie duos panes, videlicet, unum panem pastus et alterum panem vocatum *smalpais*; et unum jouste cerevisiæ melioris novæ, temporibus quibus cerevisia nostra portabitur ad celarium; unum ferculum coquinæ, cum *mes* et *entermes* carnium vel piscium cum potagio. secundum quod tempus expostulaverit, sicut uno monacho ex nostris in mensa Magistri ad prandium diatim servietur; concessimus etiam eidem Willelmo duas carectatas lingni focalis vocati *strombel*, annuatim libe-

The Chapter, for a consideration not stated, grant food and fuel for life to a citizen of Canterbury.

14   LITERÆ

randas inter festa Pentecostes et Translationis Sancti Thomæ Martiris infra dictam civitatem, ubicunque idem Willelmus aut attornatus suus nos vel servos nostros inde præmunierit, de nobis et successoribus nostris præfato Willelmo et assignatis suis ad totam vitam ipsius Willelmi. In cujus, etc. Datum in domo nostra capitulari xij^{mo} die Martii anno Domini M^{o}CCC^{o}LXXXXJ^o.

---

15 June 1392.

S. 7 a.

951.—CONCESSIO CUJUSDAM DOMUS IN SUBURBIO OXONIÆ FACTA ABBATI ET CONVENTUI WESTMONASTERII.

The Chapter of Canterbury, having at the date a College of their own, convey to the monks of Westminster their share in the joint-stock Hall which the Benedictine order maintained in Oxford.

Sciant præsentes et futuri, quod nos Prior Ecclesiæ Christi Cantuariensis et ejusdem loci Capitulum, unanimi assensu nostro, confirmavimus Abbati Westmonasterii et ejusdem loci Conventui et successoribus suis imperpetuum, quandam domum nostram existentem in suburbio Oxoniæ, in manso communi Nigrorum Monachorum in Stokwellestrete, juxta portam inferiorem, prout scituatur inter domum Abbatis et Conventus A .... versus East, et domum Abbatis et Conventus Gloucestriæ versus West, et quandam viam ducentem ad pratum Abbatis de Malmesbury versus North, et curiam ibidem versus South; quæ quidem domus per prædecessores nostros ibidem quondam fuerat ædificata; habendam et tenendam prædictam domum cum suis pertinentiis, cum toto jure nostro in eadem, præfato Abbati Westmonasterii et ejusdem loci Conventui et successoribus suis imperpetuum. In cujus rei, etc. Data in domo nostra capitulari xv^{mo} die mensis Junii, anno regni ejusdem[1] xv^{mo}.

---

[1] sic MS.

952.—COPIA ORDINATIONIS CUJUSDAM CANTARIÆ SIVE 7 April
COLLEGII PER MAGISTRUM ROBERTUM BRED- 1393.
GARE, FUNDATÆ IN ECCLESIA PAROCHIALI DE S. 11b.
BREDGARE, CANTUARIENSIS DIŒCESIS.

In nomine Patris et Filii et Spiritus Sancti : Amen. *The foun-*
Ad honorem sanctissimæ et individuæ Trinitatis Pat- *dation deed of a*
ris, et Filii, et Spiritus Sancti, Beatissimæ Virginis *chantry*
Mariæ gloriosæ, Beati Johannis Baptistæ, ac omnium *and college at-*
Sanctorum ; licencia omnium et singulorum quorum *tached to*
interest seu interesse potuerit in hac parte primitus *Bredgar Church.*
obtenta : Ego Robertus de Bredgare, clericus Cantuariensis diœcesis, volo et ordino, quod Capellanus cantariæ sive collegii de Bredgare, per me Robertum Bredgare et alios fundatæ,[1] et de bonis nostris temporalibus datæ, singulis diebus imperpetuum pro salubri statu reverendissimi in Christo patris, domini mei, Domini Willelmi Courtenay Archiepiscopi Cantuariensis aliorumque successorum suorum archiepiscoporum Cantuariensium, necnon venerabilium et religiosorum virorum Domini Thomæ Chillyngdenne Prioris Ecclesiæ Cantuariensis successorumque suorum Priorum ibidem, et ejusdem loci Conventus, ac venerabilis viri Magistri Adæ Mottrum Archidiaconi[2] Cantuariensis ac successorum suorum archidiaconorum ibidem, ac Domini Johannis West rectoris ecclesiæ de Godmersham, Domini Thomæ Jeakyn vicarii de Newenton, et Willelmi Makenade, et meo dum vixerimus ac omnium benefactorum Collegii prædicti, ubi voluero ; et cum ab hac[3] luce subtracti fuerimus, in ecclesia de Bradegare Cantuariensis diœcesis, vel, si hoc non permittatur, in capella dicti collegii, pro animabus prædictorum, et anima quondam Magistri Roberti de Stratton, et mea, [et] patris, matris, parentum, amicorum, benefactorum nostrorum ac collegii prædicti,

---

[1] *fundatum*, MS.
[2] *Archiepiscopi*, MS.
[3] *ac*, MS.

et eorum de quibus aliqua bona recepi, omniumque fidelium defunctorum, singulis diebus matutinas secundum usum Sarum, ac missam in ecclesia de Bradegare prædicta; ac insuper ubicunque voluerit, *placebo*, *dirige*, ac septem salmos penitenciales cum letania dicat; matutinasque, vesperas, ac magnam missam dominicis diebus [et] dupplicibus et principalibus [festis],[1] superpellicio suo indutus, in dicta ecclesia de Bradegare cantare coadjuvet (si vicarius dictæ ecclesiæ hujusmodi servicia divina ibidem cantaverit) nisi legitime fuerit impeditus. Item volo et ordino, quod, si reparatio domorum dicti collegii sive dictæ cantariæ immineat, ac aliunde non poterit hujusmodi necessitati providere, quod extunc, idem Capellanus unum *annuale* per unum annum, vel duos ad magis, celebrare poterit in ecclesia de Bradegare prædicta; sic tamen quod perceptum pro labore celebrationis *annualis* prædicti circa reparationem dictarum domorum fideliter convertatur. Item ordino quod idem Capellanus de diœcesi Cantuariensi, si sufficiens in ipsa diœcesi reperiatur, non viciosus rixosus[ve], castus, sobrius, quietus, ac Dei amicus, per Scolares dicti collegii nominetur in magistrum, et ad capellaniam dictæ cantariæ sive collegii præsentetur loci diocesano, præficiendus, instituendus, et investiendus per eundem; subscriptisque[2] Scolaribus scribatur per eundem loci diœcesanum, ut eundem Capellanum, sic institutum et inductum, ad capellaniam dictæ cantariæ cum suis pertinentiis, ac in suum Magistrum admittant, eique, in licitis et canonicis mandatis, quamdiu fuerint Scolares cantariæ memoratæ, absque inquisitione seu inductione ulteriori super hiis faciendis.[3] Item volo et ordino, quod Capellanus hujusmodi infra quindecim dies a tempore vacationis dictæ capellaniæ, sic ut præmittitur, nominetur et præsentetur. Item

---

[1] *festis*. om. MS.
[2] *super-* ?
[3] *pareant* seems to be wanted here.

volo et ordino, quod idem Capellanus singulis annis percipiat duodecim marcas sterlingorum de bonis collegii prædicti, videlicet in fine cujuslibet quarterii quadraginta solidos; et residentiam personalem in cantaria sive collegio prædicto faciat; bonaque ejusdem fideliter conservet; et quod aliud beneficium seu officium ecclesiasticum aut hospitale non habeat curatum,[1] per quod a residentia personali et celebratione divinorum prædicta impediatur. Item ordino, quod duo Scolares collegii prædicti sic de cetero sumantur, videlicet, unus de consanguinitate mea, et alius de parochia de Bradegare, Houkynge, vel Holingborne, Cantuariensis diœcesis, ordinem hujus scripturæ considerando; et uterque eorum cum competenter legere et cantare sciverit, et non ante, nominetur et præficiatur per Magistrum et Scolarem dicti collegii in Socium et Scolarem cantariæ sive collegii prædicti; sintque ibidem Scolares prædicti sic assumpti Socii et Scolares dictæ cantariæ sive collegii, quousque vicesimum quintum annum ætatis suæ compleverint, et non ultra. Si tamen ante vicesimum quintum annum fuerint promoti, conjugati, vel ex justis causis amoti, tunc volo quod, illis amotis, statim loco illorum alii præficiantur. Et si in dictis parochiis sufficiens non reperiatur, assumantur dicti Scolares de aliis parochiis conviscinis Cantuariensis diœcesis prædictæ. Habebitque assumptus per dictum Capellanum et Scolarem collegii prædicti, litteras, sigillo communi dicti collegii sigillatas, super nominatione et præfectione suis hujusmodi. Eruntque sic nominati Socii et præfecti Scolares dicti collegii ut præmittitur; set non nominabuntur et proficientur quousque fuerint ætatis septem annorum et habuerint primam tonsuram clericalem; finitoque termino eorundem scolarium prænominatorum, alii duo Scolares et Socii, sic ut præmittitur,

---

[1] *curandum*?

perpetuo nominabuntur et præficientur. Et si contingat quod, vacante capellania prædicta, utrumque Scolarem minorem quindecim annorum fore contigerit, tum Archiepiscopus Cantuariensis qui pro tempore fuerit, ea vice dumtaxat et non aliter, alias seu quovis alio modo nominabit et præficiet Magistrum et Capellanum prædictum. Si vero unum Scolarium ipsorum quindecim annorum et alium majorem fore contigerit tempore vacationis hujusmodi, tunc Scolaris majoris ætatis ibidem nominabit et præsentabit, ut præmittitur, personam in Magistrum et Capellanum prædictum. Eruntque ipsis Capellano et Scolaribus bona ipsius cantariæ sive collegii communia, habebitque uterque Scolaris prædictus singulis annis pro sustentatione sua quadraginta solidos sterlingorum, videlicet in fine cujuslibet quarterii anni decem solidos, de bonis prædictis. Et quod residuum fuerit de bonis ejusdem cantariæ, pro reparatione ejusdem domorum, et aliter in utilitatem dictæ cantariæ convertetur. Eruntque isti Capellanus et Scolares solum et insolidum subditi et subjecti loci diœcesano, et non inferiori. Et ob hoc, singulis annis in festo Sancti Michaelis, Capellanus prædictus solvet Archidiacono Cantuariensi qui pro tempore fuerit duodecim denarios sterlingorum, et pro eo specialiter, ut præmittitur, orabit. Dicentque ipsi Scolares singulis diebus psalmum *de profundis*, cum oratione Dominica, ac Salutatione Angelica ac usque *requiem æternam*, et ceteras orationes, scilicet, *Deus qui inter apostolicos*, *Miserere quem Domine omnium benefactorum*, etc., *Inclina*, ac semel in hebdomada *Placebo* et *Dirige* secundum usum Ecclesiæ Sarum, pro animabus prædictis; singulisque festis principalibus et dupplicibus et Dominicis diebus, quum studio litterarum in Universitate Oxoniæ seu Cantabrigiæ unus eorum non vacaverit, superpelliciis suis induti, in ecclesia de Bradegar prædicta, vesperas, matutinas, et missam cantare juvabunt, si vicarius, ut præmittitur, divina cantaverit ibidem. Sicque cantare juvabit is eorum qui in ipsis universitatibus non vacaverit studio litterarum, nisi quoad officia hujusmodi festis dupplicibus extra Dominicam occurrent; aliter duxerit Capellanus collegii prædicti dispensandum cum eisdem. Cum vero in aliqua ex ipsis Universitatibus unus dictorum Scolarium [studio][1] litterarum vacaverit, quod uni eorum, et non ambobus simul, cum bene legere, cantare, et construere, ac viginti quatuor versus uno die de una materia componere, sciverit, cum licencia dicti Capellani, permittimus eundem Scolarem in dicta ecclesia divinia celebrare; coadjuvabit in ebdomadis Pascha et Sancti Michaelis Archangeli, incipiendo ebdomada Pascha in die Parasseves, et alia ebdomada penultimo die mensis Septembris, quibus duabus ebdomadis volumus cibaria sibi per dictum Capellanum in dicto collegio ministrari. In singulisque duabus ebdomadis supradictis, ipsi Scolares et Capellanus communiter supervidebunt bona collegii, et corrigent corrigenda ibidem. In ebdomada Sancti Michaelis anniversarium animarum prædictarum celebrabunt devote, recipiatque idem Capellanus, pro cibariis ipsius Scolaris dictis duabus ebdomadis eidem ministrandis, duos solidos sterlingorum, ac quinque solidos quatuor denarios pro pane, vino, et luminaribus, ad missas suas celebrandas necessarios, ultra duodecim marcas et habitationem suam prædictam, de bonis cantariæ sive collegii prædicti. Ceteris vero temporibus anni, præfati Scolares studio lecturæ, cantus, grammaticæ, ac aliarum scienciarum liberalium, quiete, caste, sobrie, et diligenter vacabunt; sic tamen quod servicium divinum supradictum in dicta ecclesia impendendum non subtrahatur quovismodo. Siquis vero ipsorum Capellani et Scolarium contrarium fecerit, si per diœcesanum loci ter moniti ab hujusmodi viciis non cessaverint, eo ipso non cessans, a loco et præbenda suis supradictis sit

---

[1] *studio*, om. MS.

ammotus, loco ejusque, appellatione quacumque ac alio remedio quocumque semotis, juxta formam superius datam, alium [1] loco ipsius fore subrogandum censemus. Capellanus et duo Scolares Socii dicti [2] collegii jurabunt in admissione eorum, et quilibet eorum in sua admissione jurabit, quod quilibet eorum in quantum potuerit erit fidelis dictæ cantariæ sive collegio, jura, libertates, ac bona ejusdem, et ordinationem prædictas conservabit, sustentabit, et manutenebit, pro viribus suis. Non erit in concilio, auxilio, vel favore, ut quid dilapidetur, alienetur,[3] seu deprædetur, de bonis cantariæ seu collegii prædicti; set augmentabit eadem, videlicet, quilibet eorum cum quadraginta solidis cum venerit ad fortunam pinguiorem. Item volo et ordino, quod quotiens necessaria fuerit prostracio nemoris cantariæ prædictæ, quod ipsa prostracio inter primum diem mensis Novembris, et non ante, et primum diem mensis Aprilis, et non post, fiat; nisi quercorum pro reparacione domorum, quas omni tempore anni, aut virgarum anicearum, quas primo die mensis Octobris prosterni permittimus. Singulisque annis ultra novem acras bosci, aut quercus, seu grandes arbores, nisi pro reparacione domorum prædictarum, prosternere prohibemus absque concilio et concensu diœcesani memorati. Item volo et ordino, quod nullus istorum Scolarium erit Aquæbajulus dictæ ecclesiæ de Bredgare pro tempore quo fuerit Socius cantariæ sive collegii memorati. Item volo et ordino quod iste Capellanus non sit Capellanus parochialis ecclesiæ de Bradegare prædictæ dum fuerit Capellanus capellaniæ cantariæ sive collegii prædicti. Item volo et ordino quod implementa et alia bona ipsius cantariæ sive collegii sint in cista, aut alio loco securo, tribus clavibus diversis diversas habente seruras secretas, quorum quilibet eorum unam clavem habeat sub salva custodia sua. Ad hæc ego Robertus prædictus volo, et ordino, ac reservo michi potestatem

---

[1] *alius*, MS.
[2] *de*, MS.
[3] *elienetur*, MS.
[4] *habentes*, MS.

mutandi et declarandi ordinationes prædictas, ac addendi eisdem juxta liberum arbitrium meum, quamdiu vixero in humanis. In cujus rei testimonium sigillum meum præsentibus apposui. Data et acta Cantuariæ, septimo die mensis Aprilis anno Domini M°CCC° nonagesimo tertio.

953.—COPIA ORDINATIONIS CUJUSDAM CANTARIÆ APUD IKHAM PER JOHANNEM DENYS.

(Aug.) 1393. S. 13 b.

Foundation deed of a chantry in Ickham Church, endowed by John Denys.

Universis Christi fidelibus has indentatas litteras hinc inde confectas intueri volentibus, salutem et promptitudinem ad opera pietatis. Quia cultus Dei hiis diebus plus minuitur quam augetur, animæ defunctorum oblivioni traduntur quamtociens, et devotiones vivorum ab ecclesiis plus solito subtrahuntur, Ego Johannes Denys, de parochia de Ikham Cantuariensis diœcesis, de licencia speciali reverendi in Christo patris ac domini nostri Domini Willelmi Dei gratia Archiepiscopi Cantuariensis, etc. aliorumque quorum interest in hac parte, unam perpetuam cantariam unius capellani, qui perpetuis futuris temporibus ad honorem et laudem Dei, Beatissimæ matris Mariæ Virginis, Sanctæ Katerinæ, et omnium Sanctorum, navi ecclesiæ de Ikham Cantuariensis diœcesis, et non alibi absque speciali licencia patroni dictæ cantariæ, missas et omnia alia divina officia in dicta ecclesia, juxta formam annotatam, celebrabit, quæ quidem licencia patroni durabit nisi per quatuor dies quolibet quarterio anni, ordino et fundo per præsentes. Jus patronatus, ac jus præsentandi ad eandem[1] quociens ipsam vacare contigerit, ad me dum vixero, et post mortem meam hæredibus et assignatis meis volo imperpetuum pertinere. Item : ordino quod quociens ipsam cantariam vacare contigerit, patronus ejusdem, infra tres menses a die vacationis continue numerandos, loci diœcesano personam ydoneam præsentabit instituendam

---

[1] *eadem*, MS.

in eadem. Item: ordino quod idem Capellanus personaliter in cantaria prædicta vesperas, tam primas quam secundas, matutinas, ac magnam missam, omni die Dominico, omnibus et singulis principalibus et dupplicibus festis, in festo Commemorationis animarum, in die Cinerum, feria quarta, quinta, sexta, et sabbato in ebdomada Palmarum, tribus diebus Rogationum, et vigilia Pentecostes, suo superpellicio indutus, cantare coadjuvabit, nisi ex justa causa ad tempus se absentaverit a cantaria prædicta. Volo autem quod absque quacumque causa per xxviij. dies singulis annis, videlicet, singulis quarteriis septem diebus, continue vel interpollatim numerandis, a dicta cantaria sua se poterit absentare, fructusque percipere ejusdem. Item: ordino quod idem Capellanus jura et libertates dictæ cantariæ fideliter conservabit, et dispersa revocabit, pro viribus suis. Item: ordino et volo quod ad dictam cantariam et ejus Capellanum, ipsiusque successores perpetuis futuris temporibus, pertineant bona subscripta, videlicet: unum missale et unum portiforium pretii septem librarum; duo calices pretii liij. solidorum iiij^{or} denariorum; unum vestimentum principale pretii liij. solidorum iiij^{or} denariorum; item: unum aliud vestimentum pretii xl^a solidorum; item: unum vestimentum dominicale cum duobus tuniculis pretii xl^a solidorum; item: unum vestimentum feriale pretii viij^{to} solidorum; item: unum vestimentum album pro tempore quadragesimæ pretii vj. solidorum viij^{to} denariorum; item: tres tuailles cum parura pretii vjij. solidorum; item: quatuor tuailles pro altari pretii iiij^{or} solidorum; item: duæ tuailles lavatoriæ pretii xij^m denariorum. Item: volo et ordino quod idem Capellanus in missis suis et aliis officiis divinis habeat commendatos specialiter omnes benefactores cantariæ prædictæ, scilicet, reverendissimum in Christo patrem et dominum Dominum Willelmum Dei gratia Cantuariensem Archiepiscopum totius Angliæ Primatem et Apostolicæ Sedis Legatum, et religiosos viros Priorem

et Conventum Ecclesiæ Christi Cantuariensis, necnon
Johannem Denys fundatorem hujus cantariæ, et præcipue animam Christinæ uxoris meæ, et parentum
nostrorum, et Magistri Roberti Solbury nuper Rectoris
dictæ ecclesiæ de Ikham, Thomæ de Baa, Domini
Willelmi Northo capellani, Thomæ Peny et Johannæ
uxoris ejus, Thomæ Garwynton de Welle, Willelmi
atte Barton, Domini Johannis Depynge capellani qui
ad dictam cantariam viginti solidos contulit, sub illa
intentione, quod quilibet sacerdos dictæ cantariæ post
admissionem suam viginti solidos de prædecessore suo
recipiet et eosdem dimittet successori suo immediato
ibidem, et sic successive imperpetuum. Item: volo et
ordino quod quilibet Capellanus dictæ cantariæ, qui
est et qui erit pro tempore, singulis diebus cum præsens fuerit, cessante impedimento rationabili, celebrabit missam in dicta ecclesia, et alia divina secundum usum Sarum dicet, nec volo quod aliud onus
celebrandi quam onus hujusmodi cantariæ admittat,
nec Capellanus parochialis ibidem existat. Item:
volo quod in eadem cantaria personaliter resi-
deat, ac moram trahat continuam infra ipsam
parochiam, aliquem mansum ejusdem cantariæ in-
habitando; omnesque domos et ædificia dictæ
cantariæ rationabiliter sustentet et reparet, tociens
quociens eorum necessitas hoc requirat. Verumptamen
interdum a dicta cantaria et a divinis officiis dicendis
cum nota se poterit absentare, pro jurium ac libertatum cantariæ prædictæ defensione et tuicione vel
recuperacione, et pro amicis suis aliquociens visitandis,
pro petendo et habendo concilio medicinæ, atque aliis
necessariis quæ absque sui status præjudicio seu
personæ non possint omitti; causas tamen absentaci-
onis hujusmodi, ac tempora limitanda pro eadem,
patrono suo vel Rectori ecclesiæ parochialis de Ikham
qui pro tempore fuerit sufficienter declaret, et ab eis,
vel eorum altero, licenciam obtineat. In dotem ipsius

cantariæ, do actualiter et concedo quinque tenementa, triginta quatuor acras terræ, quatuor acras prati, et redditum quatuor solidorum et quatuor quarteriorum ordei palmalis, in Ickham et Litleborne existentia. Si autem sic contingat imposterum, quod ydoneus sacerdos eandem cantariam, propter exilitatem dotis, admittere[1] noluerit, seu recusaverit prius admissus extunc, volo quod Rector et custos bonorum ecclesiæ de Ikham memoratas possessiones ingrediantur, ut profectus ab eisdem possessionibus provenientes capiant et convertant in augmentum dotis ejusdem cantariæ, secundum discretionem mei dum vixero, et postea patroni cantariæ prædictæ, quousque sacerdos alius ydoneus ipsam cantariam occupare voluerit, et in eadem, secundum formam quæ præmitittur, debite ministrare. Item : volo quod libri, et vestimenta, et calices, paramenta, ornamenta altarium, cartæ et munimenta omnia terram et possessiones ejusdem cantariæ quovismodo tangentia, et omnia alia jocalia, præter duo vestimenta, et unum missale, et unum librum dictum *porthors* (de quibus vestimentis unum erit de debilioribus pro diebus ferialibus, et aliud melius pro diebus Dominicis et festivis) et ornamenta necessaria pro altaribus prædictis, sint in quadam cista ferro ligata, ad talia titulata, bene firmata, cum duabus ceruris diversis clavibus firmanda, in custodia custodum dictæ ecclesiæ in eadem ecclesia, unde una clavis penes me hæredes et assignatos meos remanebit. Salvo tamen, quod in festis principalibus unum vestimentum optimorum ibidem tunc detur sacerdoti sæpedicto, ad celebrandum in eodem die illo, quod quidem vestimentum, pro tempore illo liberatum, idem sacerdos dictis custodibus seu alteri eorum eodem die reliberet in dictam cistam reponendum. Et cum libri, seu liber aliquis, ornamentum, et vestimentum vel aliquid inde, emendatione seu lotione indigeat, huic sacerdoti,[2] qui

---

[1] *occupare?*   [2] *hoc sacerdote*, MS.

pro tempore fuerit ut prædicitur, ibidem per dictos custodes ostendatur, qui ordinet mercedem competentem pro suo [labore[1]] talia emendanti, et hoc tociens quociens necesse fuerit. Et de duobus libris, et duobus vestimentis, et ornamentis, et aliis in manu dicti sacerdotis, dicta altaria consernentibus, continue existentibus, fiant indenturæ, inter me dum vixero, et postea inter patronum dictæ cantariæ, et custodes bonorum dictæ ecclesiæ de Ikham tanquam ex una parte, et dictum sacerdotem ex altera parte, super institutione sua, quod bene et salve gubernentur et custodiantur ad usum dictæ cantariæ; cujus una pars ponatur in dictam cistam ferro ligatam, et altera pars penes dictum sacerdotem remaneat. Quorum custodum cum aliquis obierit, ordino et constituo, quod dictus sacerdos infra diem naturalem, vel quamcitius potuerit cum ejus obitum sciverit, dicat pro anima ejus vigilias mortuorum; in die vero sepulturæ ejusdem missam peculiarem, et per sequentem ebdomadam memoriam habeat specialem. Item: volo et ordino unam indenturam hujus ordinationis et formæ, post decessum meum, hæredibus et assignatis meis continue remanere, alteram vero in manibus custodum ecclesiæ prædictæ ut prædicitur, et solam earum copiam sacerdos prædictæ cantariæ penes se habebit. Pro quibus omnibus inviolabiliter observandis, volo quod quilibet sacerdos jam institutus, vel instituendus imposterum, in dicta cantaria, coram loci ordinario, in institutione sua præstet juramentum corporale, quod istam ordinationem fideliter observabit, secundum formam præmissam, quo ad se singula observari permittatur. Potestatem tamen et auctoritatem addendi, vel augendi, et in competenciorem formam hanc ordinationem meam redigendi, tociens quociens expedire videbitur, dum vixero michi reservo.

---

[1] *labore*, om. MS.

26 LITERÆ

1220.
Copied into the Register 1393.
S. 10 a.

Letters of Honorius III. by which he grants the privileges of a Jubilee twice in each century to the Monastery of Christ Church, in

954.—COPIA CUJUSDAM BULLÆ DE ANNO JUBILEO CONCESSÆ VISITANTIBUS FERETRUM BEATI THOMÆ MARTIRIS, IN FESTO TRANSLATIONIS EJUSDEM ET PER QUINDECIM DIES SEQUENTES.

Honorius Episcopus, servus servorum Dei, venerabilibus fratribus Archiepiscopis et Episcopis et dilectis filiis, tam ecclesiasticis quam secularibus personis, salutem et Apostolicam benedictionem. Quanto venerabilis Martir Thomas modernis temporibus contra versucias antiqui hostis, qui Ecclesiam Dei impugnare non cessat, gloriosius triumphavit, et Cantuariensem Ecclesiam reddidit pretioso sui corporis sanguine decoratam, tanto, licet et nonnullis Sanctæ Romanæ

---

7 Aug. 1394.

S. 142 a.

King Richard II. writes to congratulate Archbishop Courtenay upon a miracle lately worked at the Shrine St. Thomas at Canterbury.

955.—LITTERA DOMINI REGIS GRACIOSA MISSA DOMINO ARCHIEPISCOPO, REGRACIANDO SIBI DE NOVO MIRACULO SANCTI THOMÆ MARTIRIS SIBI DENUNCIATO.

Tresreverent piere en Dieu et nostre trescher cosyn, nous vous saloioms tresovent dent[i]er coer, vous enfesauntz[1] savoir, qe a la fesaunce de cestes noz lettres nous estioms en bone sancte, merciez ent soit Nostre Seignour; et avoms tresgraunt desyr de trestout nostre coer davoir de vous sovent novelles semblables, des quex vous prioms cherement qacercer[2] nous vuillez de temps en temps, au plus sovent qe vous nous purrez bonement, pur nostre graunt comfort et singuler plesaunce. Si vous mercioms, trescher cosyn, tres parfaitement de coer de voz lettres, et avons[3] presentement envoyez, et par especial, qen si

---

[1] *ensauntz*, MS.
[2] probably for *certifier*
[3] *qe a nous?*

Ecclesiæ Pontificibus translatio ejusdem fuerit affectata, et Sancta Cantuariensi Ecclesia pro tempore demandata, non potuit tamen ante adimpleri, quod quidem disposissioni divinæ ascribamus non humanæ. Annus quinquagesimus jubileus est, jubileus remissionis,[1] *remissionis*[2] interpretatur, sicut enim in lege anno jubileo onera et servitutes consueverunt populo remitti, sic etiam in anno jubileo, cum quindecim dierum spatio translationis ipsius Martiris, onera pœnitentium remittuntur. Ideoque universitatem vestram monemus, per Apostolica vobis scripta mandantes, quatinus ob reverentiam Dei et ejusdem Martiris privilegia nostra et indulgentias servetis. Data Laterani, anno pontificatus nostri quinto.

commemoration of the passion and the translation of St. Thomas of Canterbury.

955.

Very reverend father in God and our very dear Cousin, we greet you continually with our whole heart, letting you to wit that at the time of writing of these our letters we were in good health, Our Lord be thanked therefor ; and we greatly with all our heart desire to often hear similar news of yourself; as to which we heartily pray you to certify us from time to time as often as you can, for our great comfort and particular pleasure. Also we thank you, very dear cousin, from our heart, for your letters which you have just sent to us, and specially that so speedily you have informed us of the miracle which now of late has occurred in your church, at the holy

---

[1] *remissiomonis*. MS.   [2] *remissimus*, MS.

bref nous avetz certefiez du miracle quore tarde avint en vostre esglise au seynt feretre du glorious Martir Seint Thomas, et avoms [de ce qe] nous est arrive tresgraunt et excellent cause, et nous et vous, de ent mercier lui Haut Soverayne Mostre des miracles, qui ceste miracle ad pleu monstrer en noz temps, et en une persone estraunge, sicome pour extendre as parties estraungez et lointeines la gloriouse [renommée][1] de son[2] verray martyr susdit. Nous semble parmi ce, qe nous sumes treshautement tenuz de luy loer, et ent rendre merciz et gracez, et si le voiloms faire parmi sa grace de nostre ent(ier) poer, sauncz feintise ; especialment vous empriauntz qe paraillement de vostre part[3] le vuillez faire, a honur de luy de qui sourde tout bien et honur, et au bone example de touz voz subgestez. Et verrament, treschier cosyn, nous avoms tresparfait esperaunce qen temps de nous et de vous, serront noz noblez et seyntes predecessours plus glorifiez qe devant longe temps nont estez, dont la cause verisemblable qe nous moeve est celle, qen noz temps, cest assavoir de present, noz foie et creaunce ount plusours enemys qe de temps hors de memorie navoient, les quex par la mercie de Jhesu Crist et ces gloriousez miracles serront, a ce qe nous creoms, de lours errours convertyz a voie de salue ; celui Dieu de sa haute puissaunce lottroie a la glorie de luy et de toutz seyntz, et la salvacioun de soen poeple universele. Treschier cosyn, de voz novellez,[4] et de tout quantque vous vorrez auxi devers vous, nous certifiez pur nostre amour ; sachantz qe nous vorroms tresvoluntiers faire tout ce qa honur vous purrez[5] trover et plesir. Et le Seynt Esprit vous eit en sa garde. Done souz nostre signet a nostre Chastell de Corfe le vij. jour Daugst.

---

[1] *renommée*, om. MS.
[2] *deison*, MS.
[3] *fait*, MS.
[4] *vous vouellez*, MS.
[5] *purra*, MS.

shrine of the glorious Martyr St. Thomas; and we have most excellent cause, in view of what has happened to us, both we and you, to thank for it the High Sovereign Worker of Miracles, who has deigned to work this miracle in our days, and upon a foreigner, as though for the purpose of spreading to strange and distant countries the glorious fame of his very martyr abovesaid. It seems to us, that in the circumstances we are strictly bound to praise him and to offer for it gratitude and thanks, which we accordingly desire to do by his grace with all our power and unfeignedly; praying you especially that, for your part, you will equally do the same, to the honour of him from whom spring all profit and honour, and for a good example to all your dependents. And verily, very dear cousin, we have a very complete hope, that in our and your time our noble and holy predecessors will be more glorified than they have been for a long time; and the probable cause which moves us to this opinion is this: that in our days, that is to say in the present day, our faith and belief have many more enemies than they ever had time out of mind, who, by the mercy of Jesus Christ and by the exhibition of these miracles, will be, as we believe, converted from their errors to the way of salvation; which may God by his high power fulfil, to his glory, and to the glory of all Saints, and the salvation of all his people. Very dear Cousin, inform us, for the love you bear to us, of your news, and of whatever also you wish on your behalf; being assured that we will most gladly do whatever you can find to be for your honour and pleasure. And the Holy Spirit have you in his keeping. Given under our private seal at our Castle of Corfe the 7th day of August.

31 Aug. 1394.
S. 14 b.

956.—LITTERA MISSA DOMINO PRIORI, ETC. PRO PROCESSIONIBUS FACIENDIS PRO REGE ET EJUS EXERCITU.

The Archbishop requires the Chapter to make processions and to offer prayers for the success of King Richard II. and his army in their expedition to Ireland.

Willelmus permissione divina Cantuariensis Archiepiscopus, etc. dilecto in Christo filio Priori Ecclesiæ Christi Cantuariensis, salutem, gratiam, et benedictionem. Supremi Regis providentia, mirabili potestate, acies cunctorum dirigens nationum, roborans animos, docens manus ad prœlium et digitos electorum ad bellum, suam omnipotenciam manifestans quos vult subjicere subjicit, et quibus vult victoriam impertitur. Hæc igitur considerans, excellentissimus in Christo princeps et dominus noster, Dominus Ricardus Dei gratia Rex Angliæ et Franciæ illustris ac Dominus Hiberniæ, plus de supernæ virtutis assistencia quam de terrena potestate confidens, nos, in suo recessu versus partes Hiberniæ, humili et sincero corde rogavit, quatinus apud Altissimum pro eo preces in nostra Cantuariensi Ecclesia, per nos et fratres nostros, fundere dignaremur. Cum itaque Dominus noster Rex dictam Ecclesiam habeat in intimo recommissam, injungimus et mandamus, quatinus pro graciosa expeditione ejusdem Domini Regis et sui exercitus processiones solemnes, cum solita decantatione letaniæ, singulis quartis et sextis feriis in dicta nostra Ecclesia faciatis; inducentes etiam, ex parte Domini Regis et nostra, omnes et singulos monachos ipsius Ecclesiæ nostræ, ut eundem Dominum Regem et ejus exercitum in missis et aliis orationibus habeant specialiter commendatos. Et ut mentes monachorum ipsius Ecclesiæ nostræ et aliorum fidelium civitatis nostræ Cantuariæ ad orandum pro Domino Rege et comitatu cum eo per indulgentiarum numera propencius excitemus, de Omnipotentis immensa misericordia, et Beatissimæ Mariæ Virginis suæ matris, ac Beatorum Petri et Pauli Apostolorum, Sanctorumque Elphegi et Thomæ Martirum, patronorum nostrorum, nec non omnium Sanctorum meritis et precibus confidentes, omnibus et singulis prædictis, de peccatis suis vere pœnitentibus et confessis, qui præfatum Dominum Regem et exercitum suum in missis seu aliis orationibus Altissimo commendaverint quadraginta dies, auctoritate nostra, et alios quadraginta dies indulgentiæ, auctoritate nostra apostolica nobis in hac parte concessa, concedimus per præsentes. Datum in manerio nostro de Maydestan, ultimo die mensis Augusti, anno Domini M°CCC° nonagesimo quarto, et translacionis nostræ anno terciodecimo.

957.—DE LIBERTATE JOHANNIS FILII THOMÆ COLMAN DE WADDON.

1 July 1395.

Omnibus Christi fidelibus præsens scriptum visuris vel audituris, Willelmus permissione divina Cantuariensis Archiepiscopus, etc., salutem. Cum Johannes, filius Thomæ Colman de Waddon, sit nativus noster et pertinens ad manerium nostrum prædictum, quod quidem manerium nuper adquisivimus nobis et successoribus nostris de Priore et Conventu de Bermundeseye in Comitatu Surreyiæ, licencia Domini Regis inde prius gratis optenta; noveritis nos prædictum Johannem filium Thomæ Colman de Waddon, quantum in nobis est, liberum fecisse, et ipsum cum tota sequela sua procreata et procreanda ab omni jugo servili, pro nobis et successoribus nostris, absolutum esse et quietum per præsentes declaramus imperpetuum. In cujus rei testimonium præsentibus sigillum nostrum est appensum. Data apud Croidone, in octabis Nativitatis Sancti Johannis Baptistæ, anno regni Ricardi secundi decimonono.

Archbishop Courtenay, having by an exchange with Bermondsey Abbey acquired the manor of Waddon, immediately manumits a bondman whom he finds attached to the manor.

(1395.)
S. 20 b.

958.—SUPPLICATIO PRIORIS ET CONVENTUS EXCELLENTISSIMO REGI RICARDO SECUNDO ANGLIÆ, PRO CORRODIIS ET SUSTENTATIONIBUS PERDONANDIS.

The Chapter of Christ Church, having voluntarily, but at the request of the King's ancestors, granted two corrodies to nominees of successive Kings, petition Richard II., explaining the voluntary nature of the grants, and protesting against the assumption that the Kings have any right to nominate their servants to these corrodies.

Supplient humblement voz povres oratours le Priour et Covent de Cricherche de Cantorbirs, queux sount de vostre patronage, et del fundacioun de voz tres nobles progenitours, que Dieux assoille; que come les predecessours de ditz suppliauntz, al requeste de voz tresnobles progenitours, avaunt cestes heures ount donez et grauntez as diverses gentz severalment deux corrodiez a prendre de dite Esglise, cest assavoir, un de pensioun de xx. marcs a prendre annuelment en moneie, et un aultre une sustentacioun dun homme, quel ascun an soi(t) extent al value de v. marcs, et ascun an a viij. marcs, et a la pluys haut a x. marcs, come chierte des vitailles survient. Sur quoi, vostre tresnoble aiel, que Dieux assoille, pur la graunt devocioun qil avoit al gloriouse Martir Seint Thomas en la dite Esglise translate, et pur laffection qil avoit al reverent piere en Dieu Johan Stratford de bone memorie Ercevesqe de Cauntirbirs, par ses[1] lettres patentes graunta al Priour et Covent adonqe de mesme Lesglise, qe les donns et grauntz faitz de pensions, corrodies, ou sustentaciouns, dez ditz Priour et Covent, ou de lour predecessours, a prendre de lour dite Esglise, al requeste du dit aiel ou de ses progenitours, ne serroient de lors treiez[2] en custume ne consequence, ne qe mesmes les donns et grauntz serroient prejudicielx as ditz Priour et Covent, ne a lour successours, ne a lour dite Esglise; et qe les ditz Priour et Covent et lour successoures, encontre lour gree, ne serroient tenuz ne compelles grauntier ascunz tielx pensiouns, corrodies, ou sustentaciouns, a prendre de

---

[1] *ces*, MS.   [2] *tirez* ?

958

Your poor bedesmen the Prior and Convent of Christ Church in Canterbury, who are under your protection and owe their foundation to your most noble forefathers (whom God absolve) humbly pray ; that, whereas the predecessors of the said suppliants, by request of your most noble forefathers. in times past, have given and granted to divers persons, severally, two corrodies to be received from the said Church ; that is to say, one of them a pension of twenty marks to be annually received in money, and the other a maintenance for a man, which in some years is estimated to be of the annual value of five marks, and in others of eight marks, at the utmost of ten marks when provisions are dear. Wherefore your most noble grandfather (whom God absolve), through the great devotion which he felt towards the glorious Martyr St. Thomas, who is translated into the said Church, and through the affection which he bore towards the reverend Father in God John Stratford of happy memory Archbishop of Canterbury, by his letters patent conceded to the then Prior and Convent of the same Church, that the gifts and grants of pensions, corrodies, or maintenances, made by the said Priour and Convent or by their predecessors, to be received from their said Church, at the request of your said grandfather or of his forefathers, should not thenceforth be repeated as a custom or succession ; and that the said gifts and grants should not be prejudicial to the said Prior and Convent, nor to their successors, nor to their said Church ; and that the said Prior and Convent and their successors should not be bound or compelled

dite Lesglise, al requeste de vostre dit aiel ou sez heirs, come en les ditez lettres patentes de indempnite est contenuz plus a pleyn. Nientmeyne vostre dit aiel, apres les ditz lettres patentes de indempnite, envoia a Robert jadis Priour de dite Esglise pur graunter a Nicholas Wayte le corrodie del sustentacioun avauntdite, et puys la mort le dit Nicholas vostre dit aiel envoia a Richard nadgaire Priour del dite Esglise pur graunter a soun vadlet Johan Kent, quel Johan unqore est en pleyn vie, le dite corrodie del sustentacioun avauntdite, et auxi a Johan Herlyns la pensioun de xx. marcs susdite a prendre annuelment del dite Esglise; les queux Nicholas, Johan, et Johan, a sa requeste, furent a ceux reseux. Et puys la mort le dit Johan Herlyns vous, treshaute et tresexcellent Seignour, envouistez voz tresgraciouses lettres a Johan nadgairs Priour del dite Esglise pur graunter a Lambert Fermor la pensioun de xx. marcs susdite a prendre annuelment de dite Esglise, quel Lambert a vostre requeste fuist a ceo rescieu, encountre le tenour des dites lettres patentes de indempnite. Pur quoi, plese a vostre treshaute tresexcellente et tresredoute seignourie graunter, pur vous et vos heires, as ditz suppliauntz et a lour successours, qe les dites donns et grauntz faits de les ditz pensiouns, corrodies, et sustentaciouns, des ditz suppliauntz et lour predecessours a prendre de lour dite Esglise, al requeste de vostre dit aiel et ses progenitours, ou de vostre tresexcellente persone, ne soient desore avaunt treie en custume ne consequence; ne qe les ditz donns et grantz soient prejudiciels en temps a venir as ditz suppliaunts, ne a lour successours, ne a lour dite Esglise; et qe les ditz suppliaunts et lour successours desore enavaunt ne soient tenuz, artes, ne compelles, doner, graunter, ne paier, les ditz pensiouns, corrodies, et sustentaciouns, ne nulles aultres liveresouns a prendre de dite Esglise, al requeste, instaunce, ou commaundement, de vous ou voz heirs; mais qils,

against their will to grant any such pensions, corrodies, or maintenances, to be received from the said Church, at the request of your said grandfather or his heirs; as is more fully contained in the said letters patent of indemnity. Notwithstanding this, your said grandfather sent an order to Robert formerly Prior of the said Church, to grant to Nicholas Wayte the maintenance-corrody aforesaid, and since the death of the said Nicholas your said grandfather sent an order to Richard late Prior of the said Church to grant the said corrody of maintenance to his servant John Kent, which John is still alive; and still farther (to grant) to John Herlyns the above-named pension of twenty marks, to be received yearly from the said Church; which Nicholas, and John, and John, were received into these situations at his request. And since the death of the said John Herlyns you yourself, most exalted and most excellent Lord, sent your most gracious letters to John late Prior of the said Church, (requiring) him to grant to Lambert Fermor the aforesaid pension of twenty marks, to be received yearly from the said Church; which Lambert at your request was admitted to this pension, contrary to the tenor of the said letters patent of indemnity. Wherefore may it please your most exalted, most excellent, and most dread Lordship to grant, on behalf of yourself and your heirs, that the said gifts and grants made of the said pensions, corrodies, and maintenances, by the said suppliants and their predecessors, to be received from their said Church, at the request of your said grandfather and his forefathers, or of your own most excellent self, may not henceforth be repeated as a custom or succession; and that they may not be prejudicial in time to come to the said suppliants, nor to their successors, nor to their said Church; and that the said suppliants and their successors, from this time forth, may not be bound, urged, or compelled, to give, grant, or pay the said pensions, corrodies, and maintenances, nor any other allowance, to be received from the

et lour successours, et lour dite Esglise, desore enavaunt soient outrement quitz et deschargez perpetuelment de les ditz pensiouns, corrodies, et sustentaciouns, et aultres quiconques pur resonable fyn ent affaire ove vostre tressage consaill, et nient obstaunt ascun droit, possessioun, title, ou patronage de dite Esglise de vous ou voz progenitours en avant cestes heures ; pur Dieu, et en oeuvre de chartre.[1]

---

14 July 1395.
S. 21 b.

960.—CARTA REGIS SUPRADICTI DE CORRODIIS ET PENSIONIBUS DE CETERO NON DANDIS GRACIOSE CONCESSA AD SUPPLICACIONEM PRIORIS THOMÆ CHILLENDENNE ET CONVENTUS UT SUPRA NOTATUR.

The King's charter exempting the Chapter from any compulsion in the matter of the corrodies described in the foregoing petition.

Ricardus Dei gratia Rex Angliæ et Franciæ et Dominus Hiberniæ, omnibus ad quos præsentes litteræ pervenerint, salutem. Sciatis quod cum aliqui prædecessorum dilectorum nobis in Christo Prioris et Conventus Ecclesiæ Christi Cantuariensis duo corrodia diversis personis, separatim, de domo sua prædicta percipienda, unum videlicet quandam annuam pensionem viginti marcarum in moneta, et aliud [2] quandam annuam sustentacionem unius hominis (valorem decem marcarum minime excedentem), ad rogatus progenitorum nostrorum quondam regum Angliæ, dedissent et concessissent, ac postmodum Dominus E., nuper Rex Angliæ avus noster, ob specialem affectionem quam ad gloriosum Christi Martirem Sanctum Thomam, cujus corpus in Ecclesia prædicta est translatum, necnon ob dilectionem sinceram quam ad personam venerabilis patris Johannis tunc Archiepiscopi Cantuariensis, suis meritis exigentibus, obtinuit, vo-

---

[1] sic MS. | [2] *aliam*, MS.

said Church, at the request, instance, or commandment of you or of your heirs; but that they, and their successors, and their said Church, from henceforth, may be utterly quit and perpetually discharged from the said pensions, corrodies, and maintenances, and from all others, in consideration of some moderate fine to be settled with your most learned counsel; any right, possession, title, or patronage of the said Church, (claimed) by you or your forefathers aforetime, notwithstanding; for God's sake and in the way of charity.

---

lens Ecclesiam ipsius Archiepiscopi prædictam, ac Priorem et Conventum ibidem gracioso favore prosequi, et indempnitati eorundem providere, concessisset, pro se et hæredibus suis, quod concessiones per Priorem et Conventum loci prædicti, seu eorum prædecessores, de aliquibus pensionibus, corrodiis, aut sustentationibus, de domo prædicta quocumque modo percipiendis, ad rogatus progenitorum ipsius avi nostri aut suos, non traherentur in consuetudinem seu consequenciam, nec eorundem Prioris et Conventus, aut successorum suorum, seu domus suæ prædicte, extunc cederent in præjudicium aliquo modo, nec quod iidem Prior et Conventus aut successores sui ad hujusmodi pensiones, corrodia, seu sustentaciones, de domo sua prædicta percipienda, aliquibus, ad rogatus ejusdem avi nostri vel hæredum suorum, contra voluntatem suam concedendas seu inveniendas, extunc compellerentur seu tenerentur; salvo semper jure ipsius avi nostri quod sibi competiit in hac parte, prout in litteris ipsius avi nostri patentibus inde confectis plenius continetur. Subsequenter, non obstante dicta concessione ipsius avi nostri de indempnitate hujusmodi, Nicholaus Waite defunctus, et Johannes Kent adhuc superstes, successive ad prædictum corrodium sustentacionis unius hominis, et Johannes

Herling ad prædictum corrodium pensionis viginti marcarum, ad rogatum ipsius avi nostri, ac post mortem prædicti Johannis Herling Lambertus Fermor ad prædictum corrodium pensionis viginti marcarum de domo prædicta annuatim percipiendæ, ad rogatum nostrum, per Priorem et Conventum loci prædicti pro tempore existentes admissi fuerunt et recepti; nos ob sinceram devotionem quam ad prædictum gloriosum Martirem Sanctum Thomam in Ecclesia prædicta, quæ de fundacione progenitorum nostrorum et nostro existit patronatu, ut præmittitur translatum, ac specialem affectionem quam ad Ecclesiam prædictam, eo præcipue quod carissimus dominus et pater noster in eadem Ecclesia est sepultus, gerimus et habemus; necnon pro eo quod Prior et Conventus loci prædicti, et successores sui imperpetuum, utrumque festum Sancti Edwardi Regis et Martiris, videlicet, martirii ejus et translationis, singulis annis, in Ecclesia prædicta, tanquam festa principalia, cum omnibus solempnitatibus in festis principalibus in dicta Ecclesia consuetis, tenebunt, observabunt, et celebrabunt; idemque Prior seu alius qui missam principalem in utroque festorum prædictorum celebrabit, immediate post orationem de die, quandam orationem pro salubri statu nostro et prosperitate regni nostri, et quandam aliam orationem sive collectam pro anima Annæ nuper Reginæ Angliæ, consortis nostræ, durante vita nostra (cujus quidem consortis nostræ anniversarium iidem Prior et Conventus singulis annis tenendum ante hæc tempora sunt astricti) et post decessum nostrum unam orationem tantum pro anima nostra et anima ipsius consortis nostræ, solempniter dicet; dicti insuper Prior et Conventus et successores sui, post decessum nostrum in anniversario nostro, separatim ab anniversario ipsius consortis nostræ tenendo, singulis annis tot grossos de moneta Angliæ, sive valorem eorundem, quot nos vixerimus annis pauperibus pro anima nostra et anima ipsius consortis nostræ, de bonis suis propriis, fideliter ministrabunt et erogabunt; volentes indempnitati et exoneracioni prædictorum Prioris et Conventus in hac parte graciose providere, de gratia nostra speciali, et ad supplicacionem prædictorum Prioris et Conventus, ac consideracione onerum prædictorum per ipsos sic imperpetuum faciendorum et inveniendorum, remisimus et relaxavimus, ac pro nobis et hæredibus nostris imperpetuum quietum clamavimus, præfatis Priori et Conventui et successoribus suis totum jus, statum, titulum, et clameum, quæ nos vel progenitores nostri habuimus, seu nos habemus, aut nos vel hæredes nostri habere potuerimus, in corrodiis, pensione, et sustentacione supradictis; et ipsos inde, pro nobis et hæredibus nostris, acquietamus, et exoneramus, ac penitus absolvimus per præsentes. Nolentes quod aliquæ concessiones per Priores et Conventum loci prædicti ante hæc tempora, de corrodiis, pensione, et sustentatione prædictis, aut aliis corrodiis, pensionibus, ve sustentacionibus quibuscumque, de domo sua prædicta percipiendis, ad rogatum nostrum seu progenitorum nostrorum, personis prædictis, aut aliquibus aliis personis in præsentibus litteris nostris minime nominatis, factæ, trahantur in consuetudinem, exemplum, seu consequenciam, aut eis vel domui suæ prædictæ cedant vel tendant in dampnum vel præjudicium aliqualiter in futurum; nec quod iidem Prior et Conventus vel successores sui ad corrodia, pensionem, seu sustentacionem prædicta, aut ad aliqua alia corrodia, pensiones, seu sustentaciones, de domo sua prædicta percipienda, alicui personæ, seu aliquibus personis, ad rogatum, instanciam, vel mandatum nostrum, vel hæredum nostrorum, quoquo modo concedenda, sive invenienda, compellantur, artentur, sive teneantur; set quod iidem Prior et Conventus et successores sui prædicti de prædictis duobus corrodiis, pensione, et sustentacione ac aliis corrodiis, pensionibus, et sustentacionibus hujusmodi, quieti sint et exonerati imperpetuum; non obstante quod Ecclesia prædicta de fundacione progenitorum nostrorum, et nostro patronatu, ut præmittitur existit; aut eo quod corrodia, ac pensio, et sustentacio prædicta, personis prædictis, aut aliis quibuscumque, ad rogatum nostrum vel dictorum progenitorum nostrorum, concessa fuerint, aut etiam concedi deberent de consuetudine, vel de jure; seu eo quod personæ prædictæ, aut aliquæ aliæ personæ hic non specificatæ, ad corrodia, pensionem, et sustentacionem prædicta, admissæ fuerint vel receptæ. In cujus rei testimonium has litteras nostras fieri fecimus patentes. Teste meipso apud Westmonasterium, quartodecimo die Julii, anno regni nostri decimonono.

Per ipsum Regem.

7 July 1395.
S. 22 b.

960.—Obligatio Prioris et Conventus pro duobus festis Sancti Edwardi, videlicet, quod sicut festa principalia singulis annis imperpetuum celebrentur.

In recompense for the favours granted by the preceeding Charter, the Prior and Chapter agree to perform religious services for the King's benefit.

Excellentissimo domino nostro Domino Ricardo Dei gratia Regi Angliæ, etc. vestri servientes et oratores humillimi, Thomas Prior et Conventus Ecclesiæ Christi Cantuariensis, cum subjectione omnimoda quicquid potuerimus reverentiæ et honoris. Placuit omnipotentis Dei misericordiæ vestris temporibus, per magnitudinis vestræ excellentiam, Cantuariensem Ecclesiam exaltari, pro quo et nos, sicut tenemur ita desideramus, paraciores inveniri uberiores proinde Deo gratiarum actiones referre. Licet autem juxta merita celsitudinis vestræ, prout cupimus, non possumus respondere, id tamen modicum quod valemus prosequi decrevimus in præsenti. Sane de communi voluntate et assensu omnium nostrorum concedimus, pro nobis et successoribus nostris quod singulis annis imperpetuum utrumque festum Sancti Edwardi Regis et Martiris, videlicet, martirii ejus et translationis, in Ecclesia nostra Cantuariensi, tanquam festa principalia, cum omnibus solempnitatibus in festis principalibus in dicta Ecclesia consuetis, tenebimus, observabimus, et celebrabimus. Ita quod nos Prior et successores nostri Priores dictæ Ecclesiæ, seu alius qui principalem missam in utroque festo dicti Sancti celebrabimus, sive celebrabit, immediate post orationem diei, etc., etc.[1]

In cujus nostræ concessionis et promissionis testimonium atque fidem has litteras nostras patentes communi sigillo nostro fecimus communiri, et in martilogio nostro transcriptas annotari curavimus, ut in die obitus vestri revoluto in Capitulo recitentur. Data in domo nostro capitulari Cantuariensi, septimo die mensis Julii, anno Domini M°CCC° nonagesimo quinto, et anno regni vestri decimonono.

961.—Concessio Capituli Domino Willelmo Courtenay Cantuariensi Archiepiscopo de Cantaria et Aliis Beneficiis Subscriptis.

1 Nov. 1395.

L. 23 a.

Universis ad quos præsentes litteræ pervenerint, Thomas Prior et Capitulum Ecclesiæ Cantuariensis, salutem in Domino sempiternam. Noverit universitas vestra, eo quod placuit omnipotentis Dei misericordiæ Ecclesiam Cantuariensem, temporibus reverendissimi in Christo patris et domini nostri Domini Willelmi Courtenay Archiepiscopi nostri Cantuariensis, etc., per suæ magnitudinis præsentiam, exaltari; præcipue in hiis, quod idem reverendissimus et pius pater nobis et Ecclesiæ suæ Cantuariensi benignus et toto tempore suo benevolus fuerit, devotus, et modestus;[2] ac etiam in vita sua ecclesiam parochialem de Mepham, collationis suæ ac Cantuariensis jurisdictionis immediatæ, sumptibus suis et expensis elemosinariæ Ecclesiæ suæ Cantuariensis, ad usum monachorum ejusdem Ecclesiæ

The Chapter, reciting all the benefits which Archbishop Courtenay has conferred upon the Church of Canterbury, found a daily mass for him.

---

[1] As in the foregoing letters patent.   [2] *modustus*, MS.

infirmorum, annexuit et reintegravit. Item: ad muros clausuræ Ecclesiæ suæ Cantuariensis ducentas sexaginta sex libras tresdecim solidos et quatuor denarios contulit. Item: novas cameras sive coquinas cum pertinenciis suis in infirmaria Ecclesiæ suæ Cantuariensis, suis sumptibus, scilicet, centum triginta et tres libris sex solidis et octo denariis, de novo fieri fecit et construxit. Item: novam fenestram vitream in navi Ecclesiæ suæ Cantuariensis in honore Sancti Elphegi de novo fecit fieri suis sumptibus et expensis, scilicet, precio viginti librarum. Item: unam novam panam claustri Ecclesiæ suæ Cantuariensis, ad sumptum trecentarum librarum et ultra, reparavit. Item: unam ymaginem Sanctæ Trinitatis preciosiorem, cum sex Apostolis argenteis et nobiliter deauratis, ad tabulam summi altaris Ecclesiæ suæ Cantuariensis donavit; quæ quidem ymagines ad valorem ducentarum quadraginta librarum appreci antur in præsenti. Et ultra ista idem reverendissimus pater unam capam preciosam et sumptuosam, scilicet, trecentarum librarum et ultra, cum una bulla indulgentiarum xxv. annorum ciiij dierum in certis festivitatibus, prout in eadem bulla plenius continetur, tempore sanctissimi in Christo patris et domini Domini Bonifacii Papæ noni, in vigilia Omnium Sanctorum anno Domini M°CCC. nonagesimo quinto ad Ecclesiam suam Cantuariensem destinavit. Ultra ista, ad fabricam navis Ecclesiæ suæ Cantuariensis mille libras,[1] a Domino Ricardo illustrissimo Rege Angliæ et aliis amicis, quæ[2] mille marcæ fideliter solutæ fuerant quas impetravit sumptibus, suis scilicet centum marcarum, sua industria procuravit. Plura alia tempore suo fecit, pro quibus omnibus, licet juxta merita celsitudinus ejusdem reverendissimi patris prout cupimus non possumus respondere, id tamen modicum quod valemus prosequi decrevimus in præsenti. Sane, de

---

[1] *marcas?*   [2] *quem*, MS.

communi voluntate et assensu omnium nostrorum, eidem reverendissimo in Christo patri et domino nostro Archiepiscopo antedicto, devoto corde et mente jocunda, concedimus, pro nobis et successoribus nostris, quod duo monachi, scilicet Magistri infirmorum Ecclesiæ suæ Cantuariensis, qui sunt et pro tempore fuerint, ipsi, et uterque eorum, missis suis unam collectam specialem, scilicet, *Rege quæsumus Domine famulum tuum, etc.* quolibet die quamdiu in hac vita fuerit, et cum ab hac luce migraverit orationem *Deus qui inter apostolicos sacerdotes famulum tuum Willelmum, etc.* specialiter dicent; hoc etiam faciet in vita sua[1] et in morte quilibet monachus infirmus Ecclesiæ suæ Cantuariensis si contingat eos, seu aliquem illorum, missam celebrare, perpetuis temporibus duraturum. Item: volumus et concedimus, pro nobis et successoribus nostris, quod die obitus dicti reverendissimi patris, ultra omnes alias orationes et missas cuicumque domino nostro Domino Archiepiscopo Cantuariensi qui pro tempore fuerit in Ecclesia Cantuariensi a nobis debitas[2] et hactenus consuetas, quod quilibet monachus, et sacerdos, Ecclesiæ Cantuariensis sex missas speciales pro anima dicti reverendissimi patris celebret; ceteri monachi inferioris gradus duo psalteria[3] dicent tunc devote. Insuper volumus et concedimus, pro nobis et successoribus nostris imperpetuum, quod singulis annis die anniversarii dicti patris fiat servicium ita solempne pro eo, cum omnibus requisitis, sicut pro bonæ memoriæ Roberto de Wynchelese quondam Archiepiscopo Cantuariensi, consuevit. Et quilibet etiam monachus, sacerdos, Ecclesiæ Cantuariensis die anniversarii sui unam missam celebret; ceteri psalmos dicent quinquaginta. Præterea concedimus, pro nobis et successoribus nostris, eidem reverendissimo patri unam cantariam perpetuam, pro se, et recolendæ

---

[1] *vestra,* MS.
[2] *debitæ,* MS.
[3] *spalteria,* MS.

memoriæ patre, matre, fratribus, et sororibus, et aliis amicis suis; quæ cantaria pro perpetuo tenebitur, et fideliter observabitur, sub eisdem modis et formis quæ sequuntur: scilicet, quod duo monachi, sacerdotes, Ecclesiæ Cantuariensis, per Priorem et Capitulum ejusdem Ecclesia qui pro tempore fuerint ad eandem cantariam eligantur [et] præficiantur, [et] removeantur et alii in eorum locum subrogantur, quando et quociens eisdem Priori et Capitulo qui pro tempore fuerint visum fuerit expedire; prout ceteri officiarii per dictum Priorem et Capitulum eligi, præfici, amoveri, et subrogati, solitum est fieri temporibus retroactis. Celebrabunt etiam dicti duo monachi, sacerdotes, alternis septimanis specialiter pro salubri statu dicti reverendissimi patris quamdiu in hac vita vixerit, cum oratione *Rege quæsumus Domine famulum pontificem nostrum,* et cum oratione *Fidelium Deus omnium, etc.* pro patre, matre, fratribus, et sororibus, et aliis amicis dicti reverendissimi patris; et cum dictus pater diem suum clauserit extremum, post orationum de missa sua, orationem *Dominus qui inter apostolicos sacerdotes famulum tuum Willelmum, etc.* pro anima dicti patris, et orationem fidelium pro animabus antedictis, dicent monachi sacerdotes sic celebrentes, perpetuis temporibus duraturum. Et quia officium in Ecclesia Cantuariensi nulli debet esse de cetero onerosum, volumus et concedimus, pro nobis et successoribus nostris, quod uterque dictorum monachorum sic celebrantium de nobis, Priore et Capitulo, quadraginta solidos percipiet annuatim, quousque de eis per nos aliter provisum fuerit de salario meliori. Et ut hæc nostra concessio magis memoriæ commendetur, eandem in nostro martilogio fecimus annotari, ut in die anniversarii sui, singulis annis, in domo nostra capitulari, frequentius recitetur. In cujus rei testimonium sigillum nostrum commune præsentibus apponi fecimus. Data in domo nostra capitulari, primo die Novembris, anno Domini millesimo CCC⁰ nonagesimo quinto, anno vero regni Regis Ricardi secundi Angliæ decimonono.

962.—Copia Bullæ Domini Bonifacii IX^i quam perquisivit Dominus W. Courtenay Cantuariensis Archiepiscopus, pro fundacione Collegii Omnium Sanctorum de Maydyston.

25 July 1395.

S. 27 a.

Bonifacius servus servorum Dei, venerabili fratri Willelmo Archiepiscopo Cantuariensi, salutem, et Apostolicam benedictionem. Humilibus et honestis supplicum votis, illis præsertim per quæ divinus cultus augeri valeat, libenter annuimus, illaque favoribus prosequimur oportunis. Exhibita siquidem nobis nuper pro parte tua petitio, continebat quod tu, de propria salute recogitans, et cupiens transitoria in æterna, et terrena in cœlestia felici conversione commutare, ad ejusdem cultus augmentum, parochialem ecclesiam de Maydeston, tuæ Cantuariensis diœcesis, cujus fructus et redditus et proventus ducentarum marcarum sterlingorum, secundum communem æstimationem, valorem annuum, ut asseris, non excedunt, in collegiatam erigere, et inibi collegium unius Magistri, qui curam dilectorum filiorum parochianorum ejusdem ecclesiæ exercere pro tempore teneatur, ac caput ejusdem collegii existat, necnon Capellanorum et Clericorum usque ad viginti quatuor personarum, vel alium de quo tibi videbitur numerum, instituere, ipsamque ecclesiam tam sufficienter dotare, de bonis ratione personæ tuæ ad te pertinentibus, ac etiam unicuique per te licite adquisitis et adquirendis, desideras, quod computatis illis, ac etiam prædictis fructibus, redditibus, et proventibus, ejusdem ecclesiæ Magister, Capellani, et Clerici prædicti, cum personis ad ipsorum et dictæ ecclesiæ obsequia necessariis, poterunt decenter pro tempore sustentari, ac incumbentia eis onera supportari. Quare pro parte tua nobis fuit humiliter supplicatum, ut tibi

Bulla of Boniface IX., by which he sanctions the project of Archbishop Courtenay of converting the parish church of Maidstone into a collegiate church endowed with revenues capable of supporting twenty-four members.

dictam ecclesiam in collegiatam erigendi, et inibi collegium hujusmodi instituendi, licenciam concedere, et alias in præmissis salubriter providere, de speciali gratia dignaremur. Nos igitur, qui eundem cultum augeri intensis desideriis affectamus, hujusmodi supplicationibus inclinati, tibi ut cedente vel decedente filio Rectore ejusdem ecclesiæ qui nunc est, vel alias etiam ipsam quomodolibet dimittente, dummodo eorum quorum interest ad id accedat assensus, absque præjudicio et onere matricis Ecclesiæ, necnon cujuscumque alterius; prædictam parochialem ecclesiam et collegiatam erigendi, et inibi hujusmodi collegium faciendi pro uno Magistro et totidem Capellanis et Clericis usque ad prædictum viginti quatuor, seu alium de quo tibi videbitur numerum, ut præmittitur, instituendi, et etiam hujusmodi fructus, redditus, et proventus, ejusdem parochialis ecclesiæ, ad te, ratione personæ tuæ spectantibus, necnon bonis aliis per te unicuique adquisitis et etiam adquirendis licite, tamen, ut præfertur, augendi, adeo quod ipsi Magister, ac Capellani, et Clerici, quos, usque ad hujusmodi viginti quatuor seu alium de quo tibi videbitur numerum, in ipsa parochiali ecclesia institueris, decenter vivere, necnon hujusmodi onera eis incumbentia congrue supportare possint et[1] debeant; ac etiam statuendi et ordinandi ea quæ circa hujusmodi collegium statuenda et ordinanda fuerint; ac etiam modum vivendi ipsorum Magistri, Capellanorum, et Clericorum, similiter per te statuendi et ordinandi, tenore præsentium, plenam et liberam, auctoritate apostolica, concedimus facultatem. Volumus etiam, et auctoritate prædicta de uberioris dono gratiæ decernimus, quod si eandem parochialem ecclesiam in collegiatam erigi, et hujusmodi viginti quatuor seu alium de quo tibi videbitur numerum, institui per te contingat, ut præfertur, Magister pro

---

[1] *ut ?*

tempore ejusdem ecclesiæ, per te in collegiatam erigendæ, quodcunque aliud beneficium ecclesiasticum, etiam si dignitas personatus, vel officium cum cura vel sine cura, in metropolitana, vel cathedrali, aut collegiata ecclesia fuerit, et etiam si requirat personalem residentiam juratam, alias si canonice conferatur recipere, illudque cum magistratu ejusdem ecclesiæ per te in collegiatam erigendæ, ut præfertur, retinere, ac fructus, redditus, et proventus, ipsius beneficii, in eadem ecclesia per te in collegiatam erigendam, ut præfertur, residendo, cum ea integritate, cotidianis distributionibus duntaxat exceptis, percipere, cum qua illos perciperet si in beneficio seu ecclesia hujusmodi in qua dictum beneficium forsan fuerit pro tempore personaliter resideret, illosque, personis de quibus sibi videbitur, arrentare[1] aut [ad[2]] firmam concedere libere et licite pro tempore valeat; diocesani loci aut cujuscumque alterius super hoc consensu seu licencia minime requisitis. Quodque ad residendum in beneficio, seu ecclesia hujusmodi in qua dictum beneficium forsan fuerit, pro tempore minime teneatur, nec ad id, invitus, a quoquam valeat coartari; felicis recordationis Bonifacii Papæ octavi prædecessoris nostri, ac generalis Consilii, ac aliis apostolicis et provincialibus et sinodalibus constitutionibus, necnon statutis et consuetudinibus ipsius ecclesiæ in qua hujusmodi beneficium forsan fuerit, contrariis, juramento, confirmatione apostolica, vel quacumque firmitate alia roboratis, non obstantibus quibuscumque; et insuper exnunc irritum decernimus et inane si secus super hiis a quoquam, quavis auctoritate, scienter vel ignoranter, contigerit attemptari.[3] Nulli ergo omnium hominum liceat hanc paginam nostræ concessionis voluntatis et constitutionis infringere, vel ei ausu temerario contraire, si quis autem hoc attemptare præsumpserit, indigna-

---

[1] *arrendare*, MS.
[2] *ad*, om. MS.
[3] *attemptare*, MS.

tionem Omnipotentis Dei, et Beatorum Petri et Pauli Apostolorum ejus, se noverit incursurum. Datum Romæ apud Sanctum Petrum vij° kalendas Julii pontificatus nostri anno sexto.[1]

7 Sept. 1395.
S. 24 b.

963.—Acquietancia Domini Johannis Yongg Abbatis De Voto in Hibernia.

A receipt for three years of the pension of 13 marks due from the Abbey of Tynterne in Ireland to Christ Church, Canterbury.

Noverint universi per præsentes, nos Thomam permissione divina Priorem Ecclesiæ Christi Cantuariensis et ejusdem loci Conventum, recipisse, etc. venerabilibus et religiosis viris Domino Johanne Yonge, Abbate De Voto in Hibernia, et ejusdem loci conventu xxvj. libras bonæ et legalis monetæ, pro quadam annua pensione trium annorum ultimo elapsorum, nobis et Ecclesiæ nostræ debita. De quibus viginti sex libris fatemur nos fore solutum, dictosque Abbatem et Conventum de Voto, usque in datam præsentem, fore quietos per præsentes. In cujus rei, etc. Data in domo nostro capitulari, in vigilia Nativitatis Beatæ Mariæ, anno regni Regis Ricardi secundi post conquestum Angliæ nonodecimo.

(Aug.) 1396.
S. 34 a.

964.—Littera missa per Dominum Thomam Everard Regi Ricardo Angliæ, etc. sub sigillis Domini Archiepiscopi et Prioris et Capituli.

Archbishop Arundel

Excellentissimo ac Christianissimo Principi et domino nostro, Domino Ricardo Dei gratia Regi Angliæ,

---

[1] The papal bull is followed in the register by the formal ratification of the Prior and Chapter of Christ Church, and by a bond given by John Wotton, the first Master of the new College, securing to the Prior and Chapter an annuity of two hundred marks during the life of one Guy Mone, a clerk. The *consideration* given in exchange for this annuity is not stated, but a second bond follows, in which the Prior and Chapter acknowledge themselves bound to pay the same sum yearly to Guy Mone for the term of his life. He was the retiring rector of All Saint's, Maidstone.

etc. vestri humiles et devoti oratores ac ligei, Thomas Archiepiscopus Ecclesiæ vestræ Cantuariensis, ac Prior et Capitulum ejusdem, reverentias debitas, ac nostras personas et res ad beneplacita tanti Regis. Dum ad mentem revolvimus quot et quantis gratiis innata vestræ celsitudinis benignitas nos et vestram Cantuariensem Ecclesiam communivit, in qua religio Christiana regni vestræ Angliæ primitus inchoavit; et qualiter contra Lollardorum insultus, in exaltationem fidei catholicæ, resistencia magnificenciæ vestræ indies se murum defensionis opponit; dignum consideramus et debitum, cum ad condignam retributionem sufficere nequeamus, bonorum omnium Retributori preces pro vobis effundere non cessaremus;[1] et considerato mentaliter quot expensarum onera vestra regalis providentia, pro tranquillitate regni et Anglicanæ Ecclesiæ, necessario subiit, hinc et inde, bona quæ dictæ vestræ Cantuariensis Ecclesiæ sunt et nostra, quibus in vestris necessitatibus parcere non curabimus, in supportacionem tantorum onerum graciosæ vestræ offerimus majestati; humilimo supplicantes affectu, quatinus ipsam Ecclesiam et ejus ministros, divinis insudantes obsequiis, tam ob reverentiam Sancti Thomæ Martiris qui eam effusione sui sacri sanguinis consecravit, quam etiam ob amorem præcellentissimi Principis patris vestri defuncti, qui etiam ipsam Ecclesiam sua venerabili sepultura decorat, sub principali et graciosa protectione [vestra],[2] solita benignitate, suscipere dignemini commendatos. Munificenciam vestram conservet et dirigat Omnipotens in prosperitate votiva. Anno Domini M°CCC. nonagesimo sexto.

and the Chapter of Canterbury offer themselves and all their possessions for the service of the King, so completely that in the King's reply this letter is styled a lettre a la blonche chartre. *The offer seems to have been made with a view to the King's second marriage.*

---

[1] *cessemus*, MS. | [2] *restra*, om. MS.

965.—RESPONSIO REGIS SUPRADICTI.

(1396.)
L. 34 a.
The King's reply to the foregoing letter.

Tresreverent pere en Dieu nostre treschier cousin, et noz treschiers en Dieu, tressouvent vous saluons et dentier cuer. Et vous faisons savoir que vos lettres a la blonche chartre, a nous darrein envoiees, avons receu, et sibien ycelles come la credence a nous de vostre part, par nostre bien amez Danz. Thomas Everard reportee, tresbien entenduz. De lesquelles voz lettres, et de voz tresbonnes voluntees queles de voz tresloialx cuers vous avez tondis euz et avez devers nous, sicome tous voz predecessours ont de tout temps euz a noz progenitours et a nous, et especialment de ce que si franchement vous avez offert voz biens en eide de supportier noz expenses, queles vous quidez estre, sicome ils sont, grandes, nous vous mercions et remercions si tresentierment du cuer[1] come plus savons ou poons; fermement affiantz,[2] que ce que offert vous avez, et dassez plus si ce feusse en voz poairs, vous nous vorrez faire avoir quant requis ent serrez de par nous. Par les queles causes dessusdites, et par especial a la reverence de Dieu et pour nostre duetee, nous vous vorrons et vostre Eglise avoir tendrement recommendez, et monstrer a vous en quantque vous pourra toucher ou vostre dite Eglise, si bon seignurie come aucun de noz progenitours ad fait a nul temps. Et quant a la sustinance de la foie catholique et distruccion des dampnables opinions, si nul les soient fesantes au contraire de nostre creance, nous volons en apres, sicomme tondis avons nous fet a nostre poair, par la grace de Dieu, sanz feintise acquiter nostre devoir; et, le plus qe nostre Seigneur tout puissant nous accroistera de ses honnour et puissance, le plus nous pensons efforcer et mettre nostre peine de honnourer

---

[1] *duouer*, MS.   [2] *affrantz*, MS.

965.

Most reverend father in God our very dear Cousin, and our beloved (brethren) in God, again and again we salute you, and with our whole heart. And we would have you to know, that we have received your letters of *carte blanche* lately sent to us, and both these and the credentials delivered to us by our well-beloved Dom. Thomas Everard on your behalf, we have thoroughly understood. For which your letters, and for your good-will, which from your most loyal hearts you have always had and still have towards us, just as all your predecessors have always had towards our progenitors and us, and especially for that you have so freely offered your goods in aid of our expenses, which you judge to be great as they are in fact, we thank you once and again, as truly from our heart as we know how or can, assuredly trusting that what you have offered, and more too if it should be in your power, you will let us have when on our part it shall be required of you. For which causes as abovesaid, and especially through reverence of God and our duty, we desire to hold you and your Church in tender esteem, and to show ourselves to you, in whatever may concern you or your said Church, as good Lord as any of our progenitors have done at any time. And as to the maintenance of the Catholic faith and destruction of damnable opinions, if such there be working contrary to our creed, we desire for the future, just as we have always done as far as we could, by the grace of God, without feigning, to do our duty; and the more Our Lord Almighty shall strengthen us with his honour and power, the more we intend to strive and to labour to show honour to our Holy Mother Church, and to cherish and strengthen our faith as aforesaid. And

nostre mere Seint Eglise, et cherir et accroistre nostre foie dessusdite. Et Nostre Seigneur vous eit tondis en sa sacresseinte garde. Done soubz nostre signet a la Priorie de la Lande.

---

23 Mar. 1397.
S. 427 b.

966.—ORDINACIO SIVE FUNDACIO CANTARIÆ PERPETUÆ, IN HONORE DEI OMNIPOTENTIS, BEATISSIMÆ VIRGINIS MARIÆ, SANCTI NICHOLAI, SANCTÆ KATERINÆ, ET OMNIUM SANCTORUM, INFRA ECCLESIAM PAROCHIALEM PAROCHIÆ DE BOCKING IN COMITATU ESSEXIÆ FUNDATÆ.

Foundation deed of Doreward's Chantry in Bocking Church, the Prior and Chapter of Canterbury being, in certain contingencies, the patrons.

Omnibus, etc. Johannes filius Willelmi Doreward de Villa de Bockyng in Comitatu Essexiæ, Salutem etc. Cum nuper ego dictus Johannes perquisivi de venerabili in Christo patre Thoma Priore Ecclesiæ Cantuariensis et ejusdem loci conventu, de licencia Domini nostri Regis nunc, unam rodam terræ, de et in gardino manerii eorundem de Bockyng jacentem, laterando ad cimiterium ecclesiæ parochialis dictæ villæ de Bockyng versus Austrum, et gardinum prædictum versus Orientem et Aquilonem, et viam regiam versus Occidentem, simul cum septem libris redditus, exeuntibus de eorum prædicto manerio cum omnibus suis pertinenciis, solvendis pro perpetuo michi, dicto Johanni filio Willelmi, heredibus et assignatis meis, semper ad festa (*consueta*) æquis porcionibus, etc.[1] quam quidem perquisicionem de dicta roda terræ, super quam rodam terræ unum mansum aptum de novo construxi, et dictis septem libris redditus, maxime motu conciencæ meæ, ex diversis magnis causis necessariis feci, ad faciendum, firmandum, et ordinandum unam perpetuam cantariam de uno perpetuo Capellano, ad,

---

[1] The usual power of distraint in case of non payment is here given in the MS.

Our Lord have you always in his blessed keeping. Given under our signet at the Priory de La Lande

---

celebrandum in dicta ecclesia parochiali de Bockyng, coram altare Sancti Nicholai, ex parte Aquilonari dictæ ecciesiæ, juxta formam et ordinacionem meam in hoc scripto, de licencia omnium et singulorum quorum interest seu interesse poterit in hac parte, interius expresse declaratam. Et super hoc sciant universi per præsentes, me dictum Johannem filium Willelmi Doreward, etc. in honorem Dei Patris Omnipotentis, et Beatissimæ et Gloriosæ Virginis Mariæ, et Sancti Nicholai Confessoris, et Sanctæ Katerinæ Virginis, et Omnium Sanctorum Dei, et pro salute animæ Willelmi Doreward patris mei, et animæ Johannæ matris meæ, et animæ Johannis Oliver avunculi mei, et pro salute animæ mei dicti Johannis filii Willelmi, et Katerinæ uxoris meæ, et Johannis filii mei, et Philippæ Dominæ Fitzwautere,[1] et omnium aliorum fratrum, sororum, parentum, progenitorum, et benefactorum meorum, et omnium fidelium defunctorum, de licencia Domini nostri Regis et omnium aliorum quorum interest seu interesse potuerit in hac parte primitus obtenta, fundasse, ordinasse, fecisse, et confirmasse unam Cantariam perpetuam, de uno perpetuo Capellano ad celebrandum in dicta ecclesia parochiali de Bocking, coram altare Sancti Nicholai in Aquilonari parte dictæ ecclesiæ, sicut forma[2] hujus scripti mei aperte declarat. Et insuper, de licencia Domini nostri Regis nunc, et omnium aliorum, etc. obtenta, dedisse, concessisse, et hac præsenti carta mea indentata tripartita confir-

---

[1] Probably widow of Walter, the eighth Lord of Dunmow, who died in 1386.

[2] *juxta formam*, MS.

masse, Johanni Barchamsted Capellano, et successoribus suis Capellanis, in puram et perpetuam elemosinam imperpetuum, dictam unam rodam terræ in et de gardino manerii eorum de Bockyng, cum uno manso honesto super dictam rodam terræ per me de novo constructo, simul cum dictis septem libris annualis redditus, exeuntibus de manerio de Bockyng prædicto, cum omnibus et singulis suis pertinenciis, dicto Johanni Barchamsted et successoribus suis Capellanis solvendas semper et imperpetuum ad festa (*consueta*) æquis porcionibus. Ita quod si contingat dictum reditum, etc. a retro esse, etc.[1] Ita semper quod dictus Johannes de Barchamsted, et quilibet alius Capellanus imposterum sui imperpetuum successor, firmiter ante eorum institucionem sive induccionem oneretur hanc meam subscriptam ordinacionem, in omnibus et suis singulis articulis, observare, custodire, et adimplere. ITA INCIPIT. In Nomine Patris, et Filii, et Spiritus Sancti: Amen. Quia hiis diebus cultus divinus plus minuitur quam augetur, animæ defunctorum, oblivioni traduntur quamtociens devociones vivorum ab ecclesiis plus solito subtrahuntur: Ego dictus Johannes filius Willelmi Doreward de Comitatu Essexiæ, licencia, etc. obtenta, unam perpetuam cantariam, unius Capellani qui perpetuis temporibus, ad honorem et laudem Dei, et Beatæ Mariæ, Sancti Nicholai, Sanctæ Katerinæ, et Omnium Sanctorum, in Ecclesia parochiali de Bocking, jurisdictionis Cantuariensis immediatæ, ordino et fundo per præsentes; ipsiusque cantariæ jus patronatus ac jus præsentandi, quociens ipsam vacari contigerit, ad me dum vixero, et post mortem meam ad Katerinam uxorem meam, et post mortem suam ad heredes meos legitimos de corpore meo exeuntes, et si tales heredes de corpore meo non sint ad Priorem et Capitulum Ecclesiæ Christi Cantuariensis et successores suos, volo imperpetuum pertinere. Ita

---

[1] Clause permitting distraint for arrears, in the common form.

quod præsentacio Capituli illius fiat, infra sex menses a tempore noticiæ vacacionis ejusdem, reverendissimo in Christo, etc. Archiepiscopo Cantuariensi, etc. et successoribus suis, loci Ordinariis immediatis, vel, sede Cantuariensi vacante, Priori et Capitulo Ecclesiæ Christi Cantuariensis qui pro tempore fuerint, et non alteri in futuro. Et si contingat dictam præsentacionem infra sex menses ex negligencia omitti, tunc volo quod ordinacio et disposissio illius cantariæ ad reverendissimum, etc. Archiepiscopum Cantuariensem et successores suos, vel, sede Cantuariensi vacante, ad Priorem et Capitulum illius Ecclesiæ, ea vice legitime devolvatur. Item: Volo quod quilibet Capellanus dictæ cantariæ præsentatus et institutus ad altare Sancti Nicholai in dicta ecclesia de Bockyng, omni die, cum ad hoc dispositus fuerit, celebret, pro salubri statu Domini nostri Regis Ricardi Secundi Angliæ, et reverendissimi in Christo patris et domini Domini Thomæ Arundell Dei gracia Archiepiscopi Cantuariensis, etc., et religiosorum virorum Prioris et Capituli Ecclesiæ Christi Cantuariensis, et Philippæ Dominæ Fitzwautere, et mei Johannis Doreward fundatoris, et Katerinæ uxoris meæ, dum vixerimus, et post mortem nostram, pro animabus nostris, et animabus Willelmi Doreward patris mei, et Johannæ matris meæ, et Johannis Oliver avunculi mei, et omnium progenitorum meorum, et benefactorum dictæ cantariæ, et anima Domini Johannis Barchamsted primi Capellani dictæ cantariæ, et anima Thomæ Crosse rectoris ecclesiæ de Bockyng, et omnium fidelium defunctorum. In dotem et sustentacionem dictæ cantariæ, do et concedo imperpetuum unam rodam terræ ex parte Boriali cimiterii dictæ ecclesiæ de Bockyng, cum uno manso honesto in dicta roda terræ per me de novo constructo, una cum septem libris, *etc.* (*ut antea*), quas septem libras et unam rodam terræ perquisivi de dictis Priore et Capitulo Ecclesiæ Christi

Cantuariensis, prout in certis cartis inde confectis plenius continetur, quas cartas et omnia munimenta dictam cantariam concernencia, et omnia alia jocalia, si quæ imposterum dictæ cantariæ collata fuerint, volo in unam cistam reponi, et per Capellanum dictæ cantariæ inviolabiliter observari, et illorum omnium unum inventarium fieri inter Capellanum mortuum et alium immediate institutum. Insuper volo et ordino, quod quilibet Capellanus dictæ cantariæ continuam moram in manso dictæ cantariæ, et non alibi, trahat, nisi mecum vel uxore mea, dum vixerimus, voluerit commorari. Volo insuper quod quilibet Capellanus, post primum Capellanum, dictæ cantariæ, infra mensem institucionis suæ, distribuat pauperibus in parochia de Bockyng sex solidos octo denarios, de dictis septem libris suis, et hoc de visu rectoris dictæ ecclesiæ de Bockyng et trium aliorum proborum virorum dictæ parochiæ, pro animabus superius nominatis. Præterea ordino, quod Capellanus dictæ cantariæ non absentet se a dicta cantaria ultra triginta dies, continuos sive interpolatos,[1] in anno, et hoc causa honesta, quam exprimat fundatori, si in parochia de Bockyng fuerit, vel in ejus absencia rectori dicti loci, et si rector absens fuerit tunc sacerdoti parochiali exprimat causam suam. Honestæ causæ sunt istæ: pro amicis visitandis, pro medecina adquirenda, vel defencione jurium dictæ Cantariæ, peregrinacione Sanctorum, vel alia causa consimili, in quibus causis sic expressis sibi nolo licenciam denegari. Volo eciam et ordino, quod quilibet Capellanus dictæ Cantariæ aliud beneficium cum dicta cantaria non occupet, nec stipendium aliunde recipiat, nec sacerdos parochialis in dicta ecclesia de Bockyng vel alibi existat; sed in divinis officiis in majoribus festis et Dominicis diebus, in choro ecclesiæ de Bockyng, in super pellicio juvet, et honesto modo

---

[1] *intervellatos*, MS.

perseveret ; nec in præjudicium rectorum ecclesiæ de
Bockyng aliquo die celebret, sed omnes oblaciones et
obvenciones ad manus suas deliberatas[1] dicto rectori
fideliter restituet, nec in aliquo sibi vel ecclesiæ de
Bockyng fraudem faciet, sed omnia jura sua solida
conservabit. Ordino itaque, quod Capellanus dictæ Cantariæ, sub pœna privacionis dictæ Cantariæ, tabernas,
vel alia loca suspecta ubi scandala oriri potuerint,
non frequentet, nec nimias familiaritates cum personis
inhonestis vel suspectis habeat, nec la(s)civiis volup-
tatibus vel aliis insolenciis, in animæ suæ perniciem,
aliquo modo intendat. Reparacionem mansi dictæ
Cantariæ in omnibus, cum clausuris illius necessariis,
et omnia alia onera dictam cantariam concernencia
quilibet Capellanus dictæ cantariæ agnoscet amodo et
subibit ; omnia eciam ornamenta dictæ cantariæ collata, et imposterum conferenda, honesto modo servabit,
et patrono, cum ad hoc requisitus fuerit, plenarie re-
spondebit. Pro quibus omnibus inviolabiliter observandis, volo quod quilibet Capellanus in dicta cantaria
instituendus, coram loci Ordinario, in institucione sua,
juramentum corporale faciet quod istam ordinacionem,
secundum formam præmissam fideliter observabit ;
potestatem tamen et auctoritatem augendi, et diminuendi, et in competenciorem formam redigendi, tociens quociens expedire videbitur, dum vixero michi
reservo. In cujus rei testimonium, uni parti hujus
cartæ tripartitæ indentatæ, penes prædictum Johannem
Barchamsted Capellanum et successores suos imperpetuum remanenti, sigillum meum apposui ; secundæ
vero parti, penes me prædictum Johannem filium
Willelmi heredes sive assignatos meos remanenti,
prædictus Johannes Barchamsted Capellanus, pro se
et successoribus suis imperpetuum, sigillum suum
apposuit ; tercio vero parti hujus cartæ tripartitæ

---

[1] celebret, MS.

indentatæ, ad custodiendum in loco securo ubi michi Johanni filio Willelmi placuerit, tam dictus Johannes Barchamsted quam Ego dictus Johannes filius Willelmi sigilla nostra apposuimus. Hiis testibus Thoma Coggeshale, Roberto Ryledon, Luca Morell, Willelmo Pach, Johanne Dyar, Johanne Noble, Johanne Cumpton, Waltero Bacon, Thoma Curteis, et multis aliis. Data apud Bockyng prædicta, decimo die Kalendas Aprilis, in festo Annunciacionis Beatæ Mariæ Virginis, anno regni Regis Ricardi Secundi post conquestum vicesimo.[1]

1 Dec. 1397.
S. 297 b.

967.—Ordinacio Cantariæ in Hospitali de Estbrygge in Cantuaria.

Exemplification of two Archiepiscopal charters given to the Hospital of St. Thomas of Eastbridge in Canterbury.

Omnibus Sanctæ Matris Ecclesiæ filiis ad quos præsens transumptum pervenerit, Willelmus Hunden Commissarius Cantuariensis Generalis, salutem in omnium Salvatore. Cum per discretum virum Dominum Thomam Bultar, Capellanum cantariæ perpetuæ Beatæ Mariæ, in Hospitali Sancti Thomæ Martiris juxta Estbrugge Cantuariæ fundatæ, nobis, in Capella dicti Hospitalis pro tribunali sedentibus, fuerat cum instancia non modica supplicatum, ut, cum ipse Dominus Thomas quasdam litteras originales sigillis reverendæ memoriæ Simonis Islep et Simonis Sudbury, dudum Ecclesiæ Cantuariensis Archiepiscoporum, necnon Roberti quondam dictæ Ecclesiæ Prioris et ejusdem loci Capitulum sigillatas, ipsum Dominum Thomam, racione cantariæ prædictæ, concernentes, quas non habeat ut asseruit dupplicatas, necesse habeat in diversis mundi partibus et non modice distantibus, pro jure ipsius Domini Thomæ et can-

---

[1] This deed is copied into the register of the year 1499, and the entry is immediately followed by a presentation, bearing that date, of a new Chaplain, by the Prior and Chapter of Canterbury.

tariæ suæ prædictæ persequendo et conservando, alias ut dixit destinare, præsentare, et exhibere, quæ quidem litteræ possint, dum sic pro earum destinacione, præsentacione, et exhibicione portarentur sive transferrentur, propter viarum discrimina, et maris periculum, et alios adversos et diversos casus qui frequenter accidunt seu verisimiliter contingere poterunt, deperire aut ipse Dominus Thomas, propter dictarum litterarum seu munimentorum difficilem aut forsan impossibilem exhibicionem simul et semel in diversis mundi partibus et multum distantibus, ut præfertur, faciendam, periculum incurrere non modicum et gravamen, quatinus prædictas litteras et earum sigilla eisdem apposita inspicere, et ea sic per nos primitus inspectas postea auctoritate nostra per notarium infrascriptum transumi, exemplari, subscribi, et in publicam formam redigi præcipere et mandare, ut ex hoc tanta fides præsentibus litteris nostris sive transumpto ubilibet adhibeatur sicut litteris originalibus antedictis, et tantam auctoritatem faciant sicut litteræ originales prædictæ, curaremus. Quarum quidem litterarum originalium tenores sequuntur in hiis verbis:

Simon permissione divina Cantuariensis Archiepiscopus, etc. universis præsentes litteras inspecturis salutem in omnium Salvatore. Significavit nobis dilectus filius Dominus Bartholomeus de Bourne, Clericus, patronus cujusdam cantariæ in Ecclesia parochiali de Levyngesbourne, quod quidam Jacobus de Bourne, progenitor suus, ipsam cantariam fundaverat, de consensu Domini Regis et omnium quorum interfuit, et dotaverat eam de una mansione, viginti quatuor acris terræ arabilis, et dimidia marca annui redditus in villa de Bourne; quorum verus valor ad quatuor marcas vix ascendit annuatim; reservando sibi et heredibus et assignatis suis ex dote illa unum par calcarum annuatim, reddendum vel sex denarios

Archbishop Islip's Charter. 25 Feb. 1363.

pro eisdem, a sacerdote ipsius cantariæ, de quo quidem annuo redditu mansio et terræ prædictæ retroactis temporibus fuerant oneratæ; et quod modernis temporibus sacerdotem ydoneum reperire non potest, qui eidem cantariæ, tam exiliter dotatæ, velit deservire in dicta ecclesia, juxta mentem dicti fundatoris. Supplicavit igitur nobis quod ipsam cantariam, cum dote sua prædicta quæ adjacet terris Hospitalis de Estbregg Cantuariæ in præfata villa de Bourne, eidem Hospitali adunare, annectere, et incorporare dignaremur, de consensu suo; ipsamque dotem augmentare in eodem Hospitali, ad victum unius sacerdotis competentem, qui posset in eo, ut minister loci, continue ministrare, ad Dei laudem et requiem animarum subscriptarum; videlicet, Dominæ Isabellæ nuper Reginæ Angliæ, Jacobi prædicti fundatoris, Johannis filii Eustachii de Bourne, Dominæ Margaretæ de Bourne, progenitorum prædicti Bartholomei, Domini Roberti de Burbache, et Willelmi de Bradele, necnon pro salute domini nostri Regis nostri, Domini Johannis de la Lee, Domini Eustachii de Daubrichcourt et consortis suæ, Domini Thomæ de Wolton, Willelmi de Toppeclyve et Ricardi Wodelond, et omnium benefactorum dicti Hospitalis, et animabus nostris cum migraverimus ab hac luce. Et, ut hoc libencius et securius faceremus, dedit nobis et successoribus nostris imperpetuum, per factum [1] sufficiens, patronatum ipsius Cantariæ alternis vicibus vacacionis ejusdem, ita quod eam jam in principio conferamus; reservando sibi et heredibus suis et assignatis præsentacionem ad eam in secunda vacacione ejus, et sic in alternis vacacionibus ejusdem in futurum; volens quod de modo ministrandi stipendium sacerdotis dictæ cantariæ, quam dicto Hospitali concessit fore perpetuam, necnon de aliis quibuscumque in hac parte necessariis seu oportunis nostra auctoritate, prout

---

[1] *factum* = a deed.

nobis visum fuerit, ordinaremus. Nos autem, ex causa exilitatis prædictæ, et pro numero ministrorum in dicto Hospitali augmentando, ad majorem Dei laudem et ob medelam animarum prædictarum, supplicacioni dicti Domini Bartholomei favorabiliter inclinati, dictam cantariam ad dictum Hospitale, de consensu ejus expresso auctoritate nostra ordinaria, transferimus, ipsamque, cum tota dote sua prædicta et omnibus ejus pertinenciis, eidem Hospitali perpetuo adunamus, annectimus, et incorporamus; volentes et ordinantes quod sacerdos qui deserviet eidem cantariæ (quam in ipso Hospitali volumus esse perpetuam et Cantariam de Beata Virgine nominari) a Magistro seu Custode ipsius Hospitalis qui pro tempore fuerit ultra quatuor marcas, ad quas valor annuus dictæ dotis dicitur ascendere (de qua dote disponet libere ipse Custos seu Magister sicut de possessionibus aliis ipsius Hospitalis) de Magistro dicti Hospitalis bonisque et proventibus ejusdem sex marcas percipiat annuatim, quarum sex marcarum, annuatim solvendarum ad terminos infrascriptos, onus eidem Magistro et Hospitali, de consensu Magistri ipsius expresso, eciam auctoritate nostra ordinaria, perpetuo, ex causis prædictis, imponimus; ut sic sacerdos ipse in dicto Hospitali, secundum præsentem ordinacionem, deserviens in futurum decem marcas habeat pro victu suo competenti, sibi ad festa Natalis Domini, Pascha, Nativitatis Sancti Johannis Baptistæ, et Sancti Michaelis, æqualibus porcionibus solvendas annuatim in capella dicti Hospitalis. Et si forte idem Magister seu Custos aliquo dictorum festorum in solucione hujusmodi deficiat imposterum, vel in parte vel in toto, de consensu Magistri auctoritateque nostra prædicta, licere volumus eidem sacerdoti super omnibus terris de dote dictæ cantariæ apud Bourne, et in omnibus aliis terris et tenementis adquisitis et appropriatis dicto Hospitali de novo in Villa de Herne, apud Mekynbroke et Akermell, per Adam le Eyr. quæ jam ad firmam dimittuntur pro decem libris et in omnibus aliis terris et tenementis adquisitis eidem Hospitali, scilicet, de novo apud Le Blean juxta Cantuariam de Domina de Roos et Domino Thoma filio ejus per Thomam de Wolton, nunc Custodem ejusdem Hospitalis, quæ ad firmam consueverunt tradi pro decem marcis, libere distringere et districciones retinere quousque sibi de arreragiis debite fuerit satisfactum. Celebrabit autem ipse sacerdos cotidie, per se vel alium Capellanum, vel saltim quinquies singulis septimanis, in superiori vel inferiori capella præfati Hospitalis, hora competenti, prout Magister seu Custos ejusdem Hospitalis imponet[1] ei; et in aliis officiis divinis, si cum nota dicantur per alios ipsius Hospitalis ministros, præsens erit cum illis, per se aut alium scientem competentem legere et cantare, adjutor sedulus et devotus, ad laudes Deo celebrius persolvendas; exceptis duntaxat annuatim festo Sancti Michaelis, sexto die ebdomadæ Natalis Domini, quarto die ebdomadæ Pentecostes, ac festo Sancti Petri Apostoli, in quibus, per se vel alium, in dicta ecclesia de Bourne missam celebrabit. Morabitur eciam ipse sacerdos personaliter continue in civitate Cantuaria aut ejus suburbio, et non absentabit se ab ea per spacium unius diei continue nisi de licencia Magistri dicti Hospitalis seu tenentis locum ejus. Proviso semper quod in ejus absencia faciet dictæ cantariæ in dicto Hospitali, in forma supradicta, honeste deserviri. Obediet eciam Magistro præfati Hospitalis, et tenenti locum ejus in ipsius absencia, in licitis et honestis. Non autem tenebitur ipse Magister sacerdotem hujusmodi ad mensam suam nec ad moram in Hospitali recipere, nisi quatenus sibi videbitur expedire. Solvet præterea dictus sacerdos, de suo prædicto salario, dicto Domino Bartholomeo et heredibus et assignatis suis dictum par calcarum, aut sex denarios pro eisdem, apud Bourne, in festo Sancti Michaelis

---

[1] *imponent*, MS.

annuatim, prout in fundacione ipsius cantariæ, ut præmittitur, fuerat ordinatum; pro quibus ipse et ipsi destringere poterunt apud Bourn, super terris de dote primaria ipsius cantariæ. Et si forte Magister Hospitalis, qui terras ipsas tenebit, pro districciones hujusmodi calcaria, aut sex denarios pro eisdem, cogatur solvere, deducat ipse Magister ipsos sex denarios de dicto sallario ejusdem sacerdotis. Quilibet insuper sacerdos ad dictam cantariam imposterum assumendus, in institutione sua seu saltem antequam corporalem possessionem ejus assequetur, jurare tenebitur, ad sancta Dei Evangelia, quod istam ordinacionem, quatenus ad eum attinebit, cessante impedimento legitimo, plene et per omnia observabit; alioquin sit ipsius cantariæ possessor minus canonicus seu injustus; nec tenebitur sibi Magister dicti Hospitalis quodcumque pro victu suo solvere de dicta summa, quousque coram nobis aut nostris successoribus [vel] nostro aut eorum Commissario ad hoc specialiter deputato, præfatum præstiterit juramentum. Possessionem autem ipsius cantariæ dicto sacerdoti semper tradi et assignari volumus, auctoritate nostra et successorum nostrorum, in inferiori Capella dicti Hospitalis, per manualem apprehensionem hostii seu altaris ejusdem, postquam prædictum præstiterit juramentum, de qua præstacione Magistro loci, per litteras nostras et successorum nostrorum aut alias certitudinaliter innotescat, antequam ei quidcumque teneatur solvere de summa memorata. In cujus rei testimonium sigillum nostrum fecimus hiis apponi. Data apud Maghefeld, sexto kalendas Marcii anno Domini M°CCC° sexagesimo secundo, et nostra translacionis quartodecimo.

Omnibus Sanctæ Matris Ecclesiæ filiis ad quos præsentes litteræ pervenerint, Robertus permissione divina Prior Ecclesiæ Christi Cantuariensis et ejusdem loci Capitulum, salutem in Christo. Litteras venerabilis patris Domini Simonis Dei gratia Cantuariensis Archi-

Confirmation of the above by the Chapter of Canterbury. 26 Sept. 1363.

episcopi, etc. non abolitas, non cancellatas, nec in aliqua sua parte viciatas inspeximus, tenorem qui sequitur continentes: "Simon permissione divina," etc. ut supra usque ibi: "et nostræ consecracionis xiiij°." Nos vero hujusmodi donacionem et assignacionem, quantum in nobis est, approbantes ad cantariam prædictam perpetuo, ut præmittitur, custodiendam, nostram auctoritatem et consensum tenore præsencium impertimur; jure et dignitate Ecclesiæ nostræ Cantuariensis in omnibus semper salvis. In cujus rei testimonium, etc. Data in Capitulo nostro xxvj^{to} die mensis Septembris anni supradicti.

Archbishop Sudbury's amendments of the above written ordination of Archbishop Islip.

Sanctæ Matris Ecclesiæ filiis universis ad quos præsentes litteræ pervenerint, Simon permissione divina Cantuariensis Archiepiscopus, etc., salutem in Domino sempiternam. Quia per inspeccionem cujusdam patentis litteræ bonæ memoriæ Domini Simonis de Islip, nuper Cantuariensis Archiepiscopi, prædecessoris nostri, suo sigillo consignatæ, comperimus evidenter, quod ipse, ex certis causis, unam perpetuam cantariam in Hospitali nostro apud Estbregg in Cantuariæ, ad honorem Dei, cultusque divini [augmentum], et pro salute animarum quorundam benefactorum ipsius Hospitalis et omnium fidelium defunctorum, devote et legitime ordinaverit; cujusque cantariæ sacerdotem, qui fuerit pro tempore, annuatim percipere voluit, ad certos anni terminos in ordinacione eadem expressos, de Custode ejusdem Hospitalis imperpetuum decem marcas, ex valore antiquarum et novarum possessionem eidem Hospitali adquisitarum capiendas et eciam persolvendas, prout in dicta ordinacionis littera plenius expressatur; sacerdotem quoque ipsius cantariæ, per litteras ordinacionis prædictæ, artavit ad residenciam continuam in dicta civitate aut suburbio faciendam, ita quod se ab ipsis civitate aut suburbio per spacium unius diei minime absentaret, nisi de Cuotodis dicti Hospitalis aut tenentis locum ejus licencia speciali petita pariter et obtenta, quam ex causis licitis, necessariis, et honestis dare potuerit dictus Custos aut locum ejus tenens, quociens, ubi, et quamdiu sibi videbitur expedire. Dumtamen idem Capellanus in absencia sua hujusmodi per alium Capellanum ydoneum divina faciat celebrari, quodque pauperibus, et peregrinis ad ipsum Hospitale confluentibus et in ipso infirmatis, sacramenta et sacramentalia si prius fuerit [requisitus] in eodem, per se vel alium, ministrabit [vel] debite faciet ministrari. Voluimus itaque et eciam ordinavimus, quod sacerdos ipsius Cantariæ, qui est et erit imposterum, habeat mansionem infra septa dicti Hospitalis, inter [In]firmariam et magnam portam ejusdem Hospitalis, jam ei assignatam (cum una camera super ipsam portam ædificata) suis sumtibus continue in statu debito conservandam. Verum quia post ipsam ordinacionem dominus noster excellentissimus Dominus Edwardus Rex Angliæ et Franciæ illustris, qui nunc est, quoddam messuagiam suum in civitate Cantuariensi situm, *Le Chaunge* vulgariter nuncupatum, in magna parte tempore donacionis ejusdem infrascriptæ collapsum, ex pia donacione[1] sua Domino Thomæ Nywe de Wolton, nunc Magistro dicti Hospitalis, ad terminum vitæ suæ, donavit; ita quod post mortem suam ipsum messuagium successoribus suis, Magistris videlicet Hospitalis prædicti, remaneret imperpetuum, in auxilium sustentacionis unius Capellani perpetui, divina celebraturi in Hospitali prædicto pro salubri statu ipsius Domini Regis dum vixerit, et anima carissimæ matris suæ Isabellæ defunctæ, et anima ipsius Domni Regis cum ab hac luce migraverit, anima eciam Domini Johannis atte Lee qui in parte dotavit dictam Cantariam, ac animabus omnium fidelium defunctorum, prout in carta dicti Domini nostri Regis plene vidimus contineri; ac per inquisicionem et informacionem fidedignorum accepimus, quod

---

[1] *devocione?*

dictum messuagium, per præfatum Dominum nostrum Regem collatum, ut præmittitur, per executores dicti prædecessoris nostri, et cum bonis ejus, caritative est taliter reparatum et constructum, quod verus valor ejus in certo redditu ad septem marcas ascendit, et in futurum ascendet annuatim ut speratur; quodque difficile sit in præsenti honestum reperire sacerdotem, qui pro salario decem marcarum ad tam continuam residenciam et cotidianas celebraciones voluerit, ut præmittitur, onerari, devocionemque dicti Domini nostri Regis, quoad augmentum dictæ dotis, hactenus frustratam esse comperimus: ordinamus et statuimus, addendo ordinacioni prædicti prædecessoris nostri, de consensu dicti Domini Thomæ Custodis præfati Hospitalis et executoris prædecessoris nostri prædicti, quod dos dictæ Cantariæ decem marcarum per quinque marcas et dimidiam, de septem marcis redditus messuagii sive tenementi prædicti per Dominum Regem dati ut præmittitur, percipiendas per sacerdotem prædictum, qui fuerit pro tempore, æquis porcionibus ad quatuor anni terminos ad quos dictæ decem marcæ in ordinacione dicti prædecessoris nostri sunt solvendæ, augmentetur, et eandem Cantariam cum dictis quinque marcis et dimidia, tenore præsencium, augmentamus; cum potestate per dictum Capellanum distringendi in dicto messuagio seu tenemento *La Chaunge*, per Dominum nostrum Regem dato ut præfertur, quociens post aliquem terminorum prædictorum in ordinacione prædicta contentorum pars debita ipsius redditus quinque marcarum et dimidiæ, in parte vel in toto, per dies quindecim eidem Capellano non fuerit persoluta. Et quia præsentacio Cantariæ de Bourne, Hospitali prædicto unitæ prout in prima ordinacione Cantariæ prædictæ per prædecessorem nostrum facta plenius continetur, ad Bartholomeum de Bourne seu ejus heredes aut assignatis ante unionem prædictam pertinebat, statuimus, ordinamus, et propterea declaramus, quod præsentacio dictæ Cantariæ cum vacaverit, nobis aut successoribus nostris, aut Sede Ecclesiæ Cantuariensis vacante Priori et Capitulo ejusdem Ecclesiæ, facienda, ad præfatum Bartholomeum heredes aut assignatos suos, collacioque ejusdem ad nos et successores suos, cum eam vacare contigerit, alternis vicibus pertinebunt; et quod collacio Cantariæ in prima vacacione ejusdem ad nos vel successores nostros pertineat; quia assignatus dicti Bartholomei ad ipsam Cantariam tunc vacantem præsentavit eandem occupantem in præsenti. Jurabit insuper quilibet Capellanus ejusdem Cantariæ, in admissione sua seu collacione sibi facienda, ordinaciones dictæ Cantariæ, et singula contenta in eisdem, fideliter observare; alioquin ejus admissio, collacio, et institucio nullius penitus sit momenti. In quorum omnium testimonium sigillum nostrum fecimus hiis apponi. Data apud Wyngham, xv^o kalendas Novembris, anno Domini M^{o}CCC^{o}LXXV^{to}, et translacionis nostræ primo.

Nos autem Commissarius antedictus, supplicacionibus dicti Domini Thomæ nobis ut præmittitur factis inclinantes et annuentes, dictas litteras originales ac earum sigilla eis, ut præfertur, apposita, palpavimus, inspeximus, et examinavimus diligenter, et quia præfatas litteras non rasas, non abolitas, non cancellatas, nec in aliqua parte earum viciatas, sed omni vicio et suspicione sinistris carentes invenimus, ne dicto Domino Thomæ, propter pericula seu casus prædictos seu aliquem eorundem, dampnum vel præjudicium aliquod imposterum generetur, ad omnem juris effectum qui inde sequi poterit vel in casu verisimiliter debebit, auctoritate nostra, præfatas litteras originales publicavimus, et tantam fidem præsentibus litteris nostris sive transumpto sicut prædictis litteris originalibus, in quantum de jure potuimus, ubilibet adhibendam fore decrevimus; per Magistrum Adam Body publicum apostolica auctoritate notarium transumi, exemplari,

The Commissary's attestation.

subscribi, et in hanc publicam formam redigi, et ejus signo consueto signari mandavimus et fecimus; ac sigilli officii nostri, videlicet, commissariatus Cantuariensis generalis fecimus appensione muniri. Data et acta, ut præmittur, per nos Commissarium antedictum in Capella antedicta, primo die mensis Decembris, anno Domini MCCC nonagesimo septimo, indiccione sexta &c., præsentibus discretis viris Thoma Bourne clerico, et Ricardo Fissh literato, Cantuariensis diœcesis, testibus ad præmissa vocatis specialiter et rogatis.

3 April 1398.
Cart. Ant. B. 384.

968.—DE DUOBUS PUERIS ADMITTENDIS IN ELEMOSINAM ECCLESIÆ CHRISTI CANTUARIENSIS DE COLLEGIO SANCTÆ TRINITATIS DE BREDGARE.

The Prior and Chapter bind themselves in a penalty of a hundred pounds to perpetually maintain in their Almonry School two Scholars nominated by Bredgar College.

Præsens indentura testatur, quod inter venerabiles et religiosos viros Thomam, etc., Priorem Ecclesiæ Cantuariensis et ejusdem loci Capitulum ex parte una et Dominum Johannem Promhelle Capellanum Collegii Sanctissimæ Trinitatis de Bredgare, Cantuariensis diœcesis, ac Thomam Webbe, et Thomam Monk, clericos et scolares collegii prædicti, ex parte altera, conventum est et concordatum; quod præfati Prior et Capitulum et eorum successores duos pauperes clericos, bonæ vitæ et conversacionis honestæ, competenter legere et versiculum cursorium cantare scientes, per Capellanum et Scolares Collegii prædictos eorumque successores, simul vel successive, præfatis Priori et Capitulo præsentandos, in socios Elemosinariæ suæ Cantuariæ, ac ad alimenta pauperibus scolaribus Elemosinariæ prædictæ ministrari consueta, admittent; præfatique Prior et Capitulum et successores sui alimenta de bonis suis ipsis sic præsentatis et admissis, quousque eorum uterque viginti quatuor ætatis suæ annos compleverit, in ipsa Elemosinaria, prout hactenus aliis pauperibus scolaribus dictæ Elemosinariæ ministrari consuetum est, infra decem dies a tempore præsentacionis hujus connumerandos, ministrabunt; ipsisque præsentatis, lapsu temporis prædicti, vel quia in vicesimo anno ætatis eorum ad ordinem subdiaconatus noluerint promoveri, seu alias, eorum demeritis exigentibus, per Priorem et Capitulum prædictos ab Elemosinaria et alimentis prædictis amotis, seu eorum alter sic amoto, præfati Prior et Capitulum et sui successores duos alios clericos, in lectura, cantu, et honestate prioribus clericis temporibus præsentacionis eorum consimiles, per Capellanum et Scolares dicti Collegii eorumque successores præsentandos, in socios dictæ Elemosinariæ et ad alimenta prædictis consimilia admittent, et eis alimenta, juxta modum et formam prædictam, infra tempus supradictum ministrabunt. Et sic deinceps per partes prædictas observabitur, quamdiu beneplacitum fuerit Priori et Capitulo eorumque successoribus memoratis. Cum vero iidem Prior et Capitulum eorumque successores hujusmodi præsentatos, absque racionabili et ponderante causa, infra tempus prædictum non admiserint, tunc prædicti Prior et Capitulum eorumque successores solvent, in Collegio prædicto, præfato Capellano et Scolaribus, eorumque successoribus Capellano et Scolaribus Collegii prædicti, centum libras sterlingorum In quibus quidem centum libris, prædictis Capellano et Scolaribus suisque successoribus in dicto Collegio sicut præmittitur solvendis, prædicti Prior et Capitulum fatentur se, per præsentes, obligatos esse et teneri Capellano et scolaribus suisque successoribus memoratis. Et insuper, prædicti Prior et Capitulum obligant se, et succesores suos, ac bona sua ad mensam suam et Ecclesiam Cantuariensem spectancia, ad solvendum et fideliter liberandum præfatas centum libras in dicto Collegio ipsis Capellano et Scolaribus suisque successoribus supradictis, in casu quo iidem Prior et Capitulum eorumque successores in admissione hujusmodi præsentatorum, ac ministracione alimentorum prædictorum, eis communiter seu divisim ut præmittitur facienda, absque racionabili et ponderante causa remissi fuerint in hac parte. In quorum omnium fidem et testimonium, uni parti istius indenturæ, penes prædictos Capellanum et Scolares remanenti sigillum commune dictorum Prioris et Capituli est appensum, &c. Data in Domo Capitulari Ecclesiæ Cantuariensis, tercio die Aprilis, anno Domini M°CCC° nonagesimo octavo; regni vero Regis Ricardi Secundi Angliæ vicesimo primo.

(1398.)
S. 39 b.

969.—Littera Domini Thomæ Arundell Archiepiscopi missa Priori et Conventui Cantuariensi quando erat in exilio in Paradiso terrestri prope Florenciam.

A diplomatic letter written by Archbishop Arundel in exile to the Convent at home. The copy, made by an unskilful clerk, abounds in errors, which sometimes obscure the meaning. The writer seems to hint that his return from exile under the patronage of a new dynasty is not improbable.

Dilectissimi filii in Christo et confratres, vidistis quæ in meis et me perfecit Deus, vidistis equidem, et cum præsens eram, fuistis persecutionum mearum[1] lacrimabiles spectatores. Fuit enim michi tunc gratissima vestræ compassionis humanitas, gratissima fuit fateor; quam dulce mœrenti consortium lacrimantium, non enim videtur omnino sibi derelictus quem condolentium lacrimabilis comitatur affectus. Verum dilectissimi confratres et confratres fortanimi optimo sitis animo, nam, ut pater Augustinus ait: *si divina providentia prætenditur usque ad nos, quod minime est dubitandum, sic tecum agi oportet ut agitur.* Factum est mecum fateor ut oportuit, sive totum hoc molestum fuerit dignum pro peccatis supplicium, sit sive probatio. Quicquid enim id sit, quum a Domino, qui cunctorum est causa, factum est, et fieri oportuit et bonum est. Inter autem hujusmodi fluctus et ærumpnas, dedit michi superni numinis gratia, ut, licet commotus fuerim, non sum tamen prostatus et victus; didici-

---

[1] *medium*, MS.

que patienter tollerare fortunam, dicereque cum beato Job: *si bona suscepimus de manu Domini, quare mala non suscipiamus.* Puto tamen hunc mentis fortitudinem, patientiam, æquanimitatem, tantamque in tot adversis consolacionem, vestris intercedentibus orationibus divinam michi clemenciam concessisse; dicoque modo cum eodem pacientissimo viro: *increpationes Domini ne reprobes, quia ipse vulnerat et medetur, percutit et manus ejus sanabunt.* Accedit etiam ad hæc, quod, cum in Romana Curia pervenissem, mei[1] persecutoris justiciam, tamen favorem repperi penes Dominum nostrum Summum Pontificem sacrumque collegium Cardinalium, quantum nunquam cogitare potui vel speravi; siquidem vero inter alia verbum apostolicum erat: *se nullius rei quam post assumpcionem suam fecerit tantam pœnitentiam concepisse, quantum ex disposicione quam de me fecerat capiebat.* De rebus enim meis, ut spero, longe melius quam credatur a malivolis disponetur. Sit in hoc tamen quod bonum est in oculis ejus, a quo omne datum optimum et omne donum perfectum descendens est, et domini nostri Regis, de cujus gratitudine et pietate nullo modo desperare intendo. Ego quidem, si me utriusque non deserat benignitas, si juxta solitum apud Deum devotis orationibus insistatis, spero quicquid de me contigerit æquanimiter tollerare, jam enim edidici felices hujus seculi esse semper in lubrico, nichilque magis sperare posse quam cadere; quia evectis in altum, sicut difficillimum est sursum ascendere, sic facillimum est inferius declinare; sed post Dei gratiam, nichil michi suavius quam intelligere quod pro me semper oratis, audiens fidem vestram et dilectionem quam habetis ad me; non enim, Deo gratias, periit et ablata est fides vestra, sed magna est ut sentio coram Deo, cui mentiri non possumus, quem

---

[1] *fugiens,* or some such word, is here missing.

frustra latere vel fallere cogitamus, scrutatur enim renes et corda. Vos autem non reliquistis quæ graviora sunt legis, judicium, et misericordiam, et fidem. Perseverate igitur karissimi filii et confratres, proferendo prophetæ, quidam surrexerunt et seducent multos, et quum habundavit iniquitas refrigescet caritas multorum; qui autem perseveraverit usque in finem hic salvus erit, et dabitur illi fidei donum electum, et sors in templo Dei acceptissima. Et hæc spes reposita est in sinu vestro, fideles ergo sicut cœpistis estote, nec fides unquam vos deserat; scientes quod omne quod non est ex fide peccatum est. Et quia vera fraternitas nullo certamine violari possit, hocque Frater Willelmus London noster confrater et commonachus pro viribus cupiens adimplere, mecum in meis temptacionibus, ne in profundum cadam, consolatorie sublevando persistere decrevit, quem supplico Dei amore, licet corpore absentem spiritu tamen et devotione semper præsentem, sibi subveniendo habere velitis recommissum, maxime cum membra a capite discrepare non liceat. Hæc omnia sint in cordibus vestris, taciturnitatem mutuo vobis præstantes, ut fides vestra salvos vos faciat, non offendat. Pax Dei quæ exsuperat omnem sensum custodiat corda vestra et intelligencias. Amen. Et orate pro me. Scriptum manu propria in Paradiso terrestri prope Florenciam viij° die Januarii.

Vester corde et corpore secundum Deum et conscienciam.

Ts. Ecclesiæ Cantuariæ, licet indignus,
Minister et Archiepiscopus.

Crux pellit ✣ omne crimen.

970.—LITTERA DESTINATA CONVENTUI CANTUARIENSI PER DOMINUM THOMAM ARUNDELE CHIEPISCOPUM POST MORTES COMITUM CANCIÆ ET SARUM APUD CIR(EN)CESTRIAM.

10 Jan. 1400.
S. 25 a.

Filii et confratres dilectissimi, quibus vis mœroris et angustiæ, quæ ex asperitate nostrorum casuum credebatur evenisse, calicem amaritudinis propinaverat, materiam jocunditatis et lætitiæ communicare decrevimus, ut saltem magis vestram mentem elevet nota jocunditatis, quam intentatum periculum, quod tamen nutu divino feliciter evasimus, opprimere potuerit aut depresserit.[1] Ut tamen Dei patris operatio, sicut mirabilis sic laudabilis in vestris conceptibus appareat, modum et formam eorum quæ circa nos noviter emerserunt familiariter conferemus. Dum siquidem de manerio nostro de Croydon versus Dominum nostrum Regem, die Dominica, quarto die Januarii, iter nostrum disposuimus, deputavimus nocturnam requiem in villa de Kyngeston super Thamisiam, illucque evectiones cum jocalibus, ministros quoque, qui pararent et disponerent pro necessariis, præmisimus, cumque, nichil doli suspicantes, eandem villam appropinquavimus, gratia divina nobis innotuit de quorumdam occultis imo detestabilibus [insidiis, qui][2] sanguinem nostrum sitiebant. Detestabiles insidias has dicere possumus, dum nepos in avunculum, filius in parentem, proditoris factionis exquisita nequitia grassari se nititur et armare. In quo quæsumus abhominabilior judicari debet crudelitas, quam ubi pietatis nomina circumvolvit? Prædico, quanto antiquus inimicus hominum gravius in inhumanis cordibus seminaret hujusmodi zinzaniæ vel fermenti speciem, ut in Christum Dominum, patrem

Archbishop Arundel relates how he escaped from the rebels who were besetting Windsor Castle, whither as a loyal subject he was hastening to assist the King. His horror at learning that his own nephew, the Earl of Kent, was among the insurgents is strongly expressed, but the Earl's death does not appear to have grieved him.

---

[1] *depressit*, MS.
[2] *insidiis qui*. These words are lost by decay of the parchment, but the reiteration *insidias* supplies the lost word.

spiritualem, parentem conjunctissimum, benefactorem ut ita dicamus gratissimum, qui quasi animam nostram pro eorum salvationis compendio exposuimus, funestas manus immittere non sunt veriti, tanto miraculosius nos Dei patris providencia potenter et patenter ab eorum faucibus liberaret. Dicimus utique cum Paulo fuimus in periculis maris, itineris, et solitudinis; Scillam evasimus in Caribdim incidimus; Sirenarum voces audivimus nec passi sumus naufragium; Ydram extinximus; Tricerberum oppressimus; et jam, quod omnibus deterius est, periculum in falsis fratribus vacuavit omnipotencia Dei Patris. Hoc siquidem genus sceleris detestabilis non potuit divina potentia diu sine vindicta impunitum relinquere, sed sine moræ diffugio, mentale parricidium, fœtidæque ingratitudinis piaculum, subita maledictione percussit, ipsosque sceleris auctores ut designemus in specie, Comites Kanciæ et Sarum, Dominos Radulphum Lomley, Thomam Blount, et Benedictum Cely, ac alios sancta rusticitas, quæ omnia palam facit, apud Cire(n)cestriam comprehendit; nec solum comprehendit, sed, ne forte supervenirent qui potuerint hujusmodi captivos [mani]bus ipsorum eripere, dictos Comites et Radulphum Lomley decapitavit, residuos Domini nostri Regis judiciis reservando; aliosque, quasi a facie Dei super terram profugos, taliter . . . scavit quod Comitem Huntyngdon, Dominum Thomam Schelley, et plures alios in Essexia et Cancia captivos detenet vis regalis. Recipient utrique mercedem suorum laborum, et vindex severitas iniquos animos agitabit; nec possunt Dei viventis manus evadere qui non sunt veriti tantum facinus perpetrare. Vos igitur filioli et confratres mei dilectissimi, quorum fervorem et internam dilectionis gratitudinem sæpius experti fuimus, ac indies experimur; qui nostros mœrores vestros efficitis, qui nostros dolores fertis in vestris corporibus; sicut socii estis passionis ita consolacionum estote participes; omnipotentemque Deum in suis magnalibus collaudate piis precibus, ejus clementiam implorantes ut Regi, regno, nobis et Ecclesiæ pacem et quietem tribuat, actusque nostros dirigat, mala submoveat, bonaque nobis et vobis profutura concedat, ad sui nominis gloriam et honorem. Nec tamen a memoria nostra decidere poterit, seu meminisse desinemus, illud altum genus affectionis quod jam nuperrime nobis monstrare curastis; ut, videlicet, auditis[1] hiis novellis nostris, periculo personali vestrum quamplurimos vehemens attraxit affectio, quo[2] nedum orationibus sed ipsis corporum viribus conferre potueritis securitatis præsidium; nostram præsentiam adire disposuit vestra grata sinceritas, nec laboribus parcendo nec angustiis, quod, si forsan extra claustrum hæc facere voluissetis qui in claustro fuistis, claustra non deseruissetis, cum affectata protectio claustri custodem solum respiciat, nec abesse videtur, qui rebus honestis et præsertim necessariis intendit jugiter aut insistit.[3] Et quidem pro multis, sed pro hac gratitudinis exhibitione vobis specialiter gratiarum referimus actiones. Et fiducialiter scribite nobis vestra desideria, et ipsa libentissimis desideriis faciemus. Scriptum in domo habitacionis nostræ Londoniæ, decimo die Januarii.

971.—DE HOSPITALI SANCTI JACOBI.

22 June 1164.
(Copied in Reg. c. 1400.)
B. 426 a.
The Pope Alex. III. forbids the Chapter of Christ Church,

Alexander Episcopus, servus servorum Dei, dilectis filiis Priori et Conventui Ecclesiæ Christi Cantuariensis, Ordinis Sancti Benedicti, salutem, etc. Peticio vestra nobis exhibita continebat, quod, licet bona Domus Hospitalis Sancti Jacobi Cantuariæ, ad vos immediate spectantis, quæ sub regimine vestro et cura consistit, usibus duntaxat pauperum mulierum lepro-

---

[1] *aditis*, MS.
[2] quasi?

[3] This part of the letter is very obscure, possibly intentionally so.

76 LITERÆ

the patrons of St. Jacob's Hospital, to admit to the foundation any but the leprous women, for whose benefit it was founded.

sarum ipsius Domus deputata fuerunt ab antiquo; tamen contingit interdum quod vos, propter improbitatem et importunitatem petencium, alias mulieres sanas in eadem Domo, prout ad vos pertinet, recipi faciatis in socias et sorores; sicque ex bonis hujusmodi non possunt eisdem mulieribus leprosis necessaria ministrari, cum ad ipsarum et aliarum quæ recipiuntur ibidem sustentacionem sufficere minime dinoscuntur. Super quo petiistis salubre remedium adhiberi. Nos itaque, super hæc providere volentes, præmissis veris existentibus, ne aliquæ mulieres sanæ recipiantur de cetero in eadem Domo, ex quibus Domus eadem aggravetur, auctoritate præsencium districtius inhibemus. Statuentes ut bona prædictæ Domus integra conserventur eis, pro quarum gubernacione et sustentacione deputata fuerunt, usibus omnibus profutura; auctoritate Sedis Apostolicæ semper salva. Nulli ergo omnino homini liceat hanc paginam nostræ inhibicionis et constitucionis infringere, nec ei, ausu temerario, contraire. Si quis autem contra hoc attemptare præsumpserit, indignacionem Omnipotentis Dei et Beatorum Petri et Pauli Apostolorum ejus se noverit incursurum. Data Anagniæ, x^{mo} kalendas Julii, pontificatus nostri [anno] quinto.

(c. 1185.)
B. 426 *b.*

King Henry (II.) endows the already existing Hospital of St. Jacob with the rectory of Bradgate.

972.—DE HOSPITALI SANCTI JACOBI.

Henricus Dei Gratia Rex Angliæ, etc. Archiepiscopis, Episcopis, Abbatibus, etc. salutem. Sciatis me dedisse in liberam et perpetuam elemosinam, et præsenti carta mea confirmasse leprosis mulieribus Hospitalis Sancti Jacobi apud Cantuariam ecclesiam de Bradgate, cum omnibus pertinenciis suis. Ita quod Magister Firminus libere omnia teneat et possideant tota vita sua, et post decessum ejus libera remaneant prædictis mulieribus leprosis. Quare volo et firmiter præcipio quod eædem leprosæ mulieres eandem ecclesiam habeant et teneant in libera et perpetua elemosina sicut prædeterminatum est, bene, et in pace, libere, et quiete, integre, et plenarie, et honorifice, cum omnibus pertinenciis suis, et libertatibus, et liberis consuetudinibus suis. Hiis testibus, etc.

973.—DE HOSPITALI SANCTI JACOBI EXTRA CANTUARIAM.

(c. 1195.) (Entered in the Reg. c. 1400.) B. 426 *a*.

The Chapter taking the revenues of St. Jacob's Hospital, undertake to maintain the three priests and the twenty-five lepers, for whose benefit the Hospital was founded.

Omnibus, etc. G(alfridus) Prior et Conventus Ecclesiæ Christi Cantuariensis in Domino salutem. Sciatis quod, intuitu caritatis et pietatis, de consensu et voluntate Domini nostri H(uberti) Archiepiscopi, et ad peticionem Magistri Firmini Custodis Domus Sancti Jacobi extra Cantuariam, recepimus in custodiam et protectionem nostram prædictam Domum Sancti Jacobi extra Cantuariam sitam. Et tenebimus in eadem Domo semper tres sacerdotes, per nos instituendos; qui erunt professi in eadem prædicta Domo in forma et habitu religionis; quorum unus cotidie celebrabit missam de Beata Virgine, alius cantabit *Requiem* pro benefactoribus ejusdem Domus, [et] tercius dicet commune servicium. Et isti tres sacerdotes habebunt unum clericum. Et erunt in prædicta Domo semper xxv. mulieres leprosæ, per nos instituendæ. De ecclesia de Bradegate et aliis redditibus, et terris, et substanciis, et elemosinis, et obvencionibus ejusdem Domus, providebimus tam sacerdotibus illis quam pro leprosis prædictis necessaria. Et ut hæc supradicta firma et inconcussa permaneant in posterum, præsenti carta nostra et sigilli nostri apposicione illa roboravimus. Salva dignitate Domini Archiepiscopi. Hiis testibus Gilberto Roffensi Episcopo, H. Cantuariensi Archidiacono, Rogerio Abbate Sancti Augustini, Algaro Abbate de Feversham.

(1404.)
Cart. Ant.
M. 301 a.

974.—Coram Domino Wilhelmo Esturmi militi et quampluribus fidedignis in Roterdam Hermanno Wernerson comparente, ad Sancta Dei Evangelia corporalibus præstitis juramentis, sub hac forma juravit.

The sworn declaration of Hermann Wernerson, whose ship was captured by English sailors.

Quod Anglici armati cum una balinger, quorum magister erat Johannes Aske, ipsum Hermannum et suos, in navi sua existentes in mari prope Wicht,[1] hostili et armata manu, sine ipsius Hermanni ac suorum demerito, invaserunt. Quibus Hermannus cum suis marinariis, vim vi repellendo quantum potuit, usque prope Houede[2] resistebat, ubi Johannes Aske cum suis complicibus invenerunt unam bardisam de Londoniis, cujus magister erat Laurencius Mundi, et unam passingeram cujus magister erat Wilhelmus Lye; istis sibi adjunctis, ceperunt Hermannum Wernerson et, accepto consilio, proposuerunt eum deducere cum navi sua ad Callesiam, sed, certo obstaculo præpediti, duxerunt eum ad [portum] Doveren[sem], ubi Hermannus ab ipsis captoribus, sub juramento, requisitus, juravit: quod cum navi et bonis innavigatis velificari debetur in Secanam vel Hamptoun, et quod omnia et singula bona in navi tunc existencia forent Sundensium et Prucenorum. Et nullo modo juravit formam in articulo Anglicorum contentam et expressam. Quo facto, duxerunt eum, cum navi sua et bonis inibi contentis, ad Tamesam et ibi extraxerunt bona in navi Hermanni contenta, in tres partes diviserunt, et naves suas cum eisdem oneraverunt et caricaverunt. Bonis sic dissipatis, duxerunt prædictum Hermannum cum marinariis suis ad Wynkebye, et ibi, Dei auxilio, effugit ipsorum manus. Marinarios suos omnes submerserunt. Post lapsum vero temporis, Hermannus

---

[1] The Isle of Wight? | [2] Hythe?

cum ambasiatoribus Domini Magistri Generalis Pruciæ venit ad Angliam, ubi, post longam et diutinam executorum et locum-tenencium [percontacionem], fuit pronunciatum et tanquam per arbitros et mediatores diffinitum et concordatum; quod Hermannus recipere deberet navem suam in portu Zantwick,[1] cum xl. nobilibus. Super istis sic diffinitis et pronunciatis, ipse Hermannus dictæ navis receptori et ejusdem possessori litteras quietanciæ dedit et sigillavit. Veniens in Zantwick, credens, secundum promissa et pronunciacionem, invenire navem suam illæsam et integram, invenit eam confractam, et, refluxu maris transeunte, reperit eam exquisita malicia confractam et perforatam; talem vero perforatorem et conquassatorem prædictus Hermannus dicit Wilhelmo [Esturmi] constare evidenter. Et ex ista causa, Hermannus malum navis vendidit, et ferramenta navis secum abduxit.

975.—Articuli dati contra Stralsundenses apud Hagam in Hollandia.

1391–1404.
Cart. Ant. M. 301 h.

Articles of complaint of losses suffered in the Port of Stralsund by English merchants.

Item: Anno Domini MCCCC quarto, quidam Hans van Harry, Henricus Omegwell, Hermannus Kamynlyng, et alii malefactores de Hansa, in portu de Stralessound, circa festum Pentecostes, ceperunt bona et mercandisas Roberti Pullour, Johannis Hunt, Petri Chateres, Johannis Wolfe, et Johannis Pantreman, videlicet, pecuniam numeratam, pannos laneos, lectus, carbones maritimos, vinum rubium et album, ad valenciam v^c nobilium.

Item: Anno Domini MCCCC quarto, circa xxviij^{um} diem Maii, quidam Heire Clays, Fewe Heire, Gosselyn Wyntenbrige, Petrus Frauncke, Fise Giscow, de

---

[1] Sandwich.

Stralessound, et alii sui complices de Hansa, ceperunt extra navem cujusdam Ingilburgh Jonson, et extra aliam navem de Gripeswold, diversa bona Roberti Donyngton mercatoris de Hull, in portu de Stralessound, videlicet, pannos laneos et alia mercimonia valoris ccxxx. librarum. Insuper prædictum Robertum injuste incarceraverunt.

Item: Anno Domini MCCC nonagesimo primo, circa decimum diem Februarii, Burgimagister de Stralessound, et alii sui complices de Hansa, ceperunt de Roberto Knolles, cujus executor testamenti est Willelmus Knolles in Stralessund, cxxvj. marcas Soundenses in pecunia, quæ quidem bona remanserunt in manibus Johannis Stevenbrigh in Stralesound prædicta.

Item: Anno Domini MCCC nonagesimo primo, Proconsules et Consules Stralessoundenses, de Comitiva Hansæ, apud Stralessound, injuste arestabant omnes mercatores de Lenna in Villa de Stralessound existentes, ac ipsos ad prisonam duxerunt, et claves de eorum cistis et domibus ceperunt, aurum, argentum, et alia bona eorundem asportarunt, prolongarunt, et detinuerunt; ac ipsos mercatores ad magnas redempciones posuerunt, ad summam et valorem M^{l}C nobilium, dictis mercatoribus de Lenna pertinentem, sine aliquo restitucione inde facta.

Item: Anno Domini MCCC nonagesimo primo, Proconsules et Consules Stralessoundenses ceperunt diversa bona et mercimonia Roberti Tornebole, Willelmi Colman, David de Ile, Roberti Bisschopton, et Roberti Howorth, mercatorum Villæ Novicastri, valoris iiij^c marcarum et oboli.

Item: Anno Domini proxime supradicto, Proconsules et Consules Stralessoundenses ceperunt diversa bona et mercimonia Willelmi Langton de Novocastro prædicto, valenciæ cc. nobilium.

Item: Anno Domini MCCC nonagesimo primo, Proconsules et Consules Stralessoundenses injuste ceperunt diversa bona ac mercimonia pertinencia diversis mercatoribus de Civitate Londonia, valenciæ iiij^c xlviij. nobilium.

Item: Anno Domini M. nonagesimo octavo, circa festum Pentecostes, quidam dux de Wolgeste et Stralessound, cum nonnullis de Hansa, suis confœderatis, cepit et asportavit extra navem cujusdam Thomæ Herman de Boston plura bona et mercandisas Johannis Crose, mercatoris de Coventre, valenciæ c. librarum. Insuper quendam Thomam Walton, servientem prædicti Johannis, verberarunt et minus juste wulnerarunt.

Item: Anno et festo supradictis, prænominatus dux et alii sui complices de Hansa, ceperunt et asportarunt, extra navem prædicti Thomæ Herman, xij.^{xx} duodenas pannorum laneorum diversorum colorum, cujusdam Willelmi Bedforth mercatoris de Coventre, ad valenciam cc. librarum. Insuper quendam Laurencium Cook, servientem prædicti Willelmi, in navi prædicta existentem, verberarunt, wulnerarunt, et maliciose mutilarunt.

Item: Anno Domini MCCC. nonagesimo nono, præfatus dux Walgast, et alii de Hansa, injuste abduxerunt pannos laneos cujusdam Willelmi Sharnford mercatoris de Coventre, valenciæ l. librarum.

976.—BONA MERCATORIBUS ANGLICIS PERTINENCIA ET ARRESTATA PER SUNDENSES.

June 1404.
Cart. Ant. M. 301 c.
Goods belonging to merchants of Newcastle seized at Stralsund by way of reprisal.

Universis et singulis præsencia visuris seu audituris, constat evidenter, quod mercatores Angliæ de Novocastello, videlicet, Petrus Cortor, Robertus Puller, Yon Hunttar, et Yon Alnewike, innavigarunt infrascripta bona, quæ per cives et mercatores Sundenses sunt et fuerunt arrestata, navi cujus magister erat Gerardus Schunemann de Rugenwald; et pro frectagio sive naulo solvere tenentur (quum ad Novumcastellum prædictum Gerardum cum bonis innavigatis venire contigerit) centum et quinquaginta nobilia. Bona vero innavigata, et civibus Sundensibus pernegata, sequuntur sub hac forma.

Primo, xvj. schippunt frumenti . . . . ; schippunt quodlibet pro vj. marcis Sundensibus. Item, xlvij. schippunt bastes et xiiij. lispunt; schippunt pro ij. marcis Sundensibus. Item, viij. lastas et viij. tunnas terebinti, seu picis liquidæ, de magna factura seu ligatura; lasta pro xv. marcis. Item, iij. lastas minus ij. tunnis terebinti, de parva factura; lasta pro ix. marcis Sundensibus. Item, v. lastas minus iiij. modiis tritici; lasta pro xxiiij. marcis. Item, ix. lastas siliginis cum sex modiis; lasta pro xviij. marcis. Item, iiij^c knarholtes minus xvij. frustris seu peciis; centum pro xvj. marcis. Item, x^c lignorum de cupedalium et xvij. frustra; centum pro viij. marcis. Item, centum prope schopen minus duobus; pro vij. marcis, Item, xij^c clapholtes; centum pro viij. solidis. Item, j. lastam cerevisiæ; pro xiiij. marcis. Item, viij. tunnas licmus; pro xvj. marcis. Item, xij. tunnas farinæ tritici; pro xiiij. marcis; et ij. tunnas cum arvina porcina; pro x. marcis. Item, j. tunnam zeelsmers; pro vj. marcis. Item, j. peciam ceræ de v. linespunt minus ij. libris marcalibus; pro xiiij. marcis. Item iiij^{or} quartalia sturionis; pro xviij. marcis. Item, v. lucinas; pro ij. marcis. Item . . . . . prope kornschuffele; pro x. solidis.

Propter magna dampna et gravamina ab Anglicis civibus et mercatoribus Sundensibus facta et illata, bona suprascripta fuerunt et de præsenti sunt arrestata; quæ quidem bona, vel ipsorum valor, ad usum Anglicorum, quousque civibus Sundensibus dampnapassis dampnorum suorum fiet refusio et reformacio, reserventur. Et super istis bonis factæ sunt indenturæ; unam reservarunt sibi Consules Stralessundenses; aliam mercatores et cives dampnapassi; terciam

Anglici quorum bona, ut præfertur, sub arresta detinentur.

Actum anno Domini M°CCCC°IIIJ^to, in Vigilia Sanctorum Petri et Pauli.

977.—INFRASCRIPTA BONA RECEPTA SUNT DE NAVI ENGELBERTI JOHANSSON DE DORDRACO . . . . . . DE HULL PERTINENCIA.

Aug. 1404.
Cart. Ant.
M. 301 c.

Primo, viij^c wagenschottes. Item, xij. vasa zeeles. Item, x. tunnas picis. Item, xviij. tunnas terebinti heringbanc et heitbanc. Item, ix. tunnas parvas terebinti. Item, duas bastardas. Item, xxxiiij. zyun'. Item, iij. fassiculos heidengrane,[1] ponderantes xxv. stone et vij. libras. Item, xij. forfices. Item, xxiiij sextarios frumenti, vj. sextarios et unum frustrum frumenti, ponderantes xxiij. scippunt et xj. lispunt et xj. nirpunt. Item, xxx. frustra bosenblasses,[2] ponderantia j. scippunt et xij. lispunt et iij. nirkpunt. Item, xxx. frustra knarholtes. Item, xij^c clapholtes. Item, ij. pecias ceræ, ponderantes vj. lispunt et ij. nirkpunt. Item, xv. parvas buttas[3] vel urnas.

Goods belonging to merchants of Hull seized by the Germans by way of reprisal.

Suprascripta bona taxata sunt a prædicto Engelberto Johansson ad pondus xj. lastarum, et recepit pro frectagio suo quinquaginta marcas Sundenses minus viij. solidis.

Super ista bona factæ sunt indenturæ; unam servant et tenent Consules Stralsundenses; aliam Hermannus Kemlynk; terciam vero recepit prædictus nauta, scilicet Engelbertus.

---

[1] *heidengrane* = buckwheat.
[2] Wood split for fences?
[3] Tubs.

Actum anno Domini M°CCCCIIIJ^to die Martis ante festum Beati Laurencii.

---

29 Dec. 1404.
Cart. Ant. x. 9.
The Mayor of Newcastle certifies to a declaration made before him of the value of English goods taken out of a Dutch ship by German merchants, by way of reprisal.

978.—BONA CAPTA AB ANGLICIS IN PORTU DE SANDFORD.

A touz yceux qi cestes presentz lettres verront ou orront, Roger de Thornton, Mayer de la Ville de Noef Chastel sur Tyne, saluz en Dieux. Purceo qe almoygne et chose meritorye est pur temoisner verite ; si tesmoune, par ycestes lettres, qe un Gerard Merseman, messire et possessour de la nief appellee Behoudenreys de Owdewater en Holland, vient devaunt moy le jour de fesaunce dy cestes, et reconusoit et disoit ; qe un Goydekyn Bukantyne de Dantze ovesqe ses compaignons vient nadgairs sur luy et son dite nief, en le Sounde de Norwey, en le port appelle Sandford, et la priseront hors de sa dite nief les pakkes des drapes de layne, et worstedes, coverliddes, Engleys freysed, armure, et autres hernays, les biens de John Gaunt, Richard Bautrye, et Henry Hyndeley de la Cite de Everwik, et autres leur compaignons, ovesqe queux le dit Gerard feust frecte. Et, come ascuns de ses ditz marchaundz tesmoignerent devaunt le dit Gerard en ma presaunce, yfurent en dite sa nief sys vins entiers draps le layne, xxv. peces de worstede, xxx. coverledes, vj.^{xx} ulnes de Engleys freysed, les queux biens et merchandises, ovesqe les . . . . armure et autres harnois, come

Trecentæ marcæ Sundenses valent xc. nobilia.[1]

978.

To all those who shall see or hear these present letters, Roger of Thornton, Mayor of the town of Newcastle upon Tyne, greeting in God. Whereas it is charitable and a meritorious thing to bear witness to the truth; therefore I testify by these letters, that one Gerard Merseman, master and owner of the ship called *The Behoudenreys* of Owdewater in Holland, came before me, on the day of the making of these presents, and acknowledged and said, that a certain Godekyn Bukantyne of Dantzic with his fellows came lately across him and his ship in the Sound of Norway, at a port named Sandford, and there, out of the same ship took bales of woollen cloth, and worsteds, coverlids, English frieze cloth, arms and other harness, being the goods of John Gaunt, Richard Bawtry, and Henry Hyndley, of the City of York, and others their partners, with which (goods) the said Gerard was laden. And, as some of the said merchants deposed, before the said Gerard in my presence, there were in his said ship six score whole woollen cloths, twenty-five pieces of worsted, thirty coverlids, six score yards of English frieze, which goods and merchandize together with the . . . . . the arms and other harness, as they affirm, amounted to

---

[1] There are among the Cartæ Antiquæ many torn and defaced sheets of paper containing lists of goods arrested in the Baltic ports. One or two of the most perfect are here given, in order to draw attention to the kinds of merchandize in which these foreigners traded, and the weights and measures used by them. The Scandinavian names of many of the articles are puzzling.

ils disoient, amounterent entour la somme de cccxl. livres. En tesmoignaunce de quele chose a cestes lettres jeo ay mys mon seal doffice de Meraltee. Donez a la Ville de Noef Chastell sur Tyne, en la Feste de Seint Thomas le Martir en la semaigne de Nowell, lan du regne nostre Seignur le Roy Henri quart puis le Conquest Dengleterre sisme. Oportet quod signetur sigillo communi.

(1405.)
Cart. Ant.
M. 301 e.

979.—AD ARTICULOS DATOS AMBASSIATORIBUS ANGLIÆ PRO PARTE STRALESOUNDENSIUM APUD HAGAM IN HOLLANDIA.

Answers made by the English Ambassadors to the articles of complaint set forth by the Stralsunders.

In primis. Ad primum articulum respondent dicti Ambassiatores, etc. quod licet, regia auctoritate, ad habendum noticiam nominum et cognominum Anglicorum, de quibus in articulo conqueritur, facta fuisset diligens et requisita inquisicio, de ipsis aut eorum nominibus vel cognominibus, vere vel præsumptive, nullo modo poterat constare, ideo oportet quod articulus declaretur, nomina vel cognomina specificando ; vel quod plenius si fieri poterit inquiratur.

Item. Ad secundum, tercium, quintum, octavum, duodecimum, quartum decimum, quintum decimum, sextum decimum, decimum septimum, decimum nonum, vicesimum, et vicesimum primum, respondent dicti Ambassiatores sicut supra ad articulum primum est responsum.

Item. Ad sextum articulum dicunt, etc. quod, anno Domini M°CCC™°LXXXXJ™°, Proconsules et Consules Civitatis Soundensis nonnulla bona Johannis Brandon, mercatoris de Lenna in Anglia, ad valorem viij^c marcarum Soundensium, nullo modo, nec ex contractu vel quasi, nec ex delicto vel quasi, dictæ civitatis communitati, singularive personæ ejusdem, obnoxii, propter

about the sum of three hundred and forty pounds. In witness of which thing, I have set the seal of my office of the mayoralty to these letters. Given at the town of Newcastle upon Tyne, on the festival of St. Thomas the Martyr in Christmas week, the sixth year of the reign of our Lord King Henry the Fourth after the Conquest of England.

---

aliorum prætensa delicta, indebite, injuste, omni juris ordine, in talibus requisito, [prætermisso], per modum et ex causa reprisalium, arestari fecerunt et mandarunt, et sic detinent hucusque arestata, vel fecerunt quominus bona ipsa, vel ipsorum verus valor, in eorundem custodia existant de præsenti. Quodque, subsequenter, postquam dicto Johanni injusticiam hujusmodi sibi notorie factam fuisse certitudinaliter constiterat, cuncta contra eum, ut prædicitur, attemptata idem Johannes inclitæ memoriæ Domino Ricardo, tunc Angliæ Regi, seriose exposuit, ac sibi, servato processu legitimo, concurrentibus in hac parte de jure[1] requisitis, concedi optinuit, ut bona quorumcumque civium dicti Civitatis Soundensis infra regnum Angliæ ubicumque tunc existencia, vel[2] in ipsum regnum extunc ventura, auctoritate regia, usque ad valorem viij^c marcarum prædictarum faceret arestari, ac de eis usque veram compensam dictarum viij^c marcarum sibi, prout de jure, auctoritate prædicta, satisfieri procuraret, nonnullos virosque fidedignos ad præmissa debite exequenda, per dictum quondam Regem, Commissarios deputari. Qui, vigore auctoritatis regiæ eis attributæ, quædam bona Henrici Quekell et Hermanni Comer-

---

[1] *juris*, MS. | [2] *ut*, MS.

lyng, et aliorum Civitatis Strailes soundensis, sive incolarum in ea habitancium, subsequenter in regnum Angliæ, in quadam navi de Sclusa, cujus tunc quidam Paulus Stenvoelt erat magister, inventa, propter notoriam injusticiam per prædictos Proconsules et Consules, ut prædicitur, factam, ad instantem dicti Johannis Brandon peticionem, primum, juris et justiciæ ordine,[1] arestari mandaverunt, ac deinde bona ipsa, quæ (solutis[2] naulo et custumis regiis et aliis necessariis in hac parte expensis) ad summan iiij^{xx}. librarum duorum solidorum et trium denariorum monetæ Angliæ, præmissa publica subhastacione, dumtaxat valuerunt, præfato Johanni in partem deductionis solucionis summæ viij^c marcarum prædictarum, juris ordine servato, auctoritate prædicta, assignarunt; ac ipsas iiij^{xx}. libras duos solidos et tres denarios eidem Johanni tradi et liberari fecerunt. Sique dictus Johannes Brandon ab omni injusta capcione sive detencione bonorum, de quibus in articulo præsenti memoratur, semper se abstinuit.

Item. Ad septimum articulum respondent, etc. sicut supra ad proximum est responsum, mutatis hiis nominibus; videlicet, Paulus Stenvoelt in nomen Petri Fraunken; ac Henrici Quekell et Hermanni Comerlyng in nomina Nicholai Vaghe et Arnaldi Poleman; ac mutata summa iiij^{xx} li. ij sol. iij den. monetæ Anglicanæ in summam xx. librarum sterlingorum.

Item. Ad nonum articulum dicunt, etc., quod specificetur navis de qua Admirallus Angliæ accepit bona in articulo descripta; et congrua, justa, et rationabilis super petitis fiet satisfactio et emenda.

Item. Ad decimum articulum discunt, etc., quod placet bene quod producantur litteræ testimoniales de quibus in articulo fit mencio; et conquerenti celeriter super petitis fiet justiciæ complementum.

---

[1] *ordines*, MS.   [2] *soluta*, MS.

Item. Ad undecimum articulum dicunt, etc. quod Jacobo de quo in articulo fit mencio, pro hiis de quibus conquestum est in hoc articulo, et aliis articulis per Prucenos pro ipso datis, de iiij^c nobilibus et ultra est satisfactum.

Item. Ad decimum tercium articulum dicunt, etc. quod illi de Prucia dederunt querelam in ipsorum articulis pro Hermanno in articulo nominato ad summam mcccx. nobilium; quibus fuit responsum quod dictus Hermannus in articulo nominatus omnes Anglicos in articulo specificatos sufficienter acquietavit, [et], finaliter, inter dictos Ambassiatores et Nuncios fuit concordatum, quod articuli pro parte ipsorum Nunciorum dati differri deberet discussio, usque ad clariores probaciones, per dictum Hermannum et Willelmum Lye in ipsorum articulo nominatos, super eodem in eventum ministrandas. Et si non placet hæc responsio dabitur alia, videlicet.[1]

Item. Ad decimum octavum articulum dicunt, etc. quod de petitis in articulo congrua, justa, et rationabilis fiet satisfactio et emenda.

Item. Ad vicesimum primum articulum dicunt etc. quod de contentis in articulo pari forma fiet reformacio, sicuti et illis de Livonia, cum capta esse asserantur eodem tempore quo illi de Livonia mercimonia sua dicunt capta fuisse.

Item. Ad vicesimum secundum dicunt, etc. sicut supra ad primum est responsum.

Item. Ad vicesimum tercium dicunt, &c. quod conqueritur contra quendam nominatum William de Pleyne, et quod, ea causa, facta fuit proclamacio in singulis Angliæ portubus; et nullus talis potest inveniri.

Item. Ad vicesimum quartum dicunt, etc. sicut supra ad vicesimum primum responsum est.

---

[1] Deest responsio in MS.

13 May 1405.
Cart. Ant. M. 229.

An instruction as to preliminary inquiries, given to the ambassadors of Henry IV. sent to the Master-General of the Teutonic Order.

980.—[Instructio data ambassiatoribus regiis ad partes Pruciæ missis.]

Instructio data Willelmo Esturmy militi, Magistro Johanni Kington clerico, et Willelmo Brampton civi Londoniensi, ambassiatoribus et nunciis serenissimi ac illustrissimi principis et domini nostri Domini Henrici, Dei gracia Regis Angliæ, etc., ad reformandum, sopiendum, sedandum, et finiendum, quascumque quæstiones, contenciones, et discordias, inter dictum Dominum nostrum Regem et ipsius ligeos ex una, et Magistrum-Generalem Ordinis Beatæ Mariæ Domus Theutonicæ Jerosolimitanæ, et ipsius subditos, parte ex altera, motas et exortas, ad partes Prusiæ transmissis.

Licet de dampnis et injuriis illatis Prucenis, antequam Magister Pruciæ ad Dominum nostrum Regem ultimo suos in Regnum Angliæ misit ambassiatores, per aliqua viarum contentarum in quadam alia instructione præfatis ambassiatoribus tradita, posset forsitan satisfieri; quia tamen forsitan magnæ fient querelæ, de navibus et mercimoniis ac hominibus, subditis Magistri Pruciæ, citra captis et occisis; placet dicto Domino nostro Regi, quod summaria recapiatur, per ambassiatores ibidem, informacio valoris navium et mercimoniorum hujusmodi. Et quod extunc, quia absque voluntate parcium de quibus conqueritur, tantum negocium non potest plene examinari; ideo concordetur de congruis loco et tempore ubi domini nostri ambassiatores, vocatis vocandis, poterunt de hujusmodi querelis ad plenum informari, et eas, plena justicia, cum omni celeritate, finire et terminare.

In cujus rei testimonium huic præsenti instructioni dictus Dominus noster Rex tam magnum quam privatum sigilla sua fecit apponi.[1] Data apud Westmonasterium, xiij[io] die Maii, anno regni dicti Domini nostri Regis sexto.

---

[1] The slits for the attachment of both the seals are still to be seen in this record, but the seals have been cut off.

981.—Custodia Hospitalis Sancti Thomæ de Estbregge.

9 July 1405.

The Archbishop confers the Mastership of Eastbridge Hospital in Canterbury, and the Prior and Chapter approve the collation.

Universis Sanctæ Matris Ecclesiæ, etc. Thomas Prior et Capitulum Ecclesiæ Christi Cantuariensis, salutem in omnium Salvatore. Litteras reverendissimi in Christo patris et domini Domini Thomæ Dei gratia Cantuariensis Archiepiscopi, etc. nuper recepimus in hæc verba. "Thomas permissione divina, etc. dilecto in Christo filio Domino Thomæ Burton capellano, Lichefeldensis diœcesis, salutem, etc. Custodiam regimen et administrationem Hospitalis nostri Sancti Thomæ Martiris de Estbrygge, civitatis nostræ Cantuariensis, per liberam resignationem Domini Thomæ Pellicani, ultimi Custodis ejusdem, in manibus nostris factam, et per nos admissam, vacantem, et ad nostram collationem pleno jure spectatem, tibi conferimus, et cum omnibus suis juribus et pertinentiis universis, ad terminum vitæ tuæ committimus possidendam. In cujus rei testimonium sigillum nostrum præsentibus est appensum. Datum in Palacio nostro Cantuariæ quinto die mensis Julii anno Domini M°CCCC° quinto et nostræ translationes anno nono." Nos igitur Thomas Prior et Capitulum prædicti, litteras prædictas ac omnia et singula contenta in eisdem et ex inde secuta rata habentes, pariter et accepta, ipsas et ipsa approbamus, ratificamus, et tenore præsentium comfirmamus. In cujus rei testimonium sigillum nostrum commune præsentibus est appensum. Data in domo nostra capitulari octavo die mensis Julii anno Domini supradicto

982.—De damnis illatis ab Anglicis mercatoribus Strallessundensibus et bonis Anglicorum arrestatis.[1]

3 Nov. 1405.

Cart. Ant. M. 301 e.

The Authorities at Stral-

Nos consules Strallessundenses vobis innotescimus, quod quodam tempore quædam navis, dicta Kreyger,

---

[1] This original letter, written on parchment, is greatly decayed and in a few places illegible; of the schedule of losses, here alluded to only a tattered fragment remains.

sund explain how they arrested English goods in reprisal for German goods captured by the English.

nauclero Nicolao Vlemyngh, habuit plurima bona magni valoris innavigata; scilicet, in cera, variopere, cupro, ferro, therebinthino, lineis pannis, ad valorem mille nobilium, pertinencia Dominis Hermanno Hoghesank, Hermanno Strelode, nostris coconsularibus; Hermanno Kemerlingh, Borchardo Kremer, Godekino de Bremen, Tiderico Warmerskerke, Johanni Wenschendorp, Henrico Rudynghusen, Henrico Wulve, Reynaldo Kemerlingh, Nicolao Swarten, Conrado Hoghesanghe. Navis autem, pertinens Dominis Henrico Haghedorn, Arnoldo Polemanne, nostris coconsularibus dicto Nicolao Vlemyngh, Johanni de Terne, Johanni Suthem, constabat ij^c et lxviij. nobiles.

Hæc bona et navem superaferunt Anglici, et duxerunt ad Calesiam; nos autem pro eisdem habuimus nuncios nostros et litteras sæpe et sæpius ad Dominum Regem inclitum Angliæ, magnos sumptus et labores abinde facientes; quare tandem Dominus Rex præcepit Capitaneo in Calesia ordinare nostris istorum bonorum captorum restitucionem, vel recompensam; quod, cum iste Capitaneus facere minime curavit, propter hæc dampna et propter has injurias et incurias, nos fecimus arrestari, ad usum nostrorum civium, bona Anglicana in civitate nostra existencia.

Qua arrestacione facta, mercatores Anglici, in civitate nostra constituti et quorum bona arrestata fuerunt, inierunt nobiscum pactum, tractatum, et conventum, quod nostris civibus in navi Vlemyngh dampnapassis debentur tot bona de Anglicis arrestari vel   , quot se extendere possint . . . bona hujusmodi nostrorum civium; et quodcumque superesset de eisdem Anglicis bonis hoc ipsis Anglicis dimit . . . . Anglici laborare volebant, quod recompensa suorum bonorum et sui interesse possent, a prædictis bonis . . . . . . et ad Calesiam deductis, adipisci; salvis tamen nobis monicionibus contra terram Angliæ . . . . alia dampna per ipsos

Anglicos quomodocumque, et alia quæcumque nobis ingesta.

Ad pactum acceptavimus et reddidimus nostris civibus tot bona de Anglicorum bonis arrestatis, quot valuerunt bona, competenti foro tantum, quæ nostri cives, in dicto modo, in dicta navi Vlemyngh amiserunt; residuum bonorum Anglicorum divisimus ipsis Anglicis, prout ipsimet optabant, propter pacis unionem, quam semper cum Anglicis servare nostræ fuit intencionis; retentis tamen nobis monicionibus quibuscumque competentibus contra dictam terram Angliæ, prout supra.

Item. Innotescat, postquam omnia et singula dampna, comprehensa in alia nostra scriptura, nos et cives nostri sustinuimus ab Anglicis, sicuti ibi scribitur; et ex quo in aliis civitatibus bona Anglicorum, propter consimilia dampna ipsis facta, arrestabantur; nos eciam anno præterito arrestari fecimus bona Anglicorum quæ fuerunt in civitate nostra, solum ea intencione, quod posset isto modo venire ad noticiam principum, dominorum, et majorum in Anglia, qui forsitan de pace eo magis sollicitarent, Deo et justicia inspirantibus, de congruo remedio provisuri.

Et super istis bonis est quædam cedula intercisa, seu carta partita in tres partes Unam habent mercatores Anglici, quibus arrestata bona fuerunt; et una pars est apud nos in consilio: et tercia pars apud nostros concives dampnapassos. In casu quo facta fuerit bona expedicio utrinque de causis Anglicorum et nostris, de præfatis arrestatis bonis debet fieri racionabilis bona decisio, responsio, composicio, forma qua fuerit pacis spe meliori. In hujus rei testimonium secretum nostrum præsentibus est affixum, Anno Domini MCDV^{to}, feria secunda post Omnium Sanctorum.

15 Dec. 1405.

Cart. Ant. M. 300.

983.—Forma pacis, inter ambassiatoris Regis Angliæ et Commissarios Civitatum Lubicensis, Bremensis, Hamburgensis, Sundensis, et Gripeswaldensis facta.

Preliminary treaty for peace, during negotiations, entered into between the ambassadors of the King of England and the representatives of Lubeck, Bremen, Hamburg, Stralsund, and Greifswald.

Hæc indentura facta inter nobilem virum Dominum Wilhelmum Esturmi militem, et Magistrum Johannem Kington clericum, procuratores, nuncios, et commissarios, per invictissimum principem et dominum Dominum Henricum Dei gratia Regem Angliæ, etc. ad subscripta sufficienter deputatos, ex una; ac honorabiles viros Magistrum Henricum de Vredeland, Dominum Reymarum Sallim prothonotarios, Tidericum Cusveld secretarium, Magistrum Symonem Clovesteen prothonotarium, et Johannem Sotebotter civem, Civitatum Lubicensis, Bremensis, Hamburgensis, (Stral) Sundensis, et Gripeswaldensis, ad petendum et obtinendum, divisim, debitam reformacionem et emendam, a dicto Domino Rege ipsiusve nunciis aut commissariis præfatis, omnium injuriarum, dampnorum, et gravaminum, ac hominium submersionum, Communitati Societatis de Hansa, ac quibuscumque civibus, incolis, et habitatoribus civitatum prædictarum, per dicti Domini Regis ligeos et subditos quovismodo indebite, separatim, factorum et illatorum, procuratores et nuncios sufficienter constitutos et ordinatos, parte ex altera, testatur, etc. . . .

The merchants of the contracting powers shall trade in peace during the negotiations.

concordatum est: quod mercatores ligei et subditi dicti Domini Regis, ac mercatores Communitatis Societatis Hansæ Theutonicæ prædictæ, exnunc, per annum integrum et septem menses proxime et immediate sequentes, amicabiliter, libere, et secure intercommunicare, ac mercandisaliter invicem emere et vendere poterunt, prout retroactis temporibus, videlicet, in annis Domini Millesimo Quadringentesimo et ante illos annos, intercommunicare, mercandisare, emere, et vendere consueverunt. Item: voluerunt et concesserunt dicti Willelmus et Johannes, quod ipsi, vel alii loco suo forsitan per dictum Dominum Regem in hac parte subrogandi, dictæ Communitati ac civibus, incolis, et inhabitatoribus Civitatum prædictarum, necnon aliarum Civitatum oppidorum et villarum de Hansa, de et pro omnibus injuriis, dampnis, et gravaminibus, ac hominum submersionibus, eis, ut præfertur, factis et illatis, et prænominatis Wilhelmo et Johanni, articulatim inscriptis, traditis et porrectis, vel per eosdem procuratores, seu per alios loco eorundem forsitan deputandos, ac aliorum civitatum, oppidorum, et locorum de Hansa nuncios, procuratores, seu commissarios, tradendis exnunc et porrigendis, primo die Mensis Maii proximo futuro, cum continuacione dierum sequencium, in Oppido Dordracensi in Hollandia, aut alio termino vel terminis tunc forsitan limitando vel limitandis, Domini Regis nomine, competenter satisfacient et congruam præstabunt emendam, pari et consimili forma sicuti in dicto termino limitato, vel forsitan tunc prorogando, incolis terrarum Prusiæ et Lyvoniæ, super injuriis, dampnis, et gravaminibus, eis, per dicti Domini Regis ligeos et subditos, indebite factis et illatis, in provincia magnifici domini Magistri-Generalis Prusiæ, in terra sua Prusiæ, reparacio, reformacio, et emenda per dictos Wilhelmum et Johannem repromissa existit, prout in quibusdam litteris indentatis, quæ sunt de data "in Castro de Marienburch " in Prusia, octavo die Mensis Octobris anno Domini " MCCCCV^{to} " de et super reparacione, reformacione, et emenda hujusmodi factis et conscriptis (quarum tenor debet hic haberi pro inserto) plenius continetur. *The men of Lubeck, Bremen, Hamburg, Stralsund, and Greifswald to have the same terms as those of Prussia. The treaty with these latter is referred to and taken as inserted.*

Promissum insuper extitit, per Willelmum et Johannem prænominatos, quod ipsos Communitatem Hansæ, et civitatum prædictarum aut civitatum aliarum Hansæ prædictæ cives, incolas, et inhabitatores, habita de ipsorum civilitate et incolatu informacione, ad difficiliores seu discutiores probaciones gravaminum suorum, jam porrectorum et infuturum dictis terminis de quibus supra porrigendorum, quam incolas terrarum Prusiæ et Lyvoniæ, juxta formam indenturarum de quibus præfertur, non artabunt seu compellent.

<small>Ancient privileges granted to the Hansa by the Kings of England to be respêcted.</small>

Insuper promittunt prædicti Wilhelmus et Johannes, quod, postquam primum in regnum Angliæ et ad provinciam Domini Regis pervenerint, procurabunt quod omnia et singula privilegia mercatoribus de Hansa, per celebris memoriæ Reges Angliæ, concessa, et per prædictum Dominum Regem confirmata, secundum omnes suas continencias inviolabiliter, a dicto Domino Rege et suis, debeant observari. Et quod de cetero nichil in præjudicium privilegiorum ipsorum, quibusvis quæsitis occasione seu colore, a dicto Domino Rege et ab incolis regni Angliæ indebite debeat attemptari. Omnia eciam contra hujusmodi privilegia hucusque attemptata et facta promittunt plenarie, emendacione racionabili et justa, reformari et rescindi.

<small>Injuries committed in the meantime to be redressed as is provided in the Prussian treaty.</small>

Si vero (quod absit) civitatibus et mercatoribus civitatum, oppidorum, et locorum prædictorum de Hansa, a data præsencium, per Anglicos et incolas regni Angliæ, vel Anglicis aut incolis ipsius regni per aliquos mercatores aut alios civitatum aut oppidorum prædictorum, in navibus, bonis, aut personis, aliqua dampna, injuriæ, [aut] gravamina, infra dictum unum annum et præscriptos septem menses injuste inferentur,[1] quovis quæsito colore, promiserunt nuncii, commissarii, ambassiatores, et procuratores omnes et singuli supradicti, quod omnia hujusmodi dampna, injuriæ, et gravamina, sic illata, ab eis qui ea inferent vel committent, reformari et emendari debebunt, sicut et prout, in casu consimili, illis de Prusia reformacio, reparacio, et emenda, de injuriis,

---

[1] *infererentur*, MS.

dampnis, et gravaminibus, eis per Anglicos illatis, fieri debet, juxta et secundum quandam clausulam in litteris indentatis, de quibus superius memoratur; quæ incipit: *Ceterum ne, per insolentium aut perversorum hominum,* etc. usque ad illam clausulam: *Et ut præscripta omnia,* etc. Adjectum insuper fuit inter nuncios, commissarios, et procuratores prænominatos, et inter eosdem unanimiter concordatum, quod, si, a prima die mensis Maii proxime futura usque ad integrum extunc annum, læsis et dampnificatis qualitercumque, ut prædicitur, nominatis, congrua justa et rationabilis, de ipsorum dampnis et gravaminibus et injuriis, facta non fuerit reformatio, quod, infra tres menses continuos post lapsum anni hujusmodi, mercatores civitatum de Hansa prædictarum regnum et dominia dicti Domini Regis Angliæ, cum ipsorum mercandisis et bonis aliis, infra dictos tres menses etiam emptis et acquisitis; et Anglici etiam, consimiliter per omnia, civitates, terras, et dominia earundem civitatum, sine molestatione, perturbatione, vel impedimento quibuscumque, nulla alia insinuatione vel monitione necessaria in hac parte, vitare et, dummodo legitimum non subsit impedimentum, ab eisdem se absentare ac etiam divertere teneantur.

Insuper extitit promissum, per dictos Wilhelmum et Johannem, quod in dicto termino, videlicet, primo die Maii, aliove termino vel terminis tunc limitando vel limitandis, de submersis et interfectis indebite, per Anglicos, de terra Prusiæ et Lyvoniæ, ac civitatibus, oppidis, et locis aliis de Hansa, debita emenda et congrua satisfactio fieri debebit, et quod secundum tenorem cujusdam cedulæ, super emendatione dictorum submersorum et interfectorum conceptæ, ipsisque per Albertum Rode, Consulem civitatis de Thoren', ac prænominatos procuratores et nuncios civitatum prædictarum pronunciatæ, pro hujusmodi emenda fienda, velint et debeant fideliter et effectualiter, totis viribus, laborare. In quorum omnium testimonium . . . . . . sigilla . . . . apposuerunt. Datum in Oppido Dordracensi, decimo quinto die mensis Decembris anno Domini M°CCCC™° quinto.[1]

11 Jan. 1406.
S. 54 b.

984.—LITTERA DOMPNI ARCHIEPISCOPI DIRECTA CAPITULO POST MORTEM ROGERII WALDENNE LONDONIENSIS EPISCOPI.

Archbishop Arundel, in pursuance of a resolution of Convocation, requires *dirige* and mass of *requiem* to be said for Roger Walden, late Bishop of London, and for a short time Archbishop of Canterbury.

Thomas permissione divina Cantuariensis Archiepiscopus, etc. dilectis in Christo filiis Priori et Capitulo Sanctæ nostræ Cantuariensis Ecclesiæ salutem, etc. Inter curas quæ nostro cohærent officio, illa præcipue nos excitat, visceribus nostri cordis infixa profundius atque solidius radicata, nostrum incessanter monens animum suarum aculeis punctionum, ut nostræ provisionis remedio, contra malignorum spirituum insultus, qui[2] ad supercælestium civium inclita gaudia transierunt in quantum possint vestigia impediunt tota die, ipsorum sic transeuntium animarum quieti succurramus uberius et saluti. Cum etenim in convocatione nostra provinciali, in Ecclesia Sancti Pauli Londoniis nuper celebrata, inter cetera fuerit ordinatum, quod cum aliquem nostrorum suffraganeorum migrare contigerit ab hac luce, quod ex tunc quilibet præsidens cujuscunque Ecclesiæ cathedralis, cum ad ipsius devenerit notitiam, exequias in nocte, ac in crastino immediate sequente missam de *requiem*, pro ipsius sic defuncti animæ salute et pro animabus omnium fidelium defunctorum, una cum confratribus suis, celebrare, ob honorem pontificalis dignitatis in hac parte confirmandum, teneatur; ac venerabilis frater noster Dominus Rogerus Waldenne, dum ageret in humanis Episcopus Londoniensis, quod cum non modica cordis

---

[1] An exemplification of this treaty under the great seal occurs in the Cart. Ant. Cantuar. (M. 304), bearing date 24 July 1407.

[2] Supply *eorum qui*. ?

mæstitia referimus, viam universæ carnis noviter sit ingressus, cujus animæ propitiari dignetur Altissimus; volentes insuper ordinationem antedictam illibatam fore, et ut ipsius anima sanctorum præconiis ad supernorum civium agmina citius extollatur, et a spirituum malignorum hujusmodi liberetur insidiis, volumus, et exhortamur in Domino, quatinus, quam citius commode potueritis, exequias et missam, juxta ordinationem antedictam, ut præfertur, celebrare sollicite studeatis. Datum in manerio nostro de Maydenstan, xj° die mensis Januarii anno Domini M°CCCC°mo quinto, et translationis nostræ anno decimo.

985.—Littera sequestrationis fructuum Ecclesiæ de Lyde.

27 Jan. 1407.

J. 2.

The Abbot of the Welsh Tynterne having become security for the payment to Christ Church of the pension due from the Irish Tynterne, and the same pension having fallen into arrear for seven years, the Archbishop sequestrates the rectory of Lydd, which is

Thomas permissione divina Cantuariensis Archiepiscopus, etc. dilectis in Christo filiis vicario perpetuo ecclesiæ parochialis de Lyde et Johanni Bedmanton . . . . . salutem, &c. Cum Abbas et Conventus de Voto in Hibernia, Cisterciensis Ordinis, teneantur ab antiquo Priori et Capitulo Ecclesiæ nostræ Cantuariensis in quadam annua pensione xiij. marcarum, pro certis terris in quibus monasterium eorum in Hibernia constructum existit et fundatum; pro qua quidem pensione eisdem Priori et Capitulo fideliter persolvenda Abbas et Conventus de Tynterne in Wallia, Pater-Abbas dictorum Abbatis et Conventus de Voto in Hibernia, cui[1] ecclesia parochialis de Lyde prædicta appropriata, annexa, et incorporata existit, se firmiter obligarunt; verum quia dicta annua pensio per septem annos præteritos soluta non existit, iidem Prior et Conventus Ecclesiæ nostræ Cantuariensis prædictæ humiliter supplicarunt sibi, per nos, de oportuno in hac parte remedio provideri. Volentes in hac parte facere quod est jurium, omnes fructus redditus et proventus ecclesiæ de Lyde prædictæ, quousque de

---

[1] Sic MS.

100 LITERÆ

appropriated to the Welsh Tynterne to satisfy the debt.

pensione prædicta congrue fuerit sutisfactum, ac aliis causis legitimis nos ad hoc moventibus, decrevimus sequestrandos, et, tenore præsentium, sequestratos, vobis conjunctim et divisim firmiter injungentes, [mandamus] quatenus sequestrum nostrum hujusmodi in fructibus, redditibus, et proventibus ecclesiæ de Lyde prædictæ, auctoritate nostra sic fuisse et esse interpositum publice et solempniter denuncietis, et per alios faciatis etiam publice nunciari: eosdemque fructus, redditus, et proventus sub arto et salvo custodiatis seu custodiri faciatis sequestro, quoadusque de pensione de qua superius fit mentio satisfiat, vel aliud a nobis habueritis in mandatis, sicuti pro eisdem vestro volueritis periculo respondere. Data sub sigillo nostro in manerio nostro de Lamheth, xxvij^{mo} die mensis Januarii anno Domini M^{o}CCCC sexto; et nostræ translationis anno undecimo.

28 April 1407. Cart. Ant. Y. 56.

986.—DAMNA QUIBUSDAM CIVIBUS EBORACENSIBUS ILLATA SUPER MARE.

TheMayor, &c. of York certify that certain merchants of their city have deposed on oath that a Dutch ship was boarded in the Sound, and goods taken from her to the value of 340l.

Universis et singulis ad quos præsentes litteræ pervenerint, Major, Vicecomites, et Aldermanni Civitatis Eborum, salutem in Domino. Venientibus nobis autem in nostri consilii cameram, die mensis Aprilis xxviij^{vo}, anno gratiæ, quo ad nos, millesimo cccc^{mo} septimo; propalacione quorundam civium nostrorum, videlicet Roberti Gaunt, Henrici Hyndelay, et Ricardi Bantry, mercatorum civitatis prædictæ, cum eisdem Roberti Feriby, Rogeri Thornell, plurimorum quoque antelatæ civitatis mercatorum fidedignorum, coram nobis, die eodem, tactis sacrosanctis, juratorum quod subtangitur clariori modo, extitit declaratum: quod, tempore non longo elapso, Godekynus Bucatyn de Danske, aliis consortibus suis et eorum vi et armis suffultus, in Le Sound de Norway, viam arripuit in portum cui nomen Sandeford imponitur, cum suis intrans, autem ibidem navem Gerardi Mersiman, nomine appellatam "Beholdenereis" de Owdewater in Holand, potencia non imbecilli, mercandizas dicta navi contentas, videlicet, pannos laneos,[1] worsted, coverleta, et pannos de Inglis fresid, ferdellas, cistas, arma, ac alia bona et necessaria prænominatorum Roberti Gaunt, Henrici Hyndelay, et Ricardi Bantry, ac aliorum sociorum mercatorum, in manus suas, minime neglectas, actione iniqua, ad suam et sui consortii disposicionem recepit; quorum dictorum mercimoniorum partes erant singulæ: vj.^{xx} integrales panni lanei, xxv. peciæ worsted, xxx. coverleta, vj.^{xx} ulnæ panni fresid, quæ omnia mercimonia, cistæ, arma, ac alia bona et præfatæ navis necessaria, ad valorem cccxl. librarum, secundum dictorum mercatorum coram nobis juratorum explanationem, appreciabantur. Scriptum apud Eboracum, sub sigillo officii nostri majoratus, die et anno supredictis, et regni regis nostri Henrici quarti, etc. octavo.

987.—Illustrissimo principi ac serenissimo domino, Domino Henrico Regi Angliæ et Franciæ, ac Domino Hiberniæ excellentissimo, fautori nostro promotivo benigno.

3 June 1407.
Cart. Aut. M. 305.

Humili servitiorum nostrorum recommendatione cum reverentia præoblata. Invictissime princeps et serenissime domine, convenientibus nobis, xxij^{do} die mensis Maii proxime jam elapsi, apud Civitatem Lubicensem, super nonnullis nostræ Hansæ negotiis multipliciter oportunis et variis tractaturis, ex insinuatione ambasiatorum terræ Prussiæ, nobis in hac parte communicantium, didiscimus: qualiter venerabilis dominus et almæ religionis vir Frater Wernerus de Tetingen, Vicegerens Magistri-Generalis Ordinis Beatæ Mariæ

The representatives of the Hanse Towns assembled at Lubeck offer to send ambassadors to Dordrecht, for the third time, to meet Sir W. Esturmy.

---

[1] *pannorum laneorum*, MS.

Hospitalis Jherosolimitani, Supremus Hospitalarius, et Commendator in Elbingo, regiæ majestatis vestræ litteras, magnifico præpotentique Domino Conrado Jungingen, dicti Ordinis Beatæ Mariæ, quondam dum vixit, Magistro-Generali directas, receperit xj^{mo} die mensis Aprilis apud Marienborgh in Prussia, inter alia continentes quod unum de ambasiatoribus vestris, videlicet Wilhelmum Esturmy militem, ad Durdracum iterum censistis destinare, mandantes sibi ut illuc accelleret ibidem, expectando donec aliqui de dicti pridem Domini Magistri-Generalis nunciis, de suo mandato, ad locum illum, tempore congruo, revertantur, ad finem optatum in violatæ ac hinc inde turbatæ pacis jamdudum cœpto negotio, præstante Domino, cum vestris processuri; unde, non tam vobis quam dicto militi vestro, absque dilationis incommodo, rescribere requisistis sua vota; prout etiam dictarum litterarum seriem honorabiles viri Proconsules et Consules Civitatis Lubicensis nobis aperire curaverunt; qui earundem copias, in nonnullis aliis litteris hujusmodi materiam contingentibus, per serenitatem vestram sibi directis, dixerunt recipisse. Insuper cognovimus eundem Vicesgerentem Magistri-Generalis dicto vestro militi super præmissis respondisse, quod dictis ambasiatoribus suis, istac nobiscum comparentibus, constanter in hac parte penes nos instare dederit in commissis, eidem serenitati vestræ aut dicto militi vestro super præmissis rescribere vota nostra, ex eo præcipue quod tractatus super reformatione et reparatione hinc inde indebite attemptatorum, per ambasiatores vestros, plena vestra potestate per litteras regiæ majestatis vestræ sigillo roboratas nuper constitutos, ex una, et dicti quondam Domini Magistri-Generalis commissarios ac nostrates pari potestate suffultos parte ex altera, tam in Marienborgh quam in Durdraco, pro parte suorum et nostratum hucusque habiti, facti, et continuati pari forma sunt communes, hujusceque dicti quondam

Magistri-Generalis et nostrorum nunciorum transitus multipliciter periculosos, quibus juxta condictum ad finem optatum, de quo unacum ambasiatoribus vestris dudum et iteratis vicibus scripseritis, indubie sperabatur pervenire, frustratos noscis bina vice, in nostrum omnium, prothdolor, præjudicium et despectum, quæ tamen per vos et partem vestram de facili potuerat prævideri, videlicet si vestras et ambasiatorum vestrorum litteras, super prorogationibus dierum certarum emissas, ante ipsorum exitum nostrates recipissent, quod commode juxta earundem litterarum datis facere potuissent. Quod igitur ex præmissis, veritate inspecta, præsumere poterimus, nisi viis exquisitis per vestrates et eorum defectu, quem quodammodo nullis rationibus novimus excusatum, afflictiones afflictis apponi, Domino miserente. Revera cum tam per Vicegerentem Magistri-Generalis quam Proconsules et Consules Civitatis Lubicensis antedictos, necnon juratos seniores Communitatis mercatoriæ nostræ Hansæ Bruggis Flandriæ commorantis, qui etiam litteras super facto jam expresso se asserunt recipisse, ut præmittitur, invitamur, celsitudini vestræ in præmissis et circa ea aperire vota nostra; attentoque, prout ex ejusdem celsitudinis vestræ tam diversis litteris accepemus, vestram dominationem desirabiliter affectare bonum pacis, quod et nos cotidie amplectimur pura mente; decrevimus igitur certos ambasiatores nostros, non solum nomine nostratum dampna passorum, verum etiam vice et nomine omnium nostrum et singulorum quorum[1] interest et quos præsens tangit negotium, in primam diem mensis Augusti proxime futuri ad dictum oppidum Durdracense, tertio, cum pleno mandato destinare; ibidem in sæpetacto negotio unacum ambasiatoribus vestris, in dicto loco jam forsitan constitutis vel ibidem in diem præfatum destinandis, ad finem ut scribitur opta-

---

[1] *coram*, MS.

tum, præstante Domino, ulteriore dilatione semota, processuros. Velit igitur vestræ majestatis serenitas in termino et loco præscriptis vestros ambasiatores habere plenipotentes, quatinus hujusmodi negotium absque ulterioris dilationis tædio juxta in prioribus dietis condicta et concordata, valeat terminari, ad vitandum displicencias et incommoda verisimiliter ex hujusmodi ulteriore dilatione proventura. In hiis vestra regalis et innata benignitas tam effectualiter

---

12 July 1407.

Cart. Ant. M. 387.

The Governor of Calais informs the King's ambassadors that he knows of no outrages committed upon Germans by the men of his garrison; but that, four years before the date, certain ships had been made lawful prizes of war.

988.—COPIA LITTERARUM CAPITANEI CALESIÆ, MAJORIS STAPULÆ, ET MAJORIS VILLÆ DE CALESIA, CUM IPSARUM LITTERARUM TRANSSUMPTIS.

Jehan Conte de Somerset, Chambellan Dengleterre, Lieutenant du Roy mon souveraign Seignur es parties de Picardie, Artois, et Flandres, Capitaine de Caleis, et Gouvernour de la Marche, a nos treschers et bienames Monsire William Stourmyn Chivaler, Maistre Jehan Kyngton clerc, ambassatours et messagiers ordenes de par le Roy mon dit Seignur, pour assembler, le premier jour Daoust prouchein venir, en la Vile de Durdraght, ovesqe les commissaires des Seignurs et pais de Pruce sur le fait des reparacions a faire, et a tous autres a qui il peut et doit appertenir, salut. Pour ce qe le Roy mon dit Seignur nous a escript par ses lettres, soulz son secret signet, qe sur la tenor dune bille, dedens ycelles enclose, de la quelle le tenor sensuit: *Item: dantur plures querelæ contra Capitaneum Calesiæ, Michælem Scot de Cales, Willelmum Hornby de eadem, et quendam Byschop de eadem, et alios ejusdem Villæ ad summam viij^m nobilium etc.:* nous, en cas que ainssi soit, metons paine et entiere diligence a ce que radrace et amende en soient faites dentre le dit primer jour Daoust. La

se exhibeat, sicuti pro bono communi et integritate pacis noverit proficuum et oportunum. Majestatem vestram regiam incolumem et longævam conservet Rex Regum Sempiternus. Scriptum sub sigillo Civitatis Lubicensis quo ad præsens omnes utimur Anno Domini MCCCVII. tertia die Mensis Junii.

    Vestræ dominationis sinceri Nuncii Consulares
        Communitatum de Hansa, in data præsentium Lubekæ ad placita congregati.

988.

John, Earl of Somerset, Chamberlain of England, Lieutenant of our Lord the King in the parts of Picardy, Artois, and Flanders, to our very dear and well beloved Sir William Stourmyn, knight, Master John Kington clerk, ambassadors and envoys, appointed on behalf of the King our said Lord to meet, on the first day of August next coming at Dordrecht, with the commissioners of the Lords and district of Prussia, to settle the compensations which must be made, and to all others who may be or ought to be concerned, greeting. Whereas the King our said Lord has written to us, by his letters under his private signet, that in the matter of a schedule (herein inclosed) having the following tenor: "Item: dantur plures, &c." we, in case such things be so, should employ our pains and full diligence so that redress and reparation may be given in this matter, between the present time and the said first day of August. Which matter is to us so obscure (inasmuch as the names of the persons who have appeared before you as plaintiffs in this case are not set forth in the said schedule) that we cannot understand the extent of the charge, to which,

quille chose nous est si obscure, en tant come les noms des personns qui en ce se sont monstre pardevant vous plaintifs, ne sont en tieux descleres en la dite bille, que nous ne savons pas bien entendre qe ce se peut monter, par quey nous y penssons de certaine donner plaine et effectuelle responsse ; nous vous prions que, en celle partie, vous vuillies excuser nous et les dits Michel et autres ses compaignons, en cas que aucune vouldra aucune chose pretendre contre nous ; entendans que nous navons conoissance daucune chose qui touche les dis de Pruce, ne parentre eulx et nous soit aucune, forsseullement de la prinse de certains vaisseaulz du dit pais de Pruce, qui, en tant qe eulz se monstrerent enemys du Roy mon dit Seignur, le xme jour Davril lan mil cccc. et trois derrein passe, furent prinses de guerre par aucuns vesseaulz de pardecha. Sur quey informaciones et proces furent, par nostre commandement, dernierement fais, a la fin et entente de garder les dis de Pruce de tout tort et indeue grevaunce porter et souffrir, sicome vous pourra apparoir par une roulle, attachie en pendante a ces presentes, soulz nostre seel et aussi soulz les seaulz de Lestaple Dengleterre estante pardecha, et de la Mariallte de ladite ville ; la quel roulle nous vous envoions, a fin de vous fere plainement et de certain entendre toute la manere du dit fait, en excusacion de nous et des dessusdis. A quoy nous vous prions que, a bone deliberacion, vous vuillies avoir avis et regard, et sur toutes les choses dessusdiz tant fere, que deshereson ne soit fait a nous ne as dessusdis ; et sur ce que fait ensera, nous rescripre la certaintee aussi tost come fere le pourres. Et le Saint Esprit vous ait en sa saint garde. Escript a Caleis, le xij^{me} jour de Juillet, lan de grace Mil cccc. et sept.

however, we certainly expect to give a clear and efficient answer; (and therefore) we pray you that in this case you will be pleased to plead our excuse, as also that of the said Michael and the others his fellows, if anyone should bring any charge against us; and that you will understand that we have no knowledge of any matter affecting the men of Prussia, nor of any matter of dispute between them and us, except only the capture of certain ships of theirs, which, because they showed themselves enemies of the King our said Lord, were, on the tenth day of April in the year 1403 last past, captured, in the manner of war, by some ships belonging to this place. Of which fact informations and proper declarations were lately made by our command, to the end and intention that said men of Prussia might be saved from the enduring and suffering of any injustice or undue hardship, as will appear to you by a roll appendant to these presents, under our own seal and also under the seals of the Staple of England established here, and of the Mayoralty of the said town; which roll we send to you, in order to give you to understand plainly and certainly all the process of the said fact, in exoneration of us and of those above named. To which we pray you to give, after due deliberation, attention and regard; and in all the above mentioned things so to act that no damage may accrue to us or the above named; and write to us in reply, as soon as you can do so, the truth of what will be done herein. And the Holy Spirit have you in his blessed keeping. Written, &c.

989.—SUPPLICATIO JOHANNIS REYNOLDS PRESBYTERI NATIVI NOSTRI DE HALTON.

(May) 1408. S. 58 b.

John Reynolds, a bondman of the manor of Halton (Bucks), who has taken priests' orders without a licence from his lord, begs the Prior to manumit him, pleading a thirty-years-old promise of manumission made to him by one of the Prior's predecessors.

Supplicat humiliter et devote vester pauper et continuus orator Johannes Reynolds, de dominio vestro de Halton, vester, ut dicebatur, quondam nativus de dominio vestro de Halton prædicta, quomodo Stephanus Mongeham, prædecessor vester, in præsentia tam liberorum quam nativorum tenentium suorum dominii prædicti, prædicto supplicanti exercere scholas ac ordinem recipere sacerdotalem licentiam libere concessit; qua quidem licencia sic concessa duo homines coram Magistro Willelmo Wythlesey, Cantuariensi tunc Archiepiscopo, qui ei litteras dimissoriales ad omnes sacros ordines contulit, jurati fuerunt; ac dictus Stephanus dicto supplicanti postea venire præcepit Cantuariam, ei promittens scriptum habere manumissionis ad suum adventum sub sigillo communi domus prædictæ; ante cujus adventum, dictus Stephanus hoc seculo defunctus extitit, non tamen sepultus. Ad quod tempus dictus supplicans monachis ibidem de materia prædicta tetigit, qui ei dixerunt, quod illis bene constabat de materia. Tamen prædictus Johannes Reynolds in magna ætate existens, sanitate votiva non perfruens, ac causam reclamationis ex causa prædicta metuens, vestræ paternitati humiliter supplicat,[1] et devote, quatenus præfato Johanni litteram manumissionis, juxta reverendæ personæ vestræ ac Conventus discretionem, gratiose concedere dignemini, caritatis intuitu. Reverende michi Domine, vobis supplico quatenus aures vestræ pietatis eatenus citius precibus meis porrigere dignemini, quoadtenus ego, servus vester, licet indignus, in vestri præsentia steterim commensalis quondam in parochia Sancti Dunstani juxta Turrim Londoniensem, et cum vestro oratore[2] Domino Ricardo Neuport et

---

[1] *supplicans*, MS. | [2] *vestris oratoribus*, MS.

Domino Willelmo Schawe et ceteris sociis tunc temporis existentibus, Magistro meo tunc existente Hugone Sprot de parochia prædicta. Et specialiter temporibus perpetuis pro vobis ac vestris parentibus die nocteque Deum exorabo.

990.—MANUMISSIO DOMINI JOHANNIS REYNOLD PRESBITERI, NATIVI DE HALTON.

9 June 1408.
S. 58 b.

In forma consueta usque ad verbum absolutum. Ita ut liber, quatenus in nobis est, in ordinibus minoribus et majoribus et in omnibus actis legitimis administrare et contrahere, dominio nostro non obstante, valeat imperpetuum, concedimus, volumus et decernimus per præsentes. In cujus rei, etc. Data Cantuariæ in domo nostra capitulari nono die Junii anno Domini M°CCCC octavo.

The manumission asked for in the preceding letter. The common *form is departed from in one clause, which is given here at length.*

991.

1 June 1408.
S. 79.

GREGORIUS Episcopus, servus servorum Dei, ad futuram rei memoriam ; inter cetera desideria mentis nostræ, illud noscitur esse potissimum, ut in ecclesiis devotæ solicitudinis studio benedicatur Altissimus, et divinorum cultus continuum suscipiat incrementum. Sane petitio venerabilis fratris nostri Thomæ Cantuariensis Archiepiscopi nobis exhibita continebat, quod olim ipse, pro animæ suæ salute, et hujusmodi cultus augmento, in hoc etiam quorundam prædecessorum suorum, Cantuariensium Archiepiscoporum qui fuerunt pro tempore, vestigiis inhærendo, quandam cantariam pro duobus presbyteris, et quibus tertium sacerdotem jungere proponit in ecclesia de Maydyston, Cantuariensis diœcesis, de novo fundavit seu erexit ; et qui quidem duo presbyteri in navi sive in corpore majoris Ecclesiæ Cantuariensis, ordinis Sancti Benedicti, in qua quidem navi dictus Archiepiscopus

Apostolical letters of Pope Gregory XII., approving Archbishop Arundel's foundations at Canterbury and Maidstone.

suam elegit sepulturam, et quoddam oratorium devotum et honestum construxit, ubi populus, dum interioris septi dilectorum filiorum monachorum ejusdem majoris ecclesiæ obturantur clausuræ, confluunt, causa devotionis et pro missis in ibi audiendis, et tertius sacerdos in dicta ecclesia de Maydyston missas hujusmodi et alia divina officia, pro felici statu ipsius Thomæ Archiepiscopi, necnon pro ejus et bonæ memoriæ Willelmi Archiepiscopi Cantuariensis prædecessoris sui immediati, et ipsius Thomæ Archiepiscopi progenitorum animarum salute, celebrare, perpetuis futuris temporibus teneantur. Cum autem, sicut eadem petitio subjungebat, prædictus Thomas Archiepiscopus ad hoc, quod ipsi tres presbyteri de dicta cantaria, quæ adhuc certos redditus non habet, decenter sustentari valeant, desideret quod parochialis ecclesia de Northflete, Rofensis diœcesis, quæ est de jure patronatus et jurisdictione immediata Archiepiscopi Cantuariensis existentis pro tempore, et cujus centum et octaginta [marcæ] archiepiscopali mensæ Cantuariensi [appropriantur],[1] cujus sex millium marcarum sterlingorum fructus, redditus, et proventus, secundum communem æstimationem, valorem annuum, ut ipse Thomas Archiepiscopus asserit, non excedunt, imperpetuum uniatur; quare pro parte ipsius Thomæ Archiepiscopi nobis fuit humiliter supplicatum, ut in præmissis sibi, et ejusdem mensæ, ac presbyteris, oportune providere, de benignitate apostolica, dignaremur. Nos igitur, qui divinum cultum nostris temporibus adaugeri intensis desideriis affectamus, hujusmodi supplicationibus inclinati, parochialem ecclesiam prædictam, cum omnibus juribus et pertinentiis suis, mensæ præfatæ, auctoritate apostolica, imperpetuum incorporamus, annectimus, et unimus. Ita quod, si actu vacet exnunc, alias cedente vel decedente dilecto filio Rectore ejusdem ecclesiæ

---

[1] *marcæ* and *appropriantur*, without which the sentence is meaningless, are omitted in the MS.

qui nunc est, vel ipsam ecclesiam alias quomodolibet dimittente, liceat eidem Thomæ aut successori suo, qui erit pro tempore Archiepiscopus Cantuariensis, per se vel alium, corporalem possessionem parochialis ecclesiæ [prædictæ], juriumque, et pertinentium prædictorum, auctoritate propria, libere apprehendere, et in usus dictæ mensæ, sub infrascripta modificatione, alicujus super hoc licencia minime requisita, perpetuo retinere. Ita videlicet, quod de prædictis fructibus, redditibus, et proventibus parochialis ecclesiæ præfatæ, congrua portio pro perpetuo vicario in ea instituendo reservetur, de qua Vicarius possit congrue sustentari, jura episcopalia solvere, et alia sibi incumbentia onera supportare; quodque extunc Thomas et successores sui, Archiepiscopi prædicti, omnes alios restantes fructus, redditus, et proventus parochialis ecclesiæ [prædictæ] integre colligere, et recollectos in hujusmodi sustentationem decentem ipsorum presbyterorum, qui erunt pro tempore, convertere debeant; et residuum, si quod fuerit ex eisdem proficuis, eorum et mensæ prædictæ usibus applicare. Proviso quod solitus ministrorum numerus in ipsa parochiali ecclesia nullatenus omittatur; quodque animarum cura dilectorum filiorum parochianorum ejusdem parochialis ecclesiæ diligenter exerceatur; et deserviatur in ibi laudabiliter in divinis; non obstantibus constitutionibus apostolicis et aliis contrariis quibuscumque, seu si aliqui super provisionibus sibi faciendis de hujusmodi parochialibus ecclesiis et aliis beneficiis ecclesiasticis in illis partibus, speciales vel generales, Apostolicæ Sedis vel legatorum ejusdem, litteras impetrarint, et si per eas ad inhibitionem, reservationem, et decretum, vel alias quomodolibet sit processum; quas quidem litteras et processus, habitos per eosdem ad dictam parochialem ecclesiam volumus non extendi, sed nullum per hoc eis, quoad executionem parochialium ecclesiarum aut beneficiorum aliorum præjudicium generari, et quibuslibet privilegiis, indulgentiis, et litteris apostolicis, generalibus vel specialibus, quorumcumque tenorum existant, per quæ, præsentibus non expressa vel totaliter non inserta, effectus eorum impediri valeat quomodolibet vel deferri, et de quibus quorum totisque tenoribus de verbo ad verbum habenda sit in eisdem nostris litteris mentio specialis. Nos enim exnunc irritum decrevimus et inane, si secus super hiis a quoquam, quavis auctoritate, scienter vel ignoranter, contigerit attemptari. Nulli ergo omnino hominum liceat hanc paginam nostræ incorporationis, annexionis, unionis, et voluntatis infringere, vel ei, ausu temerario, contraire; si quis autem hoc attemptare præsumpserit, indignationem Omnipotentis Dei, et Beatorum Petri et Pauli Apostolorum ejus, se noverit incursurum. Data Lucæ, kalendis Junii pontificatus nostri anno secundo.

(1411.) 992.—ORNAMENTA ECCLESIÆ CHRISTI CANTUARIENSIS ET JOCALIA, QUÆDAM NOVA ADQUISITA, ET QUÆDAM ANTIQUA REPARATA, TEMPORE THOMÆ CHYLLYNDEN PRIORIS.

Cart. Ant. C. 166.

Church ornaments purchased, buildings erected and repaired, and books written and bought, for the monastery in the time of Prior Chillenden, A.D. 1390 to 1411.

ORNAMENTA.—Una capa preciosa de velveto blodio, cum uno morso de perre, et brodata cum archangelis aureis. Item: tres capæ bonæ de auro, et pulverizatæ cum velveto rubio. Item: unum vestimentum integrum de velveto nigro, pulverizatum cum floribus de lyce, cum toto apparatu ad tria altaria de eadem secta. Item: triginta novem capæ albæ de panno aureo, cum uno vestimento simplici, et quinque albis de eadem secta. Item: una casula cum pallio et frontello de panno aureo albo, et redellis de serico albo, ad altare beatæ Mariæ Virginis in navi ecclesiæ. Item: unum vestimentum rubeum de panno aureo, cum duabus capis, et viginti duabus albis de eadem secta. Item: unus magnus pannus, cum toto apparatu ad cooperiendum summum altare et altaria Sancti Elphegi et Dunstani, depictus cum historia quadragesimæ. Item : duæ capæ blodii coloris, quondam Henrici Northwych. Item: quinque capæ, quarum duæ cum leonibus et coronis aureis, duæ cum quercis aureis, et una cum leonibus aureis. Item : una capa rubea, cum rosis, aquilis, et leonibus coronatis, orfreys de passione Christi, et morsus de Trinitate et litteris 𝕰. 𝕰. Item : unum vestimentum rubeum de attaby, cum duabus capis, quinque albis, stolis, et manupulis, ad serviendum quando servitium fit de Sancto Thoma. Item : unum vestimentum rubeum vocatum Salusbury, per Dominum Priorem reparatum, cum novem capis, octo albis, stolis et manupulis. Item : unum vestimentum nigrum de serico cum fluctibus marinis rubeis, sex capæ, novem albæ, et unus pannus cum frontello, ad majus altare, de eadem secta. Item : una magna secta caparum viridis coloris ; videlicet, quaterviginti et sexdecim capæ, cum quinque casulis, sex tuniculis, duabus dalmaticis, septuaginta et sex albis, stolis, et manipulis, et toto apparatu summi altaris [et altarium] Elphegi et Dunstani, de eadem secta. Item : In capella Prioris apparatus totius altaris de eadem secta. Item : apparatus altaris Sancti Thomæ de eadem secta. Item : ad *Coronam* apparatus altaris de eadem secta et unus pannus remanens in vestiario de eadem secta.

JOCALIA.—Item : tres pelves argenteæ et deauratæ. Item : quatuor aliæ pelves argentæ. Item : duo candelabra argentea et deaurata. Item : octo turribula argentea et deaurata, et duo turribula argentea pro juvenibus, duæ naves pro incenso imponendo. Item : unum magnum pontificale de auro, cum uno saphiro vocato *cytheryn*. Item : duo anuli cum duobus saphiris. Item : tres anuli cum paritotis. Item : unus anulus cum uno lapide coloris de aumbro. Item : duo anuli cum capitibus de lapide Israel. Item : una zona de serico nigro apparata cum stipis argenteis et deauratis, quondam Guidonis Monæ Episcopi. Item: baculus pastoralis Johannis Bokyngham Episcopi Lincolniensis. Item: unus magnus calix pro summo altari, et duæ urceolæ argenteæ et deauratæ, cum armis dicti Johannis Bokyngham. Item: unus alius calix pro *missa capitulari*. Item: duæ magnæ cruces cum baculis pro processionibus. Item: duæ amictæ de damasco. Item: unum par cirotecarum. Item: septem mitræ, unde quatuor aureæ preciosæ; una Johannis Stratford nuper Archiepiscopi Cantuariensis, secunda Johannis Peccham nuper Archiepiscopi Cantuariensis, tertia Domini Thomæ Arundell nuper Archiepiscopi Cantuariensis, quarta Walteri Heyne nuper Archiepiscopi Cantuariensis,[1] de novo cum magnis sumptibus reparatæ. Et tres mitræ argenteæ et deauratæ de novo factæ cum antiqua materia inventa in vestiario. Item: unum instrumentum argenteum et deauratum, ad imponendum ceram benedicendam in die Purificationis Beatæ Mariæ Virginis.

NOVA OPERA ET ADQUISITA, tempore Thomæ Chillynden Prioris Ecclesiæ Christi Cantuariensis. Navis Ecclesiæ Cantuariensis, cum apparatu gradus et pulpiti ibidem, cum statione crucis, et capella Beatæ Virginis in eadem navi. Item: novum altare cum tabula argentea et deaurata, cum apparatu altarium Sanctorum Elphegi et Dunstani, et una ymagine Beatæ Virginis cum corona aurea et gemmis, cum quatuor angelis argenteis et deauratis, et cipho aureo pretioso cum gemmis, in manu Virginis pro Corpore Christi imponendo, ascendendo et descendendo quum placet. Item: quatuor altaria unde duo ex una parte chori et duo ex altera de novo depicta. Item: dealbatio totius ecclesiæ cum nova camera puerorum sacristariæ, cum capella subtus Sancti Andreæ. Item: una camera privata et plumbata juxta vestiarium. Item: pavi-

---

[1] sic, MS.

mentum ex parte chori boreali de novo factum. Item: via de ecclesia ad dormitorium, cum reparatione lavatorii ibidem, et subtus nova rastura plumbata. Item: clausura viæ ex utraque parte de claustro ad cameram Prioris, et via de camera Prioris usque ad curiam de novo facta et plumbata. Et emendatio gutterii de claustro ducentis se in via quæ ducit de claustro ad infirmariam, primo in via eadem directe usque ad finem capituli exterius, deinde directe extra capellam Prioris ex parte australi usque ad cameram Supprioris, deinde transverse per cameram Supprioris et transverse (per) magnam aulam infirmitorii, deinde per cameram privatam Prioris in longitudine, et sic per cameram subtus *Le Gloriet,* deinde ad caput tertii dormitorii, et tunc vertit se ad aqueductum in tertio dormitorio. Hoc gutterium fuit antiquum, devastatum, et perditum, tamen reparatum cum magnis expensis, et plumbatum in terra in magna parte. Item: reparatio dormitorii, cum novo tecto plumbato, et novis fenestris, et pluribus lectis. Item: tectum dormitorii privatum,[1] cum novis fenestris. Item: lectus Prioris, cum novo studio et aula superius, et garderoba quasi de novo constructa et plumbata. Item: via de capella Prioris ad cameram suam de novo selata et reparata, cum novis fenestris, et novo camino. Item: nova camera subtus totaliter constructa, cum novo tecto cooperto cum plumbo. Item: alia camera inferius, cum camino et balneo honesto. Item: superius nova camera privata, cum via ad eandem plumbata. Item: novus locus pro deporto, cum, subtus, celario. Item: coquinæ et alia honesta pro quatuor cameris in Firmaria. Item: reparacio de *Meisteromers* pro majori parte in toto. Item: novum opus in claustro, adhuc non completum. Item: nova Domus Capitularis completa. Item: tectura Refectorii cum veteri plumbo et duodecim foderis

---

[1] sic, MS.

novi plumbi additis. Item : nova camera Celerarii, cum nova Schola monachorum.

REPARATIONES IN CURIA. Quodamodo reparatio Aulæ Celerarii, cum nova via ad portam Curiæ, et reparatio ejusdem portæ. Item : novæ cameræ pro hospitibus juxta coquinam Conventus, cum novo Lardario subtus, et novo camino super coquinam. Item : reparatio domus bracini. Item : domus in officio Celerarii pro necessariis suis. Item : nova sartrina. Item : novum granarium. Item : novum stabulum Prioris. Item : novum orrium pro fœno Prioris. Item : clausura murorum de Northgate usque ad Quenegata, cum quatuor turribus plumbatis. Item : reparatio portæ cœmiterii, cum duabus domibus Sacristæ in Burgate. Item : nova sacristaria in cœmiterio cum nova plumbaria. Item : hospitium in villa vocatum *Le Chekere* de novo totaliter constructum.

OXONIÆ, exceptis aula et duabus cameris, omnia ædificia sunt do novo constructa una cum capella.

HICHAM. Item : apud Hicham totum manerium, excepto antiquo stabulo et columbari, de novo constructum.

CETYN.[1] Item : apud Cetyn habitatio Thomæ atte Hille totaliter constructa.

BRAMLYNG. Item : apud Bramlyng novum orrium tegulatum, cum reparatione domorum et omnium murorum.

ADESHAM. Item : apud Adesham reparatio magna.

ESTRY. Item : apud Estry nova porta, nova via inter aulam et coquinam, novum columbare, cum magna alia reparatione domorum, et nova barkaria.

LEDENE. Item : apud Ledene quasi omnes domus reparatæ.

---

[1] Seaton, near Littlebourne.

APULDRE. Item: apud Apuldre introitus[1] de la becarde lucratus de mari, duo nova orria, cum reparatione alia domorum.

MERSHAM. Item: apud Mersham quasi omnes domus de novo reparatæ.

AGHENE. Item: apud Aghene reparationes diversæ.

EBBENE. Item: apud Ebbene nova domus, cum reparatione aliarum.

CHERT. Item: apud Chert totum manerium semel de novo tegulatum, cum aliis reparationibus.

WESTWELL. Item: apud Westwell novum grangium, novæ portæ, et omnes domus infra manerium de novo tegulatæ, cum reparatione duorum molendinorum aquaticorum.

GODMERSHAM. Item: apud Godmersham novum orrium, novum granare, novum stabulum pro equis Prioris, nova porcaria, nova porta cum camera desuper et camino, et camera subtus, cum novo celario, et nova coquina.

CHERTHAM. Item: apud Chartham reparatio quasi totius manerii cum novo orrio.

MONKETON. Item: apud Monketon novum orrium, novum stabulum, clausura totius manerii, cum reparatione.

BROKESENDE. Item: apud Brokesende omnes domus novæ et clausura. Item: intróitus pasturæ ibidem de mari.

COPTON. Item: apud Copton novum orrium, una pars novi stabuli, novum columbare.

HOLYNGBORNE. Item: apud Holyngborne nova aula, cum magna reparatione in omnibus domibus, una cum grangio de Monyntone.

LOSE. Item: apud Lose unum novum orrium, novum stabulum, novum columbare, et nova barkaria.

---

[1] *introitus* = *inning*, i.e. *reclaiming*.

ESTFARLEGH. Item: apud Estfarlegh novum orrium, novum stabulum, et nova porcaria.

TERSTANE. Item: apud Terstane novum orrium.

CLYVE. Item: apud Clyve novum orrium, novum stabulum, nova barcaria, nova aula, cum camera Prioris, et capella, et aliis cameris necessariis.

MEPHAM. Item: apud Mepham novum orrium, novum stabulum, novum granare, cum aliis reparationibus.

BERKESORE. Item: apud Berkesore introitus marisci lucratus de mari.

RECTORIA DE WESTERHAM. Item: apud rectoriam de Westerham et Redyngbrygge reparationes plurimæ.

MERSTHAM. Item: apud Merstham novum orrium, et plures aliæ reparationes.

LONDON. Item: apud London hospitium Domini Prioris quasi de novo innovatum intus et exterius, cum lectisterniis et aliis necessariis.

CHEIHAM. Item: apud Cheyham nova barcaria.

HORSLE. Item: apud Horsle una nova porta, cum nova boveria.

RISBERGH. Item: apud Risbergh novum orrium, magnæ reparationes circa manerium et molendinum.

BOCKYNG. Item: apud Bockyng duo nova orria tegulata, novum stabulum, et nova boveria.

STISTEDE. Item: apud Stistede novum orrium tegulatum.

HADDELE. Item: apud Haddele reparationes aulæ et camerarum quasi de novo tegulatarum, ubi perantea non fuerunt.

SOUTHCHURCH. Item: apud Southchurch novum orrium tegulatum, et aliud de novo tegulatum, ubi perantea non fuit, et plures aliæ reparationes domorum et murorum.

MIDDLETON. Item: apud Middleton novum orrium, nova boveria, et plures aliæ reparationes.
ILLEGH. Item: apud Illegh nova aula cum cameris novis, et reparatio totius manerii cum muris de novo factis.
HALTON. Item: apud Halton novum orrium, cum aliis reparationibus.
WOTTON. Item: apud Wotton manerium quasi totum reparatum.

MOLENDINA QUÆDAM NOVA ET QUÆDAM REPARATA.

HICHAM. Item: apud Hicham novum molendinum aquaticum.
ESTRY. Item: apud Estry duo molendina bene reparata.
CHERTHAM. Item: apud Chertham duo nova molendina unum fullonum aliud aquaticum.
[THANET.] Item: in Thaneto molendinum bene reparatum.
HOLYNGBORNE. Item: apud Holyngborne unum molendinum sæpius reparatum, adhuc non valet.
LOSE. Item: apud Lose unum molendinum novum.
PECHAM. Item: apud Pecham unum novum molendinum.
ORPINTON. Item: apud Orpinton unum novum molendinum aquaticum.
MERSTHAM. Item: apud Merstham unum novum molendinum.
NEWYNTON. Item: apud Newynton unum molendinum sæpius reparatum.
RYSBERGH. Item: apud Rysbergh molendinum magnis sumptibus reparatum.
BOCKYNG. Item: apud Bockyng duo nova molendina.
HADLE. Item: apud Haddele duo molendina unum fullonum, et aliud aquaticum.

BORLE. Item: apud Borle unum molendinum sæpius reparatum, cum novis molaribus emptis ad idem.

LALLYNG. Item: apud Lallyng unum molendinum reparatum et de novo coopertum.

MUNGEHAM. Item: apud Mungeham unum molendinum de novo reparatum.

DOKCOUMBE. Item: apud Doccoumbe novum molendinum aquaticum.

REPARATIONES IN ELEMOSINARIA.

RECTORIA DE MOUNKETON. Item: apud rectoriam de Monketon reparatio aulæ cum cameris ibidem et coquina, et clausura cum novo orrio et magna parte novi stabuli. Capella ejusdem de novo tegulata celata, cum vestiario novo plumbato, nova aula presbiterorum, nova coquina eorundem, nova aula puerorum, cum aliis necessariis ad eandem, una cum cameris; novum stabulum.

BIRCHINTON. Item: apud Birchinton duo nova orria, et nova clausura. Item: novum tectum cancelli cum fenestris vitriatis apud Mounketon, et idem apud Birchinton, et idem apud Wode.

SESALTRE. Item: apud Sesaltre novum orrium.

ESTRY. Item: apud Estry nova coquina cum novo tecto cancelli, cujus meremium per Willelmum Chert, olim Elemosinarium, per antea adquisitum.

HOSPITIUM. Item: hospitium in parochia de Westgate Cantuariæ totaliter est reparatum.

Adquisita de novo.

Thanet. Item: in Thaneto terræ Thomæ Eldryche et terræ Thomæ Millere.

Adesham. Item: apud Adesham terræ nuper Johannis Lovell, presbiteri.

London. Item: Londoniis redditus Roberti Littele.

Chele. Item: apud Chele juxta Cantuariam terræ Johannis Stonstrete.

Selgrave. Item: una pars manerii de Selgrave.

Corrodia. Item: duo corrodia viginti librarum quæ Dominus noster Rex solebat conferre, unum de viginti marcis, aliud de decem marcis, modo perdonata.

Mepham. Item: ecclesia de Mepham de novo appropriata.

Westwell. Item: ecclesia de Westwell de novo appropriata.

Godmersham. Item: ecclesia de Godmersham de novo appropriata.

La Crowne. Item: adquisitum est Cantuariæ hospitium vocatum *La Crowne*, quod valet per annum sex libras, ultra septem libras exeuntes de manerio de Bockyng.

Libri scripti et adquisiti tempore ejusdem Thomæ Prioris.

In primis: Decretales glosatæ et bene auditæ.

Item: Johannes in additionibus super Decretales.

Item: Abbas super Decretales.

Item: Innocentius super Decretales.

Item: Johannes in Collectis super Decretales.

Item: Prima pars Johannis in novella super Decretales.

Item: Secunda pars Johannis in novella super Decretales.

Item : Hostiensis in summam super Decretalium primum.
Item : Hostiensis in summam super Decretalium secundum.
Item : Repertorium aureum super Decretales.
Item : Speculum Judiciale.
Item : Petrus de Salinis super decreta.
Item : Archidiaconus in rosario super decreta.
Item : Sextus liber Decretalium cum tribus glosis.
Item : Dignus de regula juris.
Item : Johannes in novellam primam super sextum.
Item : Johannes in novellam secundam super sextum.
Item : Paulus super Clementinas.
Item : Johannes de Liviano super Clementinas.
Item : Johannes in additionibus super Speculum, in papiro.
Item : Liber sextus Decretalium cum quatuor glosis.
Item : Clementinæ cum glosa Johannis et Willelmi.
Item : Innocentius super Decretales.
Item : Sampsonus de Calvo-Monte.
Item : Sermones Januensis.

Libri de Jure Civili.

Item : Parvum volumen.
Item : Digestum vetus.
Item : Digestum novum.
Item : Codex.
Item : Forciatum.
Item : Dispensationes, J. de Don.
Item : Ordinale primum novum.
Item : Ordinale secundum novum.
Item : Psalterium primum novum cum omnibus necessariis pro usu novitiorum.
Item : Psalterium secundum novum.
Item : Psalterium tertium novum.

993.—Ordinatio Cantariæ Domini Thomæ Arundell Archiepiscopi.

12 Dec. 1411.

S. 78 a.

Archbishop Arundel founds a chantry of two priests in his chapel attached to the nave of Canterbury Cathedral. He also adds another priest on the foundation of Maidstone College.

Universis Sanctæ matris Ecclesiæ filiis ad quos præsentes litteræ pervenerint, Thomas permissione divina Cantuariensis Archiepiscopus, etc. salutem in omnium Salvatore, et fidem indubiam præsentibus adhibere. Plasmator omnipotens, Dominus Jhesus Christus, qui deperditum genus humanum in protho-plasti peccato sui sanguinis commercio reparavit, pridie quam pateretur humani generis posteritati, filiis suis electis de tribu Levi in sacerdotium sempiternum, corporis et sanguinis sui mysterium, pro vivis et defunctis dispensandum, commisit, ut in ipsius preciosissimi oblatione sacramenti, in quo peccata delentur, etiam in quo vivimus ac movemur, vivis procurentur salutes, in purgatorio existentibus indulgentiæ, et suffragia resolutis. Hanc siquidem meditationem interiori mentis acie manifeste pensantes, affectantesque quamplurimum, dum sub hac miseræ carnis clamide tegimur, pro caducis et transitoriis hujus vallis miseriæ cœlestia commutari, et animæ nostræ saluti postquam hanc carnem exuimus per hoc venerabile sacramentum, cui nonnulli diebus nostris in opinionibus perfidis obviant, salubrius providere; unam cantariam duorum Capellanorum secularium, de licentia regia speciali præcedente, ac vigore litterarum apostolicarum nobis in hac parte concessarum, in oratorio nostro in navi, sive in corpore, nostræ sanctæ metropolitanæ Cantuariensis Ecclesiæ creamus, fundamus, et erigimus, pro salubri statu Christianissimi in Christo principis et domini nostri, Domini Henrici Dei gratia Regis Angliæ et Franciæ et Domini Hiberniæ illustris quarti, Dominique Henrici Principis Walliæ primo, et Domini Thomæ Ducis Clarenciæ secundo, genitorum suorum, necnon Dominæ Margarete ipsius Domini Thomæ consortis, ac carissimi nepotis nostri Domini Thomæ

Comitis Arundelliæ, et nostro, Dominarumque Johannæ et Alisiæ Herfordensis et Kancianæ Comitissarum sororum nostrarum, ac dilectorum in Christo filiorum Domini Gilberti de Umfreyvile domini de Kyme, Simonis Felbrygge, et Johannis Pelham, militum, et consortum suarum, necnon Fratris Johannis Wodnesbergh Prioris Ecclesiæ nostræ sanctæ Cantuariensis moderni, dum superstites fuerimus, seu aliquis nostrum superstes fuerit; quibus duobus Capellanis tertium Capellanum, in Ecclesia collegiata Omnium Sanctorum de Maydyston, nostræ diœcesis, pro anima nostra, necnon bonæ memoriæ Domini Willelmi Courteney nuper Archiepiscopi Cantuariensis, prædecessoris nostri immediati, ac Fratris Thomæ Chyllenden nuper Prioris Ecclesiæ Christi Cantuariensis, et successorum, progenitorumque, et parentum nostrorum, ac dilectorum filiorum Willelmi Topclyf et Elisabethæ uxoris suæ, et Johannis Topclyff filii eorundem, et omnium fidelium defunctorum, animabus imperpetuum celebraturum adjungimus; et eundem tertium Capellanum perpetuum eidem ecclesiæ collegiatæ de Maydyston, juxta nobis attributam in præmissis potestatem, incorporamus; nomine cujus Capellani nos et successores nostri Sede Cantuariensi plena, ac Prior et Capitulum nostrum Cantuariense et successores sui imperpetuum Sede ibidem vacante, pro rata temporis portione solvemus, et solvent seu solvi facient, Magistro dictæ ecclesiæ collegiatæ de Maydyston qui pro tempore fuerit, decem marcas monete Anglicanæ, ad quatuor anni terminos principales, de proventibus et obventionibus ecclesiæ parochialis de Northflete, nostrarum collationis et jurisdictionis immediatæ. In quo quidem oratorio seu cantaria nostra prædicta nostram ut subsequitur elegimus sepulturam. Tenores vero et licentiæ regiæ et litterarum apostolicarum, quas præmisimus, sequuntur,

The King's licence recited. et sunt tales. "Henricus Dei gratia Rex Angliæ," etc.

"JOHANNES Episcopus servus servorum Dei, ad perpetuam rei memoriam, illa quæ pro divini cultus augmento et animarum salute rationabiliter et provide facta sunt, ut illibata persistant libenter, cum a nobis petitur, apostolico munimine roboramus. Exhibita siquidem nuper, pro parte venerabilis fratris nostri Thomæ Cantuariensis Archiepiscopi petitio, continebat quod dudum pro parte sua Angelo Cor(r)ario, tunc in sua obedientia Gregorio XII^{mo} nuncupato, exposito, quod olim ipse Archiepiscopus, pro animæ suæ salute et divini cultus augmento, in hoc etiam quorundam prædecessorum suorum Archiepiscoporum Cantuariensium, qui fuerunt pro tempore, vestigiis inhærendo, quandam cantariam pro duobus presbyteris, et tertium sacerdotem jungere proponebat in ecclesia de Maydyston, Cantuariensis diœcesis, de novo fundaverat seu erexerat, qui quidem duo presbyteri in navi sive in corpore Ecclesiæ Cantuariensis, ordinis Sancti Benedicti, in qua quidem navi idem Thomas Archiepiscopus suam elegit sepulturam, et quoddam oratorium devotum construxit et honestum, ubi populus, dum interioris septi dilectorum suorum monachorum ejusdem Cantuariensis Ecclesiæ, etc. Ac pro parte præfati Thomæ eidem Angelo supplicatum fuit, etc. Idem Angelus eisdem supplicationibus, etc. Nos igitur hujusmodi supplicationibus inclinati, incorporationem, annexionem, et unionem prædictas, ac omnia inde secuta rata et grata habentes, ea, auctoritate apostolica, confirmamus et, præsentis scripti patrocinio, communimus. Supplentes omnes defectus, si qui forsitan intervenerint, in eisdem. Nulli ergo omnino nominum liceat hanc paginam, etc. Data Romæ apud Sanctum Petrum iiij° nonas Novembris pontificatus nostri anno secundo."

Letters Apostolic of John XXIII. reciting those of Gregory XII. 2 Nov. 1411.

Set quia parum est cantariam erigere et fundare et Capellanos in eadem instituere nisi ordinationes et statuta

Archbishop Arundel's

ordination resumed. ponerentur in eadem, quæ dicti Capellani in eadam imperpetuum observare tenerentur; idcirco, Christi nomine primitus invocato: Nos Thomas Archiepiscopus prædictus in primis volumus, statuimus, et ordinamus, quod duo Capellani seculares, per nos isto die in eadem nostra cantaria canonice instituti, qui nobis et successoribus nostris canonicam ut juris est præstiterunt obedientiam, et eorum successores imperpetuum teneantur infrascripta statuta et ordinationes omnia et singula inviolabiliter, quatenus ad eosdem Capellanos et eorum quemlibet pertinet vel pertinere poterit in futurum, plane et plene observare. Item: volumus, ordinamus, et statuimus, quod dicta cantaria nostra quam, de rebus prædictis ut præfertur, ac de consensu omnium quorum interest seu interesse potuerit, ereximus, de cetero *Arundell Chaunterye* vulgariter nuncupetur. Item: volumus, statuimus, et ordinamus, quod in et de dicta cantaria nostra, quam, juxta nobis attributam potestatem, ut præfertur, ac de consensu pariter et assensu dilectorum in Christo filiorum Prioris et Capituli Ecclesiæ nostræ sanctæ Cantuariensis, omniumque aliorum quorum interest vel interesse poterit, uterque dictorum duorum Capellanorum nostrorum et successorum suorum percipiat annuatim decem libras monetæ Anglicanæ, de proventibus et obventionibus ecclesiæ parochialis de Northflete, mensæ nostræ archiepiscopali et successorum nostrorum ut præfertur [appropriatæ][1] pro pane, vino, et cera pro missarum et divinorum in eodem oratorio sive capella, celebratione perpetua, ac ceterorum omnium vestimentorum, habituum, processionalium (quos ut subsequitur processionaliter incedere statuimus), et mansionum suarum subscriptarum reparatione, et pro tota ulteriori exhibitione et sustentatione suis unite et incorporate, ad quatuor anni terminos principales, per nos et successores

---

[1] *appropriatæ*, om. MS.

nostros solvendas eisdem et eorum utrique Sede Cantuariensi plena, et per Priorem et Capitulum nostrum Cantuariense sede ibidem vacante, et successores suos imperpetuum, pro rata vacationis et temporis sui porcione. Item: volumus, statuimus, et ordinamus, quod præfati duo Capellani nostri, et eorum successores imperpetuum, officium suum simul dicant, in oratorio nostro prædicto, secundum *usum* Ecclesiæ Sarum; necnon *Placebo* et *Dirige*, in eodem oratorio, pro [salubri][1] statu omnium et singulorum superius nominatorum et nostro, dum superstites fuerimus, aut aliquis nostrum superstes fuerit; necnon pro animabus illis et nostra cum ab hac luce migraverimus, seu aliquis prædictorum migraverit; prout idem *usus* Sarum exigit et requirit. Et quod unus eorum missam singulis diebus dicat de die, et alter de Beata Virgine, secundum quod inter se potuerint convenire, et secundum quod qualitas diei hoc exigit et requirit, nisi in præmissis legitime et sine dolo impediantur, cum licentia tamen et voluntate Prioris et Capituli Ecclesiæ supradictæ, tempore etiam congruo eisdem limitando. Item: volumus, ordinamus, et statuimus, quod singuli nostri Capellani, qui nunc sunt et qui pro tempore erunt, ire teneantur processionaliter, in habitu per nos eis et eorum cuilibet præparato diebus quibus continget Ecclesiam nostram Cantuariensem ire processionaliter, sive infra ecclesiam sive extra, ex quacunque causa processionem fieri continget, si et quando per Priorem et Capitulum dictæ ecclesiæ ad hujusmodi processiones fuerint evocati. Item volumus, statuimus, et ordinamus, quod neuter dictorum Capellanorum nostrorum se absentet, nisi de licentia nostra speciali dum superstes fuerimus et in civitate Cantuaria, seu successorum nostrorum pro tempore existentium, aut, ipsis aut nobis absentibus, Prioris Ecclesiæ nostræ prædictæ qui pro tempore

---

[1] *salubri*, om. MS.

fuerit, seu in ejus absentia Supprioris vel alterius cujuscumque præsidentis ibidem, et tunc non ultra mensem in toto anno kalendarem, simul vel successive, nisi ex causa necessaria, nobis dum superstites fuerimus, seu successoribus nostris, in civitate, et in eorum absentia Priori, vel in ejus absentia Suppriori seu alteri præsidenti Ecclesiæ nostræ prædictæ, exposita ac accepta. Item: volumus, statuimus, et ordinamus, quod iidem duo Capellani nostri, et eorum successores qui pro tempore erunt, in habitu at tonsura presbyteralibus honestius incedant, et quod nec per civitatem discurrant, seu alter eorum discurrat quoquomodo; sed quod cohabitent de die et de nocte, ac simul et semel comedant in quodam manso, per nos constructo, ex parte australi ejusdem nostræ Ecclesiæ situato; quam habitationem in omnibus muris, domibus, et ædificiis dispositam fieri fecimus, de consensu dilectorum in Christo filiorum Prioris et Capituli Ecclesiæ nostræ Cantuariensis omniumque et singulorum quorum interest, continentem in longitudine octoginta, et in latitudine sexaginta pedes mensuratos. Et quod in missis suis post decessum nostrum hanc collectam: *Deus qui inter apostolicos sacerdotes*, etc. omnino dicant, nec eam ullatenus omittant seu prætereant. Item: volumus, statuimus, et ordinamus, quod præfectio seu collatio dictorum duorum Capellanorum in et ad prædictam cantariam nostram, seu eorum alterius, in qua dilectos in Christo filios Dominos Johannem Bedy Bathoniensis, et Willelmum Askham Eboracensis diœcesium, Capellanos hac prima vice perpetuos instituimus et præfecimus, quotiens eandem cantariam vacare contigerit, ad nos dum superstites erimus, et ad nostros successores qui pro tempore fuerint, spectet et pertineat; ita quod nobis et successoribus nostris, infra mensem a tempore notæ vacationis, si fuerimus nos seu fuerint dicti successores nostri qui pro tempore fuerint in Provincia Cantuariensi seu infra regnum

Angliæ, alioquin nostris in spiritualibus Vicariis Generalibus, duos Capellanos honestos et idoneos, si ambo vacaverint, aut unum si alter vacaverit [1] in perpetuum Capellanum, seu in perpetuos Capellanos, ejusdem cantariæ præficere et instituere liceat; per Priorem Ecclesiæ nostræ prædictæ si præsens fuerit, autem in ipsius absentia per Suppriorem vel alium Capituli præsidentem qui pro tempore fuerit, in corporalem possessionem cantariæ hujusmodi, juriumque, et pertinentium suorum universorum, gratis, et absque quavis exactione pecuniæ, canonice inducendum. Quod si successor noster Archiepiscopus Cantuariensis qui pro tempore fuerit, aut in ipsius absentia suus in spiritualibus Vicarius Generalis, quo ad præfectionem seu collationem memoratæ cantariæ, seu alterius earundem, infra tempus mensis prædicti negligens reperiatur; volumus tunc, et statuimus, et ordinamus, quod præfectio et collatio ejusdem cantariæ et earum alterius, totiens quotiens vacaverint seu vacaverit, ad religiosos viros Priorem et Capitulum Ecclesiæ nostræ Cantuariensis, statim post mensem prædictum, illa vice devolvatur. Ita quod ipsi Capellanum seu Capellanos idoneos in et ad utramque earum, seu alteram, si vacaverint, præficiant et conferant illa vice, ipso facto; per Priorem, vel ipso absente per Suppriorem aut alium Capituli præsidentem, in corporalem possessionem cantariæ hujusmodi realiter inducendum; juribus tamen nostris, et singulorum successorum nostrorum qui pro tempore fuerint, quo ad tunc sequentes vacationes dictarum cantariarum, seu alterius earundem, nobis et ipsis successoribus nostris semper salvis. Et si Sede archiepiscopali vacante, ambas cantarias seu earum alteram vacare contigerit, præfectionem et collationem earundem, et earum utriusque, ad Priorem et

---

[1] The MS. here inserts *cedat vel decedat*, words which would naturally come into the clerk's mind when the possible vacancy of a benefice was in question.

Capitulum Ecclesiæ nostræ prædictæ plenarie et in solidum volumus pertinere. Et si Prior et Capitulum prædicti per alium mensem in præfectione seu collatione cantariarum prædictarum seu ipsarum[1] alterius, cum vacaverint seu vacaverit, Sede Cantuariensi vacante, negligentiam fecerint, tunc statuimus et ordinamus quod præfectio et collatio hujusmodi cantariæ et earum utriusque, si vacaverint seu vacaverit, dilecto in Christo filio Archidiacono Cantuariensi pro tempore existenti illa vice penitus et omnino devolvatur; ita tamen quod idem Archidiaconus qui pro tempore fuerit hujusmodi cantarias, si ambæ, et alteram si una tantum vacaverit, seu vacaverint, totiens quotiens conferre debeat, Capellanosque honestos et idoneos in et ad easdem instituere et præficere; per Priorem et Capitulum nostrum Cantuariensem, Suppriorem, vel, ut præmittitur, ejusdem Capituli præsidentem, in omni vacatione, ut in hoc casu duntaxat, inducendos. Item: volumus, statuimus, et ordinamus per præsentes, quod Capellani nostri prædicti per nos in hujusmodi cantaria instituti, et alii in posterum in et ad eandem, et utramque earundem, instituendi et præficiendi sint seculares, non religiosi, nec ullo modo beneficiati aliunde, qui in sua jurabunt inductione, tactis sacrosanctis evangeliis, canonicam obedientam successoribus nostris omnibus et singulis, Priori et Capitulo Ecclesiæ nostræ prædictæ et suis successoribus inperpetuum, ac quod præsentem nostram ordinationem bene et fideliter observabunt, et sic observabit uterque eorundem, appellationibus et aliis juris canonici seu regii remediis cessantibus quibuscumque. Item: Quantum ad summas decem librarum duobus Capellanis nostris in oratorio Ecclesiæ nostræ Cantuariensis et successoribus suis, ac decem marcarum annuatim Capellano nostro in ecclesia de Maydyston, ut præmittitur celebraturis,

---

[1] *ipsius*, MS.

per nos limitatas et assignatas, diminuendas seu quomodolibet mutandas, vel transferendas easdem, omnibus quorum intererit auferimus omnimodam potestatem in hiis scriptis. Item: quia de cetero, et post decessum nostrum, omnes et omnimodi residui fructus, redditus, et proventus, in parochiali ecclesia de Northflete prædicta excrescentes, et quomodolibet provenientes de eadem, ad mensam archiepiscopalem et successores nostros, Cantuarienses Archiepiscopos qui pro tempore fuerint, sede plena, et ad Priorem et Capitulum Cantuariensem et eorum successores sede ibidem vacante, pro rata porcione vacacionis et temporis, deductis, ut præfertur, portionibus vicarii perpetui quadraginta marcarum, et duorum Capellanorum in Ecclesia Cantuariensi viginti librarum, ac unius Capellani nostri in ecclesia de Maydyston decem marcarum annuatim, et singulorum successorum suorum, ut præfertur, perpetuis futuris temporibus, pertineant et pertinere debeant, secundum quod in dictis litteris apostolicis plenius continetur; ipsos successores nostros ac Priorem et Capitulum Cantuariensem et successores suos cum singulis solutionibus prædictis, forma et modo quibus præmisimus, animam nostram exonerantes, oneramus in Domino, sicut Summo Judici[1] in extremo judicio voluerint respondere. Et si quid dubium, ambiguum, vel obscurum, in, seu de, præmissis nostris statutis, ordinacionibus, vel eorum aliquo emerserit, addendi, augmentandi, diminuendi, moderandi, interpretandi, et declarandi, specialem, tenore præsentium, reservamus potestatem. In cujus, etc. Data in Palatio nostro Cantuariensi, duodecimo die mensis Decembris anno Domini M°CCCC° undecimo, et nostræ translationis anno decimosexto.

---

[1] *Judice*, MS.

8 Feb. 1415.
S. 71 *b*.

A set of new statutes designed for St. Jacob's Hospital at Canterbury by the Prior of Christ Church, the patron.

994.—Novæ ordinationes factæ post visitationem Hospitalis Sancti Jacobi juxta Cantuariam per Priorem Ecclesiæ Christi.

Johannes permissione divina sanctæ Cantuariensis Ecclesiæ Prior Hospitalis Sancti Jacobi juxta Cantuariam, ab ejusdem fundatione, Custos atque Visitator, dilectis nobis ipsius hospitalis fratribus et sororibus, salutem. Ut nostra visitatio, nuper in dicto hospitali per nos facta, fiat, annuente Domino, fructuosa ad correctionem et reformationem ejusdem hospitalis, tam in spiritualibus quam in temporalibus, infrascripta nostra mandata, statuta, et ordinationes, in virtute obedientiæ, præcipimus per vos inviolabiliter perpetuis futuris temporibus observari. In primis: statuimus et ordinamus, quod omnes fratres et sorores dicti hospitalis ad oratorium sive ecclesiam in ibi situatam, singulis diebus, hora consueta, conveniant, horas canonicas et missas in ipso oratorio dicendas et celebrandas integraliter audituri, nisi ratione officii aut alia causa rationabili, præsidenti ejusdem hospitalis insinuanda, dictis temporibus contigerit absentari. Statuimus præterea, quod numerus Capellanorum ab antiquo in ipso hospitali statutus, quamcitius facultates dicti hospitalis ad hoc potuerint sufficere, observetur et custodiatur; quodque dicti Capellani, in oratorio dicti hospitalis, divina horis competentibus cotidie, legitimo cessante impedimento celebrent, atque horas canonicas alta voce, ita quod a fratribus et sororibus tunc præsentibus audiri poterunt, simul dicant in eodem, pulsatis primitus signis sive companis, juxta morem in ipso hospitali ab antiquo usitatum. Insuper statuimus et ordinamus, quod fratres et sorores dicti hospitalis, in ipsorum oratorio a confabulationibus penitus se abstineant; ipsorumque singuli, singulis diebus, numerum orationum Dominicarum cum salutationibus Beatæ

Mariæ angelicis, alias eisdem per prædecessores nostros in eorum visitationibus, injunctum et assignatum, si commode fieri potuerit, compleant in ipso oratorio, dicant etiam cum devotione. Item: quod nullus recipiatur in fratrem, aut aliquam in sororem, dicti hospitalis sine consilio et assensu Ecclesiæ Cantuariensis, qui pro tempore fuerit, Prioris; idemque statuimus de Capellanis in ipso hospitali celebraturis. Ad hæc ordinamus, quod de cetero deputetur una cista in loco securo infra dictum hospitale ponenda, tribus seris tribus diversis clavibus firmata; quarum clavium una habeat Priorissa; secundam habeat unus fratrum ejusdem hospitalis, siquis fuerit, per confratres suus eligendus, alioquin una ex sororibus per majorem partem consororum suarum ad hoc nominanda; tertiam autem habeat ipsius hospitalis Celerissa. In ipsa vero cista reponantur ejusdem hospitalis sigillum commune, ac ejusdem hospitalis evidentiæ, cartæ, et munimenta quæcumque. Item: quod in visitatione antedicta comperimus quod Priorissa ipsius hospitalis, quæ nunc est, solebat, et solet, omnes redditus et proventus dicti hospitalis, sola, absque scientia consororum suarum, clam recipere, et, ipsis inconsultis, de eisdem disponere; volumus et ordinamus quod exnunc dicta Priorissa, et quæ erit pro tempore in hospitali prædicto, nullas pecuniarum summas absque scientia fratrum, si qui sint habitum juxta ipsius hospitalis fundationem deferentes, et majoris partis consororum suarum recipiat quoquomodo. Pecunias vero sic receptas, si eas tempore receptionis earundem expendi non oporteat, in cista memorata deponi volumus et mandamus. Item: ordinamus, quod nullus custodum clavium prædictarum clavem sibi commissam alii tradat custodiendam. Item: quod ipsa Priorissa quatuor singulis annis terminis subscriptis, videlicet, in festis Sancti Hillarii, Inventionis Sanctæ Crucis, Sancti Petri ad vincula, et Omnium Sanctorum, de omnibus redditibus et proficuis ipsius hospitalis, per eam vel ejus nomine, receptis ipso anno, fratribus, habitum ut prædicitur gestantibus, et sororibus suis plenum compotum, in forma compoti, reddere, ipsumque compotum post dictum festum Omnium Sanctorum Priori Ecclesiæ Cantuariensis, qui erit pro tempore, aut ipsius deputato, ante festum Natalis Domini quolibet anno, tradere teneatur. Ordinamus etiam, quod decetero, quantum fieri potest, aliquæ recipiantur juvenculæ literatæ, aut aliæ juvenes dociles et capaces, in literatura [1] imbuendæ. Item: quod fratres et sorores dicti hospitalis ecclesiam de Bradgare, eisdem unitam, ad firmam non tradant, nec etiam aliquas earundem possessiones vel tenementa, nec boscum aut subboscum vendant aut donent, nullamque litteram sub ipsorum sigillo communi sigillent, seu faciant sigillari, quovismodo, sine assensu Prioris Cantuariensis qui fuerit pro tempore. Item: ordinamus, quod si contingat Priorissam dicti hospitalis ab eodem per unum diem absentare, quod ipsa deputet unam ydoneam ex consororibus suis, qui, durante absentia sua, ipsius poterit supplere vices. Item: in nostra visitatione nobis extitit detectum, singulos fratres et sorores dicti hospitalis decem solidos annuatim, in pecunia numerata, de exitibus dicti hospitalis, ultra panem dumtaxat et cerevisiam eis in communi ministratos, pro eorum vestitu, qui eis nullatenus ministratur in communi, ac aliis diversis eisdem incumbentibus oneribus dumtaxat recipere, quodque bona ejusdem hospitalis immobilia, infra paucos annos, adeo esse augmentata, quod ad uberiorem distributionem pecuniarum inter fratres et sorores antedictos, occasione præmissa, annuatim faciendam commode, prout etiam ipsi satis a diu est novimus, poterunt sufficere; iccirco, matura deliberatione præhabita, attenta dictorum fratrum et sororum singulorum penuria,

---

[1] *literaturæ*, MS.

statuimus et ordinamus, quod singulis annis futuris, cuilibet fratri, habitum ut prædicitur gerenti, necnon singulis sororibus dicti hospitalis, ultra decem solidos prædictos, in festo Omnium Sanctorum solvantur tres solidi et quatuor denarii monetæ Anglicanæ, de bonis communibus hospitalis memorati, in dictorum fratrum et sororum penuriæ subductionem, ac victus augmentationem: cum ipsorum nullus, pro omnibus diebus cujuslibet anni in quibus ipsos carnibus aut piscibus vesci deceat vel oporteat, ultra unum porcum recipere consueverant semel in anno. Item: quod sacris obviat institutis mulieres, etiam sacratas, vasa sacra contingere, aut circa altaria [1] ministrare, ordinamus, quod nulla soror dicti hospitalis, aut alia quævis mulier, dum divina in dicti hospitalis oratorio celebrantur, quovismodo inibi circa et prope altaria stare vel sedere, aut presbiteris divina celebrantibus vel horas canonicas dicentibus ministrare præsumat; cum, secundum dicti hospitalis primariam fundationem, ejusdem Capellani sive Sacerdotes habere debeant unum clericum, qui eisdem debeat in præmissis officiare; cui volumus de bonis communibus dicti hospitalis ut convenit ministrari, atque de superpellicio, ejusdem hospitalis sumptibus, dum sibi commissum peragit officium provideri. Ordinamus etiam præterea et statuimus, quod quotienscumque fiat in communi distributio panis et cerevisiæ, pro fratrum et sororum dicti hospitalis sustentacione, quod, Priorissæ et Celerarissæ ejusdem hospitalis, aliqua ex sororibus ipsius hospitalis per fratres, siqui fuerint, et sorores ejusdem, vel majorem partem eorundem, nominanda et eligenda, quæ cum prædictis vel eorum altera, ad tollendam omnem suspicionem inæqualis distributionis panis et cerevisiæ aut aliorum, si quæ fuerint, inter fratres et sorores hospitalis antedicti dividendorum, cessante collu-

---

[1] *altarea*, MS.

sione, adjungatur. Præmissis quoque statuendo adjicimus, quod Priorissa dicti hospitalis nulla communia negotia absque consensu fratrum, si qui sint, et majoris partis sororum dicti hospitalis diffinat seu expediat; nullasque penitus faciat circa reparacionem dicti hospitalis aut domorum quarumcumque eidem hospitali pertinentium expensas voluptuosas, nec etiam utiles vel necessarias circa eas, quæ summam viginti solidorum in anno excedunt, sine consensu fratrum hospitalis sæpenominatorum, si qui fuerint, et sororum aut majoris partis earundem. Præmissis quoque subjiciendo, quod Priorissa dicti hospitalis, quæ est et quæ erit pro tempore, nullos infra septa dicti hospitalis perhendinaturos sive moraturos recipiat, sine consensu sororum suarum, vel majoris partis earundem,[1] et licentia nostra et successorum nostrorum petita et optenta. Ceterum quia comperimus nonnulla ordinaciones, monitiones, et monita salutaria per prædecessores nostros, in ipsorum visitationibus in dicto hospitali exercitis, facta fuisse et esse ; nos tam ea quam etiam hæc nostra statuta et ordinationes, per vos quibus præsentes nostræ diriguntur litteræ ac quemlibet vestrum, sub majoris excommunicationis pœna mandamus inviolabiliter observari. Volentes insuper tam prædecessorum nostrorum ordinationes, monitiones, et monita, quam etiam nostra præscripta, sub pœna inobedientiæ et contemptus, sexies in anno, temporibus interpolatis, publice coram vobis, in domo illa ubi librum orationum vestrarum singulis diebus legere soletis, legi atque in vulgari etiam exponi, sub pœna proxime superius annotata. In quorum omnium testimonium. etc. Dat., etc. decimo octavo die mensis Februarii anno Domini M°CCCC°XIIIJ^mo.

---

[1] *eorundem*, MS.

995.—Littera fraternitatis concessa Wytfrido filio Juarii de Insula de Island.

7 Oct. 1415.

S. 73 *a*.

Omnibus, etc. Johannes sanctæ Cantuariensis Ecclesiæ Prior et ejusdem loci Capitulum salutem, etc. Cum non deceat devotionis odoriferam famam sub modio occultari quæ cotidie in Martyre glorioso Sancto Thoma, etiam in ultimis terræ finibus, miraculorum fama clarius et crebrius elucessit, mentesque hominum ad supernæ claritatis aciem alicit et invitat, ad communem omnium hominum notitiam eo ferventiori desiderio cupimus pervenire, quo nonnullos credimus ea occasione ad majoris devotionis gratiam incitari; et ut ipsius patroni nostri beata merita prosequamur, et in ejus meritis confidentibus, subsidium pietatis divinæ, quantum ad nos attinet, caritative impertiamur; hinc est quod nos, Prior et Capitulum præfatæ Ecclesiæ, dicti Martyris ministri humiles et devoti, ob devotionem et precum instantiam quibus penes nos vir venerabilis Wytfridus, filius Juarii de Insula de Ysland, pro se, matre, uxore, et liberis suis institit,[1] et ob favorem quo dictam Ecclesiam nostram et Martyrem gloriosum devotissime reveretur; ex cujus propagationis linea se asserit descendisse, caritatis intuitu, sibi, suisque matri, uxori, et liberis quos nunc procreavit, aut in posterum procreabit, omnium devotionum participationem quæ in dicta sancta Ecclesia Cantuariensi die ac nocte in conspectu Altissimi exercentur, aut fient imperpetuum, tam in vita quam in morte, elargimur: Teque Wytfridum, in domo nostra capitulari una nobiscum præsentem, unanimiter, Margaretam matrem tuam, Gutredam uxorem tuam, Juarium, Edmundum, Ellendrum, Thurlacum, Ceceliam, Ulfridam, Margaretam, Ingeridam liberos, licet absentes, ad nostrarum orationum suffragia et alia pietatis

A letter of confraternity granted to a pilgrim from Iceland, who asserted that he was descended from one of the kinsmen of St. Thomas, of whom a great number were banished when the Saint went into exile.

---

[1] *instetit*, MS.

opera, ac in fratres et sorores nostros, tenore præsentium, specialiter acceptamus. In cujus rei, etc. Datum, etc. vij° die mensis Octobris, secundum cursum et computationem Ecclesiæ Anglicanæ anno Domini Millesimo quadringentesimo quintodecimo.

4 Mar. 1419.
S. 84 a.
The Convent, at the first rumours of peace, send their proctors to protect their interests in France, where Archbishop Chicheley, in the train of the King, is provided with the documents necessary for proving their rights.

996.—Procuratorium ad petenda vina nostra in regno Franciæ.

Pateat universis, etc. Quod nos Johannes Prior etc. dilectos nobis in Christo Magistrum Thomam Felde Decretorum Doctorem et Ecclesiæ Herefordensis Decanum, necnon venerabilem virum Fratrem Johannem Langedon, Sacræ Theologiæ Professorem, nostrum confratrem, et commonachum Ecclesiæ Christi supradictæ, etc. nostros, etc. facimus procuratores. Damus, etc. potestatem generalem et ad petendum, etc. omnia vina quæ nobis debentur in regno Franciæ ex largitione celebris memoriæ Domini Lodowici quondam Regis Franciæ, et omnia alia bona nostra, etc. ac etiam omnia arreragia, et omnimoda debita quæ nobis debentur a quibuscumque in regno supradicto, et quascumque alias libertates in regno Franciæ et partibus Normanniæ, et alibi ubicumque, secundum cartas, litteras, et munimenta, prout in transscripto, ex parte nostra reverendissimo in Christi patri et domino Domino Henrico Dei gratia Canturiensi Archiespiscopo inde transmisso, plenius continetur, etc. etc. Data in domo nostro capitulari vicesimo quarto die mensis Marcii anno Domini MCCCCXVIIJ°.

29 Dec. (1420).
S. 85 a.

997.—Littera regratiatoria missa Domino Henrico Dei gratia Cantuariensi Archiepiscopo pro diligenti labore suo circa negotia nostra in partibus Franciæ et Normanniæ.

Archbishop Chicheley

Reverendissimo in Christo patri et domino, Domino Henrico Dei gratia Cantuariensi Archiepiscopo, etc.

vestri humiles et devoti filii Johannes Prior et Capitulum vestræ sanctæ Cantuariensis Ecclesiæ, obedientiam et reverentiam tanto patri debitas, cum honore. Divini consilii inæstimabilis altitudo corda filiorum, paternum reditum ardenti desiderio postulantium, inæstimabili jocunditate fecundat, dum de regressu vestro felici de Franciæ partibus rumores placidos et jucundos meruerint exaudiri. Sane pater reverendissime, prædilectus vobis in Christo filius, et confrater noster Johannes Langdon, nobis per suarum apices litterarum per ordinem enarravit quam diligenter et quam benigne pro nostrorum negotiorum, vestro in transitu ad Normanniam affectuosissime admissorum, ceterorumque plurium in Normanniam pro parte nostra vestræ paternitati reverendissimæ interim transmissorum, ac ipsius Johannis promotione singulari, vestra se solicitare dignata est dominatio gratiosa. Verum licet vestræ paternali generositati pro tantis impensis Ecclesiæ vestræ et nobis beneficiis infinitis, tam in partibus transmarinis quam etiam cismarinis, regratiari non sufficimus ad condignum, illustri tamen vestræ clementiæ paternali, pro felici expeditione præmissorum et promotione gratiosa, vestri filii antedicti humillimas gratiarum actiones, ut sufficimus, exsolvimus, et sinceris affectibus cumulamus, et pro continuatione tam alti favoris et gratiæ procumbendo rogamus humilius quo possumus aut valemus; non enim tanto patri condignas offerre nos posse arbitramur, quas tantorum negotiorum qualitas et beneficiorum immensitas exigunt et requirunt, et tanti patris expetit altitudo. Satis enim ostendit vestra nobilitas generosa quomodo Ecclesiæ vestræ decorem diligit pariter et honorem, quam feliciter exaltare penes apostolicam dignitatem et serenissimam regiam majestatem vestra in omnibus satagit providentia pastoralis; speramus enim in dextera Deitatis vobiscum faciente virtutem, quod Cantuariensem

[margin: is thanked for his good offices exerted in favour of Christ Church on both sides of the English Channel.]

Ecclesiam concernentia, vestra promotione exaltabili, feliciter reflorescent, statumque resument altitudinis primitivæ. Et pro informatione pleniori quorundam præmissorum, vestræ serenitati si placeat, nostrum commonachum et confratrem Henricum Sutton, præsentium portitorem, duximus transmittendum; cui in dicendis fidem credulam adhibere dignetur vestræ benignitatis nobilissima celsitudo; quam ad felix et quietum Ecclesiæ suæ regimen et munimen diu regat, dirigat, et conservet in prosperis, ineffabilis et immensa clementia Beatissimæ Trinitatis. Scriptum Cantuariæ die Passionis Sancti Thomæ Martyris gloriosi.

12 Aug. 1421.
S. 86 *a*.

998.—LITTERA ABBATIS MONASTERII SANCTI BERTINI IN SANCTO AUDOMARO MISSA PRIORI ET CONVENTUI PER EORUM BREVIUM LATOREM, CAUSA FRATERNITATIS.

Peace having been concluded between England and France, the Abbot of St. Bertin's sends a list of his brethren who have died since the last communication, and he takes the opportunity of inquiring about the state of the Kentish property of his monastery.

Venerabilis pater, humillima recommendatione præmissa, specialem, a tempore Sancti Thomæ gloriosi Martyris Archiepiscopi Cantuariensis, societatem, amicitiam, et in Christi fraternitatem. Devotis supplicationibus specialiter exoramus, quatinus pro dilectis nobis in Christo Fratribus Johanne Abbate, Petro, Johanne, Eligio, Enguerramo, Jacobo, et Johanne, commonachis nostris professis, in patentibus nostris litteris generaliter, et præsentibus specialiter, recommendatis, Dei et fraternæ caritatis intuitu, exorare velitis; et de statu seu valore bonorum ecclesiarum nostrarum[1] de Chilham, Truillega, et Molesse, in comitatu Kanciæ existentium, per latorem præsentium, Baldewinum Hapiette, Dei et specialis fraternæ caritatis prædictæ intuitu, rescribere dignemini et velitis. Vestram reverendam paternitatem et Conventum vestrum reverendum Altissimus conservare dignetur

---
[1] *ecclesiæ nostræ*, MS.

feliciter. Scriptum duodecima die Augusti anno vicesimo primo.

Vester in cunctis possibilibus ⎫ Anno Domini
Alardus Abbas Sancti Bertini ⎭ M°CCCC°XXJ°.

999.—Rescriptio Domini Prioris ad eundem Abbatem.

Aug. (1421.)

S. 86 a.

Reverende in Christo pater, de excelso solio majestatis cœlicæ respiciens, pater misericordiarum post gladium severitatis bellicæ felici pacis conclusione [et],[1] ut confidimus, concordiæ repositum in vagina, ac procellas litigiosæ tempestatis in auram prioris gratiæ reconversas, sane et sancte paternalis vestræ reverentiæ mentibus inspiravit, ut inter nostram Cantuariensem Ecclesiam et vestrum sanctum et venerabilem Conventum primævæ fraternitatis et amicitiæ rivulos, aliquamdiu bellorum tumultubus oppilatos, pia vestrarum litterarum destinatione resuscitaretis, ut animæ nostræ mutuæ fraternitatis reeffluerent in salutem. Super quo vestra noverit caritas veneranda, quod devotos vestrarum apices litterarum, per latorem præsentium, grate et pio favore suscepimus, devotioni vestræ supplicationis ex intimis congaudentes; et speramus in Domino, quod vestræ pietatis desideria, secundum quod mutua nostra fraternitas inita et contracta requirit, complebimus per omnia, Deo dante; quinimmo etiam reciproca supplicatione precamur, sicut etiam antea fecissemus indubie si res bellica permisisset, ut nostræ quoque Cantuariensis Ecclesiæ Fratres, pie memoriæ, videlicet, Dominum Thomam Priorem, immediatum prædecessorem nostrum (qui non a diu, tempore nuptiarum serenissimæ recordationis Ricardi Regis Angliæ et Isabellæ Reginæ celebratarum Calisiis, ad vos personaliter accedens, cum quo etiam

To the last letter the Prior replies by sending a list of his deceased brethren; and he assures the Abbot that not only is the St. Bertin property in Kent quite safe, but that even all the writings and title-deeds belonging to it are securely kept at Christ Church.

---

[1] *et*, om. MS.

ad tunc præsentes et obsequentes eramus, gratissima vestræ fraternitatis et humanitatis solatia est expertus, et nos quoque experiebamur, pro quibus gratias refundimus plena mente) habere dignemini sinceris et fraternalibus precibus recommissum ; sed et alios quoque nostræ congregationis fratres, videlicet, Johannem, Willelmum, Thomam, Suppriores ; Willelmum, Thomam, Sacræ Theologiæ Professores ; Johannem, Johannem, Præcentores ; Johannem, Willelmum, Thomam, Ricardum, in Theologia, Jure canonico et civili, graduatos ; Willelmum, Stephanum, Johannem, Johannem, Ricardum, Thomam, Nicholaum, Johannem, Johannem, et Thomam, commonachos nostræ congregationis ; ceterosque fratres et familiares nostros qui ab ortu bellorum ad hunc diem ab hac luce ad Deum transmigraverunt vestris devotionibus commendamus ; supplicantes firmissime in visceribus Jesu Christi nostræ fraternitatis, jam renovatæ et resuscitatæ, devotionem stabilitate perpetua prolongari. Quod autem insuper petivistis de statu bonorum vestrorum nobiscum, Ecclesiæ videlicet de Chylham, et ceteris certiorari : noverit vestra reverentia, quod ecclesia de Chylham cum pertinentiis jam situatur ad firmam annuatim pro quadraginta marcis, et ecclesia de Trulega consimiliter ad eandem summam, ecclesia quoque sive capella de Molesco ad quindecim marcas monete Anglicanæ dimittitur hiis diebus. Sciatis[1] etiam, assertione firmissima, quod gaudentes referimus, quod super donatione, appropriatione, possessione, et confirmatione, trium ecclesiarum vestrarum prædictarum, ad vestrum sacrum Conventum venerabilem pertinentium, munimenta, evidentias, et rescripta quæcumque, planissima et plenissima et illæsa, in archivis nostræ Cantuariensis Ecclesiæ, cum omni tutela qua et nostra servavimus propria, habemus fidelissime vestris usibus, cum ea per

---

[1] *scietis,* MS.

aliquem fratrem vestrum, ad nos cum sufficienti procuratorio destinatum, exigere volueritis, et per omnia reservata. Ceterum quicquid in nostra est potestate vestris desideriis et affectibus noveritis per omnia nos paratos, et nedum nos, immo etiam nobis ætas successura quæcumque vestris beneplacitis se juste fatebitur obligatam, quotiens tenaci et indelibili memoria recordabuntur affluentissima vestræ caritatis et humanitatis beneficia, nostræ quondam congregationis fratribus, cito post tempestuosum martyrium Sancti Thomæ, pro jure Cantuariensis Ecclesiæ, apud vos exilia patientibus, perimpensa. Et vestram reverendam paternitatem, una cum sacro et venerabili vestro cœtu conventuali, meritis gloriosi sui **Martyris** Sancti Thomæ, cujus patrocinium nostræ fraternitati causam dedit et ortum, conservet semper in prosperis filius Virginis gloriosæ. Scriptum Cantuariæ mensis Augusti die ——.

1000.—Compositio Collegii Ricardi Whytyngton Civis Londoniensis.

8 Dec. 1424.

Cart. Ant. S. 95.

Universis, etc. Johannes Prior Ecclesiæ Christi Cantuariensis et ejusdem loci Capitulum, salutem, etc. Cum Johannes Coventre, Johannes Carpenter, et Willelmus Grove, executores testamenti Ricardi Whytyngton civis et merceri Londoniensis, in honore Sancti Spiritus et Beatæ Virginis Mariæ quoddam Collegium perpetuum de quinque Capellanis, unde unus erit Magister, et certis aliis clericis et choristis, obsequia divina cotidie in ecclesia parochiali Sancti Michaelis de Paternoster-cherche in Riola Londoniarum, quæ de nostro patronatu existit, pro salubri statu Domini nostri Regis dum vixerit, et anima sua cum ab hac luce migraverit, necnon pro animabus prædicti Richardi et aliorum, per ipsos executores nominandorum juxta ordinationem suam inde factam et facien-

The Prior and Chapter of Canterbury, patrons of St. Michael Paternoster church, agree, with the executors of Richard Whittington and the Wardens of the Mercers' Company, to a plan for

144 LITERÆ

ruling the College of five priests, established in the church by Whittington's executors.

dam, celebraturis et facturis imperpetuum, licentia regia et aliorum quorum interfuit assensu requisitis, habitis, et optentis, fundaverint, erexerint, et stabiliverint, necnon creaverint et constituerint Dominum Willelmum Brooke capellanum, modo rectorem præfatæ ecclesiæ Sancti Michaelis, in Magistrum ejusdem Collegii, ordinaverintque inter alia, quantum in ipsis est, et proposuerint, quod dictus nunc rector et successores sui, rectores ad ipsam ecclesiam Sancti Michaelis de cetero admittendi, sint Magistri Collegii memorati, quodque ipsi successive, sub nuncupatione et vocabulo Magistri Collegii prædicti, nomine rectoris tacito et sublato, Collegio prædicto præsideant imperpetuum, omnemque curam et regimen animarum Capellanorum, clericorum, choristarum prædictorum, et aliorum parochianorum ipsius ecclesiæ Sancti Michaelis gerant et habeant, ac sacra et sacramentalia quæcumque parochianis prædictis, more rectoris et curati consueto, ministrent et ministrari faciant imperpetuum; noveritis quod nos, ad piam et devotam ordinationem ipsorum executorum in hac parte considerationem habentes, advertentesque fundationem prædictam in augmentum divini servitii in ecclesia prædicta eo uberius cedere, quo Magister et Capellani prædicti alicujus alterius præsidentia in eadem non fuerint interrupti, proposito et ordinationi prædictis, de eo scilicet quod dictus nunc rector ecclesiæ Sancti Michaelis in Riola Londoniis ac singuli successores sui, ad ipsam ecclesiam de cetero admittendi, sint Magistri Collegii memorati, et quod ipsi successive, sub nuncupatione et vocabulo Magistri Collegii prædicti, nomine rectoris tacito et sublato, Collegio prædicto et omnibus capellanis, clericis, et ministris in eodem præsideant, omnemque curam et regimen animarum, tam ipsorum quam aliorum parochianorum quorumcumque dictæ ecclesiæ Sancti Michaelis gerant, habeant, et exerceant, ac sacra et sacramentalia quæcumque eis, more rectoris et curati consueto, ministrent et ministrari faciant imperpetuum, quatenus ad nos attinet in hac parte, diligenti tractatu inter nos inde præhabito, consentimus, et nostrum assensum præbemus, pariter et consensum, ad eadem. Et ulterius, noveritis nos, ad instantiam eorundem executorum, concessisse, et hoc præsenti scripto nostro confirmasse, Willelmo Estfeld, Eborardo Flete, Johanni Washborne, et Ricardo Bures, Custodibus Communitatis mysteriæ Merceriæ Civitatis Londoniarum nunc existentibus, et eorum successoribus imperpetuum, quod ipsi in prima et proxima vacatione ecclesiæ prædictæ, et extunc imposterum quandocumque et quotienscumque ecclesiam illam vacare contigerit, unum de eodem Collegio Capellanum idoneum et circumspectum, vel aliunde si talis in ipso non reperiatur, in Magistrum dicti Collegii, per Capellanos ejusdem Collegii vel majorem partem eorundem, infra mensem a tempore vacationis hujusmodi electum, et eisdem Custodibus pro Magistro præfati Collegii per dictos Capellanos, sub sigillo suo communi, notorie nunciatum, alioquin, lapso mense prædicto, per defectum electionis et nunciationis hujusmodi, unum de eodem Collegio Capellanum idoneum et circumspectum, aut aliunde si talis in eo non reperiatur, in Magistrum ejusdem Collegii, per præfatos Custodes, infra tres menses tunc proximos sequentes eligendum, nobis nominare possint, ad eandem ecclesiam præsentandum, et quod nos, et successores nostri imperpetuum, Capellanum hujusmodi, per Custodes dictæ mysteriæ pro tempore existentes sic nobis nominatum, ad ecclesiam illam, totiens quotiens vacaverit, præsentabimus cum effectu; salva semper et reservata, nobis et successoribus nostris imperpetuum, illa annua pensione quinque solidorum, per Magistrum dicti Collegii, qui pro tempore fuerit, annuatim solvenda, quam rectores ecclesiæ Sancti Michaelis antedictæ nobis et prædecessoribus nostris, a toto tempore, solverunt, et solvere debuerunt et consueverunt. In quorum omnium et singulorum præmissorum testimonium, uni parti præsentis scripti, etc. sigillum nostrum commune apposuimus, etc. Data in Domo nostra Capitulari apud Cantuariam prædictam, decimo octavo die mensis Decembris, anno Domini millesimo quadringentesimo vicesimo quarto.

5 Feb. 1426.
S. 93 a.

1001.—INFORMATIO CONTRA CIVES ET BALLIVOS CANTUARIÆ TUNC EXISTENTES, VIDELICET W. BYLLYNGTON ET RICARDUM COTELER, VIOLENTER MOLIENTES EXTRAHERE AB ECCLESIA QUENDAM BERNARDUM AURIFABRUM AD IPSAM PRO IMMUNITATE CONFUGIENTEM.

The Chapter appeal to Archbishop Chicheley for help against the citizens of Canterbury, who endeavoured to remove an escaped prisoner from the Cathedral Church, in which he took sanctuary; the offence being the more flagrant in that the prisoner fortified himself behind the

Reverendo in Christo patri et domino Domino Henrico Dei gratia Cantuariensi Archiepiscopo, etc. vestri humiles et devoti Johannes Prior et Capitulum vestræ sanctæ Cantuariensis Ecclesiæ, obedientiam, etc. Querelam lamentabilem cum magna cordis nostri amaritudine vestræ dominationi singularissimæ de præsenti compellimur insinuare; super eo quod quidam juvenis ad vestram civitatem Cantuariam de partibus transmarinis nuper adveniens, ipsius, ut asseritur, demeritis exigentibus, per Ballivos dictæ civitatis carcerali custodiæ fuerat deputatus, qui, casu accidente, de ipsa carcerali custodia evasit, et pro tuitione sua ad vestram confugit Ecclesiam, ipsius Ecclesiæ immunitatem humiliter postulando; cujus evasionem præfati Ballivi, videlicet, W. et R. intelligentes, ipsumque ad Ecclesiam vestram confugisse, cum indomita multitudine civium in ipsam Ecclesiam, sponsam vestram, ausu temerario personaliter irruerunt, minas nobis terribiles inferendo, ac verbis incompositis et inhonestis nobis improperantes, quod præfata Ecclesia vestra sacrosancta semper tales malificos, fures, homicidas, et latrones solita fuerat sustinere; et quod Prior et totus Conventus merito forent indictandi, et de facto asserebant super isto negotio eosdem velle indictare; et ita stamus sub periculo et timore, quod contra nos aut Ecclesiam nostram in præmissis malitiose proposuerunt attemptare. Et non solum talia nefanda ausi sunt publice nobis inferre, verum etiam Commissarium vestrum Cantuariensem Generalem, in ipsa Ecclesia vestra ad judicia reddenda publice residentem, et totam Curiam inibi congregatam multipliciter perturbabant, et talem et tam sterpitum terribilem circa chorum (et præcipue circa vestrum novum monumentum) in ipso sacro et tremendo tempore consecrationis Dominici corporis tempore summæ missæ, absque aliqua adhibita reverentia sacramento Ecclesiæ vel altari, ausu sacrilego suscitarunt, quod ipse sacerdos ceterique altaris ministri et totus Conventus ultra modum conturbati sunt, et divinum officium notorie perturbatum; nec sic a sua vesania quiescere potuerunt, quin etiam ipsi Ballivi et ceteri iniquitatis filii, personaliter congregati infra missarum solempnia ut præfertur, antedictum juvenem per clausuram ferream vestri novi monumenti, manibus se tenentem et per eandem clausuram se tenere volentem,[1] cum pugillis, et clavis quas in suis manicis, contra libertatem et antiquam Ecclesiæ vestræ consuetudinem hactenus usitatam, secum detulerunt, diversis impulsionibus et verberibus compungentes, et atrociter protrahentes, ac per clausuram ferream vestri novi monumenti, manibus se tenentem, ab ecclesia violenter extrahere conati sunt; et de facto eundem juvenem vestra ecclesia extraxissent, nisi vester Commissarius, una cum aliis Ecclesiæ confratribus, ipsorum malitiæ viriliter restitisset. Nam ipsum a vestro monumento

Archbishop's own new tomb, and the citizens attempted to drag him from it during the time of mass.

---

[1] *valentem*, MS.

violenter abstractum in navem ecclesiæ in suis brachiis detulerunt, eundem ab ecclesia deferre molientes. Igitur pater reverendissime quia causa ista vestram tangit præcipue defensionem, et absque auctoritate et potentia vestræ dominationis singularissimæ, ac assistencia speciali, nichil in præmissis agere possumus aut valemus; ipsam dominationis vestræ gratiam humilius quo possumus exoramus et requirimus in visceribus Jhesu Christi, quatenus ad defensionem sponsæ vestræ, immo totius Ecclesiæ Anglicanæ contra istos malificos et libertatum Ecclesiæ violatores manifestos velitis assurgere; et viriliter vos accingere gladio Sancti Petri; nobis in præmissis assistentiam et remedium oportunum gratiose impendentes, ad tuitionem et defensionem sacrosanctæ vestræ Ecclesiæ sæpedictæ; ad cujus defensionem, gloriam, pariter et honorem, diutissime conservet in prosperis filius Virginis benedictæ. Scriptum Cantuariæ die Sanctæ Agathæ, quo die omnia præmissa perpetrata sunt, anno Domini M°CCCC°XXV^{to}.

12 Aug. 1426.
Cart. Ant. S. 27.

The Wardens of the Mercers' Company nominate a person to the vacant Mastership of Whittington's College in St. Michael's Church, re-

1002.—DENOMINACIO ECCLESIÆ SANCTI MICHAELIS LONDONIENSIS.

Reverendo in Christo patri Domino Johanni Dei patientia Priori Ecclesiæ Christi Cantuariensis, Willelmus Melreth, Johannes Olney, Willelmus Caundissh, et Thomas Chalton, Custodes Communitatis mysteriæ merceriæ Civitatis Londoniarum, reverentias omnimodas debitas cum honore. Pro eo quod, vacante ecclesia Sancti Michaelis de Paternoster-church in Riola Londoniis, sive magistratu perpetui Collegii quinque capellanorum, pro salubri statu Domini Regis nunc dum vixerit, et anima sua cum migraverit, necnon

pro anima bonæ memoriæ Ricardi Whityngton, civis dum vixit et merceri Londoniensis, ac aliorum, juxta fundationem dicti Collegii celebraturorum, in eadem ecclesia fundati, per mortem naturalem Domini Willelmi Brooke, ultimi Rectoris ecclesiæ Sancti Michaelis et Magistri Collegii prædicti, qui decessit vicesimo sexto die Aprilis ultimo præterito, Capellani præfati Collegii nullum infra mensem proximum post obitum ipsius Domini Willelmi in Magistrum ejusdem Collegii eligerunt, sicut, juxta fundationem prædictam, facere debuerunt et tenebantur; nos, antedicti Custodes, in defectum ipsorum Capellanorum, tam juxta vim et effectum ejusdem fundationis, quam concessionis sive compositionis inter vos et prædecessores nostros in hac parte factæ et auctoritate regia confirmatæ, dilectum nobis in Christo Dominum Johannem Clench, Sacræ Paginæ Professorem, Capellanum honestum, mansuetum, et circumspectum, ac aliis virtutibus multipliciter insignitum, in Magistrum dicti Collegii elegimus in hac parte; quem quidem, sic electum, ad ecclesiam Sancti Michaelis antedictam præsentandum vobis nominamus, attentius supplicantes, quatinus eundem ad ipsam ecclesiam Sancti Michaelis, juxta vim, formam, et effectum fundationis, concessionis, sive compositionis antedictarum, viis et modis melioribus quibus congruit, dignemini præsentare. In cujus rei, etc. sigillum Communitatis mysteriæ merceriæ prædictæ præsentibus est appensum. Datum Londoniis, duodecimo die Augusti, anno regni Regis Henrici Sexti post conquestum quarto.[1]

questing the Chapter of Christ Church to present him to the rectory in the same church, in accordance with the composition on p. 143.

---

[1] A large number of examples of nominations to this Church and College occur in the Christ Church registers.

10 April 1428.

S. 98 b.

Bond by which the Prior and Chapter oblige themselves by a penalty to abide the decision of certain arbitrators in a dispute with the citizens of Canterbury.

The conditions of the above-mentioned bond.

1003.—[Recognicio Prioris et Capituli de Stando Arbitrio.]

Noverint universi per præsentes nos Willelmum, permissione divina Priorem Ecclesiæ Christi Cantuariensis, et ejusdem loci Capitulum teneri et firmiter obligari Willelmo Chylton et Johanni Bray, Ballivis civitatis Cantuariæ, et ejusdem civitatis communitati, et successoribus suis, in ducentis libris legalis monetæ Angliæ solvendis eisdem, etc. Ad quam quidem solutionem bene et fideliter faciendam obligamus nos, etc. In cujus, etc. Datum apud Cantuariam, decimo die Aprilis anno regni Regis Henrici sexti post conquestum Angliæ sexto.

Conditio istius obligationis talis est, quod si infrascripti Prior et Capitulum et eorum successores steterint arbitrio, ordinationi, et judicio Johannis Martyn unius Justiciarii Domini Regis de Communi Banco, et Galfridi Lowther armigeri, arbitratorum tam ex parte prædicti Prioris et Capituli quam ex parte infrascriptorum Ballivorum et communitatis indifferenter electorum, de et super captione et abductione cujusdam piscis tempore Johannis Wodnysbergh nuper Prioris Ecclesiæ infrascriptæ, et de emptione victualium infra libertatem civitatis prædictæ, ac omnimodis transgressionibus, querelis, demandis, et debatis prædictos Priorem et Capitulum et prædictas civitatem et communitatem ejusdem tangentibus, ante datum præsentium quovismodo habitis sive motis; et prædicti Prior et Capitulum et eorum successores arbitrium, ordinationem, et judicium illa pro parte sua perimpleverint; ita tamen quod prædicta arbitrium, ordinatio, et judicium, fiant citra festum Pentecostes proximum futurum post datum infrascriptum inscripta, sigillis prædictorum arbitratorum sigillata, utrique partium prædictarum deliberanda; et si prædicti arbitratores inter se concordare non poterunt citra festum dictum Pentecostes, quod extunc prædicti Prior et Capitulum et eorum successores steterint arbitrio, ordinationi, et judicio, reverendissimi in Christo patris et domini Domini Henrici permissione divina Cantuariensis Archiepiscopi, imparis per partes prædictas electi, de et super omnibus præmissis; et prædicti Prior et Capitulum et eorum successores arbitrium, ordinationem, et judicium prædicti imparis pro parte sua perimpleverint; ita tamen quod arbitrium, ordinatio, et judicium ejusdem imparis fiant citra festum Sancti Petri quod dicitur *Ad vincula* proximum futurum post datum infrascriptum inscripta, sigillo ejusdem imparis sigillata, utrique partium prædictarum deliberanda; quod extunc præsens obligatio pro nullo habeatur; alioquin in suo robore permaneat et effectu.

1004.—OBLIGATIO INTER PRIOREM ECCLESIÆ CHRISTI ET CUSTODEM DOMUS SCHOLARIUM DE MERTON, OXONIÆ.

4 May 1429.

S. 104 b.

Bond given by the Chapter of Canterbury, obliging them to abide the award of arbitrators in a dispute with Merton College, Oxford. The question to be decided was: did the College own the soil or only a right of common in Sparrowfield at

Noverint, etc. nos Willelmum Priorem Ecclesiæ Christi Cantuariensis, etc. teneri et firmiter obligari Henrico Abyndon Custodi Domus scholarium de Merton, etc. in centum libris sterlingorum, etc. In cujus, etc. Datum quarto die mensis Maii, anno regni Regis Henrici sexti Angliæ et Franciæ septimo.

Conditio istius obligationis talis est, quod si infrascripti Willelmus Prior et Capitulum et successores sui steterint arbitrio, ordinationi, et judicio reverendissimorum in Christo patrum et dominorum, Henrici permissione divina Cantuariensis Archiepiscopi, et Johannis eadem permissione divina Eboracensis Archiepiscopi, etc. de et super titulo, jure, et possessione cujusdam magnæ parcellæ soli in Sparwefelde, ac de et super omnibus actionibus, etc. inter dictos Priorem et Custodem motis, etc. ita quod dictum arbitrium,

152 LITERÆ

Cheam in Surrey?

etc. fiant citra festum Omnium Sanctorum, etc. quod tunc præsens obligacio pro nullo habeatur, alioquin in suo robore permaneat et effectu.

14 Sept. 1429.

S. 104 b.

1005.—LITTERA FRATERNITATIS CONCESSA PER PRIOREM ET CAPITULUM VENERABILI VIRO THOMÆ CHAWCERS ET UXORI SUÆ.

Thomas Chaucer, son of the poet, is received into confraternity with Christ Church.

(Sub forma consueta, hiis nominibus infrascriptis: " Vos venerabilem Thomam Chaucerys, una cum inclita Matilde conthorali vestra, ad plenum perpetuæ " fraternitatis nostræ consortium, in sinceris Christi " visceribus, admittimus.")

(1430.)

L. B. 257.

1006.—VENERABILIBUS ET RELIGIOSIS VIRIS DOMINO ABBATI ET CONVENTUI DE TYNTERNE, ALIAS DICTO DE VOTO, IN HIBERNIA AMICIS NOSTRIS CARISSIMIS.

Prior Molash to the Abbot of Tynterne in Ireland.

Reverendi in Christo patres, vestras Reverentias credimus non latere quatenus de non modica pecuniæ quantitate, de quadam annua pensione tresdecem marcarum, nobis et Ecclesiæ nostræ annuatim ad festum Nativitatis Beatæ Mariæ debita, a retro existitis, sicuti in quadam schedula indentata, quam tradidimus dilecto nobis Waltero Whytten attornato nostro, plenius continetur; quamobrem, ea affectione qua possumus, vos requirimus et rogamus, quatenus de solutione dictæ pecuniæ velitis effectualiter et efficaciter providere, prout vestræ honestati congruit et honori, ne pro remedio debitæ executionis habendæ ad altiora remedia recurrere necessitas nos compellat. Set quia malitiæ mundialis adversitas contra vos, ut dicitur, multipliciter excrevit, vestris molestiis visceroso compatientes affectu, vestras reverentias volumus non latere, quod si arreragia annuæ pensionis prædictæ a vobis nobis debita, infra duos annos proximos jam sequentes nobis effectualiter velitis satisfacere, tam benigne et favorabiliter de solutione arreragiorum ipsorum vobiscum faciemus, quod eritis contenti per omnia et placati. Si vero in solutione eorundem arreragiorum ad terminum limitatum negligentes fueritis et remissi, contra vos et Monasterium vestrum jus nostrum prosequi, modis quibus scimus aut poterimus, intendimus cum effectu. Insuper, quod dolentes referimus, datur nobis intelligere relatu fidedignorum, quod negligenter agitis, et non observatis obsequium in Capella Sancti Brandani, juxta ordinationes et conventiones inter nos antiquitus habitas et contractas, nec officiatis nec deservitis animabus pro quibus obligati et obnoxii estis, vice nostra, exorare; quare vos hortamur et requirimus in Domino Salvatore quod, juxta tenorem antiquarum conventionum et fidei antiquæ repromissæ, faciatis in eadem Capella Sancti Brandani divinum officium et obsequium observari; alioquin intelligere debetis pro constanti, quod omnimodam diligentiam adhibere curabimus ut ea quæ a nobis et Ecclesia nostra ea de causa antiquitus obtinuistis, et hodie obtinetis, ad antiquam possessionem revocari, et a vobis auferri procurabimus, juxta posse. Vestrum beneplacitum et excusationem de præmissis nobis rescribere et insinuare velitis, per præsentium portitorem. Valete in Domino Salvatore. Scripta Cantuariæ festinanter xij^{mo} die mensis Aprilis.

Vestræ fraternitatis benevolus
Willelmus Molasch Prior Ecclesiæ
Christi Cantuariensis.

1007.—Carta H. quarti concessa Johanni Wodnysbergh Priori pro Tynterne in Hibernia ad terminum vitæ suæ.

1409.
S. 112 a.
Exemplified 28 Nov. 1431.
Exemplification of an

Henricus Dei gratia Rex Angliæ, etc. omnibus ad quos præsentes litteræ pervenerint, salutem. Inspexi-

entry on the roll of the Irish Exchequer showing how a large part of the pension due from the Irish Tyntern to the Prior of Christ Church was seized on the passing of the statute against absentees (3d Rd. II.), but how afterwards in the first year of Henry VI. a license was granted to the Prior allowing him to receive the whole pension.

See p. 6.
1379.

1380.

mus tenorem cujusdam recordi in rotulis memorandorum Scaccarii nostri Hiberniæ existentis in hæc verba :

" Communia de termino Paschæ anno regni Regis Henrici sexto."

Memorandum quod compertum est per quandam inquisitionem Baronum de Scaccario Domini Henrici quarti, avi Domini Regis qui nunc est, die Mercurii proximo ante festum Apostolorum Philippi et Jacobi anno regni dicti nuper Regis decimo captam, quod Prior Sanctæ Trinitatis Cantuariæ in Anglia absens fuit et est extra terram Hiberniæ, contra formam cujusdam ordinationis per Dominum Ricardum nuper Regem Angliæ secundum, prædecessorem prædicti Regis avi, apud Westmonasterium dudum, contra absentes extra terram Hiberniæ possessiones, terras, tenementa, redditus, servitia, officia, [seu] beneficia in eadem terra habentes et minime super eadem residentes, factæ, videlicet, a festo Nativitatis Sancti Johannis Baptistæ anno regni dicti nuper Regis Ricardi tertio et deinceps ; et quod prædictus Prior habet et habuit per idem tempus et antea, a tempore quo memoria non existit, tresdecim marcas annui redditus in Comitatu Weysford, quas Abbas de Tynterna et prædecessores sui, Abbates pro tempore existentes, pro omnibus possessionibus ipsius Prioris in Comitatu Weysford, nomine annuæ pensionis, prædicto Priori et successoribus suis annuatim reddere consueverunt ; et quod duæ partes dictarum tresdecim marcarum annuæ pensionis prædictæ captæ fuerunt et seisitæ in manu nuper dicti Regis Ricardi secundi, die Lunæ proximo post festum Ascencionis Domini anno regni sui quarto, et ea de causa dictæ duæ partes in manu Domini Regis avi extiterunt ;[1] et quod prædictus Abbas dictas duas partes annuæ pensionis prædictæ a prædicto festo Nativitatis Sancti Johannis Baptistæ et deinceps

---

[1] *existunt*, MS.

levavit et percepit et easdem occupavit, de quibus Domino Regi responsurus est, sicut in inquisitione prædicta, quæ inter extentas et inquisitiones de anno regni dicti Regis avi decimo plenius continetur. Postmodumque Johannes, nunc Prior Sanctæ Trinitatis Cantuariæ prædictæ, venit hic coram Baronibus hujus Scaccarii, undecimo die Maii hoc termino, per Willelmum Chevyr attornatum suum, et monstravit Curiæ hic quod satisfactum est Domino Regi de duabus partibus annuæ pensionis prædictæ, a prædicto festo Sancti Johannis Baptistæ usque quintum diem Januarii anno regni Regis nunc primo, sicut in magno rotulo de anno regni Regis nunc tertio plenius continetur. Et quod dictus Dominus Rex nunc, dicto quinto die Januarii anno primo prædicto, per litteras suas patentes, factas apud Westmonasterium sub testimonio suo proprio, de gratia sua speciali, et de avisamento et assensu magni consilii sui, concessit prædictis Johanni Priori et Conventui Domus prædictæ (per tale nomen: *dilectis sibi in Christo Johanni Priori Ecclesiæ Christi Cantuariensis et ejusdem loci Conventui*) quod ipsi, pro termino vitæ ipsius Prioris, quandam pensionem annuam, sive quendam annuam redditum, tresdecim marcarum quam, vel quem, ipsi de Abbate [et Conventu] de Tynterne, alias dictis Abbate et Conventu de Voto, in Hibernia sibi et successoribus suis percepiendum obtinent, per officiarios suos, etc. recipere valerent, etc. absque aliquo impedimento, etc. Et prædictus nunc Prior, per dictum attornatum suum, dicit quod dictæ tresdecim marcæ annuæ pensionis contentæ in dicta inquisitione sunt eadem pensio sive annuus redditus contentus infra dictas litteras patentes; et in tantum quod constat Curiæ hic de recordo, quod satisfactum est dicto Domino Regi de dictis duabus partibus tresdecim marcarum annui redditus, a prædicto festo Sancti Johannis Baptistæ

1409.

1423.

usque quintum Januarii datam litterarum patentium prædictarum, sicut in dicto magno rotulo satis plane liquet, petendo super hoc quod manus dicti Domini Regis nunc inde amoveatur; et, visis præmissis per Barones hujus Scaccarii, pro eo quod Dominus Rex non habet jus nec titulum ad dictas duas partes dictarum tresdecim marcarum ulterius in manus suas retinendas, concordatum est et consideratum per eosdem, quod manus dicti Domini Regis nunc inde amoveatur prætextu præmissorum. Nos autem tenorem recordi prædicti, ad requisitionem prædicti Willelmi Chevyr, duximus exemplificandum per præsentes. Teste Jacobo Cornewalsch Capitali Barone Scaccarii nostri prædicti apud Dublinam, vicesimo octavo die Novembris, anno regni nostri decimo.

25 Nov.
9 Dec.
1431.
S. 109 *a*.

1008.—MANDATUM FACTUM AD VOCANDUM HÆRETICOS AD PŒNITENTIAM, UNA CUM CERTIFICATORIO EJUSDEM.

The Prior certifies the Archbishop that he has received his mandate requiring him to absolve two men of Wittersham who, after having been convicted of communicating with heretics, have reconciled themselves. The Arch-

Reverendissimo in Christo patri et domino, Domino Henrico Dei gratia Cantuariensi Archiepiscopo, etc. vester humilis et devotus obedientiæ filius Willelmus Prior vestræ sacrosanctæ Cantuariensis Ecclesiæ, mandatarius ad infrascripta deputatus, obedientiam, etc. Mandatum vestrum reverendum cum ea qua decuit reverentia nuper recepi, tenorem continens subsequentem. "Henricus, etc. dilectis in Christo filiis Priori Ecclesiæ nostræ Cantuariensis, seu Suppriori ejusdem, ac Rectori ecclesiæ parochialis de Wyghtresham, necnon Vicario perpetuo ecclesiæ parochialis de Apuldre, nostræ diœcesis, salutem, etc. Cum nos Johannem Glover et Thomam Glover, de parochia de Wyghtresham prædicta, super crimine hæresis et lollardiæ nobis ex nostro officio detectos et delatos, ac super hoc arrestatos, et coram nobis in judicio adductos, a sententia excommunicationis, quam communicando cum hominibus de hæresi et lollardia suspectis, ac ipsos, et præcipue quendam Petrum Gylmyn hæreticum obstinatum, receptando, eis favendo, et ipsos reprobatæ lectionis libros legentes audiendo, necnon secreta conventicula cum eis celebrando, prout se fecisse judicialiter coram nobis fatebantur, alias incurrebant, abjurata per eos et eorum utrumque, in forma Ecclesiæ coram nobis, omni hæretica pravitate, inventaque etiam per eos in Cancellaria Regis de se bene gerendo imposterum sufficienti securitate, absolvimus in forma juris; eisdemque Johanni et Thomæ ac eorum utrique injunximus pro pœnitentia, quam peragere et implere tactis per eos sacrosanctis Dei evangeliis promiserunt, quod tribus diebus solempnibus proxime et immediate sequentibus, primo, in ecclesia eorum parochiali de Wyghtresham, secundo, in dicta ecclesia de Apuldore, tertio, in ecclesia nostra Cantuariensi processiones in eisdem fiendas, camisiis et braccis suis tantummodo induti, præcedent, et duos cereos, utrumque dimidiæ libræ ceræ, in manibus suis gestabunt, ac finitis processionibus hujusmodi, in qualibet ecclesiarum prædictarum et ad feretrum Sancti Thomæ in ecclesia nostra Cantuariensi duos cereos hujusmodi offerent, et dimittere tenebuntur. Vobis igitur, conjunctim et divisim, committimus et mandamus, quatinus eosdem Johannem et Thomam ad pœnitentiam per eos, ut præfertur, faciendam evocetis, seu ipsos evocari faciatis, causam pœnitentiæ suæ prædictæ clero et populo ibidem præsentibus specifice declarantes. Et quid feceritis, et quilibet vestrum fecerit, in præmissis nos debite certificetis per litteras vestras patentes, harum seriem continentes, autentice sigillatas. Data in manerio nostro de Lamhith xxv° die mensis Novembris anno Domini M°CCCC°XXXJ^mo et nostræ translationis anno decimo octavo." Cujus quidem mandati vestri reverendissimi auctoritate, præfatos Johannem et Thomam ad

bishop's mandate recited.

The Prior's certificate resumed.

peragendum pœnitentiam eis et eorum utrique, ut præfertur, injunctam, in dicta vestra Cantuariensi ecclesia publice evocari feci; qui quidem Johannes et Thomas juxta vocationem hujusmodi insimul comparuerunt, et insuper camisiis et braccis suis tantummodo induti, ac duos cereos, utrumque eorum ponderis prænotati, in manibus suis gerentes, processionem in ipsa ecclesia, die Dominico proximo post festum Conceptionis Beatæ Mariæ Virginis ultimo præteritum, tunc tempore solempniter factam præcesserunt, et ipsa processione in navi ecclesiæ durante, causam pœnitentiæ eorundem Johannis et Thomæ superius expressatam, per Fratrem Thomam Assch dictæ vestræ Cantuariensis Ecclesiæ commonachum, ad prædicandum verbum Dei clero et populo in multitudine copiosa ibidem præsentibus notorie constitutum, exponi etiam aperte feci, et specifice declaravi. Deinde, ipsa processione finita, iidem Johannes et Thomas Glover, modo pœnitentiali quo præmittitur, cum dictis suis cereis illuminatis per medium chori vestræ ecclesiæ supradictæ feretrum Sancti Thomæ Martyris aggredientes, ipsos cereos obtulerunt humiliter et devote, et ibidem dimiserunt eosdem. Et sic mandatum vestrum reverendissimum, tam in ecclesiis parochialibus de Wyghtresham et Apuldore prænotatis, ut michi dabar intelligi, quam in præfata vestra Cantuariensi ecclesia, prout tenor ejusdem mandati vestri in se exigit et requirit, obedienter et reverenter fuerat et est executum. In cujus rei testimonium sigillum meum quo utor ad præsens præsentibus duxi apponendum, x^{mo} die mensis Decembris jam instantis, anno Domini supradicto.

1009.—Littera Prioris et Capituli concessa Domino Henrico Cantuariensi Archiepiscopo de Sepultura sua.

21 April 1432.

S. 111 a.

The Chapter permit Archbishop Chicheley to have his tomb on the north side of the choir of the Cathedral, and they undertake that the monument shall never be disturbed.

Universis, etc. Willelmus Dei permissione Ecclesiæ Christi Cantuariensis Prior et Capitulum ejusdem, salutem in omnium Salvatore, et præsentibus fidem adhibere. Cum reverendissimus in Christo pater et dominus noster, Dominus Henricus dictus Chichele Archiepiscopus Cantuariensis, etc. ob specialissimam affectionem, suam post mortem corporis sui sepulturam in Ecclesia prædicta, adhuc inter vivos existens, elegerit et ordinavit, in loco ad hoc apto et honesto, nemini nocivo, videlicet, ad partem borialem chori nostri, inter locum reliquiarum et introitum chori de vestibulo ad summum altare ibidem, ac ad honorem Dei, et Ecclesiæ ornatum, corporisque sui memoriam, quoddam monumentum sive mausoleum sumptuosum extruxerit,[1] et in eo suum corpus sepeliri et recondi disposuerit, usque ad generalem fidelium resurrectionem, volente Deo, permansurum; nos Prior et Conventus antedicti, piam ejusdem reverendi patris intentionem attendentes, quodque idem reverendissimus pater nonnulla bona et jocalia ad usum et ornatum Ecclesiæ et Conventus donaverit et donari procuraverit, magnasque pecuniarum summas ad reparationem Ecclesiæ prædictæ et campanilis ejusdem, et præsertim novæ librariæ constructionem, erogaverit, et ipsam diversis preciosis diversarum facultatum libris habunde suffulserit; nos Prior et Conventus prædicti, in domo nostra capitulari ad hoc congregati, communi deliberatione et matura præhabita, concessimus, et tenore præsentium concedimus per præsentes, quod quamcito post obitum ejusdem patris corpus ejus aut ossa ad Eccle-

---

[1] *extraxerit,* MS.

siam nostram prædictam delata fuerint, nos Prior et Conventus prædicti, et successores nostri qui pro tempore fuerint, ipsa corpus et ossa reverenter suscipiemus, et ipsa processionaliter et honorifice, prout moris est corpora Archiepiscoporum suspici et deferri, faciemus, et in monumento seu mausoleo prædicto imponi et sepeliri solempniter, prout decet. Promittimus, etiam et singuli nostrum promittunt, in fide et professione qua Ecclesiæ prædictæ stringimur, et singuli nostrum stringuntur; quod nullo unquam tempore ipsum mausoleum sive monumentum ad alium usum quemcumque, vel ad alterius personæ, cujuscumque dignitatis honoris vel status fuerit, sepulturam concedemus,[1] transferemus, concedive, vel transferri, aut auferri, vel demoliri, quantum in nobis est, permittemus; set quod cuicumque hoc facere vel procurare volenti aut attemptanti contradicemus expresse, et pro viribus resistemus, et successores nostri omnes et singuli qui pro tempore fuerint, contradicent et resistent. In cujus rei, etc. Data in domo nostra capitulari vicesimo primo die mensis Aprilis anno Domini millesimo CCCC°XXXIJ^{do}.[2]

11 Dec. 1432.
L. B. 88.

1010.—COPIA LITTERÆ DIRECTÆ WALTERO WHYTTON DE HIBERNIA A PRIORE ECCLESIÆ CHRISTI CANTUARIENSIS.

Prior Molash instructs his agent in Ireland to ascertain the amount of arrears due to Christ

Worshipfull frend we grete yow hertyly well, thankyng you specyally of your diligence and frendly bysynesse whych ye have doon for us and for our chyrch at all tymys, as for our dute of our pencion of xiii. marc to be rescevyed of the Abbot of Tynterne yn Yrland, and for the dute of the arrerages of the same pencion, of the summe of wych our fader the Abot wolde

---

[1] *concedimus*, MS.
[2] The letter on p. 147 shows that at the date of the execution of this undertaking the tomb was already in existence.

noght have no reherseyl yn hys acquittaunce, wych Church we sende yn to hym undyr our convent sel. Ye have from the Abbey De a part of an endenture undyr our seel and we anothyr Voto, and undyr your seele whych make expresse declaracion be to take steps for yerly calculacyons of the same, yer be yer. Nevyr their recovery. the less yf our fadyr the Abot and hys brethryn of Tynterne yn Yrland can or may among hem self fynde, whenne they have maad here serch among here munimentys, as they wrogth unto us that they wolde do, leyth us have trewe and clere declaration of here agrement of the summe wych ys due aftyr here own rekenyng, alleyyng and seavyng for hem sufficient dyscharge of eny payment wych oghte to be alowyd of us, and we scal do unto them al that evyr we oghte of ryght and favour to be doon, and al the favour that we may, our ryght of our Church only savyd. And whanne we have ful wrytyng and ful informacion her off, be wrytyng enselyd be seyd Abot, we scal do so to hym that they scal have cause to praye for us her aftyr, and yf they wol preserve the promys wych they have maad unto us noght fern ago be lettyr, and to you as ye wrytyn be your lettyr directe unto us noght fern ago, beryng the date of wrytyng at Weysford the xviij. day of September last passyd, and make you payment of xxvj marc, be an acquitaunce whyche we sende you undyr our covent seel, in party of payment of the arrears of the sayd pencion, and sende the forsayd wrytyng and suerte to fulfill this promys lyk as they have profyryd; thenne, this mater thus governyd, we wold that ther be no more sute ne variaunce doon to our fader the Abot as for this thyng, but cese our sute and lete hym sytt yn pees. And as towchyng your obligacion of x. *li.*, wych ys redy yn our kepyng and yn saaf warde, dowtt you noght ther off, and for such costys as ye have don and had for us yn Yrland, and aboute the sute ayens the forsayd Abot for our avayle and recuryng of our ryght, sendyth us the parcele of the same expenses and of othyr dictes and promyses maad unto you for your labour and the xxvj. marc, havyng therof and retaynyng with yow the sume of the parcell of your sayd expenses and dutes, and the brynger of the sayd xxvj. marc with the sayd parcell shall have lyvere of your sayde obligacion. And as to your desyr to have a newe warant of us for theyse causys above rehersyd, hit nedyth noght as our counsayl enforme us. We scal and wele ratifye and conferme hit at this tyme by this our lettyr and our seel. And remembre you well that the bylle endentyd of the arrers of the same pencion, maad betyxte you and us, of the date of regne of our Soverayn Lord the Kyng the xij. day of April the viij. yer of hys regne, makyth mencion of the somme of the arrers of thys pencion xliiij. *lb.* viij. *d.*, of whyche we sende to yow afor thys tyme acquitaunce of xij. *lb.*, wych acquitaunce ye sende ham ayen wyth owte any maner payment, and so the fyrst somme abydyth hol of xliiij. *lb.* viij. *d.*, and that was of the date in festo Annunciacionis Beate Marie Anno Dni. M.CCCC.XXIX, and sythenys byth ronne iij. yer mor at the feste of the Nativitie of Our Ladye last passyd, that ys to seyn Anno M.CCCCXXX, M.CCCCXXXI, Anno M.CCCCXXXII, so that the somme of all the arrears in hool drawyth to the somme of alle the yeres passyd afore the date of this our present lettyr, drawyth to lxx. *lb.* viij. *d.*, of whyche somme we sende you acquitaunce of xviij. *lb.* vj. *s.* viij. *d.*; and x. *li.* we have resceyvyd be your handys at ij. payments; and so as be our rekenyng they owe us at the date of the wrytyng of this lettyr xliiij. *li.* xiij. *s.* besyde and above the acquitaunce of xviij. *lb.* vj. *s.* viij. *d.*, wyche we sende yow at Trynite tyme. And as towchyng eny other lettyr sende be yow to us afore this tyme, ther cam noon to oure handys, and therfore and for noon othyr cause we sente yow noon answer afore thys tyme, for we wyste nevyr ther of. And we praye yow to recommende us and alle oure bretheryn to our specyall Lord the Erle of Ormond, and to our guode frend James Cornewallys, prayyng hem of guode wyl, tendyrnesse, and favour to us and to our sayd Chyrch, as they have doon alway afore thys, and to have us excusyd atte thys tyme that we wryte nat to hem because of our grete bysynesse that we have, and ryght gret haste of the brynger of thys lettyr. And Al myghty God have yow in hys grace. Wrytyn at Caunterbury ryght hastyly the xj. day of December.

 Be your owyn frend WILLIAM Priour
of Crystychyrch of Caunterbury in England.

Also we praye yow recommende us un to our worschipful fadyr the Abbot of Tynterne and alle our breheryn, sayyng un to hem on our behalfe, that we proposyd to have sent hem an answer of here lettyr, but trewly ther hath be and ys wyth us so gret bysynesse that we myght have no tyme because of the hasty goyng of the brynger of thys lettyr, but be the nexte comer from Yrlond we scal sende hem an answer such as we truste to God scal plese hem.

1011.—PROCURATORIUM SUPPRIORIS AD GENERALE CONSILIUM BASILIENSE.

3 Jan. 1433.

S. 112 *b*.

Noverint universi has nostras præsentes litteras procurationis inspecturi et audituri, quod nos religiosi viri Frater Willelmus, miseratione divina Prior Ecclesiæ Christi Cantuariensis metropoliticæ, ordinis Sancti Benedicti, et ejusdem loci Capitulum, dilectum nobis in Christo Fratrem Johannem Saresbury, Sacræ Paginæ Professorem, ejusdem Ecclesiæ commonachum

The Sub-Prior is commissioned to represent the Convent at the Council of Basel, if the meet-

ing should be held there, or wherever Eugenius IV. should be; the Chapter evidently thought the Pope meant to preside in person. It is not probable that this commission was used by the Sub-Prior, for a year later the same formula is repeated, the names of the Bishops of London and Rochester and Zanobius Mulakyn being substituted for Salisbury's.

et confratrem, nostrum verum et legitimun ordimanus, facimus, et constituimus, procuratorem, negotiorumque nostrorum gestorem, et nuncium specialem. Damus etiam et concedimus eidem procuratori nostro potestatem generalem et mandatum speciale, pro nobis et nomine nostro ac Ecclesiæ nostræ supradictæ Cantuariensis, in sacrosancta Romana Curia, seu alibi ubicumque sanctissimus in Christo pater et dominus noster Dominus Eugenius divina providentia Papa quartus cum sua Curia residere contigerit, comparendi, intessendi, et inibi quascumque litteras apostolicas sive rescripta quæcumque, gratiam, justiciam, et favorem in se continentes, nomine nostro et nostræ Cantuariensis Ecclesiæ supradictæ, impetrandi; ac litteris apostolicis quibuscumque, seu aliis, contra nos aut dictam Ecclesiam nostram Cantuariensem impetratis, seu impetrandis, objiciendi et contradicendi, et hujusmodi objecta prosequendi; in judices, notarios, et loca consenciendi, et, si opus fuerit, ea recusandi, causasque recusationum hujusmodi allegandi, et proponendi, et de eisdem fidem faciendi; alium insuper vel alios procuratorem seu procuratores loco suo, ad præmissa omnia et singula fideliter facienda et exercenda, substituendi, substitutum vero aut substitutos hujusmodi revocandi, et procuratoris officium in se reassumendi, quotiens et quando eidem procuratori nostro videbitur expedire; et generaliter omnia alia et singula faciendi, exercendi, et expediendi quæ in præmissis et circa ea necessaria fuerint, seu quomodolibet oportuna, etiam si mandatum in se magis exigant speciale. Ratum habituri et gratum quicquid per dictum procuratorem nostrum, aut substitutum vel substituendum ab eodem, actum, factum, gestum, seu procuratum fuerit in præmissis aut aliquo præmissorum, sub ypotheca et obligatione omnium rerum nostrarum promittimus, et cautionem exponimus per præsentes. In cujus rei, etc. Data

Cantuariæ, etc. tertio die mensis Januarii, anno Domini M°CCCC° tricesimo secundo.

1012.—INDENTURA INTER PRIOREM ET CAPITULUM ECCLESIÆ CHRISTI CANTUARIENSIS ET MAGISTRUM RICARDUM BEEK, MASON.

1 Jan. 1435.
S. 118 a.

This endenture maad be twene Wyllyam Priour of Crystyscherche of Cauntyrbury and the Chapetre of the same place on that oon partye, and Richard Beek, mason, on that othir partye, wytnessid, that hit is acordyd and ful assent of bothe partye in the manere and foorme that folowyth, that is to wete; that the sayd Richard is wytholden and hath put hymself to dwelle and be with the sayd Priour and Chapetre and with here successours, for the terme of the lyef of the said Richard, in the offyce, servyse, and craft of masonrye, and hath grauntyd to the sayd Priour and his successours, and take upon hym to have and to do the governaunce, disposicion, rewle, and entendaunce sufficiently of alle the werkes of the same chirche, with ynne the chirche afore sayd and wit owte, bothe in the Cytee of Cauntyrbury, in the Cyte of London, and in other places wher the sayd Priour and Chapetre have maners or places to be bylded, renewyd, repayred, or amendyd in the werke of masonrye; takyng wekely of the sayd Pryour and Chapetre and of here successours, for his mete, dryng, and for his labour, and for his othir necessarys duryng the tyme that he schall be ynne the servyce and offyce, iiij. s. of sterlyng every weke, and a convenyent hows for the sayd Richard to dwelle ynne, other yerly xx. s. for his said hows. Also for his fewell viij. s. yerly, and his clothyng yerly, or ellys x. s. of money for his clothyng, whan the said Priour yevyth no lyverey. And ij. payre hosyng yerly; al so longe as he may stere hym self, see, and walke,

The agreement by virtue of which Richard Beek was appointed Master-Mason of the Monastery, with a statement of the duties to be performed and the wages to be received.

and have power [and] bodyly strengthe to have and do the sayd governaunce, ordynaunce, dysposicyon, rewle, and entendaunce in the foorme and manere afore sayd, to the profite of the said Pryor and Chapetre and of here successourys. And yf the sayd Richard schall see or do any werk of the sayd Pryorys or of his successorys fro the Cytee of Cauntyrbury be the space of xx. myles or more, than schall he have for his costys resonable as his labour and his costys excedyth hys dayly werk and wages abovesayd. And yf the sayd Richard contynue in suche ocupacyon for the sayd chyrche as his ys aforesayd, wyth owte departyng fro his sayd servyce and offyce a yens the foorme of this endenture, and thenne yf hit happe, as God forfende, that the sayd Richard Beek falle in to ympotence of his body, that he schall nat mowe have powere to be stere hymself, but for to lye stylle in hys bedde, or be prived of his bodyly strygnth, and blynde, the whiche All mygythy God defende, than in suche caas, the sayd Pryor and Chapetere wollyng and grawntyng, for hem and for here successours, that the sayd Richard Beek schall have yerely xx. *s.* or elles on hows to dwelle and a byde ynne, prys of xx. *s.*; viij. *s.* for his fewell; his clothyng yerly or ellys x. *s.* for his clothyng; and ij. *s.* a weke fro hennys forward al so longe as he levyth, for his trewe and profytable labour, bysynesse, and entendaunce which he hath doon here afore, and schall doo from hennys forward, to the profyte, wele, and worschipe of the sayd Pryour and Chapetre of the same place. And whan hit schall happe at eny tyme the foresayd Richard Beek to be desyryd or prayd be eny worthy or worschipful person or freend of the same craft of masonrye, for the whiche causes he moste absente hym fro his occupacyonys and entendawnce above sayd be a tyme notable, as viij. dayes or more, that thenne in suche caas, leve fyrst axed and had of the sayd Pryour and of his successours, the sayd Richard schall mowe absent hym be xv. dayes, iij. wekes, othir a monethe at the mooste, and be payd of his wagez and for his labour resonably be the partys whiche desyreth hym to suche occupacyon, as they may acoorde; and the sayd Pryour and his successours fully discharged of suche feys, wagez, and reward as the forsayd Rychard schoolde receyve of hem for the same tyme of his absence, or ellys agree whyth the Pryour or wyth his successours how he schall be demened in suche caas afore his departyng, as for his wagez and for his labour. In to wytnesse whereof to the oon partye of this endenture remaynyng wyth the sayd Rychard the commune seel of the sayd Pryour and Chapetre is put to; and to that othir partye of this endenture remaynyng wyth the sayd Pryour the sayd Rychard hath put to his seel. Yeve at Cawntyrbury in the chapetre hows of the sayd Pryour and Chapetre the fyrste day of Januarie, the yere of the regne of Kyng Harry the VI^{te} aftyr the conqueste the xiij^{the}.

1013.—[LITTERA ARCHIEPISCOPI DE ORATIONIBUS PRO PACE FACIENDIS.] (1435.) S. B. A. 86.

Henricus permissione divina Cantuariensis Archiepiscopus, etc. dilecto in Christo filio Commissario nostro Cantuariensi Generali, salutem, etc. Contempta ab olim utriusque Angliæ et Franciæ regni pace, diris turbationum malleis status ejusdem, qui quondam pacificus opulentissima, felici, et plena prosperitate vigebat, jam diu majora corruptionum vulnera pertulit, adeo quod utraque regio, quæ multæ nobilitatis et decoris gratia antiquitus præcellebat, maximæ deformationis despendia jam sustinet, atque præter alia personarum et rerum utriusque regni innumera dampna, plerique nobiles et alii, quorum vix est numerus, sunt, quod non nisi flebiliter dicendum est, in ore gladii lamentabiliter interfecti; nonnullis etiam qui cum

A mandate addressed by the Archbishop to his Commissary-General. He says that Cardinal Beaufort and other lords are going to the congress at Arras to consult with France and Burgundy

about a general peace, and he directs that propitiary prayers should be offered and processions made on behalf of the ambassadors and their expedition, offering, with the usual limitations, forty days of indulgence to those who take part in these services.

abundantia pacis etiam divitiis abundabant miserabiliter opertis pallio paupertatis. Quod jampridem, piæ compassionis spiritu excitati, Sanctus Romanus Pontifex aliique patres in Sancta Basiliensi Sinodo intimius advertentes, hos dies tractandæ pacis in Attrabatensi Civitate, missis ad hoc nonnullis summæ auctoritatis et magni concilii viris, statui procurarunt, ad quos etiam metuendissimus et Christianissimus dominus noster Rex insignes suæ majestatis ambassiatores, et in specie reverendum in Christo patrem et dominum Dominum Henricum tituli Sancti Eusebii Presbiterum-Cardinalem, [*Cardinalem*] *Angliæ* vulgariter dictum, magnum avunculum suum, aliosque prælatos, comites, et barones, quosdam de sanguine suo, ac alios doctores, et viros providos et discretos in notabili numero destinavit. Unde credentes summe necessarium saluberrimumque ut in tam sancti, tam desideratissimi et omni seculo profuturi, prosecutione negotii devotissimis orationum suffragiis eo diligentius Rex Ille pacificus, ut pacem faciat, exoretur, quo per longum iter fatigatis jugiter in bellorum discriminibus nichil delectabilius via pacis; vobis committimus et mandamus, quatinus Priori et Capitulo Ecclesiæ nostræ cathedralis Cantuariensis, ac aliis Abbatibus [et] Prioribus ecclesiarum exemptarum et nonexemptarum, Rectoribusque et Vicariis ecclesiarum parochialium quibuscumque, per nostras civitatem, diœcesim, et jurisdictiones immediatas ubilibet constitutis, cum omni celeritate possibili injungatis, quod ipsi in ecclesiis suis, diebus solempnibus et festivis, subditos suos, clericos et laicos, efficaciter moneant et inducant, seu moneri faciant et induci, quod pro pace et tranquillitate regni, ac salubri et felici expeditione dictorum ambassiatorum, cum omni cordis humilitate, processiones singulis quartis et sextis feriis, cum decantacione letaniæ, missæ si fieri poterit, vel etiam specialis collectæ, faciant seu fieri procurent solempniter, ut est moris; aliaque pia placationis officia exerceant humiliter et observent, ut Deus noster Omnipotens, eorum precibus complacatus, dictos ambassiatores in suis laboribus et viagiis feliciter protegat et conservet, ac pacem ac tranquillitatem, ad quam laborant, nobis tribuat diutissime affectatam. Et, ut ad supplicandum fidelium mentes propensius excitentur, de Dei Omnipotentis immensa misericordia, et Beatissimæ Mariæ Virginis matris ejusdem, ac Beatorum Petri et Pauli Apostolorum ejus, necnon Sanctorum Alphegi et Thomæ Martyrum, patronorum nostrorum, omniumque Sanctorum precibus confidentes, ipsis fidelibus, de peccatis suis vere pœnitentibus et confessis, præmissa ut præmittitur facientibus, quadraginta dies indulgentiæ . . . . . [concedimus per præsentes].[1]

1014.—Littera Stephani Broun Majoris et Aldermannorum Civitatis Londoniæ missa Johanni Sarysbury Priori Ecclesiæ Christi Cantuariensis. *4 Sept. 1438. N. 176 b.*

Honorande in Christo pater et domine, præmisso devotæ recommendationis exordio, non absque mentis amaritudine paternitati vestræ innotescimus, quod ad tantum in brevi diversos arcus pontis civitatis Londoniæ deteriorari percipimus, quod absque magni concilii viris, et in hujusmodi edificiis peritioribus, ad illius operis emendationem aggredi, aut hiis manus apponere quovismodo multipliciter formidamus. Et quia in hujusmodi casibus dilectum familiarem vestrum Ricardum Beke in nostra consideratione peritioris concilii virum inter ceteros reputamus, paternitati vestræ devotius supplicamus, quatinus dictum Ricardum, ad ipsius operis scrutandum pericula, et ejus sanum applicandum concilium, quamcito commode poterit, nostris

The Lord Mayor and Aldermen of London ask the Prior of Christ Church to allow their Master-Mason to survey London Bridge, which is showing signs of decay.

---
[1] The MS. ends abruptly, the last few words having been cut off.

instantiis et rogatibus, ac zelo caritatis, licenciare dignetur vestra paternitas reverenda; quam felicitare perpetue dignetur partus æternus Virginis gloriosæ. Scriptum Londoniis quarto die mensis Septembris.

1015.—By the Kyng.

27 Jan. 1340.

135 a.

The King requests the Prior to cause the bodies of the Duke of Clarence and the Earl of Somerset, the husbands of Margaret Holland, just deceased, to be exhumed and reburied, together with Margaret herself, in St. Michael's Chapel of Canterbury Cathedral.

To our trusty and well beloved in God the Priour and Convent of Cristechirche of Cauntirbury.

Trusty and well beloved in God we grete yow wele, and forasmuche as we be enformed that our aunte the Dutchesse of Clarence ordeyned in hire lyve for the lyeing of the bodyes of our Oncle the Duk of Clarence and of our Cosyn Therl of Somersete,[1] her husbands, in a certayn chapelle ordeyned therfor within Cristescherche, wher hit is avised the said bodyes to be entered in all godly haste; we therfor pray you hertly, that at the reverence of us, at such tyme as ye shall have by them that have interesse to sewe unto yow in this behalf warnyng and praier for exhumation of the said bodies, ye will doo your diligence to see that the said bodies be exhumed, and in the place therfore disposed entered, after thentent and ordinaunce of our said Aunte, as our ful trust is in yow, in which thing ye shall mowe doo us grete plesaunte pleasure. Yeven under our signet at thabbay of Redyng the xxvij. day of Januer Anno Domini M°CCCC° tricesimonono.

Originale istius litteræ habetur superius Cancellaria nostra, in vase ubi ponuntur litteræ officiariorum Domini Archiepiscopi.

---

[1] Somerset, son of John of Gaunt, died in 1410, and Clarence, second son of Henry IV., was killed at Beaugé in 1421.

1016.—DONA ET BENEFICIA REVERENDISSIMI IN CHRISTO (1440.)
PATRIS ET DOMINI DOMINI HENRICI CHYCHELE Cart. Ant.
CANTUARIENSIS ARCHIEPISCOPI. L. 180.

An imperfect list of the gifts bestowed by Archbishop Chichele upon the Convent of Christ Church.

Ne dona et beneficia, tam spiritualia quam temporalia, a patre benignissimo suis in Christo filiis paternaliter collata, per incuriam tradantur oblivioni; tam præsentium quam futurorum memoriæ duximus commendandum, quod Reverendissimus in Christo pater et dominus Dominus Henricus Chychele, permissione divina sacrosanctæ Cantuariensis Ecclesiæ Archiepiscopus, totius Angliæ Primas, et Apostolicæ Sedis Legatus, cui gratiam in præsenti et gloriam in futuro concedere dignetur Trinitas indivisa, ex sua benevolentia paternali, et sinceræ dilectionis favore, quam erga suos in Christo filios et capellanos suo continue gerebat in pectore, dona et beneficia eisdem paternaliter contulit infrascripta: videlicet, unum vestimentum integrum solemne et preciosum de albo velveto, cum floribus saracenorum splendide pulverizatum; una cum duabus cappis et albis ejusdem sectæ et coloris, suis in Christo filiis et oratoribus antedictis paternaliter dedit et assignavit. Item: duas ollas argenteas et deauratas, ad usus Prioris Ecclesiæ suæ qui pro tempore fuerit, benigne contulit et donavit. Item: duas ollas argenteas, duos congios ferme continentes, ad usus Prioris et Conventus in refectorio, sponte dedit et assignavit. Item: quatuor ollas argenteas, quatuor potellos pæne continentes, ad usus Prioris et Conventus in Mensa Magistrorum [1] gratanter dedit et assignavit. Item: unam navem argenteam, et in certis partibus deauratam, pro elemosina imponenda, præfatis Priori et Conventui eorumque successoribus conditionaliter dedit et assignavit. Item: ad fabricam seu reparationem

---

[1] *Mensa Mag.* was the dining hall the convalescents residing in the Infirmary.

ecclesiæ suæ mille marcas paternaliter contulit et donavit. Item: ad fabricam sive erectionem novæ librariæ (*cetera desunt*).

1017.

Nov. 1441.

N. 177 *a*.

A writ of *præmunire facias* issued against a monk who had procured and published papal letters without having fisrt submitted them to the King's Council.

Copia Brevis Regis

De *Præmunire Facias* capti per Johannem Priorem, sed non exsecutioni demandati, contra Willelmum Pouns apostatam, qui, spe promotionis beneficii virtute bullarum papalium, sine licencia Prioris Londoniam transiit, hora vesperarum die animarum anno Domini MCCCCXLJº, et ad Ecclesiam rediit postea xv^{mo} die sequente, qui, propter supplicationes Domini Archiepiscopi, primo die quo capitulum intravit restitutus fuit ad ordinem et stallum suum, eo quod ipsum sufficienter contritum tam Dominus Cantuariensis quam etiam Prior invenit.

Rex Vicecomiti Londoniensi salutem. Cum in statuto in parliamento Domini Henrici nuper Regis Angliæ avi nostri anno regni sui secundo tento, edito, inter cetera ordinatum sit et stabilitum, quod si aliqua provisio per Sanctissimum Patrem Papam [facta fuerit][1] alicui personæ religiosæ, seu alicui personæ cuicumque, ab obedientia regulari vel obedientia ordinaria eximendæ; vel aliquod officium perpetuum infra domos religionis, vel tantum quantum una regularis persona religiosa vel duæ seu plures habent, in eisdem habendum; quod si hujusmodi provisores aliquam talem provisionem acceptent, seu ea gaudeant, incurrant pœnas *in statuto de provisoribus*, anno regni Regis Ricardi post conquestum tertiodecimo edito, contentas; prout in statuto prædicto plenius continetur. Item: quia intelleximus quod, licet Wil-

---

[1] *facta fuerit*, om. MS. The statute quoted runs: si aucune provision soit fait par nostre Saint Pier, etc.

lelmus Pouns frater monasterii Ecclesiæ Christi, ordinis Sancti Benedicti, Cantuariensis, in eodem ordine in dicto monasterio sit professus, et sub obedientia regulari in eodem nuper existens, ipse tamen quandam provisionem se obedientia regulari et ordinaria exemptum a Sede Apostolica sibi impetrari, et bullas apostolicas inde in regnum nostrum Angliæ deferri, ac eas apud parochiam Sancti Nicholai apud Macella[1] pronuntiari, publicari, et legi, fecit; in nostri contemptum et præjudicium, et contra formam statuti prædicti. Nos statutum prædictum, dicto anno secundo editum, inviolabiliter observari, et illud impugnantes, juxta vim, formam, et effectum ejusdem, ac pœnas in statuto dicti nuper Regis Ricardi contentas, ut est dictum, debite castigari et puniri volentes; vobis præcipimus, quod, si Johannes Prior Ecclesiæ Christi Cantuariensis fecerit vos securos de clamio suo prius, tunc, per quatuor probos et ligeos homines de civitate prædicta, præmunire faciatis præfatum Willelmum apud, etc. quod sit coram nobis, etc. ubicumque tunc fuerimus in Anglia ad respondendum, etc.

1018. — LITTERA DOMINI HENRICI CANTUARIENSIS ARCHIEPISCOPI MISSA DOMINO JOHANNI PRIORI ECCLESIÆ CHRISTI CANTUARIENSIS.

17 Nov. 1441.

N. 178 a.

In Christo fili sinceriter prædilecte, post Dei nostramque benedictionem; cum dilectus nobis Willelmus Pouns, Ecclesiæ nostræ Cantuariensis commonachus, corde humiliato et contrito, quantum in Deum et in nos, sacram suam professionem temere violando, peccavit, pro commissis veniam obnixius postulando, nobis humiliter se submisit, quemadmodum de submittendo

William Pouns, the Canterbury monk who incurred the penalties of *præmunire*, having made his peace with

---

[1] *Macella*. This church was known as St. Nicholas Shambles, and stood in Newgate Street.

174 LITERÆ

the Archbishop, the latter requires the Prior to receive him again into full fellowship with the Convent.

se vobis benignissime pollicetur. Unde cum ipse alium judicare debeat qui in seipso non habeat quod condempnet; tardiusque unicuique videretur peccanti veniam dare quam peccatori indulgentiam postulare; supplicamus quatinus dictum Willelmum cum omni benignitate et favore, quantum in Deo poteritis, admittere, et eundem in ordinem suum, omni severitate et rigore religionis suæ in gratiam commutatis, restituere nullatenus ommittatis. Aliis nostra ex parte indicendis dilecto filio nostro Galfrido, ecclesiæ nostræ prædictæ præcentori, fidem indubiam adhibere curetis. Ad sanctæ Ecclesiæ nostræ Cantuariensis regimen et honorem valeat per tempora longiora carissimus filius noster. Apud Lamheth xvij^{mo} die Novembris.

17 Nov. 1441.

N. 178 a.

1019.—Littera Ricardi Caudray Decani Sancti Martini Londoniarum, missa Domino Johanni Priori Ecclesiæ Christi Cantuariensis.

The Dean of St. Martin-le-Grand certifies to the good conduct of the apostate monk and, with many allusions to the parable of the Prodigal, asks the Prior of Christ Church to again receive him into favour.

Ryght worshypfull maistyr and bretheryn, after moste humble and intyer recomendacyon and thankyng that myn herte cann thenke, lyke hyt yow to wete that my dere brother and yours, berer of thys letter, wyche after he had by lycence openyd hys herte un to my Lord of Caunterbury, dredyng of inconvenyent therfore, come to me to refute,[1] wher in all wyses he had hym in langage and lyvyng religously; whom, for the zeele that I have to the immaculate place that he come fro, I treted as my brother, and fonde, as I suppose, more wylly to retorne to that holy convent than he was to departe fro hyt at eny tyme; he trustyng to fynde in yow all lyke as the yonger sone penytente founde in hys gode fader; and so for the truste that I have in yow I behyght hym he shuld.

---

[1] sc. *refuge.*

Wherfore I beseche un to yow all wyth all myn herte, that ye, lyke as I have promettyd hym, woll receyve hym benygly, and so trete hym and cherysshe hym, not remembryng thynges passyd; thenkyng on the besaunt, and the oon sheep of an hundred lost and founden, the furste stole, the rynge, the clausure[1] and all the feste that the good fadre made to hys seid sone, and how ofte a day fallyth the ryghtwys, and prayeth *Jesu have mercy on us all, quia qui se existimat stare videat*, etc.; and so deme yow that he may holde me trewe in my promysses, and knowe that ye love me as I love yow all, and fele that thys my wrytyng may avayle hym; yevyng credence un to my good brother the Chauntour in that he shall say yow on my behalve in this matere; comaundyng me what yow lyketh that ys possyble unto me to do for yow or yours, as the felawshypp on erthe I love above all othyr beste, as God knoweth; the wych send yow evyr suche felicite as I desyre yow to have. Wreten at London the xvij. day of Novembyr.

1020.—LITTERA ABBATIS DE BOXLE DE ADMISSIONE FRATRIS WILLELMI POWNS, QUONDAM MONACHI ECCLESIÆ CHRISTI CANTUARIENSIS, IN MONACHUM ORDINIS CISTERCIENSIS. — 25 April 1443. N. 179 a.

Johannes permissione divina Abbas Ecclesiæ Sanctæ Mariæ de Boxle et ejusdem loci Capitulum, venerabili viro Willelmo Powns, monacho Ecclesiæ Christi Cantuariensis, seu de Sancto Albano, salutem in Domino sempiternam. Quum, ut ait scriptura, spiritus ubi vult spirat et nescitur unde veniat aut quo vadat, et ideo non est qui vias illius spiritus valeat perscrutari. — William Powns, the apostate Benedictine, is accepted as a monk of Baxley, a Cistercian house,

---

[1] *the furste stole* probably stands for the *best garment*, and *clausure* should certainly be read *chaussure*, that is to say, the *shoes* which were given to the returned prodigal. St. Luke, xv. 15.

Et tu, ob devotionem invictissimæ crucis necnon et Sanctæ Mariæ Virginis gloriosæ, desiderans apud Ecclesiam nostram vitam ducere artiorem, eodem Spiritu Sancto ductus; idcirco tibi concedimus unanimiter in communi nostra domo capitulari, quatenus, petita licentia a tuo Priore et Capitulo, jam sede vacante, transferendi te, ad Ecclesiam nostram venire valeatis, et tanquam noster commonachus inter nos perpetuo Domino famulari; teque, quum veneris cum dicta licencia, recipere promittimus in nostrum commonachum et confratrem. In cujus rei, etc. Data in domo nostra capitulari vicesimo quinto die mensis Aprilis anno Domini M°CCCC°XLIIJ°.

9 Oct. (1443).
N. 213 a.

1021.—ADMONITIO JOHANNIS PRIORIS FACTA IN CAPITULO NONO DIE OCTOBRIS FRATRI THOMÆ AYSSHE IN VITIO PROPRIETATIS DETECTO.

A monk, who as a monk is vowed to personal poverty, convicted of owning goods in severalty.

In Dei nomine: Amen. Nos Johannes miseratione divina Prior Ecclesiæ Christi Cantuariensis, tibi Frater Thoma Asshe, obedientiario nostro, mandamus et, in virtute sanctæ obedientiæ qua nobis teneris, firmiter in hiis scriptis injungimus, quatenus, juris exigentia, et nostræ religionis consuetudine, ac juxta consuetudines sanctorum patrum in ea parte provide latæ,

---

29 Oct. 1443.
N. 180 a.

1023.—[LITTERA DOMINI CAROLI VII^{mi} REGIS FRANCIÆ AD REGEM ANGLIÆ MISSA.]

The King of France assures the King of England that he desires success for the nego-

A treshault et excellent prince, nostre treschier nepueu Dangleterre, Charles par la grace de Dieu Roy de France, salut, et cordiall affectionn de tout, et parfaite concorde, et commune dileccionn. Treshault et excellent prince et nostre treschier nepueu, par voz graciouses et amiables lettres, qavons a graunt plaisir receues, par Thomas Hoo chivaler vostre conseilleur,

totam monetam tuam, in auro seu argento consisten- *is warned to exhibit*
tem, ac res alias quascunque, libros, seu bona monas- *all his own goods, and*
terii nostri penes te existentia, seu in custodia aliorum *all those of*
sine auctoritate nostra deposita, vel alicui alienata, in *the monastery for*
crastino Sancti Lucæ Evangelistæ proximo futuro, *which he*
infra cameram tuam in nostro dormitorio existens, *is answerable, on a*
nobis et certis personis nostræ religionis per nos *certain day*
assignandis effectualiter reveles et exhibeas, sub pœna *and in a certain*
excommunicationis majoris, quam in personam tuam *place.*
fulminare intendimus si mandatis nostris parere non
curaveris cum effectu.

1022.—Sententia lata super præmissa admonitione. (1443.)

N. 213 *b.*

In Dei nomine: Amen. Nos Johannes miseratione *The culprit in the last*
divina Prior, etc. te Fratrem Thomam Asshe, com- *case, not*
monachum nostrum, mandatis et monitionibus nostris *having*
licitis et canonicis, ob correctionem et emendationem *obeyed the Prior's mo-*
animæ tuæ per nos tibi factis, non obtemperantem, sed *nition, is*
penitus contradicentem et luctantem, propter tuam *sentenced to seques-*
inobedientiam, rebellionem, pariter et contemptum, *tration*
excommunicamus in hiis scriptis, et te a communi *flock of the*
societate fratrum nostrorum fore separandum etiam *brethren.*
decernimus in hiis scriptis.

1023.

To the High and Excellent Prince our very dear Nephew of England, Charles by the grace of God King of France, greeting, and hearty affection in all things, and perfect concord and mutual esteem. Most High and Excellent Prince and our very dear nephew, by your gracious and amiable letters, which we have received with great pleasure by the hands of Sir Thomas Hoo

tiations for a truce which are in progress in Tours. He also offers a free passage for Margaret of Anjou, whom the Earl of Suffolk is appointed to receive at the French frontier. The details of her journey were not fully arranged at the time when this letter was written.

et Jartier Roy darmez Dengliterre vostre herault, et auxi par leur rapport et relacion, avons sceu de voz bon estat et prosperite, et la pleasir quavez eu bien agreable des traietie et perfectionn du mariage dentre vous et nostre belle niepce et file de nostre treschier et tresame frere et cousin le Roi de Secille; et des ouverture et communicacions eues et faictes en nostre cite de Toures, entre voz[1] gens et ambaxadeurs, par vous[2] envoiez devers nous pour les matiers desusditz, et aucuns seigneurs de nostre sang et des gens de nostre graunt conseill, a ce par nous ordeinez et commiz, sur la matier de paix final entre nous deux et noz reaumes; et auxi de la treve et abstinence de guerre pour certein temps prince[3] et ordonne en entencion de parvenir, a laide de nostre benoit Createur,[4] a bone et finall conclusion de parfaict paix et entiere; et le bon vouloir que presentment avez a ce, en desirant lalee de noz ambaxadeurs pardevers vous, la quelle avons delibere dy envoier pour le bref et bon accomplissement des choses commances. Et pareillement avons sceu, par les dessusditz, le desir et affeccionn quavez a la breviacionn du passage de nostre dit belle nepce, vostre compaigne, pardevers vous, en nous requerant, par eulx, qe la voulssions faire conduire et mener jusques en nostre ville de Pontoise, pour illec estre receue depar vous par vostre beau cousin le Conte de Suffolk et autres par vous a ce ordonnez, le plus bref qe faire le purrions; desquelles choses et mesmement de voz bon estat et sente gratifficacion et agreable plaisir; des choses dessusdites, et de vostre bon inclinacionn au bien de paix nous avons eu et avons tresgraunt joie et consolation, vous certifians pareillement de nostre part, pour lonneur et reverence de Dieu qui commaunda paix et dileccionn entre les hommes, et pour la pitie et com-

---

[1] vous, MS.
[2] voz, MS.
[3] *prince* for *pryses?*
[4] *Creature*, MS.

your counsellor, and Garter King-at-Arms of England your herald, and also by their report and statement, we have been assured of your good estate and prosperity, and the pleasant satisfaction which you have felt on account of the process and arrangement of the marriage between you and our fair niece the daughter of our well-beloved brother and cousin the King of Sicily, and on account of the opening of the communications, begun in our City of Tours between your followers and the ambassadors sent by you to us for the above-mentioned affair, and certain of the Lords of our family and members of our Great Council by us for that purpose assigned and commissioned, in the matter of a final peace between us personally and our two Kingdoms, and also in the matter of a truce and cessation of war for a certain time, undertaken and arranged with a hope of arriving, by the aid of our Blessed Creator, at a good and final conclusion of a perfect and complete peace; and (also we have been assured of) the good will which at this time you show in this affair, by desiring the dispatch of ambassadors from us to you, whom we have decided to send for the speedy and prosperous accomplishment of these things already begun. And moreover we have learned from the persons abovenamed the desire and longing which you have for the hastening of the journey to you of our said fair niece, your consort, requiring of us, by their mouths, that we should cause her to be conducted and brought as far as our town of Pontoise, in order to be there received on your behalf by your fair cousin the Earl of Suffolk and others assigned by you for that purpose, as speedily as we can effect it; for which things, and moreover for your good estate we feel both satisfaction and real pleasure; and on account of the matters aforesaid and of your good inclination towards the blessing of peace, we have had and still have the greatest joy and

passionn des dires et cruelles persecucions du peuple Christien, desirans de tut nostre cuer le repox et tranquillite[1] dicellui, et lacroissement et perfectionn de la bonne et mutuel amour et inseparable union dentre nous, a quoy, entre les autres choses, la proximite de sang et lignage, qui est entre vous et nous, doit naturelment mouvoir et incliner, conduire et entretenir, noz volentez et couragez, nous sommes de tut nostre cuer inclinez de y vacquer et entendre, de tous bons et raysonnables moiens. Et au regart de lalee et passage de nostre belle niepce, vostre compaigne, nous de [2] la desirons de tut nostre cuer, solon voz desire et affectionn, estre pardevers vous. Et combien, soloun les advis sur ce autrefoitz pourparlez, on nous devoit notifier le temps en quel aviez entencionn de lenvoier querir et recevoir des la myaonst, et de celle heure qe [nostre] beau frere le Roy de Secylle, soun pere, eust eu temps et espace de preparer sa conduyte et delyveraunce, a lonneur des lieux et maisons ou elle doit aler et dont elle part, et que jusques a present nen ayons aucune chose seuerement sceue; par quoy ny pouvant[3] pas en bref temps estre faitz les preparatoires qui y appartiennent, toutes voyes pour accomplier vostre desyre au bon entretenement, continuacionn, et parfait accomplissement des choses commances, voloms, et sommes de tout disposez de nostre part, de bayllir et fair conduire nostre belle niepce, come celle que par la loy de mariage est vostre de tout, en tiel temps heure et saison qui sera a vostre bon pleasir et volente; et si tost que vostre beau cousin de Suffolk, qavez ordonnez pour la recevoir et conduire pardevers vous, serra passe depardeca, et que aurons parle et communique[4] avec lui sur ceo et autres choses, ainsi que le desirons, et quil est tresexpedient pour le graunt bien des matiers dessusdites, nous expedierons incon-

---

[1] transquillite, MS.
[2] *de* is redundant.
[3] pevent, MS.
[4] comminge, MS.

consolation, assuring you at the same time that for our part (for the honour and reverence of God who enjoined peace and goodwill among men, and from pity and compassion for the dire and cruel sufferings of Christian people, desiring with all our heart their peace and tranquillity and the growth and completion of good and mutual love and inseparable union between us, to which among other causes the nearness of blood and kindred which exists between you and us ought naturally to urge and incline us, and to occupy our wishes and desires) we are with all our heart inclined to give them our time and attention by all laudable and reasonable means. And then with regard to the journey and transit of our fair niece your consort, we wish her with all our heart to be with you according to your wish and desire. But although, in accordance with the opinion formerly arrived at on this matter, we ought to be informed of the time at which you intend to send to fetch and to receive her, as soon as possible (?); and also of the date at which our brother-in-law the King of Sicily her father shall have had time and opportunity to prepare for her journey and delivery, with due regard to the honour of the kingdoms and families whither she is going and which she is leaving; and although up to the present time we have learned nothing of these things with certainty; it not being possible for that reason to make the preparations which are required in a short time, nevertheless in order to accomplish your desire. with a view to the favourable beginning, carrying out, and perfection of these matters already commenced, we consent, and are in all things disposed on our part, to hand over and to cause to be escorted our fair niece, as one who by the law of marriage is entirely your own, at such day and hour as shall suit your good pleasure and wish; and as soon as

tenent, et sans aucune retardement, lalee de nostre belle niepce ; et telement qe vous apparceverez qe desirons vous y complaire, et mieulx[1] disposer pour la bien de la bonne condute des matiers. Si vous en vueilez advertir et certifier le plus bref qe vous pourrez de vostre bon estate, duquelle oier bonnes nou‑ velles nous est tresgraunde joie et plaisir. Treshaut et excellent Prince, nostre treschier nepveu, Nostre Seigneur vous ait en sa sainte garde, et donit vous accomplissement de voz bonnes desires. Donne a Luneville en Lorraine le xxixme jour Doctobre.

---

24 Nov. (1443).

N. 214 b.

1024.—[LITTERA DOMINI ARCHIEPISCOPI PRO CONFIR‑ MATIONE OFFICII SENESCALLATUS ARCHIE‑ PISCOPATUS CANTUARIENSIS.]

The Archbishop reports to the Prior that, at the King's special request, he has appointed James Fenys (Fyneux), an Esquire of the Body, to be Seneschal of the archbishoprick,

Ryght worshypfull and ryght wellbelovyd brother we grete yow well full hartely, and woll ye wete, that forasmuch as at the Kyngs special request and desire we have graunted under our seal to James Fenys, squyer for the body, yoffice of our steward‑ shyp for terme of hys lyf, wyth the fees accustumed yerto of olde tyme. Wheruppon the Kyng wryteth unto yow and to my brethyren and yowres at thys tyme for the confyrmacion of the seid offyce. We pray yow, havyng consyderacion how the seid James stondyng aboute the Kyng as he dooth, may dayly proufyte our church and us, ye woll in tenderyng the Kyngs desyre show yowr good wyll and help in

---

[1] mielux, MS.

your fair cousin of Suffolk, whom you have selected to receive her and to conduct her to you shall have arrived here, and we shall have spoken and communed with him upon this and other matters, as we desire to do, and as is expedient for the success of the aforesaid matters, we will hasten at once and without delay the departure of our said fair niece; so that you shall recognize that we are desirous of pleasing you in this, and well disposed to the successful carrying out of these matters. So be pleased to report and certify us as soon as possible as to your prosperous estate, of which to hear good news is to us very great joy and pleasure. Most High and Excellent Prince our very dear Nephew, Our Lord have you in his holy keeping, and grant you fulfilment of your pious wishes. Given at Luneville the 29th day of October.

---

thys mater, and moreovyr to yive faith and credence unto our surveyor, brynger herof, in that he shal opene unto yow be mough on our behalve. And Almyghty have yow in hys blessyd kepyng. Wreten at Lamhith the xxiiij. day of November. {and he asks for the usual confirmation}

1025.—LITTERA DOMINI REGIS DE EADEM CONFIRMATIONE.

16 Nov. (1443.)

N. 214 a.

Trusty and welbelovyd we grete yow well, and late yow wete that the ryght reverend Father in God, our ryght trusty and ryght welbelovyd tharchbysshop of Canterbury hath grauntyd, at our reverence, unto our trusty and welbelovyd James Fenys, squyer for our body, thoffice of stuardshyp of tharchbysshoprych of Caunterbury aforseid duryng hys lyf; as in hys letters patents therupon, un to our seid squyer made, more opynly hyt apperyth. Wherfor we desyre and hertly prey yow, that ye, consyderyng {The King asks the Chapter to confirm the appointment mentioned in the last letter.}

the agreable servyce that our seid squyer doth dayly unto us, and in what stede he shall nowe stande unto yow in such thyngs as ye shall have to sewe herafter unto us fore, woll, be oon assente, at the reverence of us, and contemplacyon of thys our specyall wrytyng, approve, ratyfy, and conferme, undyr your comune seel, the seid graunt so made unto our seid squyer, as ys afore reherced; trustyng that yn thaccomplesshyng of thys our herty desyre ye shall do unto us ryght singuler plesyr, and cause us the rather to have yow the more tendyrly recommendyd in such matters as ye shall have to sue unto us fore herafter. Yeven undyr our signet at our manoir of Shene the xvj. day of Novembre.

(1443.) N. 181 a.

The form commonly used in preferring a youth to a poor scholar's place in Canterbury College, Oxford.

1026.—LITTERA PRÆFICIENDI PAUPEREM SCHOLAREM IN COLLEGIO OXONIENSI.

In Christo fili prædilecte: super eo quod vacat locus pauperis scholaris pertinens ad nostram collationem in Collegio nostro Oxoniensi, W. R. ad nostram elemosinam dicto Collegio per præsentes litteras tibi præsentamus, et sic dicto puero dictam elemosinam libere conferimus, firmiter mandantes quatenus ea quæ ad statuta pertinent sibi debite ministres, consuetudinibus debitis per prædictum pauperum scholarem tibi et sociis tuis debite observatis. In cujus rei testimonium signetum nostrum privatum præsentibus apposuimus. Data Cantuariæ, etc.

8 July 1491.

N. 181 a. *A better form of presentation drawn by (and in*

1026a.—[LITTERA CONSIMILIS, MELIORE SUB FORMA.]

W. permissione divina prior Ecclesiæ Christi Cantuariensis dilecto in Christo patri Jo. Langdon custodi collegii sive aulæ Cantuariensis Oxoniæ salutem. Ad locum unius pauperis scholaris in collegio nostro vacantem, et ad nostram collationem spectantem, N. Lee tibi per præsentes litteras nostras præsentamus, eidemque N. prædictum locum intuitu caritatis conferimus; mandantes quatenus eidem juxta statuta ejusdem collegii debite ministres, et cures ut idem N. statuta et laudabiles dicti collegii nostri consuetudines debite observet. Datum sub sigillo officii nostri viij° Julii Anno Domini 1491.

the autograph of) Prior Selyng fifty years after the date of the preceding letter.

1027.—NOTABILE VALDE DE CAPIS PROFESSIONALIBUS SUFFRAGANEORUM LEVANDIS.

1444.

S. 157 b.

Notum sit omnibus tam præsentibus quam futuris, per Willelmum Malmesburiensem, libro tertio; et venerabilem Cestrensem, libro septimo, capitulo primo; et ceteris capitulis de Pontificibus; necnon per Gesta Lanfranci, olim Cantuariensis Archiepiscopi; multisque aliis locis patet evidenter, quod anno Domini Millesimo septuagesimo secundo, auctoritate et mandato Papæ Alexandri Secundi, sui pontificatus anno nono; ac tempore Willelmi Conquestoris Regis Angliæ anno quarto[1]; Lanfrancus Cantuariensis Archiepiscopus prælocutus, præsulatus sui anno primo, expetiit de Thoma Eboracensi Archiepiscopo scriptum[2] de obedientia sua, capam, et professionem cum adjectione jurejurandi,[3] et accepit. Ac etiam prædictus Lanfrancus Archiepiscopus Cantuariensis, eodem tempore, ab universis Angliæ Episcopis qui prius ab aliis sacrati fuerunt capas professionales, professiones, et obedientiam petiit et accepit. Quamobrem etiam Willelmo Rege Primo Angliæ, præsulibus, et clero, ex mandato Papæ memorati, ventilata est causa apud Wyndeshoram et in scriptis redacta, et decreta; quia maluit pro suis successoribus laborare quam eis imposterum hanc

A methodical statement of the grounds upon which the Church of Canterbury founded its claim to a "decent cope," and to a profession of canonical obedience from each suffragan Bishop of the province, whether he were consecrated at Canterbury or elsewhere.

---

[1] *sexto.*
[2] *scriptam,* MS.
[3] *juramenti?*

calumpniam discutiendam reservare. Unde regio edicto, ac per suam prærogativam jurisdictionem, compulsi fuerunt, reddiderunt, fecerunt, legerunt, et solverunt, at adhuc omnes eorum successores solverunt capas professionales, vel pro eis composuerunt, præter quatuor venerabiles patres Coventrensis et Lichfeldensis Ecclesiarum Episcopos, videlicet, Robertum, Ricardum, Johannem, et Johannem, quorum secundus in Ecclesia Cantuariensi promisit, oraculo vivæ vocis, in præsentia reverendissimi patris et domini Domini Thomæ Arundell tunc Cantuariensis Archiepiscopi, unam capam professionalem statui[1] ejusdem competentem fore solvendam, sed translatus ad Sedem Eboracensem, et ibidem morte præventus, quod pollicitus est non potuit adimplere.

Nota. Item: ratione prærogativæ sacrosanctæ Cantuariensis Ecclesiæ, omnes Episcopi cujuscumque fuerint conditionis, provinciæ, diœcesis, sive regni, ab Archiepiscopo consecrati solverunt, et imposterum solvere tenentur, unam capam eorundem statui competentem. In cujus rei testimonium habetur capa reverendi patris Domini Gerardi de Grauntseus Virduniensis Episcopi, de provincia Treverensi in Almania, qui consecratus est a reverendissimo patre Roberto de Kyllwardby, de Ordine Prædicatorum, Archiepiscopo Cantuariensi, apud Merton, anno Domini M⁰CC⁰LXXVJ⁰, Dominica in Ramis Palmarum; præsentibus Episcopis Londoniensi, Roffensi, Bathoniensi, Landavensi, suffraganeis Cantuariensis Ecclesiæ supradictæ.

Nota. Memorandum etiam quod capa professionalis Domini Roberti Eliensis Episcopi adjudicata fuit Capitulo per decretum Domini Roberti Cantuariensis Archiepiscopi, non obstante quod dictus Eliensis Episcopus consecratus fuit in Curia Romana anno Domini (1303).

---

[1] *statum* .... *concernentem*, MS.

1028.—LITTERA DOMINI EPISCOPI CICESTRENSIS MISSA (1444.)
DOMINO JOHANNI SARESBURY, PRIORI, ET N. 215 *a*.
CAPITULO ECCLESIÆ CHRISTI CANTUARIENSIS,
PRO RELIQUIIS SANCTI WILFRIDI, CONFESSORIS.

Tamquam dilectissimo et honorabili patri et domino, venerabilibusque confratribus Capitulo divinæ nostræ matricis Ecclesiæ Cantuariensis, Capitulum facientibus, se, suaque, cum reverentia debita et honore. Intelligere dignentur vestra dominatio sanctæque paternitates, quod, ad annum exiles vobis direxeram litteras meas; animatus bona spe pro aliqua portione reliquiarum gloriosissimi Confessoris Sancti Wilfridi, patroni præcipui Ecclesiæ meæ Cicestrensis; qui Cicestrensem modo diœcesim fide Christi subarravit primitus, sicuti gloriosissimus pontifex Augustinus, Anglorum tempore, civitatem Cantuariensem. Sed, me miserum, memoriale illius apud nos nullum est præter nomen tantum; unde[1] scio veraciter sapientiæ vestræ peroptime noscitur quam gloriosum est Deum honorare in sanctis suis, et eorum venerationibus insistere ut apud Deum dignentur esse interventores pro nobis, et in specie tam gloriosi laudibus Confessoris, qui tantis nos suis amoribus excitavit, unde, poplite flexo, rescribens ex cordis radicibus, honorande pater et venerandi confratres, supplico reverentiis vestris, quatenus membrum vel partem membri de organo Spiritus Sancti, corpore, videlicet, Sanctissimi Wilfridi, michi et Ecclesiæ meæ, ut gloriosa et fertilis mater pauperculæ filiæ et filio pauperiori, dignemini impertiri, et per latorem præsentium mittere michi impræsentiarum; ut illud jocale michi carissimum in capsa, vel auro vel argento traditum, requiescere possit inter nos, cum reliquiis

The Bishop of Chichester asks the Chapter of Christ Church to give to his Cathedral Church a relic of St. Wilfrid, the Apostle of the South Saxons, whose whole body was contained in his shrine at Canterbury.

---

[1] Some such phrase as *et quia* should take the place of this *unde*.

Sancti Ricardi alterius patroni nostri; scientes me, pro tali dono ex gratia vestra transmittendo, offerre me et mea ad vestri genua famulatus, et quod michi possibile est facere ad benevolentias vestras. Vestram dominationem et paternitatem honorandam, reverentiasque et confraternitates vestras conservet in hac vita, et præmiet in cœlis Christus Dominus noster.

(1444.)
N. 215 a.

1029.—LITTERA RESPONSALIS LITTERÆ DOMINI EPISCOPI CICESTRENSIS PRO RELIQUIIS SANCTI WILFRIDI.

The Chapter of Christ Church consent to give to the Bishop of Chichester, a limb or a part of a limb of St. Wilfrid, and request that the messenger sent to receive the relic may be in holy orders.

Reverentias humillimas tanto patri debitas cum honore. Cum sanctum et devotum sit quod vestra reverentia paternalis discretissime rogavit, eo affectu eaque devotione suscipimus, qua a sancto corde vestro id quod optastis credimus emanasse. Gloriosissimi igitur Confessoris et patroni nostri atque vestri, Sancti videlicet Wilfridi, laudes et merita extolli cupientes, et præcipue eis in partibus quibus quasi Apostolus vita et miraculis claruit, et fidem prædicando populum in Christi confessione firmavit, vestris devotis petitionibus inclinati, membrum vel partem membri de illo Spiritus Sancti organo, ad excitandam in cordibus fidelium et augmentandam devotionem ordinabimus; sanctum desiderium vestrum ad tempus deferentes, ut ea occasione sanctæ illæ reliquiæ, quæ per tempora longiora in feretro reconditæ sunt, humanis aspectibus devotius præsententur. Non enim ante hæc tempora vestram laudabilem devotionem cupientem ipsius sancti merita extolli cognovimus, nisi solum per informationem vestram vocalem nobis factam apud Schen, nec aliquas litteras vestras priores, de optatis reliquiis ipsius viri venerabilis et sancti, suscepimus. Set has primas litteras vestras cum devotione et reverentia acceptantes, nostra vota vestræ devotioni, matura cum celeritate, jungemus, aliquas reliquias ipsius sancti, juxta vestram devotionem laudabilem, adaptando; hoc affectantes ut vel sacerdotem, vel ad minus virum in sacris ordinibus constitutum, ad has reliquias vestræ reverentiæ paternali deferendas, destinetis; tales namque viros magis idoneos ad exercenda hujusmodi officia judicamus. Et vestram devotionem augeat et proficiat Trinitas increata. De Cantuaria, etc.

1030.—LE DUC D'ORLEANS ET DE VALOIS, CONTE DE BLOIS ET DE BEAUMONT, SEIGNOUR DAST ET DE COUCY.

31 July 1444.
N. 216 a.

Reverend pere en Dieu trescher et graunt ami; vous savez que a mon partement de par dela me chargastes parler a Monseignour le Roy, touchant le vin que dittes a vous estre ja pieca ottroie et donne par les predecesseurs de mondit Seignour. Si vueillez savoir, que de ceste matiere jai parle a Monditseignour le Roy, et sur ce ma fait responce, que en luy monstrant ou exhibant les lettres a vous ottroyets a cause du dit vin, il est prest del faire toute raison. Pour quoy est besoing denvoyr deca le *vidimus* de vos dites lettres, fait par main de notaire, pour sur ce informer plusaplain Monditseignour. Et de surplus, je ferai pour vous a mon povoir envers lui tout ce qe possible me sera, tellement qe en devrez estre content. Et nest ja besoyng que y envoyez persone pour la poursuite, car moy meismez le poursuvray a mes despens, come James Masse, porteur de cestes, vous dira plus aplain. Reverend pere en Dieu, Nostreseignour vous ait en sa saunte garde. Escript en mon Chastel de Bray-conte-Robert[1] le dereiner jour de Juillet.　　　　　　　　　　　　　　　CHARLES.

Reverend pere en dieu et trescher et graunt ami le Prieur de labbaye de Cristchurche de Canterbury.

Charles of Orleans (cousin of Charles VII. of France) informs the Prior that, at his request, he has asked the King of France to regrant the Wine of St. Thomas, the delivery of which has been long suspended. The King's answer was that upon showing an exemplification of the ancient grants the Convent should receive the wine as of old.

---

[1] Chateau de Brie.

1031.—Translatio istius litteræ de Gallico in Latinum facta per Magistrum Ricardum de Petworth secretarium Domini Cardinalis Angliæ.

31 July 1444.
N. 216 b.

Translation into Latin of the foregoing letter.

Dux Aurelianensis et de Valisio, comes de Bloys et de Bellomonte, Dominus de Ast et de Coucy.

Reverende pater in Christo carissime, et magne amice; vos scitis quod, ad meum recessum de ibidem, injunxistis michi ad loquendum domino meo Regi quantum ad vinum quod dicitis vobis, de magno tempore, esse concessum et donatum per prædecessores dicti domini mei Regis. Ita velitis scire, quod de ista materia ego sum locutus cum dicto domino meo Rege, et super hoc fecit michi responsum, quod in monstrando sibi et exhibendo litteras vobis concessas causa dicti vini, ipse est paratus[1] facere omnimodam rationem. Ob quam rem, est necesse transmittere ad has partes le *vidimus* (et transcriptum sive copiam) dictarum litterarum vestrarum, factum per manus notarii, propter super hoc informare magis plane prædictum dominum meum Regem. Et, ex abundanti, ego faciam pro vobis ad posse meum erga eum, in tantum quod erit michi possibile, taliter quod inde eritis contentus. Nec est opus ad præsens quod istuc mittatis personam pro prosecutione, quia egomet prosequar illud ad expensas meas, sicut Jacobus Masse, harum lator, vobis dicet plus ad longum (sive magis plane). Reverende pater in Christo, etc. Scriptum in Castro meo de Bray-conte-Robert ultimo die Julii. Charles, etc.

Reverendo in Christo patri et magno amico Priori Ecclesiæ Christi Cantuariensis.

---

[1] *penitus*, MS.

1032.—DE QUODAM MIRACULO OSTENSO AD FRETRUM BEATI THOMÆ CANTUARIENSIS. LITTERA TESTIMONIALIS.

27 July 1445.

Cart. Ant. C. 1303.

Universis, etc. Johannes, etc. salutem, et in Sanctorum meritis semper in Domino gloriari. Cum quilibet Christicola, divinæ majestatis cultor, de mirifica Dei potentia gloriari tenetur, apostolica sententia sic proclamante, "*Qui gloriatur, in Domino glorietur,*" in divinæ majestatis laude gloriari undique ore et mente provocamur, cum in Sanctis suis semper est [Deus] operator mirabilis, et in miraculis semper choruscat gloriosus. Unde cum nuper in sancta nostra Cantuariensi Ecclesia, totius Angliæ metropoli, grande et nimis stupendum in Sancto Dei Martire Thoma Cantuariensi, per divinitatis potentiam, experimur miracolum, [gloriari obligamur, cum] totus in orbe terrarum mundus exultare cum nobis non cessat, in laudem ejus qui cuncta orbis climata cœlestibus donis promovet et exaltat. Nam cum Alexander Stephani filius, de Abyrden in Scocia natus, xxiiij°ʳ annis ab ortu ejusdem, pedibus contractis et vermibus perhorridis, cautibus videlicet, in eisdem latentibus miserime laborabat, post votum emissum in loco peregrino Beatæ Dei Virginis Mariæ de Sequt' vocato, per grandia laborum vehicula, cum ceteris impotentium instrumentis, super genua debilia ad feretrum Sancti Martiris Thomæ iter deflectens, oculis patentibus hominum illuc gloriosus Dei athleta, horribilibus cantibus prius evulsis, bases et plantas, secundo die mensis Maii proximo ante datam præsentium, restituit, et continuo posterius per triduum eundem Alexandrum, divina opitulante clementia, terram leviter calcando, hinc inde cum gaudio salve ac firmum et sanum abire permisit. Hujus rei gestum verissime cernimus plenissime comprobatum, cum dictus Alexander ad *Sanguinem Sanctum* de Wylsnake peregre deinceps

A public declaration, by which the Chapter announced that a cripple from Scotland, after seeking recovery in vain at other holy places, has been miraculously cured at the shrine of St. Thomas at Canterbury.

cum Dei gratia, in voti sui supplementum emissi, adivit, et demum ad feretrum Sancti Martiris Thomæ, deinde cum illius Martiris gratia, prospere et pedester revenerat. Nos igitur gloriosi Martiris Thomæ gloriam sub ignorantiæ tenebris latitare nolentes, sed super fidei candelabrum ponendo volentes omnino cunctis Christi fidelibus eandem clarescere, in divinæ majestatis laudem, ea quæ de jure ad perfectionem requiruntur miraculi, sub sacramento dicti Alexandri legitime pridem peracto, necnon aliorum fidedignorum testimonio, Alexandri Arat generosi, Roberti filii David, et Johannis Thomæ filii, de opido prædicto in Scocia, subito, quasi divina providente clemencia, præfato die mensis Maii in nostra præsentia comparentium, juxta juris exigentiam in nostra sancta Cantuariensi Ecclesia fecimus solempniter publicari. Unde universitati vestræ supplicamus quatenus dignemini Deum laudare in Sanctis suis, et dignis eidem jubilare præconiis qui in meritis Sancti Martiris Thomæ Cantuariensis Ecclesiam suam, unicam sibi sponsam, variis coruscantibus miraculis, in confusionem hæresum et errorum, mirifice decoravit. Dat., etc.

14 Sept. 1445.
S. 164 *b*.

1033.—Acquietantia generalis facta Abbati de Tynterne in Hibernia pro solutione XL. librarum in plenam solutionem omnium arreragiorum sub conditione subscripta et non aliter.

The Chapter give a conditional receipt in full for all arrears of the De Voto pension, provided that the annual payments

Noverint universi per præsentes nos Johannem Priorem et Conventum Ecclesiæ Christi Cantuariensis recepisse et habuisse per manus Thomæ Ward, in Decretis Bacallarii, nuncium Abbatis et Conventus Monasterii De Voto, ordinis Cisterciensis, Fernensis diœcesis, in Hibernia, quadraginta libras sterlingorum, etc. in plenam solutionem centum quinquaginta sex librarum septem solidorum et quatuor denariorum, omnium arreragiorum cujusdam annuæ pensionis tresdecim marcarum nobis debitæ de dictis Abbate et Conventu. De quibus, etc. fatemur nos fore persolutos, etc. Datum in domo nostra capitulari xiiij° die mensis Septembris, anno regni Henrici sexti post conquestum vicesimo quarto.

Conditio istius scripti acquietantiarii talis est: quod si infrascriptus Abbas, aut successores sui, seu aliquis alius nomine eorum, solvat aut solvi faciat, in domo lapidea infrascripti Prioris apud Bow-chirche Londoniis, in festo Nativitatis Beatæ Mariæ Virginis proximo post datum præsentium, quandam annuam pensionem octo librarum tresdecim solidorum quatuor denariorum legalis monetæ Angliæ, percipiendam de dictis Abbate et Conventu vel successoribus suis per nos Priorem aut successores nostros, et sic annuatim ad prædictum festum, quod extunc præsens scriptum acquietantiarium in suo robore permaneat, alioquin pro nullo habeatur.

Notandum quod suprascripta acquietantia cum conditione potius ligat suprascriptum Abbatem et Conventum de Tynterne quam relaxat, quia si defecerint in posterum in aliquo termino superius specificato . . .

are kept up for the future. Should that not be the case, then, this receipt does not acquit the Abbey.

1034.—LICENTIA DOMINI ARCHIEPISCOPI ET CAPITULI, DE ERIGENDA CAPELLA IN NAVI ECCLESIÆ PRO CANTARIA PERPETUA DOMINÆ JOHANNÆ BRENCHESLE.

1447.
S. 171 a.

Omnibus, etc. Johannes permissione divina Archiepiscopus Cantuariensis, etc., et Johannes eadem permissione Prior Ecclesiæ Christi Cantuariensis, et ejusdem loci Conventus, salutem in Domino. Cum Dominus Rex nunc, per litteras suas patentes datas apud Westmonasterium xxiiij^{to} die Novembris anno regni sui vicesimo quinto, concesserit et licentiam dederit, pro se et hæredibus suis, quantum in ipso fuit, Ricardo Newton militi Capitali Justiciario Domini Regis de Banco, Thomæ Lewkenore militi, Johanni

The Archbishop's licence, permitting the foundation of Brenchley's Chantry in a chapel annexed to the south wall of the nave of the

Cathedral, occupying the spece between the fourth window, and extending from one buttress to the next.

Fray Capitali Baroni de Scaccario Domini Regis, ac Johanni Gorsich, Johanni Crakall clericis, Thomæ Hoo armigero, et Ricardo Wakeherst juniori, quod ipsi quandam cantariam perpetuam, de uno capellano perpetuo, divina, singulis diebus, ad altare Sancti Johannis Baptistæ in Ecclesia prædicta, pro salubri statu ipsius Regis, ac carissimæ consortis suæ Margaretæ Reginæ Angliæ, necnon Johannæ Brenchesle dum vixerint, et pro animabus ejusdem Regis, et dictæ consortis suæ, necnon dictæ Johannæ cum ab hac luce migraverint, ac animabus Willelmi Brenchesle militis, Ricardi Brenchesle, et Annæ uxoris ejus, ac etiam animabus parentum prædictorum Willelmi et Johannæ, et omnium fidelium defunctorum, imperpetuum celebraturo, aliaque suffragia ac pietatis opera [et] misericordiæ opera, juxta ordinationem prædictorum Ricardi Newton, Thomæ Leukenore, Johannis Fray, Johannis Gorsich, Johannis Crakall, Thomæ Hoo, et Ricardi Wakeherst in hac parte facienda, imperpetuum celebraturo, facere, fundare, erigere, et stabilire possent; et quod cantaria prædicta, cum sic facta, fundata, erecta, et stabilita foret, *Brenchesle Chaunterye* imperpetuum nuncuparetur; noveritis nos concessisse, et pro nobis et successoribus nostris licenciam dedisse, præfatis Ricardo Neuton, etc., quod ipsi in prædicta Ecclesia, videlicet infra corpus ejusdem, in muro lateris sui australis, sub quarta fenestra versus orientem, prædictum altare Sancti Johannis Baptistæ canonice erigere, et illud ibidem per spatium inter duas posituras sive butteracias in longitudine, et interiorem partem muri illius ac exteriorem partem positurarum sive butteraciarum prædictarum in latitudine, cum quadam capella in honore Sancti Johannis Baptistæ fundanda decenter includere, et capellam illam Alexandro Altham, Capellano cantariæ prædictæ et successoribus suis, ad divina celebranda ibidem in forma prædicta dare possint, concedere, et assignare;

unacum liberis ingressu et egressu ad capellam prædictam in et per Ecclesiam prædictam temporibus congruis et opportunis, absque aliquali contradictione seu impedimento nostri, seu successorum nostrorum, vel ministrorum nostrorum aut successorum nostrorum quorumcumque imperpetuum. In cujus rei, etc. Data Cantuariæ . . . die mensis . . . anno Domini M°CCCCXLVIJ^{mo}.

1035.—Confessiones Latronum.

21 Feb. 1448.

Cart. Ant. C. 239.

Information (as to treasonable words and acts) contained in statements made by prisoners in the Prior's gaol.

Memorandum, quod xxj^{mo} die Februarii, anno regni Regis Henrici Sexti post conquestum Angliæ vicesimo sexto, Johannes Andrew nuper de parochia de Munkynton, in Insula de Thaneto in Comitatu Kanciæ, laborer, prisonarius in gaola Johannis Prioris Ecclesiæ Christi Cantuariensis, apud Cantuariam, detentus pro felonia, petiit a Thoma Baron custode gaolæ prædictæ, et Rogerio Twhisdon ballivo dicti Prioris, ut Coronatores dicti Domini Regis sibi venirent, ad audiendum, pro commodo ejusdem Domini Regis, ejus confessionem sive dictum; super quo, ad requisitionem prædictorum Thomæ et Rogerii, Johannes Chamberlyn et Willelmus Spert Coronatores dicti Domini Regis Comitatu prædicto, die et anno supradictis, venerunt in gaolam prædictam ad prædictum Johannem, ad (audiendum) ejusdem Johannis confessionem sive dictum; quæ sequitur in hæc verba:

Fyrste: the sayd John confessit and sayth, that oon Thomas Gate of Munkynton aforesaid . . . . that oure lege lord the Kyng is nout abyl to bere the flouridlys nor the schyp in his nobyl; and that the same was told to the sayd John, at Michilmasse last was, at the sayd Munkynton in the Ilde forsayd.

And also the sayd John confessid and sayth, that the sayde Gate sayd that our Suffereyn Lord takyt a wey mennys . . . . . , and that was evyl sufferyd.

And also the sayd John confessith and sayt, that wanne a brode peny comyt in to hys handys, he takyt a knyf and paryt hyt, and thus the sayde Gate hath don sythyn Michylmasse that last was six tymys in my syte, in his place at Munkynton a for sayde, and puttit it in to a cuppe.

And also the sayde John confessid and sayd, that the sayde Thomas Gate and Stephene of Gate, of the sayde Munkynton and shyre, laborer, a fore Alhalwyntyd that last was, ledde fro the sayd Munkynton six sakkys ful of wulle to a kryc of the merssh be the havyn of Sarre, and ther delyverid it to the Frensshmen of Depe.

Memorandum, quod, die anno et loco supradictis, Thomas Grene nuper de Novo Castro super Tynam, alias dictus Thomas Grene nuper de Munkynton in Insula de Thaneto in Comitatu Kanciæ, laborer, petiit Coronatores Domini Regis, ad audiendum *ut supra*. Super quo prædicti Coronatores, die anno et loco supradictis, venerunt ad dictum Thomam Grene, et ejusdem Thomæ Grene confessionem sive dictum audiverunt; quæ sequitur in hæc verba:

Ferst: the sayd Thomas Grene confessit and sayth, that Thomas Gate of Munkynton in the Ilde of Thanet in Kent forsayd, fermour, [sayd] that the Kynggys coyne is nouth abil, and that the Kyng is nout to bere the forme of the schyp nor the flouridlys in the noblys nor in hys armys; and this he sayde at Byrchynton in the Ilde forsayd, goyng in the way, and at his owyn hous, to me the sayd Thomas Grene, thre wekys a fore Michilmasse last was, upon a Wedinsday and a Sunday.

And also the sayd Thomas Grene confessid and sayd, that the sayd Thomas Gate sayd to the forsayd Thomas Grene, upon a Thursday a monyth aftyr Mychilmasse last was, that oure Qwene was not abil to be Qwene of Inglond, but and if he were a pere of or a lord of thys ream, he wulde be on of thaym that shuld helpe to putte here adoun, for be cause that sche berith no child, and be cause that we have no Pryns in this land.

And also the sayd Thomas Grene confessyd and sayd, that the sayd Thomas Gate stal the Kynggys custom of six sakkys of wulle, as meche as six hors myte bere fro hys place to a place in the merssh, in the same Ilde, that is callyd Husand, be the se; and ther he solde it and delyverid it to the Frensshemen, and thys was don thre wekys be fore Cristysmasse that last was, be nyte, up on a Sunday, and that the sayd Thomas Gate was avysyd to selle al hys goods assone as he myte, and for to go and dwelle with the Frensshemen; and this he sayde at Munkenton aforsayd, upon a Sotyrday, to me the sayd Thomas Grene, aftyrnon, goyng for two shep in to the merssh, in the same Ilde, clepit Gotislese.

1036.—Acquietantia facta Custodi Collegii Cantuariensis in Oxonia per Majorem et Communitatem Villæ prædictæ de xx. solidis redditus annualis.

10 Feb. 1449.

N. 182 a.

Noverint universi nos Ricardum Spragat Majorem villæ Oxoniæ, Johannem Northe, Robertum Walforde, Thomam Wythik, et Johannem Fyzalan Aldremannos, et Johannem Mychell et Oliverum Urrey Ballivos, Johannem Cliffe et Johannem Dolle Camerarios, ac totam communitatem villæ prædictæ remississe [et] relaxasse, pro nobis et successoribus nostris imperpetuum, totum clamium atque jus redditus nostri totalis, debiti de quodam tenemento nostro, viris religiosis, venerabili viro, videlicet, Johanni Priori, et Conventui Ecclesiæ Christi Cantuariensis, ac Magistro et scolaribus Collegii sive Aulæ Cantuari-

The Corporation of Oxford release the Warden of Canterbury College from a rent issuing from a tenement near the College, of which the Corporation have lately come into full possession by conveyance from the Provost, &c. of Queen's

ensis in Oxonia; quod quidem tenementum, juxta Collegium sive Aulam prædictam situatum ex parte boreali, nuper ante datam præsentium per venerabiles viros Præpositum, magistros, scholares, et socios Aulæ Regalis Oxoniæ ad manus nostras, per reversionem et deliberationem dictorum Præpositi et sociorum suorum, juridice pervenit; et deinceps sic possessionem tenementi prædicti admisimus, et prout sic jam possidemus; unde dictos viros religiosos omnes, tam in capite quam in membris, quietos clamantes et reddentes, prout prædicitur, omnes actiones reales et personales, etc. relaxamus in perpetuum per præsentes, sigillo officii nostri majoratus sigillatas. Data decimo die mensis Februarii, anno regni Regis Henrici Sexti post conquestum Angliæ vicesimo septimo.

9 Nov. 1449.

S. 182a.

1037.—DE FUNDATIONE COLLEGII DE WYE.

Processus de annexatione et appropriatione vicariæ ecclesiæ parochialis de Wye et ecclesiæ parochialis de Bocton, cum aliis pertinentiis, ad dotationem Collegii fundati et erecti per Reverendissimum in Christo patrem et dominum J., Sacrosanctæ Romanæ Ecclesiæ (tituli Sanctæ Balbinæ) Presbyterum-Cardinalem, Eboracensem Archiepiscopum, Angliæ Primatem, et Apostolicæ Sedis Legatum.

Archbishop Stafford, at the request of Archbishop Kemp of York, the founder of the new College of Wye, appropriates to the College the perpetual vicarage in the Parish Church of Wye, of

JOHANNES permissione divina Cantuariensis Archiepiscopus, etc. dilectis in Christo filiis Magistro sive Præposito et Capellanis Collegii Sanctorum Gregorii atque Martini infra parochiam de Wye, nostræ Cantuariensis diœcesis, præsentibus et futuris salutem, etc. Cum jampridem reverendissimus in Christo pater et dominus Dominus Johannes miseratione divina Sacrosanctæ Romanæ Ecclesiæ, tituli Sanctæ Balbinæ, Presbyter-Cardinalis, etc. ad Dei omnipotentis laudem et gloriam, divini cultus augmentum, et salutem animarum fidelium defunctorum, Collegium vestrum hujusmodi, in honore dictorum Sanctorum confessorum Gregorii atque Martini, infra parochiam de Wye, cujus ecclesia parochialis Abbati et Conventui Monasterii Sancti Martini de Bello, Cicestrensis diœcesis, jamdudum et ab antiquo fuit et est canonice unita, annexa, et appropriata, fundaverit, erexerit, et stabiliverit, licencia, auctoritate, atque consensu omnium ad quos spectabat, et quorum intererat in ea parte, ceterisque omnibus et singulis rite et legitime adhibitis, concurrentibus, et observatis, quæ de jure quomodolibet fuerint requisita; nos igitur, ea quæ ad divini nominis laudem et honorem, sui cultus augmentum, animarumque salutem cedere possint seu tendere, promovere cupientes, et ea submovere per quæ eisdem obstaculum de verisimili dandum putaretur aut impedimentum, quod fortasse contigere possit ex intitulatione diversarum personarum in præpositura Collegii vestri prædicti et vicaria ecclesiæ parochialis de Wye antedictæ; considerantesque propinquitatem loci habitationis, sive mansi vobis dispositi, ad ecclesiam parochialem de Wye præscriptam, ipsamque ecclesiam laudabilius, celebrius, et insignius in divinis officiari, curamque parochianorum ejusdem eo diligentius, opportunius, atque commodius exerceri posse et debere si vicaria perpetua ejusdem ecclesiæ, quæ de vestris advocatione et patronatu existit, vobis Magistro sive Præposito et Capellanis Collegii antedicti, vestrisque in eodem Collegio successoribus, ipsique Collegio prædicto uniretur, annecteretur, et appropriaretur; et hiis et aliis rationabilibus atque legitimis inducti considerationibus, necnon obtentu contemplationeque præfati revendissimi in Christo patris, fundatoris vestri atque patroni, ejusdemque precibus et instantiis super hoc invitati, quibus sicut decet libenter annuimus, vicariam perpetuam ecclesiæ parochialis de Wye prædictæ, cum ipsius integra portione, fructibusque, redditibus, et proventibus, juribus, obventionibus, et pertinentiis, quibuscumque, de communi et unanimi consensu et voluntate dilectorum filiorum Thomæ Prioris nostræ cathedralis et metro-

which the rectory has from old times been appropriated to Battle Abbey.

politanæ Cantuariensis et ejusdem Ecclesiæ Capituli seu Conventus, servatis et concurrentibus in hac parte omnibus et singulis de jure et consuetudine quomodolibet requisitis, vobis Magistro sive Præposito et Capellanis Collegii sæpedicti, et successoribus vestris, atque ipsi Collegio vestro hujusmodi, univimns, annexuimus, incorporavimus, et appropriavimus, ac sic unimus, annectimus, incorporamus, et appropriamus, atque concedimus in Collegii vestri hujusmodi usus proprios, per vos et successores vestros perpetuis futuris temporibus tenendam et possidendam ; ita quod liceat vobis et successoribus vestris, cedente vel decedente Magistro Philippo Huse vicariam prædictam pro nunc optinente, vel ipsam vicariam hujusmodi qualitercumque dimittente, realem et corporalem possessionem ejusdem vicariæ, atque ejusdem portionis, juriumque, et pertinentium suorum universorum, per vos vel successores vestros, seu alium vel alios nomine vestro, libere et absque impedimento apprehendere, eamque sic apprehensam retinere, atque fructus, redditus, proventus, et obventiones quascumque ad dictam vicariam qualitercumque pertinentes in vestros, et successorum vestrorum, atque Collegii vestri hujusmodi [usus proprios] convertere pro futuris temporibus imperpetuum ; volentes simul cum hoc, et tenore præsentium ordinantes et decernentes, quod præfatus Magister sive Præpositus et Capellani, eorumque successores, omnes reparationes,[1] refectiones, et constructiones cancelli præfatæ ecclesiæ de Wye, quotiens et quando necessarium fuerit, necnon omnia et singula tam curam et regimen animarum parochianorum ejusdem ecclesiæ, quam divinorum officiorum, sacramentorum, et sacramentalium parochianis exhibendorum, ministrationem concernentia, et alia ordinaria et extraordinaria onera quæcumque eidem vicariæ qualitercumque incumbentia,

---

[1] *omnis reparacionis*, MS.

subire, agnoscere, et sustentare teneantur, absque eo
quod de præfatis Abbate et Conventu, eorumve successoribus, ullo unquam tempore, augmentationem portionis vicariæ prædictæ petent, exigent, seu vendica-
bunt; sed Abbatem et Conventum, eorumque successores prædictos, ab onere augmentationis hujusmodi
aliisque oneribus suprascriptis exonerabunt imperpetuum. In quorum omnium et singulorum fidem et
testimonium has litteras nostras superinde fieri, et
nostri sigilli appensione fecimus communiri. Data in
manerio nostro de Lamehith, nono die mensis Novembris, anno Domini millesimo quadringentesimo quadragesimo nono, et nostræ translationis anno septimo.

Nos Thomas Prior Ecclesiæ cathedralis metropoli- 18 Nov.
tanæ Cantuariensis suprascriptus, et ejusdem Ecclesiæ 1449.
Capitulum seu Conventus, propterea capitulariter con- S. 182 *b.*
gregati, diligenti solennique tractatu atque provida *Confir-*
deliberatione inter nos, unacum reverendissimo in *Capituli.*
Christo patre et domino Domino Johanne Dei gratia
Cantuariensi Archiepiscopo, etc., habitis; servatis et
concurrentibus omnibus et singulis quæ in hac parte
de jure et consuetudine quomodolibet requiruntur,
unioni, annexioni, incorporationi, et appropriationi,
concessionique vicariæ perpetuæ ecclesiæ parochialis
de Wye prædictæ, per præfatum reverendissimum in
Christo patrem et dominum Dominum Johannem Cantuariensem Archiepiscopum, Magistro sive Præposito
et Capellanis Collegii Sanctorum Gregorii et Martini
suprascripti, eorumque successoribus, atque ipsi Collegio sic ut præmittitur factis, ceterisque omnibus et
singulis præmissis nostrum communem et unanimem
consensum, assensum, et voluntatem adhibuimus, ac
etiam tenore præsentium adhibemus. Præmissaque
omnia et singula, et eorum quodlibet, quantum in
nobis est, ex nostra certa scientia, approbamus, ratificamus, et confirmamus per præsentes. In cujus rei,

etc. Data et acta in domo nostra capitulari Ecclesiæ prædictæ, decimo octavo die mensis Novembris, anno Domini M°CCCCXLIX^no.

(1449.)
S. 183 a.
Confirmatio Archidiaconi Cantuariensis.

Et nos Thomas Archidiaconus Cantuariensis, considerantes prædicta omnia et singula superscripta fuisse et esse rationi et bonæ paci consona, et præcipue ad divini cultus augmentum, prout superius est expressum, unioni, annexioni, incorporationi, et appropriationi, concessionique vicariæ perpetuæ ecclesiæ parochialis de Wye suprascriptæ, modo et forma suprascriptis, nostrum consensum, assensum, et voluntatem adhibuimus, ac etiam tenore præsentium adhibemus; [et] præmissa omnia et singula, et eorum quodlibet, quantum in nobis est, ex nostra certa scientia, approbamus, ratificamus, et confirmamus per præsentes. In cujus, etc.

(1449.)
S. 183 a.

1038.—Compositio inter Magistrum Thomam Chichele Archidiaconum Cantuariensem et Magistrum Thomam Gauge primum Præpositum Collegii de Wye, de et super indempnitate dicti Domini Archidiaconi ratione appropriationis [vicariæ] parochialis ecclesiæ de Wye.

Universis, etc. innotescat per præsentes, quod cum nuper inter Magistrum Thomam Chichele Archidiaconum Cantuariensem, ad quem, prædecessoresque suos in eodem archidiaconatu Archidiaconos, jus percipiendi et disponendi omnia et singula decimas, oblationes, fructus, proventus, et emolumenta, in seu de vicaria seu vicariatu perpetuo ecclesiæ parochialis de Wye, Cantuariensis diœcesis, in quibuscumque vacationibus ejusdem vicariæ sive vicariatus, qualitercumque pertinentia, jusque inducendi in realem et corporalem possessionem dictæ vicariæ vicarios singulos in eadem canonice institutos, necnon etiam visitandi dictam ecclesiam parochialem de Wye annis singulis clerumque et populum ejusdem, ac nonnulla commoda et emolumenta percipiendi ratione jurium prædictorum, cujus contrarii memoria hominum non existit, hactenus pertinuerunt, ex una parte, et Magistrum Thomam Gauge, Præpositum sive Magistrum Collegii Sanctorum Gregorii et Martini, Sociosque, et Capellanos omnes et singulos ejusdem Collegii in parochia de Wye prædicta, quibus vicaria fuit et est canonice unita, annexa, et appropriata, ex altera, materia quæstionis et litis, de et super indempnitate dicti Archidiaconi ratione appropriationis prædictæ exorta fuerit; tandem inter partes prædictas litum anfractus vitare et earum tranquillitati providere imposterum volentes, solemni tractatu deliberationeque et consilio, juxta juris exigentiam, præhabitis, omnibusque concurrentibus et servatis in ea parte quæ de jure vel consuetudine quomodolibet requiruntur, pro ipsis partibus ipsarumque successoribus imperpetuum hinc inde fuit et est finaliter, de earum unanimi consensu, assensu et voluntate, concordatum, compositum, pactum, conventum, et transactum, sub modo et forma infrascripta: videlicet, quod singuli Magistri sive Præpositi, ad magistratum sive præposituram dicti Collegii de novo qualitercumque et quandocumque assumendi, sive in ipso magistratu sive præpositura de novo qualitercumque ponendi, instituendi, ordinandi, deputandi, eligendi, et constituendi, quovis modo seu forma præficiendi; seu quibus dictus magistratus sive præpositura qualitercumque conferetur in futuro, dicto Archidiacono, ejusque successoribus in eodem archidiaconatu Archidiaconis imperpetuum, solvent, infra triginta dies a tempore dictæ assumptionis, positionis, institutionis, ordinationis, deputationis, electionis, sive collationis, sive postquam dictus magistratus sive præpositura fuerit eis collatus continue computatos, causa servandi indempnitatem dicti Archidiaconi archidiaconatus prædicti, duodecim solidos, occasione inductionis ab antiquo auctoritate Archidiaconi factæ. Insuper, quod singulis annis præfatus Magister sive Præpositus et Capellani sive Socii prædicti, prædictique Magistri sive Præpositi et Capellanorum sive Sociorum prædictorum in eodem Collegio successores imperpetuum, dicto Archidiacono, ejusque successoribus in eodem archidiaconatu Archidiaconis imperpetuum, solvent infra triginta dies a tempore visitationis prædictæ ecclesiæ finitæ continue computandos, nomine *procurationum,* septem solidos et sex denarios, ab antiquo eidem Archidiacono debitos, ac etiam duos infra triginta dies post assumptionem novi Magistri sive Præpositi, quotiens et quandocumque continget in futurum, pro indempnitate ejusdem Archidiaconi archidiaconatus prædicti, occasione fructuum tempore occasionis qualitercumque provenientium. Et quod idem Archidiaconus, ejusdemque successores in eodem archidiaconatu Archidiaconi imperpetuum, dictum Magistrum sive Præpositum, Capellanosque seu Socios prædictos, [atque] dicti Magistri sive Præpositi et Capellanorum sive Sociorum in eodem Collegio successores imperpetuum, per censuras ecclesiasticas aliaque juris communis remedia, tam in personis quam in rebus eorundem Magistri sive Præpositi, et Capellanorum seu Sociorum prædictorum, atque eorundem Magistri sive Præpositi ac Capellanorum sive Sociorum successorum imperpetuum, infligenda et exercenda, ad solutionem integram summarum prædictarum ac cujuslibet partis earundem compellere et coartare [possint]. Ac insuper quod dicti Collegii Magister sive Præpositus et Capellani sive Socii prædicti, prædictique Magistri sive Præpositi et Capellanorum sive Sociorum prædictorum in eodem Collegio successores, eorumque ministri et servientes singuli, præterquam ratione non solutionis summarum prædictarum, a jurisdictione dicti Archidiaconi cujuscumque archidiaconatus prædicti, necnon etiam a visitatione eorundem Archidiaconorum in omni casu imperpetuum sint liberi et immunes. Præmissa vero omnia et singula se fideliter impleturos sive observaturos, et nullo unquam tempore contraventuros eisdem, partes prædictæ, sibi invicem hinc inde solemniter stipulantibus, promiserunt pro se et successoribus suis imperpetuum. Et ut hæc concordia, compositio, pactio, conventio, et transactio suprascripta realis existat et robur obtineat perpetuæ firmitatis, nos partes prædictæ reverendissimum in Christo patrem et dominum Dominum Johannem Dei gratia Cantuariensem Archiepiscopum, etc. tenore præsentium attente rogamus, quatinus concordiæ, compositioni, pactioni, conventioni, et transactioni, hujusmodi, omnibusque et singulis suprascriptis consensum et auctoritatem impertiri, eaque omnia et singula approbare, ratificare, et confirmare dignetur. In quorum, etc. testimonium nos Thomas Archidiaconus suprascriptus sigillum nostrum commune,[1] et nos Thomas Gauge Magister sive Præpositus et Capellani sive Socii Collegii prædicti sigillum nostrum commune fecimus hiis apponi. Dat., etc.

1039.—[DE PERDONATIONE JOHANNIS MORTYMER ET SIBI ADHÆRENTIUM.]

7 July 1450.

Cart. Ant. M. 309.

King Henry VI. offers a free pardon to Cade and all his adherents

Henricus Dei gratia Rex Angliæ, etc. Ballivis et fidelibus suis, etc. salutem. Licet quidam Johannes Mortymer, simul cum aliis nonnullis in non modico set eximio et grandi numero, in variis et diversis locis regni nostri, præsertim in Comitatu Kanciæ et locis eidem adjacentibus et convicinis, absque mandato vel

---

[1] sic MS.

conditional upon their separately suing out letters of pardon, which it is promised shall be granted as of course and without payment. auctoritate nostra, sua propria auctoritate ac præsumptione, se nuper congregandos et coadunandos duxerint, adversus et contra leges, ordinationes, atque statuta regni nostri, in nostrorum dignitatis et status regalis, et regaliæ nostræ, atque legum, ordinationum, et statutorum prædictorum contemptum manifestum, pœnas in eisdem legibus, ordinationibus, atque statutis contentas incurrendo; nos tamen, ad nostræ mentis intuitum et considerationem reducentes, quod inter illas fastigio quæ regio convenit et oportet inesse virtutes, nulla magis eum deceat quam clementia, quæ peccandi pudorem subjectarum plebium mentibus ingerere solet et afferre, ac propter hoc attendentes quod talem exhibere se convenit Principem suis subditis, qualem sibi esse vult et desiderat supremum et excelsum Principem Deum, hiis et aliis multis persuasi, promotique piis considerationibus, de benignitate nostra regia ac de gratia nostra speciali indulgemus, et ignoscimus, perdonavimusque, remisimus, et relaxavimus, ac per præsentes perdonamus, remittimus, et relaxamus præfato Johanni, ceterisque omnibus secum ut præmittitur associatis, congregatis, et coadunatis, ac omnibus aliis eis in hac parte consentientibus, consulentibus, faventibus, sive adhærentibus, et eorum quilibet, quibuscumque nominibus censeantur seu eorum aliquis censeatur, omnimoda murdra, insurrectiones, proditiones, felonias, mesprisiones, offensas, impetitiones, confederationes, conspirationes, interlocutiones, ignorantias, negligentias, deprædationes, spoliationes, roberias, contemptus, et malefacta quæcumque, per ipsos seu eorum aliquem in dictis illicitis associacionibus, congregationibus, et coadunationibus facta, commissa, sive perpetrata; necnon easdem associationes, congregationes, et coadunationes, ac omnia et singula easdem associationes, congregationes, et coadunationes qualitercumque tangentia sive concernentia; necnon omnimodas pœnas et punitiones quas ex hac causa incurrere deberent, seu eorum aliquis incurrere deberet; ac omnes et omnimodas forisfacturas terrarum, tenementorum, reddituum, possessionum, honorum, et catallorum suorum quorumcumque, et cujuslibet eorundem, et firmam pacem nostram eis et eorum cuilibet, inde concedimus; nolentes quod ipsi aut eorum aliquis, pro præmissis aut aliquo præmissorum, per nos vel heredes nostros, Justiciarios, Escætores, Vicecomites, Coronatores, aut alios ballivos seu ministros nostros vel heredum nostrorum quoscumque impetantur, occasionentur, inquietentur, molestentur, in aliquo, seu graventur, aut eorum aliquis impetatur, occasionetur, inquietetur, molestetur, in aliquo, seu gravetur, eo quod de nominibus hominum prædictorum expressa mentio in præsentibus facta non existit non obstante. Et ulterius concessimus et per præsentes concedimus præfato Johanni ac omnibus aliis prædictis, quod si ipsi seu eorum aliquis aliquas litteras nostras de perdonatione de præmissis, in forma prædicta faciendas, habere seu optinere et penes se retinere voluerint vel voluerit, tunc Cancellarius noster Angliæ, pro tempore existens, hujusmodi litteras nostras de perdonatione eis omnibus et singulis fieri, et magno sigillo nostro sigillari, et sibi separatim deliberari faciet, absque aliqua prosecutione penes nos pro eisdem aliqualiter facienda, et absque aliquo fine vel feodo pro eisdem litteris de perdonatione nobis faciendo seu persolvendo. In cujus rei testimonium has litteras nostras fecimus patentes. Teste meipso apud Westmonasterium, septimo die Julii, anno regni nostri vicesimo octavo.

Per ipsum Regem.

1039*a*.—[DE EODEM NEGOTIO ANGLICÈ.] July 1450.

Henricus Dei gratia Rex Angliæ, etc. . . . . ejusdem Comitatus, necnon Majoribus et Ballivis civitatum et villarum in eodem Comitatu ad quos præ . . . . pervenerint, salutem. Manda-

Cart. Ant. M. 295.

A confirmation of the foregoing

letters patent, apparently a few days after them. Cade, fearing that his followers would reconcile themselves with the King, had caused it to be reported that the letters of pardon promised were worthless unless they were confirmed by Parliament, and the King met this statement by the present contradiction, published in the vernacular, so as to be comprehensible by the people.

mus vobis et cuilibet vestrum firmiter injungentes . . . . ubi melius expedire videritis, seu aliquis vestrum viderit, ex parte nostra sub verbis sequentibus publice proclamari faciatis, videlicet: "For asmoch as oon John Cade born . . . . . .
" . . . . and in some wrytynges callith
" him self Captayn of Kent, the whiche, as it is now
" openly knowen, was a fals traytour to God, that
" is to say a . . . . that he sette in
" the craft and in the help of the Devell, as it ap-
" pierith openly be the bokes that were found with
" hym at the takyng of his persone, the whiche ben
" . . . . even last passid, beyng at
" Derteford, in the chambre that he was logged ynne
" rered up the Devell in semblance of a blak dogge,
" and many of thoo that the w . . . .
" John Cade, the last yere afore this, was dwellyng
" in Sussex with a knyght callid Sir Thomas Dagre,
" slough there a woman with child, and for that
" cause . . . . . . of the churche and forswore the
" realm of England; and also yeres afore this, was
" sworn to the Frenssh partie and dwellid with hem,
" hath nowe of late tyme, to thentent to enriche hym
" self by robby . . . . spolyng of the kynges
" liegemen, as is nowe openly knowen, and to bringe
" hym self to gret and high estate, falsly and un-
" truly desseyved manye of the kynges true peple,
" and, unther colour and false pretence of holy and
" good entent, made hem to assemble with hym
" ayens the kynges lawes, and aftyr that he hadde,
" the Monday the sixth day of Juyll, with gret rever-
" ence receyved the kynges lettres of pardon, granted
" not oonly to hym but to alle the kynges subjetz
" that hadde accompanyed hym, he nevertheles sith
" that tyme, ayens his owen lettres sealid unther his
" seall, and ayens his promysse conteyned (in the)
" same (that be the feith and trouthe he owed to
" God, and that be the legeaunce he owed to the

" kyng, he shold not fro that day forthward take
" upon hym to assemble any of the kynges peple
" [withoute] the kynges speciall auctorite and leve)
" laboureth of newe to have assembled ayen the kynges
" peple ayens the kyng and his pees, and to thentent
" to have yove corage to have assembled with . . . .
" . . . . ., bare them anhond that the kynges lettres
" of pardone made unto hem were not vailable, nor of
" any effect, without auctorite of Parlement, wherof
" the contrarie is true; as it is openly knowen that
" the kyng grauntith fro tyme to tyme his lettres of
" pardone to swiche as liketh hym, of all maner crymes
" and offenses, both in generall and especiall, as
" his noble progenetours have doon. The kyng
" . . . . therefore and commaundith, that alle
" his subjectz knowe and halde for certeyn, that alle
" the lettres of pardone, both generall and speciall,
" graunted be hys Highnesse, and that hath passid and
" shall passe under his grete seale unto tho that have
" accompanyed the seid kallyng hym John Mortymer
" and of his assent, be good, sufficiaunt, and vailable
" in lawe, and that at all dayes so be, and also wole
" and commaundeth . . . . yeve feith ne
" . . . . . to any fals enformacion made to the con-
" trarie, ne also to any fals taletellers or tales, swyche
" as is said go about contrey, seying that the kyng
" . . . . to sende, ordeyne, or to
" yeve auctorite or power to any persone or persones
" to come to destroie, hurte, or greve his subjectz of
" his Cite of London, or of the Counte of Kente
" . . . . that whoo that ever may
" hiere any swych taleteller, or of any tales sownyng
" thereto, or ony tale that myght provoke the kyng
" ayens his peple, or the herti . . . .
" taleteller what ever he be, and make hym to be
" broght to the kynges next gaole, ther to abyde tyll
" the kyng have otherwyse purveyed for hys delyver-

" aunce . . . . knowe and holde for cer-
" teyn and undowted, that yif eny of hem that
" accompanyed the seid that callid hym John Mor-
" tymer be atte this tyme or h . . . .
" . . . . erid be, or for us, or on our behalve, it ne is
" noght, ne shall be, for any thyng doon before the
" tyme that he accompanyed the seid callyng . . . . .
" . . . . said lettres of pardone." Et hoc
nullatenus omittatis. Teste meipso apud Westmonasterium . . . . Julii, anno regni nostri vicesimo
octavo.[1]

(1450.) 1040.—DECRETUM SUPER CAPELLANIS DOMINI PRIN-
N. 182 b.   CIPIS.

A set of regulations drawn up for adjusting the conduct of the two priests of the Black Prince's chantry, who, evidently, had not agreed together comfortably.

Thys is the laude gevyn by the reverent fader Thomas Pryour of Crystyscherche, and Maystyr Richard Cost, and Sir John Chamberleyn, for all maner maters dependyng betwyx Maystyr Wyllyam Scarborgh and Sir Wyllyam Dyolet preste, the wyche laude feythfully to be kepyd the said Maystyr William and Sir Wyllyam hath made feyth in the hand of the seid Pryour, *in verbo sacerdotii*.

Furste: that Maystyr Wyllyam and Sir Wyllyam Dyolet have a man in comyn, indyfferently to serve hem bothe, as it hathe ben custume of olde tyme, in kepyng all ocupacyon that pertynes to the comyn; evermore remaynyng with incumbent that ys at home. And either[2] of hem to have a chylde to serve hem at theyr mete, and to go with hem, and entend of hem at theyr commaundement.

Also: that Maystyr Wyllyam and Sir Wyllyam be indyfferently contrybutories to all that nedeth to the repayryng of the stuff of household, and to pay

---

[1] The gaps in this letter are consequent upon the decayed and torn state of the MS.

[2] *other*, MS.

egally for suche stuff when nede schall requyre at eny tyme.

Also: that the dew howre of theyr mete be kepyd; that ys to say at ten of clok on the flessh day, and five at sopper; and on fastyng day at eleven, so that their be noo preventyng of the dew howre wyth owte resonable cause makeyt; the wyche cause ys to be notyfyed be hem self, yek[1] to oder, as the cause requireth.

Also: that Maystyr Wyllyam and Sir Wyllyam have assigned be twyx hem a resonable hour of seyeng of theyr service, after that that theyr coupacyon vertuose requireth; that ys to sey at seven in the morowe and at three at aftyr noon; so that nother of hem to be taryed for other at theyr furste comyng to gedyr; and yf one of hem be lettyd that he may not come, then the other to procede and say hys service aftyr the hour is passyd.

Also: that all debates, trespassys, harmys, and scaithes, and all demaunds be way of dette or plee or othyr wyse be pardouned, and remitted, and relaxid, and for geven; and verray frenshypp be had be twyx the sayd partyes, and eche of hem to aske gyfnes of other as charyte wyll; and yf yt be falle one of them to be myseavysyd in word or dede, that then the odyr fellawe to suffure hym, and to recede and departe frome hys presence for that tyme.

Also: that the said partyes restreyn theyr tonges frome all unclene langage, and shamefull word, and unkyndly word, the wych ys rote of all debates be twyx man and man, in payn of vj. *s.* viij. *d.* at furste tyme, and xiij. *s.* iiij. *d.* at the second tyme, and xx. *s.* at the thyrde tyme, and so frome tyme to tyme to multiply the payne aftyr the quantyte of the trespase; so that the payne be sequestryd in the handes

---

[1] This word was first spelled *ych*, but afterwards changed to *yek*.

of the said Fader Pryour, and expendyd be the limitacyon of My Lord of Caunterbury; and also in payne of removyng of hym that trespas frome hys lyvelode, be permutacyon or othyr wyse be the wyll of my said Lord of Caunterbury, aftyr the forme of their foundacyon and ordinaunce.

17 Feb. 1451. N. 181 *b*.	1041. — [DE MISSIS CANTANDIS PRO ANIMA DOMINI HENRICI QUONDAM CANTUARIENSIS ARCHIEPISCOPI.]
The Chapter, acknowledging the benefactions they have received from their late Archbishop Henry Chicheley, and especially a legacy of seven pounds a year to be paid from All Souls' College, declare their intention of keeping his *obit* with solemn services.	Universis Christi fidelibus ad quos presens scriptum pervenerit, Thomas Prior Ecclesiæ Christi Cantuariensis et Conventus ejusdem salutem, etc. Ad universitatis vestræ notitiam deduci volumus per præsentes, quod nos, digna consideratione rememorantes quanta pietate paterna felicis recordationis Henricus cognominatus Chichele, nuper hujus Ecclesiæ celebris archipræsul, nos in vita excoluerit, quantisque humanitatis et beneficiæ muneribus ecclesiam eandem, nedum inter vivos sed amplissimis donationibus causa mortis affluentibus, prosequutus fuerit; considerantesque quod, juxta ultimam ejus voluntatem, Custos, socii, et scolares Collegii Animarum Oxoniæ, quod de sua fundatione consistit, singulis annis imperpetuum nobis et successoribus nostris septem libras bonæ et legalis monetæ regni Angliæ, erga diem quo obitus ejusdem reverendissimi patris celebrabitur apud nos, tenentur persolvere; de unanimi et communi consensu nostris, capitulariter ad hoc congregati, concessimus, quod duodecimo die Aprilis, die videlicet quo idem pater reverendissimus ab hac luce migravit, impedimento rationabili tunc cessante, alioquin die proximo tunc sequente quo impedimentum hujusmodi non occurret, faciemus pro anima ejusdem reverendissimi patris, ad summum altare in eadem Ecclesia ubi venerabile corpus ejusdem requiescit humatum, exequias de nocte

et missam de *requiem* in sequente die, apud nos conventualiter, publice, et solempniter celebrari; ac insuper in singulis diebus per annum (Die Cœnæ, Parasceves et Sancti Sabbati solum exceptis) per unum commonachum et confratrem nostrum, faciemus unam missam in hora diei undecima, ad unam altare inferius quod non longe a loco sepulturæ ejusdem patris in honore Sancti Stephani consecratum est, sine nota, similiter celebrari. Promittimusque quod, pro singulis septimanis, singuli commonachi et confratres nostri prædicti, qui, juxta quod eorum singuli sacerdotali officio constituti, onus celebrandi dictas missas sine nota septimanatim tenebuntur agnoscere, easdem missas celebraverint, viginti denarios, de summa septem librarum prædicta; sacristaque ejusdem ecclesiæ, pro quatuor cereis, quos, singulos ad minus quatuor libras ceræ continentes, juxta sepulturam ejusdem reverendissimi patris, tempore exequiarum et missæ de *requiem* prædictarum, singulis annis imperpetuum ardentes invenire tenebitur, singulis annis duos solidos de eadem summa; clericus chori, qui semper tenebitur mundas servare imagines super locum sepulturæ dicti patris reverendissimi insculpatas, xvj. denarios; et quatuor pulsatores campanarum, qui exequiarum et missæ prædictarum tempore campanas solempniter pulsabunt, duos solidos inter se, similiter de summa eadem; et totam ejusdem septem librarum summæ residuam partem, videlicet xlviij. solidos, Prior commonachi et confratres antedicti inter se, per discretionem ejusdem Prioris et seniorum qui pro tempore fuerint, dividendam, recipient singulis annis, fideliter persolvendos. Quæ omnia et singula nos Thomas Prior et Conventus prædicti, bona fide et ex certa scientia promittimus, et nos et successores nostros imperpetuum pro singulis annis quibus dicta septem librarum summa per dictos Custodem socios et scolares fuerit hac de causa persoluta, nobis fideliter servaturos; ad eaque omnia et singula, sicut præmittitur, imperpetuum observanda, facienda, et fideliter perimplenda, efficaciter obligamus nos et successores nostros imperpetuum. In cujus rei testimonium hoc præsens scriptum tripartitum, cujus duæ partes apud dictum Collegium Animarum Oxoniæ, et aliud Collegium quod apud Highamferers idem reverendissimus pater in loco nativitatis suæ similiter fundaverat, separatim remansuræ sunt, sigillo nostro communi fecimus consignari. Datum in domo nostra capitulari tertiodecimo die kalendas Martii, anno Domini M°CCCC°L^mo.

15 April 1453.
Cart. Ant. L. 169.
Lease from the Prior to Edmund, D. of Somerset, of a mansion in the precincts of Christ Church, known as the Meister Omers, for the term of his life.

1042.—INDENTURA INTER NOS ET DUCEM SOMERSETIÆ PRO QUODAM MANSO VOCATO MASTYRHOMERYS.

Universis, etc. Thomas permissione divina Prior Ecclesiæ Christi Cantuariensis et ejusdem loci Conventus, salutem in omnium Salvatore. Quia magnificæ excellentiæ Princeps, Dominus Edmundus Dux Somersetiæ ac Constabularius Angliæ Ecclesiæ nostræ Cantuariensi et nobis immensas suæ dominationis largitiones, tam opere quam sermonis efficacia, a diu impendit, ac majores impendere non desistit; hinc est, quod nos, de communi Capituli nostri consensu pariter et assensu, concessimus et dimisimus eidem nobilissimo Domini Duci, ob complacentiam dominationis suæ, quoddam mansum infra præcinctum nostrum, vocatum antiquitus Maisteromers, a modernis quidem Le Cardinalisplace vulgariter nuncupatum; gardino tamen Celerarii cum columbario, ad officium Celerarii ab antiquo pertinentibus, una cum via ducente ab Orientali parte cimiterii Ecclesiæ nostræ per posticum et pontem, versus portam Monasterii Sancti Augustini, et per gardinum ad prædictum columbarium, cum libero ingressu et egressu, nobis et successoribus nostris semper salvis, exceptis, et reservatis. Habendum et tenendum mansum prædictum, exceptis præexceptis, præfato Domino Duci ad terminum vitæ suæ, sine aliquo nobis inde reddendo, præterquam ipse vero gratiosus Dux expensas necessarias . . . . concessit ipsum mansum sufficienter reparere et bonis suis manutenere, sine sumptibus et expensis nostris, durante termino vitæ suæ prædicto. Etiam bene licebit nobis et successoribus nostris dictum mansum, post decessum dicti Domini Ducis, libere intrare . . . . pacifice possidere, sine reclamatione seu contradictione hæredum, executorum, sive assignatorum Domini Ducis prædicti, hac concessione sive dimissione in aliquo non obstante. In cujus rei testimonio, etc. Data Cantuariæ, in Domo nostro Capitulari, quintodecimo die mensis Aprilis, anno regni Regis Henrici Sexti post conquestum tricesimo primo.

1043.—Serenissimo ac singularissimo domino Domino Johanni Comiti Wygoniensi in transmarinis Pattavii moram trahenti. (1454.) N. 186 *b*.

Serenissimo domino, atque singularissimo hujus sacrosanctæ Cantuariensis Ecclesiæ benefactori, Domino Johanni Comiti Wygorniensi, devotissimo Christi peregrino, Pattavii nunc moram trahenti, ubi purpura eloquii cujuscunque excellentis inaurat materie majestatem; humillimi oratores et supplices sui, Thomas Prior dictæ Cantuariensis Ecclesiæ et ceteri confratres, amplissimas gratias secundum suum exile posse, ac sine intermissione, summæ devotionis studio, sic ipsam dominationem per hostias placationum Deo offerre, quatenus, perpetua corona gloriæ, dissoluta hujus habitationis domo, cœlo æternaliter magnificetur. Illustrissime domine, nostrum decus et patrocinium, fido relatu didicimus, hanc ecclesiam, quæ cruore roseo gloriosi Martyris rubricata pulcra facta est, et semper comparet speciosa, nunc, ut felix rerum successio felices priorum successus temporum vincat, et priorem gloriam hiis novissimis diebus gaudia novissima superent, vestra jugi diligentia, sanis et crebris mediis, atque sanctis et assiduis laboribus, magnificentissime sublimandam. Quæ, etsi multis prærogativis in-

John Tiptoft, Earl of Worcester, has, whilst in Italy, procured from the Pope a concession that every year on the Feast of St. Thomas, and once in fifty years for a whole year, plenary indulgence shall be granted to all persons (duly confessed and penitent) who shall visit the Shrine of St. Thomas. The Earl is told that two hundred marks, to reimburse him for cash out of pocket, are ready to be paid on his demand. This hoped-for concession never took effect.

signita, et Summorum Pontificum per plurima auctoritate prædicta summas quasi indulgentias populo tribuere videatur; uti tamen preciosus Martyr novis semper fulget miraculis, et ipsa etiam novis et majoribus perpetuo gaudeat privilegiis, scilicet, ut in festo Passionis Sancti Thomæ Martyris, per diem integrum, id est a primis vesperis in secundas vesperas, plenam indulgentiam, nullo omnino casu reservato, omnibus vere confessis et contritis ad hanc Cantuariensem ecclesiam concurrentibus, auctoritate apostolica, misericorditer impertiri valeat. Præterea in festo Translationis ejusdem sanctissimi Martyris Thomæ, primo ipsius translationis die, scilicet a primis vesperis in secundas, similis indulgentia, ut præfatur, annuatim, perpetuis temporibus duratura, habeatur. Ceterum, ut eadem felix Cantuariensis Ecclesia, cujus aream suo purpuravit sanguine nobilis ille Pastor et Martyr Thomas, in majus augmentum gloriæ omni fulgeat auctoritate, per omnem quinquagesimum annum passionis ipsius Martyris, qui et *jubileus* sacris litteris nominatur, eandem consequatur potestatem plenariæ indulgentiæ per integrum illum annum, scilicet, a festo Crucifixionis Domini ad idem festum, quam et ecclesia Sancti Apostoli Jacobi in Hispania a sancta Romana Sede consequuta est. Sic, inclitissime domine, ex fidedigna informatione venerabilis capellani vestri, Magistri Ricardi, intelleximus vestram affectuosissimam dominationem, ob amorem et singularem devotionem erga patronum nostrum, immo et vestrum, specialem, Sanctum Thomam Martyrem, jam in hac sacra peregrinatione vestra, annis quatuor, summo ingenio, ista elaborasse, et ad optatum finem perduxisse, quinimmo sagaci atque magna industria, ad tolerabilem summam, scilicet ad ducentas marcas, gratiose optasse. Et hanc quidem summam ducentarum marcarum promptam et provisam fecimus; supplicantes optimam illam sæpedictam dominationem vestram, ut bullam papalem harum indulgentiarum, sub plumbo signatam, in in manus Secretarii Domini Papæ, aut ubi optime discretioni vestræ melius videbitur (ut utinam in manus vestras) committi faciatis. Trademus enim dictas ducentas marcas cuicumque, secundum præceptum vestrum, vobis vel Sedi Apostolicæ transmittendas; et vestram nobilissimam dominationem bene prosperari faciat Deus Omnipotens, atque eam nobis, vestram præsentiam sitientibus, cito remittat. Ex Cantuaria vicesimo Novembris. Vester humilis Thomas Prior Ecclesiæ Christi Cantuariensis.

1044.—BULLA INNOCENTII PAPÆ DE BAJULATIONE CRUCIUM CANTUARIENSIS ET EBORACENSIS ARCHIEPISCOPUM.

25 Jan. 1355.
N. 196 a.

(Copied into register, 1453.) Bull of Innocent VI. sanctioning a composition made between the Archbishops of Canterbury and York, regarding the carrying of their archiepiscopal crosses.

Innocentius Episcopus servus servorum Dei, ad perpetuam rei memoriam. In supremo solio, licet inviti, Domino disponente, constituti, de universarum orbis ecclesiarum, quarum cura nobis imminet generalis, statu pacifico, quantum nobis ex alto permittitur, solicite cogitamus; ac eis quæ, ut inter ipsarum ecclesiarum antistites pacis tranquillitas vigeat et concordiæ unitas invalescat, provide facta sunt, ut illibata persistant, libenter adjicimus apostolici muniminis firmitatem. Petitio venerabilium fratrum nostrorum Simonis Cantuariensis et Johannis Eboracensis Archiepiscoporum nobis nuper exhibita continebat, quod orta dudum, tam inter prædecessores ipsorum, Cantuarienses et Eboracenses Archiepiscopos qui fuerunt pro tempore, quam etiam inter eos, super eo quod Simon Cantuariensis et ejus prædecessores se per totam Eboracensem, et Johannes Eboracensis et ipsius prædecessores prædicti se per totam Cantuariensem provinciam crucem erectam ante se deferri facere, tam ex indultis Sedis Apostolicæ quam etiam de antiqua et approbata consuetudine, posse dicebant, materia quæstionis. Tandem, post multas et diutinas controversias et lites inter ipsos et eorum prædecessores prædictos super hiis, Simon et Johannes Archiepiscopi controversiis et litibus hujusmodi finem imponere, ac scandalis et periculis quæ exinde verisimiliter evenire poterunt obviare salubriter, intentis desideriis affectantes; quandam, super præmissis, inter se, pro ipsorum et ecclesiarum suarum statu concordi et pacifico, compositionem fecerunt, prout in instrumento publico inde confecto, ipsorum Simonis et Johannis Archiepiscoporum sigillis munito, cujus tenorem de verbo ad verbum præsentibus inseri fecimus, plenius continetur. Quare pro parte eorundem Simonis et Johannis Archiepiscoporum nobis fuit humiliter supplicatum, ut compositionem hujusmodi, non obstante quod in ea consensus venerabilium fratrum nostrorum suffraganeorum eorundem Simonis et Johannis Archiepiscoporum, ac dilectorum filiorum prælatorum ecclesiasticorum in eisdem provinciis consistentium, et Cantuariensis et Eboracensis Ecclesiarum Capitulorum, et clericorum aliorum[1] provinciarum prædictarum, consensus minime intervenerit, ex certa scientia confirmare, omnemque alium defectum, si quis in ea intervenerit, supplere, de benignitate apostolica dignaremur. Nos itaque prædictorum Simonis et Johannis Archiepiscoporum supplicationibus inclinati, compositionem hujusmodi ratam et gratam habentes, illam, non obstante quod in ea eorundem suffraganeorum, prælatorum, capitulorum, et clericorum, consensus, ut præfertur, minime intervenerit, ex certa scientia confirmamus, et per præsentis scripti patrocinio communimus; supplentes omnem alium defectum, si quis forsan intervenerit in eadem. Tenor vero dicti instrumenti talis est.

---

[1] *aliarum*, MS.

"IN DEI NOMINE: AMEN. Anno a nativitate ejusdem M°CCC°LIIJ°, mensis Aprilis die vicesimo, indictione sexta, sanctissimi in Christo patris Domini Innocentii Papæ sexti anno primo, in palatio regio apud Westmonasterium, Londoniensis diœcesis, in mei Willelmi notarii publici infrascripti, et discretorum virorum Magistrorum Johannis de Lech decretorum Doctoris, Walteri de Merston juris periti, ac Adæ de Hilton clerici, auctoritate apostolica notariorum publicorum, testium ad hoc vocatorum et rogatorum præsentia constituti personaliter, reverendi patres Dominus Simon Cantuariensis et Johannes Eboracensis Archiepiscopi, quamdam compositionem super bajulationem crucium suarum inierunt, et ipsam in scriptis in forma sequenti redigi, et suis sigillis fecerunt unanimiter communiri.

'Universis pateat præsentes litteras inspecturis, quod cum, propter impedimenta delationum crucium reverendorum patrum Dominorum Cantuariensis et Eboracensis Archiepiscoporum, cum in suis provinciis indifferenter per eorum utrumque libere faciendarum, varia possent in futurum scandala pervenire ; mediante illustrissimo principe Domino Rege Angliæ, ac in ejus præsentia, pro bono pacis et concordiæ, pro se suisque successoribus prædictorum locorum Archiepiscopis futuris, inter reverendos in Christo patres Dominos Simonem Dei gratia Cantuariensem Archiepiscopum, totius Angliæ Primatem, et Apostolicæ Sedis Legatum, ac Johannem eadem gratia Eboracensem Archiepiscopum, Angliæ Primatem, et Apostolicæ Sedis Legatum, amicabiliter sic convenit. In primis : quod idem reverendus pater Dominus Simon Cantuariensis Archiepiscopus supradictus et successores ejusdem, Archiepiscopi Cantuarienses, crucem suam in civitate diœcesi et tota provincia Eboracensibus et per eas[1] ante se deferri

---

[1] *eos*, MS.

libere facient, ubicunque, quandocunque, et quotienscunque, sibi placuerit, absque turbatione et impedimento Domini Johannis Eboracensis Archiepiscopi et cujuslibet successorum suorum, seu alterius cujuscunque ipsorum nomine vel mandato, clam vel palam, publice vel occulte. Item: convenit inter eos, quod idem reverendus pater Dominus Johannes Eboracensis Archiepiscopus supradictus et successores ejusdem, ibidem Archiepiscopi, crucem suam in civitate diœcesi et tota provincia Cantuariensibus et per eas ante se ubicunque deferri libere faciant, quandocunque, et quotienscunque sibi placuerit, absque turbatione et impedimento ejusdem reverendi patris Domini Simonis Archiepiscopi Cantuariensis prædicti et cujuslibet successorum ejusdem, seu alterius cujuscunque nomine vel mandato suis, clam vel palam, publice vel occulte. Sed idem Dominus Johannes Eboracensis Archiepiscopus prædictus, infra duos menses post datum præsentium proxime sequentes, ac quivis ejus successor Eboracensis Archiepiscopus, infra similes duos menses a tempore quo primo Cantuariensem provinciam post consecrationem suam de cetero ingressus fuerit, pro delatione pacifica crucis suæ in civitate, diœcesi, et tota provincia Cantuariensibus, absque impedimento dicti reverendi patris Domini Simonis Cantuariensis Archiepiscopi et cujuslibet sui successoris futuri imposterum facienda, eidem Domino Archiepiscopo Eboracensi et successoribus suis per dictum Dominum Archiepiscopum Cantuariensem concessa, et per eum et successores suos libere permittenda, unum nuncium solempnem, videlicet, officiarium suum, Cancellarium, Auditorem causarum, vel unum doctorem legum, seu unum militem, ad ecclesiam cathedralem Cantuariensem cum una imagine aurea, valoris quadraginta librarum, sculpta ad similitudinem archiepiscopi crucem in manu sua deferentis, vel jocali altero notabili aureo ejusdem valoris, videlicet, quadraginta librarum, quem quidem valorem idem Dominus Rex, in cujus voluntate et arbitrio iidem Domini Cantuariensis et Eboracensis Archiepiscopi, quantum ad hoc, se submiserint, specialiter declaravit, efficaciter mittere, et quilibet nuncius sic mittendus, statim postquam sic destinatus et ordinatus fuerit pro delatione imaginis vel jocalis prædicti, iter effectualiter arripere et gressus suos absque dolo et fraude versus dictam Cantuariensem ecclesiam continuare, et infra dictos duos menses confirmare teneatur fideliter. Et cum hujusmodi nuntius ad ecclesiam ipsam Cantuariensem sic venerit, dictam imaginem vel jocale ad feretrum gloriosi Martyris Beati Thomæ, dudum Cantuariensis Archiepiscopi, in honorem et reverentiam Dei ac ipsius Martyris, præmunito ante ingressum cimiterii dictæ ecclesiæ Domino Priore, vel Suppriore, seu Præcentore ipsius Ecclesiæ, si præsentes fuerint, aut saltem monacho Custode feretri ipsius, effectualiter palam et publice offeret et devote. Si vero Dominum Eboracensem Archiepiscopum aliquem, postquam ingressus provinciam Cantuariensem et delationem per tres dies fecerit crucis suæ in eadem, ante finem duorum mensium, oblatione prædicta feretro Beati Thomæ ut præmittitur non facta, decedere contigerit,[1] successor ejusdem proximus quicunque ipsam oblationem, pro dicta dilatione crucis suæ per prædecessorem[2] suum, realiter facere teneatur. In parliamento autem, tractatibus, et consiliis regiis, quando Cantuariensis et Eboracensis Archiepiscopi simul præsentes fuerint, quicunque Cantuariensis Archiepiscopus, quia Ecclesia Cantuariensis antiquior et præeminentior fore dinoscitur, ad Domini Regis dexteram assidebit; et præfatus Eboracensis Archiepiscopus existens pro tempore ad sinistram. Crux autem Cantuariensis Archiepiscopi ex parte dextera lecti regii, seu

---

[1] *decederit*, MS. [2] *prædecessores* MS.

alterius loci in quo Regem sedere contingat, et crux Eboracensis ex sinistra parte, si Cantuariensis præsens fuerit, reponetur. In consiliis vero, convocationibus, seu locis aliis quibuscunque in quibus Cantuariensem et Eboracensem Archiepiscopos convenire contingat, Dominus Archiepiscopus Cantuariensis pro tempore existens primum locum, seu sedem eminentiorem, Eboracensis vero alium locum secundum eminentiorem, obtinere debebunt. Cruciferarii vero duorum Archiepiscoporum prædictorum, cum in via lata et ampla, ubi cruces eorum simul potuerint deferri, convenerint, cruces ipsas deferentes, incedere simul debent, sed in introitu hostiorum, vel in aliis locis strictis quibus simul cruces deferri nequeunt, crux ejusdem Domini Cantuariensis Archiepiscopi præcedet, et crux Eboracensis Archiepiscopi subsequetur. In quorum omnium testimonium et fidem, nos Simon Cantuariensis et Johannes Eboracensis Archiepiscopi sigilla nostra fecimus hiis apponi. Data in palatio regio apud Westmonasterium vicesimo die mensis Aprilis anno Domini M°CCC°LIIJ.'

The Notaries' attestation. Et Ego Willemus Bradlee, Wintoniensis diœcesis, publicus, apostolica auctoritate, notarius, præmissis omnibus et singulis, sub anno, indictione, pontificatu, mense, die, et loco prædictis, sic ut præmittitur, actis, gestis, et habitis, unacum dictis testibus præsens interfui, eaque omnia et singula sic fieri vidi, scripsi, et in hanc publicam formam redegi, meoque signo signavi, in fidem et testimonium præmissorum. Et Ego Adam de Hilton, clericus Lichefeldensis diœcesis, publicus, apostolica et imperiali auctoritate, notarius, præmissis omnibus et singulis dum ut sic, ut præmittitur, agerentur et fierent, unacum Magistro Willelmo notario publico et testibus suprascriptis sub anno, etc. præsens interfui, eaque sic fieri vidi et audivi, ac huic publico instrumento me subscripsi, et signum meum apposui consuetum, in testimonium præmissorum."

Nulli ergo omnino hominum liceat hanc paginam nostræ confirmationis, communitionis, et suppletionis, infringere; vel ei, ausu temerario, contraire. Si quis autem hoc attemptare præsumpserit, indignationem Omnipotentis Dei, et Beatorum Petri et Pauli Apostolorum ejus, se noverit incursurum. Data Avinoniæ v^{to} kalendas Martii, pontificatus nostri anno tertio.

The Pope's confirmation.

1044a.—LITTERA ATTORNATUS ARCHIEPISCOPI EBORACENSIS PRO JOCALI DEFERENDO AD FERETRUM SANCTI THOMÆ MARTYRIS.

30 Nov. 1453.

N. 197 a.

Pateat universis per præsentes, quod nos Willelmus permissione divina Archiepiscopus Eboracensis, Angliæ Primas et Apostolicæ Sedis legatus, ordinamus, constituimus, et deputamus, per præsentes, dilectum nobis in Christo filium Thomam Tirell, militem, nostrum, ad infrascripta, procuratorem ac nuntium specialem; dantes eidem procuratori nostro potestatem generalem et mandatum speciale, ad deferendum quandam imaginem auream, sculptam ad similitudinem Archiepiscopi crucem in manu sua deferentis, ad valorem xl. librarum, vel aliquod aliud jocale ejusdem valoris, ad ecclesiam Christi Cantuariensem; necnon ad offerendum ibidem, publice et palam, vice et nomine nostris, dictam imaginem, sive jocale, ad feretrum Beati Thomæ Martyris olim Cantuariensis Archiepiscopi; necnon ad præmuniendum venerabilem et religiosum virum dictæ ecclesiæ Priorem, Suppriorem, Præcentorem, aut saltem monachum Custodem feretri Beati Thomæ Martyris prædicti, ante ingressum suum in cœmiterium prædictæ ecclesiæ Christi Cantuariensis, ut ipsi seu eorum aliquis oblationi dictæ imaginis, sive jocalis, per eundem, ad feretrum Beati Thomæ fiendæ intersit. Ceteraque omnia et singula facienda et exigenda, vice et nomine nostris, in hac parte, juxta vim formam et effectum cujusdam compositionis, dudum inter reverendissimos

Archbishop Booth presents a jewel to the Shrine of St. Thomas, in accordance with the above-quoted ancient composition.

in Christo patres et dominos Dominos Simonem Cantuariensem et Johannem, prædecessorem nostrum, Eboracensem Archiepiscopos, in hac parte de et super delatione crucis Archiepiscoporum Eboracensium infra Cantuariensem provinciam, necnon de oblatione dictæ imaginis, sive jocalis, antedictæ, rite et legitime inter eosdem initæ et factæ, et auctoritate Sedis Apostolicæ canonice roboratæ et confirmate. In cujus rei, etc. Datum in hospitio nostro prope Westmonasterium, tricesimo die mensis Novembris, anno Domini M°CCCC°LIIJ°, et nostræ translationis anno primo.

7 April (1457). N. 189 b.

John Ledes, a monk of Christ Church, who has left his Convent and gone to Italy, is invited to return, with all past transgressions forgiven.

1045.—JOHANNI LEDIS COMMORANTI CUM COMITE DE MONTEFERRATO IN VILLA DE CASALE LUMBARDIE.

Nostro karissimo filio, sinceram in Christo salutem. Omnium nostro regimini commissorum infirmitatibus compati Supremi Pastoris edocemur exemplo, qui, relictis nonaginta novem in montibus, unam errantem quæsireat, inventamque ad gregem reduxerat. Tuæ[1] igitur errantis animæ, sed pœnitentis, salutem sitientes; præsertim cum, fidedigno Thomæ Drury Doctoris relatu didiscimus, te veterem hominem exui et novum, qui secundum Deum creatus est, indui firma stabilitate animi spospondisse. Te ad repatriandum et ad tuæ professionis locum, a quo per inobedientiæ malum discesseras, per obedientiæ bonum redeas, præsenti littera gratiosius intimamus, nostram erga te benevolentiam, si ex corde pœnitueris, summa cum misericordia experiturus. Illustri insuper viro domino tuo nomine nostro recommendes, cui pro ingenti benevolentia hactenus tibi gratis exhibita, plenas prout tenemur gratiarum afferimus actiones. Scriptum Cantuariæ Resurrectionis Dominicæ feria sexta.

---

[1] *tui*, MS.

1046. — COMMISSIO DOMINI REGIS PRO QUINGENTIS SEXAGINTA ET QUINDECEM HOMINIBUS SAGITTARIIS.

17 Dec. 1457.

N. 188 a.

Henricus Dei gratia Rex Angliæ, etc. dilecto sibi in Christo Priori Ecclesiæ Christi Cantuariensis, ac carissimo suo Edwardo Neville de Bergevenny militi, ac dilectis et fidelibus suis Waltero Mule, Willelmo Wangford, Johanni Cheyne militi, Thomæ Kyryell militi, Gervasio Clyfton militi, Thomæ Broun militi, ac dilectis sibi Willelmo Haute, Ricardo Whyterton, Waltero Langley, Roberto Hoorne, Johanni Warner, Willelmo Kene, Willelmo Hextall, Johanni Fogge, Johanni Guldeford, Willelmo Isle, et Ricardo Bruyn, salutem. Sciatis quod cum in parliamento nostro, inchoato apud Redyng sexto die Martii anno regni nostri tricesimo primo, Communitates, pro comitatibus[1] et burgis regni nostri Angliæ, ex assensu dominorum spiritualium et temporalium in dicto parliamento nostro existentium, concesserint nobis, ad honorem Dei, pro defensione regni nostri prædicti, viginti millia hominum sagittariorum, ad exspectandum in servitio nostro per spatium dimidii anni, ipsis eligendis et solvendis per ipsos qui portabunt inde in qualibet patria. Et quod quilibet comitatus, civitas, burgus, et villa, dicti regni nostri, tam comitatu Cestriæ quam Wallia, equaliter onerarentur, secundum suam substantiam, eidem concessioni eodem tempore. Proviso semper eædem Communitates haberent oportunitatem ad avisandum et providendum qualiter, et in qua forma, iidem homines sagittarii haberentur, et hoc per ipsas Communitates taliter facto, eosdem sagittarios fore promptos infra quatuor menses post debitam præmunitionem per nos cuilibet comitatui, civitati, burgo, et villæ, prædicti regni nostri ac Walliæ, inde fiendam; et quod dicta concessio non capietur pro præcedenti sive exemplo nobis neque hæredibus nos-

The King's commission of array sent to the Prior of Christ Church and to certain knights and gentry of Kent.

Recital of a grant of 20,000 archers in 1453,

under certain conditions.

---

[1] *communitatibus*, MS.

tris extunc; quæ quidem concessio per nos extunc fuit admissa et accepta. Post quem quidem sextum diem Martii, videlicet, vicesimo secundo die Aprilis tunc proxime sequente, usque ad quem diem dictum parliamentum nostrum fuit adjornatum a Redyng usque ad Westmonasterium, nobis complacebat, de avisamento et assensu dominorum spiritualium et temporatium in dicto parliamento ibidem tento, exonerare et acquietare dictas communitates nostras omnium comitatuum, civitatum, et burgorum dicti regni nostri, et eorum quemlibet, exceptis comitatu Cestriæ et patriis Walliæ, de omnimodis avisatione et provisione septem millium hominum sagittariorum dictorum viginti mil(l)ium hominum sagittariorum, et cujuslibet eorundem septem millium hominum sagittariorum ; ac etiam acquietare et exonerare dictas nostras communitates, exceptis præexceptis, earum hæredes, bona, catalla, terras, tenementa, et possessiones sua, et eorum cujuslibet, in dictis comitatibus seu in aliquo eorum existentia sive jacentia, extra comitatum Cestriæ et patrias Walliæ, de dictis septem millibus hominum sagittariorum et de omnimodis avisatione et provisione, solutione et onere, in, de, pro,[1] vel ad exhibitionem dictorum septem millium sagittariorum, et cujuslibet eorum, modo et forma prout in quodam actu inde in dicto parliamento facto plenius apparet, eædem communitates, auctoritate supradicta, advisarunt, ordinaverunt, et appunctuaverunt, limitaverunt, et assignaverunt, certum numerum hominum sagittariorum cuilibet comitatui prædicti regni nostri æqualiter, juxta sui substantiam, ac secundum quod ipsi poterunt portare sive onerari, particulariter et separatim, secundum numerum tresdecim millium hominum sagittariorum remanentium de dictis viginti millibus hominum sagittariorum, prout sequitur inter

---

[1] *in De per*, MS.

alia, videlicet, comitatus Kanciæ quingentos sexaginta et quindecim homines sagittarios. Supplicaverunt nobis eædem communitates, pro bona et effectuali expeditione ejusdem, quod separales commissiones nostræ mittantur in quemlibet comitatum prædicti regni nostri, excepto comitatu Cestriæ, aliaque commissio in episcopatum Dunolmensem, talibus et tantis personis eorundem comitatuum, ac talibus et tantis aliis personis prædicti episcopatus, prout nobis videbitur magis oportunum et expediens et per nos nominandis et assignandis, ad dividendum, ordinandum, appunctuandum, limitandum, et assignandum, tam per inquisitionem quam examinationem, quotum numerum et quot homines sagittarios quodlibet hundredum, wapentaka, rapa, civitas, et burgus non existens comitatus in seipso, villa, villata, villagium, hameletta, ac omnia alia loca infra et de dictis comitatibus et episcopatu Dunolmensi, necnon bona, catalla, reventiones per annum terrarum, tenementorum, reddituum, et possessionum in eisdem, ac proprietarii et possessores eorundem portabunt et onerabuntur, ad exhibitionem hominum sagitariorum appunctuatorum, limitatorum, ac assignatorum, exhibendorum per comitatum in quibus eadem hundreda, wapentachæ, rapæ, civitates, burgi, villæ, villatæ, villagia, hamelettæ, et aliæ placeæ, bona, catalla, terræ, tenementa, redditus, et possessiones existunt. Et quod quælibet hujusmodi civitas, burgus, villa, villata, villagium, hameletta, et alia loca, ac bona, catalla, terræ, tenementa, redditus, et possessiones existentes in eisdem, necnon proprietarii et possessores eorundem, separatim onerentur, auctoritate supradicta, ad inventionem et exhibitionem dictorum hominum sagittariorum, super ipsos per dictos Commissionarios assidendorum et appunctuandorum, juxta substantiam et valorem bonorum, et catallorum, ac reventionum per annum terrarum, tenementorum, reddituum, et aliarum possessionum, existentium in eisdem. Ita quod numerus in et pro quolibet comitatu ac pro dicto episcopatu in forma prædicta appunctuatus et assignatus omnino habeatur; et quod Maior et Ballivus in talibus civitatibus et burgis ubi Maior et Ballivi sunt, vel aliter Ballivi ubi nullus Maior existit, ac Constabularius in talibus villatis ubi Constabularius est, ac etiam domini villarum et aliorum locorum ubi nullus constabularius est, habeant auctoritatem et potestatem, vigore actus prædicti, ad compellendum, per districtiones et aliter, per discretiones suas, omnimodas personas infra eadem civitates, burgos, villas, et alia loca, ad contributionem inventionis dictorum hominorum sagittariorum, juxta assessionem dictorum Commissionariorum [1]

Copies of the assessments to be delivered to the Exchequer. in quolibet hujusmodi comitatu. Et quod Commissionarii in quolibet tali comitatu, ac Commissionarii in dicto episcopatu, deliberent Ballivis quorumlibet hundredi, wapentachæ, et rapæ comitatus et episcopatus in quibus ipsi Commissionarii sunt, vel aliis tribus aut quatuor sufficientibus personis quorumlibet hujusmodi hundredi, wapentachæ, et rapæ, per discretiones suas, scripta indentata continentia [ad] quotos homines sagittarios quælibet civitas, burgus, villa, villata, villagium,[2] hameletta et alia loca infra dictum hundredum, wapentacham, et rapam, sunt vel erunt onerata. Et quod iidem Commissionarii certificent in Scaccarium nostrum, infra tempus competens, unam partem cujuslibet talis scripti indentati. Et quod omnes hujusmodi homines sagittarii, in forma supradicta inveniendi, sint parati, sufficienter et defensive arriati prout pertinet sagittariis, percipiendo sex denarios per d.em pro defensione supradicta, ad com-

Proclamations to be made four months parendum et faciendum comparitionem suam ad tales diem et locum infra regnum nostrum prædictum, prout limitabitur et appunctuabitur per nos. Ita quod separales, proclamationes, appunctuatæ in uno die per

---

[1] *Commissariorum*, MS. | [2] *villagia*, MS.

nos, publice fiant in tribus vel quatuor publicis locis *before the day of muster.*
vel pluribus ubi congregatio [maxima] populi erit, in
quolibet comitatu, et in dicto episcopatu, secundum
amplitudinem dictorum comitatuum et episcopatus, de
dictis die et loco comparenciæ, quatuor mensibus ante
eundem diem. Et quod dictæ proclamationes fiant
post dictum scriptum indentatum certificatum per
dictos Commissionarios in dictum Scaccarium nostrum.
Et quod, auctoritate supradicta, quilibet dictorum
hominum sagittariorum erit intendens et obediens talibus capitaneo vel capitaneis, prout nos assignabimus
ad habendum conductionem eorundem durante dicto
dimidio anno, et intendet cum dicto capitaneo vel
capitaneis fideliter, serviturus nobis in sua comitiva
durante dicto tempore dimidii anni pro prædicta
defensione; eodem dimidio anno incepturo dicto die
eorum comparenciæ per nos limitando. Proviso sem- *Persons who are*
per, quod dictus actus, avisationes, provisiones, et *to be*
concessiones, non extendant, nec in aliquo modo *exempted*
sint præjudiciales, Proposito et Collegio regali Beatæ *from con- tribution.*
Mariæ de Eton juxta Wyndesoram, nec Proposito et
scolaribus Collegii nostri regalis Beatæ Mariæ et
Sancti Nicholai Cantabrigiensis, nec alicui eorundem,
nec alicui rei sibi in aliquo pertinenti, nec quod
aliqua bona, catalla, terræ, tenementa, redditus, servitia, aut aliquæ aliæ possessiones, sibi aut alicui
eorum spectantes sive pertinentes, per dictas avisationes, provisiones, vel concessiones in aliquo onerentur; nec aliquo modo sint præjudiciales alicui
concessioni vel concessionibus, confirmationi vel confir-
mationibus, factis per nos sibi, vel alicui eorundem,
per litteras nostras patentes, auctoritate parliamenti
vel aliter, de aliquibus libertatibus, franchesiis, privilegiis, exonerationibus, quietanciis, aut aliquibus aliis
immunitatibus. Proviso etiam, quod nulla bona, catalla,
terræ, tenementa, redditus, vel aliæ possessiones
carissimæ consortis nostræ Margaretæ Reginæ Angliæ

aliquo modo onerentur vigore prædicti actus, avisationum, et provisionum, vel concessionum. Proviso etiam, quod nulla bona, catalla, terræ, tenementa, redditus, vel aliæ possessiones in vel de quibus aliqui Dominorum dicti regni nostri sunt in aliquo modo feoffati, seisiti, vel possessionati, ad suum proprium usum et non super confidentiam ad usum et opus alicujus alterius personæ vel personarum, nec aliqua bona, catalla, terræ, tenementa, redditus, vel aliæ possessiones de vel in quibus aliqua alia persona, vel personæ, est, vel sunt, feoffatæ, seisitæ, vel possessionatæ, ad usum alicujus dictorum Dominorum in aliquo onerentur per dictum actum, ordinationes, vel avisationes. Proviso etiam quod nulla terra, tenementa Ecclesiæ, vel aliæ possessiones, quæ fuerint juste onerata vel taxata ad decimas, nobis vel aliquibus progenitorum nostrorum concessas per clerum alicujus provinciarum Cantuariensis vel Eboracensis, vel quæ in aliquibus hujusmodi concessionibus fuerint excepta, in aliquo onerentur per dictum actum, concessiones, avisationes, vel provisiones. Cumque in quodam actu in dicto parliamento, auctoritate prædicta, facto similiter contineatur sub hac forma, videlicet: Quod cum in eodem parliamento apud Redyng inchoato dicto sexto die Martii, dicti Communitates, pro comitatibus, civitatibus, et burgis dicti regni nostri, de assensu Dominorum spiritualium et temporalium in eodem parliamento existentium, concesserunt nobis, ad honorem Dei, pro defensione dicti regni nostri viginti millia hominum sagittariorum ad exspectandum in servitio nostro per spatium dimidii anni, certis modo et forma prout in eadem concessione superinde facta plenius continetur; ncs, diversis de causis nos moventibus, et specialiter pro immensi gratitudine quam in dictis Communitatibus nostris in dicto parliamento nostro invenimus, notificavimus et concessimus eis quod ipsi exonerentur de omnimodis avisatione et

Further modification of the grant.

provisione trium millium hominum sagittariorum, dictorum viginti millium hominum sagittariorum, pro Wallia et comitatu Cestriæ, et aliorum trium millium hominum sagittariorum pro Dominis dicti regni nostri, et ultra hoc mille hominum sagittariorum, dictorum viginti millium hominum sagittariorum, de gratia speciali et mero motu nostris, qui se extendunt in toto ad numerum septem millium sagittariorum : nos, de avisamento et assensu Dominorum spiritualium et temporalium in dicto parliamento nostro existentium, ac auctoritate ejusdem, acquietamus et exoneramus dictas Communitates nostras omnium comitatuum, civitatum, et burgorum dicti regni nostri, et eorum cujuslibet, exceptis comitatu Cestriæ et patriis Walliæ, de omnimodis electione, avisatione, provisione, et exhibitione eorundem septem millium hominum sagittariorum, et cujuslibet eorum septem millium hominum sagittariorum. Et quod dictæ Communitates nostræ, exceptis præexceptis, hæredes sui, bona, catalla, terræ, tenementa, et possessiones eorundem Communitatum, et eorum cujuslibet, in dictis comitatibus, civitatibus, et burgis, seu eorum aliquo existentium sive jacentium, extra dictum comitatum Cestriæ et patrias Walliæ, de dictis septem millibus hominum sagittariorum, et de omnimodis electione, avisatione, provisione, exhibitione, solutionibus, et omnibus de et pro septem millibus hominum sagittariorum, et eorum cujuslibet, erga nos et hæredes nostros, auctoritate supradicta, quieti sint et exonerati imperpetuum. Et insuper ordinavimus, concessimus, et stabilivimus, auctoritate supradicta, quod unus certus locus infra dictum regnum nostrum, ac unus certus dies, et non diversi nec plures, monstri sive monstrationis dictorum tresdecim millium hominum sagittariorum remanentium de dictis viginti millibus hominum sagittariorum, ordinentur, appunctuentur et limitentur.

Et quod post indenturas, de assessione [1] dictorum tresdecim millium hominum sagittariorum, certificatas in Scaccarium nostrum, proclamationes dictorum diei et loci monstri sive monstrationis palam fiant in tribus vel quatuor locis apertis, ubi maxima congregatio populi erit, in quolibet comitatu prædicto, exceptis præexceptis, et episcopatu Dunolmensi, quatuor mensibus vel amplius ante dictum diem monstri sive monstrationis. Et quod prædicta tresdecim millia hominum sagittariorum erunt habita et custodita integre, et indisparsa, et indivisa, et inseparata ut unus integer exercitus, vel una integra comitiva, ad exspectandum in dicto servitio nostro, pro defensione supradicta, dicto die monstri sive monstrationis usque finem dimidii anni tunc proxime sequentis. Nos, de fidelitatibus et circumspectionibus vestris plenius confidentes, assignavimus vos, et quemlibet vestrum, ad dividendum, ordinandum, appunctuandum, limitandum, et assignandum, tam per inquisitionem quam examinationem, quotum numerum et quot homines sagittarios quodlibet hundredum, wapentacha, rapa, civitas, et burgus non existens comitatus in seipso, villa, villata, villagium, hameletta, ac omnia alia loca, infra seu de dicto comitatu Kanciæ, necnon bona, catalla, et reventiones per annum terrarum, tenementorum, reddituum, et possessionum in eisdem, ac proprietarii et possessores eorundem portabunt et onerabuntur, ad exhibitionem prædictorum quingentorum sexaginta et quindecim hominum sagittariorum; scripta indentata, per vos in forma supradicta debite conficienda, deliberanda, et ad mittendum coram Thesaurario et Baronibus de Scaccario nostro, citra Octabas Purificationis Beatæ Mariæ proxime futuras, unam partem scriptorum indentatorum prædictorum. Et ideo vobis mandamus quod circa præmissa diligenter intendatis,

Instructions to Commissioners.

---

[1] *assensione*, MS.

CANTUARIENSES. 233

et ea faciatis et exequamini in forma prædicta. Damus autem universis et singulis Vicecomitibus, Maioribus, Ballivis, Constabulariis, et aliis fidelibus et subditis nostris, tam infra libertates quam extra, tenore præsentium, firmiter in mandatis, quod vobis et cuilibet vestrum in executione præmissorum intendentes sint, consulentes, et auxiliantes in omnibus diligenter. In cujus rei testimonium has litteras nostras fieri fecimus patentes. Teste meipso apud Westmonasterium, xvij° die Decembris, anno regni nostri tricesimo sexto.

1047.—INDENTURA NICHOLAI CHERCHMAN PRO FERIIS INFRA PORTAM AD TERMINUM XIJ^m. ANNORUM.

,27 Nov. 1459.

Cart. Ant. C. 217.

Hæc indentura testatur, quod Dompnus Willelmus Fonteyn Sacrista Ecclesiæ Christi Cantuariensis, de consensu et assensu Domini Thomæ Prioris et ejusdem loci Conventus, tradidit, et ad firmam dimisit, Nicholao Chircheman de eadem Cantuaria, haberdasher, unam opellam juxta portam Australem Ecclesiæ Christi Cantuariensis ea parte Occidentali, simul cum toto sito feriarum sive nundinarum infra portam prædictam annuatim tenendarum, cum omnibus suis proficuis, commodis, ac aliis suis pertinentiis; habendam et tenendam totam prædictam opellam, simul cum toto sito feriarum prædictarum, cum omnibus et singulis suis proficuis, commodis, et pertinentiis, præfato Nicholao et assignatis suis, a festo Sancti Michaelis Archangeli ultimo præterito ante datam præsentium, usque finem et terminum duodecim annorum extunc proxime sequentium et plenarie completorum; reddendo inde annuatim, durante termino prædicto, præfato Sacristæ et successoribus suis vel eorum certo attornato; videlicet, pro firma dictæ opellæ quatuordecim solidos sterlingorum, et pro firma siti nundinarum prædictarum triginta et quatuor solidos et quatuor denarios

A lease for twelve years of a shop at the Convent gate, and of the ground (in the cathedralchurch-yard) upon which the four annual fairs were held in Christ Church.

sterlingorum; videlicet, ad quatuor ferias ibidem annuatim tenendas æquis portionibus persolvendos; videlicet, ad ferias Natalis Domini, Pentecostes, Translationis Sancti Thomæ Martyris, et Sancti Michaelis Archangeli. Et si contingat dictas firmas annuales aliquo anno, durante termino prædicto, in parte vel in toto per quadraginta dies a retro existere, extunc bene licebit, etc. Insuper si contingat dictas firmas, etc. per unum quarterium anni a retro existere, extunc bene licebit dictis Sacristæ et successoribus suis totam dictam opellam ac situm prædictum reintrare, rehabere, ac in pristino statu suo pacifice possidere; hac dimissione in aliquo non obstante, etc. In cujus rei testimonium, etc. Data secundo die mensis Novembris, anno regni Regis Henrici Sexti post conquestum Angliæ tricesimo octavo.

8 Sept. 1460.
N. 190 b.

1048.—[COMMISSIO AD RECIPIENDUM JURAMENTUM VICECOMITIS KANCIÆ.]

The King's writ directing the Prior of Christ Church and another Commissioner to administer the oath of office to the Sheriff of Kent.

Henricus Dei gratia Rex Angliæ, etc. dilectis sibi in Christo Priori Ecclesiæ Christi Cantuariensis, et Roberto Kyrkham clerico Custodi hanaperii cancellariæ suæ, salutem. Sciatis quod dedimus vobis potestatem, conjunctim et divisim, recipiendi sacramentum dilecti nobis Johannis Scotte armigeri, Vicecomitis nostri Comitatus Kanciæ, de officio illo bene et fideliter faciendo, juxta formam cujusdam cedulæ præsentibus interclusæ. Et ideo vobis, in fide et dilectione quibus nobis [1] tenemini, injungimus et mandamus, quod sacramentum prædictum recipiatis; et cum illud receperitis, seu alter vestrum receperit, eidem Johanni nostras litteras patentes sibi de officio prædicto sic factas, quas vobis mittimus per latorem præsentium, liberetis.

---

[1] *vobis*, MS.

Et nobis de sacramento illo, cum sic captum fuerit, in cancellariam nostram sub sigillis vestris, aut alterius vestrum, distincte et aperte, sine dilatione, constare faciatis, remittentes nobis hoc breve. Teste meipso apud Notley, viij^{vo} die Septembris, anno regni Henrici sexti tricesimo nono. (Upton.)

Virtute istius brevis, die vero Veneris decimo nono die Septembris anno regni Regis Henrici sexti tricesimo nono, Ego Thomas Prior Ecclesiæ Christi Cantuariensis recepi sacramentum Johannis Scotte infrascripti, juxta formam et tenorem ac secundum exigentiam hujus brevis, ac etiam eidem Scotte die et anno prædictis litteras patentes infrascriptas deliberavi, secundum istius brevis exigentiam.

Ye schal serve the Kyng well and truly in the Office of the Shiref of Kent, and to the Kynges profyte, in all thyng that belongyth to you to do by wey of youre offyce, as ferforth as ye cann or may. Ye shall truly kepe the Kynges ryghtes and all that that belongyth to the coroun. Ye schall not assent to decrease,[1] to lass[en]yng, or to concelement of the Kynges ryghtes, or of his fraunchises; and wherewer ye schall have knowlage that the Kynges rightes or the rightes of the coroun be conceled or withdrawen, be hyt in londes, rentes, fraunchises, or sutes, or ony other thynges, ye schall do youre power to make hem be restored to the Kyng; ayen and yf ye may not do hyt, ye schall certifye the Kyng or sum of hys counsell therof, such as ye hold for certen wyll sey hyt unto the Kyng. Ye schall not respite the Kynges dettes for any yeft or favour, wherever ye may reyse them without grete grevaunce of the dettours. Ye shall truly and ryghtwosly trete the people of youre shirefweke, and do right as well to poner as to rych in that that belongyth to yowre offyce. Ye schall do no wrong to any man for any yeft, or good beheste, or promyse of good, nor favour, nor hate. Ye schall distourble no

Form of oath to be taken by the Sheriff.

---

[1] *decre*, MS.

mannys ryght. Ye schall truly acquite at the Eschequer all tho of whom ye schall any thynge resceyve of the Kynges dettes. Ye schall no thyng take whereby the Kyng may lese, or whereby that ryght may be distourbled, letted, or the Kynges dettes delaied. Ye schall truly retourn and truly serve all the Kynges writtez asforforth as hyt schall be in yowre kynnyng. Ye schall none have to be yowre Undyrshireff, or any of youre Sherifs clerkes, of the last yer passed. Ye schall take no Bailiff in to youre service but suche as ye wull answer for. Ye shall make eche of youre Bailiffes to make such othe as ye make yowre selfe, in that that belongyth to their occupacion. Ye schall resceyve no writte by yow, or by any of yours, unsealyd, under the seal of any Justyce save of Justyce in Eyre, or Justyce assigned in the same Shire wher ye be Shiref yn, or of Justyce of Neugate. Ye schall make your Bailiffes of the true and suffyciant men in the countre. Also ye shall doo all youre payne and diligence to destroye and make to cees all manner herysies, and errours comenly called herisies, wythyn[1] youre baillifwyke from tyme to tyme to all youre power, and assist and to be helpyng to all the Ordenaryes and Commyssaryes of Holy Chyrch, and favour and maynten theym as oft tymes as ye schall be required bi the seyd Ordenaries or Commissaries. Ye schall be dwellyng yn youre propre person withyn youre baillifwyke for the tyme ye shall be in the same Offyce. Ye shall not let youre shirefweke or any baillifwyke ther of to ferme to any man. Ye shall truly set and retorne resonable and due issues of them that be wythyn youre baillifwyke, after there estate or theire havour, and make youre panels youre self. And overthis in eschuying and restreynte of the manslaughters, roberies, and other manyfold grevous offenses that be doyen dayly, namly by suche as name themeself *sowdyours* and by other

---
[1] *wrytyn*, MS.

vagrantes, the wych contynually encrese in noumber and multitude, so that the Kynges true subgettes may not suerly ryde nor goo to do suche thyngs as they have to do, to theire intollerable hurt and hyndryng. Ye shall truly and effectually, with all diligence possible to you, execute the statutes the which ye shall have knolage of. These thynges all ye shall truly kepe as God help you and hys Seyntes.

1049.—[COMISSIO AD RECIPIENDUM SACRAMENTUM VICECOMITIS KANCIÆ.]

21 Dec 1461.

N. 194 a.

Edwardus Dei gratia Rex Angliæ, etc. Priori de Crechurche infra civitatem Cantuariam salutem. Sciatis quod dedimus vobis potestatem recipiendi sacramentum dilecti nobis Johannis Digges armigeri, Vicecomitis nostri comitatus Kanciæ, etc. Teste m eipso apud Westmonasterium xxj° die Decembris anno regni nostri primo.

The Prior is required to administer the oath of office to the new Sheriff under the new dynasty. Form of oath.[1]

Ye shall swere that ye shal serve the Kyng well and truly in the office of Shereve of Kent, and to the Kynges profet, &c., &c. Also ye shal do your peyne and diligence to destroie and make to cesse all maner errises and errours commonly callid *Lollordes*, withynne your bailyfwike, &c., &c. And over this in eschuyng and restraynt of the manslauters, robbories, &c. as ben done daily, nameli by such as name themself *soldeours*, &c.

Virtute hujus brevis Ego Thomas Prior, etc. die Natalis Domini, etc. recepi sacramentum Johannis Dygges, ut supra.

---

[1] The formula differs from the Lancastrian oath only in one clause here copied, and in the spelling, of which a sufficient specimen is contained in the portion quoted.

1050.—Copia Billæ indulgentiarum Ecclesiæ Sancti Jacobi Apostoli Zebedei de Compostella in Gallecia.

4 Oct. 1462. N. 204 a.

The Archpriest of the Church of St. James of Compostella sends, in compliance with the Prior's request, three consecrated loaves from the altar of St. James to the Convent of Christ Church. These eulogiæ *were especially precious at the date, because the year was one of jubilee at the Shrine of Compostella.*

Venerabilibus et religiosis viris, devotis in Christo filiis, Dominis fratribus Priori et Conventui monasterii Sancti Thomæ, ordinis Sancti Benedicti, de Crischurch Cantuariæ in regno Angliæ, Theodericus, humilis Cardinalis, et Major Primarius almæ Ecclesiæ Sancti Jacobi Apostoli Zebedei de Compostella in Gallecia, salutem in Domino, et in desiderio salutari constantia. Cum, loquente Ewangelista, de quinque panibus et duobus piscibus satiavit Dominus quinque milia hominum; eo vero respectu ewangelico vos desiderantes, zelo mutuæ devotionis, prout michi exposuit, vestri ex parte, devotus in Christo Ecclesiæ filius Robertus Kendall, vester nuntius, lator præsentium, pane in hac sancta ecclesia hoc sacro jubileo benedicto gustare et satiari; quapropter, votis vestris pie annuens, tres panes, in nomine Individuæ Trinitatis, in altari dicti Sancti Jacobi Apostoli, sub quo ejus corpus requiescit, congruis et devotis benedictionibus, vestris caritatibus, nuntio cum eodem, per me devote benedictos et sanctificatos, tenore præsentium, transmitto; devote deprecans[1] Altissimum ut, hujusmodi devotionis obtentu, vos et omnes et singulos de hoc pane gustantes cœlesti benedictione muniri, ac hujus sanctæ Ecclesiæ plenariæ indulgentiæ, cujus quantum possum et valeo auctoritate dictæ Ecclesiæ vos et alios supradictos consortes efficio, participes fieri valeatis. In testimonium præmissorum præfato nuntio has litteras, manu propria scriptas et subscriptas, et sigilli mei impressione sigillatas, tradidi Compostellæ, apud Sanc-

---

[1] *deprecantes*, MS.

tum Jacobum, die quarta mensis Octobris, anno Domini Millesimo cccc° sexagesimo secundo.

Theodericus Cardinalis, Major Primarius Ecclesiæ suprascriptæ.

1051.—Littera Pœnitentiarii pro peregrinis cruce-signatis peregrinantibus versus Terram Sanctam Jerosolimitanam.

26 Dec. 1462.

S. 199 b.

Omnibus Christi fidelibus, etc. Robertus, Chelmyston et Willelmus Thornden, Monachi Ecclesiæ Christi Cantuariensis, ac auctoritate Archiepiscopi Cantuariensis ejusdem Ecclesiæ Pœnitentiarii, salutem, etc. Notum facimus per præsentes, quod nos quendam Robertum Almer, provinciæ Cantuariensis, qui ad limina Apostolorum necnon ad Sanctam Terram Jerosolimitanam dudum peregrinationis votum emisit, et ad nostram venit præsentiam in eandem peregrinationem a nobis crucesignationis necnon et, juxta Sanctæ Romanæ Ecclesiæ consuetudinem, benedictionis postulans beneficium, juxta morem ejusdem Sacrosanctæ Romanæ Ecclesiæ apud nos cognitum et consuetum, crucesignasse, et in bonam expeditionem suæ præfatæ peregrinationis, auctoritate nobis commissa, benedixisse. In cujus rei testimonium sigillum quo auctoritate officii nostri uti consuevimus præsentibus fecimus apponi. Data Cantuariæ, xxvj^{to} die mensis Decembris, anno Domini m°cccc°lxij°, Indictione undecima, pontificatus vero sanctissimi in Christo patris et domini Domini Pii Papæ Secundi anno quinto.

The Penitentiaries of Christ Church certify that they have, with the ceremonies prescribed by the Church, solemnly signed with the cross a pilgrim who has made a private vow to visit the Holy Land.

1052.—Littera licenciatoria concessa Willelmo Sellynge.

5 Sept. 1464.

S. 215 a.

Universis, etc. Thomas Prior Ecclesiæ Christi Cantuariensis et ejusdem Ecclesiæ Conventus, salutem, etc. Noverit universitas, quod nos dilecto confratri nostro Willelmo Sellyng, nostræ Cantuariensis Ecclesiæ com-

Leave of absence from his monastery granted to William

Sellyng for three years, to be employed in university studies.

monacho, in ordine sacerdotali constituto, ut in quocumque loco ubi studium viget generale studere, et quæcumque hujusmodi studio suo necessaria vel quomodolibet oportuna exercere valeat, licentiam concessimus specialem, per triennium tantummodo duraturam. In cujus rei, etc. Datum in domo nostra capitulari vicesimo sexto die mensis Septembris, anno Domini M°CCCC°LXIIIJ^to.

1465.
L. B. 15.

1053.—To the Right Reverend and Worshipfull Fader in God the Priour of Cristichurch in Caunterbery.

The Vicar of Bersted, pleading that his benefice is much impoverished, asks that the whole revenue of the Chapel of Bognor may be annexed to the vicarage of Bersted.

Humbly besechith your pouer Chapeleyn and continuall oratour Thomas Walton, Viker of the parissh church of Bersted, for that the parissh ther by longe continuance ys falle in decay, and by diverse meanes gretly enpoveryesed, so that diverse places in the same parissh, suche as ij. or iij. of theym were used to be worth to the Curat there xx. *s.* by the yere, stande nowe voyde and be not worth to hym in thies dayes iij. *s.* iiij. *d.* in the yere. In so moche that the costes and charges of reparacion of the seid vikerage, costes and wages also in mete drynk and clothyng of his servaunt by the yere to the value of xl. *s.*, forthwith costs uppon the Deen in thyme of visitacion, with all suche other charges as perteyneth to his seid chyrch clerely considered and acquited, the residewe of the verray valoure of the seid chyrch and vikerage extendith scarsly to the sume of v. mark by the yere. And where as he was used to have the chapell of Bognore ther to in peas hoole to hym self for to serve, so mygth he lyve, but than he sange twyse uppon the day, the which was ageynst conscience; but sithen hit bath be devyded bitwene the chantry prest of Pagham and hym, by the labour and gret favour of Maister Eyon Deen of Pagham, wherby your seid pouer oratour and chapeleyn ys put to poverte and set in grete distresse. Please hit therfor your moste gracious Lordship to provyde for me of sufficient lyvyng to the chirch of Bersted, so that y may leave the laboure to Bognore, and abide uppon Bersted nowe in my gret age and debilite, for the love of God and yn the way of charite.

1054.—Littera unionis sive annexionis ecclesiarum parochialium de Berstede et Bogonore Cicestrensis diœcesis.

29 Nov. 1465.
S. 219 *b*.

Pateat universis, etc. quod nos Thomas Prior Ecclesiæ Christi Cantuariensis et ejusdem loci Capitulum, proprietarii ecclesiarum parochialium de Berstede et Bogonore, Cicestrensis diœcesis, dictæ Ecclesiæ Cantuariensis jurisdictionis immediatæ; cum fructus, decimæ, et proventus dictæ ecclesiæ parochialis de Bogonore, unacum pensione annua quatuor marcarum monetæ Angliæ vicario ibidem per nos solvi consueta, per tempestates, fluctus, et inundationes maris et aquarum, mortalitates, parochianorum paucitatem, et alios casus diversos in tantum decreverunt, et decrescere debere verisimiliter formidatur in futurum, quod ad sustentationem vicarii perpetui ejusdem ecclesiæ in eadem instituti, et alia onera nobis proprietariis et nostro in eadem vicario et dictæ ecclesiæ incumbentia non sufficiunt, nec verisimiliter sufficere debeant in futurum, ipsaque ecclesia parochialis paucos habeat parochianos; affectantes ex causis præmissis et aliis legitimis causis ipsam ecclesiam parochialem de Bogonore et ipsius vicariam præfatæ ecclesiæ de Berstede uniri et annecti, hujusmodi unioni et annectioni faciendæ nostrum præbentes consensum, dilectum nobis in Christo Dominum Thomam Waltun, vicarium perpetuum dictæ Ecclesiæ parochialis de Berstede, nostrum verum et legitimum procuratorem, actorem, factorem, et negotiorum gestorem ordinamus, facimus, et constituimus; damusque et concedimus eidem pro

The Chapter of Christ Church, acknowledging that the vicarage of Bognor has lost much of its value from inundations, &c., consents to the union of the parish church with that of Bognor so that both may be served by one priest.

U 55671.

242   LITERÆ

curatori nostro potestatem generalem, etc. coram reverendissimo in Christo patre et domino Domino Thoma Dei gratia Cantuariensi Archiepiscopo, etc. aut ipsius in hac parte Commissario quocumque, comparendi, ac dictas ecclesias et earum perpetuas vicarias, ex causis præmissis et aliis, uniri et annecti petendi, obtinendi, et ad hoc et alia in hac parte requisita consensum et assensum pro nobis et nomine nostro præstandi, et præbendi; necnon, ut indempnitati dicti reverendissimi in Christo patris et omnium aliorum quorum interest in hac parte provideatur, consentiendi et generaliter omnia alia et singula faciendi, etc. quæ in præmissis et circa ea necessaria fuerint, seu quomodolibet oportuna, licet mandatum de se magis exigant speciale, etc. In cujus, etc. Data Cantuariæ in domo nostra capitulari, xxix[no] die mensis Novembris, anno Domini M°CCCC° LXV[to].

(1465.)
L. B. 254.

1055.—To the right reverend father in God the Prior of Cristschurche in Canterbury.

From Edmond Lichfield (Chaplain to Archbishop Bourchier) to the Prior of Canterbury.

After due recommendation My Lorde prayeth you to send un to John Holgrave his attorney, in all goodly haste as ye may, the ordinances that been appointed upon the manor of Panfelde; for, as hit may apper by his letter late sende to My Lorde, he must necessarily have them or he kan stablisshe the said manor un to you and your place. Almighty Jesu graunte you wel to fare. From My Lords manor of Knoll the v[the] day of Julij.

Your humble Chapleyn
EDMOND LICHEFELD.

1056.—Breve directum Johanni Priori Ecclesiæ Christi Cantuariensis pro sacramento recipiendo ab Abbate monasterii Sancti Augustini ad Curiam Romanam ac alias partes proficiscente.

Nov. 1468.

N. 202 a.

Edwardus Dei gratia, etc. dilecto sibi in Christo Priori Ecclesiæ Christi Cantuariensis salutem. Sciatis, quod cum dilectus nobis in Christo Willelmus Abbas monasterii Sancti Augustini juxta Cantuariam versus Curiam Romanam, de licencia nostra, profecturus existat, dedimus vobis potestatem recipiendi sacramentum ipsius Abbatis, juxta formam cujusdam cedulæ præsentibus interclusæ. Et ideo vobis mandamus quod sacramentum prædicti Abbatis, cum ad vos ea de causa venerit,[1] . . . .

The Abbot of St. Augustine's going to Rome, is required to take an oath.

Forma recipiendi sacramentum de præfato Abbate.

We, be auctoryte off this forseyd wrytte, yeve yow in charge: that ye shall no thyng sue or procure to be sued in the Court of Rome, nor in noon other place beyond the see, any thyng that may be hurtyng or prejudiciall to the King our Soverain Lord or hys corowne, nor to any of hys subgettez; nor any thyng doe or attempt that ys or may be contrary to the lawes of his lande. Ye shall faithfully and stedfastly abyde his true liegeman, and noo communicacyon have with the kynges rebelles, nor them, or any of them, in any wyse asciste. And yf ye happe in any wyse to know any thyng that may be hurtyng or prejudiciall to hys sayd Hyghnesse, thenne ye shall, in all the hast that ye canne or may, certyfye hys sayd

Form of oath to be taken by the Abbot, prescribed by the King, and to be administered by the Prior of Christ Church.

---

[1] The remainder of the writ is not copied into the register.

Hyghnesse or his counseill. So God yow help and all hys holy sayntz and by thys booke.

<small>8 Nov. 1468.
N. 202 a.</small>

1057.—LICENTIA REGIA CONCESSA PRÆDICTO ABBATI PER QUINQUENNIUM, ANNO SUPRADICTI REGIS OCTAVO.

<small>The King's licence, permitting the Abbot, with one monk and four servants on horseback —no horse being worth more than forty shillings—to go abroad for five years.</small>

Edwardus Dei gratiâ, etc. Omnibus ad quos præsentes litteræ pervenerint salutem, etc. Sciatis quod de gratia nostra speciali concessimus, et licentiam dedimus, dilecto nobis in Christo Willelmo Abbati monasterii Sancti Augustini extra muros civitatis Cantuariæ, quod ipse, cum uno commonacho monasterii prædicti, et quatuor servientibus suis vel infra, ac totidem equis, quorum nullus pretium quadraginta solidorum excedat, ad quascumque partes extraneas peregre proficiscendi, ac aliis negotiis dictum monasterium concernentibus expediendi, transire, et ibidem morari, et perhendinare valeat, licite et impune. Proviso semper, quod prædictus Abbas usque hoc regnum nostrum Angliæ infra quinquennium proximum post datum præsentium, omni excusatione postposita, se corporaliter divertat. In cujus rei testimonium has litteras nostras fieri fecimus patentes. Teste meipso apud Westmonasterium viij^{vo} die Novembris, anno regni nostri octavo.

<small>3 Oct. 1469.
L. 237 b.</small>

1058.—LITTERA MAGISTRI WILLELMI SELLYNG SACRÆ PAGINÆ PROFESSORIS, AC REGINALDI GO(L)DSTON BACALARII EJUSDEM SCIENCIÆ, VISITANTIUM LIMINA APOSTOLORUM PRO CERTIS NEGOTIIS NOSTRÆ ECCLESIÆ PERTINENTIBUS, ANNO JUBILEO.

<small>Letter of recommendation given to</small>

Universis, etc. Johannes permissione divina Prior Ecclesiæ Christi, etc. salutem, etc. Noverit universitas vestra per præsentes, nos, pro certis negotiis statum

Ecclesiæ nostræ concernentibus, Willelmum Sellynge et Reginaldum Goldstone, sacerdotes, ejusdem nostræ Cantuariensis Ecclesiæ commonachos, ad Romanam Curiam misisse; unde caritates vestras attentius rogamus, et in Christi visceribus obsecramus, ut cum dicti fratres nostri ad vestra loca pervenerint, eos favorabiliter et caritative tractare velitis : pietatis vestræ mercedem ab Omnipotente Deo habituri. In cujus rei, etc. Datum Cantuariæ, etc. tertio die mensis Octobris anno Domini M°CCCC°LXIX^{mo}. *two monks of Christ Church about to travel in Italy.*

1059.—LITTERA POSTULATIONIS PRO PLENARIIS INDULGENTIIS ANNI JUBULEI. (1469.)

S. 238 a.

Sanctissimo in Christo patri et domino, Domino suo Paulo divina providentia Sacrosanctæ Romanæ ac universalis Ecclesiæ Summo Pontifici, sui supplices et devoti Johannes Prior et Capitulum Ecclesiæ Christi Cantuariensis metropoliticæ devota pedum oscula beatorum. Etsi juxta sanctorum patrum instituta, quæ proculdubio ex traditione Salvatoris nostri suscepta sunt, omnes Christi fideles in dubiis et arduis negotiis ad Matrem Christianitatis, sanctam Romanam Ecclesiam, recurrere debent, nos tamen, beatissime pater, vestri devoti filii Cantuariensis Ecclesiæ monachi, multis ex causis id in præsentiarum majori præ ceteris fiducia conamur facere. Primum quidem, quod in tali causa laboramus, quæ, cum ad salutem fidelium animarum, tum vero ad Beati Thomæ honorem pertinet, quod cum esset olim propugnator Ecclesiæ in orbe singularis, pro jure et libertate ecclesiastica et honore Appostolicæ Sedis mortem non dedignavit appetere: deinde quod hæc causa apud vestram Sanctitatem agenda nobis est, qua neminem sanctorum Summorum Pontificum, neque nostra neque patrum nostrorum memoria, fortiorem in tuendo Ecclesiæ jura ejusdem Beati Martyris æmulatorem fuisse accepimus; *A petition to Pope Paul II., asking that the usual plenary indulgences may be granted to pilgrims visiting the shrine of St. Thomas, during the Jubilee of 1470.*

ad hæc demum quod, ut patres nostri memoriæ nostræ tradiderunt, Cantuariensis Ecclesia a Sancta Romana et Appostolica Sede speciali quadam prærogativa dilectionis foveri, et in tribulationibus quibus crebro agitata est defendi, gratiisque insigniri ac privilegiis, consuevit. Hiis itaque considerationibus freti, accedimus, Beatissime pater, ad pedes Sanctitatis vestræ, non solum diffinitionem Sedis Appostolicæ in re dubia postulantes,[1] reverenter et humiliter implorantes, ut eam gratiam et benevolentiam quam patres nostri apud eandem Sedem habere consueverunt, nos, ob reverentiam Beati Patroni nostri Sancti Thomæ Martyris, in hoc negotio nostro consequamur. Cujus quidem negotii summa hæc est. Postquam Beatissimus Patronus noster Sanctus Thomas, pro jure et libertate Ecclesiæ, mortem sustinuit; cum jam placuisset Omnipotenti Deo quam preciosa illius mors in conspectu suo longe lateque evidentissimis declarare miraculis, curæ fuit pluribus Sanctæ Romanæ ac universali Ecclesiæ[2] præsidentibus, Summis Pontificibus, ut ejusdem Beati Martyris reliquiæ, de terra sublevatæ, in insigniorem aliquem locum transferrentur; ut, per honorem Beato Martyri in hunc modum exhibitum, omnes Christi fideles majorem, ad ejus patrocinia imploranda et ad sequenda vitæ illius exempla, devotionem haberent. Id vero, etiamsi sæpe attentatum fuit, minime tamen ante annum a passione illius quinquagesimum perfectum est; quo, videlicet, tempore Sacrosanctæ Romanæ Ecclesiæ præsidebat felicis memoriæ Dominus Honorius tertius, Ecclesiam vero Cantuariensem regebat claræ memoriæ Dominus Stephanus Sanctæ Ecclesiæ Romanæ Presbyter-cardinalis; qui, accepto Appostolicæ Sedis mandato, reliquias Beati Thomæ Martyris ad locum illum insignem, ubi nunc a confluente turba

---

[1] *sed* is here required.   [2] *Ecclesia*, MS.

fidelium venerantur, honorificentissime transtulit. Instituitque festum translationis ejusdem per omnem provinciam Cantuariensem solemniter celebrandum; et, cum esset vir scientia et doctrina præcipuus, ut qui totum Sacram Scripturam egregie postillavit, scripsit ad honorem Sancti de festo translationis ejus tractatum sive libellum quendam, in cujus fine hæc verba continentur: "Set in Christo testamur præter humanam
" providentiam accidisse, Dei gratia taliter procurante,
" quod anno quinquagesimo passionis ipsius venerabile
" corpus ejus gloriam translationis accepit. Quid
" autem per istum insinuetur eventum, quinquagenarii
" virtus nobis indicat, quem remissionis numerum esse
" constat, quod nullus sacræ paginæ lector ignorat.
" Ex hoc igitur quod anno quinquagesimo transferri
" voluit spem certam nobis tribuit, quod, nisi per nos
" steterit, remissionis nobis gratiam obtinebit." Idem præterea venerandus Cardinalis, quoniam festum translationis Beati Thomæ primus instituisse cognossitur,[1] creditur quoque historiam de translatione prædicti Martyris vel ipse scripsisse, vel scriptam ab alio incerto auctore ut per totam provinciam Cantuariensem in officio ejusdem festi legeretur, approbasse, in qua legenda de prædicto jubileo hæc verba habentur: " Pen-
" semus, fratres dilectissimi, mysterium anni quinqua-
" gesimi. Annus enim quinquagesimus annus jubileus
" vocatur. Jubileus autem annus remissionis vel re-
" missivus interpretatur. Anni ergo quinquagesimi
" qui a passione gloriosi Martyris usque ad transla-
" tionem ejusdem effluxerunt mysteriis sunt pleni.
" Sicut enim in lege in anno jubileo, qui quinqua-
" gesimus habebatur, onera debita consueverunt populo
" remitti, sic etiam in anno jubileo translationis ipsius
" Martyris, per indulgentias Pontificum, onera pœniten-
" tium remittuntur; unde pater Honorius tertius, in

---

[1] *sic*, MS.

" signum anni jubilei, accessuris ad translationem
" Beati Thomæ Martyrs annuatim de injunctis pœni-
" tenciis indulgentias tales concessit, quales retroactis
" temporibus nusquam inventum est Romanos Ponti-
" fices concessisse. Et ideo non incongrue dicere potest
" Martyr prædictus quod dixit Salvator : *omnes qui
" laboratis et onerati estis veniie ad me et ego refi-
" ciam vos.*" Hiis igitur verbis factum esse putamus
ut in natione nostra, quæ Beato Thomæ Martyri præ-
cipua veneracione famulatur, et in plebe et in clero vetus
admodum oppinio remanserit in quoquo   *   *   *   *[1]

3 Feb. 1470.
S. 241 *b*.

1060.—INDENTURA JACOBO SHERLOK DE OMNIBUS TERRIS, TENEMENTIS, ADVOCATIONIBUS ECCLESIARUM, REDDITIBUS, ET SERVITIIS IN HIBERNIA CONCESSA.

Lease, for 60 years, of the lands, &c. in Ireland, belonging to the Canterbury Convent, made to James Sherlok and two others.

Hæc indentura facta tertio die Februarii anno regni Regis Edwardi quarti post conquestum Angliæ nono, inter Johannem Priorem et Capitulum Ecclesiæ Christi Cantuariensis ex una parte, et Jacobum Sherlok generosum, Magistrum David Sergeant Thesaurarium Ecclesiæ Christi Waterfordiæ, et Magistrum Robertum Couwan ex altera parte, testatur : Quod Prædicti Prior et Capitulum unanimi assensu et consensu suis concesserunt et ad firmam dimiserunt præfatis Jacobo, David, et Roberto, omnia terras et tenementa, advocationes ecclesiarum, redditus, et servitia, cum omnibus suis pertinentiis, quæ idem Prior et Capitulum habent aut habere deberent in Comitatu Weisfordiæ in Hibernia ; videlicet omnia terras et tenementa, redditus, et servitia sua in Kilmore, Kilturch, Thamagre, Kilcogan alias dicta Kilcowan, Bannewe, Killagg,

---

[1] Here the draft letter comes to an end in the Register, a considerable space of blank parchment being left for the sequel, which was never written.

Carrec, Omachiis Fumoure in insula de Bannewe, et duabus insulis de Salteis; ac etiam patronatus et personatus ecclesiarum et capellarum de Kilmore, Kilturch, Thamagre, Kilcowan, Bannewe, Killagg, Carrec, et Oma chiis de Fumoure, in Hibernia prædicta; et ad præsentandum ad easdem ecclesias et capellas idoneas personas cum vacaverint aut aliqua earum vacaverit.[1] Et insuper prædicti Prior et Capitulum concesserunt per præsentes, quod prædicti Jacobus, David, et Robertus libere percipiant pacificeque possideant omnes fructus, proventus, obventiones, [et] oblationes omnium ecclesiarum et capellarum prædictarum, ac omnium ecclesiarum et capellarum aliarum in Hibernia quæ ad eos tempore confectionis præsentium de jure pertinet aut pertinere deberent: habenda et tenenda omnia prædicta terras et tenementa, advocationes ecclesiarum et capellarum, redditus, et servitia, patronatus, personatus, et ad præsentandum ad ecclesias et capellas prædictas cum vacaverint, ac etiam fructus, proventus, obventiones, [et] oblationes omnium ecclesiarum et capellarum prædictarum cum suis pertinentiis, et cetera præmissa, præfatis Jacobo, David, et Roberto, executoribus et assignatis suis, a die confectionis præsentium usque ad finem termini sexaginta annorum tunc proxime sequentium et plenarie complendorum : reddendo inde præfatis Priori et Capitulo et successoribus suis, aut suo certo attornato, in Ecclesia Sancti Pauli Civitatis Londoniæ annuatim, durante termino prædicto, sex libras legalis monetæ Angliæ, ad festa Nativitatis et Purificationis Beatæ Mariæ Virginis per æquales portiones solvendas. Et si contingat prædictas sex libras aliquo anno a retro fore non solutas in parte vel in toto, etc.[2] Et præterea prædicti Jacobus, David, et Robertus et assignati sui facient et

---

[1] *vacaverint*, MS.
[2] Here follows a long clause in the common form, giving a power of distraint and re-entry to the lessors.

sustinebunt, pro præfato Priore et Capitulo et successoribus suis, omnia onera ordinaria et extraordinaria episcopalia et archidiaconalia, et quæcumque alia onera quæ inde fore contingent durante termino prædicto. Et prædicti Jacobus, David, et Robertus facient deserviri ecclesias memoratas per idoneas personas continue juxta ritum fidei Christianæ. In cujus rei testimonium, etc. Data Cantuariæ in domo Capitulari corundem Prioris et Capituli die et anno supradictis.

3 Feb. 1470.

S. 242 b.

1061.—INDENTURA DE ARRERAGIIS OCTO LIERARUM XIIJ. SOLIDORUM ET QUATUOR DENARIORUM ANNUÆ PENSIONIS IN HYBERNIA PRÆDICTO JACOBO CONCESSA.

Power of Attorney appointing James Sherlok to be agent of Christ Church in Ireland for the recovery of 200*l.* of arrears due by the Abbot of Tynterne under the ancient agreement.

Omnibus, etc. Johannes Prior et Capitulum Ecclesiæ Christi Cantuariensis, etc. Sciatis nos, etc., fecisse, etc., Jacobum Sherlok generosum nostrum attornatum, etc. ad petendum levandum et recipiendum vice et nomine nostro de Abbate et Conventu monasterii de Tynterne, etc. ducentas libras nobis debitas de arreragiis cujusdam annuæ pensionis sive redditus octo librarum xiij. solidorum et quatuor denariorum, quam quidem annuam pensionem sive redditum prædicti Abbas et Conventus et prædecessores sui nobis et prædecessoribus nostris annuatim solvere debuerunt, etc. In cujus rei testimonium sigillum nostrum commune præsentibus est appensum, per sexaginta annos proximos futuros duntaxat duraturis. Data Cantuariæ in domo nostra Capitulari, (tertio) die Februarii, anno regni Regis Edwardi quarti post conquestum Angliæ nono.

(c. 1471.)

L. B. 30.

1062.—TO THE RYGHTE WORSCHYPFULL THE PRIOWR AND TRESERERES OF CRIST CHURCH OF CANTORBURY—SOIT DONE.

The Lessee of the annuity

Ryghte Reverent and worschipfull I recomaund me unto yow, and ther as y hawe a ferme of yow of your landis in this contre and of the anuyte that the Abbaye of Tyntern, her wyth in this the said coutre, oghte yerly pay yow. Certifyng yow that I have compounyd with the Abbod and covent of the said Abbaye of Tynterne duryng my terme to take a parsell of the said land for the said annuyte that ys on to you of olde dew, and they to observe all such covenauntes be twyxe your predecessors and thers of olde tyme made, as in the evidences be twyxte them made hit doth apper. And the penalte ys yff they or ther successoures wyll note observe the covenauntes forsayd duryng my terme, that I other my assignes may entyr in all ther lands and to dystrayn for all the arerages to yow of olde beyng be hynde, and all soo for the annuyte of xiij marks yerly duryng the sayde terme, when that I hade no remedye be for but by a wrytt of annuyte, in as moch as the feffement by your predecessors to them made in fe is wythoute enye clause of dystresse. And yff hit plese yow that my Lorde of Ormonde scholde receyve the vj li. that I moste pay yow yerlye, hit wer to me a grete eyse, for the awentyr of the se. And I have sende to you by Richard Koode, that was Drope ys man of London, iij. li. for Candilmas terme laste paste. And I pray you that therof I may hawe an aquyttawns, and off the premisses an awnswar. And I propose myself to be wyth yow anon after Kandilmas. My service ys att your commawndement. The Trenyte precerve yow. Wrytten at Wat'ford the xviij daye of November.

payable from the Abbey De Voto (who pays only six pounds of rent) sends his payment for half a year, and asks that the Earl of Ormonde may receive the rent, and so save the trouble of transmission.

JAMES SCHERLOKE.

1063.—To THE RYGTE WORSHIPFULL TRESERERS OF CRISTE CHURCH OF CANTORBURY—SOIT DONE. (c. 1473.) L. B. 31.

Ryghte worshepfull Sirs, after most hertely recommendacion wyth my service. And ther as I have a ferme of yow of the annuyte that Tynterne ought paye you yerely, for the which I compowned with them to have

The Irish lessee complains that he has been completely

252   LITERÆ

ousted from his right in the De Voto estate by Gilbert Talbot, who asserts that his ancestors were the original benefactors who gave the Mountmorris estates to Christ Church.

a certayne tethyng yerely therfor, hit is soo that Maister Gilbard Talbot, att his beyng nowe in this lande, hath seisied in the said tethynge and in all other landys and tethyngs that Tynterne hath of your gyfte; pretendyng his aunsetryes to be founders therof, wher in dede Hervye Momorthe is foundour Wherfore I avite you to communien wyth the gentylman, and that he [ye?] wrytt on to the Senciall here of the Counte Weysforde for the discharge of his clayme, for that that he doth on to your cherch ys disheritaunce, the which I think that ye wold noght suffire. And yf he will not with fairenes so do, ye maye complayn on to the kynge ther on for your rygte, for faithfully he doth you wronge. And that ye wrytt yourselfe on to the Bisshope of Fernys for the exploit of your matire; and I will doo my part in this lande for your churchis rygte. And the said gentilman hath solde the tethyng that I had of Tynterne for your annuyte, and hath resevyd all redy payment therfor, and of hym ye maye have hit agayne by rigte. And by his doyngs I can note be paied of thes ij yere laste paste of the fermiours that had the tethynge of me before for x li. a yere. And I hawe send to you syne Halowntyd vj fyne mantles and iij^{xx} li. waxe. And whate ye hawe resevyd sythen my departyng fro you, send me by wryttyng, and aunswere of the premisses. And whate wryttynge ye sende that hit be sende to Wyllyam Lombarde in Bristowe, las then ye hawe one that wyll come hidder straghte. The Trinyte conserve you. From Wat'forde on Seynt Thomas is daye.

Per your owen

JAMES SHERLOKE.

(1470.)

N. 240 *a*.

1064.—[INHIBITIO CONFESSORIBUS DIRECTA ANNO JUBILEO.]

The Archbishop's Commis-

Johannes Parmenter in legibus licentiatus, reverendissimi in Christo patris et domini, Domini Thomæ Dei gratia tituli Sancti Ciriaci in Thermis sacrosanctæ Romanæ Ecclesiæ Presbyteri-cardinalis, Cantuariensis Archiepiscopi, etc. civitatis et diœcesis suarum Cantuariensium Commissarius generalis, et ad infrascripta specialiter deputatus, etc. omnibus confessoribus per Priorem hujus Ecclesiæ, auctoritate præsentis indulgentiæ Apostolicæ, hoc tempore deputatis aut deputandis, tenore præsentium inhibemus ut nullus hujusmodi confessor sic deputatus seu deputandus aurum, argentum, sive rem aliam, ab aliquo confitente, seu confiteri volente, eodem tempore indulgentiæ durante, ratione confessionis vel pœnitentiæ injungendæ, petere, exigere, aut extorquere præsumat, sub pœna excommunicationis, quam in contrarium facientes auctoritate qua supra incurrere volumus ipso facto. In cujus rei, etc.

sary forbids the special confessors appointed to shrive the pilgrims flocking to the jubilee of St. Thomas to demand fees for their spiritual services.

[BULLA PAULI PAPÆ SECUNDI.]

4 June 1470.
S. 240 a.

Papal bull granting indulgences to those who attend the services of the jubilee of St. Thomas at Canterbury

Paulus episcopus, servus servorum Dei, universis Christi fidelibus præsentes litteras inspecturis, salutem et apostolicam benedictionem. Pastoris æterni, qui pro redemptione humani generis se in peccatorum [1] immolare non abnuit, vices, quamvis immeriti, gerentes in terris, et animarum salutem suppremis desiderantes affectibus cunctarum nationum, et in Christo credencium personarum, vota proficua (per quæ salus votiva succedat, ac sacratissima Dei templa metropolitana, præcipuæ et insignes ecclesiæ, pia devotionis reminiscentia et ampliori frequentatione ab eisdem fidelibus venerentur, prout ipsarum venustas et excellentia exigit) donorum spiritualium indulgentiis, videlicet remissionibus, quantum nobis ex alto permittitur, decoramus. Cupientes igitur ut Ecclesia Cantuariensis,[2] ordinis Sancti Benedicti, quæ inter alias Angliæ Ecclesias obtinet,

---

[1] A word (*loco?*) is here omitted in the MS.
[2] *in Ecclesia Cantuariensi*, MS.

ut accepimus, principatum, et ad quam universæ nationis Anglicanæ fideles, ob præclara merita Beati Thomæ, olim Cantuariensis Archiepiscopi, qui ipsam suo inclito martyrio consecravit atque miraculis,[1] singularem devotionis gerunt affectum, cuique dilectus filius noster Thomas tituli Sancti Ciriaci Presbyter Cardinalis, ex concessione et dispositione Sedis Apostolicæ, præesse dignoscitur, congruis honoribus frequentetur, et ipsorum regnicolarum aliorumque in Christo credentium, tam erga Ecclesiam et Martyrem prædictum quam etiam Sedem eandem, devotio augeatur continuo, et animarum salus hujusmodi desiderata succedat; de Omnipotentis Dei misericordia et Beatorum Petri et Pauli Apostolorum ejus auctoritate confisi, omnibus et singulis, utriusque sexus, fidelibus, vere pœnitentibus et confessis, qui Ecclesiam Cantuariensem prædictam, in singulis Assumptionis et Nativitatis Beatæ Mariæ Virginis ac Sancti Michaelis Archangeli de mense Septembris festivitatibus, a primis vesperis vigiliarum usque ad secundas vesperas inclusivæ festivitatum earundem, devote visitaverint, omnium peccatorum suorum plenam remissionem et indulgentiam, auctoritate apostolica, tenore præsentium elargimur. Et nichilominus, ut fideles ipsi indulgentiam et remissionem hujusmodi, cooperante Domino, commodius consequantur, Cardinali prædicto, et in ejus absentia Priori ipsius Ecclesiæ Cantuariensis, quod presbyteros seculares vel regulares idoneos, de quibus eis videtur, ad sufficientem numerum, deputare, et ipsis sic deputatis confessoribus, quod fidelium prædictorum, in festivitatibus supradictis eandem Ecclesiam Cantuariensem, causa consequendæ indulgentiæ hujusmodi visitantium, confessiones audire, eisque diligenter auditis, pro commissis per eos criminibus, excessibus, et peccatis omnibus, etiam in singulis præfatæ Sedi reservatis casibus (præterquam offensæ libertatis ecclesiasticæ, violationis

---

[1] *miracula*, MS.

interdicti ab eadem Sede impositi, criminum hæresis, cujusvis offensæ, inobedientiæ, seu rebellionis in Romanam Pontificem aut Sedem prædictam) debitam absolutionem, eadem auctoritate, in forma Ecclesiæ consueta, impendere, et pœritenciam salutarem injungere, vota quoque ultramarina (liminum prædictorum Apostolorum, ac Sancti Jacobi in Compostella, necnon religionis, duntaxat exceptis) in alia pietatis opera commutare valeant, deputandi plenam et liberam concedimus, auctoritate præsentium, facultatem; præsentibus post biennium minime valituris. Volumus autem quod, lapso biennio hujusmodi, statim ab hiis litteris plumbum per Cardinalem vel Priorem prædictum abscindatur; quodsi quisquam, finito eodem biennio, eas ac ipsam indulgentiam puplicare, aut puplicari facere, sive illis ulterius uti præsumpserit, sententiam excommunicationis incurrat, a qua ab alio quam a nobis vel successoribus nostris absolvi nequeat, præterquam in mortis articulo constitutus. Non obstantibus quibuscumque indulgentiarum hujusmodi suspensionibus per nos vel prædecessores nostros hactenus factis, atque nostris et aliis constitutionibus et ordinationibus, ceteris apostolicisque contrariis quibuscumque. Data Romæ apud Sanctum Petrum, anno incarnationis Dominicæ Millesimo quadringentesimo septuagesimo, pridie nonas Junii, pontificatus nostri anno sexto.

1065.—Littera concessa Domino Lodowico de Harcuria Patriarchæ,[1] Jherosolomitano et Baiocensi Episcopo.

2 Mar. 1471.

S. 246 a.

Reverendo in Christo[2] et domino Domino Lodowico de Harcuria Patriarchæ[1] Jherosolomitano et Baiocensi Episcopo, Johannes Dei gratia permissione Prior et Capitulum, etc. Singularis illa benevolentia quam erga

The Prior and Chapter, in anticipation of help in getting a

---

[1] *Patriarcho*, MS.   [2] *in Christo*, error for *patri*.

new grant of the wine of St. Thomas from Louis XIth, confer fraternity on the Bishop of Bayeux by a special form.

nos et Ecclesiam nostram Cantuariensem, ob reverentiam beatissimi patroni nostri Sancti Thomæ Martyris, vestram paternitatem reverendissimam habere perspeximus, per quam ipsa nobis benigne pollicita est se opera omnimoda atque diligentia, in quadam causa dictam Ecclesiam nostram Cantuariensem concernente, aput illustrissimum Dominum Regem Franciæ, adhibituram, facit ut intelligamus nos eidem paternitati vestræ reverendissimæ plurimum obligatos. Quare cum pro humanitatis officio magnopere cupiamus tantæ benevolentiæ vestræ gratias referre, minimeque ex nobis habeamus quo id perficere satis idonee possimus, tamen ne omnino videamur ingrati, quod erat in nostra potestate constitutum, quodque intelligebamus non parum a vestra reverendissima paternitate desiderari, prorsus decrevimus eidem deferendum. Siquidem, uno consensu omnis congregationis nostræ monachorum, eandem paternitatem vestram reverendissimam ad plenam nostræ fraternitatis communionem admisimus, participemque fecimus, etc. ut supra. Data secundo die Martii Anno Domini M°CCCC°LXX°.

13th Aug. 1471.
N. 237 *b*.
Thirty-one bales of cloth have been seized by the customs authorities and deposited with the Prior of Christ Church, who has delivered them to three

1066.—[DE PANNO LANEO DETENTO.]

Noverint, etc. nos Willelmum permissione divina Prior, etc. recepisse de Gerardo Wesyll, Andrea Heker, et Johanne Vandorne de Civitate Colonia, quatuor marcas sterlingorum, in plenam solutionem et contentationem omnium custumarum et expensarum, circa triginta unam gibas sive pakkez panni lanei sub custodia nostra, infra prioratum nostrum, per mandatum Domini Regis detentas, et postea per ejusdem Domini Regis litteras, nobis inde directas, relaxatas, expositarum, seu ibidem expendendarum. De quibus, etc. fatemur nos fore salutos, dictosque, etc. inde quietos, per præsentes sigillo nostro sigillatas. Datum xiij. die Augusti anno regni Regis supradicti (undecimo).[1]

Cologne merchants who have paid the duties and costs.

1067.—MOTIO FACTA DOMINO REGI MENSE JULII PER MAGISTRUM J. BOURGCHIER, ANNO EDWARDI QUARTI XIJ°.

July 1472. N. 239 b.

The Archbishop is asked to move the King to consent to an application to the Curia, touching an alteration in the endowment of the Black Prince's Chantry at Canterbury. The Convent assert that the Manor of Vauxhall, whence the income of the Chantry is derived, does not yield enough profit to provide the priests' stipends and to pay for repairs to their dwelling.

Plese it your goodnesse to remember to speke unto our Soverayn Lord the Kyng, that it plese his good grace, consideryng the greet charge and losse which we have yerely bi the Princes Chantry, so that wher owr charge is wellneygh xl. li. the maner of Fawkishalle, which was yeve unto us to supporte the seid charge, is now scantly worth xx. li., he wull graunte that we may labur to the Court of Rome to be dischargid of the said chantry, in forme here followyng, that is to say; that the seid maner of Fawkishalle may be delyveryd unto the chantry-prests they to make it as good as they kan, and fynde themself therwith and repayr there place, we being oonly bownde to fynde the sied chantry-prests wex, and brede, and wyne, and reparacion of vestments perteynyng to the autyr, nothyng reservyng unto us of the seid maner of Fawkyshalle.

1068.—NOTA DE READEPTIONE MANERII NOSTRI DE WALWORTH.

1472. S. 252 a. Note of the re-

[Hoc manerium] in manus nostras anno regni Regis Edwardi Quarti undecimo [receptum est], per Dompnum Johannem Holyngbourne commonachum [nostrum], in hoc negotio nostrum procuratorem; qui tenuit

---

[1] This date is taken from a receipt given by the Germans to the Prior on the release of the cloth.

U 55671.   R

258 LITERÆ

covery of Walworth Manor, improvidently leased for a long term.

Curiam ibidem viij^{vo} die Marcii anno supradicto, Thoma Sellenger tunc in eodem Senescallo instituto; quod quidem improvide dimissum fuerat ad firmam Radulpho Legh, anno regni Regis Henrici Sexti tricesimo, pro termino nonaginta annorum; qui obiit anno vicesimo termini prædicti, et post obitum ipsius Radulphi, magnis sumptibus et expensis, in prædictum manerium reintravimus. Caveamus ne in posterum aliquid simile nobis contingat.

30 Nov. 1472.

S. 263 b.

1069.—Carta Edwardi Quarti de Amortisatione Cantariæ Thomæ Bowchyr Archiepiscopi Cantuariensis.

Royal licence empowering the Archbishop to give, and the Chapter of Christ Church to receive, the Manor of Pamfield, as an endowment for the Archbishop's Chantry; the statute of Mortmain notwithstanding.

Edwardus Dei gratia Rex Angliæ, etc. omnibus ad quos præsentes litteræ pervenerint, salutem. Sciatis quod nos, ob interna devotione quam ad gloriosum martirem Sanctum Thomam gerimus et habemus, de gratia nostra speciali, ac ex certa scientia et mero motu nostris, concessimus et licentiam dedimus, ac per præsentes concedimus et licentiam damus, pro nobis et heredibus nostris, quantum in nobis est, carissimo consanguineo nostro Thomæ Cardinali et Archiepiscopo Cantuariensi, et Laurentio Episcopo Dunolmensi, Thomæ Episcopo Lincolniensi nuper Episcopo Roffensi, Johanni Wyngefeld militi, Thomæ Wyntyrborne clerico, Johanni Clerk uni Baronum de Scaccario nostro, Johanni Bromston Armigero, Alexandro Wode, et Willelmo Duraunt quod ipsi, seu eorum aliqui vel aliquis, dominium sive manerium de Panfeld, alias dictum Prioratum de Panfeld, cum omnibus terris, tenementis, pratis, pasturis, boscis, redditibus, et servitiis, eidem dominio sive manerio aut prioratu pertinentibus sive spectantibus, et pertinentiis suis quibuscumque, in comitatu Essexiæ ac in civitate Londoniæ, quæ de nobis immediate, per servitium unius rosæ rubiæ annuatim ad festum Nativitatis Sancti Johannis Baptistæ, tenentur, pro omnibus servitiis et demandis nobis et hæredibus nostris reddendis, dare possint, et possit, et concedere dilectis nostris in Christo Willelmo nunc Priori Ecclesiæ Christi Cantuariensis et ejusdem loci Conventui et successoribus suis, habendum et tenendum, sibi et eorum successoribus in perpetuum, juxta ordinationem ipsorum Cardinalis, Episcoporum, Johannis, Thomæ, Johannis, Johannis, Alexandri, et Willelmi Duraunt, seu eorum aliquorum aut alicujus, in hac parte faciendam. Et eisdem Priori et Conventui et successoribus suis, quod ipsi dominium sive manerium prædictum, alias dictum prioratum prædictum, cum omnibus terris, tenementis, pratis, pasturis, boscis, redditibus, et servitiis, ac pertinentiis prædictis, a præfatis Cardinale, Episcopis, Johanne, Thoma, Johanne, Johanne, Alexandro, Willelmo Duraunt, seu eorum aliquibus vel aliquo, recipere possint, et tenere eisdem nunc Priori et Conventui et successoribus suis, sicut præfatum est, in perpetuum, tenore præsentium. Similiter licentiam dedimus specialem, absque impetitione vel impedimento nostri vel hæredum nostrorum quorumcumque, et absque aliquibus aliis litteris regiis patentibus, aut aliqua inquisitione super aliquo brevi de *ad quod dampnum*, vel aliquo alio mandato regio in hac parte quovismodo habendo, et persequendo, seu capiendo, necnon absque fine seu feodo nobis vel hæredibus nostris quovismodo solvendo; statuto de terris et tenementis ad manum mortuam non ponendis aut aliquo alio statuto, actu,[1] sive ordinatione in contrarium, facto, edito, sive ordinato, aut alia aliqua re, causa, vel materia quacumque non obstante. In cujus rei testimonium has litteras nostras fieri fecimus patentes. Teste meipso apud Westmonasterium, tricesimo die Novembris, anno regni nostri duodecimo.

MORTON.

Per ipsum regem et de data prædicta, auctoritate parliamenti.

---

[1] *auctu*, MS.

1 July (1473)
L. B. 9.

1070.—Reverendo in Christo Magistro Thomæ Chaundeler, Sacræ Theologiæ Professori, ac Decano Ecclesiæ Cathedralis Herefordensis.

Prior Sellyng thanks Dr. Chandler for his gifts to Canterbury College, and tells him that Thomas Goldstone knows his wishes as to the particular manner in which he would like the gifts disposed.

Non recte michi potest, reverende pater, ad ingratitudinem imputari quod hiis diebus, quibus intellexi paternitatem tuam, tot clarissimis ac cumulatissimis beneficiis suis de me deque ecclesia nostra quam optime munificam, Oxoniis commorari, nullas ad eam salutandam litteras dedi, nam id quidem facere cum sæpe conatus essem, utique frequenter conatum meum, cum ipsa curarum turba quibus indesinenter jactor nulla michi ad litteras libertate concessa, tum vero adversa valetudo que iisdem ipsis diebus semel, secundo, atque tertio, ac demum quarto me prostravit, et non tam mei corporis quam animi pæne vires exhausit. Accessit ad dilationem causandam officii quod rumor hiis erat in locis te velle in breve Cantuariam adventare, quare et aliquot me dies jocundissima tui adventus expectatio tenebat. Nunc cum constat paternitatem tuam aliter ac ego sperabam constituisse, et intelligam meas a te litteras plurimum desiderari, vix resumpta aliquantula corporis firmitate, has ad te litteras scripsi, quibus cumulatissimas tuæ amatissimæ paternitati gratias ago, quod eodem semper animo atque voluntate erga ecclesiam nostram Cantuariensem perseveres, quodque recentem beneficiorum tuorum memoriam, quibus dudum magnificentissime eandem ecclesiam nostram excoluisti, novis jam liberalitatis tuæ muneribus, novisque beneficiorum cumulis refricare studes. Quum autem meum consilium in hoc novo beneficio tuo collocando postulasti, etsi vix hac in re quippiam tutum excogitare potui, tamen quod sentiam existimo paternitatem tuam, referente fratre meo Thoma Goldstone, exploratum habere. Qui profecto meum animum, a conjunctissimo utrique nostrum viro cui me totum prodidi, accepit. Ceterum ago gratias immortales paternitati tuæ pro illa sua benevolentia singulari qua eundem fratrem meum dilectissimum studiose complecteris, cujus promotionem ad magistratus dignitatem, cum ipse plurimum, optes celerem fore. Non debes tamen admirari quod nos nostrum ad id assensum præstare distulimus, multæ ut sunt causæ justissimæ, cum ipsius honorem tum ecclesiæ utilitatem respicientes, quare hæc ipsius promotio differenda sit, quas pater te puto ab ipso eodem intelligere posse. Cum autem (quod te magnopere rogo uti facias in brevi futurum) invicem nos videbimus, ac mutuo de hiis aliisque rebus colloquamur, non dubito me omnem hujus mei consilii rationem probaturum. Valeat paternitas vestra reverenda feliciter. Ex Cantuaria primo die Julii.

Ejusdem tuæ reverendæ paternitatis studiosus amator atque servitor,

W. S.,
Prior ecclesiæ Christi Cantuariensis.

1071.—REVERENDO IN CHRISTO PATRI PRIORI ECCLESIÆ CHRISTI CANTUARIE. 3 Sep. (1473).

Ihc. L. B. 82.

Suo reverendissimo in Christo Patri sacræque Theologiæ merito Professori filius summa cum humilitate salutem plurimam dicit. Quod mihi, cum istinc proximo a te discederem, tui in Magistrum Chaundeler amoris signum dedisti, Pater colendissime, ad eum quam primum cum fideli nuncio transmisi diligenter. Cum vero huc venissem non apud nos erat, sed dum abfui omni cum familia domus suæ ad Harford immigrabat. Quod cum perspexissem nullam diligentiam prætermisi ut fidelem ad ipsum nuncium, cui id negotii rem tuto committerem, explorarem celerrime. Nec multis peractis diebus, michi quidam qui ad eum profectum iri parabatur datus est, ipsi inquam Magistro Caundelerque familiarissimus, cui equidem una cum meis ad eum

Thomas Goldstone, Warden of Canterbury College, has been trusted with a message by the Prior to Dr. Chandler, who, he finds, has left Oxford and gone to his Deanery of Hereford.

262   LITERÆ

The Warden has, however, sent on the message, together with a present from the Prior to the Dean.

litteris, quibus et tuum animum significabam tuumque munusculum, ut valui, scripto perornavi,[1] rem tuam commendavi. Cujus rei negotium ipsum sine intermissione perfecisse satis intelligo, tum ex litteris ipsius Magistri Caundeler, tum ex aliorum sermonibus. Accepi interea hoc tuum munusculum apud eum non vulgaris aut parvi ponderis fuisse, set profecto res ei erat quam gratissima optatissimaque. Nam etsi vester mutuus amor tam firmus tamque perspectus sit ut neque hujus dilectionis signo nec testibus egeat, tamen huic homini rem perjocundam esse scio, in hujus rei argumentum patens ei aliquid signum a te exhiberi. Novi ego hujus viri mentem, novique illius in te eam teneritudinem integritatemque animi, quod si quantulumcunque tuæ in ipsum mutuæ benevolentiæ testimonium prestiteris non dubito rem sibi effeceris perjucundam. Itaque ut, uti solebas, eum sine intermissione carissimum habeas te summopere rogarem. Valeat in Christo semper feliciter tua Paternitas. Ex Oxoniis iij° Nonas Septembris.

Tuus ad nutum
DOMINUS THOMAS GOLDSTON.

C. 1473.
L. B. 254.
Prior Sellyng to the Archbishop.

1072.

Most honorable fathyr yn God aftyr dew recommendacyon and obedyence premysed please hit yowr worschyp to knowe, that as for the Wardenschip of Canterbury College ther ys non of my brethryn that y may forber from hom so abyll ther to as Dan. Thomas Umfrey; the whiche beyng Warden ther may also grow yn kunnyng un to the pleasur of God and worschyp of your Churche. Wherfor mekely y besech your Lordschypp to make hym yn the seyd office, and Allmygthy God have yow yn hys blyssyd kepyng.

---

[1] Munus nostrum ornato verbis.—Eunuchus, act ii. sc. 1.

1073.—[Ordinatio missæ perpetuæ Domini Thomæ Bourchier Cantuariensis Archiepiscopi, vocatæ Bourghchiersmas.]

2 Sep. 1473.

S. 265 *a*.

Hæc indentura facta inter reverendissimum patrem et dominum Dominum Thomam Bourghchier, miseratione divina tituli Sancti Ciriaci in Thermis [1] Sacrosanctæ Romanæ Ecclesiæ Presbyterum-Cardinalem, Cantuariensem Archiepiscopum, etc., ex una parte, et Willelmum Sellyng permissione divina Priorem Ecclesiæ Christi Cantuariensis, et ejusdem loci Conventum, ex altera parte, testatur, quod cum prædictus reverendissimus pater nos præfatos Willelmum [Priorem] et Conventum Ecclesiæ suæ prædictæ ac ministros ejusdem, solo caritatis intuitu, nulla temporali mercede ductus, multis et non modicis beneficiis largifluisque subventionibus relevavit, et caritativis operibus relevari fecit; ac pro eo quod idem reverendissimus pater nobis et successoribus nostris, octavo die mensis Februarii anno regni Regis Edwardi quarti post conquestum duodecimo, dedit et concessit dominium sive prioratum de Pamfeld in comitatu [2] Essexiæ et Londoniis et alibi, ad relevamen perpetuum et magnam utilitatem Ecclesiæ suæ et ministrorum in eadem Deo famulantium; nos igitur Willelmus Prior antedictus et ejusdem Ecclesiæ Conventus, præmissa considerantes, vertentes etiam quam æquum sit, justicia idem poscente, meritis tanti reverendissimi patris, tam benefactorisque munifici aliquo retributionis titulo pro viribus coæ(quare); in nostra domo Capitulari personaliter congregati, tractatu solempni deliberationeque matura inter nos in hac parte præhabitis, pura, liberaque, ac spontanea voluntate, et unanimi consensu nostro capitulari, præfati in Christo patris ac reverendissimi Domini Cardinalis-Archiepiscopi prosperum quoad vixerit et felicem statum, ipsiusque

A voluntary act, whereby the Chapter of Christ Church undertake to perform religious services for Archbishop Bourchier and his kin, after having received from the Archbishop the unconditional gift of the Manor of Pamfield in Essex.

---

[1] *internis*, MS. | [2] *comitate*, MS.

animæ post ejus decessum relevamen, in nostris missis et aliis orationibus et suffragiis per nos et successores nostros in eadem Ecclesia pro benefactoribus perpetuis temporibus celebrandis et fiendis, Deo Omnipotenti, gloriosissimo Virgini Mariæ, ac Beato Martyri Thomæ et omnibus Sanctis imperpetuum habere volentes recommendatos; et ulterius specialiter promisimus et concessimus, sicque per præsentes promittimus et concedimus, pro nobis et successoribus nostris, præfato reverendissimo Cardinali et Henrico Bourgchier et heredibus suis, quod post mortem ipsius reverendissimi patris Cardinalis, in die sepulturæ corporis sui exequiæ, et officium mortuorum in die sepulturæ Archiepiscoporum ipsius Ecclesiæ celebrari consuetum, cum missa de *Requiem* in crastino, pro anima ejus specialiter, et animabus parentum et amicorum suorum omniumque fidelium defunctorum solempniter celebrabimus, seu per successores nostros celebrari procurabimus et faciemus. Et quod extunc quolibet anno, perpetuis futuris temporibus, in die anniversario obitus ejusdem reverendissimi patris, aut si eo die impedimentum rationabile contigerit in die proximo convenienciori, exequias anniversarias, cum pleno servitio mortuorum, sicut in anniversariis Archiepiscoporum secundum regulam ipsius Ecclesiæ observari consuevit, cum missa de *Requiem* in crastino, solempniter legenda et canenda pro anima ipsius, et anima præpotentis domini Domini Willelmi Bourghchier, pernobilis et illustrissimæ dominæ Dominæ Annæ Comitissæ Staffordiæ consortis suæ, præfati reverendissimi patris Cardinalis et Archiepiscopi ac dicti Henrici Comitis parentum, et animabus omnium fidelium defunctorum per nos et successores nostros similiter celebrari et diligenter observari faciemus, et quod in die quo anniversarium hujusmodi dicti reverendissimi patris celebrabitur, perpetuis futuris temporibus, Custos maneriorum dictæ Ecclesiæ pro tempore existens, seu alius per Priorem deputandus, in dicta Ecclesia distribuet centum pauperibus personis, secundum eorum discretiones magis indigentibus, in denariis, octo solidos quatuor denarios, cuilibet pauperi unum denarium, pro animabus prædictis, per sanam discretionem dicti Custodis seu alterius utsupra deputandi; et quod incontinenti post sepulturam corporis sæpedicti reverendissimi patris, septimanatim, perpetuis futuris temporibus, assignabitur per Priorem, Suppriorem, vel Cantorem dictæ Ecclesiæ unus presbyter, monachus Ecclesiæ prædictæ, ad celebrandum, celebrarive faciendum, quolibet die septimanæ illius missam cum speciali collecta pro anima dicti reverendissimi patris in speciali, et animabus parentum suorum supradictorum, animabusque omnium fidelium defunctorum, ad altare Sancti Stephani infra Ecclesiam prædictam, ex parte boreali ejusdem Ecclesiæ situatum. Et sacerdos ipse qui dictam missam pro septimana sua sic celebraverit, seu celebrari fecerit, ad religiosum et honestum usum suum, ultra distributiones alias et emolumenta de prioratu nostro sibi debitas et dari consuetas, capiet per septimanam hujusmodi viginti denarios, per manus dicti Custodis, seu alterius per Priorem deputandi. Quæ siquidem missa erit in nostra lingua materna vulgariter nuncupata *Bourghchiersmas.* Ad quas quidem exequias, et mortuorum officia, cum missis ut prædicitur sequentibus, tam in die sepulturæ, quam in anniversario obitus dicti reverendissimi patris, diligenter observandas, quam etiam dictam summam octo solidorum quatuor denariorum, ut præfertur, distribuendam, præfatasque missas perpetuis futuris temporibus in forma prædicta celebrandas, necnon pro dictis viginti denariis eandem missam celebranti septimanatim distribuendis, obligamus nos et successores nostros per præsentes, præfato reverendissimo patri, et Henrico Comiti, et heredibus ipsius Comitis in centum solidis, solvendis eidem Comiti et heredibus suis totiens quotiens defectus fuerit in præmissis, sive aliquo præmissorum, per unum mensem, nisi causa rationabilis interveniat. Et quod bene licebit prædicto Henrico Comiti et heredibus suis, ad quemlibet hujusmodi defectum præmissorum, sive de aliquo præmissorum, pro prædictis centum solidis in prædicto dominio sive prioratu, et in qualibet inde parcella, intrare et distringere, districtiones sic captas abducere, fugare, et penes se retinere, quousque de summa prædicta centum solidorum eis plenarie sit satisfactum. Proviso semper, si imposterum contingat dominium sive prioratum prædictum aliquo justo titulo, ortum sive originem ante datum præsentium habente, extra possessionem prædictorum Prioris et Conventus aut successorum suorum evinci, sive versus ipsos recuperari, absque eorum negligentia, culpa, collusione, seu forma aut aliquo actu renunciationis, in manus Domini Regis vel heredum suorum capi, et resumi, et detineri, quod extunc prædicti Prior et Conventus et successores sui de præmissis, per ipsos Priorem et Conventum in forma prædicta concessis, sive eorum aliquo, non onerentur; nec eisdem Priori et Conventui sive successoribus suis ullum præjudicium de prædicta summa centum solidorum, in forma prædicta concessa, extunc fiat. Proviso insuper, quod vigore præsentium persona prædicti Prioris non oneretur, nec personæ successorum suorum onerentur, de prædictis centum solidis in forma prædicta solvendis, neque de aliqua inde parcella, per actionem sive breve de debito, set quod tantum prædictum manerium sive dominium de Pamfeld cum pertinentiis de eisdem centum solidis, in forma prædicta solvendis, oneretur. In testimonium autem hujus nostræ concessionis uni parti hujus indenturæ, penes præfatum reverendissimum Dominum Cardinalem et Dominum Comitem remanenti, sigillum nostrum commune apposuimus; alteri vero parti, penes nos remanenti, præfati reverendissimus Dominus Cardinalis et Dominus Comes sigilla sua apposuerunt.

Data Cantuariæ secundo die mensis Septembris anno incarnationis Domini Mºccccºlxxiijº.[1]

1074.—Littera, ad modum indentatæ, inter nos et venerabilem virum Magistrum Thomam Chandler.

7 Nov. 1473.

S. 256 b.

Cum religiosissima atque sanctissima Christi Salvatoris nostri institutione omnes homines sint caritatis officio ab omnibus prosequendi, tamen eos præcipuis quibusdam atque perpetuis studiis benevolentiæ complecti debemus, qui magnitudine et frequentia suorum erga nos beneficiorum id consecuti sunt, ut essent nobis singularitate quadam amicitiæ copulati; hinc est quod nos, considerantes reverendi in Christo patris nostri Thomæ Chandeler, Sacræ Theologiæ Professoris, Custodis Collegii Beatæ Mariæ Wyntoniæ in Universitate Oxoniæ, et ejusdem præclaræ universitatis Cancellarii, erga nostram Ecclesiam Cantuariensem devotionem eximiam, et amorem singularem multis maximisque beneficiis declaratum; primum scilicet, quod ad consecrationem Capellæ in Collegio nostro Cantuariensi Oxoniæ, et ad ædificationem altarium in eadem pro divini cultus augmentationem, sumptus fudit opportunos; ac insuper, ut fratres nostri in eodem Collegio litterarum studiis deputati, aut in futurum deputandi, eisdem studiis cum majori animi tranquilitate incumberent, pecuniam largitus est, pro emendis possessionibus sive redditibus qui ad ministranda consueta salaria duorum servientium ibidem, scilicet pincernæ et coci, sufficerent; deinde ad in-

Letters patent, drawn so as to have the force of an indented deed, by which the Chapter of Christ Church, after reciting the favours received from Dr. Chandler, Warden of New College, undertake to confer upon him certain spiritual benefits.

---

[1] The manor of Pamfield was given soon after the Norman conquest to the Abbey of St. Stephen at Caen, and a Benedictine priory was founded as a cell of that house. In the first year of Henry V. this alien priory was suppressed and its endowments bought, with one intervening owner, by Archbishop Bourchier, who gave them to Christ Church.

clusionem ducentarum acrarum marisci in dominio nostro de Aghne earumque defensionem ab aquis salsis, et ad perfectionem novæ inclusionis de Ketemersche in dominiis nostris de Apuldre et Feyrfyld, ducentas nobis marcas liberalissime contulit; ac demum quod expensas dedit necessarias ad impetrationem cujusdam Bullæ ab Apostolica Sede de plenaria indulgentia pro omnibus monachis Cantuariensis Ecclesiæ tempore dati ejusdem Bullæ professis, ac infra terminum postea professuris; animadvertentesque, ex honestissima lege caritatis, ad nos ipsos pertinere ut non patiamur nos erga tam clarissima beneficia videri ingratos, matura deliberatione præhabita, unanimi voluntate et consensu præfato reverendo patri nostro Thomæ Chandelere concessimus, ac per præsentes nostras patentes litteras concedimus, quod ab anno Domini millesimo quadringentesimo septuagesimo sexto, et sic deinceps perpetuis temporibus futuris, quamdiu fructus prædictorum mariscorum de Aghne et de Ketemersch ad infrascripta distributionem sufficiant, in die per ipsum, de communi consensu Capituli nostri, deputando, agetur in Conventu nostro singulis annis plenum officium mortuorum; id est exequiæ et missa de *Requiem* pro parentibus et benefactoribus dum vixerit; post mortem autem ejus, in die anniversario obitus illius, post Capitulum fiet classicum in campanili sicut pro multis nostris benefactoribus fieri consuevit, et eodem die, si commode fieri possit vel die proximo convenientiori, agetur singulis annis, in Conventur nostro scilicet, plenum officium mortuorum, ita solempniter sicut pro Wiberto dudum Priore Ecclesiæ nostræ celebrari consuevit, pro anima ipsius et animabus parentum et benefactorum suorum. Eodemque die, aut infra mensem proxime numerandum, quamdiu ut prædicitur fructus prædictorum mariscorum ad hoc sufficere possint, per Priorem aut ejus deputatum tradentur Suppriori qui pro tempore fuerit quatuor libræ, per ipsum distribuendæ inter fratres, commonachos atque professos Ecclesiæ nostræ, qui illo anno in infirmaria, seu alibi infra Ecclesiam seu monasterium, per aliquot dies ægrotaverint, ultra illam summam quæ de antiqua consuetudine per Suppriorem inter infirmos fratres distribui consuevit, ita quod, occasione hujus distributionis nichil de illa antiqua summa distributionis diminuatur. Tradentur insuper eodem anno per Priorem aut ejus deputatum Custodi Collegii nostri Cantuariensis Oxoniæ, qui pro tempore fuerit, viginti sex solidi octo denarii, per ipsum, scilicet, inter fratres nostros ibidem studentes, qui illo anno ægrotaverint distribuendi. Quod si, per gratiam Dei sanitate prævalente, aliquo anno prædicto viginti sex solidos octo denarios in parte vel in toto reservari contigerit, Custos qui pro tempore fuerit singulis annis in compoto suo de summa hujusmodi reservata tenebitur fidelem pariter ac specialem mentionem facere; ac ubi ad summam aliquam notabilem hujusmodi reservatio pecuniæ accreverit, tunc licebit Custodi cum seniore Socio illius Collegii, de consilio et cum consensu Prioris Ecclesiæ nostræ Cantuariensis qui pro tempore fuerit, hujusmodi summam pecuniæ reservatæ in aliquem necessarium vel utilem usum prædicti Collegii committere. Volumus etiam et [per] præsentes nostras litteras concedimus, quod si contigerit præfatum reverendum patrem **Magistrum** Thomam Chandler ante suprascriptum annum Domini millesimum quadringentesimum septuagesimum sextum ex hac vita migrare, quamvis ante illum annum hæc pecuniæ distributio non fiat, nichilominus interim in Conventu singulis annis, ut præscribitur, in die ejus anniversario solennis memoria ejus.[1] Concessimus insuper prædicto reverendo Magistro Thomæ Chandler ac [per] præsentes nostras litteras concedimus, quod

---

[1] probably *observabitur* is here omitted.

omnia ac singula suprascripta illius beneficia, necnon universa notabilia beneficia quæ per Dei gratiam in futuro tempore, vel Ecclesiæ nostræ Cantuariensi prædictæ vel præfato Collegio nostro Cantuariensi in Oxonia, facturus est, faciemus in martilogio nostro scribi, et singulis annis in die anniversario obitus illius in Capitulo nostro legi, ut et jugis apud nos beneficiorum illius memoria permaneat, et ad reddendam studiosius per orationum suffragia ipsius caritati vicem fratres nostri præsentes et futuri, recenti lectione, vehementius excitentur. Concedimus etiam ut executio hujus concessionis nostræ per Custodem Collegii Beatæ Mariæ juxta Civitatem Wyntoniam supervideatur; ad cujus denique observantiam consciencias nostras et successorum nostrorum coram Omnipotente Deo ad ejus districtum examen oneramus per præsentes. Data sub sigillo nostro communi in domo nostra Capitulari.

17 Nov. 1473.
S. 261 b.

1075.—LITTERA GRATIOSE CONCESSA MAGISTRO THOMÆ CHANDELER.

The Warden and Fellows of Canterbury College in Oxford, in consideration of the benefactions conferred upon them by Dr. Chandler, Warden of New College and Vice-Chan-

Cum, ex sanctissima nostri Salvatoris institucione, omnes homines caritatis officio prosequi doceamur, eos tamen majori vinculo dilectionis ac tenacitate memoriæ complecti debemus, qui in nos plura celebrioraque beneficia contulerunt; hinc est quod singularis illa benevolentia, quam erga nostram Cantuariensem Ecclesiam Magister Thomas Chaundeler, almæ Universitatis Oxoniæ Cancellarius, per egregia beneficia in effectu posita, gerit, ex cujus magnitudine proficiscitur,[1] quod, præter cetera beneficia nostræ Cantuariensi Ecclesiæ collata, dudum ad consecrationem Capellæ in Collegio nostro Cantuariensi Oxoniæ, et ad ædificationem altarium in eadem, sumptus opportunos dedit,

---

[1] *profisiscitur*, MS.

ac etiam quinquaginta libras liberalissime donavit, pro possessionibus emendis ad solvendum pro stipendiis pincernæ et coci in eodem, nos inducit ut ejus reverendam paternitatem præcipuo quodam officio ac studio prosequamur. Unde nos Willelmus Chichele, Custos, et Socii Collegii Cantuariensis prædicti, suprascripta diligenter animadvertentes, volentesque ei pro temporalibus spiritualia bona rependere, volumus et concedimus, pro nobis et successoribus nostris, ut cotidiana apud nos imperpetuum, sub sequenti forma, ejus habeatur memoria. In primis, quod is qui, juxta vim statutorum Collegii nostri prædicti, missam pro fundatore et benefactoribus nostris celebrare tenebitur, teneatur etiam supradicti Magistri Thomæ Chaundeler in eadem missa memoriam habere specialem, nomenque ejus, dum vixerit, in collecta *Deus qui caritatis* sub hac forma —*da famulo tuo Thomæ*; post mortem vero ipsius in collecta *Inclina* sub hac forma—*ut animam famuli tui Thomæ*, expresse pronunciare volumus; insuper etiam concedimus, quod singulis diebus Custos qui pro tempore fuerit, aut qui ejus vice in Aula post prandium aut cœnam gratias inchoabit, in fine gratiarum, sub hac forma, prædicti Magistri Thomæ Chaundeler post ipsius mortem memoriam specialem faciet—*Anima fundatoris nostri, et anima Thomæ Chandeler, ac animæ omnium fidelium defunctorum, per misericordiam Dei, requiescant in pace.* Volumus præterea, et per præsentes concedimus, quod quotiens Custos supradicti Collegii, aut ejus locum tenens, pincernam aut cocum de novo in eodem Collegio recipiet, tenebitur ab eisdem, in prima illorum admissione seu receptione, corporale juramentum exigere, quod ipsi, singulis diebus quibus in Villa Oxonia residentes, et nulla legitima causa præpediti, fuerint, in Capella dicti Collegii pro anima prædicti Magistri Thomæ Chaundeler semel orationem Dominicam cum Salutatione Angelica dicent. Ad istorum observationem nos et successores

272   LITERÆ

nostros, sicut coram Deo in districto examine voluerint respondere, oneramus. In cujus rei testimonium sigillum nostrum commune Collegii prædicti præsentibus est appensum. Data Oxoniæ, decimo septimo die Novembris, anno Domini M°CCCC°LXXIIJ°.

<small>14 July 1474.</small>

1076.—To the right worshipfull and reverent Priour of Cristis Church in Canterbury.

<small>Will. Prat, Mercer, of London, to the Prior of Canterbury.</small>

My Lord I recommende me unto youre good Lordschip, to the which that lyke to knowe that ye schall resseve by Bremse gooldsmith yowre powche and keyband with the keverynge; on the which ar made and set ij. porses with owteforth, accordyng to youre comaundement. Sir, I have payd for ij. gootis skyn where of youre pouche and the keverynge for yowre keyes was made, and j. reed scheppys skyn for the lynynge xiiij. d. Payd also for the makynge of all the sylke and the cheynys of laton ij. s. viij. d.–iij. s. x. d. Sir, the Knoppys [and] the Botons to youre pouche waye 1 ounce and half quarter wyght. What he will have for the makynge I can not sertefye you; oon of your tresorers that causyd me to do make youre powche bespake them and asingyd me where to fecche them. More wryte I nat to yowre Lordschip at this tyme; but Almyghti Jesu gyde yow and spede you in al youre werkis; and yf eny servyse be ther that I may do I beseche yow My Lord nat to spare me; Sir treuly I schall do my trewe delygense and labour in that in me ys.

Be youre trewe lover and servaunte,
WILLIAM PRAT, MERCER.

<small>(Dec. 1474.) S. 269 b. A monk who has been banished from</small>

1077.—Supplicatio Ricardi Molasche dudum monachi Ecclesiæ Christi Cantuariensis.

To the ryght reverent fadyr in God Prior of the Chyrch of Crist of Canterbury and Covent of the same. Mekely besechyt your pover supplyant Richard Molasch,

that wher as he, beyng a relygyus man and of your Covent, be the labour and meays of Mastyr Pyers Corteney
sued to Rome to have had a capacyte to be exempt
fro the relygyon. Whos labour so by Thomas Goldston,
than Prior, undyrstondyng, anon comaundyth and con-
gied your sayd servant supplyant out fro the Covent
and the place, by whoos commaundment he so departyd; and where as he trusted on his capacite, and
long so awaytyd the comyng there of and none cam,
he made labour tho [1] the sayd Master Piers there foore,
wych answeryd him playnly that the Poope had
grauntyd hit, and was passyd the seale, and so he
certefyid by this writyng sealyd. By mene where of
he had a benefyce to him grauntyd by the Kyngs good
grace, than beyng Chanceler my Lord Archebyschop of
Yorke, that ys to saye Seynt John's in Thenet, by the
vacacyon and dethe of the Abbot Jamys of Seynt
Augustyn be syd Caunterbury; in to wyche by mye
Lord of Caunterbury he was instytute, and by the
Archedyaken inductyd, and ever seythyn for the more
partye he hath kepth the cure; on trust that the sayd
Master Pyers had purchasyd his sayd capacyte, as he
by hys writyng affyrmd; wych in to thys daye he
coud never see. Wherefore your sayd supplyant, re-
membring hym selfe so blyndyd and deceyvid, and also
thynkyng and consyderyng how dowtfoll and synful hit
were to hym, and perylous to his sawle, to dye aweye
in the world and oute of the relygion that he was
professyd to, ys becomyn one of the soryisth man for
his ryotous lyvyng that lyvyth God knowyth. Hit
may there fore lyke and please you, in the weye of
charyte and at reverence of the most payneful passyon
of owr most blessyd Lord Jesu, to have compassyon and
pyte of him, not to calle to your mynd his synful lyvyng
ne to rebuke hym fro his request; but goodly, con-
cyouslye, and mercifully to accepthe this his sayd re-

Christ Church wishes to return. He had applied to the Pope for a dispensation from his monastic vow, and, believing that the dispensation had been granted, had held the benefice of Margate.

---

[1] to?

quest, and hym to admytte to be one of your Covent, where too he schall lowly yelde hym, and be agreabyll to accepth all suche correccyons and dyreccyons as hit schal lyke you to put hym to, and so thereyn to persever til to end of his lyfe as a feythful trew relygious monke; *quia Ecclesia nulli resistit gremium.*

1078.

(1474.)

L. B. 259.

Prior Sellyng to Cardinal Bourchier.

Most reverent fadyr in God, aftyr dwe recommendatyon and obedyence premysed, y beseche meekely yowr gode Lordschyp to have tendyr consyderatyon of the mater whereof y wryte unto yowr Lordschyp at thys tyme by my Brothyr the Warden of owr manors, brenger hereof, for the good expedytyon of the mater of Apuldre mersche, now beyng a for the Justyces of sewars at Aschford on Satyrday next comyng; that hyt woll please yowr gode Lordschyp to grante yowr letters sealyd un to the seyd Justyces of sewers, aftyr suche forme and purport as my Brother the Warden of owr manors, brenger hereof, schall move ynne yowr seyd Lordschyp; for as Sir Jon Fogge and othyr of the Justyces thynke suche letters sent fro yowr Lordschyp and opynyd in the contrey schall be the next mene to make a gode and redy expedytyon yn the sayd matter, for divers consyderatyons, as my seyd Brothyr the Warden schall more opynly declare un to yowr Lordschyp; the whyche Allmygthy God ever preserve yn helthe and prosperytee.

1079.—[A SPEECH ADDRESSED TO THE COMMONS IN PARLIAMENT.]

(1474.)

N. 265 *a.*

A speech addressed, on behalf of the King, to the Com-

Our Soverain Lord the King, callyng to his ripe remembrance the state that God of his grace hath stablysshed hym in, the cure and charge also whiche is annexed to the same, whereby he knoweth hym silf to be moost bounde of all the creatures of the world to be-thynk, studie, and fynde the most convenable moyens and weyes that myght sette his people in ease, welthe, and prosperite, undirstandeth for certain, that tranquillite and assured peax within forth is the oonly moyen by the which any reame or comynalte of the world hath growen to abundance and richesse; and of the other side, bi discencion and discorde the grettest and mightiest reames and lordships have fallen to poverte and desolacion. The experience of this nedeth nat to be ferre fette, every man of this lande that is of resonable age hath knowen what trouble this reame hath suffred, and it is to suppose that noon hath escaped but att oo tyme or other his part hath be therein. Suche is the condicion of every body that the discrase of oo membre distempereth all the other. The principall occasion of this grete unrestfulnesse is now, thoruth Goddes grace and by the moost victorious prouesse of our Soverayn Lord, rotely taken awey and extincte, so that there can be lefte no colowr or shadowe of any matier in mannys mynde but that our Soverayn Lord is in dede, as he ever in righte sithe the tyme of the begynnyng of his regne was, sole and undoubted Kyng, verray and rightwis possessour of this lande. And how be it that this grete occasion of trouble and long dis-ease of this lande is by this moyen put aside and fordone, yet is there many a grete sore, many a perilous wounde left unheled, the multitude of riotous people which have att all tymes kyndeled the fire of this grete division is so spradde over all and every coste of this reame, comyttyng extorcions, oppressions, robberies, and other grete myscheves, that if for thaym a spedie remedie be nat founde it is to dowte that the prosperite, welthe, and richesse, so gretely desired, can nat be had nor purchased suerly to the Kyngs people. Than to remembre the moyen how thies idell and mysruled persones myght be reduced to thobeissance of the Kyngs lawes, or for thair incorrigibilite to have and suffre payne due therefore, or

mons in Parliament, and especially to William Alyngton, their speaker, asking them to contribute to the expenses of the invasion of France which ended in the treaty of Picquigny.

ellis utterly to be avoided and removed fro the places where thay cawse thies mischeves; in soth it is that, considered the state of the tyme, the multitude of the mysdoers, the redynesse of thaym to myschevous and adventurous dedys by custume had and taken therein duryng the tyme of this longe trouble and discencion, it can nat be thought that the rigour of the lawe for this seson shuld be the moost convenable remedie. For seeing how the people of this lande by inward werres and strayte execucion of the lawe is mynysshed, to the grete rejoyeng of the outward enemyes of the same, if than this sharp execucion of deth shuld be contynued upon all thaym that deserveth it, as it nedes must if noon other moyen can be founde to put thaym fram thair idell lyvyng, there myght happe within fewe yeres such distruction of people necessarie to the defence of the lande, that the enemyes outward shuld gretely bee encouraged the rather to entre and assaile this reame; which if thay soo did, it wold[1] be thought afore what charge, what coste, what jeopardie and perill, every man must be put to for the defence of the reame and hymself, that defensible werre shuld be more ferefull, more chargeable, requyreng far gretter nombre of people than any arme to be sette outwards; and than though peraventure the lande were appeased afore by sharp ministracion of justice, yet the comyng of the outwarde enemyes shuld put it eftsones out of peax, and all thinhabitaunts thereof in unsuretie of their inheritaunces, possessions, and lyves. Whether ther be cawse to doubte hereof or noo, it wold be well considered also howe the nexte adversaries of this lande, the Scottes, be allied and with whom; nat oonly by an olde ligue with the Frensshemen which be the grettest and auncien adversaries of this ream, but also nowe of late with the Danes; and what courage they have had to entre and trouble this lande her-

---

[1] *shold?*

tofore the croniques and histories be openne. It is not to forgett the subtyll and crafty enterpruises of Lowes the Kyngs adversarie in Fraunce; howe ofte by his moyens hath he entred communicacion and ambassades betwix our Soverayn Lord and hym, to abuse the people of this lande and to put theym in hope of peas and recompense for the Kyngs inheritaunce of that side, and howe atte alle tymes the Kynge hath be by hym illuded, never thyng reasounable by hym to the wele of this reame aggreed, nor effectually offered. It is to remembre what charges the Kynge hath borne to seeke and fynde there some convenient moyen of peas: how first Tharchbisshop of York that tyme Chaunceller, Therl of Essex the Kynges uncle, and other Lords and grete personages were with the seid Lowes att Hesdyn in the Duke of Burgoignes countree; after, Therl of Warwyck, right honourably atte the Kyngs hole coste accompaigned, was sent to hym in to Normandie; yet eftsones after, the Bisshopp now of Lyncoln, than of Rovchester, Prive Seal; whiche all coude never brynge any fruit fro thens, or comfort of any prosperous assured peas. Besides this many grete and solemne ambassades with dyverse prive messages have be resceyved of the Kynge, and atte his grete charge, fro his seid adversarie, upon trust of somme good to have mowe growen thereof; under coloure of the whiche the seid adversarie hath practysed, by sowyng of sedicion and procuryng inward werre, the destruction as ferr as in hym was of the Kyng and his lande. And if Lowes, for his owne imminent necessite or dainger, wold peraventure hereafter offre or graunt the Kyng any recompence, it is to be douted whether, his unstablenesse knowen as it is, he wold kepe suche appointements as he maketh. How that he hath delid with the Dukes of Burgoigne and Bretaigne, also with his owne brother, dyverse other princes and lords in like case, it is notoire; and if par cas he wold kepe his promesses so to be made unto the Kyng, the likelynesse thereof whether he shuld be suffred so to doo wold be considered, seeyng the puissaunce of the seid two Dukes, whiche have shewyd theym self able nat oonly to make there partie good ageynst hym, but also have put hym to the wors. Than resortyng to the forseid entent of our Soveraigne Lord, that is to seie to restore his lande to his olde fame, honour, and renommee, and to brynge in peas and prosperite among his subgietts; when alle causes that myght serve to this entent have be soughte, and in the largest wyse reasouned and disputed, there can be founde noon so honourable, so necessarie, nor so expedient a werk, as to sette in ocupacion of the werre outward the forseid idell and riotous people, undre the conducte of our Soveraigne Lord, the Lords, and Gentills of this lande; for so it is that though to every persone voluntarie rest is more plesaunt and aggreable than labour by constrainct, namely in the dangerous fetes of werre, yet our Soveraigne Lord, of his knightly courage and tendre affection that he bereth to the honour of this lande, [and] the profett and wele of his subgietts, woll not spare to employe his owne persone in that that may best serve for the pacifieng of the londe inwards, the defence of the same fro the outward enemyes, and the encresyng of welthe and richesse to be had amonge his seid subgietts; to the whiche his Highnesse hath at alle tymes sith the begynnyng of his reigne bee as couragiously sett and disposed, like as his good grace openned, in his last parlement holden in this same place, his entent theryn, as ever any Kyng of Englond hath or myght bee. And howe his princely purpose in that partie hath hiderto be letted by the most unnaturall inward trouble, that for that cause was compassed and moved ageinst hym by his owne subgietts, that shuld have assisted hym to the same, abused, and by subtill crafty and sedicious moyens, to their utterest power enforting the contrarie, it is notoire and knowen to alle the world; and therefore concideryng that the Kynges seid adversarie of Fraunce, which was the principall ground, rote, and provoker of the Kyngs seid lette and trouble, doth atte alle tymes lye in wayte to fynde a season how eftsons he myght putt the Kynge and hys lande oute of quiete and sueretie; which, by cawse of his owne occupacions, he may not yet entende in his persone, but natheless solliciteth and stureth the Kyng of Denmark, also the Kyng of Scottes by his messages and ambassades now beyng in Scottlond, to make the Kyngs werre, the trewes late with the seid Kyng of Scottes concluded to the contrarie natwithstondyng; it is thought to the Kyngs Highnesse most expedient, that rathe than he shuld abide the defence of the werre atte home, and leve his lande in the jeopardie that Rome stode in by the comyng of Hanyball out of Cartage, he shuld manly prevent his adversaries, and, like as Scipio, whan the Romanes were in dispair of their defence in their owne contre ageynst Hanyball, departed fro Rome and went to Cartage and victoriously behad[1] him there, to the grettest comforte of the Romaynes that he came fro; right soo our Souverayn Lord thynketh that [he], considered his just and rightwys title whiche he hath to the corone and reame of Fraunce, whereof a grete partie was but in late daies in the possession of Englissh men, seeyng also that he hath largely doo his parte in requisicion of justice or of some resounable recompence in that partie, as is aboveseid, coude doo[2] thynges better for the recomforte sewertie and welthe of his subgetts, than, now havyng noon other remedie, to entre and begynne in his owne quarell a werre in tho parties ageinst the seid adversarie, for the recoverie nat oonly of the duchies of Normandie and Guyenne, but also

---

[1] A strange past tense of *behave*.

[2] noo?

of the corone of Fraunce, whereunto there was never
season afore of like disposicion and towardnesse. For
so it is that whan the Kyng coude nat fynde with
the seid Lowes bi alle the forseid costeley and charge-
full ambassades but fraude, deceipte, and illusion, his
Highnesse, of a grete prudence and foresight, purchased
alliaunces and amyties with two the myghtyest princes
of Fraunce, the Dukes of Burgoigne and Britaigne, to
his grete charges and costs, amountyng above the
somme of CM^1 $li.$, and that for thentent of the ame-
nisshyng of the puissaunce of the seid Lowes, which
hath evidently followed, and this yere is notorily pro-
vid and founden, in so moche that the weld[1] of the
seid two Dukes hath put the same Lowes and all his
hoste to dishonour and rebuke, the other the Duke
of Burgoigne hath goten in dyverse parties of the
londe many seigneuris and places, and specially in Normandie all the Counte of Ewe, which he offreth, by
his ambassadors nowe beyng here present, to delyver
unto the hands of our Soveraigne Lord if hym lyke
to sende a puissaunce to receive it. Wherefore, seeyng
that thies two princes all this last sommer have made
hym myghty partie; that oon put hym out of his
contre with rebuke; that other, the Duke of Burgoigne,
hath layen longe tyme upon the grounde that is undre
obeissaunce of the seid adversarie, and provoked him
to fight, which hiderto he ne wold ne durst at any
tyme doo, but suffred thaym to distroye his playen
contre, to gete upon hym castellx, forteresses, and
stronge townes, and never made defence by any puissaunce brought by him to the feld, it is unlike if our
Soverain Lord also come with his might that the seid
Lowes woll or may abide it, but that of likenesse the
Kynge shall mowe acheve thentent of his conquest,
without grete effusion of Christen blode, or any resist-

---

[1] *weald*, A.-S. *power*.

ence able to recountre alle the seid puissances. To this most honourable work the seid two Dukes of Burgoigne and Bretaigne do daily labour and solicite our Soverain Lord by thair lettres and ambassades; desiryng his Highnesse to entre and chalenge the right that to hym apparteigneth in Fraunce; offryng thaym self to the Kyngs assistence in that quarell so largely as afore this daies was never lyke offre made by any estraunger, like as in partie it may appiere bi certain chapitres of instruccions yeven to the Lord Grutehuse bi the said Duke of Burgoigne, and by other overtuers openned on the behalve of the Duke of Bretaigne, which be here redy to be shewyd and redde. Besides this avauntage and commodite that the Kyng may have in his said conquest bi thies two princes, it is to be noted that the Kynge of Aragon, which is also allied to our Soveraigne Lord, maketh, and woll contenue, actuall werre ageynst the said Lowes, and hath goten upon him the Counte of Rousillon. There be also dyverses other grete lords, which have so grete a mystrust and diffidence of the seid Kyng Lowes, and have ben by him gretely wronged and injured, that withouten dowte woll be redy atte the Kyngs comyng to purswe the same werre. What honour, availe, and profect is like forthwith to growe and enswe upon enterpruise to be taken by the Kyng in Fraunce, if he may be of his owne subgietts assisted as it apperteigneth, it is light to undirstand; consideryng that the state that this lande was in afore that that cuntre was lost, and in what case it hath stonde sithen. It is not unknowen howe there be there right welthy and necessarie ports for the wele of marchandise and the maynteignyng of the nave of this lande, thei be suche, that now beyng out of the handes of Englisshmen, causen the grettest annoyance that the Kyngs subgietts have by the see; for Bretaigne standyng as it doth, iff Normandie and Gascoigne were Englissh, the Frenssh partie had not where to kepe any navie. What good goith yerely oute of this londe to the enrichyng of the adversarie partie for paying of saufconduitts, which all shall sease if this werk goo forth. The Kyng also shall not than nede to purveie att his so grete charge as he doth now for the kepyng of the see, whereunto neyther the subside, ne tonnage, nor pondage can suffice and it were moche more then it is, the Frenssh navie beyng so myghty, and maynteigned in manere as it hath be this yere, though he had the Esterlyngs reconsiled unto this lande ageyn, whereof the Kyng is put in good trust and hope. Many gentilmen, as well yonger brothers as other, myght there be worshipfully rewarded, and inhabite that londe for the sure garde of the same: the men of werre, that had none other purveaunce, to be sette in garisons and lyve by thair wages, which ells were like to contenue the mischef in this lande that they do nowe. And be it well remembred, how that it is nat wele possible, nor hath ben seen since the Conquest, that justice, peax, and prosperite hath contenued any while in this lande in any Kings dayes but in suche as have made werre outward. Example by Kyng Henry the First, Henry the Secunde, King Richard the First, Henry the Thirde for the tyme he werred oute, Edward the First, and Edward the Third, Henry the fifthe usurpour, and Henry the Sixth which also usurped. Which last Henry in his daies, notwithstandyng his simplenesse of witte, stode ever in glorie and honour while the werre was contynued by yonde; and, that left, successively all fell to decay. Right so it happed in olde daies at the Citee of Rome; for after that Cartage was clerly overthrowen and distroied, the residue of the world obeying the Romanys, they nat havyng werre with any contre outwards where thay might sett thayr warrely purpose in ocupacion, fell amongs thaim self to suche division and inward battaille, that finally they were brought to ruyne and desolacion. Therefor in avoidyng fram this lande the contynuance of that perill and myschief, seeing besides whate grete avauntage and profittez, of liklynesse may enswe to the same by entryng into the werre of Fraunce, if thoportunitie of this season be taken and entended, whereof the like was never seen be fore nor shall mowe of liklyhode be had hereafter; it is thought to our Soveraigne Lord and his co(u)nsell that this matiere aughte to be pondred and peysed with all diligence above all other; for if it shuld so happe, as God forbede, that thies princes whiche be entred so ferre in this werre, callyng upon the Kyng to come and chalenge his right, promittyng thaire aide and assistence, shuld nat atte this tyme be effectuelly herde, but stand in their owne quarell allone, oon of three thyngs must nedes enswe; either thay to bee enforced to fall att appointment with the seid Lowes; or elles to contynue the werre in thair owne names; or, if thair necessite were suche, to calle uppon some other princes to chalenge the corone of Fraunce ageinst the seid Lowes; whereyn, in cas they prevailed, no dowte but it must nedes be thought it myght nat redunde to oure wele, but rather gif thaym cause, after that thai be relinquisshed of this lande, to bee right extreme enemyes and adversaries to the same; for a gretter enemy may no man have than he may make hym self of his frend. And if in the seid cas of contynuyng of werre with the seid Lowes of Fraunce, the Kyng for lack of assistance nat adjo[i]g[n]ing hym selfe therunto,[1] the Dukes of Burgoigne and Bretaigne shuld happe to be overthrowen and discomfett, and the French Kyng have the victorie, it is no dowte but [in] after tyme the seid Frenshe Kyng and his successours shuld be more

---

[1] *theyinto*, MS.

myghty for Englisshmen to dele with than thay have been in yeres here before, consyderyng the grete landes and riche lordshipps whiche shuld falle unto their hondes by the overthrowe and discomfett of the seid two Dukes, bi the whiche [the] adversarie(s) might and power soo encresed, seeyng that the myght of Denmark and Scottland is unied bi alliaunce to the same, it were like that nat oonly all sure passage, and entre cours of marchandise in especiall exercised in the parties of the seid Duke of Burgoigne, whereby the people of this reame have bee entre enriches and prospered hiderto, shuld incontinent be withdrawen fram tham and utterly ceasse; but also this lande, so envirouned of myghty adversaries, destituee of his olde frends, stande in grete(r) dowte and perill than ever it did before; for the which to be eschewed, a seure and an honourable remedie, if the premysses be well weyed and attended, may be purveied and had, to the grete honour and glorie of our Soverain Lord, the assured peas, and filicite of his liege people and subgietts. Wherefore William Alynton, and ye Sirs presentyng here the comminalte of this lande, sith ye have herde now and well understanden by what moyen the parfit peas of this reame may be moost honourably and assuredly recoveryd; with what myghty puissances, whereof the like was never offred, the Kyng for his conquest of Fraunce may be fermely served, aided, and assisted, by princes straungers; what ineffable triumphe, glorie, welthe, and richesse may growe thereby unto the Kyng our Soverayn Lord, his Noblesse, his true Subgietts; what dishonour, ymportable charges, and irreparable[1] damages may enswe if this soo oportune season be nat attempted and used, but suche inestimables offered refused; like it you therefore to considre the knyghtly courage, grete proesse,

---

[1] *irrepaple*, MS.

and disposicion of our Soverain Lord the Kyng, whoos good Grace will eschewe payne, perell, ne jeopardie, for thaccomplisshment of the premisses; and therupon, in shewyng that ye bere towards hym and to the welthefulnesse of this his lande, ye will calle unto your remembraunces how lovyngly and kyndly the Comons of this lande have served and holpon before tyme as well thair Soverayne Lordes, his most noble progenitours, towards thair conquest in Fraunce, as other(s), usurpours uppon his corone here, whan noon such offres were made by any so myghty princes and lords estraungers; and will also remembre how grete fame and renoumme, with grete honour, welthe, and richesse, in suche werres aforne for suche conquest maigenid,[1] the nobly(s) of this lande, and also your fornefaders have purchased, and that the noblisse and ye now beyng, of this werre and conquest to be intended of liklyhode shall nowe purchase like fame, renommee, welthe, honour, and richesse; and thereupon to aide atte this tyme our Soverayne Lord in his ample forme, as the subgeitts of [this] reame have aided and assisted the seid progenitours and usurpours; so that he shall nowe thereby aichewe and accomplissh the fructuous effecte of his seid conquest, which the Kyng thorughly entendeth to execute withyn as breve tyme as he may convenably, with the grace of Almyghty God and the lovynge assistance of you his true subgietts.

1080.—To the Revnd fader in God myn especiall good Lord the Prior of Crists Church of Canterbury. (1474.)

Reverent fadre in God, my right bountevous good Lorde, I recommend me unto your good Lordeship and

Thomas Bulkley to the Prior

---

[1] *mainteignid?*

of Christ Church.

after speciall desire of your welfare please it you to haue in knowlege I have hadde this terme som besiness to doo for divers causes as foloweth. First for your . . . . . xxj. . . . . whiche I receyved of you. And over that, as I tolde your Lordeship and also left worde with Master Warden, over and above my rescept they wolde charge yow with xxix. *li.* and odde money, for the whiche I have made due serche in the schequer to your charge and cost, as I hereafter shal shew your Lordeship, and send you a clere bill as ys said may be abyden by, which bill duely examyned with your registre, yf the remanet be true I wolde know, and I shall chaunge your taillies upon the same. For, an I ne were there, had taillies passed oute upon the same to your hurte, the whiche God forfend I beying present. My Lorde, I thinke in my mynde that these parcells in surcharge have been discharged before this tyme by peticion, and the courte &c. is gredy and lothe to lose any of thaire duetees. Wherefore, my Lorde, I beseche you to send me notice of the certentee, and if it remayn accordyng like as I have shewed your Lordship. I have viij. *li.* viij. *s.* viij. *d.* in ij. taillies of your remaynyng, whiche shalbe set on yourself if it so be. And also, my Lord, the excepcions of the courte for your wynes hath put your Lordeship to cost and charge and that largely this terme, but now it is clere past in the porte of London. Trustyng in my mynde it hadde soo done in times past, but the custumis have been laches, and the courte delayous, &c., nevertheles, my Lord, (I) truste in that courte ne in other shall noo thing passe to hurte you and I may know it. Howbeit, my Lorde, I have been absented this terme many times, for God knoweth I can not yet be hole in body, yet I trust in God to see your Lordeship this Cristemasse. Also my Lorde kings good Grace shall entre London this day and be loged at Poules in the palas for ij. dayes, and then he cometh to you and so forthe. I beseche you to pardon my rude writyng, for in trouthe I wrote not so muche seth I was with your Lordeship, and feblenesse wil not suffre me to write no more at this tyme, but the Holy Trinite save you and kepe you myn especiall goode Lorde, and graunte me grace of bodyly helth that I may doo service accordyng to my goode will. Written at Westminster on Seint Kat'yn day,

By your humble servant,
THOMAS BULKLEY.

1081.—TO MY RYGHTE VERREY GOOD LORD PRIOR OF CRYSTECHURCH OF CANTERBURY. [1474.] L. B. 190.

Reverent fadre in God after all due recommendations unto your good Lordship, as a man unknowen, please it the same to understond, that at the departure of my Master Bulkley from me, yesterday was fortnight, he bad me that if myn expenses in prison were so grete ar his comyng ayeyn to me that I had nomore money to susteyn the same, he willed me to wryte unto your good Lordship thereof, desyryng the same to lene me sum money till hys comyng; seying that he had meoved your Lordshipp of the same, and that ye graunted hym it. Sir it is so that myn expenses here been not ne have not been litell and prety but right large and grete, and gretter than I wend it wold have been for so litell being here, so that my money is goon. Wherfore accordyng unto my masters commaundement I beseke your Lordshipp of your relief of the same tyll my masters comyng. I pray you of a noble (I wote not what nede I shall have, it hath cost me three syn myn imprisonment) and that it myght be sent by eny servant of yours; and at my masters comynge your Lordshipp shalbe ryght well repayed and thanked for the same; with the grace of God, who ever preserve

W. Gynne, servant of Master Bulkeley, to the Prior of Canterbury.

288   LITERÆ

your Lordshipp in good lyff and long prosperyte to endure.
Wryten in Westgate this Tuysday.
          Youre bedeman,
             WILLIAM GYNN,
          Servant of your worshipp and
             of Master Bulkleys.

26 Jan. 1479.
S. 292 b.

1082.—LITTERA DE BENEFICIO CAPITULI CONCESSA MAGISTRO THOMÆ BULKLEYE UNACUM AFFINIBUS SUIS INFRASCRIPTIS.

Grant of Confraternity to Thomas Bulkley and his nearest kin.

Universis, etc. Quoniam igitur dilectus noster Thomas Bulkley, pia consideratione animadvertens sacrificia missarum, etc. instanter postulavit ut eum, unacum infrascriptis affinibus suis, ad nostrarum orationum communionem reciperemus; Nos, etc. dictum Thomam Bulkley, et Margaretam ejus[1] conjugem, ac Margaretam Mynew sororem prædicti Thomæ Bulkley, necnon Willelmum Holme patrem, et Johannem Holme matrem prædictæ Margaretæ Bulkley ad plenum nostræ fraternitatis beneficium duximus admittendum, etc. Data, etc. vicesimo sexto die mensis Januarii, anno Domini Millesimo quadringentesimo septuagesimo octavo.

Mar.-May 1475.
S. 273 b.

1083.—PROCESSUS CONTRA INFRINGENTES ECCLESIASTICAM LIBERTATEM.

Three laymen, officials of the secular power, had held in-

Hujusmodi citationum et absolutionum causa et occasio talis extitit. Fuerunt in parochiis Westbere, Godharste, [et] Cranebroke, pueri parvuli, circiter trium annorum, non violentia aut alicujus malitia, sed solo eventu, aut negligentia potissime, nutricum ab-

---

[1] *ejusque*, MS.

CANTUARIENSES. 289

sentia, in aquis fluminalibus et fontalibus perempti fuerunt; etiam Regis officiarii Hamo Bele civis Cantuariensis, Johannes Scharp senior de Benynden, C(o)ronarii, et Stephanus Frende de Westbere Borsoldyr sive Constabularius. Hii omnes, singuli in partibus suis, convenerunt, et de morte puerorum inquisierunt, et ordinationem Ecclesiæ aut non considerantes aut non curantes, secundum modum regalis Curiæ sedentes, et in suis tribunalibus agentes, pro morte puerorum condempnaverunt flumina et fontes, ac si aliena industria perempti fuissent. Insuper, quod minus laudabile est, pro suis sumptibus ab unoquoque parentum non minus quam xiij. solidos et quatuor denarios acceperunt. Post hæc, curati parochiarum miserunt parentes Cantuariam, secundum modum consuetum, sollempnem perficere pœnitentiam; ac Ecclesiæ Pœnitentiarii, ad quos ex officio spectat tales recipere, de modo rei juste et stricte examinaverunt, et considerantes inusitatum et de novo introductum modum, et illud quod scribitur: *non judicabit Deus bis in id ipsum, vel non consurget duplex tribulatio, quia levis culpa præsenti supplicio, id est unico, compensanda sit;* (2, 3 et 5) quod ergo pro illo anno non admiserunt, sed distulerunt, et totius rei ordinem Domino Archiepiscopo una voce retulerunt. At Dominus Archiepiscopus, non tam cum juris regni peritis quam etiam Ecclesiæ doctoribus viris consiliando discutiens, omnes unanimiter contulerunt, et ex suis conscientiis palam decreverunt, non solum injuriam Ecclesiæ, quin etiam gravem rapinam fuisse in pauperes commissam. Ex eo enim decreto (2 quæstione 5) *consiluisti palam* instruitur Ecclesia tales res casuales præcise ad Episcopi personalem statum debere, ad disponendum et discutiendum, pertinere, et ex dispositionibus provincialium constitutionum. Si pueri infra septenniem

quests and received fees in cases which the Archbishop decided ought to have been settled in foro ecclesiastico. For their intrusion the officials were condemned to restitution of the fees and some slight penance.

---

[1] sic MS.

ætatem tali modo, quasi casuali, perierint, talis qualis nunc usitandi modus in solempnibus pœnitentiis continuatus fuit, et nullius præcedentis patris auctoritate mutatus; non enim congruit secularem potestatem ecclesiasticas ordinationes subvertere, maxime cum Ecclesia in puniendo nullius rapacitatis potitur genere; sed meminit Apostolum discernentem pietatem ad omnia esse utilem, proinde in suis punitionibus ex visceribus sinceræ pietatis, justæ etiam et rectæ severitatis alacris, misericordiæ, summæ benignitatis et clemenciæ, solet procedere. Volens etiam Dominus Archiepiscopus, cui ex officio incumbit talia errata corrigere, misit citationes, et illi citati primo ad Pœnitentiarios pro consilio petendo Cantuariam venerunt, et Pœnitentiarii, de statu animarum præcipue curantes, retulerunt eis de necessitate fore primo, quod restitutionem parentibus de acceptis pecuniis facerent, et sic parentes ad Ecclesiam juste restituti, ad libitum et arbitrium Domini Archiepiscopi, vel considerationem Pœnitentiariorum ejus, congruo ab eis disposito tempore, solempnem vel aliquam aliam pœnitentiam complerent. Tunc, seipsos satis errasse considerantes, pecunias minus juste acceptas unicuique parentum restituerunt, et, ad obsecrationem Pœnitentiariorum ejus, Dominus Archiepiscopus ex magna benevolentia et singulari gratia, absolvendi specialem commissionem suis Pœnitentiariis inscriptam misit; et sic unus ab altero, et alius ab alio Pœnitentiariorum, plenam absolutionem, in capellis Beati Michaelis Archangeli, et Sanctorum Bartholomei et Thomæ Apostolorum, et Sancti Clementis Martyris, receperunt, præstito primitus in fide juramento super Dei Ewangelia parendi de cetero juribus Ecclesiæ, et non amplius, per se vel per alios, ejus jurisdictionem infringere aut violari promittentes. Hujus rei testes sunt, vir benevolus Magister Ricardus Thomas, Juris Bacalarius, sacerdos devotus, Edwardi Principis Capellanorum unus, et Christi Ecclesiæ specialis amicus; et Magister Willelmus Plumpton, Procurator ministerio fungens hujus rei, negotium plene cognoscens, et Domino Archiepiscopo et ejus consilio fideliter referens. Hiis temporibus agebat regimen archiepiscopalis dignitatis Dominus Thomas Bowchyr, vir magnæ nobilitatis, de sanguine regio, ex suis progenitoribus in vero matrimonio splendiæ procreatus, et tituli Sancti Ciriaci in Termis Presbyter-Cardinalis, in annis suæ translationis xx^{mo} et xxj^{mo}. Agebat tunc regimen supradicti prioratus Magister Willelmus Sellyng, vir in nobilitate vitæ et optimæ famæ undique respersus, etiam Universitatis Bononiensis, ex reputatione omnium, in theologia Doctor valde præclarus; eo magis famosus quo non minus in Græca et Latina lingua extiterat apprime eruditus et satis gnarus. Manebat tunc in officio Supprioris Magister Willelmus Hadlegh, ejusdem Universitatis in Theologia Doctor, vir in sacra conversatione et vitæ religiositate valde præcipuus. Extiterunt etiam tunc ejusdem Ecclesiæ Pœnitentiarii, monachi-sacerdotes et professi, Willelmus Thornden in theologia Baccalarius, et Henricus Holden, vir in morum probitate et religiosa conversatione satis laudabilis. Peracta fuerunt ista anno Domini M^{o}CCCCLXXV^{to}.

1084.—SUO REVERENDISSIMO IN CHRISTO PATRI PRIORI ECCLESIÆ CHRISTI CANTUARIENSIS.

25 Oct. (1475).

S. B. 59.

I.H.C.

Reverendissimo in Christo Patri suus humilis filius, debitas reverentias et honores. Postquam a vestro Gardiano pro expensis tui scolaris Ricardi Tyll, quas ab eo postulabam, pecunias accepissem, colendissime pater, propter majorem solutionis evidentiam, petiit a me ut quantam nunc pro ipsa re summam pecuniarum ab eo receperam tuam paternitatem meis litteris facerem certiorem, cui rei ipse enim toto animo totoque

Provision for a scholar of Canterbury College.

desiderio impegerimus;[1] ideo potissimum, quod michi tunc materia dabatur scribendi, non ficta aut sola ex cogitatione reperta sed apta satis, qua re singularissimum michi patrem, cui inter mortales maxime devinctus sum, meis litteris, et si incultis a toto tamen corde summaque in te pietate profusis, salutarem. Tradebat michi modo ipse Gardianus, partim pro ipsius tui scolaris transactis expensis, partimque pro futuris xx. solidos. Tanto namque plures modo ab eo recepi, quanto in transactis expensis longe ampliores quam hucusque solutiones receperam, exposui. Scripsit enim ad me vir michi conjunctissimus, Reginaldus Goldston, tuam voluntatem, pater eximie, qua me volebas ut tuo antedicto scolari et novam togam novamque tunicam emerem atque parari facerem, quod non modo (ut sumere debeo) minime prætermitti, sed nec differri sinebam. Tanto igitur plures nunc michi reddi pecunias petieram, quanto in præfatis hiis rebus, ceterisque sibi necessariis, non modicam pecuniarum summam exposueram. Istius vero quam modo pecuniarum summam recepi plus quam tres partes ante hac exposueram. Istarum denique expensarum, cum proximo ad tuam paternitatem profectum iri tibi libuerit, clariorem competum efficere curabo. Valeat in Christo tua paternitas semper feliciter. Ex vestro manerio de Newynton, velociter, in festo Sanctorum Crispini et Crispiniani.

Tuus cotidianus apud Deum orator
DOM. THOMAS GOLDSTON.

29 Dec. 1477.
S. 294 b.

A narrative of the facts connected with the

1085.—DE RENOVATIONE DONATIONIS VINI SANCTI THOMÆ PER REGEM FRANCIÆ FACTA.

Memorandum quod anno Domini Millesimo CCCCmo septuagesimo septimo, in die Passionis Sancti Thomæ Martyris, Lodowycus illustris Francorum Rex, ob de-

---
[1] sic MS.

votionem singularem quam erga prædictum beatissimum Martyrem habuit, donationem quandam centum modiorum vini, mensuræ Parisiensis, quam bonæ memoriæ Lodowycus, olim ipsius progenitor, huic Ecclesiæ largitus fuerat, et multi deinde progenitores confirmaverant, quæ postmodum occasione guerrarum inter regna Angliæ et Franciæ subtracta fuerat, de magnificentissima bonitate sua renovavit, rogatus ad hoc per litteras illustrissimi Domini Edwardi Quarti Regis Angliæ; ac, ut in possessionem ejusdem donationis nos eodem anno restitueret, præcepit Senescallo Hospitii sui ut in Civitate Turonensi, in qua tunc idem Rex moram trahebat, ubi meliora vina venalia haberentur, perquireret ac centum modios mensuræ prædictæ optimi vini, impensis regiis emptos et usque ad civitatem Rotomagensem transvectos, nobis ibidem recipiendos, assignaret. Qui jusso Regis obtemperans, quinquaginta tres pipas mensuræ Turonensis de duobus generibus vini, scilicet de vino Barnensi et vino de Turona, usque ad prædictam Civitatem Rotomagensem, nobis aut procuratoribus nostris ibidem deliberandas, transvehi procuravit; quæ receptæ sunt per procuratores nostros mense Martii, et impensis nostris usque ad portum Sandwici transvectæ. Postmodum vero mense Aprili, idem Christianissimus Francorum Rex de prædicta donatione sua litteras suas patentes nobis fieri assignavit, sub tenore qui infra continetur. Et memorandum quod procurator noster in hac causa apud prædictum Francorum Regem, et præcipuus executor hujus negotii fuit venerabilis vir Magister Thomas Langton, Theologiæ pariter ac Juris Canonici Doctor, qui hiis temporibus a Domino Rege Angliæ ad prædictum Francorum Regem legationis officium, pro magnis causis regni, gerebat; cujus amicitia Dominus Willelmus Sellyng, qui hiis etiam temporibus prioratum hujus Ecclesiæ tenebat, olim in studio et civitate Pattavina, ac etiam Romæ, familiarissime usus

renewal of the grant of the wine of St. Thomas, by Louis XI., and of the transfer of the source of the wine from Poissy, near Paris, to Touraine. The obligations of the Convent to Dr. Langton (afterwards Bishop of St. David's, of Salisbury, and of Winchester) are acknowledged.

est, ac nunc eandem illius amicitiam ad hujus Ecclesiæ commodum est expertus. Ideo omnes monachi Ecclesiæ Christi, præsentes pariter ac futuri, pro bono statu dicti Magistri Thomæ Langton dum vixerit, et post mortem pro illius anima merito Deum erogare debent.

1086.—LITTERA ARCHIEPISCOPI MISSA CONVENTUI, AD CONSENTIENDUM APPROPRIATIONI ECCLESIÆ DE WHITSTAPLE.

5 Jan. 1478.

S. 283 a. The Archbishop asks the Chapter to consent to the appropriation of the Church of Whitstable to the Duke of Gloucester's collegiate foundation at Plasshy, in Essex.

Thomas miseratione divina tituli Sancti Ciriaci in Thermis Sacrosanctæ Romanæ Ecclesiæ Prisbyter-Cardinalis, etc. dilectis nobis in Christo filiis Priori Ecclesiæ nostræ metropolitanæ Cantuariensis, et ejusdem loci Conventui sive Capitulo, salutem, etc. Ex parte Magistri sive Custodis, presbyterorum, clericorum, et choristarum Collegii sive Ecclesiæ collegiatæ Sanctæ Trinitatis de Plecy, in Comitatu Essexiæ, Londoniensis diœcesis, patronorum ecclesiæ parochialis de Whitstaple, nostræ Cantuariensis diœcesis, nobis extiti jampridem expositum, quod quondam illustris Princeps et inclitæ memoriæ Thomas Wodstok, Dux Gloverniæ, Comes Essexiæ et Bukynghamiæ, ac Magnus Constabularius Angliæ, ad honorem, gloriam, et laudem Summæ et Individuæ Trinitatis, Beatissimæ Virginis Mariæ, Gloriosi Martyris Thomæ Cantuariensis specialis patroni et advocati sui, omniumque Sanctorum, et divini cultus augmentum, pro suo et nonnullorum aliorum principum, de quibus in eadem fundatione fit mentio, salubri statu dum viverent, et animarum eorundem ac omnium fidelium requie postquam ab hac luce decederent, præfatum Collegium catholice fundavit, erexit, et stabilivit; in eodemque Collegio, pro perpetuis futuris temporibus, ordinavit et instituit novem fore debere presbyteros perpetuos, ex quibus novem presbyteris unum quidem voluit Gubernatorem, Custodem, sive Magistrum vocitari; et ultra hujusmodi novem presbyteros duos ordinavit clericos perpetuos, et duos choristas, quotidie Summæ Trinitati inibi ministraturos. Idem quoque illustris Princeps, ad dicti Gubernatoris, Magistri, sive Custodis, [et] presbyterorum, clericorum, et choristarum prædictorum subventionem et sustentationem perpetuam, oneraque alia ejusdem Collegii supportanda, nonnulla redditus, fructus, proventus, ac emolumenta, quorum tamen omnium verus valor annuus, tempore fundationis hujusmodi, in toto summam centum et sex librarum undecim solidorum et octo denariorum, annis communibus, non excessit, eisdem et prædicto Collegio perquisivit, concessit, et donavit. Sed quoniam, ut ex parte eorundem Magistri sive Custodis et presbyterorum subjunctum fuit, redditus, proventus, atque emolumenta hujusmodi adeo et in tantum, abinde et usque ad hos dies, decreverunt, et sunt notorie diminuti, quod ex et cum eisdem numerus personarum hujusmodi et ministrorum eisdem necessariorum, qui ad numerum sexdecim personarum se extendit, sustentari, cultusque divinus inibi observari et continuari, hospitalitasque debite teneri, ac alia onera ordinaria et extraordinaria eisdem Custodi, presbiteris, atque clericis incumbentia congrue et decenter supportari non valent, nisi aliunde eis misericorditer subveniatur. Extabat tamen, et extat, ut per partem eorundem expositum fuit, dicta ecclesia parochialis de Whitestaple, cujus patronatum Magister cive Custos atque presbyteri et clerici præfati obtinere noscuntur, quæ in suis fructibus et proventibus satis fertilis et abundans existit de et ex quibus onus curæ ejusdem ecclesiæ de Whitestaple, ceteraque onera eidem incumbentia, sufficienter et honeste sustineri, necessitatique Collegii antedicti Magistrique, presbyterorum, clericorum, et choristarum ejusdem in præmissis competenter subveniri poterit, si et in casu quo illam ecclesiam dicto Collegio, Magistro, sive Custodi et presbyteris, in eorum proprios usus, pro perpetuo possidendam per nos et nostra auctoritate, contingeret debite appropriari. Nobis igitur, pro parte dicti Collegii, Magistrique, presbyterorum, clericorum, et choristarum ejusdem, extitit humiliter supplicatum, quatinus, ex causis præmissis, ipsam ecclesiam eis et dicto Collegio canonice unire, annectere, appropriare, et incorporare dignaremur. Cumque nos tandem in negotio appropriationis hujusmodi, ad supplicationem hujusmodi, procedentes, servatis primitus in hac parte de jure per nos servandis, præmissa veritate niti invenerimus; cupientesque in negotio illo ad finalem expeditionem ejusdem procedere, quia tamen unionem, annexationem, appropriationem ipsas absque consensu vestro finaliter non intendimus, sicut nec de jure expedire debemus, volentes per omnia rite et legitime et absque præjudicio juris vestri omnino in hac parte procedere, vos exhortamur in Domino et requirimus, quatinus tractatu super præmissis inter vos diligenter prius habito, de consensu vestro capitulari super unione, annexione, appropriatione, et incorporatione dictæ ecclesiæ parochialis de Whitestaple præfato Collegio, occasione præmissorum, faciendis, præstito, si consensum hujusmodi in hac parte adhibere censueritis, seu etiam quid aliud in præmissis facere decreveritis, per litteras vestras patentes, sigillo vestro communi roboratas, quam primum id commode facere poteritis, nos [1] certos facere curetis. Data in manerio nostro de Knoll, sub sigillo archiepiscopatus nostri, quinto die mensis Januarii, anno Domino M°CCCC°moLXX°mo septimo, et translationis nostræ anno XXIIIJto.

9 Jan. 1478.
S. 284 a.

LITTERA CONVENTUS DE CONCESSIONE APPROPRIATIONIS ECCLESIÆ DE WHITSTAPLE.

The Chapter gave the con-

Reverendissimo in Christo patri et domino, Domino Thomæ Dei gratia tituli Sancti Ciriaci in Thermis

---

[1] *nosque*. MS.

Sacrosanctæ Romanæ Ecclesiæ Presbytero-Cardinali, vestri humiles et devoti filii Prior Ecclesiæ vestræ Cantuariensis et ejusdem loci Conventus sive Capitulum, omnimodam obedientiam, et reverentiam tanto patri debitam. Vestræ reverendissimæ paternitati prælibatæ tenore præsentium humiliter intimamus, quod nos Prior et Conventus prædicti, in Domo nostra Capitulari ad effectum infrascriptum capitulariter congregati et Capitulum facientes, vestras litteras reverendissimas, cum omni qua decuit reverentia, nuper recepimus, in hæc verba: "Thomas miseratione divina," etc. *ut supra.* Quibus itaque litteris vestris reverendissimis in eadem Domo nostra Capitulari inter nos publice perlectis, auditis, et per nos plene intellectis, habito inter nos, de et super causis fiendæ appropriationis in eisdem litteris vestris plenius specificatis, tractatu diligenti, causas illas rationabiles, justas, et legitimas fore censentes, ex causis ipsis nos merito in ea parte moventibus, hujusmodi unioni, annexioni, appropriationi, et incorporationi fiendis, omnibusque et singulis eidem necessariis et quomodo libet opportunis, nostrum communem, unanimem, et expressum consensum adhibuimus, prout etiam nostrum communem, unanimem, et expressum consensum adhibemus per præsentes, necnon omnia et singula in negotio illo, ac eidem necessaria et quomodolibet opportuna, per vos et vestra auctoritate facta et facienda, ordinataque, et ordinanda, quatenus ad nos attinet et de jure possumus, pro nobis et successoribus nostris, servata tamen omnino nobis indemnitate congrua juris quod ad nos in ipsa parochiali ecclesia spectare posset et deberet temporibus vacationum Sedis Archiepiscopalis et Archidiaconatus Cantuariensium, quæ futuris temporibus in ibi contingere poterunt, quam petimus, auctoritate reverendissimæ paternitatis vestræ, ad summam viginti denariorum per prædictum Magistrum sive Custodem, presbyteros, clericos, et choristas, ac

sent asked for in the foregoing letter.

successores suos, nobis in Ecclesiæ nostra Cantuariensi, singulis annis perpetuis futuris temporibus, solvendam, limitari, cum sufficienti coercione ad hujusmodi solutionem nobis ut præmittitur faciendam, per eandem reverendissimam paternitatem vestram ordinanda, rata et grata habemus pariter et accepta. In quorum omnium et singulorum fidem et testimonium sigillum nostrum commune præsentibus apposuimus. Data in Domo nostra Capitulari nono die Januarii mense[1] et anno supradictis.

15 Feb. (1478).
L. B. 107.

An agent in London to an official of Christ Church.

1087.—TO MY WORSCHIPFULL MAYSTER DOM. RANALDE GOLDSTON.

Ryght reverentt and worschipfull Mayster, I recommend me unto your good Maysterchappe, ever moer than[k]yng yow of the grett chere that ye madde me the laste tyme I was with yower Maysterchape att Canterbery; moer over lattyng yow wett, that Rychard Lull of Feversham hath halfe a barell of ellys for yow, and thaer ys in the seyd barell j̊xxiiij. ellys pakyde. Be a vyce of Rychard Cokys fyssemager the price of seyd ellys ys xxiij. s. iiij. d., and so I have payd Rychard Cokys ther foer. And also Ser yf yt ples yow for speke unto my[2] Wardan for a iiij. load of tymber for to be fellyde in Horsley Comen, and yf ye well send me a bill I well ryde thedder and se it be fellyde; for Ser the seyd tymber most seryf for the reparations of the Kyngyshed and other dyverys places, for now is tyme of good fellyng ther of. No moer un to yowr good maysterchipe, bott Jesu have yow in hys keppyng. Wryttyng at Suthwerk the xv. day of Feveryer.

Be yower an Servant,
THOMAS LYNDESSAY.

---

[1] *die*, MS.

[2] *my Wardan = Mayster Warden*, the Custos Maneriorum is here evidently meant.

1087*a*.—To his right reverent Lorde the Priowr of Cristischurch in Canterbery, this letter be delyvered.

13 Nov. (1478).

L. B. 107.

Right Reverent and myne especiall good Lorde, y recommend me unto your Lordeschipe, desyryng to here off your good wellfare, &c. The cause of my writyng is to geffe your Lordeschippe in knowledge, that I have schipped your lede in Richard Lowlle of Feversham xv. pecis, the wiche amountith to v. fodder ciij. quartrons xxj. lb. Also I have received a letter fro your Lordschipe, and as yet we here no word of the Bowrdeues schippis. They be seylid owt, and we understond non other but that they be on the West Coste, and I schall dayly inquier for theym; and as sone as I understond off theyr commyng in to the Temmis I schall send you knowlege. I have spoken with the merchaunte that is owner of the Patrike off Dertemowthe, and he hathe promised me to have knowlege with the furste, and y understonde that the Myell Conquete is a Bretteyn schipe. Also, my Lord, I have nat ʒeit receyved the money off Bokelay of the receyt; a seyith it is nat ʒeit come in; I hoppe it schall comme in schorte tym and yeff it comme not I schall let your Lordschipe have knowlege, be Gods grace; the wich preserve you body and sowle. At London le xiij. de November.

Your own RICHARD COKKIS,
off London, fichemonger.

The fishmonger and agent of the Convent in London to the Prior.

1088.—To the right reverend fadyr in God my speciall good Lord the Prior of Crichyrch at Cauntyrbury.

27 Feb. 1478.

L. B. 169.

JESUS.

My Lord, I am assigned by the Kyng to commyn with the ambassadors of Spain and My Lord of Nor-

Dr. Langtou to the Prior of

Canter-
bury.

wich also; when we shall fynyssh our maters the whiche we have in hand God knowith and not I. As sune as we can make an end I wil by the grace of God ryde unto my cuntere to see my fader and my moder, and as sune as I may aftyr Estyr to come ageyn. I see that I mygt have no leyser to attend to your sermon ageyn the Convocation, and therefor I have rid me of it and Master Daget is assigned therto. My Lord the labour ye have had in the mater I trust in God shal not be lost, it may do servyse an other day. My Lord of Excytyr gaf me this other weke a dignyte in his churche of Excytyr that is worth as I am credibilly enformyd lx. *li.* and better clerly by yere. Yesterday he sent his servant to me and shewyd how that the Kyng had wryttyn to hym for a prebend, the which shalbe now as sune vacant as the Bishop of Landaf shalbe consecrat, the which is now olate namyd by the Kyng to the Pope; I wate not whether ye knowe hym, his name is Master Marshal chapleyn to the Kyng. I besech your Lordship that I may [be] commendyd to Master Subprior and to al our breythren, &c. Wryttyn at London the xxvij. day of February. The parliament is dissolvyd, the Kyng and Quhene be at Grynwich, and there the Lords of the Courte with thame. Your

T. L.

6 Nov.
1478.

S. B. 15.

1089.—UNTO HIS WORSHIPFULL AND SYNGULER GOOD LORDE PRIOR OF CRISTCHERCH IN CANTERBURY BE THUS DELIVERYD.

JESU. 1478.

Robert Tailor, agent in France, to the Prior.

Moost reverent and my worshipfull Lorde, I recommend me unto your goodde Lordship, evermore desyryng to hire of your worshipfull prosperitie and continuans of the same, the whiche I beseche Almyty Jesu to incresse and preserve your lordship, to his plesure and your hertts desyre. And furthermore plese hit yow to know that when I came to Bourdoux the *vedimus* that I hade stode me in no stede, wherefor I, be the counsell of John Fawyn and Galyard, rede unto the Kynggs Cowrtt; for the Constable of Bourdoux wyld nott delyver the wyn with owte he had a dyscharge fro the Kyng, and fro hys Lorde the whiche he is cowntable unto; for the whiche dyscharge and lettre fro the Kyng to the Cownstable of Bourdoux Maister Doctor Langton hath had grett labour and cost upon me (and my hors [1]), wherfore I beseche your Lordshipp thank hym. Hit ys to long to write that he hath don in the labour; but at my comyng to your Lordship I shall in forme you more playnly; and as sone as I have my writyng froo the Kyng I wyll to Bourdoux, be the grece of Jesu whoo ever preserve and kepe your Lordshipp, Amen. Also I told Maister Langton that ye were bound to pay fretth, for he schuld hast hym the faster, and soo ye must conferme at hys comyng. Prayyng your Lordship pardon me of my sympyll wrytyn; in hast at the Towrrs in France, the vj. day of November, &c.

be your pore servaunt
ROBERT TAYLOUR.

1090.—LITTERA CONCESSA DOMINO ARCHIEPISCOPO DE LOCO SEPULTURÆ EJUS JUXTA ALTARE SANCTI ELPHEGI.

16 April 1480.

S. 302 b.

Reverendissimo in Christo patri ac domino Domino Thomæ, tituli Sancti Ciriaci in Thermis, etc. vestri humilis, etc. Willelmus Prior et Capitulum Ecclesiæ Christi, etc. Reverendissima paternitas vestra dudum a nobis postulavit, spatium quod est in boriali parte chori Ecclesiæ nostræ, inter duas columpnas proximas altari Sancti Elphegi, ubi nunc armaria sunt ad res

The Chapter grant to Archbishop Bourchier a place of sepulture on the north side of the choir of

---

[1] *and my hors* is erased by the writer.

the Cathedral, stipulating that a handsome tomb shall be erected on the spot.

altaris reponendas, sibi ad sepulturam ordinandam concederimus. Cui quidem petitioni vestræ nos omnes, capitulariter congregati, pro singulari erga nos ejusdem reverendissimæ paternitatis vestræ benevolentia et gratia, cum summa animorum alacritate assensum præbuimus. Itaque, ne super eodem consensu nostro apud cujusvis conditionis homines dubitatio oriatur, tenorem prædictæ concessionis nostræ hiis litteris nostris patentibus, sigillo nostro communi signatis, duximus roborandum. Proviso tamen, quod sumptibus vestris, dicta sepultura decenti artificio, ad honorem Ecclesiæ construatur, non adeo tamen superfluo ut notabiliter impediat lumen ab ea parte Ecclesiæ a fenestris borialibus ad altaria porrigi; ac etiam quod in eodem spatio, et inter duas columpnas, saltem unum armarium novum ordinetur, in quo res altari pertinentes, juxta consuetudinem, idonee conservari possint. Data in Domo nostra Capitulari, sextodecimo die mensis Aprilis, anno Domini M°CCCC°mo octogesimo.

6 Aug. (1480).

1091.—[DE CONCAMBIO TERRÆ INTER CAPELLAM DE WELL ET MAGISTRUM ISAAC.]

L. B. 33.

The Prior (Sellyng) reports on a proposed exchange of land belonging to Well Chapel.

Pleas it your gode grace to understand that, accordyng unto your commandement . . . . . . at my last beyng ther at Cherryng, I have avewed soche howsyng and soche grounde as Isaac offerith unto the parson of Ykham for eschange for the howsyng and grounde apperteynyng unto the parsonage of Well, whiche is a chapell unto Ykham . . . . . . [The] parsonage of Well lyith to the gate of Isaacs new hows, and for that it is . . . . . . to have hit, and I thynk it shuld be discomodity to the parson or his . . . . . . to occupy . . . . . . gate, for displesures that of likelehode shuld growe betwene them tharon ly reason of catell and other thyngs strayng a brode; for whiche

...... the seyd parson of Ykham is the glader to make exchange. The grounde that Isaac offryth for the exchange for the parsonage is as moche grounde for as moche; it is as gode grounde or better then is of the parsonage. The barne also that standyth uppon that grounde of Isaac is better than is the parsonage barne. Isaac furthermore hath offeryth, to the entent to have the gode will of the parson in this eschange makyng, an acre more of gode grounde lying to his seyd barne over and above the quantitie of the lande of the parsonage, the whiche in all is not half a acre It is agreed also that Isaac shall bere all costs and charges, as well for the amortesing of thys seyd land as other wise. At this communication and a view makyng was both Master Ediall Profeste of Wyngham, and other diverse, the whiche liketh well the communication and offer made by Isaac in this mater. The parson also of Yykham holtyth hym self well contente with hit, under condition that your Grace wilbe contente with the same. In this premisses I have now shewed unto your Grace what is don in your seyd comm[ission] gevyn unto me at Charrynge. And thus Almighty God ever preserve and [kepe your Grace]. Wretyn at Bekysborne a manor of ours the vjth day of Auguste.

1092.—To hys most worschypfull fadyr yn Cryste (1480.) the Prior of Cristchurch in Caunterbury.

L. B. 255.

IHC.

Most reverent and worschypfull fadyr yn God, I lowly commende me on to yow; lettyng yow undyrstand that My Lord Chaunceler ys yn good helth, and commendyth hym hertyly on to yow. Furthermor I have receyvyd off My Lord Cardinall xij. *li*. x. *s*. in parte off payment xiij. *li*. off Mastyr John Boncer ys dett. As for the bedde with the swannys, forsoth, I can nat fynde the testyr ther off as yett. And also I hastyd

Dom. J. Humphrey to the Prior of Canterbury.

your men forward. They cam hedyr on the evyn and departed yn the mornyng. I beseche your fadyrhod to take no dysplesure, ytt schall be sent to yow yn schort tyme, by the grace of God, which have yow yn kepyng. Amen.

By your obediencyary
DAN. T. UMFRAY.

(1480.)   1093.—[INNOMINATUS AD MARGARETAM.]
L. B. 256.

An anonymous love-letter; with a fragment of the draft of an answer.

Margaret, because ye shall well perceive that I wold be glad ye fared well, I have for this tyme written with myne owne hande myne hartie commendacions unto yow; wisshing no lesse helth unto your person than welfare to my selfe. And if I had not lovid you I wold not have sett my penne to the paper without a greatter occasion than this had happened. Wherfore I doubt not but that ye will consider it as thankfullye as I have with good hart declared the same. And thus hartly fare ye well.

Your assured
Ye knowe me well.

The answer.

Ryght trysty and welbelovyd frynd, I hertyly recommend me unto yow beyng ryght glad to herre of youre welfare; and if yt plese you to herre of myne I was in good helte at the ma[k]yng herre of. Also frynd [1]
. . . .

(1480.)   1094.—TO THE REVERENT FADER IN GOD WILLIAM
S. B. 47.   PRIOR OF CRISTSCHIRCH IN CAUNTERBURY.

JHC.

Raynold Goldstone to Prior

Reverent and worshypfull fader in God, lawly as I can I commend me un to yow; lettyng yow have in know-

---

[1] This draft answer written on the back of the letter here ends abruptly.

lych, that whan I come to Pecham I cowde not honestly put owte so sodeynly John Reynold, by cause I cowde not rekyn with hym. Yow told me he shuld be allowyd of xix. *li.* but iiij. *li.*, and he askyth, byside that same iiij. *li.*, for reparacyon of the kechyn ther x. *li.*, and he hath no bill of the sayd reparacyons, but he sayth he hath delyvered them to yow. Also he desyryth to be allowed for an average, by covenante made by twyxt yow and hym as he seyth, to the value of xl. *s.* a yere, bysyde ryppyng, mowyng, medyng, and suteys of Courte. Also he sayth he owyth not by covenante to pay you the hole ferme of thys yere tyll the Warden of Manors commyth a bowte in hys progresse. All thys consyderyd, how lytyll money he shuld owe yow all thynggs allowed after hys askyng, with other consideracyons, I was desyryd to abyde tyll he hath rekenyd with yow. He hath promysed to be with yow and rekyn on Saturday nex commyth, that ys xvij. day of October, and to pay yow every peny of the arrears. Also he hath promysed to bryng ij. sufficient suertys to be bownde for hym, and yf he fayle of ony theys covenants, than he ys aggreeable that yow put hym owte, and take such an other fermor as plesyth yow. Yow shall undyrstond I have distressyd both yn the barn and such catall as he hath upon the londs. In the barn there ys white, otys, hey, and straw, to the value of xix. marks. I was desyryd, by cause of the feyr sawyng season, that he shuld not be lette of hys seede, that he might have encrese in to the barne; and, to be suer that ther shuld no graynys be voyded owte but only for that entent he ys sworne by feyth and trowth to John Cayser, and John Cayser ys be comme suerte that yf ony graynys or catall afor-rehersyd be voyded John Caysar shall answer therfor. Yf you undyrstond whan John Reynold commyth to yow that yow can not accord, send a man as fast as ye can to Pecham, afore John Reynold departyth fro yow, and let Caysar help

Sellyng, concerning arrears at East Peckham.

hym to make yow suer of the stor in the barn and the catall, and Harry Reynold hath promysed to John Caysar and me to abyde tyli that tyme and kepe hys covenantes he hath made with yow. Yow may not let John Reynold know therof. No mor but Christ kepe yow. Wrytyn at London in hast.

Yowr Chaplayn
Dom. Reynold Goldston.

22 Nov. 1481.

S. 316 b.

1095.—Appropriatio Cantariæ Beatorum Martyrum Stephani et Thomæ in villa de Romenæ Collegio Mariæ Magdalenæ juxta Oxoniam.

The Archbishop, at the request of Bishop Waynflete, of Winchester, consents to the appropriation of the decayed Hospital at Romney to the Bishop's new College of St. Mary Magdalene at Oxford; and at the Archbishop's request the Chapter of Canterbury confirm the appropriation.

Reverendissimo in Christo patri et domino Domino Thomæ, etc. Cantuariensi Archiepiscopo, vestri humiles et devoti Prior, etc. omnimodas reverentias et obedientiam tanto patri debitam cum honore. Vestræ reverendissimæ paternitati, etc. humiliter intimamus, quod nos, etc. litteras vestras, etc. recepimus, in hæc verba. "Thomas, etc. Cantuariensis Archiepiscopus,
" etc. dilectis nobis in Christo Priori Ecclesiæ nostra
" metropolitanæ, etc. salutem. Ex parte venerabilium
" virorum Magistri Ricardi Mayhew, Sacræ Theologiæ
" Professoris, Præsidentis Collegii Sanctæ Mariæ Mag-
" dalenæ in Universitate Oxoniæ, extra portam
" Orientalem villæ Oxoniæ, et ejusdem Collegii Sco-
" larium nobis extitit jampridem expositum, quod
" venerabilis frater noster Willelmus, Dei gratia
" Wyntoniensis Episcopus modernus, Christianæ re-
" ligionis alumpnos et veraces fidei cultores intendens
" ampliare, ad ejusdem religionis uberius incremen-
" tum, fideique catholicæ stabilimentum, Collegium
" prædictum, de uno Præsidente et certo numero
" Scolarium inibi Altissimo jugiter famulari, et in
" scienciis plerisque liberalibus, præsertim Sacrosancta
" Theologia, studere debentium, in Universitate Ox-

CANTUARIENSES. 307

" oniæ prædicta, nedum ad ipsorum Præsidentis et
" Scolarium in dicto Collegio pro præsenti et impos-
" terum, Deo annuente, incorporandorum in eodem
" incrementum, verum etiam ad omnium et singulorum,
" tam secularium quam regularium cujuscumque or-
" dinis, undequaque illuc confluere pro salubri doctrina
" volentium utilitatem multiplicem, et pro incremento
" virtutum; ita quod omnes et singuli, absque per-
" sonarum seu nationum deletu, illuc accedere
" volentes, lecturas publicas, tam in philosophiis
" morali et naturali quam in sacra theologia, in eodem
" Collegio perpetuis futuris temporibus oportunis con
" tinuandas, libere et gratis audire valeant et possint,
" ad laudem, gloriam, et honorem Domini nostri Jhesu
" Christi, et Ecclesiæ suæ Sanctæ exaltationem, nec-
" non etiam honorem Intemeratæ Virginis Matris
" ejusdem, Sanctæ Mariæ Magdaleræ, Sancti Johannis
" Baptistæ, et aliorum Sanctorum, nuper fundavit et
" stabilivit. Sed quia ex parte eorundem Præsidentis
" et Scolarium nobis suggestum fuit, quod fructus,
" redditus, et proventus, dicto Collegio assignati adeo
" tenues sunt et exiles, quod ad exhibitionem dicto-
" rum Præsidentis et Scolarium eorumque servientium,
" et aliorum onerum eidem Collegio incumbentium,
" minime sufficiunt, nisi aliunde super hoc provide-
" atur; et quod hospitale sive cantaria Beatorum
" Martyrum Stephani et Thomæ quondam Cantuari-
" ensis Archiepiscopi, quod in villa de Romenale,
" nostræ Cantuariensis diœcesis, situatur, in quo sive
" qua prælibatus frater noster Willelmus Wyntoniensis
" Episcopus plenum jus obtinet patronatus, ad tantam
" devenit ruinam, quod ex fructibus et proventibus
" ipsius personæ ibidem exhibendæ ac alia onera eidem
" incumbentia, juxta exigentiam ordinationis ejusdem,
" hiis diebus sustendari aut exhiberi nequeunt et
" supportari; ædificia quoque ipsius hospitalis sive
" cantariæ antiquitus constructa fuerunt, et sunt

U 2

" dirrupta et collapsa, ita quod ad ipsorum reedifica-
" tionem proventus possessionum et reddituum dicti
" hospitalis sive cantariæ pertinentes minus sufficiunt.
" Extabat tamen et extat, ut pro parte eorundem
" Præsidentis et Scolarium nobis expositum fuit, quod
" eisdem Præsidenti et Scolaribus, atque dicto Collegio,
" eorumque et ejusdem Collegii necnon præfati hos-
" pitalis mutuæ necessitati competenter subveniri pos-
" sit, si, et in casu quo, idem hospitale sive eandem
" cantariam cum suis juribus et pertinentiis universis
" dicto Collegio, Præsidentique et Scolaribus, necnon
" eorum successoribus, in suos proprios usus, pro per-
" petuo possidendum, per nos et nostra auctoritate
" contigerit debite appropriari. Nobis igitur, pro parte
" dicti Collegii, Præsidentis, et Scolarium ejusdem,
" humiliter extitit supplicatum, quatinus, ex causis
" præmissis, ipsum hospitale seu cantariam eis et dicto
" Collegio canonice unire, annectere, appropriare, et
" incorporare dignaremur. Cumque tandem in nego-
" tio appropriationis hujusmodi, ad supplicationem
" dictorum Præsidentis et Scolarium, per nos et auc-
" toritate nostra adeo fuerit et sit legitime processum,
" quod, servatis primitus de jure servandis, præmissa
" veritati inniti dinoscantur, nos, cupientes[1] in nego-
" tio illo ad finalem expeditionem ejusdem procedi
" debere, quia tamen unionem, annexationem, appro-
" priationem, et incorporationem absque consensu
" vestro finaliter expediri non intendimus, sicut nec
" de jure debemus, sed quod per omnia rite, et legi-
" time, et absque vestro et juris vestri præjudicio, in
" hac parte procedatur, vos exhortamur in Domino et
" requirimus, quatinus tractatu super præmissis inter
" vos diligenti prius habito, de consensu vestro capi-
" tulari, super unione, annexatione, appropriatione, et
" incorporatione dicti hospitalis sive cantariæ præfato

---

[1] *considerantes ?*

" Collegio, occasione præmissorum, faciendis præstito,
" si hoc in præmissis facere decreveritis, per litteras
" vestras patentes, sigillo vestro communi roboratas,
" quam primum id facere poteritis, nos, aut Commis-
" sarium nostrum in hac parte, certos reddere curetis.
" Data in manerio nostro de Knolle, sub sigillo archi-
" episcopatus nostri, xxij^{do} die mensis Novembris,
" anno Domini M^{o}CCCC^{o}LXXX° primo. Quibus itaque
" litteris vestris reverendissimis in eadem Domo nos-
" tra Capitulari publice perlectis, etc. causas illas
" rationabiles justas et legitimas fore censentes, etc.
" unioni, etc. fiendæ, etc. consensum adhibemus per præ-
" sentes * * * * servata omnino nobis indempnitate con-
" grua juris quod ad nos in dicto hospitali sive can-
" taria spectare posset et deberet temporibus vacati-
" onum sedis archiepiscopalis · Cantuariensis, quam
" petimus, auctoritate paternitatis vestræ, ad summam
" viginti denariorum, per dictos Præsidentem et
" Scolares præfati Collegii et suos successores nobis
" in Ecclesia Cantuariensi annuatim singulis annis
" perpetuis futuris temporibus solvendam, limitari,
" cum sufficienti cohertione ad hujusmodi solutionem
" nobis faciendam, etc. In quorum omnium testi-
" monium, etc. Data, etc. quarto die Decembris anno
" supradicto."

1096.—BILLA THESAURARII ECCLESIÆ CHRISTI CAN-
TUARIENSIS.

1472-82.

Cart. Ant. I. 257.

A summary of the amount of money and goods received from the lessee of the Irish estates of Christ

In primis : recepimus per manus Johannes Kyp-
ping Londoniensis, xxviij. die Novembris, anno
regni Regis Edwardi quarti xij^{mo}, de Jacobo
Sharlok pro redditu in Hibernia, in parte solutionis de arreragiis . . . . . xlvj. s. viij. d.

Item : recepimus de eodem quinque mantellos
. . . . pretii xxj. s. viij. d.

Item : recepimus, anno xiiij^{mo}, iiiij ix. libras ceræ,
xl. s. ix. d. . . . pretium libræ v. d. obolus.

310 LITERÆ

<small>Church during ten years.</small>

Item: in . . . . . iiij^{xx} . . . . libras, pretium le libra v. *d*. obolus . . . . . xxxvj. *s*. viij. *d*.
Item: per quinque mantellos . . . . . xix. *s*. viij. *d*.
Item: recepimus de famulo suo, xv^{mo} die Februarii anno xvj^o . . . . . . xxviij. *s*.
Item: sibi in auro et argento . . . . . c. *s*.
Item: pro uno calice ponderante xviij. uncias iij. qrt. . . . . . . xliij. *s*. vj. *d*.
Item: anno xvij., vij. clamides pretii . . . . . xxxvj. *s*. iiij. *d*.
Item: per Johannem Kyppyng . . . . iiij. *li*.
Item: per eundem vj. clamides . . . . xxxj. *s*.
Item: per eundem in argento . . . xxxvij. *s*.
Item: in panno lineo . . . . liiij. *s*. x. *d*. ob.
Item: Do. iij^o Februarii anno xxj. . . . xl. *s*.
Inde soluti pro cariago diversis temporibus x. *s*. iiij. *d*.

Et sic recepimus de claro xxxj. *li*. ij. *s*. v. *d*. obolum.

Memorandum: quod dictus Jacobus Sharlok oneratur de quadam annuitate sex librarum, solvenda per annum in ecclesia Sancti Pauli Londoniarum, a tertio die Februarii anno regni Regis Edwardi quarti nono inchoante, usque ad idem festum anno ejusdem Regis xxij^{do}, per xiij. annos. Inde solvit ut supra xxxj. *li*. ij. *s*. v. *d*. obolum; et debet nobis in festo Purificationis Beatæ Mariæ proximo futuro . . . . xlvj. *li*. xvij. *s*. vj. *d*. ob.

Summa pro xiiij. annis lxxviij. *li*.

<small>29 Feb. 1484.
S. B. A.
90 *a*.
The Prior's represen-</small>

1097.—[ROBBERS TAKEN AT MERSHAM.]

This indenture, made the last day of February the first yere of Kynge Richard the thirde, betwene the

reverent fader in God William Pryor of Crystyscherche
of Canterbury of that oon party, and Richard Knechebole of Mersham of that other partye, wytnessith:
that where William Lambarde and Stephen Harry,
divers tymes before the date of this present, hath ben
sculkynge in wodys be day and lyinge a wayte to
robbe the Kynges lyege people and your tenantes at
Mersham, on Saterday last past with force of armys
mettyn in youre wode called Bokehanger with on of
youre tenantes called John Edwards, and then and
there toke from the seyd John a purce of xl. d. in
money; upon the whiche your seyd tenantis indeveryd
them self to take the seyd William and Stephyn, as
the Kynges felonys, and they so takyn at Mersham
have ben imprisonyd by the space of oon day, and in
youre name I, the seyd Richard Knechebole, have
seasyd a payre of brecontyns, a swerd, and a stafte of
heasell, the whiche goodys I, the seyd Richard, have
takyn from them, and beyn in my possession to youre
use. In witnesse of John Brode, William Fox, William Blachynden, William Coliare, Harryat Wode,
John Fagge, and othir moo, the day and yere afore-
seyd.

tative at Mersham has arrested two bandits, and has seized their arms to the use of the Prior as Lord of the Manor.

1098.—[CONTRACT FOR CLOTH.]

6 July 1487.

Thys bylle witnessyth, that I Thomas Hendle the
elder of Cranebroke have bargynyth and sold to Master
Tresorrers of Crists Chyrch of Cawnterbery eighteen
hole cloths of russett, for the levery of the same place;
wherof schal be five cloths for gentylmen of three
pounds a cloth; Item eight cloths for yemen of four
marke a cloth; Item five cloths for Gromys of seven
noblys a cloth. To whych bargen well and truly and
suffycyently to be made and delyveryd be Sent
Andrew next comyng I the forsayde Thomas bynde
me and alle my godys excutors and assignys, and in

S. B. A. 91. A clothier of Cranbrook contracts to supply cloth to the Convent for the aunnal gifts of livery gowns.

wytnesse of trowth set to my seale, the seventh day of July the seconde yere of Kyng Harry the VIIth.

per me THOMAM HENDLE.

Unde received in party of payment—xiij. *li.* vj. *s.* viij. *d.* Item. Received xxj. *li.* vj. *s.* viij. *d.* in fulle payment of the hole levery of Crystyschyrche.[1]

---

3 July 1489.
S. 357 *b.*
Form of recantation used by a confessing heretic seeking reconciliation.

1099.—STEPHEN SWALLOWES RECANTATION.

In the name of God. Amen. By fore you moost reverend fadir in God John by the grace of the same Archiebisshop of Caunturbury, of all England Primate, and of the Apostolique See Legate, I Stephyn Swallow, lay man, of the parisshe of Wyly in the diocese of London, of my pure hert and fre will, confesse and knowlege that I in tyme passid be fore this houre, that is to witt by the space of xxx. yeres and moore, of the sacraments of the Churche and of the articules of the feith have otherwyse belevid, felid, holden, affermyd, and taughte, than the seid holy Churche of Rome and Universall Churche of God techith, holdyth, and observyth; and many and divers open and damned errours and heresies, contrary to the trew Catholique feith and determinacion of Holy Churche, I have bothe secretely and openly holden, affermyd, and taughte, and among other errours and heresies folowyng, that is to witt: That in the sacrament of the Auter remaynyth the substaunce of materiall brede and in like wyse of wyne after the consecracion, and that Crist is not in the same sacrament realy in his owne bodely presence, and so in the same sacrament is not the very body of Crist. Also that baptime, confirmacion, order(s), penaunce, matrimony, and all sacraments

---

[1] A memorandum (A. 193) shows that this cloth when delivered lacked five yards of the honest measure.

of the Churche be voyde and of none effect. Also that
the sacrament of baptyme is not necessary to the
salvacion of a childe borne betwene a Cristen man
and a Cristen women, nor he nedeth not to be
cristenid. Also that the sowle of a childe borne ded
is as good as the sowle of a childe levyng cristenid.
Also if a man be contrite in his hert, and make his
confession secretely and inwardly to God, that than
all outward confession by mowth is superflue and un-
pofitabill. Also that the Pope is a old hoore, sittyng
upon many waters, havyng a cuppe of poyson in his
hande. Also that the Pope is Antecrist, and all
Cardinalls, Archebisshoppes, Bisshoppis, Prests, and
Religious men be the disciples of Antecrist. Also that
pardon grantid by the Pope, Cardinallis, Archebisshoppes, or Bisshoppis, a vaylyth not mannys sowle ;
for the soule of a man or woman immediatly after
it is departid oute of the body goith forth with unto
Hevyn or to Helle, for there is no Purgatory. Also
that the Churche of Rome is the Sinagoge of Sathan,
and the Pope is not the Vicar of Crist. Also that if
Archebisshop, Bisshop, or Prest, be in dedely synne,
he hath no poore to consecrate, to cristen, nor to
minystre any other sacrament. Wherfore I Stephyn
aforeseid, confessyng and knowyng my self a miserable
synner, and grevously to have synned in this behalf,
and from the wey of errour and derknes retornyng
and commyng a yene to the wey and light of trouthe
and to the unyte of Holy Churche, all the aboveseid
errours and heresies and everych of thaym, and alle other
heresies, and all other dampned opinions contrary and
repugnant to the true Catholik feith and determinacion
of Holy Churche beforeseid, revoke, renounce, and by
the Holy Trinite and these Holy Evaungeles of God,
openly and solennly abjure ; and ovir this of pure
hert and not feynid, submittyng me to the correction
of Holy Churche, and mekely askyng mercy and grace,

314   LITERÆ

in like manner promitt and swere that all suche
penaunce and satisfaction as shalbe enjoyned to me by
you or by your commaundement, by reason or occasion
of my seid excesse and offense, I shall doo and performe obediently and effectually, and that from this
hour afterward I shall never favour in any wyse suche
errours or heresies, or eny other, nor no persone being
to my knowlege an heretike or suspect of heresy.
And if it happen hereafter, which God defende, me to
doo contrary to this myne abjuracion, promise, and
othe, I submitt me to the rigour and severite of the
Holy constitucions and lawes of the Churche; and in to
feyth and witnesse of these premisses I make the signe
of the crosse. ✠

Lecta fuit suprascripta abjuratio coram præfato
reverendissimo in Christo patre, per antescriptum
Stephanum Swallow, in quadam alta camera infra
manerium dicti reverendissimi in Christo patris de
Lameheth, Wintoniensi diœcesi situatum, tertio die
mensis Julii, anno Domini M°CCCC°LXXXIX[no] : * * * *
præsentibus tunc ibidem una cum præfato etc. patre,
reverendis patribus Johanne Eliensi, Johanne Lincolniensi, Thoma Herefordensi, Johanne Dunolmensi, Dei
gratia Episcopis, ac venerabilibus viris Thoma Cooke,
Humfrido Hawardyn, et Ricardo Lichfeld, legum, ac
David William, et Thoma Jan decretorum doctoribus.

(1490.) 1100.—TO THE MAYERS, BAYLIFFS, AND JURATS OF
L. B. 258.   THE V. PORTS.

To the Barons of the Cinque Ports from the Prior of Canterbury.

Worschypfull Syrs I commend me unto you. So it
is that I have received letters from you, wherin I am
certified of a grevouse compleynt made unto you uppon
me off a wrong done unto one called William Colyer of
Birchington, whom ye take and repute for your combaron, distreynyng and retaignyng certeyn catall of his,
wherin ye thinke that I have done contrary to your
privileges and liberties, as apperith by your seid letters;

which to do I wold be as lothe as eny one, saving the right of the Church, where ayenst I trust ye will not be, as God knowith. Pleasith you my gode and worshipfull neighbours to know that I remembre a distresse was taken of the seid William, by my officer for certeyn amercements lost by hym, part in the Kyngs Court part in My Lord of Caunterberyes Court, which amersements perteneth unto our Church; that one part by the Kyngs grante, that other by composicion betwix the Archebisshopps of Caunterbery and us; so that we thynke no wrong done therin, for asmoche as I suppose the processes made ayens the seid William Colyer, aswell in My seid Lord of Caunterberyes Court as in the Kyngs Court, were lawful and gode, and so made our title gode. Neverthelesse for asmoch as it appereth by your writyng that ye thynke that the seid William was then wronged; if it like you that the matier may be examyned by your learned counsell, and myne as for my part and interesse for our Church, I will abide and performe suche direcion as they will make; by the grace of God who have you in his kepyng.

1101.—LITTERA CONCESSA AGNETI TYLL DE BENEFICIO CAPITULI ET DE LOCO SEPULTURÆ EJUS JUXTA TUMBAM SANCTI THOMÆ. 7 Feb. 1491.

S. 363 b.

(Sub forma consueta usque ad verba) : Concedimus prætera eidem Agneti Tylle, relictæ Willelmi Tylle, ut cum ab hac luce eam migrare contigerit, infra Ecclesiam nostram, juxta tumbam Sancti Thomæ Marytris, ubi Willelmus Tylle quondam vir ejus sepultus est, locum sepulturæ habeat. In cujus, etc. Data, etc. septimo die mensis Februarii, anno Domini M°CCCC° nonagesimo.

Letter of confraternity granted to Agnes Tyll with the privilege of burial in the Crypt of the Cathedral.

31 May 1492.

S. 369 *a.*

1102.—DE DONATIONE MANERII DE PAMFELD FRUSTRATA.

Narrative of the failure of Archbishop Bourchier's endowment of his chantry in Canterbury Cathedral, and of its reconstitution by Henry VIIth. The Manor of Pamfield, from whence the income of the chantry was derived, had been duly amortized, but it was afterwards found to have been in the King's hand at the time of the amortization, and hence the grant to the Convent was void; but Henry VIIth restored it to the Chapter, and was accepted as

Universis, etc. Willelmus, etc. Prior Ecclesiæ Christi Cantuariensis, etc. salutem. Noverit universitas vestra, quod cum felicis memoriæ reverendissimus in Christo pater et dominus Dominus Thomas Bourgchier, nuper Sanctæ Romanæ Ecclesiæ Cardinalis nostræ Cantuariensis Ecclesiæ Archiepiscopus, dudum in ecclesia nostra Cantuariensi prædicta quandam cantariam, de una missa quotidie, ad altare Sancti Stephani in parte boriali superioris ecclesiæ, per unum de commonachis nostris celebranda fundaverit, et insuper statuerit diem anniversarium sui obitus singulis annis, per nos et successores nostros, Cantuariensis Ecclesiæ monachos, cum certa elemosinarum largitione et aliis observantiis perpetuo observandum et celebrandum, et, ad onera hujusmodi cantariæ et anniversarii supportanda, manerium de Paunfeld, aliter vocatum Prioratum de Paunfeld, in Comitatu Essexiæ nobis et successoribus nostris dederit et concesserit, ac dari et concedi fecerit, prout per cartam inde [confectam] plenius liquet; quia tamen per inquisitionem inde factam postea compertum est, quod dictum manerium sive prioratus, tempore quo ecclesia prædicta per dictum Dominum Cardinalem et feoffatos ad ejus usum inde primo seisita est, virtute cujusdam actus resumptionis in Parliamento tento apud Westmonasterium, anno regni Edwardi quarti nuper Regis Angliæ duodecimo, sexto die Octobris, facti, erat in manu ejusdem Regis, et sic usque vicesimum sextum diem Januarii anno septimo regni metuendissimi Regis nostri qui nunc est remansit, constat donum et concessionem prædictam nullum habuisse robur, et ipsius nuper Cardinalis piam ac devotam intentionem, nisi singularis munificentia serenissimi Domini Regis nunc intervenisset, fuisse frustratam, ac deinceps omni penitus effectu carere debuisse. Verum placuit majestati regiæ, consideranti quod dicta fundatio ad divini cultus augmentum et ad relevamen fidelium animarum pie ac devote a dicto nuper Cardinale facta atque intenta fuit, suæ clementiæ ac munificenciæ manum porrigere, ne tam pia ac devota ordinatio effectu careret. Siquidem de gratia ac liberalitate regia, juri quod in dicto manerio seu prioratu, sic ut prædicitur in manu sua existente, habebat, renunciando, non solum regium assensum præbuit, sed etiam fieri procuravit, ut in parliamento, quod tentum erat apud Westmonasterium dicto anno septimo, de assensu Dominorum spiritualium et temporalium et communitatis ejusdem, vigore cujusdam actus ejusdem parliamenti, dictum manerium sive prioratus esset jus Ecclesiæ nostræ, perpetuis futuris temporibus eidem Ecclesiæ remansurum. Nos autem, tantæ largitati et magnificentiæ regiæ, etsi dignam gratiam referre non possumus tamen pro possibilitate nostra respondere cupientes de licencia et cum assensu reverendissimi in Christo patris et domini nostri Domini Johannis Dei gratia nunc Archiepiscopi Cantuariensis, majestatem illius per præsentes tanquam præcipuum prædictæ cantariæ fundatorem acceptamus et reputamus; promittimus insuper quod, singulis diebus imperpetuum, faciemus dictam missam cum una collecta speciali, videlicet: *Quæsumus Omnipotens Deus ut Rex noster Henricus Septimus, etc.*, pro prospero statu majestatis suæ dum vixerit, et post ejus mortem collecta illa: *Inclina Domine, etc. ut animam famuli tui Henrici Septimi, etc.*, pro anima sua et animabus nobilium progenitorum suorum sicut pro anima dicti Cardinalis, dici, et quod annuatim observabimus anniversarium prædictum, et distributionem elemosinæ prædictæ, nominatim pro majestate sua, sicut pro prædicto Domino Cardinale tenemur. Ad quæ omnia, prout sic expressa sunt, imperpetuum observanda obligamus nos

second founder in recompense.

et successores nostros per præsentes. Proviso semper, quod si imposterum contingat dominium sive prioratum prædictum, aliquo titulo ortum sive originem ante datum præsentium habente, extra possessionem prædictorum Prioris et Conventus aut successorum suorum evinci, sive adversus eos recuperari, absque eorum negligentia, culpa, collusione, seu covina, aut aliquo actu resumptionis in manu Domini Regis vel heredum aut successorum suorum capi, resumi, et detineri, quod extunc prædicti Prior et Conventus et successores sui de præmissis, per ipsos Priorem et Conventum in forma prædicta concessis, sive eorum aliquo non onerantur. Data in nostra Domo Capitulari, sub sigillo nostro communi, ultimo die Maii, anno Domini M°CCCC° nonagesimo secundo; et anno regni illustrissimi Regis nostri prædicti Henrici Septimi septimo.

10 Aug. 1492.

S. 372 a.

1103.—[PROCURATORIUM AD DELIBERANDUM SEISINAM MURORUM, ET TERRARUM INFRA MUROS CIVITATIS CANTUARIÆ.]

The Mayor, &c. of Canterbury, as deputies of the King, deliver in pure and perpetual arms to the Convent of Christ Church that part of the city wall, with its towers and covered-way, which bounds their precinct on the east and north.

Sciant præsentes, etc. quod nos Major et Communitas Civitatis Domini Regis Cantuariæ, licentia ejusdem Domini Regis mediante, per præsentem cartam nostram dedimus et concessimus Willelmo Priori Ecclesiæ Christi Cantuariensis et ejusdem loci Conventui, quandam peciam terræ, parcellam dictæ Civitatis, jacentem infra et ad muros ejusdem, et se extendentem ab ecclesia Sancti Michaelis Civitatis prædictæ versus ecclesiam de Northgate ejusdem Civitatis, et etiam continentem, videlicet, in longitudine, in latere orientali ejusdem peciæ ad murum orientalem Civitatis prædictæ, triginta et octo perticatas unum pedem et dimidium et tres pollices, atque in latitudine, in australi capite ejusdem peciæ, triginta et octo pedes et duos pollices, necnon in boreali capite peciæ prædictæ triginta et septem pedes et octo pollices; ac etiam totum murum et turres ibidem, a prædicta ecclesia de Northgate usque pra.dictam ecclesiam Sancti Michaelis ; habendum et tenendum eisdem Priori et Conventui et successoribus suis in liberam puram et perpetuam elemosinam imperpetuum. Et insuper nos, etc. ordinamus, etc. Willelmum Rose nostrum, etc. attornatum, etc. ad deliberandum, pro nobis et vice nostra et nomine nostro, præfatis Priori et Conventui plenam et pacificam possessionem et seisinam de et in prædicta pecia terræ, muro, et turribus, etc. In cujus rei, etc. Data apud Cantuariam, decimo die Augusti, anno regni Regis Henrici Septimi, etc. septimo.

1104.—[Licentia Regia de Pecia Terræ, Muro, et Turribus, Ecclesiæ Christi Cantuariensi concessis.]

4 June 1492.

S. 272 b.

Henricus Dei gratia Rex Angliæ, etc. omnibus, etc. salutem. Sciatis quod, cum ex parte dilectorum nobis in Christo Willelmi Prioris Ecclesiæ Christi Cantuariensis et ejusdem loci Conventus, quam ex parte dilectorum et fidelium subditorum nostrorum Majoris et Communitatis Civitatis nostræ Cantuariensis, nobis sit intimatum, quod cum iidem Major et Communitas habeant et teneant Civitatem prædictam, ex donatione et concessione progenitorum nostrorum Regum Angliæ per nos confirmatis, sibi heredibus et successoribus suis, de nobis et heredibus nostris, ad feodam firmam, quamplures quæstiones, differentiæ, lites, discordiæ, et contentiones, ex certis causis infra civitatem nostram prædictam emergentibus, inter ipsos Priorem et Conventum et præfatos Majorem et Communitatem motæ, subortæ, et a diu continuatæ fuerint, in ipsorum maximam inquietudinem et perturbationem, deperditumque et dispendium gravissima ; cumque jam prædicti Major et Communitas, ex eorum optima mente, ob bonum mutuæ pacis et perpetuæ amicitiæ inter ipsos et præfatos Priorem et Conventum

The King's licence permitting the Convent to acquire the portion of the city walls which bounded their precinct, although held by the citizens of the Crown in capite, and also dispensing with the statute of Mortmain with respect to the same properties.

et successores suos ineundæ, et pro perpetuo firmandæ
et intertenendæ, et ad omnes hujusmodi quæstiones,
differentias, lites, discordias, et contentiones tollendas,
amovendas, et omnino sedandas, in voluntate existant;
quandam peciam terræ, parcellam [1] dictæ Civitatis,
jacentem infra et ad muros ejusdem, et se extendentem
ab ecclesia, etc.[2] nostra mediante licentia, dandi, di-
mittendi, et concedendi; unde nobis humiliter supplicarunt, ut, ex munificencia nostra regia, hujusmodi
nostram licentiam eis concedere dignaremur gratiose.
Nos, præmissis consideratis, ac quieti et tranquillitati
prædictorum Prioris et Conventus atque Majoris et
totius Communitatis Civitatis prædictæ prospicere
volentes, eorum supplicationibus favorabiliter inclinati,
de gratia nostra speciali concessimus, et licentiam dedimus, ac per præsentes concedimus, et licentiam damus,
pro nobis et heredibus nostris, quantum in nobis est,
dilectis et fidelibus nostris prædictis nunc Majori et
Communitati prædictæ Civitatis nostræ Cantuariæ, quod
ipsi et successores sui dare possint et concedere prædictis Priori et Conventui prædictæ Ecclesiæ, etc.
prædictam peciam terræ, murum, et turres, licet de
nobis teneantur in capite; habendum et tenendum, etc.;
et etiam præfato Priori, etc. quod ipsi et successores
sui prædictam peciam terræ, muros, et turres, cum
pertinentiis, a præfatis Majore, etc. recipere possint et
tenere, sibi et successoribus suis imperpetuum. Similiter
licentiam dedimus et concessimus specialem, absque aliqua inquisitione sive aliquibus inquisitionibus, inde virtute brevis nostri de *ad quod dampnum*, vel aliter aliquo
modo, capiendis seu retornandis, et absque impetitione
impedimento, molestatione, seu gravamine quorumcumque nostri vel heredum nostrorum Justiciariorum, etc. seu
ministrorum nostrorum, etc. quorumcumque, statuto de

---

[1] *parcelle*, MS.

[2] The dimensions, &c. here given are identical with those in the last article.

terris et tenementis ad manum mortuam non ponendis edito, aut aliquo alio statuto, etc. incontrarium facto, etc. non obstante. In cujus rei testimonium has litteras nostras fieri fecimus patentes. Teste meipso apud Westmonasterium, quarto die Junii anno regni nostri septimo.

Per ipsum regem, et de data prædicta, auctoritate parliamenti, et pro viginti solidis solutis in hanaperio.

HEED.

1105.—BETWEENE THE PRIOR AND COVENT AND MAIOR AND COMMONALTY OF CANTERBURY.

20 May 1492.
S. 373 a.

This indenture, made the twentieth day of May in the seventh yere of the reigne of Kyng Harry the Seventh, betwene William Priour of the Churche of Criste of Caunterbury and the Convent of the same place of the one partie, and the Maire and Commonaltie of the Cite of Caunterbury of the oder partie, witnesseth, that, wher grete variaunces, controversies, discordes, and debates have of long tyme by many yeres ben hadde and continued, betwene the seid Priour and Convent and their predecessours of the one partie, and the Maire and Commonaltie and their predecessours of the other partie, of and for diverse privileges, fraunchises, and liberties, ministracion of justice, and execucion of the same, claymed by the seid Priour and Convent to be hadde used and exercised to theym and their successours in all their messuages, londes, tenementes, possessions, and hereditaments, and in all the messuages, londes, and tenementes holden of theym in the righte of their seid Churche, within the precincte, lymetts, and boundes of the seid Cite; and likewise of and for diverse privileges, fraunchises, liberties, ministracion of justice, and execucion of the same, claymed by the seid Maire and Commonalte to be hadde used and exercised to theym

A composition made between the Prior and Convent of Christ Church and the Mayor and Commonalty of the City of Canterbury. The Citizens covenant to convey to the Convent the wall and towers mentioned in the preceding articles; and a very imperfect attempt is made to define the respective jurisdictions of the Convent and of the City, only

<small>some shops in the City and one manor out of several in the suburbs being specified.</small> and their heires and successours within all the seid messuages, londes, tenementes, possessions, and hereditaments of the seid Priour and Convent; and for the appeacyng of the premisses, and of suche quarrells and grugges as by reason of the premisses have ben in tymes past betwene the seid parties, and hereafter myght therof ensue, and to thentent that love, tranquillitie, and peace shulde be perpetually hadde and continued betwene the seid parties; the same parties, by the sufferaunce, assent, and licence of Our seid Sovereigne Lorde, and by the assent and agrement of the most reverent fader in God John Archebisshop of Caunterbury, Chaunceler of England, and by thadvise of the Counsell and frendes of eyther of the seid parties, be fynally accorded and agreed of and in the premisses in fourme ensuyng; that is to sey: It is first covenaunted, accorded, and agreed, betwene the seid parties, by these presentes, that the seid Maire and Commonaltie, their heires and successours, shall from hensforthe seace and in nowise chalenge, clayme, axe, ne demaunde, ony privilege, libertie, fraunchise, jurisdiction, ministracion of justice, ne execucion therof within the lymetts and boundes hereafter folowyng; that ys to sey: Fro the churche of Northgate by the Ambry wall as the wall ledith unto the corner of the same Ambry, ne fro the same corner right by a lyne over the wey unto the walle of the paleys of the seid Archebisshoppis, ne from the churche of Northgate aforseid, as the wall of the seid Cite standith, unto the churche of Seynt Michaell, ne from the same churche unto the gate callid Criste Churche gate, othirwise callid the Church gate, ne from thens, as the closure of the stone walle ledith, unto the seid paleys of the seid Archebisshoppis; except in the tenementees and houses lieng fro the gate callid Seynt Michaells gate othirwise callid Burgate unto the gate callid Criste Churche gate, and fro the same gate unto the seid paleys of the seid Archebisshoppis, of

whiche the dores and wyndows nowe be, or hereaftir shalbe, openyng unto the strete. And it is in like wise covenaunted, accorded, and agreed betwene the seid parties, by thise presentes, that the forseid Priour and Convent, and their successours, shall from hensforthe seace, and in no wise chalenge, clayme, axe, ne demaunde any privilege, libertie, fraunchise, jurisdiction, ministracion of justice, or execucion therof in the seid tenementies ne houses lieng from the seid gate callid *Seynt Michaells gate,* othirwise callid *Burgate,* unto the seid gate callid *Criste Churche gate,* ne from thens unto the seid paleys of the seid Archebisshoppis, of whiche the dores and wyndowes nowe be, or hereaftir shallbe, openyng unto the strete, ne in any othir places within the lymetts and boundes aforeseid; savyng unto the seid Priour and Convent and their successours all their londes and tenementes, possessions, rentes, reversions, and services, with thappurtenances, and their lawfull weyes therunto within the lymetts and boundes of the seid Cite, to have, holde, possede, use, and enjoy to the same Priour and Convent and their successours, as the same Priour and Convent and their predecessours have hadde heretofore or oughte to have as in the right of their seid Churche; savyng also to the seid Priour and Convent and their successours all suche fraunchises, liberties, and privileges, as they have or oughte to have within the maner of Caldecote, and the Borough of Seynt Martyns, not hurtyng the seid Maire and Commonaltie of a fyne or rent of twelve pence by the yere of the seid Borough, nor hurtyng the seid Maire and Commonalte their heires and successours of eny libertie, fraunchise, or privilege, which they have or ought to have in the same, or eny parcell therof, wherunto the seid Priour and Convent have no title. And also it is covenanted, accorded, and agreed, betwene the seid parties, by these presentes, that if it happen hereaftir any tenante or fermour of the seid Priour and Convent, or their successours, within the seid Cite, or within the seid tenementes, tenementries, or houses, or eny of them to do or suffer any thyng, whereby by the lawe he is or shalbe to lose or forfeyte his moveable goods, that, it notwithstonding, it shalbe lawfull to the seid Priour and Convent and their successours to entre in to the same tenementes, tenementries, and houses, and every of theym, and in the same and every parcell of the same, for all rentes and services dewe unto the seid Priour and Convent or their successours, to distreigne the same goods, and theym to bere and cary awey, to reteigne and kepe unto the tyme the seid Priour and Convent or their successours be thereof, and of every parcell therof, truly contented and païed. And if eny suche fermour or tenante of the seid Priour and Convent or their successours have, or hereaftir shall have, eny godes or chatalls of the same Priour and Convent or their successours, by the name of *Store,* it shalbe also lawfull to the same Priour and Convent and their successours, fro tyme to tyme, to take and sease the same godes and store as their oune proper godes, and theym to reteigne and kepe to their oune use and behoufe, without lette, interrupcion, chalenge, or cleyme of the seid Maire and Commonalte their heires or successours. It is also covenanted, graunted, accorded, and agreed betwene the same parties, by thise endentures, that the seid Maire and Commonalte, by the licence of the Kyng our seid Sovereign Lorde, shall, by their dede suffisaunt in lawe, geve and graunte to the seid Priour and Convent all the londes and tenements that the seid Maire and Commonalte have in the right of the seid Cite, lying in lenght on the Est side within the wall of the seid Cite, from the seid Churche called *Seynt Michaells Churche* by the seid wall towarde the Northgate, conteynyng in lenght thirty seven perchys, a fote, dimidium, and three ynches, &c.[1] and also all the wall and toures of the seid Maire and Commonalte,

---

[1] The dimensions here repeated are those given in the previous articles.

from the seid churche of Northgate unto the seid churche of Seynt Michaell, to have and to hold to the seid Priour and Convent and their successours for evermore. And the seid Priour and Convent covenaunten and graunten, for them and their successours, that they fro thensforth shall sufficiently make, maynten, and repaire, the seid wall and toures from the seid chirche of Northgate unto the seid chirche of Seynt Michaell, for the defence of theym and of the seid Cite, as ofte as nede shall therto requyre. And the seid Maire and Commonalte their heires ne successours shall no thing do, ne cause to be done, to the hurte harme or lette of or to the same, and of suche reparacions the seid Maire and Commonalte and their heires and successours from that tyme shall clerely be discharged. It is also covenaunted, accorded, and agreed by the seid parties, by these presentes, that the seid Maire and Commonalte, their heires and successours shall no thing axe, chalenge, ne demaunde, of the seid Priour and Convent, ne of their successours, for or toward any makyng or reparacyon to be doon uppon any other walles, gates, or towres, or any other places of the seid Cite, at eny tyme frothens to come. And it is also convenaunted, accorded, and agreed, betwene the seid parties, by thise presentes, that the seid Priour and Convent and their successours shall have fre libertie to make a posterne or a gate thorough the seid walle, betwene the seid chirche of Northgate and Seynt Michaell, and a brigge over the dike of the seid Cite adjoynyng therto, and the same posterne and brigge peaceably to have, use, and enjoy, to the same Priour and Convent and their successours, makyng, mayntenyng, and kepyng, the same posterne and brigge at their proper costes and charges. It is also covenaunted, accorded, and agreed, betwene the seid parties, by these presentes, that if it happe the seid Priour and Convent, or their successours, hereaftir to bilde any houses or tenementries with dores and wyndowes openyng in to the strete betwene the Northgate aforeseid and the seid Ambry corner, or uppon the seid grounde whiche the seid Maire and Commonalte shall by the licence of our seid Sovereign Lorde graunte unto the seid Priour and Convent, and theruppon lette the same houses to ferme to eny other persone, that then the seid Maire and Commonalte their heires and successours shall have like privilege, fraunchise, libertie, and jurisdiction, in the same houses as thay shall by this agrement have in the seid tenementes betwene the seid gate called *Seynt Michaells gate* and the gate callid *Criste Churche gate* aforeseid; savyng to the seid Priour and Convent and their successours suche right, title, and interesse, of and in their possessions and inheritaunce, rentes, and services whiche they have or hereaftir shall have in the same, or any parcell therof. In witnesse wherof, to thoon partie of this indenture, and the cedule therto annexed, with the seid Maire and Commonalte remaynyng, the seid Priour and Convent have sette their commen seale; and to that othir parte of this indenture, and the cedule therto annexed, with the seid Priour and Convent remaynyng, the seid Maire and Commonalte have sette their commen seale   Yeven the day and yere aboveseid.

The *Cedule* annexed to the indenture.

And forasmoche as there is a clause in this present indenture, wherto this cedule is annexed, in generall wordes, the whiche ben thise: *savyng to the seid Priour and Convent and their successours all liberties, privileges, and fraunchises, that they have or ought to have wityn the Borough of Seynt Martyns and the Maner of Caldecote, not hurtyng the seid Maier and Commonalte of a fyne or rent of twelve pence yerely, &c.:* [1] and forasmoche as the wordes of the seid clause ben generall, not rehersyng what the seid Maner is in quantite, nor the specialte of the seid articles of the privileges, fraunchises, and liberties ben not rehersyd, wherby in tyme to come, for lakke of playne declara-

---

[1] The MS. quotes the words of the indenture at fulll ength.

cion, variaunce might happe betwene the seid parties, it is agreed as foloweth; that is to sey. Fyrst: that the seid Maner of Caldecote conteigneth in demeane londes three hundred and eighteen acres, lieng within the metis and boundes hereafter folowyng; that is to sey: fro the hedde of the condite of the seid Priour and Convent towarde the North, betwene the pondys of the seid condite towards the east, and the banke and the dike of the Bartonfeld on the West, unto a lane the whiche extendith westwarde fro the seconde ponde there unto the wey ledyng unto Fordwiche, the whiche wey so extendith northeste directly unto a crofte callid *Galowhelcrofte,* dividing *Bisshopisfeld* shepecroftes and two croftes perteignyng unto the Monastery of Seynt Austyns on the Northwest and the londes perteignyng unto the seid Maner of Caldecote called *Heggecrofte Brianscrofte* and Thoroltedowne on the Southest part, and so fro the seid wey by the hedde of the seid Galowhelcroft toward the Southest unto the end of the hegge of Galowhelcrofte, and so by the side of the seid Galowhelcrofte esteward unto a crofte callid *Henty,* and so fro the south side of the seid Galowhelcrofte southwarde unto the strete callid *Fordwiche Way,* and so over the seid strete southwarde, and so downe by the hegge of a crofte of the seid Priour and Convent callid *Thoroltecrofte* estward by the seid strete, unto a crofte callid *Barnstall* by the seid strete and so fro the seid strete by the seid crofte southwarde to *Thorolt Woode* and the woode of the heires of Thomas Southlond, and so, includyng the seid *Thorolt Woode* as markys and boundys apperith, by the lands of the maner called *The Mote,* and of the seid Priour and Convent on the Este part, and Thoroltlese on the West parte, and so southward by the londys of Richard Lurkyn, sometyme John Barbour, unto the highstrete ledyng fro Caunterbury to Sandwiche, and so then westward by the seid strete ledyng fro Sandwiche to Caunterbury unto *Chelefeld,* and so northwarde along by the seid *Chelefeld* unto the north corner of the seid *Chelefeld* and the olde strete sometyme ledyng fro Fordwiche to Caunterbury adjoynyng unto Thoroltdowne, and so southwarde by the seid olde strete to the hedde of *Culverhouscrofte,* and so fro the seid olde strete westward by the hedde of the seid *Culverhouscrofte* unto *Caponlonde gate,* and so fro the seid *Caponland gate* southwarde by the syde and fryth of the seid Culverhousecrofte unto the olde sole adjoynyng unto the felde of the Monastery of Seynt Austyns called *Paverage,* and unto *Seynt Martyns pece,* and so fro *Seynt Martyns pece* westward, under the hedge of *Paverage* aforeseid, unto thende of the seid londe called *Paverage,* and so directly fro thens by ryght lyne unto the foreseid condite of Cristchurche. Item the seid maner extendith furthermore in thre pecys of londe lying at Seynt Martyns, not beyng within the boundes aforeseid; wherof the boundes and lymetts folowen hereaftir: First one of the seid thre pecys is callid *Brownedowne,* and conteignith seventeen acres, lying betwene the londys of the forseid Monastery of Seynt Austyns callid *Northhome* towarde the West, and the seid londes callid *Paverage* towarde North and Este; and the secunde pece is called *Prynkelhome,* and conteignith thre acres, and lieth adjoynyng unto the seid londes of *Brounedowne* towarde the Este, and to the foreseid londes called *Northholme* towarde the South, and to the londes of the seid Priour and Convent called *Bartonfelde* towarde Weste and North; and the thirde pece conteigneth thre yeards, and lieth betwene the churche yearde of Seynt Martyns and the parsonage of the same churche toward the west, and the seid londes callid Brounedowne towarde the North, and the londes of Thomas Gilbart towarde Este and South. Within whiche lymetts and boundes and Borough before rehersed the seid Priour and Convent and ther successours, withoute interrupcion or lette of the seid Maire and Commonalte their heires or successours, shal have the viewe of frankeplegge, with all the articles and thynges therto perteignyng, waife and stray,[1] and also the seid Priour and Convent and their successours shal have of their men and tenauntes and in all ther fee within the seide lymetts and Borough, infangethefe and outfangethefe, waren, godes weyved, godes of dampned men for felony and fugityves for felony, godes of outelawed men, and godes of felons of theym selfe, the yere and day, and wast, deodand, tresour trove, ple of vetitonamio, and all maner of amerciaments of their men and tenauntes in the Kinges Courtes, and all fynes and issues lost in all the Kynges Courtes, the issues and fynes before the seide Maire and Commonalte in the Courte of the seid Cite excepte. And forthermore it is accorded and agreed betwene the seid parties, that the seyde Priour and Convent shall have, unto theym and their successours for ever, like liberties and fraunchise in a parcell of londe of the seid Priour and Convent callid *Polderslese*, lying within the seid parissh of Seynt Martyns, and in all suche londes and tenementes as ben holde of the seid Priour and Convent, as by reason of the seid maner, as they by this agrement shall have within the lymetts, boundes, and Borough aforeseid. And the seid Priour and Convent and their successours shall not lette ne interrupte the seide Maire and Commonalte, their heires ne successours, of any liberties, fraunchises, or privilege within the lymetts and boundes of the seid maner and Borough, ne in the seide other londes and tenementes other then be conteigned in the articles afore rehersed.

---

[1] *waife and stray;* these words seem to have slipped in through the clerk's carelessness, and to belong to the enumeration of rights which follows.

1106.—Littera procuratoria concessa Willelmo Feraunte de Villa de Cane in Normannia.

8 June 1494.
S. 389 a.

The Prior and Chapter grant a most solemn commission to an agent at Caen, empowering him, for five years, to purchase stone at the quarries for the completion of the great central tower of Canterbury Cathedral.

Universis, etc. Willelmus Prior Ecclesiæ Christi, etc. salutem. Quoniam ad perfectionem cujusdam turris pergrandis, ac aliorum ædificiorum ad honorem Dei et utilitatem ac decorem Ecclesiæ nostræ spectantium, intendimus cum effectu, ac proinde opus habemus lapidibus de lapicidinis Villæ de Cane in Normannia, de quibus lapicidinis constat totam Ecclesiam nostram antiquitus esse constructam; noverit universitas vestra, nos ordinasse et constituisse, prout per præsentes ordinamus et constituimus, dilectum nobis in Christo Willelmum Feraunte de Villa de Cane in Normannia prædicta procuratorem, factorem, et nuncium nostrum specialem, ad transvehendum per mare, per se et deputatos suos, a prædictis lapicidinis de Cane usque ad portum Sandwici, lapides nobis ad ædificia prædicta necessarios. Igitur rogamus, et, in visceribus Domini nostri Jhesu Christi in cujus nomine Ecclesia nostra dedicta est, ac per merita Beati Thomæ Martyris qui eandem Ecclesiam suo sanguine consecravit et in eadem corporaliter requiescit, obsecramus, quatinus si prædictus Willelmus Feraunte, aut aliquis ab ipso deputatus, alicubi vobis occurrerit, eos benigne et humaniter tractetis, nullam illis molestiam aut impedimentum inferentes. Concedimus autem illis qui dictum Willelmum Feraunte ac deputatos suos, in nostris ut præmittitur negotiis occupatos, pacifice et cum benevolentia tractaverint, ut sint participes orationum nostrarum, et per merita sanctissimi patroni nostri Beati Thomæ Martyris optamus illis benedictionem Omnipotentis Dei. Quodsi qui forte, quod absit, eos sibi occurrentes injuriose tractaverint, ac impedimentum præstiterint quominus utiliter negotia nostra agere possint, eos admonemus, ut sibi viderint et caveant, et, ne iram Omnipotentis

Dei et indignationem sanctissimi patroni nostri Beati Thomæ Martyris, quam male agendo incurrerint, celeriter pœnitendo studeant evadere. In testimonium autem præmissorum, has litteras nostras patentes sigillo nostro communi fecimus sigillari, per quinque annos dumtaxat duraturas. Datum in Domo Capitulari prædicti Prioris et Capituli, Octavo die Junii, anno Domini M^{mo}CCCC^{mo} nonagesimo quarto.

1107.—Expensæ factæ circa erectionem Campanilis Angelici. *1494-6. Cart. Ant. C. 245.*

A festo Pascha anno regni Regis Henrici VII^{mi} nono, usque festum Sancti Michaelis anno prædicti Regis decimo; per dimidium annum. *Account of the sums expended upon the central tower of Canterbury Cathedral during the last three years before its completion.*

Anno ix^{no}. In primis in stipendiis Lathomorum per idem tempus . . xxiiij. *li.* v. *s.* iiij. *d.* ob.
Et in stipendiis Laboratorum per idem tempus . . . . . iiij. *li.* viij. *s.* vj. *d.*
Et in diversis emptis ad prædictum opus per idem tempus . . . . . xvj. *s.* x. *d.*
Summa . . xxix. *li.* x. *s.* viij. *d.* ob.

Anno x^{mo}. Expensæ factæ circa prædictum opus a festo Sancti Michaelis Archangeli anno prædicti Regis decimo, usque idem festum extunc proxime sequens anno prædicti Regis undecimo; per unum annum integrum.

In stipendiis Lathomorum per idem tempus . . . . . cvij. *li.* xvj. *s.* j. *d.*
In stipendiis Laboratorum per idem tempus . . . . . xxij. *li.* xvij. *s.* iiij. *d.*
In stipendiis de Brekeleyers per idem tempus . . . . . c. *s.* j. *d.* ob.
In stipendiis Carpentariorum et Sarratorum per idem tempus . . . . . . x. *li.* iiij. *s.* iij. *d.*
Et in diversis emptis ad idem opus per prædictum tempus . . . . . xij. *li.* xiij. *s.* j. *d.*
Summa . . clviij. *li.* x. *s.* x. *d.* ob.

Anno xj^{mo}. Expensæ factæ circa opus prædictum a festo Sancti Michaelis Archangeli anno regni Regis prædicti undecimo, usque idem festum extunc proxime sequens anno ejusdem Regis duodecimo ; per unum annum integrum.

In stipendiis Lathomorum per idem tempus . . . . . . lxxvj. *li.* x. *s.* xj. *d.* ob.

In stipendiis Laboratorum per idem tempus . . . . xxiiij. *li.* iiij. *s.* xj. *d.* quadrans.

In stipendiis de Brekeleyers hoc anno . . cj. *s.*

In stipendiis Sarratorum hoc anno . . . ij. *s.*

Et in diversis emptis ad idem opus hoc anno . . . . . . x. *li.* xviij. *s.* v. *d.* ob.

Summa . . . cxvj. *li.* xvij. *s.* iiij. *d.* quad.

Anno xij^{mo}. Expensæ factæ circa opus prædictum a festo Sancti Michaelis Archangeli anno duodecimo prædicti Regis, usque idem festum extunc proxime sequens anno tertiodecimo; videlicet pro xxiij. pedibus et dimidio, le ped.[1]—viij. *li.* ex conventione.

In stipendiis Lathomorum per idem tempus . . . . . . ciiij^{xx}viij. *li.*

In stipendiis de [Brekeleyers et Laboratorum per idem tempus ultra conventionem in grosso cum Lathamis . . . . . . xlvj. *s.* viij. *d.*

In stipendiis Carpentariorum et Sarratorum per idem tempus . . . . . . cxvij. *s.* vj. *d.*

Et in diversis emptis ad idem opus hoc anno . . . . . iiij. *li.* v. *s.* iiij. *d.*

Summa . . cc. *li.* lx. *s.* vj. *d.*

Et in calce usta empta ad prædictum opus *mdcl.* quarteria, pretium quarterii viij. *d.* . . . lv. *li.*

Et in breke emptis ad idem opus cccciiij^{xx}. millia, pretium mille iij. *s.* iiij. *d.* . . . . iiij^{xx}vj. *li.* xiij. *s.* iiij. *d.*

---

[1] sic MS.

Et in canestone empto ad idem opus, cum cariagio, cranagio, et custuma; mcxxxij. tonelli ad diversa precia . . . . . . ccciiij.^{xx} viij. *li.* xv. *s.* vj. *d.* ob.
 Summa . . dxxx. *li.* viij. *s.* x. *d.* ob.
Summa totalis expensarum circa prædictum opus . . . mxxxv. *li.* xvij. *s.* iij. *d.* ob.

Et expenduntur de stauro Monasterii in assheler ad valenciam ad minus xl. marcarum non computatarum.

Et ulterius non computantur ea quæ sequuntur; videlicet, meremia, asseres, claves, ferramentum, plumbum cum possicione, cariagium zabuli, et ceterorum quæ vehebantur in carectis Monasterii.

1108.—To our full reverent fader in God right worshipfull and gracious Lord the Prioŭr of the Hous of Cristchirch of Caunterbury.

(1500.)
Cart. Ant. P. . . . .

 Besechen full mekely your simple pore tenauntes of your lordship of Milton Halle in the parissh of Pritewell in the countee of Essex, that how, full gracious Lord, wher as . . . . seid tenauntes of the same stonden chargid to paye unto oure most gracious Soveraigne Lord the King atte the hole taxe viij. marcs or theraboute, of whiche the place of your seid Lordship . . . . . chargyd to paye, and of tyme out of mynde hath paid, xiij. *s.* iiij. *d.*, unto now that your fermour and Bailiff ther that hath ageynseid, and that wole not paye in no wise, seying expressly that he is chargid and commaunded be your gracious Lordship no such taxe to paye. And full gracious Lord it is so, that your seid Lordship hath evir unto this tyme be chargid atte eny such taxe of the seid xiij. *s.* iiij. *d.*, whiche hath be paid be the handes of your bailly and fermour ther, and the remenant of the seid taxe your seid tenauntes han be chargid with, and yitte ben, whiche is now to hem full

The tenants at Prittlewell state their grievance.

334   LITERÆ

grevous, and over chargeable for hem to bere; in as
moche as the substaunce of your tenauntes there, whiche
weren wonte to bere grete parte of the seid taxe, aren
now dede, and onnethes eny tenauntes ther lefte but
such as aren not of power to bere which shold now
be to hem a more hevy charge, and they shold now
bere two nobles more thanne evir they did before.
Also, full gracious Lord, wheras your seid pore tenauntes of olde tyme weren wonte to have grete easement of your mille ther longing to your seid Lordship,
they now no maner easement ther of may have, in as
moche as the seid mille is not kepte up ne mayntened
as it hath ben afore tyme; wherfore it causeth hem to
seke fer thennes to have ther cornes grounden, to their
grete distresse and hindring. Please it unto your gracious
Lordship, atte the reverence of God, graciousely to ordeigne and graunte that your seid fermour and baillif
ther from hensforth may paye toward the Kinges taxe
for his catell like as hath be usid and paid afore this
tyme, and lyke as your tenauntes doon ther for their
catell. And also that ye graciously wold like that your
seid mille ther might be mayntened and kepte up, so
that your seid tenauntes mighten have their easement
atte the seid mille, as they hadden afore tyme, considering the grete rente whiche your seid tenauntes
beren yerely to your seid Lordship; and this for Goddis
love in wey of charite.

(1500.)   1109.—To HYS FREYND THOMAS TYSTED STUDENT YN
L. B. 182.   CANTERBURY COLLEGE YN OXFORDE D.D.

I.H.S. MARIA.

Dom. Benedict at Canterbury to Thomas Tysted at Oxford.

Most trusty, I salute you, puttyng you to knowlegge
that I am full decyvyd and surprisyd not to returne
to Oxford, and have an offyce in the Monastery, which
ys Subcellerer; wherfor I pray you trusse up my stuffe

safe and send it by Buccke, with all spede; and by cause the grett cofer ys cumberus to carey trusse them yn my bedde, layng my clothys yn the midle of my stuffe and my books thereapon. The grett mantle ye shall receve for P. Johnson; and as for my ij. cofers ye shall lett these remayne for Peter Langlaye, which ys chosyn scholar and shall come to you shortly with Dom. J. Crosse; but trusse soche stuffe as I have yn the cofers, and take a sylkyn gyrdle that T. Frenshe gave me, the boys know hyt. I praye you make good serche therfore, and here ys the keye of the cofer wheryn be P. Johnsons books with other stuffe. Syr Davyth hayth Saynt Hyeroms epystlys of myne; requyre hyt. Yf ye have or can make money of my tablys and trestlys with the postys of my bed, do; yf not put them yn save garde; and among all other thyngs I desyre you hartely cause my table of Saynt Dorothe to be safe conveyd with owt hurte; and send me word what the contribucyons be; and who myche P. Johnson ys yn the Mancyples booke, and yn Terys booke, and I wyll send hyt to hym. By Crosse ye shall receve with thys lettre j. noble for to dyscharge my stuffe both fro Oxford and also to the shyppe. And hereyn ye shall desyre Bucke yn my name to take so moche paynys as to delyver hyt to a shype of Feversham, wherof he shall not fayle wekely; you takyng the paynys to wrytt yn parchement, and suerly sewen apon eche trusse, that they be delyveryd to Feversham, and from thens to our Monastery; expressyng my name. The Bottles I trust ye have not forgott. Send word when the chyldren shall be at Gravysend, and yf ye have made sale of eny of my stuffe send me vj. payer of glovys, buttond, in cheverett. For lake of tyme vale.

Canterbury die Annunciacionis.

BENEDICT IVORIE. (?)

1110.—To John Hale of Tenterden in hast.

(September 1501.)
L. B. 39.
Sir .... Guildford to John Hale of Tenterden.

John Hale, I commande me unto you; and so hit ys that my Naybor Swaham hath geven to Nicolas Deryng the iij^{de} parte of the profitz of Bettnammys londs wherof ye are resayvour; I will and pray you that immediatly aftyr the sight herof a due accounte or rekenyng may be made betwene you and theym. And suche money as shalbe due unto the seid Nicolas at thende of the seyd accounte I pray you let yt be delyvered unto hym without eny forther delay. And thus the blyssed Trinyte kepe you.

GULDEFORD.

1111.—My good neybors John Rynder and John Strykynbold and to every of them.

Michaelmas 1501.
L. B. 39.
Sir .... Guildford to two neighbours at Tenterden.

As hertyly as I can I recommende me to you; and in as moche as ye be my cosyne Bettenhams feoffees, I praye you as hertyly as I can that ye wole cause John Hales to delyvere unto Nicolas Deryng such parte of his receyte of my seyde cousine Bettenhams lands as shulde come to the sayd Nicolas. And as for the fyndynge of the preest, I shall se therto that hyt shalbe done as reason is at my next comyng downe. And in ony thynge that I can do to your plesure ye shall alwaye fynde me redy and so the blessyd Trynyte kepe you. At Richemont this Seynt Michels day.

Your nyhbor
GULDEFORD.

Post receptionem hujus billæ scilicet viij° die Octobris anno xvij° Henrici vij^{mi} solvi Nicholao Derynge xl. solidos.

1112.—Electio sepulturæ per reverendum in Christo patrem Willelmum Warham et confirmatio ejusdem per Capitulum.

6 April 1507.

T. 58 b.

Omnibus, etc. Thomas permissione divina Ecclesiæ metropoliticæ Cantuariensis Prior, etc. Cum reverendissimus in Christo pater et dominus Dominus Willelmus Warham, Dei et Apostolicæ Sedis gratia dictæ Ecclesiæ metropoliticæ Archipræsul, etc. memoriter tenens, ac perfecta mente sedulo revolvens, cunctas hujus seculi dignitates caducas et transitorias, singulosque mortales ea lege natos ut vitam cum morte tandem commutare debeant, licet hora genusque mortis ignotum sit, exoptans igitur et intime affectans, uti bonum atque virum catholicum decet, omnia erga mortis providere miseroque cadaveri suo sepulturam, cum ab hac luce eum migrare contingerit, præparare, ob piam affectionem maximam singularemque devotionem, quas erga Ecclesiam suam prædictam et Dominum Thomam Martyrem, ejusdem Ecclesiæ patronum, semper habuit et habet, miserum corpus fœtidumque cadaver suum in dicta sua Ecclesia, cum ab hac luce migraverit, humari et sepeliri statuit; eaque de causa, adhuc inter vivos existens, locum sepulturæ corporis sui juxta capellam Beatæ Mariæ Virginis, ex parte Boreali dictæ Ecclesiæ suæ metropoliticæ, fundatam, et prope locum sive altare ubi præfatus Dominus Thomas suum passus est martyrium, animo deliberato devote eligerit, et assignaverit, ac quandam capellam, oratorium, et altare, in Salvatoris nostri Jhesu Christi suæque Beatissimæ Matris Virginis Mariæ honore dedicaverit, et tumulum, sepulcrum, sive monumentum, ad dicti sui cadaveris sepulturam, de novo ibidem erexerit, construxerit, et ædificaverit; et ne forte, de pro et super electione loci dictæ sepulturæ, erectione, ædificatione ac constructione capellæ, oratorii, et altaris, necnon tumuli

The Prior and Chapter of Christ Church, approving the position which Archbishop Warham has chosen for his burial in their church, promise to protect the tomb and its ornaments for ever.

U 55671.   Y

sepulcri, sive monumenti prædicti, et pro ipsius reverendissimi patris corporis sive cadaveris humatione, ac ceteris præmissis seu aliquo præmissorum, post suum obitum, lis, controversia, seu dubitatio inter nos, præfatos Priorem et Capitulum, aut successores nostros, ac ipsius Archiepiscopi executores, sive ad hoc assignatos et deputatos aut quoscumque alios quovismodo, oriri potuerit, aut moveri : Sciatis nos, præfatos Priorem et Capitulum, in Domo nostra Capitulari ad hoc specialiter et capitulariter congregatos, matura præhabita super hoc deliberatione, piam, sanctam, et devotam ipsius reverendissimi patris in præmissis intentionem affectione filiali desiderantes, cupientesque dicti reverendissimi patris pium, sanctumque propositum in omnibus perimpleri, et debitum sortiri debere effectum ; unanimi consensu et assensu, quantum in nobis est, concessisse et confirmasse, ac per præsentes, pro nobis et successoribus nostris, pro perpetuo concedimus et confirmamus, eidem reverendissimo patri Willelmo Archiepiscopo, electionem loci, et locum sepulturæ suæ prædictæ, per eundem in loco prædicto electo et assignato, cum capella, oratorio, et altari, ut præfertur, erectis, constructis, ædificatis, et dedicatis, omniaque et singula per præfatum reverendissimum patrem, modo et forma superius expressatis facta, ratificasse et approbasse, prout pro perpetuo ratificamus et approbamus per præsentes ; necnon concessisse, et per præsentes pro perpetuo concedimus, nobis et successoribus nostris, quod quamcito corpus sive cadaver præfati reverendissimi patris, postquam ab hac luce migraverit, ad Ecclesiam suam metropoliticam prædictam delatum fuerit, nos, Prior et Conventus Ecclesiæ memoratæ et successores nostri qui pro tempore fuerint, hujusmodi corpus sive cadaver reverenter et honorifice, cum processione solenni, admittemus et admittent, suscipiemus et suscipient, ac illud, prout moris est, suscipi et deferri faciemus et facient, ac in tumulo, sepulcro, sive monumento præfato, sumptibus et expensis executorum vel assignatorum prædictorum, humari et sepeliri solenniter et devote, prout decet, faciemus et facient ; quales quidem sumptus et expensas executores et assignati aliorum Archiepiscoporum in tali casu solvere et exponere consueverunt. Concedentes insuper, promittentes, et obligantes, ac concedimus, promittimus, et obligamus, per præsentes, pro nobis et successoribus nostris pro perpetuo, in fide et promissione qua Ecclesiæ prædictæ tenemur et astringimur, et iidem successores nostri tenebuntur et astringentur, quod nec nos neque dicti successores nostri imposterum capellam, oratorium, sive altare, tumulum, sepulcrum, aut monumentum, prædicta nec aliqua eorundem aut alicujus partem, sive imagines ibidem exsculptas, cum lapidibus quadratis, neque clausuram ferream, vel aliquam ejus partem unquam amovebimus vel amovebunt, transferremus vel transferrent, aut moveri, transferri, auferri, vel demoliri, quantum tam in nobis est quam in eis erit, faciemus vel facient, permittemus seu permittent.[1] Præterea nos et prænotati successores nostri, quæcumque bona sive ornamenta, per eundem reverendissimum patrem hujusmodi cantariæ pro decore et ornatu et fundatione ejusdem, ad laudem Dei, donata sive donanda, pro perpetuo ibidem remansura, nullatenus alienabimus aut alienabunt, vel alienari pro posse permittemus seu permittent ; sed cuicumque hoc, aut aliqua præmissorum, facere aut procurare volenti vel attemptanti contradicemus expresse, et pro viribus resistemus, et successores nostri omnes et singuli qui pro tempore fuerint contradicent et resistent pro posse. In cujus rei, etc. Data in Domo nostra Capitulari, sexto die mensis Aprilis, anno Domini millesimo quingentesimo septimo.

---

[1] *promittimus—promittent*, MS.

25th April 1520.

1113.—Dr. Grig at Rome to Archbishop Warham.

L. B. 73.

Dr. Grig, in Rome acting as agent for the Archbishop and the Convent of Canterbury, reports the steps he has taken, hitherto without success, to obtain for the year 1520 the indulgences up to that time granted every fiftieth or jubilee year to pilgrims visiting the shrine of St. Thomas.

Plesith it Your Grace I have delyveryd the Kyngs letteris to the Pop ys holines at Maryan owte of Rome, theyr beyng present My Lorde Cardynall Campegius ande My Lorde of Worcetter, the whych letter the Pop dyd nott red, but gaff hyt to My Lorde of Worcetter that he schulde bare hyt to Sancti iiij{or}. And soo My Lorde of Worcetter departyd to Rome ageyn, ande the Cardynall Campegius and y rode with the Pop x. myllys, and soo that nyght arivyd at Rome.

Item: ij. dayys after, y rode to the op ys holines ande cam at the wassyng off hys handys, ande as sone as he had dynyd y knelyd down before hys holynes at borde, and presentyd My Lorde Cardynall ys letter, and when he [1] had red hyt y gaffe hys holynes the letter, ande as sone as he had red hyt he gan to reson of the seyde Jubyley with me: what thyng y hade to schowe for hyt, for the seyde confirmacyon; the whych ys very longe to wrytt, the Pop ys demandyng and my answerys. Att my departyng y schewyd to hys holynes that sethyn the deyth ande passyon off Synt Peter theyr ways never a man that dyde schow more for the lyberteys off the Churche than Syntt Thomas off Cantorbery; theyr beyng x. Cardynallys at borde, and ij. off them afyrmyd my seyyng, and theyr apon hys holynes commandyd me to goo to Sancti iiij{or} and gyff hym ynstruccions.

Item: the next daye theyr apon y causyd My Lorde Cardynall Campegius to speke with Sancti iiij{or}, and soo he dyd with as goode wordys as ways possebell, as y parcevyd after wardys when I cam to Sancti iiij{or}, yn so mych he made gret doutys when he saw my supplicasyon, and seyde *hyt ys nat possebell that the Pop wyll grant yow this, for no mony, or for favour.*

---

[1] y?

Item : I have sende yow the copy off the supplicasyon the whych y have delyveryd to Sancti iiij^or de verbo in verbum.

Item : I desyryd hym to bere hys favour yn this mater, and hys payn and labour schuld not be forgotyn, for y schewed hym that Your Grace hath gevyn unto me commyssion largely to rewarde hym, ande besydys that, he sendyth certyn thyngs for yow owte of Inglonde. He is a man when he seyth many men be reteynyd yn a mater he wyll do the lesse yn hyt, ande therfore y have made thys supplicasyon as hyt lekyd me withowte any man ys counsell.

Item : As y have wrytyn to yow yn my laste letteris that ye schuld sende vj gobeletts by the next cumer; hyt schall doo more in operasyon with Sancti iiij^or that [1] all the money that ye have send.

Item : Also to sende thys Judycyans under the Prior ys seall, ande lett Master Coleman subscryb hyt that hyt hath ben usyd, ande also lett hym examen wother [2] olde men that hath ben ate hytt, ande hyt schall helpe myche the mater.

Item : As concernyng Master Archdeacon ys dyspensa- cyon *de non promovendo ad certum tempus,* hyt must be spede by a breff, for y thnyge [3] he hath ben dyspensyd for vij. yers, theyrfore lett hym sende me hys instructions and when hys laste dyspensacyon ys expyryd, ande he shall have hyt sende with yowre pardon, the whych schall coste yow but alytyll mony; and also to wrytt another letter to Sancti iiij^or, and thanke hym for hys benyvolent mynd as ye be informyd by dyversse persones, the whych schall cauys hym to be more benyvolent. Y have softh ande ynquiryd sum godly thyng to the veylore off a hundred dokets to present hyt unto hym.

Item : Y promyys Yowre Grace yn thys expedycyon y schall doo as mych as anyman can doo, as yo schall

---

[1] *than ?*
[2] *other.*
[3] *think.*

see ynafect, ande trustyng yn God suche fryndys as y have schall put to thyr handys, the whych schall doo grett eys ande profytt att later ende. Y schall wys[1] theys persones when y get nomore grace.

Item: Yff y cannot spede hyt for this sum off mony, to know youre plesure, whether y schall goo any forder or not, by the next currer. Withowte the Pop do cauys hyt to be spede pryvatly by the Chamber, hyt ysnot possebell to spede hyt by the Chansery, for hyt wylbe taxyd yn mych mony, and soo Jhu preserff you. From Rome the xxv. day of Apryll, 1520.

Item: Wheyr as y wrot that Your Grace schulde sende a cuppe of golde to the Pop hyt had been weyl don, and schulde have don mych yn this cauys. Y am yn gret favour with the Pop ys suster, the whych knowyth hys nature. Y truste sche schall doo grett goode yn this mater.

Item: Yff theyr be a hunder olde men yn Cantorbery lett them be examinyd by a notary, and theyr namys wrytyn, how that they hath been att the seyde Jubyley. Hyt ys not possebell but theyr hath ben sum men to tymys[2] att the seyde pardon; for a man that hath lxv. yer maye testefy that he hath ben ij. tymys at the seyde Jubyley. Yf Your Grace make dylygens yn thys mater hyt schall make gretly for the expedycyon off hyt.

Item: The Pop sendyth a byssop to go to the metyng of our Soverayn Lorde the Kynge and the France Kyng, the whych ys Auditor Camere; Master Secretary knowyth hym weyl. Cauys the Kyng to speke unto hym, yff ye hyre not from me schortly that hyt ys spede. Ande also make sum nobellmen that hath ben att seyde

---

[1] *wys = uys = use.*

[2] A man who had been "two times" at the Jubilee, that is at the last two celebrations of 1470 and 1420, would at the date of these letters be 115 years old, supposing that at the first Jubilee he were 15 years of age, the earliest time at which his testimony could be received. Dr. Grig calculated as if the festival of 1520 had actually just taken place.

Jubyley to schow hym that hyt ys ynvys,[1] if owre supplycasyon ys put abacke, ande all ys to have a gret sum off mony, for becauys we have no Bull to schew the grant. Y do by the counsell of My Lorde Cardynall Campegius, and sethens y delyveryd the supplecasyon on to the Pop y have ben with hys holynes vj. tymys, and every tyym y have ben remittyd to Sancti iiij^{or}.

1114. — REVERENDISSIMO IN CHRISTO PATRI DOMINO W. DEI GRATIA ARCHIEPISCOPO CANTUARIENSI AC LEGATO NATO ET AMICO COLENDISSIMO.

5 May 1520.
L. B. 74.

From Rome the vth daye of Maye.

Plesyt hyt your Grace thys day y have spokyn with the Pop ys Holynes for the expedycyon of your cauys, and he hath deferryd hyt unto the xth daye of Maye, and then shalbe the singnature, and theyr schalbe dyversse Cardynallys apon thys mater; y have desyryd my Lorde Cardynall Campegius and he hath promysyd me to be theyr and do the beste he can. The Pop lyyth owte of Rome.

Dr. Grig at Rome reports progress and especially recommends interest to be made with the Pope's Auditor

Item: The Pop hath sende the Auditor Camere to be presant at the metyng of thys grett princes, and yff ye brynge before hym wyttenys, ande also cauys the Kynge to speke to hym, and also my Lorde Cardynall, and cauys hym to wrytt a letter to the Pop that hyt ys ynvys,[2] we schall have oure purpoys as for the Jubyley; ande let thys letter be sende unto me secretly; and also cauys Master Secretary to wrytt a letter to the Pop ys Holynes by the Kyngs commandement with the seyd Auditor Camere ys letter, as mych as the Kyng hath ons wrytyn, and not regardyd; ande yn the meyn seson y schall do the best y can.

Cameræ, who intends to be present at the meeting of the Kings near Calais.

---

[1] *yn vys* = *in use*.   [2] in use.

344   LITERÆ

Item: Let Master Archydyacon sende me an instructyon ther off hys mater, ande when hys tyme ys expyryd y schall cauys hym to be dyspensyd by a breff for vi. yere. And so Jhesu preserff your Grace.

From ut supra 1520.

My Lorde, yn any wyys spede ye the lettrys, and yff y can make an ende of hyt yn the meyn seson the letterys schall doo goyd and no harme. Y thyng or theys letterys com we schall do but lytyll good.

(May 1520.) 1115.—DR. GRIG AT ROME TO ARCHBISHOP WARHAM.

L. B. 75.

Dr. Grig continues the narrative of his ineffectual attempts to obtain the Pope's confirmation of the jubilee in spite of the interest shown by Cardinal Campeggio and the Bishop of Worcester (Silvester Gigliis), and the lukewarm help of the Cardinal "Sanctorum quatuor Coronatorum Martyrum" Leo X. offered to

Plesit it your Grace, the xiiij. daye of Maye y recevyd a letter from Master Bydell datyd at Lambeth the xix. daye of Apryll, by the whych y understande that your Grace wyll wryt thankys to Sancti iiij^{or}, ande also to my Lorde Campegius ande to my Lorde of Worcetter, the whych ys weyll don, ande as schortly as ys possebell soo to do.

Item: Y haue ben dyverss tymys with the Pop ys Holynes for the expedycyon off your Jubyley, and specyally the iij^{de} ande the iiij^{the} tyme, when y delyveryd your letterys to the Pop ys Holynes; he gaff me good wordys, and promysyd to sende the supplicasion to the Datary, the whych was not sende, synyd nother unsynyd.

Item: Y wende euery ij^{de} daye by the spays off x. dayes to the Pop, ande att laste yn *publica signatura* y wende to the Pop knelyng before hys Holynes to make expedycyon of your cauys, seyyng thys wordys, qualiter: "Reverendus Cardinalis Sancti iiij^{or} dedit "michi in commissionem ire pedibus Sanctitatis vestre, " et presentare istam supplicationem, et michi retulit " qulaiter Sanctitas vestra habebat maximam dubita- " tionem an fuit in usu. Ulterius, beatissime Pater

"Sanctitas vestra dignetur confirmare istum Jubileum, "et committere Legato de latere, per breve Sanctitatis "vestre sub pœna excommunicationis, vel alicui pre-"lato, ut isti debeant examinare hanc causam Jubilei, "constare quatenus fuit in usu, et tunc confirmatio "Sanctitatis vestre possit suffragari, et locum habere. "Sin autem remittam bullas pedibus Sanctitatis "vestre." Immediate Sanctitas sua michi dixit: "Do-"mine Johannes non nobis est honor ita facere, "confirmare et immediate revocare." *[marginal: grant a short jubilee on condition that half the oblations should go to the building of St. Peter's.]*

Item: At that tyym the Pop concludyd that Sancti iiij^or schulde wrytt to the Legat, my Lorde Cardynall, and also another letter to the Auditor Cameræ, that they schulde examine wytnys that they have ben at the seyde Jubiley; that then Hys Holynes wylbe content to confyrme the seyde Jubyley.

Item: Upon the same y haue solycyt to haue the seyde letterys dyverse tymys, he answeryd me he wolde schow them to the Pop hys Holyness ande soo to delyver them unto me.

Item: Y, seyng that the tyym was prorogyd, as sone as the Pop came to Rome y desyryd my Lord Campegius to speke wyth Sancti iiij^or ande then afterwardys wyth the Pop *in publico concistorio*, ande soo he dyd, ande (to) thys the Pope made a playn answeyr: yff hyt coulde be provyd that hit ys ynvys he wolde be glade to confyrme hyt; otherelse to grant the seyd Jubyley in festo Sancti Thome Martyris ande iij. dayys afterwardys folowyng to have cleyn remission; ande such oblasyons as ther weyr made halfe schulde goo to the byldyng of the church of Rome; unto whych y wolde not ynclyne withowte consent off your Grace yn no manner of weyys.

Item: Wheyr your Grace wrote unto the Pop that thys Jubiley was grantyd in Honorius days the iij^de, he schewyd me then theyr ways no such thyngs grantyd. The first Jubiley that ways grantyd yn Rome ways yn tempore Bonyfacius 8the, whych ways yn the yere off Oure Lorde a M. ij. hundreyd lxxxv. erys, but Honorius ways yn the yere off Owre Lorde 1214, longe afore; ande seyde hyt was not lycly no such thyngys to be grantyd not yn hys dayys.

6 June 1520.
L. B. 76.

1116.—Master Thomas Bedyll, Secretary to Archbishop Warham, to the Prior of Christ Church.

The Archbishop's Secretary recommends the Prior to consent to the Pope's claim of a half of the profits of the jubilee, if one be granted, unless by any chance better terms may be made, but he does not advise that this concession should be made unless the indulgences be made once for all to be available for every succeeding fiftieth year.

My very good Lord Prior, in my right herty wise I recommend me to Your Lordship, doing you to understand that yesterday My Lords Grace receyved letters from Rome, whiche I send unto you now with a certaine suggestion conceyved by Doctor Grig and his counsail concernyng the Jubiley. Item: Seing that so great difficulte is made at Rome for thobteinyng of our purpose, whiche is like to be graunted but for a few dayes as My Lorde of Worceter hath written, a new way is devised for thobteynyng thereof, with the whiche in a maner we be forced to be contented if we wol have greate thing of our desire. It is this: the Pope hathe desired to have halve of thoblations in this yer of Jubiley if it shuld go furthe, the whiche if he have not his mynde it is to be thought we shall not have what we wold have. Wherfor long and serious communication hathe bee had with the Popes Orator, Auditor Cameræ Apostolicæ, in this matier by Maister Parr the Kings Grace Secretary at My Lords request. Uppon the whiche communication the said Auditor Cameræ Apostolicæ wrote speciall letters to the Cardinal Sanctorum iiijor and also to the Popis Holines for the short expedicion thereof, shewing to the Popis Holines that he shuld have half the oblations of this yer of Jubiley, only if he wool graunt it imperpetuum, so that after this yere the said oblations may be only to the Churche of Canterbury. Of the whiche effect My Lord hath writen to My Lord Cardinal Sanctorum iiij°r, and to Cardinal Campeg., and My Lord of Worceter, and to his procurator Doctor Gryg, to whom he hath specially written, that out of the Popis halve shuld be deducted the charges that we shalbe at now for thexpedicion thereof, and that it be graunted *amplissima forma;* for els, seing and considering the manifold and great *pardons* whiche have been and bee in England, litell advantage wol arise to the Popis Holines. And therefor My Lord hath writen to Doctor Gryg that he shuld suerly [procure to] have the *pardon* graunted acordyng to the *minute* sent to him by My Lord; the whiche if it may be obteyned it wolbe a great tresur for ever hereafter. And My Lord hath writen to Doctor Gryg; if that if any other way can be taken for thobteynyng thereof he shuld not take this way; but that this shuld be the last refugie. In the whiche it is to be thought that the Pope will liberally graunt to the said indulgence, considering that partly it shalbe his own cause and proficht if it be graunted in moost ample forme; whiche I trust schalbe doen. Newes her be none worthy writing but such as I dar not write. When I have next any messenger I wol send unto Your Lordship how the world goeth with us, which now suffer not a letell disease and payne; for my part .... I trust Your Lordship hath rememberd my manor or this tyme or els wol shortly, as my .... feith in you; who shall euer have my servise to do at your commandement. At Cales the vjth day of Juny.[1]

THOMAS BEDYLL.

---

[1] A draft petition to the Pope asking for the usual jubilee indulgences for the year 1520, exists in the cathedral records. (S. B.-D. 23.)

1117.—THE KING'S DEMAND FOR SOLDIERS.

9 Oct. 1536.
Cart. Ant. C. 242 a.
The Prior's call on the tenants of Hollingbourne consequent upon the King's demand for soldiers to repress the "Pilgrimage of Grace."

The Kynges Grace, for the repression of his rebells in Lyncolnshire, hath directed his letters dated at Wyndesore the ninth day of this monyth of October to the Priour of Christchurche in Canterbury, that he shall furnysshe sixty hable persones with gode horses and all other habyliments mete for warre, whereof twenty to be archers, and the same hable persones to be at Ampthill the twenty seventh daye of the seid monythe of October without fayle. Wherefore the seid Priour, acording to his allegeaunce and dutie, dothe send this berer to you, being substanciall tenants and fermours of the seide Churche, to prepare yourselffs acording to the Kyngs commaundement, so that ye fayle not to be at Cristchurche in Canterbury on Friday next comyng (or at Gravysende[1]) by nine of the clok before none. From Cristischurch aforeseid the tenth daye of the seid monyth of October.

Be THOMAS, Prior of Cryst ys Churche att Canterbury.

To the tenaunts and fermours of the seid Priour of his maner of Holyngbourne.

1118.—SCHEDULE OF SOLDIERS FURNISHED.

The names of the sixty men supplied in obedience to the King's demand.

Die Veneris xiij^{mo} die Octobris anno xxviij^{vo} Rgis Henrici Octavi.

Archers on horsebak.

John Grene,	George Pounde,
Stephen Saunder,	John Myghell,
Thomas Rafe,	John Porter,
Wyllyam Smyth,	Charles Remyngham,
Wyllyam Andrewe,	Wyllyam Strynger,
Robert Gyldwyn,	Robert Baldok.

---

[1] interlined, MS.

CANTUARIENSES.

David Aphowell, a spereman on horsebak.

Archers on fote.

John Broke,	George Chapman,
John Hamon,	Wyllyam Nelsted,
Sampson Cok,	Thomas Swetman,
Henry Sharley,	John Bowe,
Arnold Wodewell,	Thomas Bratell,
John Peryman,	Wyllyam Knyght.

Robert Hardyng, comparuit et recessit postea.

Horsemen with billes.

Thomas Waller,	Thomas Atwell,
John Oylette,	Willyam Biltyng,
Hughe Morecroft,	John Thomas,
William Dane,	Richard Jones,
John Roche,	John Gre,
Thomas Shorter,	Richard Alyn.

Fotemen with billes.

Roger Haryson,	Thomas Hill,
Thomas Clark,	John Lewes,
Willyam Grenefeld,	John Alford,
Thomas Andrewe,	Willyam Rose,
Stephen Asshenden,	Willyam Carre,
Thomas Boyman,	John Fox,
Willyam Kengham,	Thomas Creffeld,
Stephen Dickman,	John Burton,
John Shosmyth,	Thomas Hert
Edward Bechyn,	Edward Birche,
John Leer,	John Foster.[1]

1119.—ITEM: DE EODEM.   28 Oct. 1536.

The Kinges Grace, for the repressyon of his rebelles Cart. Ant. in Yorkshyre, hathe dyrectyd his letters dated at 242 a.

---

[1] A duplicate of this list shows that a sum of four shillings and fourpence was advanced to each man when he came to the muster.

A second demand for men having been made by the King in consequence of the extension of the northern rebellion, the Prior calls up his tenants at Chartham.

Wyndsore the twenty eighth day of the moneth of Octobre to the Pryor of Crischurche in Caunterbury, that he shall furnysshe sixty able persones to be at Northampton the seventh day of the moneth of Novembre nexte comyng withoutefayle. Wherefore the seide Priour, etc., *as above*. Soo that ye fayle nott to be att Cristchurche in Caunterbury on Fryday nexte comyng be nine of the clock before noone as ye wyll answere att your peryll. From Crischurche in Caunterbury the xxxth day of the moneth of Octobre.

Be THOMAS, Prior of Cryst ys Churche
att Canterbury.

To the tenaunts and fermours of
the maner of Chartham.

APPENDIX OF DOCUMENTS ILLUSTRATING THE PRECEDING LETTERS, GATHERED FROM SOURCES OTHER THAN THE LETTER-BOOKS.

1.—[COMPOSITIO INTER DOMINOS ARCHIEPISCOPOS CANTUARIENSEM ET EBORACENSEM.]

1072. Chart. Ant. A. 2.

A composition settling the limits of jurisdiction assigned to the Archbishops, made at a Council held by King William I.

Anno ab incarnatione Domini nostri Jesu Christi millesimo septuagesimo secundo, pontificatus autem Domini Alexandri Papæ undecimo, regni vero Wilelmi gloriosi regis Anglorum et Ducis Northmannorum sexto, ex præcepto ejusdem Alexandri Papæ, annuente eodem rege, in præsentia ipsius et Episcoporum atque Abbatum, ventilata est causa de primatu quem Lanfrancus Dorobernensis Archiepiscopus super Eboracensem Ecclesiam jure suæ ecclesiæ proclamabat, et de ordinationibus quorundam Episcoporum, de quibus ad quem specialiter pertinerent certum minime constabat. Et tandem aliquando diversis diversarum scripturarum auctoritatibus probatum atque ostensum est, quod Eboracensis Ecclesia Canturiensi debeat subjacere, ejusque Archiepiscopi, ut Primatis totius Britanniæ, dispositionibus, in iis quæ ad Christianam religionem pertinent, in omnibus oboedire. Subjectionem vero Dunelmensis, hoc est Lindisfarnensis Episcopi, atque omnium regionum a terminis Licifeldensis episcopii et Humbre, magni fluvii, usque ad extremos Scotiæ fines, et quicquid ex hac parte prædicti fluminis ad parochiam Eboracensis Ecclesiæ jure competit, Canturiensis, metropolitanus, Eboracensi Archiepiscopo ejusque successoribus inperpetuum obtinere concessit. Ita ut si Canturiensis Archiepiscopus concilium cogere voluerit, ubicunque visum ei fuerit, Eboracensis Archiepiscopus sui præsentiam, cum omnibus sibi subjectis, ad nutum ejus exhibeat, et ejus canonicis dispositionibus oboediens existat. Quod autem Eboracensis Archiepiscopus professionem Canturiensi Archiepiscopo facere, etiam cum sacramento, debeat, Lanfrancus Dorobernensis Archiepiscopus, ex antiqua antecessorum consuetudine ostendit; sed ob amorem Regis Thomæ Eboracensi Archiepiscopo sacramentum relaxavit, scriptamque tantum professionem recepit, non præjudicans successoribus suis qui sacramentum cum professione a successoribus Thomæ exigere voluerint. Si Archiepiscopus Canturiensis vitam finierit, Eboracensis Archiepiscopus Doroberniam veniet, et eum qui electus fuerit cum ceteris præfatæ ecclesiæ Episcopis ut Primatem proprium jure consecrabit. Quod si Eboracensis Archiepiscopus obierit, is qui ei successurus eligitur, accepto a Rege archiepiscopatus dono, Canturiam, vel ubi Canturiensi Archiepiscopo placuerit, accedat, et ab ipso ordinationem canonico more suscipiat. Huic constitutioni consenserunt præfatus Rex, et Archiepiscopi Lanfrancus Cantuariensis et Thomas Eboracensis, et ceteri qui interfuerunt Episcopi.

Signum ✠ uuilelmi regis.
    Sig ✠ num Mathildis reginæ.
      ✠ Ego Hubertus Sanctæ Romanæ Ecclesiæ lector et domini Alexandri Papæ legatus subscripsi.
✠ Ego Lanfrancus dorobernensis archiepiscopus subscripsi.
      ✠ Ego Thomas eboracensis archiepiscopus concedo.
✠ Ego uualchelinus uuentanus episcopus subscripsi.
      ✠ Ego remigius dorcacestrensis episcopus subscripsi.
      ✠ Ego erfastus tetfortensis episcopus subscripsi.
✠ Ego uulstanus uuigornensis episcopus subscripsi.

2.—DE CRUCE EBORUM NON PORTANDA LONDONIIS.

(1307.)
I. 298 b.
The Prior of Christ Church, during the Archbishop's exile, warns the Bishop of London not to allow the cross of the Archbishop of York to be carried before him in the diocese of London.

Venerabili in Christo patri Domino R. Dei gratia Londoniensi Episcopo, Henricus permissione divina Prior Ecclesiæ Christi Cantuariensis, Venerabilis patris Domini Roberti Dei gratia Cantuariensis Archiepiscopi, etc. agentis in remotis Vicarius Generalis, salutem cum reverentia et honore debitis tanto patri. Cum intelleximus venerabilem patrem Dominum Archiepiscopum Eboracensem erecta cruce, in præjudicium Ecclesiæ Cantuariensis, per diœcesim vestram transiturum, et in proximo ad Civitatem Londoniarum venturum; vobis, ea qua decet reverentia, injungimus et mandamus, quatenus, ipsius adventum sollicite explorantes, ipsum canonice moneatis et moneri faciatis, ne quovismodo crucem suam erectam per civitatem et diœcesim Londonienses, aut alibi in provincia Cantuariensi, deferre præsumat; inhibentes nichilominus districtius omnibus per quos erecta cruce transire contingat, ne quis eorum ei reverentiam exhibeat pontificalem. Loca etiam omnia Ecclesiæ Cantuariensi et vobis subjecta, per quæ erecta cruce transitum faciet, quamdiu in ipsis moram traxerit in forma juris interdicto ecclesiastico supponatis. Moneatis insuper omnes Ecclesiæ Cantuariensis et vestræ jurisdictionis subditos, sub pœna excommunicationis majoris, ne quis præfato domino Archiepiscopo Eboracensi, in hoc facto Ecclesiæ Cantuariensi præjudiciali, aliqualiter communicet, nec, clam vel palam, eidem præstet auxilium, consilium, vel favorem. Quid autem super hiis feceritis nos, infra quindecim dies post receptionem præsentium, certificetis, per litteras vestras patentes harum seriem continentes. Dat. etc.

3.—De cruce Eborum non portanda Londoniis.

(1308.)

I. 302.

Robertus Archiepiscopus Cantuariensis, Venerabili fratri Radulpho eadem gratia Episcopo Londoniensi, etc. Cum Dominus Eboracensis Archiepiscopus ad instans parliamentum Domini Regis personaliter, ut dicitur, sit venturus, ne, per provinciam nostram infra vestras civitatem et diœcesim incedens, crucem suam coram se erigi faciat vel deferri, ne etiam populares earundem civitatis ac diœcesis vestræ et provinciæ nostræ inclinando benedictionibus ipsius Archiepiscopi, et aliis modis, contra inhibitiones publicas, tam per nos quam per nostros prædecessores prius factas, nequiter obedire, vel periculose favere præsumant, in nostram et Ecclesiæ nostræ Cantuariensis ac juris ejusdem injuriam et præjudicium manifestum; vobis committimus, et in virtute obedientiæ firmiter injungendo mandamus, quatenus, statim, receptis præsentibus, quam citius fieri poterit oportune, in singulis ecclesiis et locis publicis vestræ civitatis et diœcesis, ubi per delationem crucis suæ in suo transitu timetur dictum præjudicium imminere, inhibere districtius faciatis, sub pœna excommunicationis majoris, ne quis eidem Domino Archiepiscopo, taliter incedenti, suis benedictionibus inclinando vel aliter, faveat quoquo modo; ipsumque Dominum Archiepiscopum, si civitatem et diœcesim vestram sic ingressus fuerit, nominatim, et omnes sibi adhærentes statim moneri canonice faciatis, et, sub pœna canonicæ districtionis, arcius inhiberi, ne ipse Archiepiscopus crucem suam coram se in nostra provincia Cantuariensi erigi faciat seu deferri, vel aliquis de sibi adhærentibus crucem ipsam sic deferat, seu delationi ejusdem opem conferat seu assensum. Denuntiantes eidem Archiepiscopo et ceteris, nominatim, quod si quicquam in nostri præjudicium, contra monitiones vestras, præsumpserint attemptare, censuras ecclesi-

Archbishop Winchelsey a'ter his recall from exile renews the warning of the foregoing letter.

asticas pro defensione juris Ecclesiæ nostræ in hac parte dissimulare non potuepimus, prout justum fuerit, exercere. In omnibus insuper locis vestræ jurisdictionis per quæ idem Dominus Archiepiscopus sic incedendo transierit, vel sic incedens moram fecerit, durante incessu et mora hujusmodi, faciatis a divinis et a publica pulsatione campanarum cessari. De nominibus etiam omnium subjectorum vestrorum dicto Domino Archiepiscopo, contra inhibitionem memoratam, faventium et obedientium diligentius inquirentes, seu facientes inquiri, omnes quos super hoc inveneritis culpabiles aut rebelles per censuram ecclesiasticam, quatenus jus patitur, puniatis; censuras easdem absque nostra licentia nullatenus relaxantes. Et ne præsens mandatum nostrum sæpius iterari oporteat, vobis injungimus firmiter, in virtute obedientiæ qua Ecclesiæ nostræ supradictæ tenemini, quatenus omnia supradicta toto[1] tempore regiminis vestri diligentius observetis, et faciatis in futurum firmiter observari.

(c. 1150.) 4.—CONSTITUTIO THEOBALDI ARCHIEPISCOPI DE MONACHIS EJECTIS VEL FUGIENTIBUS ET REVERTENTIBUS.

Archbishop Theobald orders that monks who have deserted their monastery or have been expelled thence may again be received, provided that they be placed at the bottom of the list of the Convent.

T. Dei gratia Cantuariensis Archiepiscopus, etc. dilectis filiis Gwiberto Priori et toti Conventui Ecclesiæ Christi Cantuariensis, benedictionem a Domino, et misericordiam a Deo salutari suo. Cunctorum providentiæ, sed diligentium maxime prælatorum, incumbit officio, ut ex peritorum experientia mala debeant præcavere futura. Hinc est, quod scandalis illis quæ nostris videntur contigisse temporibus, per quosdam qui de vobis exierunt, sed ex vobis non erant, vobiscum vehementer offensi, adversus hujusmodi, ne tam sæpe contingant, quanta possumus sollicitudine vobis imposterum providere studemus, vestris super hoc justis et religiosis petitionibus gratanter annuentes, qui, zelo justiciæ et ignito monasticæ religionis amore succensi, hoc unanimi postulastis assensu, ut, Ecclesiæ vestræ famæ providentes, occasiones ex quibus prædicta scandala sæpius oriuntur, quod debemus et possumus, radicitus amputaremus. Nostra igitur, et apostolica qua fungimur auctoritate, præcipimus, atque in Ecclesia vestra cunctis tenendum temporibus et ratum fore sub anathemate constituimus, ut quotienscunque quemlibet monachum de Ecclesia vestra fugitivum, vel meritis suis ejectum, sive quolibet modo relicto religionis habitu ad seculum redire, tandem aliquando et per gratiam recipi contigerit, in ultimo gradu recipiatur;

---

[1] *tanto*, MS.

APPENDIX. 355

ibique tota vita sua remanens ad altioris locum ordinis non ascendat, illos tantummodo præcessurus in ordine qui post reversionem ejus in Ecclesia suscipientur; ut ex hoc etiam qui post lapsum redierint perpetuo degradationis suæ intuitu erubescant et humilientur, et qui forte similiter temptari poterunt, amissa spe recuperandi ordinis sui si a vobis vel exeant vel ejiciantur, caveant sibi ab utroque, ne vel exire audeant vel ejici mereantur. Ne quis autem hanc constitutionem nostram præsumat infringere sub anathemate prohibemus. Valete.

5.—Theobaldi Archiepiscopi de una acra paludis apud Horsvalde.

c. 1160
Cart. Ant. W. 224.

Theobaldus Dei gratia Cantuariensis Archiepiscopus, Anglorum Primas, venerabili fratri et amico Waltero Roffensi Episcopo, et toti hallimoto de Sancto Martino, salutem. Sciatis nos dedisse et concessisse in perpetuum, pro salute nostra et pro animabus omnium prædecessorum nostrorum, dilectis filiis nostris Priori et Conventui Ecclesiæ nostræ, in elemosina et perpetua possessione, paulo plus quam unam acram paludis, usque ad arabilem terram in valle apud Horsfalde, ubi fontes erumpunt et defluunt, usque ad stagna eorum; ut melius et liberius possint fontes suos curare, et stagna sua emendare, et utilius custodire. Iccirco volumus et præcipimus, quod perpetuo permaneat Ecclesiæ Cantuariensi palus illa. Testibus: Philipo Cancellario, et Johanne de Saresburia, et Willelmo de Ver, et Johanne de Tileburia, et Hugone de Gant, et Petro Scriptore, et Gisleberto Camerario, et Roberto Pincerna, et Willelmo Disp(ensatore), et multis aliis, apud Lamhedam.

Archbishop Theobald gives an acre of marshy land to the Convent of Christ Church in aid of the water-works of the Monastery.

6.—Theobaldus Archiepiscopus ne Archidiaconus Cantuariensis in Capitulo nostro sibi vendicet aliquid juris.

(c. 1160.)
Cart. Ant. C. 15.

Theobaldus Dei gratia Cantuariensis Archiepiscopus, Angliæ Primas, Wiberto Priori et Conventui ejusdem Ecclesiæ, salutem. Quam grande conversationis monasticæ detrimentum esse dinoscitur, contra usum Ecclesiæ et contra statuta regulæ, monachorum Capitulo clericos, quasi de jure, admisceri; iccirco ne quis clericorum, sive Cantuariensis Archidiaconus sive alius nostrorum, quoquo modo habeat[1] Capitulum prohibemus. Si vero vobis Archidiaconus noster necessarius fuerit, et eum vocaveritis, tunc demum non differat et ad vos venire, et vobis,

Archbishop Theobald settles that the Archdeacon's proper seat in the Chapter of Christ Church shall be on the Archbishop's footstool, and that he

[1] ineat?

356   APPENDIX.

has no right to be present at all unless he be invited to assist the monks by his advice.

si opus est, pro viribus auxiliari. Quotiens autem ipse, a vobis accersitus vel Archiepiscopum comitatus, sive in Cœna Domini sive aliis opportunis temporibus, in vestrum venerit Capitulum, more prædecessorum suorum, Asketini, scilicet, Willelmi, et Helewisi, qui nobis præcesserunt, semper in suppedaneo sedis Archiepiscopi sedeat; nec, occasione hac vel alia, in Capitulo vestro juris quippiam se habere arbitretur.[1] Si quis igitur, hanc nostram sciens institutionem, ei in aliquo obviare conatus fuerit, anathema sit. Servitia quoque illa, nostris tantum temporibus inchoata, et nobis non de jure vel consuetudine sed ob amorem nostri, mutui gratia beneficii, a vobis exhibita, ne in consuetudinem vertantur, ulterius fieri interdicimus et in perpetuum amovemus; videlicet, ne domum Archiepiscopi aliquam plumbo vel aliunde tegatis, aut quicquid intromittatis. Turpe etenim dictu et auditu, etiam verecundum, quod Deo dicata liberalitas filiorum servilia hujusmodi facere debeat; cum non Conventus Archiepiscopis sed Archiepiscopi Conventui et ædificia construere et bona alia multa conferre, ut boni patres amore ducti filiorum, a priscis temporibus consueverint. Valete.

(c. 1160.)   7.—CARTA CONVENTUS DE ECCLESIA ET TERRA ELGARI PRESBITERI
Cart. Ant.   QUAM DEDIT ECCLESIÆ CHRISTI.
L. 2.

One Ælgar, a priest, gives his church to the Monastery as his dowry when admitted a monk. It is stipulated that the next of kin to Ælgar shall always hold the vicarage, paying a small pension, Ælgar's own son being the first vicar. If the nearest of kin be not in holy orders, another person is to be presented whose appointment will be profitable to the Monastery.

W(ibertus) Prior et totus Conventus Ecclesiæ Christi Cantuariæ omnibus fidelibus, salutem. Præsentibus litteris vobis significamus, nos Ælgaro presbitero monachatum, quando sibi placuerit, concessisse. Ipse vero Ælgarus ecclesiam suam, de qua singulis annis solidos quinque habituri sumus, in perpetuum nobis concessit. Quam ecclesiam nos Helyæ filio ejusdem Ælgari et A . . . . . cognato ipsius, quamdiu vixerint, pro prædictorum quinque solidorum redditu firmiter concedimus; sed quicunque in genere Ælgari propinquior fuerit post obitum Helyæ et A . . . . eodem modo præfatam ecclesiam, de parente in parentem, tenere debet, si tamen ecclesia dignus fuerit. Quod si indignus, tunc muniri de ecclesia illa utilitatem Cantuariensis Ecclesiæ alibi ubi canonice fieri poterit faciemus. Prædictus etiam Ælgarus presbiter contulit nobis terram unam, quæ per singulos annos octo solidos reddit; terram scilicet illam quam de ipso Warinus de Ferere tenuit, ut eam, eo modo de nobis, teneat, quo de ipso tenuisse dinoscitur. Valete.

---

[1] At the date Roger the Archdeacon, afterwards Archbishop of York, was claiming a seat in the monastic Chapter by right of his office.

APPENDIX. 357

8.—Carta Theobaldi Archiepiscopi de ecclesia de Bothahe quam Petrus sacerdos Ecclesiæ Christi contulit, et nominatim Priori.

c. 1150.
Cart. Ant. L. 71.

Teobaldus Dei gratia Cantuariensis Archiepiscopus, etc. Episcopo Londoniensi, et Decano, et Archidiaconis, et omnibus Sanctæ Ecclesiæ fidelibus, salutem. Sciatis quod Petrus sacerdos de Bothahe de Londonia dedit ecclesiam Sanctæ Mariæ de Bothahe, quæ sui patrimonii esse dinoscitur, Ecclesiæ Christi Cantuariensi, et nominatim Priori ejusdem Ecclesiæ, reddendo inde Priori singulis annis quinque solidos,[1] ad Pascha medietatem, et aliam medietatem ad festum Sancti Michaelis. Valete.

The Church of St. Mary Bothaw given to the Monastery by the priest who was its absolute proprietor. He continued to act as vicar, paying to the Monastery a pension of five shillings.

9.—Donatio perpetuæ vicariæ Ecclesiæ de Bothage—pertinet ad Conventum.

(c. 1180.)
Cart. Ant. L. 4.

A.(lanus) Prior et Conventus Ecclesiæ Christi Cantuariensis omnibus Sanctæ matris Ecclesiæ filiis, salutem. Ad universorum volumus notitiam devenire, quod nos concessimus Johanni clerico, nepoti Sancti Thomæ ex sorore sua Rohesia, perpetuam vicariam in ecclesia nostra quæ dicitur Sanctæ Mariæ de Bothaghe, in Lundonia, quam tenebit de nobis, sub annua pensione quinque solidorum, quos persolvet nobis ad festum Sancti Andreæ Apostoli. Juravit autem nobis idem Johannes, in Capitulo nostro, quod prænominatam pensionem integre et sine diminutione persolvet, quamdiu vixerit et eandem ecclesiam tenuerit. Juravit præterea, quod ipsam ecclesiam cum omni integritate juris sui, in quantum poterit, fideliter et sine fraude servabit, nec per se nec per aliam personam attemptabit ipsius jura minuere, vel ad hoc aliquando consentiet.

A vicarage in the Church of St. Mary Bothaw is given to the sister's son of Archbishop Becket, he stipulating to pay the accustomed pension.

10.—Carta Stephani Archiepiscopi de appropriatione ecclesiæ Sancti Dunstani in Londonia.

c. 1215.
Cart. Ant. L. 73.

Omnibus, etc. Stephanus permissione divina Cantuariensis Archiepiscopus, etc. et Sanctæ Romanæ Ecclesiæ Cardinalis, salutem æternam in Domino. Cum, ex injuncto nobis curæ pastoralis officio, omnium, quæ sub nostra sunt jurisdictione

Archbishop Langton appropriate the Church of St. Duns-

---

[1] This pension of five shillings yearly was paid by all subsequent rectors presented to the benefice by the Chapter of Christ Church.

358   APPENDIX.

tan in the East to Christ Church, a vicarage of six marks being reserved. The profits of the benefice are assigned to the reparation of the Cathedral of Canterbury.

constitutæ, teneamur ecclesiarum utilitatibus providere, ad promotionem et proficuum Ecclesiæ Christi Cantuariensis, tanto propensius ac sollicitius aspirare debemus, quanto ipsa ad nostram provisionem specialius ac familiarius noscitur pertinere. Hinc est, quod, promotioni fabricæ ipsius Ecclesiæ prospicere cupientes, universitati vestræ notum facimus, nos ecclesiam Beati Dunstani Londoniarum monachis in memorata Ecclesia Christi Deo servientibus, ad reparationem fabricæ Ecclesiæ suæ, in proprios usus concessisse; salva vicaria sex marcarum ei assignanda, cui cura parochialis ejusdem ecclesiæ Sancti Dunstani committetur. Ut autem hæc nostra concessio perpetuam optineat firmitatem, eam præsenti scripto, sigilli nostri appositione munito, duximus confirmandam. Hiis testibus: Willelmo Archidiacono Narbonnensi, et Magistris Willelmo de Argentolia, Roberto de Peny', Andrea de Croindun, Martino clerico, Henrico de Leg', Ansello de Kocha', Philippo de Londonia, Egidio de Bristoll, et aliis.

13th Cent.
H. 33 *a*.

Adam the son of Elgar gives to Christ Church a perpetual right to land goods at his quay on the Stour at Fordwich free of all payments for wharfage.

11.—CARTA ADÆ FILII EILGARI DE CAAGIO APUD FORDWYZ.

Sciant præsentes et futuri, quod Ego Adam filius Eilgari de Stureia dedi et concessi, et hac præsenti carta mea confirmavi, Priori et Conventui Ecclesiæ Christi Cantuariensis, in honore Christi, et Beatæ Mariæ genitricis ipsius, et Sanctorum quorum corpora in dicta Ecclesia requiescunt, liberam applicationem apud meam hope, quæ est super Sturam quæ fluit per Fordwiz, et liberum caagium, et viam eundi et redeundi libere et quiete, in perpetuam elemosinam, pro anima mea et animabus patris et matris meæ. Et ego prædictus Adam filius Eilgari de Stureia et heredes mei warrantizabimus et defendemus applicationem illam et caagium illud prædictis Priori et Conventui contra omnes homines et omnes feminas. Et ut hæc mea donatio, concessio, et confirmatio, rata permaneat et inconcussa, et ne quis super hoc quid calumpniari possit, præsenti cartæ sigilli mei munimen apposui et confirmavi. Hiis testibus . . . .

(c. 1173.)
Cart. Ant. D. 20.

W. de Tracy, one of Archbishop Becket's

12.—CARTA WILLELMI DE TRACY DE TERRA DE DOCCUMBE; HANC CARTAM CONFIRMAT HENRICUS REX SECUNDUS.

Willelmus de Traci omnibus hominibus suis, tam Francis quam Anglis, et amicis, et balivis, et ministris, et omnibus ad quos litteræ istæ pervenerint, salutem. Dono et concedo Capitulo Cantuariensi, pro amore Dei, et salute animæ meæ et præ-decessorum meorum, et amore Beati Thomæ Archipræsulis et Martyris memoriæ venerandæ, in puram et perpetuam elemosinam, centum solidatas terræ in Mortuna, scilicet Doccumbam, cum pertinentiis et cum terris affinioribus; ita quod ex Doccumba et aliis terris proximis perficiantur centum illæ solidatæ terræ. Hoc autem dono ad monachum unum vestiendum et pascendum omnibus diebus seculi in domo illa, qui ibi divina celebret pro salute vivorum et requie defunctorum. Ut hoc autem firmum sit, ratum, et inconcussum, et stabile, sigilli mei munimine et carta mea confirmo. Hiis testibus, etc.

murderers, gives land worth 5l. a year to Christ Church. The gift consisted of the soil and manorial rights of the Manor of Doccombe in Moretonhampstead, Devon.

13.—QUALITER AMICIA UXOR WILLELMI THANN POST MORTEM VIRI SUI TERRAM QUAM VIR EJUS DEDIT SANCTO THOMÆ IPSA POSTEA DEDIT.

(c. 1180.) Reg. B. 400

Viro venerabili et amico in Christo carissimo Domino Johanni filio Galfridi, Anselmus Crassus, Thesaurarius Exoniensis, salutem et paratam[1] ad obsequia cum devotione. Noveritis quod quadam die cum Dominam Amiciam de la More, mortuo viro suo Everardo Chole, in manerio de Moreth(on) visitassemus, dixit nobis, quod quidam nomine Willelmus Thann, vir ejus qui eam duxerat in uxorem, cum iter arriperet cum domino suo Willelmo de Tracy versus Terram Sanctam, eam fecit jurare, tactis sacrosanctis, quod totam terram ipsius cum pertinentiis suis quam dominus ejus Willelmus de Tracy ipsi Willelmo Thann dedit, pro homagio et servitio suo, Beato Thomæ Martyri et Conventui Ecclesiæ Christi Cantuariensi assignaret imperpetuum possidendam; defuncto autem prædicto Willelmo Thann in peregrinatione Terræ Sanctæ, eadem Amicia alium virum accepit, videlicet Everardum Chole, per quem impedita voluntatem et votum primi viri sui Willelmi Thann minime complevit. Volens autem dicta Amicia saluti animæ providere, in manum nostram totam terram Willelmi Thann, primi viri sui, cum pertinentiis, secundum propositum dicti Willelmi Thann resignavit, et Conventum Ecclesiæ Christi Cantuariensis per nos pilliolo suo seisiavit. Nos vero Conventus dictæ Ecclesiæ utilitatem, secundum testamentum dicti Willelmi Thann, solicite providere curantes, seisinam dictæ terræ loco ipsius Conventus Cantuariensis benigne admisimus, et ejusdem terræ instrumenta omnia, a dicta Amicia nobis commissa, eidem Conventui Cantuariensi restituimus. In cujus rei testimonium fieri fecimus præsentes litteras et sigillo nostro sigillari.

A narrative which shows how the land at Doccombe, withheld from Christ Church for a time, was at last surrendered to it in accordance with Tracy's grant.

---

[1] *se paratum?*

c. 1200.

Cart. Ant.
I. 128.

King John's writ of protection addressed to his officers in Ireland in favour of the Monastery of Christ Church, Canterbury.

14.—LITTERA JOHANNIS REGIS DE PROTECTIONE, ET DE REBUS NOSTRIS IN HYBERNIA IN MANU SUA CAPIENDIS.

Johannes, Dei gratia Rex Angliæ etc. Archiepiscopis, Episcopis, Abbatibus, Comitibus, Baronibus, Justiciiriis, Vicecomitibus, et omnibus ministris et fidelibus suis totius Hiberniæ, salutem. Sciatis nos suscepisse in manum et custodiam et protectionem nostram Priorem et omnes monachos Ecclesiæ Christi Cantuariensis, ubicumque fuerint, et omnes homines et terras eorum, et possessiones et redditus, et omnes res tam ecclesiasticas quam laicas. Quare volumus et firmiter præcipimus, quod præfatos Priorem et monachos, et omnes homines et terras eorum, et possessiones et redditus, et omnes res eorum tam ecclesiasticas quam laicas manuteneatis, custodiatis, et protegatis sicut nostras proprias, nec aliquam injuriam, vel gravamen, aut molestiam eis inferatis vel inferri permittatis. Et si aliquis præsumpserit plenariam eis sine dilatione justitiam faciatis. Prohibemus etiam ne de ullo tenemento nec de aliqua re ponantur in placitum, nisi coram nobis, vel coram Capitali Justitia nostra. Teste, Willelmo de Braosa, apud Cadomum tertio die Junii.

(c. 1200.)

Cart. Antiq.
I. 239.

Demise for ever, at a yearly rent, of the lands of the Convent at Fytherid, made by the Chapter of Christ Church to Richard of London and his heirs.

15.—HYBERNIA.

Omnibus, etc. G(alfridus) Prior et Conventus Ecclesiæ Christi Cantuariensis, æternam in Domino salutem. Sciatis quod nos concessimus Ricardo de Londoniis et heredibus ejus villam nostram de Fytharid, cum terris et aliis pertinentiis suis de nobis tenendam, solvendo singulis annis quatuor marcas argenti ad duos terminos; duas marcas ad festum Sancti Michaelis, et duos ad Pascha; ita quod ad defensionem ipsius terræ castellum debet facere in eadem villa. Retinemus autem ecclesiam [1] nobis ejusdem villæ cum capellis, et omnibus ecclesiasticis beneficiis prædictæ villæ, et dimidiam partem tu'inorum cum in eadem villa fuerint. Retinemus etiam nobis locum congruum ad Curiam nostram faciendam, in aquilonali parte ecclesiæ, et sexaginta acras terræ ad mensam nostram; viginti in australi parte, ecclesiæ propinquiores, in dominio meo de M'henan, in occidentali parte alias viginti acras propinquiores ecclesiæ, in Leligowe alias viginti acras, et liberam molituram nostram, et plenaria necessaria de bosco ad omnes usus domus nostræ, et pascua pro omnibus peco-

---

[1] etiam, MS.

APPENDIX. 361

ribus nostris libera cujuscumque generis fuerint, et liberum passagium nobis et hominibus nostris. Hanc autem conventionem prædictus Ricardus de Londoniis fideliter servare promisit, præstito solempniter juramento in Capitulo nostro, et facto nobis homagio quod etiam heredes ejus facient nobis successive. Hiis testibus : Martino Senescallo, Gilberto de Aula, Guillelmo Portario, Roberto Godmere, Alano, Radulpho de Bendevill, Albredo fratre suo, Bonifacio, Philippo de Cothemes, et multis aliis.[1]

16.—Transcriptum Cantuariense de Hybernia.

15 June 1245.

Cart. Ant. I. 236.

Universis, etc. N(icholaus) Prior et Capitulum Ecclesiæ Christi Cantuariensis, etc. salutem. Noveritis quod nos dedimus, concessimus, et hac præsenti carta nostra confirmavimus, dilectis nobis in Christo Abbati et Conventui De Voto, Cisterciensis ordinis, Fernensis diœcesis in Hybernia, omnes terras et prædia, urbana seu rustica, quæ possedimus, et tenuimus hucusque in Hybernia, ex dono pie memoriæ nobilis quondam viri Hervei de Monte Mauricii; quas videlicet terras nominatim duximus exprimendas; videlicet, totam terram nostram de Kilmor, de Kenturc, de Banewe, et totum redditum et jus nostrum de Thamalre, totum etiam redditum et jus nostrum de terris ad ecclesiam de Kilcogan pertinentibus, cum insula de Banewe, et duas insulas de Salteia, cum earum omnibus pertinentiis et appendiciis ad nos spectantibus, sicut melius et plenius prædicta tenementa cum suis pertinentiis, et prædictas insulas tenuimus et habuimus, cum omnibus suis juribus, libertatibus, et aliis pertinentiis ; salvis tamen Episcopo et Capitulo Fernensibus villa et ecclesia de Fitherede cum suis juribus, quæ fuerunt eis a nobis, per amicabilem concessionem et confirmationem aliquam, concessæ ; et salva collatione facta super terra de Thamalgre Domino Galfrido de Sancto Johanne et heredibus suis et ejus assignatis, sicut in carta nostra plenius continetur. Dedimus etiam et concessimus, et hac præsenti carta nostra confirmavimus, præfatis Abbati et Conventui De Voto, quod ipsi libere et integre percipiant, pacificeque inperpetuum possideant, omnes fructus, proventus, obventiones, et oblationes, omnium ecclesi-

The Chapter of Canterbury convey to the Chapter of Tynterne, or De Voto, all their property and rights in Ireland which they hold by the ancient gift of Harvey Mount Maurice, receiving as consideration (625 marks of ready money and)[2] a perpetual annuity of ten marks.

---

[1] The record from which the present copy is made is a small unsealed slip of parchment, and the text is full of clerical errors as if the work of an unskilled clerk. It is doubtless the *transcriptum* sent from Ireland alluded to in the document of 1308 (p. 368).

[2] This *consideration* is stated in an other conveyance of the same date.

arum et capellarum in prædictis terris constitutarum, et etiam omnium aliarum ecclesiarum et capellarum quæ, tempore istius concessionis factæ, ad nos in Hybernia pertinebant; sicut eosdem fructus, proventus, obventiones, et oblationes ecclesiarum et capellarum prædictarum plenius et melius percipere consuevimus, pro decem marcis bonorum et legalium sterlingorum, solvendis nobis, singulis annis inperpetuum, aut nostro certo nuncio, ad Nativitatem Beatæ Mariæ, apud Bathoniam in monasterio cathedrali, vel Thesaurariis ejusdem monasterii commendandis nomine nostro. Et præfati Abbas et Conventus De Voto sustinebunt, pro nobis, omnia onera episcopalia et archidiaconalia, et quæcunque alia quæ pro tempore fuerint sustinenda; prout auctoritate ecclesiastica ea imponi contigerit. Et prætera tenentur facere deservire ecclesias memoratas per ydoneas et honestas personas continue, juxta ritum fidei Christianæ. Et nichilominus exhibebunt competenter idoneum capellanum, qui continue celebrabit *missam defunctorum* in capella Beati Brandani apud Banewe specialiter pro nobili quondam viro Herweo de Monte Mauricii et pro aliis fundatoribus et benefactoribus Ecclesiæ Christi Cantuariensis. Jura vero spiritualia, et personatus in prædictis ecclesiis penes nos et successores nostros perpetuo residebunt. Concessimus etiam eisdem Abbati et Conventui De Voto, omnia nomina, omnes actiones, omnes petitiones, et omnia jura quæ nos umquam contigerunt in prædictis terris et prædiis, cum omnibus suis pertinentiis, ut pacifice teneant, et libere possideant omnia prædicta, sicut melius et plenius ea tenuimus et possedimus, vel ea plenius et melius tenere et possidere debuimus. Et ut quæ subtracta, vel ablata, vel injuste detenta vel occupata, aut violenter invasa fuerint, quæ nobis ex prædicta donatione Herwei debeantur, recuperent, revocent, et adquirant, et jure perpetuo, inconcusse, intemerata libertate, omnia prædicta possideant, nulla nobis in aliquo prædictorum retentione reservata, exceptis prædictis decem marcis sterlingorum, quas, sicut prædictum est, pro fructibus et obventionibus prædictarum ecclesiarum memorati Abbas et Conventus De Voto nobis annuatim solvere tenentur, ut autem hæc nostra donatio, concessio, et confirmatio, inconcussa, indubitata et perpetua firmitate valitura [permaneat,] præsentis scripti patrocinio et universitatis vestræ, sigillo duximus roboranda. Actum, anno Domini Millesimo ducentesimo quadragesimo quinto, mense Junii, die octabarum translationis Sancti Aelphegi quondam Cantuariensis Archiepiscopi.

APPENDIX. 363

17.—Obligatio Abbatis et Conventus De Voto. Anno Domini MCCLV.

Apl. 1255.
Cart. Ant. I. 237.

Omnibus, etc. Frater Willelmus Abbas De Voto in Hybernia, salutem, etc. Noverit universitas vestra nos, ad instantiam venerabilis patris Domini Bonefacii Dei gratia Cantuariensis Archiepiscopi, etc. ex mera liberalitate nostra, contulisse Ecclesiæ Christi Cantuariensi tres marcas sterlingorum annui redditus in perpetuum, in augmentationem, videlicet, illarum decem marcarum, quas præfatæ Ecclesiæ Cantuariensi solvere tenemur annuatim, pro fructibus et decimis quas tenemus in Hybernia de præfata Ecclesia Christi Cantuariensi. Et sciendum, quod tres prædictas marcas incipiemus solvere in Nativitate Beatæ Mariæ anno Domini Millesimo ducentesimo quinquagesimo sexto; et sic deinceps in perpetuum, singulis annis ad præfatum terminum fideliter et sine omni cavillatione persolvemus eisdem, una cum decem marcis supradictis, loco et termino, scilicet, quibus ipsas decem marcas solvere tenemur. Et ut hæc nostra donatio rata et inviolabilis permaneat, præsens scriptum sigilli nostri impressione, de assensu et consilio Capituli nostri De Voto in Hybernia, roboravimus. Data Cantuariæ, anno Domini M°CC^{mo} quinquagesimo quinto, mense Aprili.

The Chapter of Tynterne voluntarily increase the pension of 10 marks owed to the Chapter of Canterbury to 13 marks.

18.—Magistro Philippo Letterach Præcentori Ecclesiæ Fernensis, per Episcopum Fernensem. Hybernia.[1]

26 Sept. 1308.
Cart. Antiq. J. 243.

Venerandæ religionis viro Domino Priori Ecclesiæ Cantuariensis R. Dei gratia Fernensis Episcopus, salutem et prosperitatis jugiter incrementum. Frater reverende, nos recordamur in præsenti, per litteras antiquas quas inspeximus, quod temporibus antiquis, videlicet, quando Anglici primo inter. venerunt terram Hyberniæ tempore Regis Henrici patris Johannis quondam Regis Angliæ, plures terræ et ecclesiæ fuerunt datæ prioratui vestro, ad honorem Sancti Thomæ Martyris, per illos qui terram Hyberniæ intervenerunt; et aliquæ de illis terris et ecclesiis de jure spectabant ad ecclesiam Fernensem cathedralem, unde lis postea fuit mota, inter Episcopum Fernensem et Capitulum suum ex parte una, et vos et Conventum vestrum ex parte altera; et, cum diu litigatum fuisset inter vos, demum compositio amicabilis facta fuit

The Bishop of Ferns applies to the Prior of Canterbury for evidence as to the justice of a claim made by the heirs of Richard of London to the lands of Fytherid, which the Bishops of Ferns have long enjoyed, under a composition

---

[1] This title, which is written, as an address, on the back of the MS. letter, is probably an endorsement made after the letter arrived at Canterbury, and is certainly not an address.

inter Episcopum et vos; et in illa compositione continetur, quod Prior et Conventus Cantuariensis totum jus, quod in manerio de Fytherid cum omnibus pertinentiis suis se dicebant habere, eisdem Episcopo et Capitulo, tanquam jus Ecclesiæ Fernensis, quietumclamaverunt; et Episcopus Fernensis et suum Capitulum penitus renunciarunt toti juri quod vendicabant in ecclesiis quas a vobis vendicabant; et sic cessavit lis mota inter vos et Episcopum. Nunc venit quidam dictus Johannes Lyneyt, asserens se, nomine uxoris suæ, esse heredem cujusdam Ricardi de Londoniis, cui Ricardo dicit Priorem et Conventum Cantuariensem dedisse villam de Fytherid et heredibus suis, et habet quandam cartam, ut dicit, quam quidam viderunt, sub quodam parvo sigillo non illo sigillo quo nunc utimini, et dicit quod fuit feofatus per vos, et per illam cartam portat super nos breve de recto,[1] et intendit enervare compositionem factam, quod esset nobis et vobis dampnosum. Unde rogamus vestram in Christo caritatem, quatinus perscrutare faciatis in thesauraria vestra instrumenta antiqua tangentia materiam prædictam in terra Hyberniæ, et si poterit vobis constare de aliquo feofamento facto quondam Ricardo de Londoniis, et si aliquam quietam clamanciam vobis inde fecerit, et super hoc nos certificetis per latorem præsentium sub litteris vestris. Mandetis etiam, si aliquo alio sigillo tunc usi fuistis quam impræsenti, et mittatis nobis, si placet, litteras vestras cum illo sigillo sigillatas; et, si aliquod remedium adinvenire potueritis pro nobis ad compositionem servandam prædictam, nobis si placet mittatis, pro Dei amore et nostro; quia pium est obviare malitiis hominum nocere volentium et facta vestra et Ecclesiæ Fernensis impungnare. Mittimus vobis transcriptum cartæ quam dicit vos et Conventus vester fecistis Ricardo de Londoniis et heredibus suis in diebus antiquis, et est sub quodam parvo sigillo.[2] Valete. Datum in Hybernia, die Veneris proximo ante festum Sancti Michaelis, anno Domini M°CCC° octavo.

19.—BREVE WILLELMI REGIS W. ABBATI SANCTI AUGUSTINI UT OBEDIENTIAM ET SUBJECTIONEM FACIAT ECCLESIÆ CHRISTI.

W(illelmus), Rex Angliæ, Abbati W(idoni) Sancti Augustini, salutem. Defendo ne alium ordinem neque consuetudinem in

---

[1] *directo*, MS.
[2] Of the small ancient seal here alluded to many impressions exist.

It was superseded by a new broad seal in 1221.

APPENDIX. 365

Ecclesia Sancti Augustini ponas quam habuisti tempore Lanfranci Archiepiscopi, et illum honorem, quem tempore Lanfranci Archiepiscopi, et subjectionem erga Matrem Ecclesiam Cantuariæ, illum eundem ei modo, obediendo, impende tu et monachi tui, tam in campanis sonandis quam in aliis consuetudinibus; et vide ne inde amplius audiam clamorem. Teste, Eudone dapifero.

St. Augustine's to pay the same obedience to the Cathedral Church, as his predecessor paid in Archbishop Lanfranc's time.

20.—Electo Sancti Augustini ut recipiat benedictionem a T. Archiepiscopo et professionem faciat.

7 May [1] (1165).

Cart. Ant. A. 209.

Alexander Episcopus, servus servorum Dei, dilecto filio Electo Sancti Augustini Cantuariæ, salutem et apostolicam benedictionem. Cum benedictio tua ultra quam decuit noscitur dilatata fuisse, inconveniens prorsus existit ut religioso Conventui præesse debeas, et officio ac nomine magistri carere, per apostolica tibi scripta præcipiendo mandamus, quatinus a venerabili fratre nostro T(homa) Archiepiscopo Cantuariensi, oportunitate suscepta, benedictionis munus accipias, et eidem omnem obedientiam et reverentiam quam antecessores tui suis prædecessoribus exhibuerunt, apellatione et occasione cessante, impendas. Datum Laterani, Nonas Maii.

Pope Alexander III. requires Abbot Clarembald of St. Augustine's to accept benediction from Archbishop Becket and to profess canonical obedience to him.

21.—Domino Adriano Papæ Dominus Hugo Rothomagensis.

(c. 1155.)

Cart. Ant. A. 62. Ang. Sac. II. 5.

Quam gravis inter Regem Henricum et me, servum vestræ Sanctitatis, in initio nostri episcopatus exorta sit discordia, pro reparatione libertatis ecclesiarum Normannarum quæ a multis retro temporibus conculcata fuerat, discretionem vestram non credimus ignorare. Illius siquidem persecutionis turbine moti, et parrochiæ nostræ fines exire compulsi, portum non nisi in apostolicæ pietatis sinibus invenire potuimus. Quæ et quanta nobis solatia felicis memoriæ beatus Innocentius Papa contulerit vix mens potest concipere vel lingua proferre. Inter quæ hoc unum, quia ad modernorum non credimus notitiam pervenisse, vestræ discretioni, tanquam dignum memoria, præsentis scripti relatione studuimus intimare. Dum beatus Innocentius Remis, celebraturus concilium, advenisset, me, minimum servorum Dei, cum filiis et fratribus nostris ex more contigit interesse. Inter ceteros autem quos nobiscum ad-

A narrative drawn up by Hugh (d'Amiens) Archbishop of Rouen, testifying to a report he heard made at Reims to Alexander III. by Geoffrey Bishop of Chalons, who repeated the substance of a confession made

---

[1] For two years the Archbishop and the Abbot had been opposing each other in the Curia, but only in 1165 the Pope first showed any intention of compelling the Abbot to make his profession. See *Materials for the history of Becket*, ed. Robertson, v. 195.

APPENDIX.

On his death-bed by a monk of St. Medard's. The confession stated that the dying monk had forged exemptions from episcopal jurisdiction for at least two Monasteries, one of which was St. Augustine's of Canterbury.

duximus R. in Abbatem Beati Audoeni, W. in Abbatem Gemetecensem, electi nec benedicti, apostolico se conspectui in abbatum ordine præsentarunt. Quorum electionem, immo dejectionem, dum Apostolicis auribus intimarem, discreto more suo, ab eis diligentius inquisivit, si forte aliquibus privilegiis autenticis munirentur, quorum patrocinio eorum personæ vel ecclesiæ a metropolitani subjectione comprobarentur immunes. Dum hæc apostolica sollicitudo diligenti scrutaretur instantia, venerabilem virum G. Catalaunensem Episcopum, quondam Abbatem Beati Medardi, ex divino munere contigit affuisse; qui dum Beati Audoeni Electus circa quæstionem apostolicam hæsitaret, nostræ dubitationi finem imposuit, et illius præsumptionis tumorem antiquæ recordationis freno compescuit. Ait enim, quod dum in Ecclesia Beati Medardi Abbatis officio fungeretur, quendam, Guernonem nomine, ex monachis suis, in ultimo confessionis articulo, se falsarium fuisse confessum; et inter cetera quæ per diversas ecclesias[1] figmentando conscripserat, Ecclesiam Beati Audoeni et Ecclesiam Beati Augustini de Cantuaria adulterinis privilegiis, sub apostolico nomine, se munivisse, lacrimabiliter pœnitendo, asseruit; quin et ob mercedem iniquitatis, quædam se preciosa ornamenta recepisse confessus est, et ad Beati Medardi ecclesiam detulisse. Quo audito, Beatus Innocentius prædictum est sciscitatus episcopum, si quod de plano interlocutus fuerat jurisjurandi religione firmaret? quod se facturum vir Dei, religionis et veritatis amator, proposuit. Quo audito Dominus Papa, "Eia!" inquit, "mi frater karis-"sime, indue te ornamentis dignitatis tuæ, et præsentibus "Electis, sub professione canonica, manum benedictionis "impone." Quod ego, impetrata licentia, aggressus sum. Ipse, quod mirabile dictu est, venerabilium patrum Conventum, ejus adventum exspectantium, ingredi supersedit, quoad ego secum intraturus, benedictis rite Abbatibus, advenirem. Hæc, pater sanctissime, vobis duximus exaranda, exorantes ut, si prædictas ecclesias contra institutiones paternas aliquid usurpare fuerit comprobatum, vos, more solito et debito, ecclesiis singulis suam conservetis in omnibus æquitatem.[2]

(*In dorso.*)

Contra falsa privilegia Sancti Augustini.

Qualiter Augustinenses venerunt ad falsa privilegia sua.

---

[1] *pro diversis ecclesiis?*
[2] The actual parchment here copied is a recapitulation of the Archbishop's testimony, drawn up by Giles de la Perche, Bishop of Evreux. This and the next record once bore his seal, but it is now lost.

APPENDIX. 367

22.—[LITTERA CERTIFICATORIA DE FALSIS PRIVILEGIIS COMBUSTIS.] (c. 1155.)

Venerabili patri et domino carissimo, Alexandro Dei gratia Sanctæ Romanæ Ecclesiæ Summo Pontifici, E. eadem gratia Ebroicensis Ecclesiæ humilis minister, servus suæ Sanctitatis, obedientiam devotam et reverentiam. Quæ in scedula scripta sunt, quam vobis cum sigillo nostro Cantuariensis præsentat Ecclesia,[1] ab ore bonæ memoriæ Hugonis quondam Rotomagensis Ecclesiæ Archiepiscopi, patris et patrui mei, accepimus, et sigillo suo signata, ad Beatum Thomam et Ecclesiam Cantuariensem transmisimus, ut veritas recordationis antiquæ eorum præsumptionem compescat, qui in spiritu erroris et spiritu mendatii[2] indebitam sibi vendicant libertatem. Privilegia autem quæ ex confessione Gaufridi Catalaunensis Episcopi, in præsentia sanctæ recordationis Innocentii Papæ adulterina probata sunt, et prædicto Domino nostro Archiepiscopo reddita, de mandato ejusdem Domini nostri igni comburenda propriis manibus tradidimus. Conservet Deus personam vestram Ecclesiæ suæ per tempora longiora incolumem.

Cart. Ant. 622.

Giles, Bishop of Evreux, certifies that he has found the above-mentioned privilege to be a forgery, and that he has burned it.

23.—PROFESSIO SILVESTRI ABBATIS SANCTI AUGUSTINI CANTUARIÆ FACTA THEOBALDO ARCHIEPISCOPO TEMPORE ADRIANI PAPÆ. (1155.)

Universis Sanctæ Matris Ecclesiæ filiis et fidelibus, Ricardus Lundoniensis, Rotrocus Ebroicensis, Robertus Bathoniensis, Willelmus Norwicensis, Hilarius Cicestrensis, Gillebertus Herefordensis, Robertus Lincolniensis Episcopi, salutem. Rerum gestarum memoria provide litteris committitur, ne tractu temporis ea quæ semel terminata sunt iteratis refragationibus perturbentur. Inde est, quod universitati vestræ, præsentis scripti attestatione, notum facimus, quod controversia temporibus nostris nata, quæ inter venerabilem patrem nostrum Theobaldum Cantuariensis Ecclesiæ Archiepiscopum et Silvestrum Abbatem Monasterii Sancti Augustini Cantuariæ, super facienda sibi professione ab eodem Abbate, versabatur, juxta mandatum Domini Papæ Adriani, sub præsentia nostra, hoc modo terminata est. Dederat enim ipsi Abbati prænominatus Papa in mandatis, præcipiendo quatinus infra triginta dies post susceptionem litterarum suarum, omni appellatione et occasione remota, eam eidem Archiepiscopo faceret; sicut aliquem Abbatem illius monasterii alicui Archiepiscoporum

Cart. Ant. A. 49, Ant. 51.

The Bishop of Evreux and six suffragan Bishops of the province of Canterbury certify that they were present when Abbot Silvester of St. Augustine's accepted benediction from Archbishop Theobald, being urged thereto by a peremptory command from Hadrian IV.

---

[1] sc. a copy of the preceding report.   [2] sic MS.

Cantuariensium fecisse constabat; sed quia Abbas diffitebatur sibi constare prædecessores suos hanc professionem fecisse, licet hoc in regno publice innotuisset, religiosi viri, tactis Sacrosanctis Evangeliis, juravere se vidisse et audisse Hugonem, ejusdem Silvestri decessorem, memoratam professionem Willelmo piæ recordationis Cantuariensi Archiepiscopo, more debito, sine contradictione, fecisse. Ad hæc etiam vidimus cedulas in quibus professiones multorum Abbatum ipsius Monasterii manifeste nobis scriptæ apparuerunt. Facta itaque fide Abbati et his qui aderant, prædecessorum suorum secutus vestigia, professionem in hæc verba fecit, et crucis signo complevit atque munivit. "Ego Silvester, Abbas Ecclesiæ Sanc-
" torum Apostolorum Petri et Pauli, et Beati Augustini primi
" Anglorum Archiepiscopi, promitto Sanctæ Dorobernensi Ec-
" clesiæ, et tibi, reverende pater Theobalde ejusdem Ecclesiæ
" Archiepiscopo, tuisque successoribus canonicam per omnia
" obedientiam." Ex his igitur intelleximus, quod nulla de cetero inter ipsorum successores, de facienda professione, contradictio debeat instaurari.

(c. 1250.)
Cart. Ant.
A. 60.
An early form of an agreement for confraternity, entered into by the Monks of Christ Church and those of St. Augustine's of Canterbury.

24.—COMPOSITIO INTER NOS ET MONACHOS SANCTI AUGUSTINI DE QUIBUSDAM BENEFICIIS SPIRITUALIBUS.

Cum Dominus Abbas Sancti Augustini obierit, Præcentor ejusdem loci obitum Abbatis Præcentori Cantuariensi celeriter nunciabit, et ipse Præcentor Conventui. Et cum capitulum diei regulare terminatum fuerit, Conventus Cantuariensis, *Verba mea* dicturus, cum trino sonitu ac sollempni, de Capitulo in chorum procedet, et Abbatis animam, prout moris est, Ebdomadarius absolvet. Si vero die obitus Abbatis possit celebritas fieri *pro fidelibus*, pro eo fiet *Placebo* et *Dirige*, et Officium in Conventu, cum sonitu generali sicut pro uno Archiepiscopo defuncto; si vero ipsa die hæc fieri non possint, altera die competentiori fiant. Et quilibet sacerdos missam *pro fidelibus* pro eo celebrabit specialem, ceteri vero inferioris ordinis septem psalmos pœnitentiales cum litania dicent, cum ceteris beneficiis sibi universaliter concessis. Et hoc idem in Ecclesia Sancti Augustini pro Priore Cantuariensi. Si vero monachus Sancti Augustini obierit, Præcentor ipsius loci concito Præcentori Cantuariensi obitum defuncti nunciabit, et ipse Præcentor Cantuariensi Conventui. Et qui præsidebit in Capitulo ipsius animam absolvet; Sacrista vero Cantuariensis, die obitus illius monachi, infra missam majorem si sic moriatur, vel infra vesperas, trinum sonitum ac sollempnem pro eo faciet. Et si die obitus fieri possit in Conventu fiet

Placebo et *Dirige*, cum sonitu mediocri, et in crastino missa *pro fidelibus* celebrabitur. Si vero ipsa die hæc fieri non possint altera die competentiori fiant. Et quilibet sacerdos missam *pro fidelibus* pro eo celebrabit specialem, ceteri vero inferioris ordinis quindecim psalmos cum una collecta *Inclina Domine* dicent. Et hoc idem in Ecclesia Sancti Augustini fiet pro monacho Cantuariensi.

25.—Ne suffraganei alibi consecrentur quam in Cantuariensi Ecclesia, nisi de licentia nostra.

1235.
I. 97.

Universis, etc. Edmundus permissione divina Cantuariensis Archiepiscopus, etc. salutem in Domino. Cum, per libertatem Cantuariensis Ecclesiæ, suffraganei ejusdem, sine assensu Capituli Cantuariensis, alibi quam in Ecclesia Cantuariensi nullatenus debeant consecrari; ne consecratio venerabilis fratris Roberti Groceteste, Lyncolniensis Electi, in ecclesia de Radinge, a nobis celebranda, dictæ Ecclesiæ possit vel debeat præjudicare, quam in jure suo et quieta possessione illæsam volumus conservare, consecrationem ipsam in eodem loco, post contradictionem Capituli Cantuariensis Ecclesiæ, postmodum tamen de consensu ipsius a nobis requisito pariter et optento, celebratam fuisse protestamur; nolentes aliquo modo, quod hujusmodi consecrationes de cetero alibi quam in Ecclesia Cantuariensi, (nisi) de communi consensu totius Capituli monachorum Cantuariensium, ut prædictum est, celebrentur. In cujus rei testimonium præsenti scripto sigillum nostrum, una cum sigillis venerabilium fratrum nostrorum, nobiscum in consecratione præsenti existentium, videlicet, J(ocelini) Bathoniensis, R(oberti) Sarrisburiensis, R(ogerii) Londoniensis, H(ugonis) Eliensis, R(adulphi) Herefordensis, apponi fecimus.

The cautionary letter given by Archbishop Edmund when Robert Grosseteste, Bishop of Lincoln, was consecrated by him at Reading. This is a part of the privilege of Archbishop Edmund referred to in every subsequent licence of alibi down to the time of the Reformation.

26.—[Bulla Innocentii Papæ Secundi de Ecclesia Sancti Martini de Dovoria.]

15 Jan. 1139.

Z. D 4, 9.

Innocentius Episcopus, Servus servorum Dei, venerabili patri Theobaldo Cantuariensi Archiepiscopo, suisque successoribus canonice substituendis inperpetuum. Desiderium quod ad religionis propositum et animarum salutem pertinere monstretur, auctore Deo, sine aliqua est dilatione complendum; et quotiens illud a nobis petitur quod rationi cognoscitur convenire, animo nos debet libenti concedi, et justis petentium votis congruum impertiri suffragium. Tuis igitur, venerabilis frater Theobalde Cantuariensis Archiepiscope, rationabilibus postula-

Pope Innocent II. confirms the Benedictine Monastery of St. Martin's of Dover to Archbishop Theobald, to his successors, and

U 55671.   A A

tionibus, ex Apostolicæ Sedis consueta benevolentia, clementer annuimus, et Ecclesiam Beati Martini de Dovoria, ab egregiæ recordationis Henrico illustri et glorioso Anglorum Rege tibi et Ecclesiæ Cantuariensi concessam et scripto firmatam, cum omnibus quæ inpræsentiarum juste et legitime possidet, aut in futurum liberalitate Regum, largitione Principum, oblatione fidelium, seu aliis justis modis, præstante Domino, rationabiliter poterit adipisci, tibi tuisque successoribus per nos Cantuariensi Ecclesiæ inperpetuum[1] confirmamus, similique modo sanctimus; et apostolica auctoritate decernimus, ut in præfata Beati Martini Ecclesia ordo monasticus, secundum Beati Benedicti regulam, statuatur, ibique futuris inviolabiliter conservetur temporibus. Nulli ergo homini fas sit Cantuariensem Ecclesiam super hoc temere perturbare, aut aliquam ei exinde diminutionem vel contrarietatem inferre. Siquis autem huic nos:ro decreto ausu temerario contraire (at)temptaverit, honoris et officii sui periculum paceatur,[2] aut excommunicationis ultione plectatur, nisi præsumptionem suam digna satisfactione correxerit; conservantes autem, a Patre misericordiarum et totius consolationis Deo, coronam perpetuam, et Beatorum Apostolorum Petri et Pauli desiderabilem gratiam consequantur: Amen. Datum Laterani, per manum Almerici Sanctæ Romanæ Ecclesiæ Diaconi Cardinalis et Cancellarii, xviij° Kalendas Februarii, Indictione iij^a, Incarnationis Dominicæ anno M°cxxxviij^{vo}, pontificatus vero Domini Innocentii Papæ Secundi anno decimo.

(c. 1158.)

Z. D 4, 8.

27.—[Ordinatio Theobaldi Archiepiscopi de Monasterio Beati Martini de Dovoria.]

Archbishop Theobald's "Ordinatio" by which he encroaches upon the royal foundation charter in the clause which enacts that none but monks of the Mother Church of

Theobaldus Dei gratia Cantuariensis Archiepiscopus, etc. omnibus Sanctæ Matris Ecclesiæ filiis, salutem. Quæ ad honorem et utilitatem Ecclesiæ Dei, et religionis pacem et quietem, statuta sunt, ut stabilia et inconvulsa permaneant munienda sunt perpetuis firmamentis. Inde est, quod nos Ecclesiam Beati Martini de Dovoria, in qua, auctore Deo, monasticum ordinem, ibidem perpetuo permansurum, sub ordine et disciplina Cantuariensis Ecclesiæ, instituimus, eidem Ecclesiæ Cantuariensi confirmamus; statuentes ut jamdicta Beati Martini Ecclesia, monasticum ordinem sub regimine Prioris perpetuo servans, sicut cella Cantuariensis Ecclesiæ,

---

[1] *providendis* or some similar word is here required.

[2] sic MS. *patiatur.*

in dispositione successorum nostrorum Archiepiscoporum, et Ecclesiæ cui subjecta est, omni tempore permaneat; et ut nunquam Priorem habeat nisi monachum professum Cantuariensis Ecclesiæ; et ut fratres qui apud Dovoriam monachalem suscipient habitum suam semper in Ecclesia Cantuariensi faciant professionem, et, sicut Ecclesiæ profcssi, obedientiam Matri Cantuariensi Ecclesiæ semper usquequaque exhibeant; et ut eadem Ecclesia Dovoriensis Cantuariensem Ecclesiam quasi matrem et dominam in omnibus veneretur; nec unquam a subjectione illius subtrahatur. Institutionem vero et destitutionem Prioris Dovoriensis successorum nostrorum, quibus in nullo præjudicare volumus nec debemus, reservamus arbitrio. Justum enim est ut qui Cantuariensis Ecclesiæ rector et dispositor est plenam disponendi in omnibus auctoritatem in Dovoriensem, qui se Cantuariensis Ecclesiæ filiam debet exhibere, obtineat. Hæc itaque firmiter in omne tempus præcipimus observari; sub anathemate inhibentes, ne quis contra hoc venire, aut hujus nostræ constitutionis robur enervare aliquo modo moliatur, vel hanc quocumque modo solvere unitatem. Si quis autem hoc attemptaverit, Omnipotentis Dei, etc., et nostram maledictionem incurrat. Hiis testibus: Magistro Bartholomeo Exoniensi Archidiacono, Philippo Northwycensi Archidiacono, Magistro Johanne de Sara(s)b(eria), Hugone de Gant, Guidone Notario, Willelmo de Northalle, Osberto de Prestecote, Ricardo Exoniensi Canonico, Ricardo Medico Canonico Mertoniensi, Alveredo Elemosinario, et multis aliis.

Canterbury can be Priors of Dover.

28.—[CARTA HENRICI REGIS ANGLIÆ SECUNDI DE FUNDATIONE MONASTERII SANCTI MARTINI DE DOVORIA.] (c. 1160.)

Z D 4, 2.

H(enricus) Rex Angliæ, etc. Archiepiscopis, Episcopis, Abbatibus, etc., Francis et Anglis, totius Angliæ, salutem. Sciatis me concessisse et confirmasse, in elemosinam et perpetuam possessionem, Deo, et Ecclesiæ Christi Cantuariensi, et Archiepiscopo Theobaldo, et omnibus successoribus suis sibi canonice substituendis, Ecclesiam Beati Martini de Dovoria, cum omnibus quæ ad eam pertinent in terra et in mari, cum veteri decima alleciorum, et cum nova decima piscationis totius anni, quam Burgenses Dovorienses dederunt et super altare optulerunt, et cum omnibus pertinentiis suis quas in præsenti possident vel in futuro juste adquirere poterunt, pro salute animæ meæ, et parentum meorum, et pro remissione peccatorum meorum, et pro statu et incolumitate regni mei, et præcipue pro anima Regis Henrici, avi mei,

Charter of Hen. II. giving the patronage of St. Martin's Monastery of Dover to the Archbishops of Canterbury.

A A 2

ejusdem Ecclesiæ primi donatoris. Statuo ergo, et regia auctoritate corroborando præcipio, ut ordo monasticus in prædicta Ecclesia Beati Martini, auctoritate Beati Innocentii Papæ et Theobaldi Cantuariensis Archiepiscopi institutus, secundum regulam Beati Benedicti, inviolabiliter de cetero inperpetuum conservetur; nec ulli homnium omnino liceat ulterius Ecclesiam prædictam in alterius religionis ordinem transmutare. Volo etiam, et regia auctoritate præcipio, ut sæpedicta Ecclesia Beati Martini in manu et dominio Theobaldi Archiepiscopi et omnium succedentium sibi Archiepiscoporum semper permaneat, et nullus nisi Cantuariensis Archiepiscopus dispositionem [aut] ordinationem exteriorum vel interiorum umquam habeat. Quare volo et præcipio, quod bene, et in pace, et honorifice, et libere, et quiete teneant, in bosco et plano, in aquis et molendinis, in via et sede, in pasturis et exitibus, in mercatis et theloneis, in Civitate et extra, et in omnibus locis, cum socha et sacha, et thol et them, et infangenethef, et cum omnibus aliis libertatibus quibus aliqua Ecclesia melius de me tenet in capite. Testibus: Rogerio Archiepiscopo Eborum, N(igello) Elyensi Episcopo, etc.

c. 1180.
Z. D 4, 33.

Charter of Archbishop Richard confirming in detail all the possessions of St. Martin's Monastery.

29.—[Carta Ricardi Archiepiscopi de Ecclesia Sancti Martini de Dovorra.]

Ricardus Dei gratia Cantuariensis Archiepiscopus, etc. universis, etc. Ex injuncto nobis curæ pastoralis officio, astringimur paci et quieti religiosarum domorum sollicite providere, et, ne contra statuta patrum interius vel exterius temere perturbentur, operam et sollicitudinem convenit adhibere. Ob hoc nimirum ad omnium notitiam volumus pervenire, nos, vestigiis prædecessorum nostrorum, bonæ memoriæ Theobaldi quondam Cantuariensis Archiepiscopi et gloriosissimi Martyris Thomæ, inhærentes, Ecclesiam Beati Martini de Dovorra novam, cum universis et singulis ad ipsam pertinentiis, sub protectione Dei et Sanctæ Cantuariensis Ecclesiæ et nostra suscepisse, statuentes ut in eadem Ecclesia, quæ ad nos specialiter noscitur pertinere, sicut a prælibato Theobaldo prædecessore nostro, annuente illustri Anglorum Rege Henrico et hoc ipsum scripto suo confirmante, statutum esse dinoscitur, et a sanctis patribus Summis Pontificibus, Innocentio, Eugenio, Anastasio, Adriano, Alexandro, solempniter confirmatum, ordo monachorum secundum regulam Beati Benedicti perpetuo observetur. Ita ut nulli omnino hominum liceat aut ordinem monachorum ab eodem loco ammovere, aut in aliam religionis formam transmutare. Adhuc, ut idem Monasterium et fratres in eodem divino mancipati servitio altiori pace gaudeant et tranquillitate, quæcumque in præsentiarum, liberalitate Regum, donatione Pontificum, largitione Principum, seu quorumcumque oblatione fidelium, in libertatibus, rebus, sive quibuscumque immunitatibus, juste possident, aut in posterum justis modis poterunt adipisci, rata et firma permanere decernimus, et eidem monasterio imperpetuum confirmamus; quorum quædam propriis duximus exprimenda vocabulis. In primis quidem : ex ordinatione prætaxati Theobaldi prædecessoris nostri et concessione illustrissimi Anglorum Regis Henrici, quæcumquæ aut idem prædecessor noster ad veterem Ecclesiam Beati Martini pertinentia in dominio suo habuit, aut ad clericos in ea servientes pertinuisse dinoscitur ; specialiter autem quicquid thelonei ad eundem spectabat Archiepiscopum ; nichilominus etiam decimam de omni genere piscationis quam Burgenses Dovorræ per totum annum sive iidem in mari Dovor . . . . inveniantur exercere; ex concessione viri nobilis Hugonis filii Folberti et donatione antedicti Theobaldi et utriusque confirmatione, ecclesiam de H(o)ugham cum omnibus ad eam pertinentibus; ex donatione Walkelini Maminot ecclesiam de Col(d)rede, cum capella de Popesshale et omnibus ad eam pertinentibus, quam etiam dilecti filii nostri monachi Dovorrenses, cum ea aliquo tempore injuste fuissent spoliati, tandem coram nobis rationabiliter optinuerunt; ex donacione Alvredi de Bendeville et Sibillæ uxoris ejus, ecclesiam de Bremlyngg, cum molendino quod idem Alvredus in eodem loco propriis expensis construxit; veterem quoque ecclesiam Beati Martini, cum parochiis, et libertatibus, et omnibus aliis sive in terra sive in mari ad ipsam juste pertinentiis ; ecclesiam etiam Sanctæ Mariæ ; ecclesiam Sancti Petri ; ecclesiam Sancti Jacobi; quæ in Burgo Dovorra sitæ sunt et fundatæ ; ecclesiam de Gustone ; ecclesiam de Apuldre ; ecclesiam de Dale ; ecclesiam de Boclonde ; ecclesiam de Castello de Dovorra : ecclesiam Sanctæ Margarete de Clyve ; cum universis earundem ecclesiarum pertinentiis. Adhæc autem terram de Herteya ; et terram de la Tegh quæ est extra Burgum Dovorram ; et decem acras terræ ante januam Curiæ, quas monachi Dovorræ ab Hugone filio Folberti in excambium receperunt ; decem similiter acras terræ ex altera parte Curiæ, quas Adelina uxor Roberti de Ver Ecclesiæ Dovorrensi in perpetuam concessit et dedit elemosinam ; præbendam quoque de Dale, cum omnibus suis pertinentiis, quam scimus, a prima fundatione Monasterii Dovorrensis, a bonæ memoriæ Willelmo quondam Cantuariensi Archiepiscopo eidem monasterio concessam fuisse et collatam,

374   APPENDIX.

Monasterio ipsi Dovorrensi et monachis in eo Christo servientibus et servituris imposterum concedimus et hac carta nostra confirmamus; ita ut decedente dilecto filio nostro Magistro Radulpho de Serris, qui jam dictam tenet præbendam, libere liceat sæpedictis monachis eandem præbendam in usus suos convertere, et de eadem ad beneplacitum suum, et Ecclesiæ suæ utilitatem, secundum Deum, sine contradictione qualibet, ordinare. Hæc igitur omnia superius comprehensa firma et stabilia permanere decernimus; statuentes, et sub anathematis intimatione inhibentes, ne quis, etc.

Testibus: Magistro Girardo, Willelmo Archidiacono Glocestrensi,[1] Magistro Roberto de Inglesham, Magistro Rogerio de Roveston, Rogerio Norwyc, Willelmo de Schotindone, Ricardo et Galfrido Clericis, Thoma de Newesole, et aliis.

16 June 1199.
Z. D 4, 31.
Confirmation by King John of his father's charter by which Benedictine monks superseded secular canons in the Monastery of St. Martin's of Dover.

30.—CONFIRMATIO REGIS ANGLIÆ SUPER ECCLESIA DOVORRENSI.

Johannes Dei gratia Rex Angliæ, etc. Archiepiscopis, Episcopus, etc. Sciatis nos concessisse et confirmasse, in elemosinam et perpetuam possessionem, Deo, et Ecclesiæ Christi Cantuariensi, et Archiepiscopo Huberto, et omnibus successoribus ejus sibi canonice substituendis, Ecclesiam Beati Martini de Dovorra, cum omnibus quæ ad eam pertinent in terra et in mari, in theloneo, cum veteri decima allecium, etc.,[2] pro anima Regis Henrici avi patris nostri ejusdem Ecclesiæ primi donatoris, et pro anima Regis Henrici patris nostri, et pro anima Regis Ricardi fratris nostri, etc. Quare volumus, etc. sicut carta Henrici Regis patris nostri testatur. Teste: W. Londoniensi et G. Roffensi Episcopis, Galfrido filio Petri Comite Essexiæ, Willelmo Mariscallo Comite de Penbroke, Hugone Bard, Stephano de Turneham. Data, per manum Huberti Cantuariensis Episcopi Cancellarii nostri, apud Sorham, xvj[to] die Junii, regni nostri anno primo.

26 Feb. 1234.
Z. D 4, 25.
Pope Gregory IX. vaguely exempts the

31.—COPIA PRIVILEGIORUM MONACHORUM DOVORIENSIUM.

Gregorius Episcopus, Servus servorum, etc. dilectis filiis Priori et Conventui Monasterii Sancti Martini de Dovera,

---

[1] This was William Northalle who witnessed Archbishop Theobald's *ordination*, and who in 1186 became Bishop of Worcester.

[2] The gaps here represent those parts of King Henry's charter which are repeated in this confirmation by King John.

APPENDIX. 375

Ordinis Sancti Benedicti, Cantuariensis diœcesis, salutem et apostolicam benedictionem. Cum in Apostolica Sede posuerit Dominus ecclesiarum omnium principatum, et ab ipsa, velut a capite membra, a fonte rivuli, a sole radii principium accipisse noscantur, nulli præjudicium irrogatur, si quem speciali privilegio decreverit honorare, præsertim cum eos suæ munificentiæ largitate prosequitur, qui hospitalitati vacantes, et pro sustentatione ad ipsos jugiter confluentium gravia sustinentes onera expensarum, creduntur non immerito sibi apostolicum comparare favorem. Cum igitur, sicut accepimus, ob id quod Monasterium vestrum in Angliæ portu consistit, non solum legatis et nunciis Apostolicæ Sedis, verum etiam aliis in Anglia intrantibus et exeuntibus ab eadem vos oporteat quasi jugiter hospitalitatis exhibere solatia et necessaria ministrare, et nonnulli, tam Ordinarii quam etiam Judices a Sede Apostolica delegati, aliquando excommunicationis seu suspensionis, aliquando, interdicti sententias in vos et Ecclesiam vestram, sine causa rationabili, promulgantes, salubria otia quietis vestræ perturbent, et vexent vos laboribus et expensis; nos, indempnitati vestri Monasterii consulere cupientes, ne quis Ordinarius seu Delegatus a Sede Apostolica excommunicationis, suspensionis, vel interdicti sententias, in vos vel Monasterium vestrum, absque manifesta et rationabili causa proferre audeat, auctoritate præsentium inhibemus, et eas sententias prolatas decernimus irritandas. Nulli ergo hominum liceat, etc. Siquis autem hoc attemptare præsumpserit, etc. Datum Laterani, 4to Kalendas Martii, pontificatus nostri anno septimo.

Priory of St. Martin's from liability to be vexed with ecclesiastical censures by Papal Legates and Nuntii passing through Dover (and not entertained according to their dignity?).

32.—Littera Roberti Archiepiscopi integra super professione Monachorum Dovorrensium.

15 Oct. 1305.
Z. D 4, 30.

Robertus, etc. dilecto filio Priori Monasterii Sancti Martini Dovorræ, nostræ diœcesis, salutem, etc. Quia ad Monasterium prædictum pro professionibus monachorum minime professorum ibidem, ut convenit et prout expedire conspicimus, recipiendis, licet id corditer affectamus, propter occupationes varias ad præsens declinare non possumus; ideo super hoc discretionem tuam eligentes, ad recipiendum, hac vice, professiones quinque monachorum non professorum tibi gratiose committimus vices nostras. In cujus, etc. Data apud Lamheth, Idibus Octobris, anno Domini M°CCC° quinto.

Archbishop Winchelsey deputes the Prior of St. Martin's to take the professions of five new monks, he himself being prevented from personally performing the rite.

376　APPENDIX.

19 Dec. 1318.
Z. D 4, 30.

Archbishop Walter Raynold commits all jurisdiction in St. Martin's during a vacancy of the priorate to the Sub Prior, ignoring the claim of Christ Church, Canterbury, to exercise such jurisdiction.

33.—COMMISSIO WALTERI ARCHIEPISCOPI SUPER EXERCITIO JURISDICTIONIS SPIRITUALIS ET TEMPORALIS VACANTE IPSO PRIORATU DOVORRENSI FACTA SUPPRIORI EJUSDEM.

Walterus, etc. dilecto in Christo filio Radulpho de Walemere Suppriori Monasterii Sancti Martini Dovorræ, salutem. etc. Ipso Monasterio in præsentiarum Prioris regimine destituto; nos, ad quem, jure patronatus quod nobis competit in eodem, ipsius dispositio[1] temporalibus et spiritualibus plene dinoscitur pertinere, tibi, de cujus circumspectione et industria gerimus plenam fidem, exercitium jurisdictionis spiritualis et administrationem temporalium Monasterii antedicti committimus, et te ad hoc etiam deputamus, quousque eidem Monasterio aliter duxerimus providendum. In cujus rei, etc. Data Cantuariæ xiiij^{mo} Kalendas Januarii anno Domini M°CCC°XVIIJ^{vo}

(c. 1330.)
Z. D 4, 23.

A list of the first fifteen Priors of St. Martin's of Dover, showing that all the first twelve were monks of Christ Church, Canterbury.

34.—OMNES ISTI PRIORES DOVORIENSES INFRASCRIPTI ASSUMPTI FUERUNT DE CAPITULO ET ECCLESIA CANTUARIENSI PER DIVERSOS [ARCHIEPISCOPOS].

Tempore Theobaldi Archiepiscopi.—Primus Prior Dovoriensis post fundationem Monasterii fuit Acelinus, monachus Cantuariensis, qui postea præfectus est in Episcopum Roffensem per prædictum Theobaldum Archiepiscopum. Secundus Prior Dovoriensis vocabatur Ricardus, monachus [Cantuariensis], qui postea electus fuit, confirmatus, et consecratus in [Archiepiscopum] Cantuariensem, post mortem Beati Thomæ.

Tempore Beati Thomæ Martyris Archiepiscopi.—

Tempore Ricardi Archiepiscopi.—Tertius Prior Dovoriensis vocabatur Felix de Rosa, monachus [Cantuariensis].

Tempore Baldewynii Archiepiscopi.—Non vacavit Prioratus Dovoriensis.

Tempore Huberti Archiepiscopi.—Quartus Prior Dovoriensis vocabatur Reginaldus de Schepeya su . . . .

Tempore Stephani Archiepiscopi.—Quintus Prior Dovoriensis vocabatur Willelmus de Staunford, monachus [Cantuariensis].

Tempore Ricardi Archiepiscopi Secundi.—Non vacavit Prioratus Dovoriensis.

Tempore Beati Edmundi Archiepiscopi.—Sextus Prior Dovoriensis vocabatur Robertus de Olecumbe, monachus

---

[1] *disposicioni*, MS.

[Cantuariensis]. Septimus Prior Dovoriensis vocabatur Eustachius de Faversham, monachus [Cantuariensis].

Tempore Bonefacii Archiepiscopi.—Octavus Prior Dovoriensis vocabatur, Johannes de Northflet, monachus [Cantuariensis]. Nonus Prior Dovoriensis vocabatur Guydo de Walda, monachus [Cantuariensis]. Decimus Prior Dovoriensis vocabatur Willelmus de Bocwell, monachus Cantuariensis. Undecimus Prior Dovoriensis vocabatur Ricardus de Wenchepe, monachus Cantuariensis.

Tempore Roberti de Kelewardeby Archiepiscopi.—Duodecimus Prior Dovoriensis vocabatur Ascelinus de E . . ., monachus Cantuariensis.

Tempore Johannis de Pecham Archiepiscopi præfectus fuit Prior Dovoriensis Robertus de Hwetacre, monachus Dovoriensis, tamen professus in Ecclesia Cantuariensi, quod nunquam prius visum fuit nec auditum a tempore fundationis dicti Prioratus Dovoriensis.

Tempore Roberti de Wynchelese Archiepiscopi.—Non vacavit Prioratus Dovoriensis.

Tempore Walteri Archiepiscopi.—Præfectus fuit in Priorem Dovoriensem Johannes de Scholdone, qui non fuit professus in Ecclesia Cantuariensi.

Tempore Symonis Archiepiscopi.—Depositus fuit prædictus Johannes de Scholdone et Frater Robertus de Hathbrand de Rydelyngeweald per eundem S. Archiepiscopum præfectus fuit in Priorem Dovoriensem, qui non fecit professionem suam in Ecclesia Cantuariensi.

Omnes isti monachi Cantuarienses infrascripti facti fuerunt Suppriores Dovorienses diversis temporibus secundum formam compositionis dudum initæ inter Capitulum Cantuariense et Priorem et Conventum Dovorienses. *A similar list of Sub-Priors.*

Reginaldus de Kenynton.	Item: Radulphus de Mallyng.
Hillarius de Tanet.	Item: Alanus Rufus.
Stephanus de Cranebroke.	Item: Ricardus de Gravenal.
Johannes Aurifaber.	Item: Gualterus de Bourne.
Willelmus Dovere.	Johannes Wottone.
Walterus Cawstone.	Johannes Cumbe.

35.—FORMA PRÆFECTIONIS DICTI ROBERTI DE HWETACRE TALIS EST. *29 Dec. 1289.*

Frater Johannes permissione divina Cantuariensis Archiepiscopus, etc. dilecto filio Fratri Roberto de Hwetacre, monacho Sancti Martini Dovoriæ, salutem, etc. Attendentes tuæ probitatis merita quibus diceris multipliciter insigniri, *Z. D 4, 23. The form used by Archbishop Peckham*

378   APPENDIX.

<small>when he preferred to the office of Prior of St. Martin's a monk of that house, thus departing from the usual practice of appointing a monk of Canterbury to be Prior of Dover.</small>

prioratum ejusdem loci Sancti Martini, vacantem et ad nostram provisionem seu collationem, tam in spiritualibus quam temporalibus, plene spectantem, cum suis juribus, libertatibus, et pertinentiis universis, salvo jure nostro, successorum nostrorum, et etiam jure Ecclesiæ nostræ Cantuariensis prædictæ, si quod in dicto prioratu dinoscitur habere, tibi, tenore præsentium, damus et conferimus, ut ex gratia nostra speciali, ac te Priorem præficimus et ordinamus in eodem, pro nostro libito revocandum. In cujus rei, etc. Datum apud Otteford, iiij^{to} Kalendas Januarii, anno Domini M°CC°LXXXIX^{no}.

<small>1286.
3 Dec.</small>

36.—LITTERA DOMINI R(ADULPHI) DE HENGHAM DE PLACITO ADVOCATIONIS PRIORATUS SANCTI MARTINI DE DOVORIA.

<small>I. 357 a.
The Chief Justice reports to the Chancellor, in a friendly letter, that *Socius meus* has by his precipitancy spoiled a pretty legal device by means of which the Chief Justice had hoped to settle the case of St. Martin's. He asks him to interpose so as to counteract the effects of the *Socius's* ill-judged zeal.</small>

Reverendo domino suo Domino R(oberto) Dei gratia Bathoniensi et Wellensi Episcopo, suus devotus clericus Radulphus de Hengham, salutem, etc. Credo quod a memoria vestra non recessit, qualiter ostensum fuit apud Dovoriam, ex parte monachorum Sancti Martini Dovoriæ, quod Domus sua ad paupertatem devenit, per hoc, quod Archiepiscopi Cantuarienses, patroni ejusdem Domus, præfecerunt Priores prædictæ Domus de monachis Ecclesiæ Christi Cantuariensis; propter quod Dominus Rex, volens tam utilitati dictæ Domus quam indempnitati prædicti Archiepiscopi prospicere, præcepit quod cogitaremus de aliqua via per quam Archiepiscopus posset ibidem præficere idoneum Priorem, et (ut scitis) invenimus viam competentem, et providimus, quod Dominus Rex implacitaret Priorem Ecclesiæ Christi Cantuariensis de advocatione dicti Domus, ita quod per effectum ipsius placiti prædictus Prior Cantuariensis nichil amplius posset vendicare de advocatione prædicta. Et sicut tunc provisum fuit ita factum est, abjudicatus est enim prædictus Prior Cantuariensis ab omni jure advocationis prædictæ Domus Dovoriæ. Sed unum accidit inconveniens in processu prædicti placiti: quidam enim socius meus, in mea absentia, placitavit placitum illud, et cum judicium reddidisset, statim mandavit Vicecomiti Kanciæ, per breve suum *de judicio*, quod seisiret prædictum prioratum Dovoriæ in manum Domini Regis, qui Domum illam Dovoriæ tenet in custodia, auctoritate illius fatui brevis et male concepti, nec vult Vicecomes custodiam illam dimittere sine warranto. Et Dominus W. de Hamelton, qui gerit vices vestras in cancellaria, non vult se inde intromittere, pro eo quod placitum fuit in Banco Regis; et ego non sum ausus, pro eo quod prioratus prædictus est in manu Domini Regis, aliquid super hoc providere propter obloquium malevolorum, et maxime illius *quare impedit*, quod nec Deum nec hominem diligit et me odit. Archiepiscopus etiam non vult ibi creare Priorem, quousque Domus illa soluta sit a manibus Domini Regis, et sic est novissimus error pejor priore. Propter quod, placeat vobis præmissa Domino Regi ostendere; per quod velit præcipere quod Archiepiscopus pleno jure gaudeat patronatu suo Domus Dovoriæ, quem (ut scitis) habet ex concessione et donatione antecessorum Domini Regis; et quod possit præficere Priorem idoneum in Domo prædicta. Valete. Data Londoniis, tertio die Decembris, anno regni Regis Edwardi xv^{mo} incipiente.

37.—Cyrographum contra Alanum de Retlinge. (c. 1160.)

Cart. Ant. C. 1111.

Notum sit omnibus præsentibus et futuris, quod ego Wibertus Prior et Conventus Ecclesiæ Christi Contuariensis perdonavimus Alano de Retlinge et heredibus suis quatuordecem denarios, de viginti sex denariis quos ipse Alanus singulis annis reddere solebat ad altare Christi, de terra quadam quam de ipso tenuit Winedei cognomento Bitterdunce, et jacet prope ecclesiam Sancti Georgii, pro escambio cujusdam terræ, jacentis retro pistrinum nostrum, inter murum scilicet Civitatis et murum Curiæ nostræ, quam ipse Alanus et heredes sui, liberam ab omnibus rebus, pro prædictis quatuordecem denariis nobis imperpetuum concesserunt. Reddent autem nobis inposterum, de prædicta terra quam tenebat Winedei, supradictus Alanus et heredes sui annuatim duodecim denarios, reliqui vero quatuordecem, pro escambio prædictæ terræ quæ muro nostro adjacet, eis relaxabuntur. Hoc concambium et hanc conventionem tam nos quam sæpedictus Alanus cum heredibus suis semper inposterum ratas et stabiles esse volumus, et præsentis cyrographi conscriptione firmamus. Testibus hiis: ex parte nostra, Willelmo camerario, Geddewino et Johanne cocis; et ex parte Alani, Rodberto de Chethamtune, et Rodberto clerico de Glinde, et Radulpho de Boscogerardo.

Prior Wibert and the Chapter surrender to Alan de Retlingo fourteen pence, part of twenty-six pence, of rent, due from him, in consideration of a grant in fee, by him to them, of a piece of ground behind the Conventual Bakehouse, in the space between the wall of the City and that of the precinct of the Monastery.

38.—[De hominibus nostris non ad munitionem Civitatis Cantuariæ compellendis.]

(1193.) Cart. Ant. C. 49.

Ailianora Dei gratia humilis Angliæ Regina omnibus Christi fidelibus ad quos præsentes litteræ pervenerint, salutem in nomine salutari. Audito quod karissimus filius noster Rex Angliæ detentus est ab Imperatore Romano, vovimus ad memoriam Beati et Gloriosi Martyris, ut liberationem Domini

The Queen-Dowager Eleanor, on hearing of the imprisonment of her son King Richard, has *caused the City of Canterbury to be fortified, and the Monastery of Christ Church has voluntarily furnished men to help in the work. In order that this concession may not be used as a precedent against the Monastery, the Queen here declares that the help given was accepted as a favour and not demanded as a right.*

(c. 1220.)

Regis filii nostri possemus, ejus intervenientibus meritis et precibus, optinere. Cum autem ob terræ turbationem Cantuariensis Civitas fossatis et muris et aliis propugnaculis muniretur, omnesque ad hoc compellerentur ; quidam homines Prioris et Conventus Ecclesiæ Cantuariensis, non de jure nec de consuetudine sed ad nostrarum precum instantiam, ibidem operati sunt. Nos itaque, diligentius attendentes libertates et immunitates ad præfatam Ecclesiam et ejus homines, ubicumque fuerint, pertinentes, monachis ejusdem Ecclesiæ concessimus et promisimus quod operatio illa, quam urgens necessitas et nostra interventio inducebant eis vel hominibus eorum . . . non noceret, eorumque cartis et libertatibus quæ illi a multis regibus conf . . . præjudicium non afferet. In hujus vero rei testimonio præsentes litteras sigillo nostro fecimus communiri. Testibus : H(ereberto) Archidiacono ejusdem Ecclesiæ, et Magistro Petro Blesensi Bathoniensi Archidiacono, apud Londonias.

Cart. Ant. C. 1226.

39.—LITTERA JUSTICIARII HUBERTO DE BURGO, QUIA AD MUNITIONEM CIVITATIS CANTUARIÆ DE BOSCO NOSTRO PROMISIMUS ADJUVARE, DE GRATIA ET NON DE DEBITO.

Hubert de Burgh the Justiciary, having induced the Chapter to sell some timber for fortifying the City, acknowledges that the sale was voluntarily made by the Chapter, and that they were not bound to contribute against their will.

Omnibus, etc. Hubertus de Burgo, Justiciarius Domini Regis, salutem. Noveritis quod, ad magnam petitionem meam et civium Civitatis Cantuariæ, monachi Ecclesiæ Christi Cantuariensis vendiderunt civibus Cantuariensibus de bosco suo, ad faciendum cleias ad defensionem Civitatis Cantuariæ. Et quia constabat nobis plene, per cartas Domini J(ohannis) Regis nostri et antecessorum suorum, quod prædicti monachi ad munitionem prædictæ Civitatis non tenentur ; ne prædicta venditio possit in posterum prædictis monachis vel Ecclesiæ Cantuariensi præjudicare, litteris præsentibus, cum sigilli nostri appositione, jus et libertates dictorum monachorum et Cantuariensis Ecclesiæ protestamur super prædicta venditione. Valete.

40.—ROBÆ ÆSTIVALES ANNO EDWARDI XV^{mo}.

1322.
L. 114 a.

A list of the livery gowns given away at the date.

Senescallus.—Clericus ejusdem.—Item, Medicus.—Item, Notarius Prioris.

De gratia :—Edmundus.—Item, Ricardus de Haute.—Item, A. de Brugg.—Item, Clemens.

Armigeri :—J. de Bourne, Bertramus, J. de Dene, J. de Gore, Galfridus, J. de Selveston, Rogerus, Ballivus de Eastekent, Ballivus de Wald, Thom. de Faversham, Hen. de Stureye, Bedellus libertatis, Will. Bruyn, W. le Whyte,

W. Hertlepe, Armiger Celerarii, Rob. de Ely, duo servientes de Thesauraria.

Homines de mester :—W. Boywyk, Cocus Prioris, Ferrator, Barbator, W. Harparr, Stabularius Prioris, Nuncius Prioris, Cocus Conventus, Cocus Aulæ, Venator, Vigil curiæ, Creditor villæ, Salsarius coquinæ, Magister Braciator.

EXPENSÆ PRO ROBIS ÆSTIVALIBUS.

Pro robis Senescalli, clericorum, et familiæ, cum sindone et pellura xliij. *li.* iiij. *s.* ij. *d.* Cost of the above specified livery gowns.

Item, Celerarius habet tallias pro robis W. Lardinarii, W. le Whyte, W. de Hertlepe, et Armigeri celerarii lxx. *s.* viij. *d.* Pretium robæ xvij. *s.* viij. *d.*

Item habet tallias pro robis creditoris villæ, coci conventus, coci aulæ, salsarii, venatoris, et vigilis curiæ lxxv. *s.* Pretium robæ xij. *s.* vi. *d.*

Summa Celerarii vij. *li.* v. *s.* viij. *d.*

Item, Sacrista habet talliam pro roba garcionis suæ ix. *s.*

Item, Thesaurarii habent computare pro duabus robis servientium suorum xxxv. *s.* iiij. *d.* Pretium robæ xvij. *s.* viij. *d.*

Item, pro roba garcionis eorundem thesaurariorum ix. *s.*

Summa Thesaurariorum xliiij. *s.* iiij. *d.*

Mem^m. De iij. draps de blank kamelin pour le seneschal et les clerks.

Item. De vj. chefs de sandal verd aforce.

Item. De v. draps de vermayl ove raye blanche ou neyre pour esquiers.

Vel. De v. draps de jaune colour ove une raye neyre ou rouge.

Vel. De v. draps de morre ove une raye blanche ou verte ou jaune.

Vel. De v. draps de blank kamelin ove une raye rouge ou neyre.

Vel. { De ij. draps et demy de vermayl ove une raye blanche ou neyre.
Et de ij. draps et demy de jaune colour.

Vel. { De ij. draps et demy de morre ove une raye blanche, ou verte ou neyre, ou jaune.
Et de ij. draps et demy de blank kamelyn.

Vel. { De ij. draps et demy de vermayl.
Et de ij. draps et demy de jaune colour ove une raye neyre ou rouge.

Vel. {De ij. draps et demy de morre.
Et de ij. draps et demy de blank kamelyn ove une raye rouge ou neyre.

Item. De iiij. draps de raye pur gent de mester, pris del drap xl. *s.* xl. *d.* vel circiter.

Vel. {De ij. draps de colour.
Et ij. draps de raye} ad eosdem.

Item. De v. draps de raye pur garsonns, pris le drap xxxvj. *s.* vel circiter.

Vel. {De ij. draps et demy de colour.
Et de ij. draps et demy de raye} ad eosdem.

Item. De ij. foruris ad supertunicas, et ij. capuciis albis de boggie pro H. clerico et Domino Roberto.

Item. De x. fourris de agnis albis sine capuciis.

A remembr: de bien examiner les draps de colour quil(s) soyent de longur de xxvj. aunes a meyns.

Et les draps de raye a force pur les esquiers soyent del longur de xxvij. aunes a meyns.

41.—PRO ROBIS ÆSTIVALIBUS ANNO REGNI REGIS EDWARDI XVIJ^{mo}.

Pro quatuor pannis clericorum xv. *li.* Pretium panni lxxv. *s.*

It. pro quinque pannis armigerorum xx. *li.* x. *d.* Pretium panni xx. *s.* j. *d.*

It. pro quatuor pannis hominum de mester x. *li.*xiij.*s.* iiij. *d.* Pretium panni liij. *s.* iiij. *d.*

It. pro quinque pannis garcionum x. *li.* x. *s.* Pretium panni xlij. *s.*

It. pro xij. foruris agninis cum j. caputio xxxij. *s.* vij. *d.*

It. pro vj. peciis de sindone lxvj. *s.*

It. pro cordis et canevas cum paccagis xij. *s.* vj. *d.*

Summa lxj. *li.* xvj. *s.* j. *d.*

Inde pro robis æstivalibus senescalli, clericorum, et familiæ cum sindone et pelura lij. *li.* xviij. *s.* vj. *d.*

It. Celerarius habet tallias pro quinque robis armigerorum c. *s.* v. *d.* Pretium robæ xx. *s.* j. *d.*

It. idem pro quinque robis hominum de mester lxvj.*s.* viij. *d.* Pretium robæ xiij. *s.* iiij. *d.*

Summa talliarum Celerarii viij. *li.* vij. *s.* j. *d.*

It. debent Thesaurarii pro roba garcionis eorundem x. *s.* vj. *d.* Summa totalis expensæ lxj. *li.* xvj. *s.* j. *d.* ut supra.

Inde debentur Domino Priori pro vj. peciis de sindone lxvj. *s.* Pretium peciæ xj. *s.*

It. debentur Roberto de Ely lviij. *li.* x. *s.* j. *d.*

Summa ut supra et æquatur.

APPENDIX.   383

42.—Forma escambii de Sandwyco, inter Dominum Regem et Priorem et Conventum Ecclesiæ Christi Cantuariensis.   6 June 1290.

I. 140.

Omnibus, etc. H(enricus) permissione divina Prior Ecclesiæ Christi Cantuariensis et ejusdem loci Capitulum, salutem, etc. Noveritis, nos teneri et bona fide obligari, pro nobis et successoribus nostris, serenissimo Principi domino nostro Domino Edwardo Dei gratia illustri Regi Angliæ, quod quandocumque idem Dominus Rex nos dederit, et carta sua confirmaverit, sexaginta libratas terræ, in loco vel locis nobis competentibus in Comitatu Kanciæ, exceptis locis infra Sandwicum et Doveriam versus Orientem, habendas et tenendas, nobis et Ecclesiæ nostræ, in liberam, puram, et perpetuam elemosinam, et ita libere et quiete sicut alias terras nostras in eodem comitatu tenemus, nos extunc, eidem Domino nostro Regi reddemus et quietum-clamabimus totam custumam et redditum quos habuimus, vel aliquo modo habere potuimus, in Villa et Portu de Sandwico, una cum omnibus juribus et libertatibus et rebus aliis quæ in eadem villa habuimus. Ita tamen, quod pro omnibus consuetudinibus medio tempore mercatoribus relaxatis, per testimonium Servientis nostri et unius alterius legalis hominis prædicti portus, nobis prius satisfaciat competenter; salvis nobis omnibus domibus nostris, et kayiis quas habemus in villa prædicta, cum omnibus proficuis et eysiamentis inde provenientibus, et cum omnibus aliis pertinentiis ad easdem domus et kayas die confectionis præsentium spectantibus; salvo etiam, nobis et nostris (successoribus) ac etiam Abbati et Conventui Sancti Augustini Cantuariæ et eorum familiæ, passagio in portu prædicto, in batello qui dicitur *Verebot*, pro eo quod eidem Abbati et Conventui, pro bono pacis utriusque Ecclesiæ, istud dudum concessimus. Salva insuper, nobis et tenentibus Ecclesiæ nostræ Cantuariensis, libertate emendi et vendendi libere et quiete in portu et villa prædictis, secundum tenorem cartarum nostrarum ; ac etiam omnimoda bona nostra quæ ibidem venerint libere et quiete cartandi et discartandi, ac inde cariandi, quotienscumque et ubi nobis videbitur expedire. Ita tamen, quod per hujusmodi escambium prædicto Domino nostro Regi faciendum, nichil depereat nobis vel successoribus nostris de omnibus juribus libertatibus seu rebus aliis, quæ in maneriis nostris de Estreya, Lyden, et Monketon cum pertinentiis suis hactenus habere et percipere consuevimus. In cujus rei testimonium sigilla [1] Capituli nostri, et Dominorum Stephani de Penecestria et

The preliminary agreement setting forth the terms on which the King and the Chapter of Christ Church agree, the former to purchase, and the latter to sell the harbour dues, &c. of Sandwich for land in Kent, yielding an annual rent of sixty pounds.

---

[1] *sigillum*, MS.

Johannis de Berewik, ad nos pro eodem negotio ex parte prædicti Domini nostri Regis destinatorum, huic scripto cirographato alternatim sunt appensa. Datum Cantuariæ, vj^{to} die mensis Junii, anno Domini M°CC nonagesimo, regni vero præfati Regis Edwardi decimo octavo.

1292.

I. 168.

Walter de Valoynes, who has trespassed in Westwell Park, enters into recognizances for good behaviour in the sum of ten pounds, Nicholas de Sandwich being surety for him.

43.—LITTERA SUBMISSIONIS PRO TRANSGRESSIONE FACTA.

Pateat universis quod nos Nicholaus filius Domini Johannis de Sandwico, et Walterus filius Domini Warresii de Valoignes, militum, tenemur et obligamur Domino Henrico Priori, etc. in decem libris sterlingorum, pro dampnis variis et transgressionibus factis et illatis eidem Priori in parco suo apud Westwelles, super quibus ego Walterus supradictus arrestatus (sum) et indictatus per quandam inquisitionem, captam nuper coram Stephano de Penecestria et J. de Northewode, Justiciariis Domini Regis super transgressionibus parcorum et warrenorum in Comitatu Kanciæ assignatis; ita, videlicet, quod ego Walterus prædictus submisi me, de alto et basso, ordinationi, dicto, et arbitrio prædicti Prioris super dampnis et transgressionibus prædictis, ac decem libris supradictis eidem solvam pro voluntate sua, si illas, vel aliquid inde, recipere voluerit, infra mensem a die postquam super hoc fuero requisitus. Obligo etiam me et heredes meos, per præsentes, ad conservandum prædictum Priorem, Senescallum, et Ballivos, et omnes sibi adhærentes indempnes, in hac parte, versus Dominum Regem et quoscumque alios quos hujusmodi negotia tangunt, vel tangere poterunt in futurum. Et ego prædictus Nicholaus obligo me, et heredes meos, et omnia bona mea mobilia et immobilia, ubicumque fuerint inventa, pro prædicto Waltero, ad faciendum, tenendum, et implendum omnia et singula in præsente scripto contenta, si præfatus Walterus defecerit in præmissis vel in aliquo præmissorum, et ad hoc principalem debitorem me constituo per præsentes. In cujus rei, etc. Datum Cantuariæ, xvj^{to} die Maii, anno Regis Edwardi vicesimo.

(1296.)

I. 177 b.

The weight of white window glass per square foot, its cost, and quantity of

44.—DE PONDERE ET MENSURA VITRI.

Memorandum, quod centum libræ albi vitri, per majorem centenam, valent octo solidos.

Item: major centena vitri continet viginti quatuor pensas vitri.

Item: quælibet pensa vitri continet quinque parvas libras.

Et memorandum quod de una pensa vitri, quæ continet quinque parvas libras, potest fieri una fenestra vitrea de longitudine duorum pedem et latitudine unius pedis. Hoc est: de duabus parvis libris et dimidia vitri potest fieri unus pes fenestræ vitreæ in longitudine et latitudine. Et valet pes duos denarios sine stipendio vitriarii. *metal required for the fret-lead, as estimated at the end of the 13th century.*

Et memorandum quod ad quamlibet pensam vitri oportet habere duas parvas libras plumbi. Hoc est: ad quemlibet pedem fenestræ unam parvam libram plumbi mixtam cum stagno.

45.—BULLA DE REVOCATIONE SUPENSIONIS DOMINI R(OBERTI) ARCHIEPISCOPI CANTUARIENSIS.

22 Jan. 1308.

I. 281 b.

Clemens episcopus, Servus Servorum Dei, dilectis filiis Guillelmo Testæ Archidiacono Aranensis Convenarum, et Petro Amaluini Canonico Burdegalensis, Ecclesiarum, Capellanis nostris, salutem et apostolicam benedictionem. Dudum, certis ex causis quæ ad id nostrum animum induxerunt, venerabilem fratrem nostrum Robertum Archiepiscopum Cantuariensem ab administratione spiritualium et temporalium Cantuariensis Ecclesiæ duximus suspendendum, vobisque administrationem eandem commisimus, usque ad nostræ beneplacitum voluntatis. Cum autem nos nunc eundem Archiepiscopum restituimus ad administrationem prædictam, prout in aliis nostris litteris, quas super hoc ei dirigimus, plenius continetur, discretioni vestræ, per apostolica scripta mandamus, quatinus, exnunc Archiepiscopum supradictum permittatis administrationem eandem libere exercere, sibique de proventibus qui ad manus vestras pervenerunt ex archiepiscopatu Cantuariensi, a tempore quo illius administrationem vobis commissam gerere cœpistis, facto cum Archiepiscopo computo de præmissis, satisfacere nullatenus omittatis. Data Pictaviæ, xj^{mo} Kal. Februarii, pontificatus nostri anno tertio. *The Pope certifies the administrators of the Archbishoprick that he has removed Archbishop Winchelsey's suspension, requires them to account for the monies they hav received during their term of office.*

46.—DE EODEM QUO SUPRA.

22 Jan. 1308.

I. 282 a.

Clemens, etc. Venerabili fratri Roberto Archiepiscopo Cantuariensi, salutem et apostolicam benedictionem. Dudum, certis ex causis quæ ad id nostrum animum induxerunt, te ab administratione spiritualium et temporalium Cantuariensis Ecclesiæ duximus suspendendum; nunc autem, volentes tecum benigne ac gratiose agere in hac parte, te ad hujusmodi administrationem utrorumque, auctoritate apostolica, restituimus, suspensionem hujusmodi penitus amovendo. Quocirca frater- *The Pope certifies Archbishop Winchelsey that he has removed th suspension formerly pronounced upon him.*

U 55671. B B

nitati tuæ, per apostolica scripta, mandamus, quatinus administrationem prædictam curamque ipsius Ecclesiæ, sic(ut) inantea, gerere studeas fideliter et prudenter, quod exinde divinam et Apostolicæ Sedis gratiam uberius consequaris. Data Pictaviæ, xj^{mo} Kal. Februarii, pontificatus nostri anno tertio.

22 Jan. 1308.

I 282 a.

47.—REVOCATIO COMMISSIONIS FACTÆ ARCHIEPISCOPO EBORUM PER SEDEM APOSTOLICAM PRO CORONATIONE REGIS EDWARDI FILII REGIS EDWARDI.

The Pope notifies to Archbishop Winchelsey that he recalls all letters by which any one is commissioned to crown Edward II.

Clemens, etc. Venerabili fratri R(oberto) Archiepiscopo Cantuariensi, etc. Cum, sicut oblata nobis ex parte tua petitio continebat, coronatio carissimi in Christo filii nostri Edwardi Regis Angliæ illustris, quæ in proximo imminet feliciter, dante Deo, facienda, ad te ratione tuæ Ecclesiæ pertinere noscatur; nos, nolentes quod in hac parte officium tuum valeat impediri, tuis supplicationibus inclinati, omnes litteras, si quas super commissione coronationis Regis ipsius alicui vel aliquibus forte direximus, cujuscumque tenoris existant, auctoritate præsentium revocamus. Nulli ergo, etc. liceat, etc. si quis autem, etc. se noverit incursurum. Data Pictaviæ xj. Kalendas Februarii, pontificatus nostri anno tertio.

28 Jan. 1308.

I. 281 b.

Archbishop Winchelsey in exile deputes the Bishop of Winchester to crown Edward II.

48.—COMMISSIO DOMINI R. ARCHIEPISCOPI DE CORONATIONE REGIS.

R(obertus) Archiepiscopus venerabili in Christo fratri Domino H(enrico) Dei gratia Wyntoniensi Episcopo, salutem et fraternam in Domino caritatem. Licet, Ecclesiæ nostræ ac Serenissimi Principis et domini Domini Edwardi Dei gratia Regis Angliæ illustris honorem summo desiderio affectantes, eidem Domino Regi unctionis gratiam et coronationis munus, prout ad nos spectat jure Ecclesiæ nostræ, personaliter impendere proponamus; quia tamen, juxta multorum assertionem, dictæ solempnitatis tempus adeo vicinum existit, quod pertimescimus, non absque cordis angustia, verisimiliter impediri; vobis ad dictam solempnitatem nomine nostro faciendam, nostræ absentiæ in eventu, committimus vices nostras. Proviso quod, hujusmodi officio expedito, nos super hoc reddatis, sine moræ diffugio, certiores, vestris patentibus litteris habentibus hunc tenorem. In cujus rei, etc. Data Pictaviæ v^{to} Kalendas Februarii, anno a Nativitate dominca M°CCC^{mo}VIIJ^{mo}.

APPENDIX.

49.—Certificatio Domini H. Wyntoniensis Episcopi de coronatione Edwardi Regis filii Regis Edwardi, facta Roberto Archiepiscopo, quod vice sua, et tanquam Commissariis suus in hac parte, officium hujus solempnitatis perfecit.

25 Feb. 1308.
Cart Ant. K. 1.

Venerabili in Christo patri Domino Roberto Dei gratia Cantuariensi Archiepiscopo, totius Angliæ Primati, Frater Henricus, ejusdem permissione Wintoniensis Ecclesiæ minister, salutem, cum omni obedientia, reverentia, et honore. Mandatum vestrum recepimus sub tenore infrascripto. " Robertus " etc. venerabili in Christo Domino H. Dei gratia Wintoni- " ensi Episcopo, salutem et fraternam in Domino caritatem. " Licet Ecclesiæ nostræ ac serenissimi principis et domini " Domini Edwardi Dei gratia Regis Angliæ illustris honorem " summo desiderio affectantes, eidem Domino Regi unctionis " gratiam et coronationis munus, prout ad nos spectat jure " Ecclesiæ nostræ, personaliter impendere proponamus; quia " tamen, juxta multorum assertionem, dictæ sollempnitatis " tempus adeo vicinum existit quod pertimescimus, non absque " cordis angustia, verisimiliter impediri, vobis ad dictam " sollempnitatem nomine nostro faciendam, nostræ absentiæ " in eventu, committimus vices nostras. Proviso quod, hujus" modi officio expedito, nos super hoc reddatis sine moræ " diffugio certiores, vestris patentibus litteris habentibus " hunc tenorem. In cujus rei testimonium sigillum nostrum " præsentibus est appensum. Data Pictaviæ v^{to} Kal. Feb. anno " a Nativitate Domini m^occc^o octavo." Hujus igitur auctoritate mandati et commissionis vestræ, die Dominica, videlicet vj^{to} Kal. Martii anno Domini supradicti, excellentissimo Principi et domino nostro Domino Edwardo Dei gratia Regi Angliæ illustri unctionis gratiam et coronationis munus impendimus, vice vestra. In cujus, etc. Data Londoniis v^{to} Kal. Martii anno Domini supradicto.

The Bishop of Winchester certifies Archbishop Winchelsey that, by virtue of his commission, he has anointed and crowned King Edward II.

50.—Licentia Comitis Boloniæ de acquietantia Domini Archiepiscopi Cantuariensis pro applicatione et transitu ejusdem apud Whytsand.

13 April 1306.
I. 326 b.

Universis, etc. Petrus de Biancorroi Senescallus Boloniæ, Magister Henricus Angot clericus, tenens locum Venerabilis viri Domini Durandi de Molendinis Canonici Tornacensis nobilis Comitis Boloniæ Capellani, et Johannes Estive Præpositus Wyssandiæ, prædicti nobilis Domini Comitis Boloniæ locum tenentes, salutem, etc. Vestra noverit universitas, quod nos,

Receipt given by the officials of the port of Wissant for forty marks paid as a fee to the Count of Boulogne

BB 2

388   APPENDIX.

<small>when Archbishop Winchelsey landed in France at the time of his exile.</small>

habentes potestatem, nomine Domini Comitis antedicti, transsigendi, componendi, conveniendi, et recipiendi a quibuscumque ad portus seu terram sub districtu et honore dicti Comitis, ubilibet existentes, applicantibus et redeuntibus feodum quod eidem Comiti debetur pro applicatione hujusmodi et reditu, recepimus a Venerabili patre Domino Roberto Dei gratia Cantuariensi Archiepiscopo, etc. quadraginta marcas sterlingorum, pro applicatione sua et reditu suorumque familiarium quorumcumque, quotiescumque et quandocumque ipsum Dominum Archiepiscopum, (aut) aliquem vel aliquos de suis, ad portus seu terram sub districtu dicti Comitis vel honore contigerit applicare, seu per ejusdem terram vel portus redire quomodolibet vel reverti, ratione feodi quod idem Comes asserit sibi deberi pro reditu hujusmodi et applicatione memorata. Volumus etiam et concedimus, quod a prædicto Domino Archiepiscopo aliquibusve de suis, pro eorum applicatione, reditu, vel reversione per portus vel terram dicti Domini Comitis nil amplius exigatur vel solvatur, set quod eidem Domino Archiepiscopo et suis, tam pro sua applicatione suoque reditu et suorum, quam etiam pro rebus et bonis aliisque sibi et suis necessariis transvehendis, quamdiu ipsum Dominum Archiepiscopum Ecclesiæ Christi Cantuariensi præsidere contigerit, absque ulteriori exactione, seu demanda, aut molestia præfato Domino Archiepiscopo ipsiusve familiaribus facienda vel inferenda, quotiens et quando sibi et suis placuerit ad terram vel portus dicti Comitis, ut præmittitur, applicare, aut per ejusdem terram vel portus redire aut reverti, liber pateat aditus et accessus. In cujus rei testimonium sigilla nostra, una cum sigillo Communitatis Wyssandiæ, præsentibus est[1] appensa. Data anno Domini M°CCC° sexto, feria quarta post octabas Paschæ.

<small>19 May 1312.
I. 365 b.</small>

52.—Obligatio Comitum Pembrokiæ et Warennæ et Henrici de Perci pro captione Petri de Gavaston in Castello de Scardeburgh.

<small>The agreement by which the Earls of Pembroke and Warenne and the Lord Henry</small>

A touz ceaux qi cestes lettres verront ou orront, Monsire Aimar de Valence Counte de Pembroke Seignur de Weiseford et de Mountinake, et Monsire Johan Counte de Garenne et de Surrie, et Monsire Henri de Perci, saluz en Dieu. Nous fesons assaver, qe, le Vendredi le disme jour de Maii, acovent il a Scardebourgh entre nous et touz les autres bones gentz qi

---

[1] *sunt*, MS.

51.—DE FILIIS NATIVORUM ORDINATIS ABSQUE LICENTIA DOMINI SUI.

11 Dec. 1311.
I. 313 *b*.

Salutem. Si Johannes atte Welle fecerit vobis securitatem ad solvendum nobis x. solidos ad festum Paschæ proxime sequens, et Johannes le Hopperre dimidiam marcam ad eundem terminum, de fine pro contemptu et transgressione, quia prædictus Johannes atte Welle, Johannem et Willelmum filios suos, et prædictus Johannes le Hopperre, Johannem filium suum fecerunt et permiserunt ordinari ad primam tonsuram, absque licentia nostra speciali; et quod de cetero eosdem filios suos, vel alios si quos habuerint vel habere contingat, non permittent ad aliquos ordines promoveri, nisi petita prius a nobis licentia et obtenta; tunc terras et tenementa, quæ prædicti Johannes et Johannes de nobis ad voluntatem nostram nuper tenebant, et quæ in manum nostram occasione prædicta cepistis, eisdem deliberare faciatis, in forma prædicta ad voluntatem nostram tenenda; facientes de cetero in causa consimili id quod ad præsens prudenter et discrete fecistis, quoad terras et tenementa talium hominum nostrorum in manum nostram capienda. Valete. Datum Londoniis, die Sabbati ante festum Sanctæ Luciæ Virginis, anno regni Regis Edwardi quinto.

The Archbishop, or some other Lord of a Manor, copying closely the form of a King's writ, directs his bailiff to take security for payment of a fine from two bondmen who had caused their sons to receive holy orders, by which means they escaped from the class of Nativi.

52.

To all those who shall see or hear these letters, Sir **Aymer de Valence**, Earl of Pembroke, Lord of Wexford and of Mountinak, and Sir John Earl of Warenne and Surrey, and Sir Henry de Percy, greeting in God. We give you to know, that on Friday the tenth day of May, it was agreed at Scarborough, between us and all the other good men who were there on behalf of the Commons of the realm of England on the one part, and Sir Piers

APPENDIX.

Percy warrant the safety of Piers Gaveston after his surrender at Scarborough; promising to take him to the King, and, if final terms of agreement be not arranged, to replace him Scarborough Castle, in statu quo.

iloeques estoyent pur la Communalte du reaume Dengleterre de une part, a la requeste Monsire Pers de Gavaston dautre part; cest assaver, qe nous, ditz Countes et Barons et les bones gentz avant nomez, avoms enpris, par noz feis donez et jurez sur le corps Nostre Seignur, qe nous ameneroms et garderoms de totes maneres des damages, de nous et de noz et de totes autres maneres des gentz, lavantdit Monsire Pers de Gavaston, chivaller, al labbeie Nostre Dame de Everwyk, et iloeqes mousteroms a nostre Seignur le Roy en la presence le Counte de Lancastre, ou de tiel come le dit Counte se assentera, les parlaunces qe nous assentismes entre nous et lavantdit Sire Pers, issi qe si plese a nostre Seignur le Roy qe la parlaunce se tiegne tantqe la Goule Daugst, issint qe en cel temps puisse treter ove les Ercevesqes, Evesqes, Countes, et Barons, et les autres bones gentz de la terre, bien soit, et demoerge en nostre garde entre si et le jour avant nomee sur meisme la seaurte avant nomee. Et si par aventure au dit nostre Seignur le Roy ne a lavantdit Monsire Pers les choses dessusdites ne plesent, qe nous Monsire Aimar de Valence Counte de Pembrok, et nous Monsire Johan Counte Garenne, et Monsire Henri de Perci, et les autres bones gentz qi laa furent, remettroms lavantdit Monsire Pers arere en le Chastel de Scardebourgh, sein et sauf et sanz damage aver de son corps, et sanz tote manere de fraude. Et qe le dit Chastel de Scardebourgh ne soit encreu, ne amenuse des vivres ne des vitailles ne des armures entresi et la Goule Daugst, parmi le dit Monsire Pers ne par nul des soens, ne en nulle manere, si avant come il purra destorber. Et qe ceaux qi demorront en le Chastel puissent prendre en la ville et aillours pur lur sustenance ceo qe busoigne lur soit, payantz lur deners pur la journoye. Et si ensi soit qe, par maladie einz qe il avyngne, qe les gentz qi en le dit Chastel sount[1] ne voisent retorner, grantoms et voloms qe il puisse mener ovesqe luy qi qe ly plerra, tant qe al nombre des gentz qe au jour furent en le Chastel qe la parlaunce feust faite. De touz ceaux choses bien et loialment faire, garder, et maintener, avoms jurez sur le cors Nostre Seignur et sur sainctes Ewangels; et si il avynt, qe Dieu defende, qe nous allassoms contre nul des points avantditz, nous nous obligoms daver forfet devers nostre Seignur le Roi quant qe nous pooms forfaire, pur nous et pur noz heirs. Et ovesqe ceo, pur totes choses avantditz afermer, si il avent en autre manere en nul point qe cest escrit ne purporte, nous nous conissoms estre tenuz, de cest jour en avant, a faus et desleals en totes Courts, et qe james ne soyoms

---

[1] *furent?*

APPENDIX. 391

de Gaveston, at his request, on the other part; that is to say:
we the said Counts, and Barons, and the good men aforesaid
have undertaken, by pledging our faith and by swearing upon
the body of Our Lord, that we will conduct the aforesaid Sir
Piers de Gaveston, Knight, to the Abbey of St. Mary at York,
and that we will protect him from all kinds of injury, at the
hands of ourselves, of our people, and of all others, and then
we will explain to our Lord the King, in the presence of the
Earl of Lancaster, or of some person to whom the said Earl shall
agree, the terms that we have agreed upon, between ourselves
and the aforesaid Sir Piers, so that, if the King be willing, the
terms may hold good until the first day of August, in order that
in the meantime, that he may be able to treat with the Archbishops, Bishops, Earls, and Barons, and the other good men of
the land, so let it be and let him remain under our protection in the
interval between the present time and the above-named day,
upon the same above-named surety. And if it happen that the
aforesaid terms do not please the said King or the aforesaid Sir
Piers, we, the aforesaid Sir Aymer de Valence Earl of Pembroke,
and we Sir John Earl of Warenne, and Sir Henry de Percy, and
the other good men who were there present will replace the
aforesaid Sir Piers back again the Castle of Scarborough, sound
and safe and without his having sustained injury to his person,
and without any kind of deceit. And the said Castle of Scarborough shall not be strengthened, nor munitioned with provisions
nor victuals nor ammunition between this day and the first day
August, by the procuring of the said Sir Piers, nor by any of his
people, nor in any other manner, as far as he may be able to
prevent it. And those who remain within the Castle shall be
allowed to procure, in the town and elsewhere, whatever they
require for their maintenance, paying ready money from day to
day. And if it so happen that by mischance it occur, that the
garrison who are now (were then?) in the Castle are not willing
to return, we grant and consent that he shall take with him
whomsoever he pleases, up to the number of those who were in
the castle on the day that these terms were made. For the
doing, keeping, and maintaining of these things, truly and
loyally, we have sworn on the body of Our Lord and on the
Holy Gospels; and if it occur, which God forbid, that we go
counter to any of the points above rehearsed, then we pledge
ourselves and our heirs to make forfeit to our Lord the King of
all that we are capable of forfeiting. And moreover, in order to
confirm all the aforesaid, if anything occur in any point different
from what this writing implies, we acknowledge ourselves subject from that day forth to be held as false and disloyal in all

creu de rien qe nous dyoms. Et auxi promettoms qe nous ne nul des noz ne gaiteroms au Chastel nostre Seignur le Roy de Scardebourgh mal ne damage, entre si et le jour avantdit, ne a nul qi leinz soit. Et lavantdit Monsire Pers promette, sur bone fey et bone leaute et sanz fraude, qe nul point ne procur(er)a sur les points entre eaux parle devers le Roy ne devers les soens, fors qe solunc les points avant nomez et convenables. En tesmoignance de ceste chose avoms mis entrechangablement noz seals. Donez a Scardebourgh, le xixme jour de Maii, lan quint.

---

3 Sept. 1314.

I. 336 a.

53.—Prohibitio Domini Edwardi Regis filii Regis Edwardi facta Archiepiscopo Eborum pro Archiepiscopo Cantuariensi de bajulatione crucis suæ in provincia Eborum.

The King requires the Archbishop of York to allow the Archbishop of Canterbury to pass through the Northern province on his way to parliament at York; giving him to understand that he will be held responsible for any molestation of the Southern Archbishop.

Edwardus, etc. Willelmo eadem gratia Archiepiscopo Eborum, Angliæ Primati, salutem. Cum pro diversis arduis et urgentissimis negotiis, tangentibus nos et statum regni nostri, et præcipue marchiam dicti regni versus Scotiam, ac salvationem populi ejusdem marchiæ, qui per hostiles aggressus Scotorum, inimicorum et rebellium nostrorum, dampna innumera sustinent hiis diebus, parliamentum nostrum apud Eboracum, infra provinciam vestram Eboracensem, in crastino instantis festi Nativitatis Beatæ Mariæ Virginis mandavimus summoneri, et ad idem parliamentum Venerabiles patres Walterum Archiepiscopum Cantuariensem, etc. et Episcopos provinciæ suæ Cantuariensis, ipsius Archiepiscopi suffraganeos, prout moris est, fecimus evocari; jamque intelleximus quod, occasione dissentionum inter prædecessores ipsius Archiepiscopi Cantuariensis et vestros super bajulatione crucis utriusque ipsorum in alterius provincia, abolim subortarum et nondum sedatarum, ad impediendum præfatum Archiepiscopum Cantuariensem, ad prædictum parliamentum nostrum de mandato nostro sic venientem, super bajulatione crucis suæ et aliis, infra dictam provinciam vestram Eboracensem diversas insidias præparastis, et in subditos vestros, memorato Archiepiscopo Cantuariensi infra dictam provinciam vestram obedientes aut quomodolibet reverentes, graves censuras ecclesiasticas fulminastis, unde non immerito conturbamur; nos, considerantes quod negotia prædicta in dicto parliamento

APPENDIX. 393

Courts, and not to be believed in anything we may say. And we also promise that neither we nor any of our men will spoil by injury or damage the castle of our Lord the King at Scarborough, nor any one within it, between the present day and the day aforesaid. And the aforesaid Sir Piers promises in good faith and loyalty and without any deceit, that he will nothing procure from the King nor from those about him in the matters in question, except only the points above named and the like. In witness, &c. Given at Scarborough the 19th day of May, in (the King's) fifth year.

---

tractanda sine præsentia præfati Archiepiscopi Cantuariensis et suffraganeorum suorum prædictorum, qui in absentia ipsius Archiepiscopi ad dictum parliamentum non accedent, ut intelleximus, non possint ad nostrum et regni nostri honorem et commodum pertractari; attendentes etiam dampna et pericula quæ, per hujusmodi impedimenta eidem Archiepiscopo Cantuariensi, super bajulatione crucis suæ infra dictam provinciam vestram aut aliis, inferenda, quod absit, nobis et regno nostro in dicto parliamento nostro super dictis negotiis poterunt evenire; vobis mandamus, sub forisfactura omnium quæ nobis forisfacere poteritis, firmiter injungentes, quod prænominato Archiepiscopo Cantuariensi aut ejus familiæ, in veniendo ad dictum parliamentum nostrum, ibidem morando, et exinde redeundo, super bajulatione crucis ipsius Archiepiscopi vel aliis quibuscumque, non inferatis, nec per alios fieri procuretis, dampnum, impedimentum aliquod, seu gravamen, excommunicationis, suspensionis, vel interdicti sententias, si quas fulminaveritis ex hac causa, interim revocantes. Scientes pro certo, quod si prædicto Archiepiscopo Cantuariensi vel suis, ex causis præviis, fuerit aliqua angustia irrogata, præsumetur vos inde immunes non fuisse; per quod contra vos possemus, quod non vellemus, provocari. Jus enim præfati Archiepiscopi, et vestrum, ac Ecclesiarum vestrarum in præmissis, quatenus ad nos inde attinet, integrum et illæsum in omnibus volumus conservari. Quid autem in præmissis duxeritis faciendum nobis sine dilatione aliqua rescribatis per præsentium portitorem. Teste, etc. apud Eboracum, tertio die Septembris anno regni nostri octavo.

394   APPENDIX.

4 Sept.
1314.
I. 336 b.

54.—LITTERA DIRECTA PER REGEM DOMINO COMITI LANCASTRIÆ
PRO EADEM.

The King requests the Earl of Lancaster to allow the Archbishop of Canterbury, for his greater security, to travel to York in his company.

Edward, etc. A nostre cher cosin et foial Monsire Thomas Counte de Lancastre, saluz. Treschier cosin, nous avoms aparler et traiter en cesti nostre proschein parlement de diverses et grosses bosoignes tochantes lestat de nostre terre Descoce, et de ordiner remedie contre noz enemys Descoce, qi fount de jour en autre homicidies, roberies, arzouns, et touts autres mauz quil poent a nous et a noz, ne mie soulement en nostre dite terre Descoce, mes deinz nostre terre Dengleterre; sur quey il nous bosoigne aver counseil et avisement, ausi bien des prelatz come dautres grauntz de nostre roialme, sicome bien savez. Et nous avoms entenduz, qe aucunes gentz vient faire despit al honourable pere en Dieu Lercevesqe de Canterbire, de qi counseil et avisement nous fioms especialement en celes bosoignes, en venant a nostre dit parlement, pur le debat qe est entre lui et le dit Ercevesqe de Everwyk sur le portement de lur croyz, la quele chose nous harioms mult qe il avenist, desicome il vent a nostre maundement et pur commun profit. Et nous entendoms qe les autres prelatz de la province de Canterbire, ses suffragans, eschevererent de y venier si ceo avenist, qe Dieu defende, en grant desturbance et arerisement de noz bosoignes desusdites, et a grant damage de nous et de nostre roialme. Et pur ceo qe nous desiroms enterement de quer le bon espleyt de noz dites bosoignes, vous prioms, trescher Cosin, especialement, et sicome nous nous fioms de vous, qe le dit Ercevesqe de Canterbire voillez, pur lamour de nous, recevyre en vostre compaignie, et sauvement condure a nous a nostre dit parlement a Everwyk; issint qe mal, moleste, ne despit, ne soit fait a lui, ne a sa croyz, ne a nul des soens, par quei les dites bosoignes puissent estre detourbez. Et ceste bosoigne voillez faire, et aver a quer si chier come vous nous amez, et qe nous puissoms apercever la enter affeccion qe vous avez a nous et a bon espleyt de noz bosoignes avantdites. Et ceo qe vous envodriez faire, nous voillez faire assavoir hastivement, par voz lettres et par le portour de cestes. Donez sus nostre prive seal a Everwyk, le quarte jour de Septembre, lan de nostre regne oytisme.

4 Sept.
1314.
I. 337 a.

55.—LITTERA DIRECTA PER REGEM COMITI GARENNÆ PRO EADEM.

The Earl of Warenne is

Edward, etc. a Counte de Garenne, salutz. Treschier Cosin, nous vous enveyoms noz lettres sus nostre grant seal,

54.

Edward, &c. To our dear and loyal cousin Sir Thomas Earl of Lancaster, greeting. Very dear cousin, we have, as well you know, in this our coming parliament to debate and discuss divers and great matters touching the state of our land of Scotland, and to devise some relief against our Scottish enemies, who from day to day perpetrate homicides, robberies, fire-raisings, and all manner of other ills that they can against us, not only in our said land of Scotland but in our own land of England; on which subject it behoves us to have counsel and advice both from the prelates and from the other nobles of our realm. And we have heard that certain persons intend to insult our honourable Father-in-God the Archbishop of Canterbury (to whose counsel and advice we especially trust in these matters) as he comes to our said parliament, upon pretext of the dispute which there is between him and the (said) Archbishop of York in the matter of the displaying of their crosses, for the happening of which thing we have great dread, seeing that he is coming by our command and for the common profit. Also we understand that the other prelates of the province of Canterbury, his suffragans, hesitate to come there if that so happen (which God forbid) to the great disturbance and hindrance of our above said affairs, and to the heavy damage of us and our realm. Now, whereas we desire with our whole heart the successful accomplishment of our said affairs, we specially pray you, very dear Cousin, as our trust is in you, that you will, for love of us, be pleased to receive the said Archbishop of Canterbury into your company, and safely conduct him to us in our said parliament at York, so that no injury, molestation, or insult, may be done to him, or to his cross, or to any of his train, by which the said affairs may be hindered. And this duty be pleased to undertake, having it at heart as you love us, so that we may be able to feel the thorough good will which you have for us and for the completion of our said affairs. And certify us speedily by your letters, and by the bearer of these, what you propose to do in this matter. Given &c., the fourth day of September in the eight year of our reign.

55.

Edward &c., to the Earl Warenne Greeting. Well-beloved Cousin, we send to you our letters under our great seal, con-

396   APPENDIX.

required to abstain from all acts hostile to the Archbishop of Canterbury on his way to York.

tochantes la busoigne qe est entre les Ercevesqes de Canterbire et de Everwyk sur le portement de leur croyz, et vous prioms, treschier Cosin, et chargoms, sicom nous nous fioms especialement de vous, qe, entendues noz lettres, ne voillez faire, ne par vous ne par voz, au dit Ercevesqe de Canterbire, ne a sa croiz, ne a nul de soens, mal, ne moleste, ne despit, en venant envers nostre parlement, illoeqes demorrant, ne de illoeqes retornant, ne ne soeffret(z) qe par autre lui soit fait, si avant come vous puissez defendre et bon counseil mettre, pur lamour de nous; qar nous harioms moult qe despit lui fuit fait, desicome il vent par nostre comandement et pur commun profit, et qe noz busoignes qe serront traitees en dit parlement, qe sount grossez et chargantes, et les queux nous touchent tendrement au coer, fussent empechees ou destourbez, qe Dieu defende. Et ceo qe vous envodriez faire, etc. Donez sour nostre prive seal, etc. le iiij. jour de Septembre, etc.

---

8 Nov. 1315.

56.—BREVE DOMINI REGIS DE EXILIO FRATRIS ALEXANDRI DE SANDWYCO.

I. 429 a.

The King advises the Prior to transport A. de Sandwich, a defaulting monk of Christ Church, to some other House of the Benedictine Order.

Rex, etc. dilectis sibi in Christo Priori et Conventui Ecclesiæ Christi Cantuariensis, salutem. Quia ex fidedignorum relatione didicimus, quod Frater Alexander de Sandwico, commonachus vester, dum nuper in quodam officio in eodem Monasterio præpositus fuerat, bona ejusdem Domus diversimode dissipavit, ea parentibus et cognatis suis, contra professionis suæ debitum, donando, et aliter diversimode dissipando; jamque, pro eo quod, juxta suorum exigentiam meritorum, ab eodem officio amotus fuit, spiritu nequitiæ agitatus, quietem et tranquillitatem confratrum et commonachorum ejusdem Domus satagens pro viribus perturbare, contentiones, scismata, et divisiones inter vos suscitare et seminare de die in diem non desistit; in tantum quod nisi ipsius elatio coherceatur per severitatis debitæ ultionem, varia dispendia et pericula eidem Ecclesiæ timentur verisimiliter evenire. Nos, considerantes devotionem quam progenitores nostri, ejusdem Ecclesiæ fundatores, ad eam optinebant, eo præcipue quod [tam] ipsi progenitores nostri quam nos unctionem regiæ dignitatis ab eadem Ecclesia dignoscimur recipisse, ac desiderantes eo propensius ipsius Ecclesiæ utilitati prospicere et quieti; vos rogamus obnixe quatinus, pensata utilitate Ecclesiæ prælibatæ, præfatum Alexandrum, ne religionis observantiam in dicto loco aut confratrum suorum quietudinem amplius inquietet, ad

APPENDIX. 397

cerning the matter which there is between the Archbishops of York and Canterbury about the displaying of their crosses, and we pray you, very dear Cousin, and we charge you as our especial trust is in you, that you having understood our letters. will not desire, by yourself or by any of your men, to do any injury, or molestation, or insult to the said Archbishop, or to his cross, or to any of his people, whilst he is coming to our parliament, abiding there, or returning thence, and that you will not suffer the same to be done to him by others so far as you can prevent it and can contrive, for love of us ; for we much dread that injury should be done to him, seeing that he is coming by our command, and for the common profit, and that the affairs which will be discussed in the said parliament, which are great and weighty and which we have much at heart, would be hindered or confounded, which God forbid. And what you intend to do in this matter &c. Given under our privy seal &c. the fourth day of September &c.

---

aliquem locum alium ejusdem Ordinis, ubi vestra discretio, præmissis diligenter consideratis, melius fore prospexerit faciendum, transmittatis; prout venerabilis pater Walterus Cantuariensis Archiepiscopus, cui super hoc dirigimus nostras litteras speciales, vobis ex parte nostra intimabit; et eidem patri in hac parte assistatis auxiliis et consiliis oportunis. Et quid inde duxeritis faciendum, nobis, citra proximum parliamentum nostrum, per vestras litteras constare faciatis. Teste meipso apud Clipston, viij^{to} die Novembris, anno regni nostri nono. Per ipsum regem.

57.—Breve Regis de quadraginta hominibus armatis de Civitate Cantuaria mittendis in auxilium Domini Regis contra Scotos, anno Domini M°CCC°XVIIJ^{vo}.

12 Aug. 1318.

I. 356 a.

Rex Majori, Ballivis, Probis-hominibus, et toti Communitati Civitatis suæ Cantuariæ, salutem. Quia ad refrenandum Scotorum inimicorum et rebellium nostrorum induratam malitiam, qui occupationibus et devastationibus castrorum et villarum in terra nostra Scotiæ, necnon homicidiis, deprædationibus, incendiis, et aliis malis innumeriis, per ipsos in eadem terra ante hæc tempora perpetratis, nullatenus satiati, fines regni nostri Angliæ postmodum ingenti armatorum multitudine, pluribus vicibus, hostiliter ingressi, castra nostra et fidelium nostrorum occuparunt, et occupata tenent : et consimilia flagitia et majora

The King requires the City of Canterbury to furnish him with 40 footmen properly armed, to serve in his expedition against the Scots, for forty days.

prioribus inhumaniter perpetrantes, jam ultimo castra infra idem regnum nostrum obsiderunt; de communi consilio prælatorum, comitum, bonorum, et procerum dicti regni nostri, ordinavimus, et esse proponimus, dante Deo, apud Eboracum, die Dominica ante instans festum Beatæ Mariæ Virginis, cum equis et armis quanto potentius poterimus, ad proficiscendum ex inde contra dictos inimicos et rebelles nostros; dictique comites, barones (etc.) nos promiserunt se, cum toto posse suo, ad dictas partes nobiscum, sumptibus suis, per quadraginta dies, in subsidium expeditionis nostræ prædictæ, proficisci; nos, considerantes quod, pro tanta necessitate, fideles et subditos nostros ut in præmissis manus ponant adjutrices, decet requirere et rogare, et de vobis specialiter confidantes; vos affectuose requirimus, quod, ad præmissa considerationem debitam habentes, quadraginta peditos de validioribus et potentioribus civitatis illius, aketonis, haubergettis, bacinettis, et cirotecis ferreis armatos,

---

7 April (1319).
I. 361 *b*.

Earl Thomas of Lancaster having been asked to use his influence in obtaining the canonization of Archbishop Winchelsey, requires the Convent to furnish him with particulars of the miracles worked through the Archbishop both during his life and after his death.

58.—LITTERA COMITIS LANCASTRIÆ PRO MIRACULIS DOMINI R(OBERTI) ARCHIEPISCOPI.

A gentz de honurable religion et noz chers amis, le Priour et Covent del Esglise de Canterbire, Thomas Conte de Lancastre et de Leycestre, Seneschal Dengleterre, saluz et cheres amisteez. Sires, nous vous prioms, come avant ces houres vous avoms prie, qe vous voillez tesmoigner, par voie notoire et par voz lettres patentes, queux miracles Dieux oevere pur Lercevesqe Robert de Canterbire qi darrein feust, et ad oevere pur ly, ausi bien en sa vie come apres sa mort, et les miracles qe pendent en escrit devant sa tombe. Et vous enveyoms, Sires, nostre ame clerk Mestre Rauf de Houghton, a qi, Sires, vous prioms qe vous voillez doner credence des choses qe il vous dirra de par nous touchantz la dite busoigne. Sires, nostre Seignur vous gard. Donez a nostre Chastel de Pountf(racte), le vij. jour Daveril.

---

14 Nov. 1319.
I. 364 *a*.

The Archbishop com-

59.—FORMA COMMISSIONIS DOMINI WALTERI ARCHIEPISCOPI FACTÆ LONDONIENSI ET CICESTRENSI EPISCOPIS, AD INQUIRENDUM DE VITA ET MIRACULIS DOMINI ROBERTI ARCHIEPISCOPI, PRÆDECESSORIS SUI.

Walterus Archiepiscopus, Venerabilibus fratribus Dominis Stephano et Johanni Dei gratia Londoniensi et Cicestrensi

APPENDIX. 399

in civitate prædicta eligi, et ad nos usque ad dictam civitatem Eboracum venire faciatis; ita quod sint ibidem die Dominica supradicta, sic armati, prompti, et apparati ad proficiscendum ex inde, sumptibus vestris, per quadraginta dies contra inimicos nostros supradictos, ad ipsorum proterviam viriliter, cum Dei subsidio, conterendam. Et hoc sicut nos, et honorem nostrum, et salvationem regni nostri diligitis, nullo modo omittatis; volumus enim quod subsidium quod nobis in hac parte ad nostram requisitionem sic feceritis, vobis vel heredibus vestris non cedat in præjudicium, nec trahatur in consequentiam in futurum, injunximus (itaque) Venerabili Patri Johanni Elyensi Episcopo, Cancellario nostro quod litteras sub magno sigillo nostro de indempnitate vobis inde fieri faciat, cum ex parte vestra inde fuerit requisitus. Teste meipso apud Nottingham xij° die Augusti anno regni nostri xij°.

58.

To the men of holy religion and our dear friends the Prior and Convent of the Church of Canterbury, Thomas Earl of Lancaster and Leicester, Lord Steward of England, greeting and close friendship. Sirs, we pray you, as we have formerly prayed you, that you will be pleased to testify, by a notarial act and by your letters patent, what miracles God is working for Robert the last Archbishop of Canterbury, and what he has worked for him, both during his life and after his death, and also (report) the miracles which, described in writing, hang in front of his tomb. Also we send to you our beloved clerk Master Ralph de Houghton, to whom, Sirs, we pray that you will be pleased to give credence in such matters as he shall say to you on our behalf concerning the said business. Sirs, may our Lord keep you. Given at our Castle of Pontefract, the 7th day of April.

Episcopis, salutem et fraternam in Domino caritatem. Fraternitatem vestram latere non credimus, qualiter vir nobilis et generosus Dominus Thomas Comes Lancastriæ, intentionis suæ devote dirigens apicem ad superna varia miraculorum insignia, quæ sanctæ memoriæ Roberti, nuper Cantuariensis Archiepiscopi, meritorum optentu, fama, ultra naturæ potentiam, hiis diebus evenisse prædicat et divulgat, Domino nostro Summo

missions the Bishops of London and Chichester to enquire into the reputed miracles of his predecessor Robert Win-

Pontifici fecit nunciari; humiliter supplicando, quatenus ne tantæ lucernæ claritas sub modio lateat, sed potius tanta sanctitas, divinis operationibus cœlitus comprobata, humanis laudibus in terris devotius excolatur, apostolica dignaretur auctoritas tam sanctum virum in Ecclesia triumphanti Sanctorum agmini, ut firmiter creditur, conjunctum, in militanti Ecclesia inter Sanctos statuere venerandum. Ipsius vero Domini Comitis litteris accepimus, apostolica inter cetera super hoc continere responsa: quod hujusmodi negotium, per prælatorum et regni procerum insinuationem Sedi Apostolicæ faciendam vitæ et famæ viri de quo agitur, ac miracula quæ evenisse dicuntur expositionem, continens, cum petitione congrua, convenit expedire. Quamobrem idem Dominus Comes nos multipliciter excitavit, ut quæ nobis super hiis, secundum Deum, expedientia viderentur, quatenus possemus, viis commodis favorabiliter curaremus explere. Quanquam igitur ipsius viri morum honestas, vitæ sanctitas, et fama[1] laudabilis Angliæ regnicolis sint quodammodo satis notæ; ut tamen[2] super hoc instructio plenior et planior, quatenus opus fuerit, haberi valeat temporibus profuturis, fraternitatem vestram affectuose requirimus et hortamur in Domino, deprecantes quatinus, tam in vestris quam in nostra diœcesibus, super ipsius viri vita, fama, moribus, et miraculis quæ ipsius meritorum optentu evenisse dicuntur, per viros fidedignos et famosos, per quos præmissorum veritas melius investigari valeat, diligentius inquiratis; et quæ inveneritis ad rem pertinentia scripturis autenticis plene et plane faciatis per omnia commendari. Nos enim, quominus præmissis ad præsens intendere valeamus, ex causa legitima (vobis nota), hiis temporibus præpediti, vobis et utrique vestrum, conjunctim et divisim, quatenus ad nos attinet, vices nostras committimus per præsentes, cum cohercionis canonicæ potestate. In cujus rei, etc. Data apud Harlyng, xviij°, Kalendas Decembris, anno Domini M°CCC°XIX^no.

60. — BULLA SUPER CANONIZATIONE DOMINI ROBERTI CANTUARIENSIS ARCHIEPISCOPI MISSA DOMINO THOMÆ COMITI LANCASTRIÆ.

Johannes Episcopus, servus servorum, etc. dilecto filio Thomæ Comiti Lancastriæ, etc. Porro circa id quod de canonizatione sanctæ memoriæ Roberti nuper Cantuariensis Archiepiscopi supplicasti, scire te volumus, quod Romana Mater Ecclesia non consuevit, super tanta causa præsertim, præcipitanter aliquid

---

[1] *famæ*, MS.   [2] *cu*, MS.

APPENDIX. 401

agere, quinpotius tale negotium sollempnis examinationis indagine ponderare. Propter quod, si negotium istud credideris promovendum, oportet quod illud coram fratribus nostris in consistorio, per sollempnes personas, ex parte prælatorum, cleri, et populi Anglicani vitam merita atque miracula ipsius Archiepiscopi attestantium, specialiter destinatas, sollempniter proponatur, supplicatione subjuncta; ut inquisitio hujusmodi, 'de vita mirabili, miraculis etiam, et meritis gloriosis, personis idoneis committatur; ut juxta exitum inquisitionis ipsius canonizatio fieri debeat vel omitti. Dat., etc.

Winchelsey that the procedure is not as rapid and as simple as he expects.

61.—LITTERA DOMINI WALTERI ARCHIEPISCOPI ET SUFFRAGANEORUM SUORUM, PRO CANONIZATIONE BONÆ MEMORIÆ ROBERTI QUONDAM CANTUARIENSIS ARCHIEPISCOPI, MENSE MARTII, ANNO DOMINI M°CCCXXVI^{to} FINIENTE.

March 1326.

f. 118 b.

Sanctissimo patri, etc. devotus suus Walterus Archiepiscopus Cantuariensis et suffraganei ejusdem provinciæ, etc. Summi Regis ineffabilis prudentiæ celsitudo nullis valens ambiri limitibus aut terminis comprehendi, etsi cunctos in ipsa catholice obdormientes cœlestis beatitudinis commilitones afficiat, et præmiorum uberiori retributione immarcessibilium æternæ gloriæ prosequitur, illos tamen, convenienti censura judicii, altioribus decorat honoribus, et potioribus attollit insigniis dignitatum, quos sui majestatis essentia digniores esse cognoscit, quosque commendat ingenior excellentia meritorum. Quo Sacrosancta Sedes Apostolica exemplo ducta laudabili, ipsum venerando Sanctorum cathologo decrevit æternaliter ascribendum, quem magnitudo factorum in terris sublimatum esse testatur in cœlis, ut in ipso Christus in Ecclesia laudibus veneretur assiduis, qui in Sanctis suis semper est laudabilis ac etiam gloriosus. Idcirco, Pater Sanctissime, nos clamor cogit validus, tam humilium quam sublimium regni Angliæ personarum, quinimmo ipsa caritas nos compellit, in notitiam vestræ Sanctitatis recolendæ memoriæ Domini Roberti de Wynch(elsey) nuper Cantuariensis Archiepiscopi vitæ insignia deducere, ad quod eo ferventius afficimur, quo celebris memoriæ Thomas nuper Comes Lancastriæ, adhuc rebus degens in humanis, vestræ beatitudini super hoc scripsisse legitur, ipsius mores,[1] vitam, et conversationem vestræ Sanctitati studiose recommendando. Animadvertere itaque dignetur vestra sancta Paternitas, quod dictus Robertus totam

Archbishop Walter Raynold asks the Pope to assent to the canonization of Archbishop Winchelsey; supplying him at the same time with an account of the miracles worked by the Archbishop and his remains. These latter, written in a separate schedule, are not copied into the register.

---
[1] *moribus*, MS.

U 55671.   C C

juvenilem ætatem in liberalium artium facultatibus transcurrens in hiis eminenter imbutum se reddidit, et exinde Sacræ Theologiæ adhæsit jugiter disciplinæ, et sic tandem, innocentiæ Scolaris et Magister, Cantuariensem Sedem ascendit Archiepiscopalem, totoque tempore suo ministerium sibi creditum fideliter ac studiose complevit; et circa morum honestatem diligenter intentus, et in divinis officiis jugiter devotus existens, sibi ipsi vitæ sanctitate multipliciter proficere, aliosque prædicationibus, exemplis variis, pariter et doctrinis indies instruere salubriter satagebat; quo, exemplum illius imitatus qui querelas populi. tabernaculum ingressus, ad divinam referebat stateram, gestans in manibus lanes æquo appendebat libamine, et solum Deum habendo præ oculis, sine delectu[1] quocumque, justos et pauperes supportavit; quo, quot adversitates, quot tribulationes, quot anxietates et angustias, pro juribus, et libertatibus Ecclesiæ conservandis, idem perpessus fuerat, satis notum extitit ac divulgatum; nam, ut verum fateamur, tuendo statum Ecclesiæ et libertatem, captis suis facultatibus, et clericis suis et familia dispersis, pedes incedere compellebatur, quasi solus miserabiliter mendicando; et consequenter extra regnum Angliæ relegatus, ac prædiis suis et possessionibus confiscatis, omnia constanter sustinuit, et jura Ecclesiæ suæ illibata conservavit; ita quod nichil aliud arbitramur sibi de vero martyrio defuisse, nisi quod prudentia, fides, et sapientia illustrissimi Regis Edwardi, sub cujus alis Ecclesiam erexit, hujusmodi atrocitati censuit esse cedendum. Ante aciem igitur oculorum Vestræ Sanctitatis hiis vitæ suæ compendiose expositis, quædam miracula, quæ inter alia innumerabilia pro ipso operatus est Altissimus, vestri dignissimi Apostolatus culmini humiliter duximus præsentare; vestræ Sanctitati, flexis genibus, humiliter supplicantes, ut ex hiis, si libeat, aliquali informatione recepta, vestræ Beatitudinis circumspecta discretio, actibus intenta salubribus, et operibus expositis pietatis, æstimet, diffiniat, ordinet, et jubeat quid ulterius in hoc casu fuerit faciendum; ad Divini Nominis honorem et gloriam, fideique catholicæ exaltationem optatam.

---

3 July 1321.
I. 369.

The Earl of Kent, Con-

62.—DE CUSTODIA COMITATUS KANCLÆ TEMPORE TURBATIONIS REGNI ANNO REGNI REGIS E(DWARDI) XIIIJ°.

Edmundus de Wodestok, illustris Regis Angliæ filius, Custos castri Dovoriæ, Quinque Portuum, et Comitatus Kanciæ, Vice-

---

[1] *deletu.* This allusion is probably to Numb. xvii.

APPENDIX. 403

comiti Kanciæ, salutem. Mandatum Domini Regis in hæc
verba recepi. "Edwardus Dei gratia Rex Angliæ, etc. dilecto
" et fideli suo Edmundo de Wodestok, fratri nostro carissimo,
" salutem. De fidelitatis vestræ constantia plenam fiduciam
" optinentes, pro securiori custodia et conservatione pacis nostræ
" in Comitatu Kanciæ, vos Custodem ejusdem Comitatus,
" quamdiu nobis placuerit, constituimus per præsentes; vobis
" mandantes, firmiter injungendo, quod circa securam cus-
" todiam Comitatus prædicti omnem diligentiam quam pote-
" ritis apponatis, ita quod nobis aut hominibus partium illarum
" dampnum seu periculum non eveniat quoquo modo. In
" cujus rei, etc. Teste meipso apud Dovoriam, xvj^{mo} die Junii,
" anno regni nostri quarto-decimo." Quare vobis mandamus
quod Abbates, Priores, Barones, Milites, Majores et Ballivos
villarum, libere tenentes, et omnes alios de Communitate Comitatus prædicti præmunire faciatis, quod sint coram nobis apud
Cantuariam, die Jovis proximo futuro, audituri et facturi quod
eis ex parte Domini Regis plenius injungemus. Et hoc nullo
modo omittatis. Data apud Dovoriam, tertio die Julii, anno
supradicto.

stable of Dover Castle, and Lord Warden of the Cinque Ports, reciting the King's commission by which he is appointed Keeper of the King's peace in the County of Kent, requires the Sheriff of Kent to call a meeting of the chief men of the County, to arrange for the security of the County.

63.—BREVE DE RESISTENTIA FACTA DOMINÆ ISABELLÆ REGINÆ AN-
GLIÆ AD CASTRUM DE LEDES, ANNO DOMINI M°CCCXXI^{mo}.

16 Oct. 1321.

I. 370 b.

Rex Vicecomiti Kanciæ, salutem. Cum, pro inobedientia
et contemptu quos aliqui familiares Bartholomei de Badelsmere, et alii ex ejus præcepto, in Castro de Ledes in Comitatu
tuo se tenentes, Isabellæ Reginæ Angliæ, Consorti nostræ
carissimæ, fecerunt, ingressum prædicti Castri prædictæ Consorti nostræ negando, et ipsam quominus dictum Castrum ingredi potuit vi armata impediendo, quod idem Bartholomeus,
per litteras suas præfatæ Consorti nostræ postmodum directas,
ex sua scientia fuisse factum manifeste approbavit, qui quidem
familiares dicti Bartholomei postea quosdam homines de familia
ejusdem Consortis nostræ nequiter interfecerunt ibidem, et alia,
in nostri et dictæ Consortis nostræ contemptum et læsionem
pacis nostræ manifestam, multipliciter perpetrarunt, corrigendis,
prout decet, et puniendis, ad Castrum illud nos personaliter,
una cum dilectis consanguineis et fidelibus nostris Adomaro de
Valencia Pembrokiæ, et Johanne de Britannia Richemundiæ
Comitibus, et pluribus aliis Comitibus et magnatibus regni
nostri, transferre proponamus; tibi præcipimus, firmiter injungentes, quod, in singulis locis in ballivia tua, ubi expedire
videris, facias ex parte nostra publice proclamari, quod non
causa guerræ seu turbationis in regno movendi, sed pro dictis
inobedientia et contemptu et aliis excessibus corrigendis et

The King requires the Sheriff of Kent to take measures for punishing Bartholomew de Badlesmere and others who have refused to admit the Queen to Ledes Castle.

C C 2

puniendis, prout decet, versus dictum Castrum dirigimus gressus nostras. Facias etiam in locis præadictis similiter publicari, et ex parte nostra firmiter inhiberi, ne quis sub forisfactura omnium quæ nobis forisfacere poterit, in læsionem pacis nostræ aut terrorem seu commotionem populi regni nostri quicquam attemptare præsumat quoquomodo, sed [1] quod quilibet, cujuscumque status existat, pro conservatione pacis nostræ ac tranquillitate et quiete regni et populi prædictorum, omnem diligentiam quam poterit apponat, et easdem pacem et tranquillitatem pro viribus manuteneat et conservet. Teste meipso apud Turrim Londoniensem, xvij" die Octobris, anno regni nostri xv^{mo}.

1321.
I. 372 a.

64. — COMMISSIO JUSTICIARIORUM AD AUDIENDUM ET TERMINANDUM QUERELAS ET TRANSGRESSIONES DOMINI B. DE BADELESMERE ET SIBI ADHÆRENTIUM PRO DETENTIONE CASTRI DE TONEBRUGG ET DE LEDES CONTRA VOLUNTATEM REGIS.

DE CASTRO DE TONEBRUGG.

The King appoints a Justice and three of the County Gentry to be Commissioners to enquire into the trespass of Badelsmere, and into his retention of Tunbridge Castle.

Rex dilectis et fidelibus suis Galfrido de Say, Edmundo de Passele, Willelmo de Den, et Henrico de Cobeham, salutem. Sciatis quod assignavimus vos et duos vestrum, quorum vos præfate Edmunde unum esse volumus, Justiciarios nostros, ad inquirendum, per sacramentum proborum et legalium hominum de Comitatu Kanciæ per quos rei veritas melius sciri poterit, de nominibus malefactorum et pacis nostræ perturbatorum, qui, de præcepto Bartholomei de Badelesmere, in Castro nostro de Tonebrugg nuper se tenentes, ingressum ejusdem Castri nobis et ministris nostris, per litteras nostras patentes ad dictum Castrum ad opus nostrum recipiendum et custodiendum missis, negarunt, et ministros nostros prædictos quominus dictum Castrum ingredi potuerunt vi armata inpediverunt, ipsos ibidem hostiliter debellando; et etiam qui congregationes et conventicula illicita in diversis locis Comitatus prædicti, necnon alligationes et confederationes, per sacramentum vel aliis modis ad invicem, contra inhibitionem nostram, fecerunt, in status nostri subversionem et regiæ dignitatis nostræ exheredationis periculum manifestum; necnon qui transgressiones vel dampna

---

1 Nov. 1326.
I. 414.

66.—JUDICIUM PROLATUM CONTRA H. DISPENSER FILIUM H. COMITIS WYNTONIÆ APUD HEREFORDIAM IN FESTO OMNIUM SANCTORUM ANNO DOMINI M°CCCXXVI^{to}.

Sir William Trussel's

Hughe le Despenser, en parlement nostre Seignur le Roy Edward de Carnervan qe ore est, tenu a Westmoustre, lan de

---

[1] *seu*, MS.

aliqua nobis, seu felonias aliquas in Comitatu prædicto, postquam regimen nostri regni suscepimus, unde punitio hactenus non est facta, perpetrarunt, in nostri contemptum, et contra pacem nostram; et de inobedientiis, contemptibus, feloniis, transgressionibus, et dampnis supradictis plenius veritatem, et ad inobedientias, contemptus. felonias, transgressiones, et dampna prædicta audiendos et terminandos, secundum legem et consuetudinem regni nostri; et ideo vobis mandamus, quod ad certos dies et loca, quos vos tres vel duo vestrum, quorum vos præfate Edmunde unum esse volumus, ad hoc provideritis, inquisitionem illam faciatis, et inobedientias, contemptus, felonias, transgressiones, et dampna prædicta audiatis et terminetis in forma prædicta; facturi inde quod ad justiciam pertinet, etc. In cujus rei, etc.

64 *a*.—DE CASTRO DE LEDES.

1321. I. 372 *b*. A similar commission relating to Ledes Castle.

65.—CARTA DOMINI H(ENRICI) PROAVI DOMINI REGIS EDWARDI TERTII SUPER AUXILIO AD UNUM PALFRIDUM FACIENDO PRIORI ECCLESIÆ CHRISTI TEMPORE NOVÆ CREATIONIS SUÆ.

20 Oct. 1265.

Cart. Ant. C. 40.

H. Dei gratia Rex Angliæ. etc. militibus, liberis hominibus, et omnibus aliis tenentibus de Prioratu Ecclesiæ Christi Cantuariensis, salutem. Cum, sicut intelleximus, ex consuetudine diutius optenta teneamini Priori Ecclesiæ prædictæ, tempore novæ creationis suæ, in singulis maneriis ad Prioratum illum spectantibus in quibus residetis, de quodam palefrido competenti providere, ac vos, ut accepimus, palefridum prædictum nunc Priori Ecclesiæ prædictæ, ex causa prædicta debitum, eidem contra justitiam detinueritis; nolentes per subtractionem palefridi prædicti Priori vel Ecclesiæ suæ futuris temporibus prejudicium generari, universitatem vestram monemus, quatenus Priori de palefrido prædicto, sicut retroactis temporibus fieri consuevit, taliter satisfieri faciatis, quod per detentionem ejusdem dedecus non incurratis, et quod per defectum vestri vos ad hoc compelli non oporteat. Teste meipso apud Cantuariam, xxx^{mo} die Octobris, anno regni nostri quinquagesimo.

King Henry III. warns the tenants of the Monastery of Christ Church that they ought to contribute towards the purchase of a palfrey for the newly created Prior, in accordance with a custom already ancient at the date of the writ.

66.

Hugh Despenser, in the parliament of our Lord Edward of Caernarvon, the King who now is, held at Westminster in the fifteenth year of his reign, by the consideration of the Prelates,

speech, delivered when he sentenced Hugh Despenser the Younger to death at Hereford.

son regne xv^mo, par examinement de Prelatz, Countes, et Barouns, et tote la Communalte del realme, fu noteriement trove, qe vostre piere et vous, Hugh, agarde[1] traytours et enimys du realme; pur quele cause, par le assent et le commaundement nostre seignur le Roi et tote le barnage, vostre piere et vous, Hugh, fustes exile du realme, saunz jaumes revenir, si ceo ne fust par lassent et counge nostre Seignur le Roi et des touz les barouns du realme, et ceo en pleyn parlement a ceo faire ducment somouns; countre quel garde et exil vostre piere et vous, Hugh, estez revenuz en realme, es estez trove en Court saunz garaunt. Et vous, Hugh, en retournant en realme, desrobastes felounousement dieux dromons de lor avoyr, a la value de sexaunte milles livres desterlings; et ceo a graunt deshonour de nostre Seignur le Roy, et de son realme, et a graunt peril des merchauntz qi repeirent sovent en estraunge pays. Apres ceste felonye par vous fait, vous, Hugh, aprochastes nostre Seignur le Roy, et luy faystes chivacher a fortement, as gentz des armes, sur les piers du realme et autres ces fealz liges, pur eux destruer et desheriter, encountre la Grante Chartre et les ordinaunces; et auxi chivachaunt a forte et az armes, pur pernaunt[2] real poer vous, Hugh, et vostre piere et vos adherauntz despoliastes[3] felounousement les bones gentz du realme, par Andreu de Hercla et autres traytours vos adherauntz faistez mordrir felounousement et maveysement le bon Counte de Hereford, Mounsire Willelm de Sullee, et Monsire Rogier de Berefeld, et prendre moun tres honurable Seignur le bon Counte de Lancastre (qi estoit cosin germeyn nostre Seignur le Roy et dues ces friers, uncle a tresnoble Roy de Fraunce et a sa suer Ma Dame la Reygne de Engleterre) si luy faistez faucement emprisoner et desrobber, et touz les soens, (et) en sale propre deinz son Chastiell, par vostre real poer qe aviez purpris sur nostre Seignur le Roy, luy faystes juger, et par un faux record encountre ley et reson et la Grante Chartre, et auxi, saunz respounz, le faistez martirir et mordrir de dure mort et pitouse. Et, cele malveyse creuaute faistes a si digne persone, ne vous ne pootz souler[4] de saunk cristiens despaundre; einz feistez en mesun cele jornee, pur mon dit Seigneur plus tourmentier, ces barouns ces chyvalurs (ces oyls veyauntz) trayner et pendre, et puys jugier a mort par cele faux record countre ley et resoun, et pendre pyteuousement saunz

---

[1] *furent agardes* was probably the phrase in the original speech.
[2] *purprenaunt*?
[3] *despobbastes*, MS.
[4] *sauler*, MS.

APPENDIX. 407

Earls, and Barons, and of all the Commonalty of the realm, it was found, as is well known, that your father and you, Hugh, were deemed traitors and enemies of the realm, and for that cause, by the assent and command of our Lord the King and all the Nobility, your father and you, Hugh, were banished from the kingdom, never to return except by the assent and leave of our Lord the King and of the nobles of the realm, granted in an open parliament duly summoned for the purpose; in opposition to which doom and banishment your father and you, Hugh, came back into the kingdom, and were unwarrantably found at the Court. Also yow, Hugh, at your coming back into the kingdom piratically despoiled two dromons of their cargo, to the value of sixty thousand pounds sterling, to the great dishonour of our Lord the King and of his kingdom, and to the great peril of the many merchants who resort often to foreign lands. This felony having been perpetrated by you, Hugh, you came to our Lord the King and caused him to assail by force of arms peers and others his faithful and liege people, in order to ruin and despoil them, contrary to Magna Charta and the Ordinances; and also thus assailing by force and arms, and usurping royal authority, you, Hugh, and your father and your adherents feloniously despoiled the good men of the land, by the hands of Andrew de Harcla and other traitors your accomplices, you feloniously and basely caused the good Earl of Hereford to be murdered, with Sir William Sullee, and Sir Roger de Berefeld, and my right honourable Lord the good Earl of Lancaster (who was cousin-german to our Lord the King and to his two brothers, uncle to the most noble the King of France and to his sister our Lady the Queen of England) to be captured, after which you procured that he, together with all his party, should be imprisoned and despoiled, and in his own hall within his castle, by the royal authority which you had usurped over our Lord the King, you caused him to be condemned upon a false charge, against law, and reason, and Magna Charta; and also with opportunity for defending himself, you caused him to be martyred and murdered by a painful and piteous death. And after this base cruelty was perpetrated on so worthy a person, you could not satiate yourself in the shedding of Christian blood, and so in the same house on the same day, in order the more to torment my said Lord, you caused his lords and his knights (under his very eyes), to be drawn and hanged,[1] and moreover be adjudged to death, by your false indictment, con-

---

[1] The order of the events narrated is here confused in the MS.

408   APPENDIX.

mercy; come Monsire Waryng de Lille, Monsire Willem Tochyt, Thomas Maudut, Monsire Henry de Bradebourne, Monsire Willem Cheyny, Monsire Willem le fis Willelm le joefne; a Everwyk Monsire de Clifford, le Seignur de Mounbray, Monsire Goscelyn de Devylle; a Caunterbire le Seignur de Badlesmere et Monsire Acelmon de Ascebournehamme; a Wyndesore Monsire Frauncey̆s de Aldham; a Loundres Monsire Henri Tes; a Gloucestre Monsire Jon Gyffard et Monsire Rogier de Elmabrugg; a Bristul Monsire Henri de Wyllyngtone et Monsire Henri Muntford; a Wynchel(sey) Monsire Thomas Colpeper; et plusurs grantz et autres feistes mettre en dur prison, pur les mourdrir sauns cause, pur coveytyse de lur teres; si come le Seignur le Mortimer et le Seignur le Mortimer le uncle, et le Seignur de Berkeleye, et Monsire Hugh de Audeleye le piere et le fitz. Les enfauntz de Hereford (qi feurent ovekes nostre Seignur le Roy et ses grandes dames) et femmes a dicez Seignurs et les enfauntz avietz tenutz en prison, enfami (?),[1] puis la mort de lor barouns, et les veue dames, come la Dame Barett' (qe vous enfuist pur grace avoyr) vous come la faistes de vos ribalds battre et debriser bras et jaumbes tout dispitousement, countre lordre de chivalerie et countre ley et resoun, pur quey la bone dame est tous jours affolee et perdue; et plusurs des icels aviez fait suyre la Court a pee, a grant poverte, saunz pite et saunz mercy, qi soleyent estre dames de grant honur, et toutz jours enussetz en si grant vilte tenuz, ne fust qe Dieux par sa misericorde envoya nostre bone Dame gratiouse (et) son fitz en terre et les bones gentz qe sunt venutz en aye, par qi le realme est suceurru. Hugh, apres ceste destruccioun du noble nostre lige Seignur et des autres gentz du realme, fauxement, dispitousement, et trayterousement pris et embracez real poer sur nostre Seignur le Roy, le menastez, luy et son poeple, en Escoce sur les enemys, ou vous, par vostre traytirouse mener, le faitez perdre plus de vint mille persones de seon puple, qe morerent piteousement par defaute, a grant deshonur et damage nostre Seignur le Roy et de tote son poeple, et saunz esployt faire [2] retornir; et en retornant vous, Hugh, vostre piere, et Robert de B., fauxement et traytirousement consaillastez nostre Seignur le Roy a lesser Ma Dame la Reigne en peril de seon corps en la priorie de Tynemue en Northumberland, en Marche de Guere, si enmenastes nostre Seignur le Roy eusi de laa tanqe a la More de Blathom, ou ces enimys Descoce, par

---

[1] This word is almost illegible in the MS.   [2] possibly *feistes* should be inserted here.

trary to law and reason, and to be hung miserably without pity; as for example Sir Waring de Lisle, Sir William Touchet, Thomas Manduit, Sir Henry de Bradbourne, Sir William Cheyney, Sir William the son of William the younger; at York, Lord de Clifford, Lord Mombray, Sir Joceline de Devylle; at Canterbury, Lord Badlesmere and Sir Acelmon de Ashburnham; at Windsor, Sir Francis Aldham; at London, Sir Henry Tes[1]; at Gloucester, Sir John Gyffard and Sir Roger Elmbridge; at Bristol, Sir Henry de Wyllyngtone and Sir Henry Montfort; at Winchelsea, Sir Thomas Colepeper; and many nobles and others you caused to be cast into close imprisonment, in order that you might slay them, without any cause but a coveting of their estates; as, for instance, Lord Mortimer, and his uncle Lord Mortimer, and Lord Berkeley, and Sir Hugh Audeley, both father and son. The children of the Earl of Hereford (who were with our Lord the King and his noble ladies), and the wives of these Lords and their children you have detained, famished (?) in prison since the deaths of their husbands, and the aged ladies such as the Lady Barett' (to whom you were bound to show grace) you have caused to be beaten and bruised by your rascals most piteously on the legs and arms, against the laws of knighthood and contrary to law and right, by means of which the excellent lady is for ever distracted and broken down; moreover many of these who were used to be ladies of great rank you have made to follow the Court on foot in great poverty, pitilessly and mercilessly, and you would have continued to keep them thus in extreme degradation, had not God sent into the land our good and gracious Lady and her son, and the good men who have come to aid, by whom the kingdom is saved. Hugh, after this ruin of our noble liege Lord and of these other people of the realm, having falsely, spitefully, and treasonably seized and retained sovereign authority over our Lord the King, you led him and his army into Scotland against the enemy, where, by your treasonable conduct you caused him to lose more than twenty thousand men of his army, who died pitifully through mismanagement, to the great dishonour and injury of our Lord the King and of all his subjects; then, having achieved nothing you brought him back, and returning, you, Hugh, and your father and Robert (Baldock) falsely and treacherously counselled our Lord the King to forsake our Lady the Queen in danger of her life in Tynemouth Priory in Northumberland, on the disturbed Border; and so you led our Lord the King from thence to Blathom Moor, where his enemies the Scots, through your treacherous conduct, surprised him, to

---

[1] *Tyyeys* MS. with all the *y*'s deleted by dots in the usual way.

vostre traytirouse mener, le surpristrent, a grant dishonur et damage du Roy et son poeple, si come aparust a la jornee et les espreyses et les mortz des plusurs; et ensi graunt meschief et peril de corps Ma Dame, qi estoit vostre Dame lyge, par vostre traytirouse fait, ele ust este perdue, a perpetuel dehonur et damage du Roy et de son realme, si Dieux ne ly ust envoye socurs par mer, par la luy covyent aventurier pur sa vie et son honur sauver, a si graunt meschief de quer et de corps qe unkes nule bone Dame de son estat de noblesse ne fuist si. Hugh, cest traisoun ne ceste crueante ne vous poeit suffire,[1] einz ficez, par vostre roial poer qe vous aviez purpris sur nostre Seignur le Roi, destruer le frauncheses de Seinte Esglise; les Prelatz de Hereford, Nychele, Ely, Northwych, faicez feloniousement desrobbier de lor biens de Seinte Esglise et dehors tollir, et dezrobbier dez chyvals, de lor vessel, et de lor harneys, si lor faicez aler a pee, et lor terres et lor possessiouns lor facez tollir a forte, saunz lay et resoun. Si vous ne suffisent mye tauntsoulement davoir guere al ministre de Seint Esglise, unquor lempistez, come faux cristien, reneye, et treytour, contre Dieu purprenant, et ses benis, par la ou vous saviez qe Dieux fist vertues pur Mon bon Seignur, qe vous aviez mourdriz sy cruellement countre ley et resoun, vous, Hugh, come faux cristien, meistez gentz des armez deynz Seynte Esglise, et feistez clore et fermer us de moustyer, et defendre qe nul fust tant hardifs dentrer la Esglise pur adourir ces Seintz,[2] par qi merite, en despit de vous, Deux fist graces et vertues. Hugh, apres ceste maveyte, vous counselastes nostre Seignur le Roy fausement et trayterousement, en desheritaunce de sa Coroune et de ses hires, a doner a vostre piere, qi fust fauxet treytour, le Counte de Wyncestre, et a Andreu de Hercla, qi fust traitour et notorios et atteynt, le Counte de Cardoyl, et a vous, Hugh, la terre de Canteravre et autres teres qi sunt apertenaunts de Coroune. Et si feites, par vostre piere, vous Hugh, et Robert de Baldok oustier Ma Dame la Reygne de sa tere, qe ly fust done et assignee par nostre Seignur le Roy; si la meistes en son certeyn a la jornee povrement, countre la dignite de hautesse de son estat; abbettaunt et procuraunt descord teusjours, come faux treytours et desleaux, solunc trettot[3] vostre pocr par entre nostre Seignur le Roy et ly. Et, Hugh, par la ou Ma Dame la Reigne et son fitz, par la commaundement et lassent nostre Seignur le Roy,

---

[1] *suffrir*, MS.
[2] *son Saint?* This word undoubtedly ought to be in the singular, for the martyred Earl of Lancaster alone is alluded to.
[3] *trestout?*

the great dishonour and injury of the King and of his army, as
was evident by the issue. and by the loss by capture and death
of many of them; and also to the great misfortune and bodily
risk of Madame, who was your liege Lady, and who, by your
treacherous act would have been lost, to the eternal shame and
injury of the King and of his kingdom, if God had not sent her
help by sea, which means it was necessary to risk in order to
save her life and her honour, but with such distress of mind and
body that no good lady of her noble rank was ever before
so situated. But, Hugh, this treason and this cruelty were
not enough for you, and so, by the sovereign power which you
had usurped over our Lord the King, you caused the privileges
of Holy Church to be destroyed; the Bishops of Hereford, Lincoln, Ely, (and) Norwich you caused to be feloniously stripped of
their ecclesiastical goods, which were carried off, and to be robbed
of horses, household goods, and of their harness, and so you made
them go afoot, and you caused their lands and possessions to be
taken from them by force, against law and right. Also you
were not content simply to make war with the servants of Holy
Church, but you also busied yourself, false Christian, renegade
and traitor as you were, usurping over God and his Saints,
there, where you knew that God had worked miracles for my
good Lord (whom you had so cruelly murdered against all law
and justice) you Hugh, you false Christian, thrust armed men
into the consecrated church, caused the doors of the monastery
to be closed and locked, and forbade any one to be so bold as
to adore his Saint, by whose merits, in spite of you, God
bestowed grace and worked miracles. Hugh, after this wickedness you advised our Lord the King falsely and treasonably, to
the disherison of his Crown and of his heirs, to grant to your
father, who was a knave and a traitor, the Earldom of Winchester,
and to Andrew de Harcla, who was a notorious and attainted
traitor, the Earldom of Carlisle, and to yourself Hugh the
manor of Canteraure and other crown lands. And also you,
Hugh, by your father and Robert de Baldock, caused Our
Lady the Queen to be thrust out of the estate which was
granted and assigned to her by Our Lord the King, thus
leaving her poorly provided as to her maintenance in derogation of the loftiness of her condition; always abetting and
fomenting, being false traitors and disloyal, to the utmost of
your power, discord between our Lord the King, and her. Again
Hugh, when Our Lady the Queen and her son, by the King's

412   APPENDIX.

passa la mer, pur la tere de Gascoyne salver,[1] qe fust en point destre perdue par vostre treytirouse cunseyl, vous envoyastes par dela la meer une graunte summe dargent a ascunz mauveyse gentz voz adherauntz, pur Ma Dame destruire, et son fitz qi est dreyt heyr du realme, et pur desturbier lour retourner ariere en cel pays; si ceo nust este a lor damage et lor destruccion, si vous enforsastes a ceo faire, Hugh, vostre piere et R. de B(aldok) et les autres fauz treytours voz adherauntz, et par meer et par tere si alastes par my le realme. prenaunt roial poer, fesaunt les graunts et les petyz, par distresse, jurer et assurer a vous, de vous meyntenir a vos fautz quereles countre totes gentz, saunz avier regard qe tieux consideraciouns estoyent faux et trayterous, et countre la ligiaunce et, lestat de Roy et de sa Corone; et qi ne voleit, par vostre real poer lez facetz mettre en gref prisoun; come Monsire Henri de Beamund, et autres qi ne voylent faire, ne a vous jurer, ne a vos maveystes estre assentantz. Et quandque vous, Hugh, et les autres faux tratours voz adherauntz saviez qe Ma Dame et son fitz furent arives en ceste tere, vous faitez nostre Seignur le Roy, par vostre maveyse conseil, aloiner de eux, et le menastes hors de realme, en grant peril de son corps et grant deshonur de luy et de son poeple, menant feloniousement le tresor del realme et le graunt seal avesqe vous. Sy, Hugh, cum treytour vous estes trove, pur quey vous Hugh agardent tous les bones gentz du realme greyndres et meyndres ryches et povres et par commun assent, qe vous come laroun estes trove atteynt, pur quey vous seriez pendu; et come treytour estes trove, pur quey vous seriez trayne, et quartre, et envoye par my la realme; et pur ceo qe vous fuistez outlage par nostre Seignur le Roy et par commun assent et estez revenuz ariere en Court, vous seriez descole; et pur ceo qe vous fustes tous temps desleaus et procurant descord entre nostre Seignur le Roy et nostre tres-honurable Dame la Reigne et entre les autres del realme, si serres desbouele, et puys ils serront artz. Retrovez vous traytour et reneye; si aletz vostre juise prendre, Treytour! Malveys!! et Atteynt!!![2]

---

[1] *salve*, MS.

[2] This speech, in the first instance pronounced by Sir W. Trussel and imperfectly caught from his lips, probably underwent a second transformation in spelling and construction when it was copied into the Canterbury register, the result being that the copy in question is so corrupt that it is not possible to give a literal translation which shall be grammatical and comprehensible.

APPENDIX. 413

command and assent passed over sea to rescue the land of Gascony, which was on the point of being lost by your treacherous advice, you sent over sea a great sum of money to certain evil men your accomplices, in order to ruin Our Lady, and her son who is the right heir to the kingdom, and to prevent their return home to this land; and as if this had not been enough for their injury and ruin, you compelled, Hugh, your father and Robert de Baldock and other false traitors, your accomplices, to do the same thing, and so you went about by sea and land all through the kingdom assuming royal state, compelling all men, both great and small, to swear, and to attach themselves to you, to maintain you in your false charges against all manner of people, not regarding that such proceedings were disloyal and treasonable, and opposed to your allegiance, and to the dignity of the King and of his crown; and whoever refused you, by your sovereign power, you caused them to be thrust into miserable dungeons, as happened to Sir Henry de Beaumont and others, who would not swear to you, nor assent to your evil doings. And then when you, Hugh, and the other false traitors who were your accomplices, knew that Madame and her son had come to land, by your evil counsel, you induced the King to avoid them, and you led him out of his kingdom (to the great risk of his person and to the great dishonour of him and of his people), taking with you the national treasure and the King's great seal. Thus Hugh as you have been proved to be a traitor, therefore all the good men of the realm, both great and small, both rich and poor, and by common assent, condemn you Hugh, so that as you have been found guilty as a thief therefore you shall be hanged; and as you have been found guilty as a traitor therefore you shall be drawn and quartered, and your quarters dispersed through the kingdom; and as you were outlawed, by our Lord the King and by general consent, and have come back to the Court, therefore you shall be beheaded; and because at all times you have been disloyal and a fomenter of strife between our Lord the King and our most noble Lady the Queen and others of the realm therefore you shall be disembowelled, and after that your bowels shall be burned Confess yourself a traitor and a **renegade!** and so go to meet your doom. Traitor! Evildoer!! and Convicted!!!

414 APPENDIX.

<small>Jan. 1327.
415 b.</small>

67.—Forma redditionis feoditatis et homagii prælatorum et procerum Angliæ, facta apud Kenilworth, mense Januarii, anno Domini M° CCCXXVI^{to}.

<small>TheSpeaker, in the name of the Parliament, renounces allegiance to King Edward II., a prisoner at Kenilworth.</small>

Jeo, William Trussel, procuratour des prelats, countes et barons et des autres nomez en ma procuracie, eant assez plein et suffisaunt poer, les homages (et) fealtes a vous, Edward Roy Dangleterre, come al Roy qi fuist avant ces houres, (dus)[1] par les dites persones en ma dite procuracie nomez, en noun de eux et chescun de eux, pour certeynes causes en la dite procuracie nomez, renie;[2] et rebail suys, a vous, Edward, et delivere et face quites les persones avantditz, en la meillore manere qe ley et coustume doune. Et face protestacion, en noun de eaux et chescun de eaux, qe il ne voillent desore estre en vostre fealte, ne en vostre ligeaunce, ne cleyment de vous, come de Roy, rien tenir. Et ensi vous tiegnent prive persone, sanz nulle manere de roiale dignete.

<small>29 Dec. 1328.
I. 427 a.</small>

68.—Supplicatio Prælatorum, Comitum, et Baronum, et totius Communitatis Londoniensis, facta Domino Regi, in festo Sancti Thomæ Apostoli, anno Domini M°CCC°XXVIII^{vo}, pro se et communitate populi regni Angliæ.

<small>The Lords, and the Commons of London, warn the new King not to allow his councillors to induce him to disturb the peace of the Kingdom by taking vengeance on his political adversaries. They remind him that at the Salisbury parliament it was agreed to postpone all questions connected with the late revolution until the next</small>

Treshonurable Seignur, il sovient a vostre Seignurie, come, a vostre drein parlement de Salesbire, par vostre commandement pronuncie feust, en vostre presence et en presence des Prelats, Countes, et Barons de la terre et par commun assent du parlement, qe le dit parlement de Salisbire feust continue tant qe a Westmoustier as Oytanes de la Purificacion de Nostre Dame proschein avenir, et qe tutes choses demorassent en pais devers les gentz de la terre, tant qe al dit parlement de Westmoustier, et sur ceo la proclamacion faite desors tantost al poeple, a grant confort de tute la terre. Dautrepart, Sire, soi avisent bien voz Conseillers, qi entour vous sunt, des pointz qe vous jurastes a vostre coronement, entre les queux est compris, qe vous garderez les leys et les coustumes grantez a vostre poeple Dangleterre par voz predecessours, et qe vous garderez a Dieu, Seinte Esglise, al Clergie, et al Poeple grantz et petitz pais et acord de tut vostre poer; et notorie chose est qe contenue est en la Grant Chartre, qe vous ne irrez, ne voyerez, ne chivacherez sur nul de vostre terre,

---

[1] *dus.* om. MS.   [2] *reng,* MS.

67.

I, William Trussel, proctor for the prelates, earls, and barons and the others named in my power-of-attorney, having full and sufficient authority, for certain causes stated in the said power-of-attorney, renounce the fealty and homage due to you Edward King of England, (as having hitherto been King), by the said persons named in my said power-of-attorney, in their name and in the name of every of them; and I am opposed to you, Edward, and deliver and acquit the said persons, in the completest manner that law and custom allow. And I declare, in their name and in the name of every of them, that they will not henceforth be in your fealty, nor in your allegiance, nor pretend to hold anything from you as King. And thus they deem you a private citizen, having no sort of royal dignity.

68.

Our most honourable Lord, it is within the recollection of your Lordship that in your last parliament at Salisbury it was by your command proclaimed, in your presence and in the presence of the Prelates Earls and Barons of the realm, and by common consent of the parliament, that the said parliament of Salisbury should be adjourned to Westminster at the Octave of the Purification of Our Lady next coming, and that all matters respecting the subjects of the realm should remain in suspense until the said parliament of Westminster, and so the said proclamation was made to the people immediately after, to the great consolation of all the kingdom. On the other hand, Sire, let your councillors who are about you be mindful of the points to which you pledged your oath at your coronation, among which are comprised, that you would observe the laws and customs granted to your people of England by your predecessors, and that you would maintain peace and concord with all your might for God, Holy Church, the Clergy, and the people both great and small; and it is commonly known that in Magna Charta it is contained, that you shall not make attack, nor sue, nor assail any

416 APPENDIX.

<small>parliament should meet at Westminster, in a fortnight after the date of this remonstrance.</small>

et puis aferme par plusurs Papes, et establi pur ley de vostre terre, et par vous conferme, a quele mayntenir vous estes tenuz par vostre dit serment. Et outre, Sire, touz ceaux qi desturbent, excitent, eident, et conseillent a desturber, la pais et la quiete de vostre terre, ou a ceo assentent ou favourent, suut escomynges par divers Councils faitz par divers Prelatz de vostre terre, come ascuns qi soi sount devers vous vous sievent bien dir. Et pur ceo, Sire, qe commune fame est, qe ascuns de voz Conseillers vous unt conseille et abette de chivacher efforcement et hastivement sur ascuns piers et autres de vostre terre, a lenfreinte de la pais de vostre terre, contre les pointz avantditz, en grant peril de vous, et en grant affrai de vostre poeple et destruccion de vostre roialme, prioms devoutement, et de coer, a vostre tresnoble Seignurie, et vous amonestoms en noun de Dieu et de Seint Esprit, qe de tieles choses et de tutes altres perilouses, qi puissent turner a deshonur ou damage de vous, et nomement des choses tuchantes les grantz de vostre terre, vous plese surseer tant qe a vostre dit parlement de Weymoustier, solum ceo qe altrefoith acorde feust, come suis est dit; et auxint pur garder et maynteni· la pais et la lei de vostre terre, sicome vous estes tenuz par vostre dit serment. Et si nul y-soit de vostre terre, pier ou altre, qi eit trespasse ou fait chose qe faire ne devereit a vostre Seignurie, vigne a vostre dit parlement de Weymoustier et face les amendes, et soit puny duement, solum les leis et les coustumes de vostre terre. Et pur les grantz perils qe nous voioms en la terre, plese a vostre noble Seignurie des choses avantdites vos volontes remander par les portours de cestes, issi qe nous puissoms estauncher la crie du poeple, et qe nous ne soyoms distreint de faire outre ceo qe a nous appartient.[1]

<small>23 Feb. 1513.
F. Appx.
The King's first letter. The King, at the suggestion of Fox (the</small>

69.—BY THE KYNGE.

Most reverende father in God, ryght trusty and ryght entierly welbelovyd, we grete you well, not dowtyng but that ye have yn your good remembraunce, that wher we havyng knowlege that there was a plee and process commenced and hangyng yn

---

[1] This phrase (probably with intention) admits of a double meaning. It may, as in the tracslation, convey only a petition; or, by using another signification of the adverb, it might be read : "That we may not be farther driven to do that which it is our duty to do:" in which is contained a threat.

subject of your realm, and this was afterwards ratified by several Popes, and established as a law of the land, and confirmed by you yourself, and you are bound by your said oath to maintain it. Moreover, Sire, all those who disturb, or stir assist and give counsel for the disturbance of the peace and quiet of your land, or who assent to or show favour to it, are excommunicated by many Councils held by many Prelates of your land, as some of those who are in your service can tell you. And, Sire, because there is a common report that certain of your Councillors have advised you and prompted you to forcibly and speedily assail certain Lords and others of your land, in breach of the peace of your land, contrary to the aforesaid points, to your great peril, and to the great terror of your people and damage of your kingdom, we beseech your most noble Lordship devoutly and heartily, and we warn you, in God's name and in the name of Holy Spirit, that from all such and all other dangerous acts, which may turn out to your dishonour and loss, and especially from all acts touching the nobles of your land, you may be pleased to desist, until the time of your said parliament at Westminster, according to what was formerly settled, as is said above; and also that you may be pleased to keep and maintain the peace and the law of your land, as you are bound to do by your said oath. And if there be anyone of your realm, be he peer or other, who may have committed an offence, or done anything against your Lordship that he ought not to have done, then let him come to your said parliament at Westminster and make amends, and let him be duly punished according to the laws and customs of your land. And, on account of the great dangers which we perceive in the country, may it please your noble Lordship to reply by the bearers of these letters, so that we may be able to appease the public cry, and so that we may not be called upon to do more than belongs to our duty.

<small>Bishop of Winchester and Lord Privy Seal) decrees, that Bishops in their several dioceses shall have probate of wills where testators do not possess bona notabilia in</small> the Courte of Rome, betwixte yow on the oon partye, and the reverende faders yn God owre ryght trusty and welbeloved counsaillours the Bisshopps of Wynchestre, London, Lyncoln, Excestre, Chestre[1] and there adherentis on the other partye, for the jurisdiccion, power, and auctoryte that ye pretende to have, yn certayne cases, to and for the approbacion of testamentis within there dioceses, not only to yowr and there manyfold inquietations, costis, and trubles, but also yn a gret partye to the manyfest division and dissension of the universall Churche of this owre reame, for so moche as the sayde mater concerneth and toucheth

---

[1] *Chester*, sic MS.

418   APPENDIX.

<small>different dioceses, in which cases the probate by ancient custom belongs to the Archbishop. But in making the decree he defines as *bona notabilia* estates of ten pounds and upwards, that is to say double the ordinary estimate. To his request, four times addressed to the Archbishop, that he shall signify his submission to this decree, the reply is in every case, that such submission would be a despoiling of the Church of Canterbury; but that, as a good subject, the Archbishop submits, *salvis ordine suo et jure Ecclesiæ suæ*.</small>

the same; we, seyng that ye and the sayde Bisshops be of owre counsell, and soom of yow owre great officers, considered well that yeff the sayde plee holde longe hange yn the sayde Courte of Rome, wher be contynually present thorratours of all pryncers, that yt myght, by theyr misconstruccion and synistre reapporte for and uppon owre sufferaunce yn that behalfe, somewhat redounde to owre dishonour; seyng also that the greate and chargeable besiness and bordoyn of the war that we, yow, and all othyr owre subjectys nowe have, and plee yn the sayde Courte mete not ner stonde well togeder; for these consideracions, and dyvers other which we have shewyde to yow and some of the other partye yn tyme passede, we, as ye well knowe, by thadvise of owre counsayll, not oonly commaunded and straytly chargede yow and the sayde Bysshoppes for a season, and tyll tyme more convenyent for that mattyer myght be hadde, to suspende and contynue the sayde plee and processe than hangyng yn the sayde Courte of Rome, but also commyttede thexaminacion and heryng therof to certayne of owr counsell, to thyntent they sholde endevour thaym by wyse meanes to induce yow and the sayde Bisshoppes to soom good concorde and resenable agremente. And for as moche as the sayde mater hath longe hanged before owre sayde counsell, and that they by the same longe season make us noo reapporte of the estate and condicion theroff, and that ther ys natt for the sayde probate of testamentys no lesse discorde and debate betwyxte yow and the sayde Bysshoppes than was whan we commytted the sayde matyer to thexaminacion of owre sayde counsell; for these causes, and many other to longe to bee commytted to wrytynge, and specially by cause owre holy fader the Pope, havynge notice that we had taken the sayde difference yn to owre handys, not only greatly preysed the same but also exhorted us to make a good concorde be twyxt yow and the sayde Bysshoppes, whych yeff we dyd nott, but dyd remytt yow on to the sayde Courte of Rome, shulde somewhat redound to owr dishonour; and to thyntent also there may for the season soom good order be set and taken betwyxt yow and the sayde Bysshoppes, for the more peasible exercise of the sayde jurisdiccion on both partyes, tyll better tyme may fortune for the resumyng of the sayde processe yn the sayde Courte, yff and whan the cause shall soo requyre, and uppon hope that at a better leaser ye and the sayde Bysshoppes by owre meanes shall be reducyd to soom finall concorde and agrement; we, by thadvise off owre sayde counsell, woll and ordeigne that wher the sayde variaunces specially byfore owre sayde counsell stondyth uppon these thyngis folowyng, that ys to sey:

<small>The disputed points.</small>

Furst: for probates off testamentis for the hereditamentis of deed men, and for rentis not beyng chatall, due the tyme of decesse of the sayde ded men for the sayde hereditamentis.

APPENDIX. 419

Secundely: for lyke probates by reason that the testatour the tyme of his decesse had goodis oonly, or deuts[1] only, or both goodis and dents yn dyverse dioceses.

And thurdly: for deputyng of praysers for the praysyng of the ded mans goodys:

Woll and ordeigne yn maner and forme folowynge that ys to say:

Furst: that neither for the seyde hereditaments, nor for rents not beyng chatall, due the tyme of the death of the testatour for or uppon hereditaments, bee they in oon diocese or moo dioceses, neyther ye nether the sayde Bisshoppes admytte natt, take natt, medle nat, nor intromitte with the probatt off eny suche testament for the sayde hereditaments, seyng that hitt is, as we be duely informed, contrary to owre lawes that ye or they sholde so doo; and, yn lyke wyse, that neyther ye ne they make ne depute fro hensforthe, yn noo diocese, noo praysers to prayse ded menys goodis, considering that by such praysers ryght great extorcions have ben doon and commytted uppon owre subjects. *The King's decree.*

Secundly: and finally, for the sayde second article a bove rehersid, we woll and ordeigne, that yeff the testatour the tyme of his deth, owt of the diocese that he dwelt yn had yn one diocese or dyverse dioceses, owt of such exempte and peculiar jurisdiccions as do nott immediately apperteyne to yow and to your Church of Canterbury, with yn the Provynce of Canterbury, only goodis exceding the value of ten pounds, or oonly deuts nott beyng desperate exceedyng the sayde summe, or both goodis and deuts exceding to gedere yn value the same summe, ye only, and not the sayde Bisshoppes, duryng only the tyme here after lymyttyd, have and take the probate of the testament of the sayde testatour; and yeff the sayde testatour had no suche goodis oonly, or no suche deuts oonly, or no suche goodis and deuts to geddre, that then and yn that case, the sayde Bisshoppes and their adherents oonly, and every of them with yn there diocese and jurisdiccions, have and take the probat of the testament of the sayde testatour, and that ye yn no wyse intromytte or medle with the same. And all suche order and direccion as we have takyn as above be twyxt yow and the saydc Bisshoppes, touchynge the probats of testamentis of ded men dyeing testate, the same order and direccion we woll be kept be twixt yow and them for the commyssion of admynystracion of the goodis and deuts of men dyeing intestate. This owre commaundement and ordinaunce to endure only by the space of thre yeres next cummyng after the date of these owr letters;

---

[1] This unmeaning word *debuts* which occurs more than once, is evidently a clerk's misreading of *debts*.

and yff duryng the same tyme, there shall fortune any doute or difficulty to ryse betwixt yow and the sayed Bisshopps in, of, or uppon, any matier, worde, or sentence conteynid in owr sayed ordinaunces, or any parte of the same, we woll that thinterpretacion and construccion ther off be referred only to us and such of owr cownsayle as we heretofore deputede to be arbytors yn the sayde matyer. And over thys, we woll and ordeigne, yn lyke wyse, that the sayde plee and processe now hangyng in the sayde Courte of Rome, by thassent of both parties, and as shall be beste advised by the counsell of the same now beyng yn the sayde Courte, be contyneued duryng the sayde thre yerys; and that for the due execucion theroff eyther partye cause his counsell, now beyng in the sayde Courte, before the last day of Apryll next cummyng to contynue the sayde plee and processe as above. Wyllng and straytly commaundinge yow to conforme yow to this owr ordenance, as ye intende to plese us and avoyde owr gret displesure. And of yowr intente in this behalfe we woll that yow certify us by yowr wrytyng, before the xvth day of Apryll next cummyng at the fardest; ascertaynyng yow that we have in like wise, in every behalfe, addrest owr other lettres to the sayde Bysshoppes, not dowtynge but that they wyll conforme them to the same. Provyded alwayes, that this owr acte, wrytynge, and ordinaunce, made and devised for the pacyfyenge of the matier of variance dependynge yn traverse betwixt yow and the partyes abovespecyfied, for the tyme. as well for and uppon the growndes and causes above specyfied as for other consideracions us specially movyng, be yn no wyse prejudiciall or hurtfull to yow, thaym, or any off thaym, yn yowr or thayr ryghts, tytles, possessions, prescripcions, custumes, or other interesse what so ever they be; but that the same be and stande yn suche state and condicion after the tyme above prefixed as hytt was before the wrytyng of these owre lettres; protestyng and expressly declaryng, that this owr lettre shall nott be derogatorie to yow, thaym, or any of thaym yn the premysses, before eny juggis spirituall or temporall either withyn this owr reme or with owt, for the disseasyng of possession or interrupcion of any prescripcion. Yeven under owr signet, at owr manor of Grenewyche, the xxiij. day of February the fourth yere of owr reigne. (Anno Domini M°CCCCC°XIJ°.)[1]

Here endyth the copy of the Kyngs lettres sent to My Lorde Archebushope concernyng the prerogatyfe of the Church of Canturbury yn probatte of testamentis.

---

[1] The *Anno Domini*, etc. at the end of each letter is written by a comparatively modern hand imitating the ancient forms of letter

Here folowe the answers to the Articles of the Kyngs lettres concernyng the prerogatyfe of the Church of Canturbury yn probatte of testamentis.

[BY THE LORD ARCHBUSHOPE.]

Please yt yowr noble Grace to understande, that I of late have receyved yowr moost honorable letters, conteynyng dyverse poinctes concernyng me and my Churche of Cantrebury, yn the matier of variance betwixt diverse suffragans of my sayde Church, plaintifes on the one partie, and me, partie defendant for the ryght of my Churche, on the other partie. In the which poinctes yf yowr Grace had made a determynat and finall direccion, me beyng absent, it myght have redounded to the greate and extreme prejudice of my sayd Church, wherfor I, perceyving that yowr Grace of yowr greate wisedom and goodnesse (notwithstondyng the importune suet of myne adversaries) wold make no finall determinacion, ne bynde me furthwith, but graciusly reserved me to myne answer, commandyng me to yeve aunswer to yowr Grace yn writyng by the xvth day of Aprill next then insuyng, in my moost humble wyse thanke yowr Grace for yowr saide goodnesse, and, according to the sayde commaundement of yowr Grace. I make aunswer to every thynge as yt here folowethe; which answer I beseche yowr Grace, for Goddes sake and Sauncte Thomas, to regarde and tendre.

The Archbishop's reply to the King's first letter.

Wheras yowr Grace wol, yn the sayde matier of variance, that I and the sayde suffragans of my Church sholde be contented, for the space of three yeres next folowinge, with suche ordinaunces as wer conteyned yn yowr Gracis sayde lettres, which restythe yn three poinctes.

First: that, as tochyng hereditaments or rents, nether I nether they sholde medle to prove any testament bi reason of the same, onles they be chatell.

Secundaryly: that neither I neither thei sholde frohensforth make or depute, in any diocese, any praysers to prayse ded mennys goodys, for as moche as by them hath been don uppon yowr subjecties diverse extorcions.

Finally: that yeff the testator the tyme of his deth, oute of the diocese that he dwelled yn hadde, yn one diocese or dyvers dioceses, oute of suche exempte or peculiar jurisdiccions as do not immediately apperteyne to me or to my Church, only goodis excedyng the value of ten pounds, or only debtes not beyng desperat excedyng the same some, or goodys or debtes to gidre excedyng the same somme, that I only, and not my sayde adversaries, duryng the sayde three yeres, sholde take the probatt of suche testamentis. And yeff the sayde goodis, debtes, or both, exceeded not the sayde somme of ten pounds, they, and not I, sholde prove the same testamentis.

Pleace it yowr Grace, as tochyng hereditaments or rents not beyng chatell, at the commaundment of your Grace I am content to take no probate of any testament by reason of them, when the testator may not by the lawe make his testament of them and dispose them for his sowle.

As tochyng the seconde, which is, that neither I neither my sayde adversaries, suffragans of my Church, shall make any praysers yn any diocese to prayse ded mennys goodis; plece yt yowr Grace to undrestonde, that wher yn tyme paste yt was fownde by experience, that executors yn praysing of ded mennys goodis often tymys did defraude ther creditors by wrong estemyng of ther goodis, yt was thouth necessary, both for welc of the testators soule, and for the payment of ther debtes, and specially for eschuinge of perjurye yn wronge praysing don by executors and other men, that do cause to prayse suche goodis parcially, to ordeyne yn every diocese an indifferent prayser. And by cause apparitors, beyng yn every dioces to call executors of suche testators as hath goodys yn dyverse dioces, wer thought moost indifferent, bycause they wer sworen uppon a boke before my predecessors or there officers for the tyme, or before me or myne officers for my tyme, to make indifferent preising off testators goodis, therfor they wer thought mooste indifferent officers for that intent. Also wher yowr Grace wrytyth of diverse extorcions don uppon yowr subjectis by the sayde apparitors; yff any apparitor, by me or by myne officers assigned, from hensforth take of any executors, for praysing of any ded mennys goodis, any money or reward other than ther executors of ther free wyll and mere nocion wyll geve them, the apparitor so doyng shall both lese his office and restore the duble value of that that he hath receyved; and in case he be not abull so to do, I promyse unto yowr Grace I wol make restitucion to the partis for hym my selfe; for I wolde be as sory as any man that any that longeth to me sholde do any extorcion or brybery, uppon any of yowr subjectis, or uppon any other strangers. The veraye cause why thadversaries of my Churche wol have no praysers of myne yn ther dioceses, is to thentente that I sholde have by that meanys no knowlege by them of the deth of suche men as have goodys in dyverse dioceses, and so sholde lose the probats of such testaments; in so moche that one of theadversaries of my Churche causyd an apparitor of myne, surmysing that he sholde take away a thynge of the value of sixteen or twenty pence, to be indicted of feolonye, and to be remeved uppon the same, and sholde have ben put yn execucion yeff I had not sued for his pardon; and the sayed adversarye cyteyd on other apparitor of myne to Rome, and made processe againste hym ther, and this was don for thentent only that al other schuld fere to take uppon them the office of an apparitor yn that dioces, to certyfye me of the testamentis of them that dyed havyng goodis yn dyverse dioceses. Wherfor, consydering that the setting aside of apparitors by all lyklyhode sholde cause great perjurye yn executors, the which wolde prayse or cause to be praysed at ther pleasur testators goods, by [which] creditors shall be defrauded of ther duetyes; and also, for lakke of suche apparitors, I sholde have no knowlege of testaments of ded men that have goodys yn dioceses, by the which my Churche sholde be defrauded of her ryght, I trust verely, the premisses considered, yowr Grace woll not put a side suche apparitors, for as moche as I wolbe bounde for ther goode demenour as yt is foresaide.

Thirdly: wher yowr Grace wolde that my sayde adversaryes shold have the probat of all testaments of thoes that have goodys, or debts, or both, yn dyverse dioceses to the value of ten pounds, at the tyme of ther deth out of my sayde adversaryes dioces, and out of such exempt and peculiar jurisdiccions as be not immediately apperteynyng to me or to my Church; plese yt yowr Grace to undirstand, that wher my predecessours have ben yn possession time owt of mynde to prove the testaments of suche men that have goodys and debts yn dyverse dioceses, albeyt the valor of the sayd goodys or debts wer but of small sommes, as five mark, four mark, forty shillings, twenty shillings, and further though yt wer but ten shillings, I (to have love and pece with my sayde adversaryes) was content at ther desire and request to graunt them the probats of the testaments of such testators havyng goodys or debts yn dyverse dioceses not excedyng the value of five pounds, what somme soever they wer of undre the sayd somme, with the which agrement they have alwayes ben contented, and yet wold have ben if the Busshop of Winton, by his wordis, letters, and messengers, had not moved and stered them to conspire a yenst me defendyng the ryght of my Church, and not only by thes menes induced them to his purpose, but also by large and greate restitucions made on to them of the goodis of yowr moost noble fadre, for the which they sued unto hym, wher as other Busshopps whom he thowght my frendys, and also many power men, yn caas more resonable, suying to hym for restitucions coude gete none of hym. Wherfor I trust that yowr Grace, of yowr justice and equyte, wol not yeve to myne adversaries, for ther stryvyng and variaunce with me and my Church, double that that at the moost they were contented withall of ther own myndys yn tymys paste; also, wheras my predecessors wer at ther liberte to prove testaments by reason of goodys or debts yn dyverse dioceses to the value of ten shillings, I shuld not prove suche testaments yeff the sayde goodis wer of the value of ten pounds, which wer no lytyll prejudice to the ryght of my Church. And wel assur I am that ther ys no man now levyng that can ever say that the suffragans of the See of Canterbury did ever desire to prove testaments of any man decessed, that hath goodis or debts yn dyverse dioceses above the value of five pounds; and fayne they wold have ben contented with that somme yn tymes paste, the which they coude never opteyne of any of my predecessors. And wher as the arbitrators deputed be yowr Grace moved me to be contented, that my parte adversarie shold prove all testaments of suche men that have goodis or debts yn diverse dioceses undre the value of ten pounds, and I to prove ther testaments yf the valor of the sayde goodis or debts wer ten pounds or above; I aunswered then, that yeff the sayde arbitrators wold take yt on ther lerning and conscience, that the lawe wolde that my sayd adversaries shuld have thes probats of al the sayd testaments, or els yf myne adversaries had shewed eny thyng by the which the sayd arbitrators shuld thinke yt war ryght, I wold be contented therwith; the which arbitrators wold make me no directe aunswer therunto; wheruppon I thowght, and so yet do thynke, they wol not take yt on ther conscience. And for as moche as they, that be not sworen to my Church, wol not take yt on ther lerning and conscience, I se not how that I, that am sworen to mayntayne the ryght of my Church, can agre therto, except I shold fall yn to opyn perjury. Furthermore, in case I sholde agre that my adversaries shuld have the probats of mennys testaments havyng goodis or debts yn diverse diocises to the value of ten pounds, I muste also graunt to other My Lordis of the spiritualtie, which be my frendis, to prove testaments yn ther diocesis to the sayde somme of ten pounds, for lothe I wolde be that my frendis shuld be yn worse caas then myne adversaries; and yf that I, after three yeres past named yn yowre Graces letteres, shold deny to my frendis to have the probats of the sayd testaments to the valor of ten pounds, I shulde make of them my foes, and, wher as now I have but three or four of the suffragans of my Church ayenst me, and so this shulde be no meanes to make unyte and peace yn the Church of Englonde, but rather to make farthyr division, the which I am suer yowr Grace wolde be ryght loth of; and so yn this behalfe yowr Gracys direccion sholde yn thende of the sayd three yeres make me yn farre worse caas for the defence of the ryght of my Church then I am now. And yf so be

I shulde forbere the ryght of my Church for the space of the sayd three yeres, yt shuld be for a perpetual prejudice to the ryght of my Church, which all yowr noble progenitors, for the space of three hundred and fifty yeres, seyng no cause to the contrarye, hath suffred my Church peasebly to injoy. And so, yn my moost humble maner, I besech yowr Grace to contynew as good to my Church as yowr noble progenitors have don yn tymys paste. And suer I am that myne adversaries by importune suet unto yowr Grace have laborde for yowr lettres, chifly to thentent that they myght shew yowr lettres ayenst me yn the Corte of Rome as a colorable tytle of ther ryght, wher as they else have no thyng clerly to shew for them ayenst me and my Church yn owr ryght.

The Archbishop dates the beginning of the prerogative power of his Church from 1163, the date of Archbishop Becket's Charter.

And whereas yowr Grace wrytyth that, by misconstruccion of such princes orators as be present yn the Courte of Rome, it myght redownd sumwhat to yowr Graces dishonour to suffur me and my sayde adversaries to tarye yn the sayd Courte; and wrytyth also that, for the great charge and burdon of the warres that yowr Grace and all other your subjecties now have, it wer not acordyng to have warre yn thes parties and to have variaunce and plee yn the Court of Rome betwene any of yowr subjecties; undre reformacion, and with owt displesur of yowr Grace, whome as I take God to my jugge I have always and ever wyll be as loth to displease as any pover subgiet that yowr Grace hath, I thynke yt shall stande better with the pleasur of God, and also with yowr honour, to suffre us that be spirituall men, yn spirituall causes, to have owr matiers determyned a fore the Hedde of the spirituall Court yn Rome, rather then to charge yowr Graces conscience, at the importune suet of myne adversaries, and to put my Church yn warse condiciou and farther from his ryght then yt hath ben theis three hundred and fifty yeres; and I thynke that God, at the intercession of Saint Thomas and al the patrons of my Church, shall the better eide and succur yowr Grace, and graunte yow victory a yenst enymyes yn thies yowr Graces warres, the rather that yowr Grace woll helpe Cristis Church of Canturbury, or at leste that yowr Grace put yt yn no worse case then yt hath ben yn the reigne of yowr noble progenitours.

And where as yowr Grace wrytyth, that the direccion comprised yn yowr gracius lettres shuld not only be extended to al myne adversaries, but also to agre with them whom I know not, for I know not what numbyr of adherents my sayde adversaries have, nother of what condicion they be (for they wolde be ryght glad to take to ther adherentis every man, be he never so sympull that wolde be redy to do me eny displesur) and I wolde be ful loth to put my matier yn doynge by twixt me and any such simple person. Moreover, at such tyme as it pleased yowr Grace to commytte this matier of variaunce by twixt me and myne adversaries to certayne of the Lordis and other of yowr Graces counsell, yowr Grace spake no worde of any of their adherents, ne none of their adherents appered at any tyme afore yowr sayd counsell for the sayde variaunces. Also it becommyth me not to busye your Grace for any matier bytwixt me and any simple persones whos names and persones I knowe not.

Ferther: wher as yowr Grace wrytyth yn yowr sayde most honorable lettres, that yn such doubts as shall happen to be moved uppon yowr Graces sayde direccions, the construccion and interpretacion of the same shall be referred only to yowr Grace and to suche of yowr Graces counsell as were deputyd to be arbitratours yn the sayde matier of variaunce; in this behalfe, after my povre mynde, continuall business and trouble shuld falle to me, for well assured I am that my sayde adversaries with their adherents wolde besily fynde doubts, and seke dayly and hourely occasions to call me from such fer parties of my diocese as it shall fortune me to be in, to come and to answer to such doubts as they wold fynde, and to suche interpretacions as shuld be made by yowr Grace and yowr seyde counsell, albe yt yowr Grace and yowr Graces counseill were yn the ferthest parte of yowr reame. And yff the matier shulde hange bytwixt me and them yn the Courte of Rome, I shulde be troubled but ons or twies in a terme, and here, by my adversaries and their adherents meanes, I shuld stond yn doubts of trouble every houre; and whedyr it wer convenient that I shulde be yn this trouble by them and by ther adherents yowr great wysedom can best judge.

Where as yowr Grace wryteth, that yowr Grace doubteth not but that myne adversaries will be conformable un to yowr sayde Graces ordinaunce; suerly I thynke the same, or els they were fer to blame, consideryng that they, withyn this yowr reame, shuld opteyne ayenst me and my Church, by yowr sayde Graces ordenaunce, with owt any expence of money, and with owt any sute made at Rome, all their hole entent, the which nother they, nother any movyng lyke causes, coude opteyne ayenst the Church of Canturbury at any tyme yn the Court of Rome; and they owght of reson to be contended with the sayde ordinaunce, for by the same they shulde have, from the ryght of the Church of Canturbury, to their use and profite, more by double then they or any of them, or any of their predecessours, have had yn tymys paste. And yeff the sayde ordinaunces were as beneficiall to me as yt is to them, or elles wer not so sore and hoolly prejudiciall to the ryght of my Church which I am sworne to defende, I wolde be as conformabull to the same as they; but this is all beneficiall to myne adversaries, gevyng on to them peasible possession for three yeres, and prejudiciall to me and to my Church, oute of possession contynued thyes three hundred and fifty yeres, and them yn to possession for three yeres, which wer never yn possession before; and that shulde appere more indifferent for both parties.

And where as yowr Grace welleth and ordeynyth yn yowr seyde lettres, that yowr sayde ordinaunce shall not be prejudiciall on to me or to my Church after the lapse of the sayde three yeres, but that every thyng shall stande yn the same astate and condicion as yt did before the tyme of the sayde three yeres; after my power mynde, I see not possible that I and my Church (lakkyng the possession which we have hadde thyse three hundred and fifty yeres, and myne adversaries enyoyeng the same possession by the space of the sayde three yeres which they never had before) but that my Church shuld have an inestimable prejudice; for doubtles all this importune sute and sekyng of myne adversaries to yowr Grace is oonly to optayne possession, and to put me and my Church out of possession that we have so long tyme had. And, al be it the wordes yn yowr Gracis lettres be that I and my Churche shuld not be interrupted in owr possession, yet by the possession of myne adversaries, beyng yn peseable possession for the space of three yeres, the possession of me and my Churche shulde yn verray dede be interrupted; for the wordes of yowr Graces lettres can not take away the dedis; for yn dede they shuld be yn possession three yeres and I shuld be owt of possession, and men that shuld here aftre examyn this matier, yn the Courte of Rome or elleswhere, wolde lene more to the possession yn dede, then they wolde to the wordys of lettres; wherfor I have undoubted confidence that yowr Grace woll not putt myne adversaries in possession; for, albe it they have heretofore grudged often tymes ayenst the sayde possession of my Church, yet yn the tyme of any of yowr progenitors they coude never optayne it, nother yn the Courte of Rome ne yet by any arbitrements, I humbly beseche yowr Grace to be as good and gracius to the Church of Criste and Sainte Thomas as yowr noble progenitors have been, which at no mans sute have at any tyme put my Church out of possession.

Of this matier, sithens it tochith not me only, I have commyned with my brethern the Prior and Covent of my Churche, which be also cyted yn the sayde cause of controversye lyke wyse as I ham, how be it yt is the fyrst tyme from the fundacion that ever the hole Church (as both the Prior and Covent) were sued for the ryght of the spiritualte, and yn no wyse I can brynge them to be agreable un to it, seying it concernyth aliena-cion, at the leste for a season, of ther ryght, withowt whose consent I may not agre to the sayde direccion, seying the plec touchith them as wel as me.

Now, accordyng to the hygh commaundment of yowr Grace, I have shewed my povre mynde, in all suche thyngs as yowr Grace requyred answere of yn yowr lettres, in my mooste humble wyse, besechyng yowr Grace to take everythyng conteyned yn the same yn goode parte ; for I take God to my judge I never intendid to do or sey that thyng that shulde be my wylle offende or displease yowr Grace yn anythyng, and veryly I truste yn the wisedom and sadnes of yowr Grace that ye wyll take noo displeasure with me for myne adversaries causes or sutes, and I am assured that yowr Grace, seying that I doo begynne no newe thynge, or do not sue any of my suffragans, but only defende the auncient possession of my Church as I am sworne solemply on a boke to doo, that yowr Grace wyll take noo displeasure with me doynge my duetye to my Churche yn this behalve, nother commaunde me to do anythyng that dothe not stande with the defence of the ryght of my Churche, where unto I am solemply sworne. And lyke othe as I have made for the ryght of my Church of Canturbury my suffragans, that nowe stryve with me, have solemly made, the tyme of ther consecraciones, for the defence and mayntenaunce of the ryght of my sayde Churche, which they geve solemly before they be sworen to their owne Churche ; at the which tyme also, of their othes so gevyn, my sayde Church was possessed peasybly, they knoweng of suche ryght as they nowe do impugne. Wherefor syns they were fyrst sworne to mayntayne the ryght of my Church, they owght not to go from that othe, seyng it was lefull, though a contrary othe were afterwarde by them made, seyng that, be the lawes of Holy Churche, the fyrst liefull othe, ought to be kepte, and so they, more regardyng their wyll then there othes, care not to ryn yn open perjury. Yet my singuler truste is, yowr Grace wyll not be displeased with me standyng by my ryght yn avoydyng of perjury, and seyng that with owt perjury I cannot leve my ryght. The dryfte of myne adversaries ys to brynge me yn to displeasure of yowr Grace yf I shulde not do every thynge conteyned yn yowr Graces lettres, and yff I shulde do yt, ther they wold sey I were peryuryd, not defendyng my Churche accordiug to myne othe, and to bryng me yn to the displeasure of God. But I truste, by the singuler goodnes of yowr Grace, and by thacceptacion of thys myne answer, I shall not fall yn the displeasure of God ne of yowr Grace ; for, next God, I ensure yowr Grace I wolde be as loth to displese yowr Grace as any creature lyvyng wolde be, though myne adversaries paraventure wolde move yowr Grace to beleve the contrarye.

And for a fynall resolucion of the premysses, whatsoever thynge yowr Grace shall commaunde me (that ys not contrarye to the holy canone which I am solemly professed to observe and kepe, nothyr againe the othe made by me to our Holy Fadre the Pope at the tyme of my consecracion, nothyn contrarye to the ryght, tytle, interesse, and long possession of my Church contynued tyme owt of mynde, the which I was sworne solemly uppon the Holy Evangelists to defende, kepe, and mayntayne at the tyme of my translacion) I shall be as redy to obeye yowr Grace as the powrest subjecte with yn yowr realme shall be at all tymes. *The Archbishop offers to obey the King, salvo ordine meo.*

Here folowyth the copy of the seconde lettres sent from the Kynge to My Lorde of Canturbury, concernyng the prerogatiffe of the Church of Canturbury yn probat of testamenti

[By the King.]

Moost reverende fader yn God, ryghte trusty and ryght welbeloved, we grete yow well, not doutynge but ye have yn yowr fresche remembrance, that, for dyverse urgent causes and resenable consideracions, we, by the commune assents and consentys of yow, for yowr partye, and the ryght reverend faders yn God our ryght trusty and welbeloved the Busshoppes of London, Lyncolne, Chestre, and Excestre, on thother partye, toke uppon us to order, directe, appoincte, and appece the cause testamentorye, hangynge yn contraversye and plee yn the Courte of Rome betwixte yow and the sayde Busshoppes, and that ther uppon we commytted the heryng of the seyde cause to certeyne of owr counsayle. uppon whose reaporte we made certayne ordinaunces, direccions, and appoynctements, to endure for the tyme betwixte yow and the sayde Busshoppes, as by owr other lettres conteynyng the sayde ordinaunces and direccions, severally addressed and delyvered to yow and the sayd Bisshoppes, yt doth more largely appere; wyllyng and desyryng both yow and theyme, by the same owr lettres, not only to obey and observe the sayde ordinances. but also that every of yow and theyme, by yowr and theyr severall lettres, shulde certyfye us of yowr entents for thobservyng of the same. Wheruppon the sayde Busshoppes and every of theyme for their partyes, accordyng to theyr duetyes, by theyr severall lettres, with theyr mooste humble thanks for owr labour on that behalve, certyfyed us that they wer contented and wolde effectually obeye and observe owre sayde ordinaunces, and every poyncte of theyme, accordyng and after the tenour of our sayde lettres comprysing the same; and, ye for yowr partye, usynge certeyne delayes, excuses, and not allowable of reason, refused to obey owr sayde ordinaunces *The King's second letter addressed to the Archbishop.*

and direccions, wherof we can not a lytle mervayle, seynge that ye, as above, assented that we shuld order the sayde mater as it shuld be thought moost convenient. and that we not only toke uppon us so to do, but also, by thadvyse of owre sayde counseyle, to owr and their labours, have ordered and appoincted the sayde maters as above, the which, wel regarded and considered, ye shuld not refuse, but effectually kepe and obeye theym, thought it wer but only at owre desyre and pleasir; wherfor we, eftsones, wol and desire yow, that, withowt fartheyr delaye, excuse, or contradiccion, ye effectually stand to, kepe, and obeye our sayde ordinaunces, as farr as they do touche yowe, and, immediately uppon the receipte of these presents, to certyfye us, by yowr lettres, of yowr conformyte to the same. Yeven undre owr signet, at our Cytye off Cantrebury the xxij. day of Juny (anno Domini M° quingentesimo tertiodecimo).

Here folowe the ansuers of my Lorde of Canturbury to the foresayde seconde lettres of the Kynge concernyng the prerogatyff yn probat of testaments.

[BY THE LORD ARCHBISHOP,]

The Archbishop's reply to the King's second letter.

Please it yowr moost noble Grace to undrestande, that I have receyved yowr moost honorable lettres, dated at yowr Cytie of Cantrebury the xxij. day of this present monethe, yn the which yowr Grace wrytyth that yn a variaunce betwixt certayne suffragans of my Church and me, by thadvise of diverse of yowr Graces counsayle, yowr Grace made certeyne direccions for pacifyeng of the sayde variaunce for a tyme, with the which yowr Graces ordre myne adversaries (as they have certyfyed yowr Grace by their lettres) be contented. And ferther yowr Grace wrytyth that yn my fermor aunsuer made on to yowr Grace yn this behalfe, I seme not to be so agreable to yowr sayde ordinaunces as myne adversaryes be, but that I use delayes. Yowr Grace wrytyth also, that at yowr plesure I shuld have be as conformable therunto as they be, commaundynge me, eftsones, to certyfye yowr Grace of my mynde yn this behalfe.

Please it yowr Grace to undrestande, that this matier tochith as wel my brother Prior of my Churche of Cantrebury and the Convent of the same as me, for they be as well cyted to Rome by the Busshoppe of Winton to answer to this matier as I am. And the fyrst aunswer that I made unto yowr Grace yn this matier was made by thayr consents, from the which I can not conveniently varye, ther myndes and consents unknowen in that behalfe. And yn the sayde fyrst aunswer ther is aunswer made at lenght to every poyncte and article comprised yn yowr sayde direccions, as by the same aunsuer yowr Hyghnes may wel perceyve, yf yt might lyke the same at a convenient lesur to peruse and rede it. How be it my sayde adversaries, perceyvyng yowr Grace to be so greatly busied with this yowr Grace(s) interprese that for lak of lesur yowr Grace can nothir rede yt nor yet hyere my sayde aunswer, have surmised my sayde aunsuer to be colerable, and that I shulde use excuses and delayes, whoys parciall reportes and sinistre informacions ayenst me yn that behalfe shulde nowe sone appere evidently to yowr Grace, yf my sayde fermor aunsuer mought be well seen herd and considered. Wherfor trustyng in the greate goodnesse, indifferent equite, and singuler wisedom of yowr noble Grace, I moost humble beseche yowr Grace to vouchesafe at yowr best lesure to take the paine to have the hirynge and trewe relacion of the contents of my fyrst aunsuer, wheruppon I trust yower Grace, of yowr moost noble and indifferent equite, woll yudge the same aunsuer to be reasonable, and myne adversaryes to be more importune, in suyng to yowr Grace for yowr so oft wrytynge to me yn this matier, than[1] reson or juste cause requirythe; and yf they can shewe any thynge conteyned in any parte of the sayde former aunsuer made to yowr Grace to be contrarye to reason, lawe, or good conscience, both my sayd brethren the Prior and his Convent and also I mought be resonably put and dryven to a ferther aunswer.

And wher as myne adversaryes have informed yowr Grace (as it apperith yn yowr Graces sayde lettres), that I use delayes yn my sayde aunswer; yowr Hyghtnes not offended, he that offerith hym selfe, as I do yn my fyrst aunswer, to do al maner thinge at the commandement of yowr Grace, which I may do (not doyng contrarye to the solem othe that I have made to my Churche for the maintenaunce and continual defence of the ryghts libertyes and privileges of the same, nor losyng the possession that my sayde Churche hath had and enjoyed this three hundred yeres and more) yn myne opinion usith no delaye, but playnly offerith hym selfe to do as moche and as farre as he may, withowte the offence of God, and jubardy of conscience. And I se not what larger offers my sayde adversaryes can of reason require of me then be conteyned as wel yn my seyde fyrst answer as yn this, except they wolde have me to consent to peryurys, and to the los(s)e of the ryght of my Churche; for, by the same my fyrst answer, I offerred my selfe to be agreable to al thynges conteyned yn yowr sayde direccion, that I may consent unto savyng myself from peryury, and savyng the longe contynued right of my Churche. I trust

---

[1] *that*, MS

therfor, of yowr singulier wysedom, that yowr Grace wol not be displeased thowght that I more regarde and ponder the defense of the ryght of my Churche, and thobservance of myne othe in avoydyng peryury, than to condescende to suche thynges as, with the perpetuall prejudice of my Churche, shulde redounde to the singulier plesurs and profects of my adversaries, which, as yowr Grace wrytyth, be conformable to yowr Graces direccions; wherof is no marvayle, considering that it tochith their singulier and privat lucre, and yf I shuld consent to the same, they shulde have that (that) they, ne yet any of their predecessors. ever had, to their greate advantage and profecte, and my extreme damage and prejudice, besides the derogacion and amission of the ryghts, liberties, and prerogatives of my Church; and thowght they, for the execucion of their myndis, car not to what inconvenients they mought brynge me, yet I doubt not but yowr Grace, of yowr moost abundant goodnesse and singulier wisedom, and for the great devocion that yowr Grace beryth to that holy Martyr Saincte Thomas, which sufferd deth for the defence of the ryghts of the Church, wol not, at thimportune suets of my sayde adversaryes, commande me to consent to any thyng by reason wherof I shulde falle ynto peryury, or lose any parte of the ryght off my sayde Church, consydering that yt hath ben so longe possessed of the same; but rather yowr Grace wol assist yt, as yowr noble progenitors have don yn tymys passed; and for suche your gracius assistance I trust that God and Saincte Thomas, with other holy patrons of that Church, shall rewarde yowr Grace, (wher as I can not) and sende yow victory of al yowr enymes.

I mooste humbly beseche yowr Grace to take no displeasure with me for other mennys causis, nother for other mennys importunat suets, for 1 move no businesse a gainst any man but only, accordyng to myne othe, defende the ryght of my Churche ayenst my adversaries, that wolde do injuryes and wronges to the same; which be sworen also to defende the same ryghts of my Church, albeit that they, contrarye to ther othes, seketh meanys, by subtill drifts undre colorable surmyses, to impugne it, wherof men, wel lernyd and havyng good conscience, knowynge the parill of peryury, marvaylith not alitle; and it may ryght well appere to yowr Grace, that My Lorde of Wynchester alwey sueth more to yowr Grace for my vexacion and trouble yn myne absence than when I ham present; for yn myne absence, by hys importunat suets and colorable surmyses, he opteinethe yowr Graces lettres to me, as he dud yowr fyrst lettres when I was absent at Cantrebury by yowr Graces commaundment; and now also, at yowr Graces beyng theire, he hath opteyned yowr seconde lettres to me beyng absent her at London yn yowr Graces servise. When I ham present with yowr Grace and mowght aunswer by mowth more at large, he leyeth few thyngs to my charge, wherfor I mooste humbly beseche yowr Grace, that yef the sayde Busshoppe of Wynton, by hymselfe or by hys procurynge, make any further suet, labor, or business towards yowr Grace yn this matier, to commande me to com before yowr Grace, athisside the see, or beyende (yff it shall so stande with yowr Graces plesure) and to make answer presently for the right of my Church, rather then yowr Grace shulde any more be diseased after this maner by his importunat suecte; for al his mynde is by opteynyng of such lettres frum yowr Grace to me, from tyme to tyme, to induce yowr Grace to that opinion and mynd of me that I wol not obeye yowr commaundments, and by suche crafty weyes and other sinistre reaportis to bryng me out of yowr Graces favor as moche as yn hym lyeth, which I trust yowr Graces goodnesse and singulier wisedom he shal nevyr do, seyng that yn al thynges concernyng the honor weale and security of yowr moost noble person, or the commune wealle of this yowr reame, and also yn all other thynges tochyng yowr moost noble plesure, not beyng contrary to myne othe, nother ayenst the longe and contynued possession of the ryghts of my Church, I have be, am, and alwey shall be as redy to obeye and accomplyshe yowr Graces commaundement as the lowest subjects yn yowr realme; and yf suche direccions as yowr Grace hath made by twyxt my sayde adversaryes and me wer sowndyng to the honor, wele, and securyte of yowr Grace, or for the avaunsyng of the common wele of yowr realme, or any other syngulier plesure of yowr Grace, and not for the privat lucre and unlawfull desyre of my sayde adversaryes, I wolde be assone agreable and as conformable therunto as they or any of them.

<small>The Archbishop repeats *salvo ordine meo*.</small>

Paraventure it is thought that yn thabsence of yowr Grace I wolde deale more rigoriously with my sayde adversaryes than I wold yeff yowr Grace wer present; howbeit I assuer yowr Grace, that howsoever other men delyth with me or reportyth yn myne absence, yet I shall as soberly and as favorably ordre myselfe towardis my sayde adversaryes, ther deputies, and their causes, for tyme of yowr Graces absence as I convenyently may.

I wolde wryte more largely to yowr Grace at this tyme, yf it wer not for consideracion of the great paynes and laburs that I perceyve yowr Grace susteine; the day and howrely yn this yowr moost great businesse, wher yn I beseche God to send to yowr Grace as great honor and as good fortune as ever had any

U 55671. E E

prince goyng a bowt suche businesse, and sory I am that yowr Grace shulde have so greate troble a bowte suche particular matiers yn the tyme of this yowr moste busines.

And so ende the answers of My Lord of Cantrebury to the foresayde seconde lettres of the Kynge, concernyng the prerogatyffe yn probat of testaments.

Here folowyth the copy of the trydd lettres sent from the Kynge to My Lorde of Canturbury, concernyng the prerogatyffe of the Church of Canturbury yn probat of testaments.

[FROM THE KING TO THE QUEEN.]

<small>The King's third letter addressed to the Queen-Regent, requiring her to put pressure upon the Archbishop.</small>

Mooste dere and moste intierly beloved wyffe, we commende us unto yow yn owr mooste hartyest wyse, desirynge and prayeng yow that, callyng before yow the moste reverende fadre yn God the Archebusshop of Canturbury, owre Chauncellar, and three or four of the personages of owre counsayle attendyng uppon yow, ye shew to owre sayde Chauncellar, that, where we, by owre severall lettres, have two tymys wylled and desyred hym to have agreed and conformed hym to certeyne ordinaunces and direccions, which, by thadvice of owre counsayle, we have takyn and made yn the cause testamentary hangyng yn controversy by twixt hym and certayne other Busshoppis his brethern, and that he shuld by his lettres have certyfyed us of his agrement and conformyte to the same, yet hath he to neyther of owre sayde lettres made any suche answere, to owr grett mervayle, seyng that by hys assent we toke the sayde matier ynto owr handys, and by owre commaundment he and his sayde brethern have not only contynued the sayde cause yn the Courte of Rome, wher yet yt so hangyth, but also, he and they shewed the causes of theyr claymes and tytles yn the sayde matier before owre counsayle, by whose advyse we made the sayde ordinaunces and direccions. And over this, we undrestand by owr Privey Seale, the Busshoppe of Wynchestre, beeyng here yn owr servyse, that yn his absence our sayde Chawncellar hath cyted, vexed, and troubled on Master John Incent, Commissary to our sayde Pryvey Seale yn Hamshyre, by cause, as he pretendeth, the same Commissary hath usurped, molested, and perturbed, the jurisdiccion of Canterbury. In consideracion of which premisses, we desyre and pray yow that, yn owr name and yn owr behalve, ye charge and commaunde owr sayde Chauncellar not only to surcease of the vexacion of the sayde Master John Incent and dysmysse hym of the same, but also levyng all suche delayous aunswers, as he hath by hys lettres made to owr lettres yn

APPENDIX. 435

tymys paste, yn the sayde mater he obey owr sayde ordynaunces and direccions, and of his agrement and conformyte to the same he certyfye us directly and precysely by his lettres, as he wol avoyde owr displeaser; and of the aunsuer that he shall make to yow yn this behalfe we pray yow to certyfye us by yowre lettres. Yeven under owr signet, at owr towne of Calyse, the xvj. day of July (anno Domini 1513).

Here folowe the aunsuers of My Lorde of Canturbury to the foresayde tred lettres of the Kyngis, concernyng the prerogatyff yn probatt off testamentis.

[BY THE LORD ARCHBISHOP.]

Please yt yowr Grace that, for as myche as the Kyngs Highnes, by hys moste honorable lettres dated at hys towne of Calyse the xvjth day of July last paste, wrote unto yowr Grace to calle me before yow and certayne of hys honorable counsayle her, accordyng to the which his Graces lettres I was before yowr Grace on Sancte Laurence Evey last paste, Syr Thomas Lovell and Syr Thomas Inglefelde then beyng present, at which tyme yowr Grace wylled me to make aunsuer to the contents of the sayde lettres; accordyng to the which yowr Graces mynde I make aunsuer yn that behalfe, yn maner and forme folowyng: *The Archbishop's reply to the Queen.*

Fyrst: wheras the Busshoppe of Wynchestre, beyng yn the Kynges servyse, hath surmysed to the Kynges Grace that yn hys absence I shuld cyte, vex, and trouble, one John Incent, hys Commissary, uppon pretense of usurpyng and molestyng of the jurisdiccion of my Church of Cantrebury: wher unto I ansuer *in verbo sacerdocii,* that I never cyted, vexed, nor troubled the sayde John Incent, nor wylled caused, nor consented, that any officer of myne, or yet any other person, by me or my meanes, for any maner of cause shuld trouble or vex the sayde John Incent, or any other belongyng to the sayde Busshoppe; but I have expressly commanded myne offycers, that nother they, ne yet any of theyme, shuld yn the absence off the sayde Busshoppe vexe or trouble any of his offycers, as my sayde offycers can and woll depose yeff they be theroff examyned. And though that any of the sayde Busshoppes offycers had, percaas, by their lettres otherwyse informyd hym that I had vexed or troubled theyme, yet, uppon there lyght informacion and surmyse, he shuld not lyghtly have informed the Kynges Grace a yenst me of so untrewe a mater. Wherfor I humbly beseche the Kynges Grace, and yowrs alsoo, to yeve to the sayde Busshoppe the lesser credence,

E E 2

yn suche maters as he shall informe yowr Graces of a yenst me yn tyme to cum, for he forceth lytle what he sayth, so as he, by hymselfe or by any other meane, may hynder me yn any behalfe.

Also, wheras the Kynges Grace wryteth that yowr Grace shulde commaunde me to surcease from farther troublyng of the sayde Incent: I nede not to be commaunded to surcease, for I never began any trouble ayenst hym, and yff the sayde Incent or any other offycer of the sayde Busshoppe begyn not a yenst me, yn troublyng vexyng and interruptyng the ryght and tytle of my Churche of Cantrebury, I wol yn no wyse intromytte with theym; but yff they begynne, then I must nedys defende the ryght of my sayde Church, accordyng to my othe, or ellys I must falle ynto peryury, which I am suer ys not the mynde of the Kynges Grace ne yet yowrs.

Whereas yt ys conteyned yn the sayde lettres of the Kynges Grace, that I shulde leve delays, and use dyrecte aunswers to suche lettres as hys Grace hathe dyrected to me yn tymes paste, for the mater of varyaunce betwixt the sayde Busshoppe and me; as ther unto I have al redy made, unto al such artycles as were comprysed yn the sayde lettres, as resolute and as a determynate aunswer as my power wytte, with thadvyse of my lerned counsell, cowde extende to make, and yff the sayde Busshoppe can shew any artycles comprised yn the Kynges lettres to which I have not yet made a resolute and a perfecte aunswer, uppon the shewyng of any suche article or articles, I shall make a more resolute aunswer ther unto, yff I or any of my counsayle can any suche devise, which thynge I suppose wolbe to gret a difficulte for theym or me to do, for I wote not what a more resolute or playner aunswer I cowde make than ys alredy made yn myne aunswers to the Kynges lettres aforeseyde, wherein I offer my selfe to obeye to al suche determynacions and ordinaunces off his Grace as I may, my solempne othe gevyn to my Churche saved, and also the ryght of the same for three hundred yeres and more contynued not hurtyd, as by the same aunswer yt may more largely appere. And though I of myne owne simplenes (which God forbede) wold agre to the hyndryng or losse of the ryghts of my sayde Churche, and so to fall yn to perjury, yet I doubte not but that nother the Kynges Hyghnesse ne yet yowr Grace, of yowr bothe singular goodnesse and conscience, wolde commaunde me to geve suche aunswer, by the which I mought other falle yn to perjury, or yet lose the ryghts of my sayde Churche. And I gretly mervayle that the sayde Busshoppe wolde trouble not only the Kynges Hyghnesse be yend the see, but also yowr Grace and the Kynges counsayle here, yn thys tyme specially off so gret besinesse, with suche untrewe surmyses and symple particular maters concernyng hys sayde Com-

Salvo ordine meo repeated.

myssarye, beyng untrewe, wherby yt may well appere, that
he more pondereth and more regardeth hys owne privat causes,
than he dothe the prosperous advauncyng of the Kynges moost
noble armye, or the common weale and defence of the reame;
and yff he may have audience from tyme to tyme gevyn unto
hym of the Kynges Hyghnesse and of yowr Grace yn makyng
suche lyght and untrewe surmyses a yenst me, he woll seke
occasions y nowgh to trouble me from tyme to tyme, as
well before Hys Grace as yowrs, so as he nother be yn
reste and peace hym selfe, ne yett woll suffre the Kynges
Hyghnesse, nor yowr Grace, ne yett me to be yn reste.
And all thys he doth to none other intente, but only as
muche as yn hym lyeth, by suche untrewe surmyses, to bryng
me without just cause oute of the Kynges Graces favor and
yowrs, which I have never deserved nor ever shall intende to
deserve; and hys princypall study and drifte ys to cause the
Kynges Hyghness to take thys mater as thowgh it shulde
apperteyne to hys Grace, but I doubt not but that hys Grace,
lyke a noble, wyse, and a just prynce, woll stande indifferent
betwixte the sayde Busshoppe and me, the rather for the
devocion and love that hys Grace and hys noble progenitowrs
have borne to the holy Martyr Sancte Thomas of Cantrebury.
thewhich hys progenitowrs, from the tyme of Kyng Henry the
Secunde untyll this daye, have alwey favored and defended the
sayde Churche of Sancte Thomas. And so my veray synguler
trust ys, that hys Grace woll be as good and as favourable to the
same as ever was any of hys noble progenitowrs. At Lamehethe,
the xiiij. daye off Auguste (anno Domini 1513.)

And so ende the aunsuers of My Lorde of Cantrebury to the foresayde
tryd lettres of the Kynges, concernyng the prerogatyff yn probat of
testaments.

Here folowyth the copy off the fourth lettre sent from the Kynge to My
Lorde of Canturbury, concernyng the prerogatyff of the Church of
Canturbury in probat of testaments.

[BY THE KING.]

Moost reverende Fadre in God, ryght trusty and ryght wel- *The King's fourth letter addressed to the Archbishop.*
belovyd, we grette yow well, and where as we, by owr other
letters severally, have twyse wylled yow to conforme you to
thordinaunce that we made betwyxt yow and owr ryght trusty
and welbeloved counseillour the Busshoppe off Wynchestre,
Keper of owr prevey scale, and his adherentes, and that ye shulde
by yowr letters certyfie us that ye wolde conforme yow to the
same, lyke as owr sayde Prevay Seale and hys sayde adherentes
have doon every off them for his parte, and over this, where we
have also wrytyn to owre moost dere and most entierly wel-

beloved wyfe the Quene to wyll and desyre yow, yn owr behalfe, to make to us the sayde certificate, the which we be informed she hath doo, yet owr sayde three requests to yow made, as ys before sayde, notwithstondyng, ye have not made us the sayde certyficate, contrary to owr sayde two letters and the commaundment made to yow by owr sayde wyfe the Quene, wherin ye make small demonstracion of any good obeysaunce that ye bere unto us. Wherefor, seeyng that, by yowr assente and to yowr advantage, we toke the mater of difference betwixt yow and yowr sayde parties yn to owr handys, and assigned certeyne of owr counseyle to hir the same, and finally by thayre advysys made the sayde ordinaunce, we woll and, eftsones which ys the fourth tyme, estraictly charge yow, that ye not only conforme yow to the sayde ordinaunce, but also certyfye us by yowr wrytyng, immediately uppon the receipte of thes owr lettres, that ye wol so; do not fayling hereof as ye wol avoyde owr grevouxe displeasure. Yeven undre owr Signet at owr Citye of Tourney, the xxix. daye off Septembre (anno Domini M^{mo} quingentesimo terciodecimo).

Here folowe the aunswers of My Lorde of Canturbury to the foresayde fourth lettres of the Kyngs, concernynge the prerogatyffe yn probat of testaments.

[BY THE LORD ARCHBISHOP.]

The Archbishop's reply to the King's fourth letter.

Please yt yowr Grace to undrestond, that I, the xxvij. daye of this present moneth, receyved yowr moost honorable lettres, datyd at yowr Cytie of Tourney, the xxix. daye of Septembre last passed, wherin yowr Grace wrytith, that notwithstonding yowr several lettres to me directed, and also the Quenys commaundment yn yowr Graces behalve to be gyven that, I shulde obeye yowr Gracis commaurdment, made yn the mater of variaunce betwene the Bushoppe of Wynchester and his adherents and me, and to have certifyed yowr Grace by my lettres of my conformyte therin (as yowr Grace hath be informed) I have not so doon, &c.

Plese yt yowr Grace to call to yowr gracious remembraunce, how that to all suche lettres as yowr Highnesse hath directed to me for that mater I have at large made aunswers, yn suche maner and forme as I trust lawe, reason, and good conscience can requyre; and yn the same aunswers I have offerd my selfe (as I do now yn this) to obey al yowr Graces commaundments,

Salvo ordine meo repeated.

my solempne othe made by me to my Churche saved, and the possession and ryghts of my sayde Churche, by the space of three hundred yerys and more contynued, not dymynyschid nor hurtid; and I trust that yowr Hyghnesse wol not thynke that to save myne othe, and to defende the ryghtys of my Churche, ys nother an unreasonable aunswer ne yet aunswer of any delaye ; for this aunswer ys thowght, as wel to my counsayle as to other wyse and wel lerned men, both ryght, resonable, and also withowt delayes, so as a more reasonable, a more perfecte, or playner answer (as they thynkyth) can not be by me, yn this behalfe, conveniently be made, except I shulde declare my selfe to be wilfully perjured ; yn to the which inconvenience the sayde Bushoppe wol be glad to brynge me yf he cowde ; and yf I shulde be compelled to make aunswer until he wolde be contentid with myne aunswer, I thynke I shulde lose muche tyme yn vayne, for he wold be contentyd with none other aunswer but with suche as may be for his profecte, and for my hurte, and prejudice of my Churche. And as touchynge yowr Graces commaundment yeven to me by the Quenes Grace, trowth yt ys that, accordyng to the same yowr commaundment, I have made aunswer to her Grace, the which myne aunswer, as I suppose undoubtebly, to have be sent to yowr Hyghnes from her[1] Grace. In makyng whereof I trust I have behaved my selfe accordyngly, as her Grace can indifferently make reaporte to yowr Hyghnesse of the same ; and, consyderyng the gret besynes that yowr Grace was then yn the partyes of by yende the see, aftyr my mynde yt had be ful unfyttynge for me to have troubled yowr Grace, at that tyme, with any particular matters of the Bushoppe of Wynchester or other causes lyke; and therfore I made my hole aunswer yn that behalve to the Quenes Grace, or ellys I shulde have troubled both yowr Highnes ther, and also her Grace her, with one mater, the which I thought it not convenyent to be don. Where as, by the surmyses of the sayde Bushoppe of Wynchester, yowr Grace wrytyth, that ye take the sayde mater of variaunce yn to yowr handys to my greate advantage; yowr Grace not offended, my Church of Cantrebury to be dispossessed of suche ryghtes as the sam hath ben in possession of three hundred yeres and more, and myne adversaries to be put in possession of that that they never had before, I thinke it not to be for my profecte, but rather to the greate damage of me and also of my sayde Church. In moost humble wyse, besechyng yowr Grace to geve no credence to the sayde Bushoppe in makyng informacion or surmyses ayenst me until suche tyme as it may stande with yowr Graces pleasure that I shall cum to yowr mooste honorable presence ; and yn caas the sayde Bushoppe shall hereafter sue to yowr Grace for thobteynyng of any moo lettres ayenst me for the sayde mater, I moost humble beseche yowr Hyghnes

---

[1] *yowr*, MS.

APPENDIX.

then to commaunde hym to wryte lettres unto me yn his owne name, and that I yn lyke maner may make aunswer to hym yn myne owne name, with owt any furthar troublyng of yowr Grace yn that behalve. My very special truste ys yn yowr Grace, that ye of yowr syngular wysedome and greate goodnesse wol take no displeasure a yenst me for any cause concernyng the Bushoppe of Wynchester, for yn yowr owne causes, both my body and also my goodis shall be ever at yowr Gracys commaundment From Mortelake, the xxix. of Octobre (1313).

And so ende the aunswers of My Lorde of Cantrebury to the foresayde four lettres of the Kynges, concernyng the prerogatyff yn probat off testamentys.

INDEX.

INDEX.

A.

Absolution, power ; to give in certain reserved cases asked for by the prior, i., 422, 450 *et seqq.*, 479 ; ii., 16, 79.

Abyndon, Hen., warden of Merton College, iii., 151.

Adam, son of Elgar, gives a wharf at Fordwich, iii., 358.

Alard, Gervase, opponent of Ch. Ch. in a suit, ii., 219.

Aldesley, Walt. de, letter of credence addressed to, ii., 456.

Aldeswell, Joh. de, messenger from Oxford University, i., 526.

Aledone, Rob., a mutinous monk, i., 38, 147, 150 ; his proposed change of habit, 160, 162 ; the king intervenes, 174 ; his penance and absolution, 208, 223, 224.

Aledone, Rob., asks for a loan, i., 464.

    ,,   a mutinous monk, ii., 292.

"Alibi," licence of, permitting suffragan bishops to be consecrated elsewhere than in Canterbury Cathedral, i., xlxii., 22, 32, 241, 312 ; ii., 184 ; guarantee at Grostête's consecration, iii., 369.

Alkham, Tho. de, commissary to the Bishop of Rochester and Rector of Southfleet, i., 246, 266.

Alyngton, Will., Speaker of the House of Commons, iii., xvii., 284.

Andrew, John, of Monkton, prisoner in the Prior's gaol, reveals treasons, iii., 195.

Appledore, illegal distraint at, ii., 460-4 ; parishioners at, John Clerk ; Rich. atte Reche ; Tho. Wolblad ; Will. Beaufront; Joh. Southlond ; Tho. Goldon ;

Appledore—*cont.*
Rich. Toune ; Tho. Bokhurst ; Tho. Benet ; Hen. atte Wauter ; Piers Pikebon, ii., 460.

Arbroath Abbey, the abbot asks for a relic of St. Thomas, ii., 373.

Arch, Tho., rector of St. Leonard, Eastcheap, and of St. Augustine's by St. Paul's, ii., 444.

Armagh, Archbishop of, report of his resignation, i., 108.

Arundel, Thomas. *See* Canterbury, Archbishop of.

Arundel, Earl of (William), warrants freedom of episcopal elections, i., 24.

  ,, ,, (William), (1323), bids for the manor of Wickham Breux, i., 104.

  ,, ,, (Richard), leave to dig ironstone at Merstham'given to, ii., 420 ; commutes an annual gift of venison for a money payment, 432.

  ,, ,, (Thomas), commemorated in Arundel's mass in Ch. Ch., iii., 123.

Arundel, G. de, receives goods stolen from Ch. Ch., i., 192, 198.

Ash Bocking (Norwich dioc.), the church appropriated to Ch. Ch., i., 166, 168, 186, 188, 191 ; a vicar resigns, 235 ; question as to the lease of the rectory, ii., 208 ; it is farmed to the vicar, 422.

Asteleye, Tho. de, rector of Reculver, ii., 319.

Ate Bregg, Walt., provost at Brook, i., 72.

Ate Chambre, John, executor of Mich. ate Water, i., 74.

Ate Herne, Joh., farmer of Wootton, i., 75.

444   INDEX.

Ate Reye, Tho., provost at Chartham, i., 90.
Ate Water, Mich., release given to his executor, i., 74.
Atte Barton, Will., commemorated in a mass at Ickham chantry, iii., 23.
Atte Briche, Hugh, agent for Ch. Ch., i., 284.
Atte Broke, Nich., of Framfield, manumitted with all his family except one, ii., 411.
Atte Halle, William, tenant at Risborough, i., 488.
Atte Halle, Hamon, founds a chantry at Godmersham, ii., 454.
Atte Helle, Tho., lay auditor appointed by the chapter for bailiff's accounts, ii., 305.
Atte Herste, Walt., a trespasser at Wootton, Sussex, ii., 212.
Atte Hulle, Tho., livery granted to, ii., 126.
Atte Lewe, Richd., Ralph, and John, three generations, at Westwell, ii., 221.
Atte Nelme, Joh., of Canterbury, makes his will, ii., 406.
Atte Notebeame, Rich., canon of St. Gregory's, i., 343.
Atte Snode, John and Saleyna his daughter, of Westwell, ii., 221.
Atte Stegele, Hen., of Stisted, tenant of Ch. Ch., ii., 223.
Atte Theghe, Joh., bailiff at Merstham, ii., 460.
Atte Wealde, Rich., farmer of East Peckham, ii., 417.
Attlyngflete, Alain de, a clerk nominated for a benefice by the king, i., 42.
Aurifaber, Bernard, is dragged from sanctuary in Ch. Ch., iii., 146.
Ayermin, Richd., a counsel of Ch. Ch., i., 498.

B.

Baa, Tho. de, commemorated in a mass at Ickham chantry, iii., 23.
Bacon Thos., a judge, ii., 46.
Baddesle, John de, commissary of Archbishop Raynold in Norwich diocese, i., 156.
Badekoc, Rob., tenant at Brightwell, ii., 384.
Badelsmere, Giles de, an influential patron, ii., 233.
Badelsmere, Barth. de, excludes Queen Isabella from Ledes Castle; with the King's retaliation for the insult, iii., 402-4.
Bailiff, J., lay auditor appointed by the Chapter for bailiffs' accounts, ii., 305.
Baldok, Rob. de, Chancellor to Edw. II., money remitted to, i., 60, 188; asked to lend a clerk to Ch. Ch., 132; abjuration of, in Parliament, 204.
Balun, John, agent of Ch. Ch. in London, i., 200.
Bandini, Nich. de Falconor', party to a suit relating to Waddon Church, i., 274.
Bangor, Bishop of, Griffith or Anian, i., 32.
Barchamsted, John, chaplain of Doreward's chantry at Bocking, iii., 54.
Bard, Peter, the king's bailiff at Sandwich, i., 410.
Bard, Barth. de la, a member of the Italian firm much engaged with Ch. Ch., i., 402, 424, 426, 452, 460, 470.
Bardi, The, of Florence, bankers for Ch. Ch., i., 402, 424, 426, 452, 460, 470; ii., 48.
Baron, Tho., keeper of the Prior's gaol, iii., 195.
Barret, Tho., collector of scutage in Suffolk, ii., 237.
Basing, Edm. de, a candidate for admission to Ch. Ch., rejected, i., 126.

INDEX.   445

Basset, Sir Ralph of Drayton, Constable of Dover Castle, and Lord Warden, i., 182.

Bateman, Will., of Gidding, chantry priest on the Black Prince's foundation, ii., 431.

Battle, the Abbot of, consulted in the matter of a trespass committed by two of his monks, ii., 104.

Battle Abbey; Wye Church, appropriated to, iii., 199.

Bavent, Roger de, tenant of the manors of Pettesworth and Cockyng, i., 180.

Bayeux, Bishop of (Louis de Harcourt), admitted to confraternity, iii., 255.

Bealfrere, Tho., feloniously killed at Wittersham, ii., 369.

Beauchamp, Sir J. de, offers the manor of Easole as endowment for a chantry, ii., 484-8.

Beauvais, a messenger on the way to Rome dies at, i., 486.

Beccles, W. de, a clerk nominated for a benefice by a new Archbishop. i., 34.

Bedeford, Tho. de, advocate in the Archbishop's court, i., 274.

Bedyl, Thom., secretary to Archbishop Warham, iii., 344-6.

Bedyngfeld, Rich. de, a scholar in the Almonry school, i., 444.

Beek, Richard, master mason of Ch. Ch., iii., 165, 169.

Beek, Tho., canon of Lincoln, executor of J. de Beek who leaves a legacy to Ch. Ch., ii., 159.

Beek, Sir John, leaves a legacy to Ch. Ch., ii., 159.

Bele, Hamo, of Canterbury, a coroner, iii., 289.

Belegrave, J. de, leaves a legacy to Ch. Ch., ii., 316.

Benedictine Order, correspondence relating to a general chapter of, in England, ii., 200, 398, 404.

Benefices, exchange of, asked for, ii., 444.

Benger, Rich., an intruder in Canterbury College, Oxon., ii., 504.

Bentley Priory (London diocese). Canons of St. Gregory's Canterbury, banished to, i., 336-9; a coadjutor for the custos appointed, 345.

Bereford, Edm., an influential patron, ii., 233.

Bereham, Mich. de, executor (?) of Archbishop Winchelsey, i., 44.

Bereham, Hen. de, attorney of Ch. Ch. ii., 208.

Berewyk, Joh. de, Justice in Eyre, i., 87.

Berewyk, Laur., Simon, and Hugh, of Risborough (emancipated) *nativi*, ii., 232.

Bernard, Peter, nominated to a corrody by Edw. II., i., 184; his goods sequestrated, 196.

Berners, Rog. de, has land at Horsley in the fee of Ch. Ch.. ii., 74; his widow sues for dowry, 260.

Bersted (Sussex), the union of the benefice with that of Bognor, iii., 240-1.

Betenham, Tho., counsel of Ch. Ch., ii., 272.

Betleshanger, Joh. de, a tenant of Valoynes at Repton, i., 94-5.

Bishops, free election of guaranteed, i., 21.

Bishopsbourne, the Church of, offered to the Archbishop's Chancellor *in commendam*, i., 181.

Blak, Tho. le, of Sandwich, debtor to Ch. Ch., i., 298.

Bloodshed, the cathedral churchyard polluted by, ii., 153-8.

Blount, Tho., rebels against Henry IV., iii., 74.

Boch, Ralph, a fugitive from Newington (Oxon.), ii., 418.

Bocking Manor, i., 275, 468-70; ii., 392. Grain lent to the vicar, ii., 54; a chantry founded at, iii., 52; tenants at, Barth. Lyoun, Reginald Fitz-Roger, Edm. le Cuppere, i., 58; W. Morel, Ralph Doreward, Barth. Lyoun, Edm. le Cupper, Nich. le Caru, Joh. son of Tho. de Bredeford, 84.

Boclonde, Symou de, monk of Battle, ii., 104.
Bognor, the benefice united to that of Bersted, iii., 240.
Bohun, Sir Will., asked to interpose at Risborough, ii., 82.
Bond, formula of, given by tenants to secure rent, i., 17; in payment for corn, ii., 394.'
Bonde, Nich., witnesses a deed of the Black Prince, ii., 423.
Bondmen. See Nativi.
Bone, John, miller at Canterbury (North Mill), ii., 362.
Borley, mill of, ii., 178.
Borne, Rob. de, late rector of Frakenham, executor of Rob. Vyntier of Maidstone, founds a chantry, ii., 493.
Bosco, Steph. de., examiner of candidates for holy orders, i., 466.
Bosham (Sussex), dispute as to the church between the Bishops of Exeter and Chichester, i., 97–8.
Boughton-under-Blean, the benefice exchanged, i., 314; the advowson given to Faversham Abbey, ii., 219.
Boulogne, Count of (Renaud), warrants the freedom of episcopal elections, i., 21; levies toll at Wissant, i., 137; from Archbishop Winchelsey, iii., 387.
Bourchier, Henry. See Canterbury, Archbishop of.
Bourne, James de, agent of the convent in France, i., 158; founder of a chantry at Bekesbourne, iii., 59.
Bourne, Barth., a descendant of James, transfers the chantry to Eastbridge Hospital, Canterbury, in which he directs that, James, John son of Eustace, and Margaret de Bourne shall be daily commemorated, iii., 59.
Bourne, Tho. de, serving in France, letter to, ii., 224.
Boys, Will. de, parishioner of Ash Booking, ii., 208.

Boywyk, W. de, the prior's chamberlain, enlisted, i., 72.
Boywyk, Tho. de, rector of St. Mary, Bothaw, ii., 297.
Brabant, the Duke of, his agent delivers an insulting summons to Archbishop Stratford, ii., 226.
Bradele, W. de, a clerk of the Archbishop, ii., 318; (of Winchester) his heir applies for possession of his estate, 390; commemorated in a mass at Eastbridge Hospital, iii., 60.
Bradewell, Tho., rector of Shoreham (Kent), executor of J. de Sheppy, Bishop of Rochester, ii., 451.
Bradgate Church, appropriated to St. Jacob's Hospital, ii., 278.
Bradweye, H. de, seneschal of the Archbishop, ii., 60.
Brampton, Will., London citizen, ambassador to the Hanse Towns, iii., 90.
Braunche, Will., son of John, of Canterbury, *ostiarius claustri* in Ch. Ch., ii., 350, 370.
Braydenston, J. de, seneschal of Ch. Ch., i., 270; ii., 69, 74; dismissed from office, 84.
Bredgar College, foundation of, iii., 15; two scholars from, admitted to the Almonry school, 68.
Brenchley, Dame Joan, her chantry, iii., 193.
Breus, Rog. de, rector of Heydon, i., 156.
Brewous, Will. de, his bargain for the sale of Wickham Breux, i., 104–7.
Breviger (Brevigerulus). See Mortuary roll.
Brewer, William, warrants the freedom of episcopal elections, i., 21.
Brightwell Manor (Oxon.), bailiff's commission, i., 146.
Brochulle, Tho. de, a member of Archbishop Stratford's household, ii., 226.
Broke, Joh., bailiff for Ch. Ch., in East Kent, i., 372.

Brokere, Rob., ferryman at Ebeny, ii., 317.
Bromston, Joh., feoffee in the matter of Pamfield Manor, iii., 258.
Brooke, Will., rector of St. Michael Paternoster-church, iii., 149.
Brooksend Manor (Birchington), fugitives' goods at, i., 428, 432, 436, 442.
Broun, Simon, Mayor of London, iii., 169.
Broun, Sir Tho., commissioner of array in Kent, iii., 225.
Brugg, Andreas de, canon of St. Paul's, counsel of Ch. Ch., i., 112, 138.
Brun, Rob., of Sandwich, a person of influence, i., 376.
Bruyn, Ric., commissioner of array in Kent, iii., 225.
Bruyton, H. de, canon of Wingham, i., 343.
Bruyton, J. de, chancellor to the Archbishop, i., 28; auditor causarum, 85.
Bryan, J., supervisor of the Midland manors of Ch. Ch., ii., 290.
Buckland (Dover), the rector ejected and reinstated, i., 502, 510.
Bulkeley, Tho., a counsel of Ch. Ch., iii., 285; his servant in Westgate gaol, 287; he is admitted (with his wife Margaret and her parents) to confraternity, 288.
Bulton, Thom., chaplain in the chantry of Eastbridge Hospital, iii., 58.
Burbache, Dom. Rob., gives a legacy to Ch. Ch., ii., 354; commemorated in a mass at Eastbridge Hospital, iii., 60.
Burgh, Hubert de, exempts the convent from liability to repair the city walls, iii., 380.
Burghassh, Barth. de, a king's justice, i., 278.
Burgundio de Romanis, Peter, papal nuntius in England, ii., 239.
Bury, Alice femme de Johan, nominated to a corrody in St. Jacob's Hospital, ii., 282.
Bury, St. Edmond's, the monks of, divert a watercourse at Borley, ii., 178.

Bydynton (Winton dioc.), exchange of the benefice, i., 314.
Byne, Peter, agent to the Bardi of Florence, i., 274, 404.
Bynteworth, Ric. de, chancellor to Archbishop Meopham, i., 436.
Bysschoppiston, Tho. de, seneschal of the Guest Hall, ii., 14.
Bysshoppiston, Hugh de, clerk to the Archbishop and proctor in Parliament, i., 203-4.
Bytteryng, Rob. de, proctor for the chapter of Norwich, i., 155.

C.

Cade, Jack, forms of pardons for his followers, iii., 205, 207.
Cadenay, Auger, first priest of the chantry in St. Sepulchre's nunnery, Canterbury, ii., 494.
Caen stone bought for the cathedral, iii., 330.
Caldecote manor, jurisdiction in, settled by composition with the citizens, iii., 323.
Campeggio, Cardinal, advocate of Ch. Ch., iii., 340 et seqq.
Canterbury, Archbishop of. Lanfranc; his composition with the Archbishop of York, iii., 351.

,,   ,,   Winchelsey, sketch of his history, i., xlix.; goes to the king at Caerlaverock, 26, 27; his executors' accounts, 44, 54, 134; his suspension, iii., 385; his commission allowing the Bishop of Winchester to crown Edw. II., 386; pays toll at Wissant, 387; the question of his canonization, 398, 402.

,,   ,,   Walter Raynold. His familiarity with the king, i., 111; his proposed journey to France

Canterbury, Archbishop of—*cont.*
with the queen, 137; his chaplain assaulted, 190; his kinsman elected to a scholarship at Merton College, 258.
„ „ Simon Mepham. His absolution *ad cautelam*, i., 310; his suit with St. Augustine's Abbey, 333, 467, 511, 517; the question of the forged privileges of the abbey, 341; a proctor appointed, 348; the prior's letters of advice and remonstrance addressed to him, 224, 272, 276, 302-4, 306, 333, 336, 340, 370, 420, 422, 438-41, 467, 506; is asked to resent a trespass by the sheriff of Kent, ii., 22.
„ „ John Stratford. His primary visitation, ii., 76; borrows two horses from the Prior, 95; his complimentary letters to the convent, 98, 100; claims a forfeit on one of the manors of the convent, 140; absent from England, 192, 215; appoints a kinsman to an office in Ch. Ch., 217; insultingly summoned for a debt by the agent of the Duke of Brabant, 226; appoints an apparitor, 251; re-endows Eastbridge Hospital, 251; founds a chantry at Stratford, 267; gives medical advice to the prior, 279.
„ „ Simon Islip, asked not to heed sinister reports about the convent, ii., 308; his visit to Canterbury declined, 314.
„ „ William Courtenay, his college at Maidstone, iii., 45.
„ „ Roger Walden, his death whilst Bishop of London, iii., 98.
„ „ Thomas Arundel. A pension assigned to twenty-five years before his promotion, ii., 506; in exile at Florence, iii., 70; his escape from an ambush laid by his nephew, 73; his foundations at Maidstone and Canterbury, 109, 123; notice of, xii.
„ „ Henry Chicheley. His influence in obtaining the "Wine of St. Thomas," iii., 138; his

Canterbury, Archbishop of—*cont*
monument, 159; his benefits to Ch. Ch., 171; his chantry, 212.
„ „ Thomas Bourchier. His chantry and the site for his tomb, iii., 258, 263, 301, 316.
„ „ William Warham. Chooses his place of burial, iii., 337.
Canterbury, Archdeacon of, refuses to accept the Archbishop's *commendation* of the church of Bishopsbourne, i., 180; claims jurisdiction *sede vacante*, ii., 80; his place in the chapter defined, iii., 355; consents to the annexation of Wye vicarage to the College, iii., 202.
Canterbury City, bailiffs, W. de Chilham, i., 218. Edm. Cokyn and Steph. of Sellyng; John Elys and Steph. of Hoo, ii., 350. Will. Byllyngton, Rich. Coteter, iii., 146. Will. Chylton, John Bray, 150.
„ „ coroners, John Chamberlyn, Will. Spert, iii., 195.
„ „ St. Georges, the Austin Friars wish to acquire land in, i., 100, 160.
„ Sketch of the history of the acquisition of a part of the city walls by the Church, iii., xxxvi.; documents relating to the same, i., 60; iii., 318 *et seqq.*, 379; dissentions with the convent, i., 212, 222; iii., 146, 150; the convent is not bound to assist in repairing the fortifications, 379, 380; delapidations at the Archbishop's palace, in, ii., 282; agreement as to the mills, 350.
Canterbury, Prior of Christ Church. Henry of Eastry, reports favourably of his health, i., 120; asks to be allowed to appoint general attorneys, 290, 354; wants an easy mule, 296.
„ „ Richard Oxenden, asks advice about buying wine, i., 356; invites friends to his first mass and banquet, 362; sketch of his history, ii., xix.
„ „ Robert Hathbrand, monk and Sub-Prior, ii., 133, 139, 178; question

INDEX. 449

Canterbury, Prior of Christ Church—*cont.* as to the regularity of his election, 192, 198, 215; the feast after his first mass, 194; asks for the privilege of carrying a pastoral staff, 240; admitted to confraternity with St. Sexburga's (Sheppey), 333.

„ „ Thomas Chillenden, his benefits to the Monastery, iii., 112.

„ „ William Sellyng, sketch of his history, i., xxxi.; licence to study at the University, iii., 239; his letter of recommendation on going to Rome, 244; the cost of his purse, 272.

Cantuaria, Hen. de, demands his pension, i., 206.

„ Tho. de, Commissary-General of Archbishop Mepham, i., 313, 343, 356, 466.

Cardinal, Joh., a candidate for Westerham, ii., 165.

Cardinal Bertrand (t.t. Scæ. Mariæ in Aquiro), a patron of Ch. Ch., ii., 240.

Carpenter, John, executor of Sir Rich. Whittington, iii., 143.

Cassanhis, Jencelinus de, delegate judge in an appeal, i., 153, 155.

Caudray, Ric., Dean of St. Martin's-le-Grand, intercedes for a disobedient monk, iii., 171.

Caumpdieu, John, agent at Deepham, ii., 301.

Cavendish, John, attorney in a suit with Ipswich, ii., 364.

Cely, Benedict, rebels against Henry IV., iii., 74.

Chamberleyn, Sir John, arbitrator in the matter of the Black Prince's chaplains, iii., 210.

Chandler, Dr. Tho., his benevolence to Canterbury College and his recompense, iii., 260-1, 267, 270.

Chantries. The Black Prince's in Christ Church founded, ii., 388, 422-31; rules for the priests, iii., 210; the expenses exceed the income, 257.

Chantries—*cont.*
„ Rushworth College, ii., 498.
„ Beauchamp's proposed and refused, ii., 484-8.
„ At St. Sepulchre's nunnery, ii., 493.
„ At Reculver, ii., 319.
„ Archbishop Stratford's, at Stratford confirmed, ii., 267.
„ Godmersham Church, ii., 454.
„ Services on behalf of Richard II., iii., 12, 40.
„ Bredgar College, iii , 15.
„ Ickham Church, iii., 21.
„ Archbishop Courtenay's in Ch. Ch. and Maidstone, iii., 41, 45.
„ Bocking Church, iii., 52.
„ Eastbridge Hospital, iii., 58.
„ Archbishop Arundel's, at Ch. Ch. and Maidstone, iii., 109, 123.
„ Whittington's, in Paternoster Church, London, iii., 143, 148.
„ Brenchley's, in Ch. Ch., iii., 212.
„ Archbishop Bourchier's, iii., 258, 263, 301, 316.
„ Explanation of the deeds relating to, iii., xlix.

Chareman, Joh., parishioner of Westerham, ii., 164-5.

Charing, W. de, clerk to the Archbishop, ii., 198-9.

Charing, Adam de, founder of Romney Hospital, ii., 437.

Charlewood (at Merstham), ironstone in, i., 456.

Chart, Great, a disputed rent at, i., 432.

Chartham manor, a defaulting bailiff, i., 90; the tenants summoned for military service, iii., 349.

Chaump, Tho. du, parishioner of Ash Bocking, ii., 208.

Chaumpneys, Hugh, a friend of the Prior who has a son at Oxford, ii., 266.

U 55671.   F F

450   INDEX.

Chawcers, Thomas, admitted to confraternity, iii., 152.

Cherchman, Nich., haberdasher, has a lease of the fairs in the cathedral churchyard, iii., 233.

Cherdesle, Tho. de, a papal *provisor*, ii., 420.

Cherminster, Tho. de, examiner of witnesses in the Archbishop's Court, i., 274.

Chester, Earl of (Ranulph), warrants the freedom of episcopal elections, i., 21.

Cheyne, Sir Joh., commissioner of array in Kent, iii., 225.

Chicheley, Henry. See Canterbury, Archbishop of.

Chicheley, Tho., Archdeacon of Canterbury, iii., 202.

Chichester, Bishop of (J. de Langton), dispute with the Bishop of Exeter concerning Bosham Church, i., 97-8; offers a chalice at the shrine of St. Thomas, ii., 5. (Robert Stratford) asks for the benefice of Aldermari-church for a clerk, ii., 175; presides at the election of a prior of Ch. Ch., 192, 198, 215. (Richard Praty) asks for a relic of St. Wilfrid, iii., 187.

Chichester, commission of the bailiff of Ch. Ch., at, i., 198.

Chigwell, H. de, burgess of London, consulted by the Prior, i., 356.

Chigwell, Thomas, imprisoned, i., 482.

Child, Dame Margery, nun of St. Sepulchre's, ii., 337.

Chilham Church (appropriated to St. Bertin's, but in the king's hand) leased to the Abbot of Langdon and claimed by a monk of St. Bertin's, ii., 223; enquiries as to it, made by St. Bertin's, iii., 140.

Chiriton, Johanna, Prioress of St. Sepulchre's, Canterbury, ii., 468.

Chrism not to be communicated to St. Augustine's Abbey, i., 29; lost on the road, 115; the Bishop of Rochester asked to furnish to Ch. Ch. *sede vacante*, ii., 22.

Christ Church, Canterbury. Sketch of the history of, i., xxv.; the reader to have a study assigned to him, 46; a deputy to supply the place of an absent Prior, 117; form of nomination of an *obedientiary*, 117; a monk summoned to the Archbishop, 118; certificate of the satisfactory state of the Convent, 118; new chapel in the Almonry founded, 88, 128, 151; the Archbishop promises to conduct the election of a Prior, 360; three *obedientiaries* appointed, 308; necessary qualities of an *obedientiary*, 309; rights of the Church violated, 313; offerings at the Shrine of St. Thomas, 456, ii., 5, 124, 296; winter store collected, 34; list of the lay servants, 94; its flourishing state, 99; the Treasurers' accounts, xliv.; the servants assault the keeper of the Archbishop's palace, 134; the Archbishop is asked not to believe sinister reports concerning the Convent, 138; cost of the window in St. Anselm's chapel, 142; the King's oblation at the Shrine, 296; *Custos hostii claustri* appointed, 350; goods dishonestly taken from, 404; the schoolmaster migrates to Kingston-on-Thames, 464; subscriptions for rebuilding the nave of the church, 488; rules for sick monks, iii., 4; Prior Chillenden's benefits to, 112; sanctuary violated, 146, 150; master mason appointed, 165; the Holland tomb in St. Michael's chapel erected, 170; the churchyard leased to hold fairs, 233; the building of the central tower, 330. Names of monks of: W. de Coventre, i., 104, 483, 506-9, ii., 135; W. de Ledebury, i., 104, 116; Nich. de Bourne, 117; Ric. de Clyve, 117; J. de Weston, 117; Geoff. Potel, 117, 203; Ric. Oxenden, 131; Peter de Salis, 131; Alex. de Sandwich, 192, iii., 396; J. Maldon, i., 209; H. Mot, 240; Tho. de Bourne, 254, ii., 163-5; W. de Norwich, i., 254; Nich. de Ivingho, 277, 466; Ric. de Ickham, 308, 486, ii., 128; Tho. de Sandwich, i., 308,

INDEX. 451

Christ Church, Canterbury—*cont.*
ii., 141 ; Tho. Golstone, 308 ; Tho. de Hollingbourne, 308, ii., 145 ; Tho. de Goodnestone (Godnynestone), 334, ii., 318; S. de Sco. Petro, i., 367, ii., 135 ; W. de Heth, i., 398, ii., 161, 163 ; Rog. de Throkyng, 478 ; Hugh de Sca. Margareta, 506-9, ii., 135 ; Edm. de Adesham, i., 506-9, ii., 38 ; J. Oxene, ii., 136, 202, 302, 318 ; J. de Frome, 222 ; Will. de Chartham, 137, 289 ; Alex. de Redlingswald, 145 ; John de Sandwich, 145 ; Will. de Malling, 145 ; Edm. de Chymbeham, 161, 163, 287. Names of many who borrowed books from the library, 146 ; Joh. Body, 163 ; Tho. de Bocking, 163 ; Mich. de Cornubia, 287, 318, 361, 388 ; Joh. de Frome, 222, 308, 361 ; Ric. de Willardeseye, 287 ; Joh. Headcorn (Hetecrone), 302, 308 ; James Whyte, 326 ; Will. de Cantuaria, 361 ; Will. de London, iii., 72 ; John Langdon, 139 ; Henry Sutton, 140 ; John Saresbury, 163 ; Tho. Asshe, 176 ; Will. Thornden (B.D.), 239, 291 ; Rob. Chelmyston, 239 ; Tho. Goldstone, 262, 292 ; Tho. Humfrey, 262, 303 ; Will. Chichele, 271 ; Ric. Molasche, 272 ; Will. Hadleigh (D.D.), 291 ; Hen. Holden, 291 ; Reginald Goldstone, 292, 298, 304.

Church, an hereditary, given to Ch. Ch., iii., 356-7.

Cinque Ports. Lord Wardens of the, Sir R. Basset, i., 183 ; Sir W. Clinton, 352 ; the Barons complain of infringed privileges, iii., 314.

Cirencester, John de, a clerk *provided* by the Pope, i., 272.

Clarence, Duke of, Thomas (and Margaret his wife), commemorated in Arundel's mass in Ch. Ch., iii., 123 ; buried in Ch. Ch., 170.

Claxby, Simon de, clerk of the Bishop of Norwich, i., 211.

Clench, John, S.T.P., rector of St. Michael, Paternoster Church, iii., 149.

Clerk, the right to present a, to a benefice claimed by each new Archbishop, i., 33.

Clerk, Adam, of Ash, attorney for Alice Hathbrand, ii., 414.

Clerk, John, Baron of the Exchequer, feoffee in the matter of Pamfield manor, iii., 258.

Clyfton, Sir Gervase, commissioner of array in Kent, iii., 225.

Clynton, Sir W., Lord Warden, his jurisdiction in Romney Marsh, i., 352, 404 ; asks for deer to stock Elham Park, 524 ; with the king's forces at Newcastle, ii., 92.

Cobham, Sir John de, collector of a subsidy, ii., 1.

Cobham, Sir Henry, commissioner in Badelsmere's case, iii., 404.

Cockersale, J. de, timber given to him, ii., 54.

Cokkis, Rich., London fishmonger, iii., 298.

Colepeper's estates forfeited, i., xc., 68, 88, 96, 130.

College. *See* Chantry.

Colman, John, son of Thomas, of Waddon, manumitted, iii., 31.

Colyer, Will., of Birchington, a combaron of Cinque Ports, iii., 314.

Combwell Priory, a canon of St. Gregory's banished to, i., 356.

Commission of a debt collector, i., 284.

Composition between the Archbishop and the Convent broken, i., 300 ; between the Archbishops of Canterbury and York, iii., 351.

Compostella, consecrated bread sent from, to Ch. Ch., iii., 238.

Concoreto, Icherius de, canon of Sarum, nuntius, i., 323, 348 ; judge in the suit of Archbishop Mepham against St. Augustine's Abbey, i., 511, 517 ; ii., 10.

Confraternity, forms of letters of, i., 10-12 ; granted to Wylfrid of Iceland, iii., 137 ; to Tho. Chawcers, 152 ; granted, with a place of burial, near the tomb of St. Thomas, 315.

F F 2

Constable, Symon, of Faversham, a tenant at Mersham, ii., 32.
Convocation, proxy for use in, i., 3; excuse for non-attendance, 93; the Prior's reply to a summons, 307; a summons, ii., 131.
Cope, *professional*, paid by the Bishop of Exeter, ii., 124; proctor appointed to exact payment, 430; acquittance for, 450; the grounds upon which they are demanded, iii., 185; paid by a French bishop, i., 186.
Corbavia, Bishop of, celebrates holy orders at Canterbury, i., 421.
Cordier, Gawain, an adherent of Queen Isabella, deprived of his corrody, i., 184; agent for the Convent in France, 210; ii., 24, 48; a patron of the Convent at the English Court, i., 211, 446.
Coresete, Will. de, tenant at Doccombe, ii., 361.
Cornewaille, John de, messenger of the Archbishop, i., 486.
Cornhell, Edmd. Fitz-Peter de, claims the manor of Walworth, is a member of Despenser's household, i., 175.
Cornwallys, Jas., Chief Baron of the Exchequer in Ireland. *See* Irish estates.
Corrodies. The king nominates to a, i., 42; a, granted with an office to Geoff. of London, 87; Peter Bernard nominated to that vacated by Gawain Cordier, 184; he is deprived, 196; the king renounces his claim to, ii., 122; but attempts to fill a vacancy, 212, 234; a, granted to Vachan, Archdeacon of Surrey, 290, 293; to T. de Longchamp with an office, 298, 334; to Tho. Sprot and his wife, 842; to J. de Eccleshall, 370; to J. de Wymborne, 456; to T. Masoun (Counsel), 354; to a Canterbury citizen, iii., 13; petition for relief from those in the gift of the Crown, 32; the petition granted, 36; the recompense, 12, 40.
Corteney, Piers, misleads a Canterbury monk, iii., 273.
Cost, Master Rich., arbitrator in the matter of the Black Prince's chaplains, iii., 210.

Cotyngg, Tho. de, holds a corrody in Ch. Ch., i., 42.
Couffle, J. de, a messenger to the shrine of St. Thomas from the Queen of Navarre, i., 456.
Council, provincial, summoned by Archbishop Mepham, i., 277.
Courtenay, William. *See* Canterbury, Archbishop of.
Courtenay, the Lady Agnes de, gives a ring to the Prior, i., 109.
Courtenay, Sir Hugh, i., 68.
Courtenay, John de, monk of Tavistock, i., 318.
Coventre, John, executor of Sir Rich. Whittington, iii., 143.
Coventry and Lichfield, Bishop of (W. de Langton), i., xlvii., 22; the validity of his election, 57.
Craneslee, Will. de, rector of St. Vedast, London, chaplain of the King's chapel at Westminster, and rector of Silchester, ii., 368.
Credence, letters of, i., 20, 36, 200, 340, 482, 521.
Criminous clerks, i. 413, 436.
Cristemesse, Tho., of Stonor, a fugitive, i., 436.
Croidon, Ric. de, witnesses a deed of the Black Prince, ii. 423.
Crucesignati. A pilgrim solemnly signed, iii., 239.
Crul, Rob. de, i., 128.
Cryel (Kyriel) J., at variance with his neighbours, ii., 280.
Culgaith, Will. de, proposed as bailiff of Risborough, i., 386.
Customs dues. Woollen cloth seized, iii., 257.

D.

Dacre, Sir Tho., of Sussex, Jack Cade in his service, iii., 208.

INDEX. 453

Dagh, Nich., clerk to the Prior, ii., 260.

Dane, Stephen de la, bailiff at Mersham, ii., 32.

Dartford, Rob. de, attorney for Ch. Ch., i., 278.

Daubrichourt, Sir Eustace, commemorated in a mass at Eastbridge Hospital, iii., 60.

Debent Superioribus, a constitution of Boniface VIII., i., 164.

Deepham manor, procurations exacted at, ii., 270.

Deer given by the Earl of Arundel to the Archbishop, i., 452; from Westwell Park, 524.

Delves, Joh., witnesses a deed of the Black Prince, ii., 423.

Dene, J. de, agent in France for Ch. Ch., i., 158, 160; patron of the convent at the court, 170; Seneschal of the Guest Hall, dies, ii., 7; his legacy to the convent, 66, 68.

Dene, Peter de, claimed as a monk of St. Augustine's Abbey. *See* St. Augustine's.

Denom, Sir W., a judge, ii., 2.

Dentone, Rob. de, purchases a corrody in Eastbridge Hospital, ii., 372.

Denys, John, founds a chantry at Ickham, iii., 21.

Depynge, Joh., chaplain, commemorated in a mass at Ickham chantry, iii., 23.

Derby, William, of Eversle in Westwell, ii., 221.

Dereham, Will. de, a creditor of Ch. Ch., ii., 419.

Despenser, Hugh Senr., letter to, i., 100; asked to restrain E. de Cornhell, 174.

Despenser, Hugh Junr., petition to, concerning the queen's hounds, i., 168; is abjured in Parliament, 204; the sentence pronounced upon him, iii., 404.

Digges, John, sheriff of Kent. *See* Dyggs, iii., 237.

Discipline, monastic, monks fail in their purgation, i., 286. *See also* Aledone, Valoynes, Sandwich, and proprietatis vitium.

Doccombe manor (in Devonshire) given to the convent by Sir W. de Tracy, iii., 358; a pope's tenth at, i, 50; documents relating to the tenants at, i., 50, 68, 211, 226, 382, 400, 418, 448, 519, 520; ii., 133, 303, 348, 356, 361, 362.

Domestic economy of the monastery. Form by which lay servants accept office, i., 16; acquittance to a bailiff's executors, 75; account of the supply of bread, ii., 141; groceries bought in London, 348; salt-fish supplied, iii., 298; a bed sent from London, 303.

Doo, John le, agent in the diocese of Norwich, farmer of Mersea, i., 81, 178, 184, 186; ii., 62.

Doreward, John, son of William, of Bocking, founds a chantry, iii., 52.

Doul, Joh., executor of R. de Haute, rector of Westerham, ii., 171.

Dover Castle, the constable wishes to buy corn from Ch. Ch., i., 112.

Dover, the Domus Dei, a general servant appointed for life, ii., 384.

Dover, St. Martin's Priory, disputes with the Chapter of Ch. Ch., i., xci., 293, 430, 432, 524; ii., 38, 44, 46, 56, 58, 60, 152, 171, 250, 301, 303; iii., 369–378; a list of early priors, iii., 376.

Drovedenne, mentioned, i., 460, 490.

Drury, Dr. Tho., reports favourably of a Canterbury monk living in Italy, iii., 224.

Duraunt, Will., feoffee in the matter of Pamfield manor, iii., 258.

Durham diocese, a papal constitution relating to, i., 164.

Dyggs, John, proctor at the Curia, ii., 448-9.

Dygg, Roger (of Barham), a *provisor*, i., 84, 86, 92, 108.

Dyolet, William, chaplain in the Black Prince's chantry, iii., 210.

Dyonis, the cook of Ch. Ch. enlisted, i., 72.

E.

Earde, J., bailiff in the Weald, ii., 32.
Easole, Steph. de, sub-constable of Dover Castle, i , 362.
Easole manor, offered to Ch. Ch. as endowment for Beauchamp's chantry, ii., 484–8.
Eastry parish, taxation of the portion of the tithes assigned to the Almonry of Ch. Ch., i., 334 ; exchange of the benefice, ii., 284 ; the farm-yard shared between the rector and the convent, 311 ; the church restored to the convent, 470–2.
Eastry manor, escheats in, i., 86 ; right of free warren infringed, 404 ; a woodreeve appointed for the *denns* in the Weald attached to it, ii., 112.
Eccleshall, Ric. de, nominated to a benefice by the king, ii., 240.
Eccleshall, J. de, canon of St. Paul's, proctor for Ch. Ch. in obtaining money owed by the king, ii., 295 ; a corrody granted to, 370.
Ecclesiastical liberties infringed and atonement made, iii., 288.
Edwards, John, a tenant at Mersham, robbed by highwaymen, iii., 311.
Elegit, writ of, asked for, i., 198.
Eleigh Monachorum, as a manor of the church, is exempted from scutage, ii., 236 ; the Archbishop is asked to give the vicarage to a friend of the Prior, 268.
Elgar, a priest with an hereditary church in London, iii., 356.
Elham, J., canon of St. Paul's, a debtor to Ch. Ch., i., 460.
Ely, Bishop of. (Rob. Oxford) is required to provide for a clerk, i., 33. (John Hotham) his mortuary roll, ii., 114.
Ely, Robert, citizen of London, agent for the convent, i., 200, 268, 392, 400, 434, 520.

Embanking, i., 78, 376, 388 ; iii., 274.
England, King of. John, undertakes that elections of bishops shall be free, i., xlvii ; the barons guarantee the performance of his promise, 21.
   ,,   ,, Edward II., process of his deposition, i., lxxxvi. ; project of his passage over sea to do homage, 145 ; his deposition, 203, 204 ; Trussell's renunciation of allegiance, iii., 414.
   ,,   ,, Edward III., visits the shrine of St. Thomas, i , 496 ; the peers at the beginning of his reign require him to be moderate towards his late opponents, iii., 414.
   ,,   ,, Richard II. The Archbishop and the Chapter offer him all their possessions, iii., 40 ; his reply, 50 ; religious services for his benefit, 12, 40.
England, Queen of. Margaret (2nd wife of Edw. 1st), her executors pay a debt to Ch. Ch., i., 48.
   ,,   ,, Isabella, her journey to France, i., 137 ; her proposed invasion of England, 162, 172 ; her pack of hounds left at the monastery, 164, 168, 170 ; her return with an army causes anxiety to the Archbishop and the Prior, 194–5, 202.
   ,,   ,, Philippa, nominates a scholar to the Almonry school, i., 444 ; asks for a corrody at St. Jacob's Hospital, ii , 282.
   ,,   ,, Margaret of Anjou, arrangements for her journey through France to England, iii., 176.
English merchants, whose goods were seized in German ports. *See* Hanse Towns.
Erhethe, Rob. de, sergeant-at-arms to the king, ii., 296.
Essex, Earl of (Geoff. Fitz Peter), warrants the freedom of episcopal elections, i., 21.
Esturmy, Sir W., ambassador from Henry IV. to the Hanse Town, iii., xxxi., 78 *et seqq.*

INDEX. 455

Etchingham, Sir James, vendor of land at Cnolle, i., 348; his suit against Ch. Ch., 460, 490; ii., 38.

Everdon (Eversdon), Baron of the Exchequer, i., 372, 424, 452.

Exchange of benefice, Silchester, and chaplaincy of St. Stephen, Westminster, ii., 368.

Exemplification of letters, form to be used in, i., 17.

Exeter, Bishop of. (Walter Stapledon) dispute as to Bosham Church, i., 97-8; wishes to acquire land at East Horsley, 130, 135. (John Grandison) his consecration at Rome and profession at Canterbury, 312; buys land in the fee of Ch. Ch., ii., 74; pays his professional cope, 124; sends for revisal his Life of St. Thomas, 380.

Eyleston, Rob., treasurer to Edw. III., i., 464.

Eyton, Geoff. de, clerk to Archbishop Raynold, i., 133, 186.

F.

Fairs held in the cathedral churchyard, iii., 233.

Falcon belonging to the Bishop of London stolen, i., 472; young falcons may be obtained at Risborough, 486.

Fant, Will., attorney for Ch. Ch., ii., 46, 56.

Farleigh, East, Culpeper's estate at, forfeited, i., 188, 196, 230.

Fastolfe, Laur., advocate in the Archbishop's court, i., 247.

Faucoun, Marg., daughter of John, tenant at Walworth, ii., 414.

Favelore, Peter, bailiff for Ch. Ch., in East Kent, i., 372.

Faversham, the Abbot of, collector of a subsidy, i., 322-333.

Faversham Abbey exchanges the manor of Tring for the advowsons of Boughton and Preston, ii., 219.

Faversham, Thomas de, a justice of trailbaston, and adviser of Ch. Ch., i., 374, 406; ii., 44, 56, 58; proposes to reclaim Seasalter marsh, i., 139.

Felbrygge, Sir Simon, commemorated in Arundel's mass in Ch. Ch., iii., 124.

Felon's goods forfeited, ii., 369.

Fermor, J., commissioner for coast-guard, &c., ii., 194, 206, 208.

Ferns, Bishop of. *See* Irish estates.

Ferrars, Earl (William), warrants the freedom of episcopal elections, i., 21.

Ferthing, Rich., of the Doune in Orpington, ii., 242.

Firminus, Magister, rector of Bradgate, iii., 76; custos of St. Jacob's Hospital, Canterbury, 77.

Fitz-Herbert, Peter, warrants the freedom of episcopal elections, i., 21.

Fitz-Water, Lady Philippa, of Dunmow, commemorated in a mass at Bocking, iii., 53, 55.

Fogge, John, commissioner of array in Kent, iii., 225; justice of sewers, 274.

Folkyngham, Joh. de, first priest of Godmersham chantry, ii., 455.

Fordwich, wharfage at, given to Ch. Ch., iii., 358.

Formulæ, summons to Parliament, &c., i., 1; summons to visitation, 3; Prior's death announced, 6; mandate to elect, 9; notice of deaths sent to monasteries in society, 9; invitation to a funeral, 10; letters of confraternity, 10; licence of *alibi*, 14; manumission, 15; commission of a lay servant, 15; bond to secure rent, 17; exemplification of letters patent, 17; licence to profess novices asked for, 18; presentation to a pensionary church, &c., 18; commission of bailiff for East Kent, 371; testimonial letters *de conversatione*, 372; dispute as to proper forms, 438-42; commission of bailiff. Gallicè, ii.

456   INDEX.

Formulæ—*cont.*
458; receipt for money in the Lombard form, 143; invitations to dinner, 194; letters of credence, *see* Credence; recommendation for free quarters for an emissary, 72; invitation to a consultation, 126; excuse for not attending a funeral, 128; summons to advisers after the death of an archbishop, 291; return to summons to a visitation, 304; general release from actions, 316, 345; commission of bailiff for the Weald, 394.

Fountayne, John de la, tenant at Risborough, i., 488.

Foxton, T. de, a letter to, ii., 6.

Framysdenn, Joh. de, vicar of Ash Bocking, ii., 422.

France, King of. Charles IV., petition to, for the Wine of St. Thomas, i., 64.
 ,,   ,,   Philippe VI., a similar petition, ii., 11.
 ,,   ,,   Charles VII., his pacific letter to Henry VI., iii., 176.
 ,,   ,,   Louis XI., his renewal of the grant of the wine, iii., xix., 292.

France, the Abbot of St. Denys is asked to assist the convent in the matter of their wine, ii., 271; a certificate favourable to one of his monks, 281 (*see* Wine of St. Thomas); invasion of, by Edw. IV., iii., xvi, 274.

Fraunceys, John son of Rob., restorer of Romney Hospital, ii., 436.

Frend, Steph., of Westbere, Borsholder, iii., 289.

Frere, Alban, witnesses a deed of the Black Prince, ii., 423.

Fretina (mixed coins), rates of exchange of, ii., 108.

Friar, scandalous speech made by a, i., 110.

Friars, Augustinian, wish to purchase land in St. George's parish, i., 100, 160.

Frysel, James, bailiff of Risborough. *See* Risborough, Halton, Newington.

Fynel, Domina de, a sister of St. Jacob's Hospital, ii., 262.

Fyneux, James, Esquire of the King's body, and seneschal of the Archbishop, iii., 182.

G.

Gailard, Jehan, Treasurer of France, i., 54.

Galais, Pierre, agent in France. *See* Wine of St. Thomas.

Gange, E., bailiff of Ch. Ch., in Essex, i., 374, 499.

Garwinton, Rob. de, presented to St. Pancras, London, ii., 295.

Garwynton, Tho., of Well-in-Ickham, commemorated in a mass, iii, 23.

Gate, Tho, of Monkton, accused of treasonable practices, iii., 195.

Gatepath, John, of Chudleigh, attorney at Doccombe, ii., 348, 356.

Gaveston, Piers, safe-conduct for, iii., 388.

German merchants robbed by English cruisers. *See* Hanse Towns.

Gernegan, Peter, collector of scutage in Suffolk, ii., 237.

Gloster, Duke of (Thomas of Woodstock), his foundation at Plasshy, iii., 294.

Glover, Will., a lay servant of Ch. Ch., ii., 197.

Glover, John and Thomas, consorting with heretics, are condemned to penance, iii., 156.

Godmersham Church, lapsed presentation to, i., 136; a chantry founded in, ii., 454.

Godmersham Manor, a market proposed in, i., 446; repairs at the court, ii., 56.

Goldstone, Reginald, monk and agent of Ch. Ch., iii., 304.

INDEX.

Goldstone, Thomas, warden of Canterbury College, iii., 261.
Gonevill, Edm. de, founder of the college in Rushworth Church (Norwic. dioc.), ii., 498.
Goodnestone, Tho., the Archbishop's resident monk, i., 334, 390, 413, 509; ii., 10.
Gore, John, an insubordinate monk, i., 149.
Gosbek, Tho. de, vicar of Ash Bocking, i., 176-8, 188, 191, 235.
Grauntsens, Gerard de, Bishop of Verdun, consecrated at Merton, pays a professional cope to Ch. Ch., iii., 186.
Gravene, Tho. de, vicar of Littlebourne, ii., 337.
Greenway, Walt. de, his house in Canterbury, i., 88, 102.
Grene, Tho., of Newcastle-upon-Tyne and Monkton, reveals treasons, iii., 196.
Grey, Rich. de, asks for a loan, i., 464.
Griffon, J., has a corrody in Ch. Ch., i., 42; ii, 212, 234.
Grimesby, Edmd., a clerk in the king's service, ii., 258, 266.
Grimsby, Elias de, adviser of Ch. Ch., ii., 4.
Grofhurst, R. de, bailiff for the Archbishop at Malling, i., 360.
Grove, Will., executor of Sir Rich. Whittington, iii., 143.
Guernon, a monk of St. Medard's, who forged deeds, as if conveying privileges from the Pope, iii., 366.
Guildford, Sir Rich., two letters from, iii., 336.
Guldeburgh, Pierre de, treasurer to the Black Prince, ii., 248.
Guldeford, John, commissioner of array in Kent, iii., 225.
Gylmyn, Peter, an heretical teacher at Wittersham, iii., 157.

H.

Hadleigh (Suffolk), the rector proposes to lease land from Ch. Ch., ii., 230.
Hagh, John de, canon of St. Gregory's, i., 338-46.
Hainault mercenaries, i., 223.
Hainault, Countess of (Johanna, sister of Philip VI.), petitions to, concerning the wine of St. Thomas, ii., 12.
Hakenesse, Peter de, proctor for the Prior at the Curia, ii., 448.
Hales, Hen. de, his bond securing a debt, ii., 413.
Halton Manor (Bucks), i., 146, 382. *See* Risborough.
Hameldenn, Agnes de, tenant of the cellar of the King's Head, in Cheapside, i., 401.
Hamme Manor (in Preston), the vicar of Preston demands tithes from the tenants, ii., 258.
Hampton, J. de, seneschal of the Archbishop's manors, ii., 108, 134, 141.
Hanekyn, Alexander, his legitimation, ii., 243; trustee under a will, 406.
Hanekyn, John, a poor clerk, ii., 262.
Hanse Towns, disputes between them and Hen. IV., iii., xxviii., 78, 90, 91-4, 100-4.
Hardres, John de, gives a rent to Ch. Ch., i., 102.
Harry, Steph., a robber at Mersham, iii., 311.
Hastings, Isabella de, owns land at Bocking, i., 468-70.
Hathbrand, Alice, appoints attorneys, ii., 414.
Hathfield, Will. de, lay auditor appointed by the Chapter for bailiff's accounts, ii., 305; agent at Newington (Oxon.), 418; and Brightwell, 382.
Hattecombe, Ric. de, counsel of the convent, ii., 102; agent at Risborough, 204, 244.

Haute, R. de, rector of Westerham, leaves books to Ch. Ch., ii., 153. See Westerham.
Haute, Hen. le, executor of R. de Haute, rector of Westerham, ii., 171.
Haute, Will., commissioner of array in Kent, iii., 225.
Haverbergh, John de, chaplain of the King's Chapel at Westminster, rector of Silchester, and rector of St. Vedast, London, ii., 368.
Haward, Edw., commissary of the Chancellor of Oxford University, ii., 26.
Hayward, Peter, commissioner for coastguard, ii., 122.
Heigham, Edm. de, warden of the Almonry of Ch. Ch., i., 72.
Hecham, Benedict de, bailiff in Essex, i., 499.
Hemminsbourgh, Rob. de, clerk to the king, ii., 20.
Hendle, Tho., clothier of Cranbrook, iii., 311.
Henxteworth, Joh. de, witnesses a deed of the Black Prince, ii., 423.
Hereford, Bishop of. (Thomas Charlton) a papal *provisor*, i., 256.
Hereford, Earl of, asked to interpose at Risborough, ii., 82.
Hereford, Joan, Countess of, sister to Archbishop Arundel, commemorated in his mass, iii., 124.
Hereland, Joh., a defaulting provost at Ickham, ii., 168.
Heretics cited to reconcile themselves, iii., 156 ; recantation of a, 312.
Herlaston, W. de, counsel of Ch. Ch., i., 68.
Herlyns, John, nominated to a corrody by the king, iii., 34.
Hertlep, Alicia de, has a corrody at St. Jacob's Hospital, ii., 262.
Hertwell, Fulk de, a king's messenger, ii., 26.
Hextall, Will., commissioner of array in Kent, iii., 225.
Hilles, Gilbert de, founds a chantry at Godmersham, ii., 454.

Hildesley, Joh. de, recommended as seneschal of the liberties and accepted, ii., 108, 110 ; agent of Ch. Ch., 129.
Hoghton, Rauf de, clerk of Archbishop Winchelsey, i., 70.
Hoke, John de, attorney in a suit with Ipswich, ii., 364.
Holgrave, John, attorney to Archbishop Bourchier, iii., 242.
Holland, Margaret, Duchess of Clarence and Countess of Somerset, buried in Ch. Ch., iii., 170.
Hollingbourne manor, the falcon of the Bishop of London caught at, i., 472; the Abbot of Boxley proposes to buy land at, ii., 77 ; tenants of, summoned for military service, iii., 348 ; tenants at, Geoff. Somerey of Boyton, Will. le Taylour, W. Harpour, Adam Baker, Rich. Frauncey's and his son Sampson, Simon son of John le Deghere, Symond Batecok, Steph. Boghuere, Thomas le Grey, John of Isebergh the bailiff, i., 474 ; names of soldiers recruited at, iii., 348.
Holy Orders, examiners for, appointed, i., 466; conferred by a surrogate bishop, &c., i., 131, 315, 350, 355, 362, 421, 474, 476 ; ii., 22 ; the Archbishop proposes to confer, in the Infirmary Chapel, i., 288.
Hoorne, Rob., commissioner of array in Kent, iii., 225.
Horsley, East, the Bishop of Exeter wishes to acquire land at, i., 133, 135.
Horsley, West, the king asks for the next presentation to the benefice, i., 40.
Hospitals: Eastbridge in Canterbury, the Church of Harbledown appropriated to, and the statutes revised, ii., 251 ; the chapter approve, 267 ; a suit between the master and Ch. Ch., 288 ; corrodies in granted, 343, 372 ; the master's accounts audited, 483 ; a master appointed, iii., 91.
„ St. John and St. Nicholas, Canterbury, re-endowed by Archbishop Islip, ii., 337.

Hospitals—*cont.*
    „ St. Jacob's, Canterbury, suit with Eastbridge Hospital, i., 297, a corrody granted, ii., 262; exemption from taxation asked for it, 266, 278, 285; Queen Philippa asks for a corrody in, 282; the sisters are not professed, 300; new rules for, iii., 75-7; Bradgate Church appropriated to, ii., 278.
    „ St. Mary's, Strood, new statutes alluded to, i., 373.
    „ SS. Stephen and Thomas at Romney re-endowed, ii., 436; appropriated to Magdalen College, Oxford, iii., 306.
    „ St. Andrew, Hythe, borrows money, ii., 250.
Hounds, Queen Isabella leaves her pack at Ch. Ch., i., 164, 168, 170.
Hughele, W., attorney for Ch. Ch. in Norfolk, ii., 208.
Hugo, Magister, surveyor of the works of the cathedral, ii., 279.
Humphrey, Tho., his letter on household affairs, iii., 303.
Hunden, Will., commissary general of Canterbury, iii., 58.
Huntingdon, Earl of (W. de Clynton), a patron of Ch. Ch., ii., 196, 226, 230; a creditor, 480.
    „ „ (John Holland), rebels against Henry IV., iii., xii., 74.
Huntingfield, Sir Walter de, debtor to Ch. Ch., i., 198, 298.
Hurtyn, W., burgess of Dover, i., 504.
Hwitheaved, John, a freeman who endeavoured to get land held by servile tenure at Doccombe, i., 458.
Hythe, a monk belonging to, withdraws from the monastery, i., 396; a loan contracted by the Hospital of St. Andrew at, ii., 250.

I.

Iceland, confraternity granted to a kinsman of Archbishop Becket settled in, iii., 137.
Icherius de Concoreto, canon of Sarum, nuntius, directs the Archbishop to collect a papal tenth, i., 330; judge in the suit of Archbishop Mepham against St. Augustine's, 348.
Ickham, the rector's right to pasture, i., 52; a defaulting provost committed to gaol, ii, 168; chantry at, iii., 21.
Iddesworth, Hen., canon of St. Paul's, official of Canterbury, counsel of the convent, his pension, i., 309, 339; executor in the matter of Peter de Dene, ii., 7, 17.
Ifield, J. de, seneschal of Ch. Ch., i., 68, 334, 348, 376, 436, 446, 496, 524.
Invitation to the funeral of a prelate, i., 10; the Prior declines an, from the Archbishop, 190; to spend Christmas at the monastery, 412; to a consultation, 456; to a funeral, with the answer, 522; to dinner, ii., 194.
Ipswich, composition with the townsmen as to toll, ii., 364.
Irish estates of Ch. Ch., sketch of their history, iii., xl.; a receipt resealed, ii., 305; rent promised, 451-3; petition for a royal licence to receive rents, iii., 2; the petition granted, 6; statute against absentees, 6; Tynterne (Monmouthshire) bound for the Irish Tynterne, 10; receipt for rent, 48; the rectory of Lydd sequestrated for rent due from Ireland, 99; arrears, 153; the royal licence recited, 153; arrears, 160, 192; the estates under royal protection, 360; Fytherid demised to Richard of London, 360; all demised to Tynterne, 361; the Bishop of Ferns claims Fytherid against the heirs of Richard

460   INDEX.

Irish estates of Ch. Ch.—*cont.*
   of London, 363; lease to Sherlok, 248, 250; receipts during ten years, 309; the estates claimed by Sir Gilbert Talbot, 252.
Isebergh, John de, bailiff at Hollingbourne and in the Weald, i., 474, 483.
Isle, Will., commissioner of array in Kent, iii., 225.
Islep, W. de, endows Canterbury College with the manor of Woodford, ii., 447.
Islip, Simon. *See* Canterbury, Archbishop of.
Ivorie, Benedict, scholar of Canterbury College, iii., 334.

J.

Jan, Tho., of Biddenden, rent-collector in the Weald, ii., 394.
Jeakyn, Tho., vicar of Newington (Kent), iii., 15.
Jubilee of St. Thomas, a sketch of its history, iii., xxxiii.; petitions to the Pope for indulgences, 215, 245; special confessors forbidden to exact fees, 252; Bull of Paul II., granting indulgences, 253; correspondence relating to the celebration in 1520, 340.

K.

Kendale, Will. de, a dependant of Earl Warrenne, ii., 72.
Kendale, Tho., rector of St. Augustine's by St. Paul's, and of St. Leonard Eastcheap, ii, 444.
Kene, Will., commissioner of array in Kent, iii., 225.

Kenilworth, a novice from, wishes to enter at Ch. Ch., ii., 137.
Kent, John, holds a corrody in Ch. Ch., iii., 34.
Kent, Earl of (Tho. Holland), rebels against Henry IV., iii., xiii., 74.
Kent, Alice, Countess of, sister to Archbishop Arundel, commemorated in his mass, iii., 124.
Ketyrich, Walt., of Shalford (Essex), tenant of Ch. Ch., ii., 223.
Kington, John, *clericus*, ambassador to the Hanse Towns, ii., 90, 94, 104.
Knatchbull, Rich., bailiff at Mersham, iii., 311.
Kyllesby, Sir W., a messenger from the King and the Duke of Brabant to Archbishop Stratford, ii., 226.
Kyngwell, Peter de, tenant at Doccombe, ii., 361.
Kyngwill, John de, tenant at Doccombe, i., 458.
Kyrkham, Rob., keeper of the hanaper, iii., 234.
Kyryell, Sir Tho., commissioner of array in Kent, iii., 225.

L.

Lancaster, Earl of (Thomas), asked to protect the Archbishop on his way to York, iii., 394; interested in the canonization of Archbishop Winchelsey, 398, 400.
Lange (Launge), Sir John de (Chivalier), agent for Ch. Ch. in France. *See* Wine of St. Thomas.
Langham, Archbishop and Cardinal, letters to him at Avignon as a patron of the convent, ii., 490.
Langley, Walter, commissioner of array in Kent, iii., 225.

INDEX.   461

L'Anglois, John, agent for the convent in France, i., 64, 65, 158, 160. *See* Wine of St. Thomas.

Lambarde, Will., a robber at Mersham, iii., 311.

Lanfranc. *See* Canterbury, Archbishop of.

Langton, Dr. Thomas, Bishop of St. David's, Sarum, and Winchester, his connexion with Ch.Ch., iii., xxiv.; active in promoting the renewal of the grant of the French wine, 293, 299.

Lappeflode, H. de, seneschal at Doccombe, i., 211, 226, 382, 400, 418, 448, 519.

Lappeflode, Walter, seneschal at Doccombe, ii., 133.

Le Bad, Tho., miller at Seaton (Ickham), 144.

Ledebury, W. de, proctor in Parliament for Ch. Ch., i., 54.

Ledes, John, a monk of Ch. Ch., living in Italy, iii., 224.

Ledrede (Leatherhead), Tho. de, an official at Cheam, ii., 74.

Lee, John de la, commemorated in a mass at Eastbridge Hospital, iii., 60.

Leech, J. de, chancellor to Archbishop Stratford, his pension, ii., 220, 232.

Legacies bequeathed to Ch. Ch.; books by R. de Haute, ii., 146; money by Tho. Beck, 159; by P. de Turvile, 206; books, 286; money by J. de Belgrave, 316; money by R. Burbache, 354; a tenement by J. atte Nelme, 406.

Legg. Thomas, oppressed at Doccombe, ii., 356.

Leghat . . ., a clerk irregularly presented to Westerham, ii., 164.

Le Grey, Roger, son of Thomas, has charge of a falcon belonging to the Bishop of London at Hollingbourne, i., 472.

Le Hayward, Tho., commissioner for coast-guard, ii., 122.

Le Hoppere, Rich., a tenant at Risborough, i., 426, 488.

Le Jay, Tho., monk of St. Deny's, attempts to get possession of Deerhurst Priory, ii., 281; a messenger commended to, 480.

Le Kien, Will., agent for Ch. Ch. at Wissant, ii., 408.

Le May, Tho., advises about *fretina*, ii., 108; acquitted of waste of buildings, 273.

Le Scroop, Geoff., chief justice, asked to show favour, ii., 182.

Letterach, Phil., Precentor of Ferns, iii., 363.

Levelonde, Tho. de, canon of Ledes, ii., 432.

Lewes, J. de, a trespasser, i., 93, 99.

Lewes Priory, a disputed election at, i., 317.

Leyham, Alice de, a convict at Orpington, ii., 68.

Liberties of Ch. Ch. infringed, i., 313; ii., 22.

Library of Ch. Ch., a *call over* of the books, ii., 146.

Lichfeld, Edm., chaplain to Archbishop Bourchier, iii., 242.

Lincoln, Bishop of. (Rob. Grosteste) his consecration at Reading, iii., 369. *See* Rotherham.

Littlebourne vicarage given to T. de Gravene, ii., 337.

Liveries explained, i., lxvi.; cloth for 40, iii., 311, 380; granted annually for life, ii., 126.

Lomb, Joh., burgess of Lynn, ii., 394.

Lomley, Sir Ralph, rebels against Henry IV., iii., 74.

London, Bishop of. (Gilbert de Segrave) as dean of the province, is required to summon the suffragan bishops, i., 37. (Stephen de Gravesend) his falcon stolen, 472. (Richard de Bynteworth) his licence of *alibi* and his professional cope, ii., 184 *et seqq.*, 218.

London, demise of the cellar of the *Stone House* in Chepe, i., 400; the rent-collector appointed, &c., i., 484, 520; ii., 300; the bridge is out of repair

London,—*cont.*
iii., 169; Mayors of; Polton, i., 482, Broun, iii., 169.
,, Aldermari church, the Bishop of Chichester asks for next presentation, ii., 175.
,, All Hallows, Bread Street, the benefice asked for, ii., 404; with St. Pancras and St. Dunstan (East), given to the Archbishop, ii., 470–2.
,, All Hallows, Gracechurch Street, the king asks for next presentation, ii., 240.
,, St. Dunstan (East), exchanged, i., 77; appropriated to Ch. Ch. by Archbishop Stephen Langton, iii., 357.
,, St. Mary Bothaw, pension from, ii , 297; vicarage given to a nephew of St. Thomas, iii., 357.
,, St. Michael, Crooked Lane, proposed exchange of, i., 142; the benefice asked for, ii., 390.
,, St. Michael in Riola (Paternoster Church), Whittington's chantry founded in, iii., 143, 148.
,, St. Pancras, presentation to, iii., 294.
London, Geoff. de (son of John of Canterbury), custos portæ Curiæ, i., 87.
London, Richard of, claims part of the Irish estates of Ch. Ch., iii., 360, 363.
Longchamp, T. de, an office and a corrody granted to, ii., 298, 334; his letter of credence to the Archbishop, 336.
Lonjumeau, Rob., agent in France, i., 54, 64, 67, 158. *See* Wine of St. Thomas.
Loose, John de, monk of Battle, ii., 104.
Loterel, John, proctor at the Curia, i., 528.
Loundres, Johan de, farmer of Southchurch, ii., 406.
Love letter, a, iii., 304.
Lowther, Geoff., an arbitrator between Ch. Ch. and the citizens of Canterbury, iii., 150.
Lydd, the rectory (appropriated to Tynterne Abbey), sequestrated, iii., 99.

Lyndessay, Tho., London purveyor for Ch. Ch., iii., 298.
Lytle, John, of London, agent for Ch. Ch., ii., 392, 414; witnesses a deed of the Black Prince, 423.

M.

Mahaut, Countess of Valois, presents an image to the Shrine of St. Thomas, ii., 124.
Maidstone, W. de, a monk (coming from Hythe), withdraws from Ch. Ch., i., 394.
Maidstone College, Archbishop Courtenay's foundation at, iii., 45; Archbishop Arundel's foundation, 109, 123.
Manorial rights of Ch. Ch., an agent appointed to assert the, ii., 208; goods of a fugitive felon seized, 242; infringed by the Prince of Wales, 418; by certain coroners, iii., 288.
Maidstone, W. de, an irregular novice in Ch. Ch., i., 394.
Makenade, Will., commemorated in a mass, iii., 15.
Mallyng, J. de, proctor for Ch. Ch. in the Curia, i., 230.
Malmesbury, William of, his history quoted, iii., 185.
Maplesden, Jch. de, woodreeve in the Weald, ii., 112.
Marchant, John, tenant in the Weald, i., 433.
Marshall, John, a royal chaplain, afterwards Bishop of Llandaff, iii., 300.
Martyn, John, Justice, an arbitrator, iii., 150.
Masoun, Master J., a corrody given to, ii., 35.
Mayhew, Ric., S.T.P., President of Magdalen College, iii., 300.

INDEX. 463

Medeborne, Ric. de, purchases a corrody in Eastbridge Hospital, ii., 343.
Medmenham, Tho. de, attorney for Ch. Ch., i., 278, 360, 372, 380, 424, 426, 434, 530, ii., 2, 4.
Medmenham, Will. de, son of Thomas, Scholar of Merton College, i., 268.
Meister Homers, a house of this name in Ch. Ch. leased to the Duke of Somerset, iii., 214.
Mepham, Simon. See Canterbury, Archbishop of.
Mercers' Company. Names of Wardens : Will. Estfeld, Eborard Flete, John Washborne, Rich. Bures, iii., 145 ; Will. Melreth, John Olney, Will. Caundissh, Tho. Chalton, 148.
Merefield, Simon de, a baron of Sandwich, i., 428, 432, 436, 442.
Mersea, West (Essex), the manor of, i., 81, ii., 62.
Mersey, Ric. de, attorney for Alice Hathbrand, ii., 414.
Mersh, Rob. de, tenant at Brightwell, ii., 382.
Mersham, tenants at : John Brode, Will. Fox, Will. Blackynden, Will. Coliare, Harryat Wode, John Fagge, iii., 311 ; question of an escheat at, ii., 32 ; robbers arrested at, iii., 310.
Merstham, Passele's estate at, i., 498; a *writ of right* tried in the manor court, ii., 102, 272 ; ironstone dug there, 420.
Merston, J. de, Canon of St. Gregory's, i., 337-46.
Military affairs. Coast-guard, i., 56, 58, 70, 126, 182 ; ii., 122, 194, 206 ; army transport demanded,' ii., 26 *et seq.*, 90 ; a petition asking that fencible men may not be sent out of the county, 158 ; transport for the army in France demanded, 374, 378, 382 ; processions to be made for the success of the Irish expedition, iii., 30 ; for the success of peace negotiations at Arras, 167 ; soldiers to be raised in Kent, 225, 340, 397.

Millane, Tho., messenger of Queen Isabella, i., 54.
Minorite Friars of Canterbury, alms to them withheld in consequence of a trespass, ii., 262.
Miracles at the Shrine of St. Thomas reported, ii., 26, 191.
Mondham, W. de, a monk studying at Oxford, i., 392 ; (S.T.P.) examiner in divinity, 466.
Mongeham (Great), trespass by tenants and a bailiff assaulted, i., 356, 362.
Monk, Tho., scholar at Bredgar College, iii., 68.
Monks, insubordinate, i., 38, 147, 150, 160, 162, 174, 208, 223, 224 ; ii., 279, 292 ; iii., 396. *See* Sandwich.
  ,, fugitive, their return and reconciliation, iii., 172, 224, 272, 354.
  ,, resident with the Archbishop, i., 117 ; ii., 10.
  ,, migration of, to the Dominicans from Ch. Ch., i., 161 ; from St. Frideswide's to Ch. Ch., ii., 136 ; from Kenilworth, 137 ; from Ch. Ch. to Robertsbridge, 326 ; from Ledes to Ch. Ch., 432 ; from Faversham to Ch. Ch., 485 ; from Abingdon, 497. See St. Gregory's, Canterbury.
Monkton, embanking at, i., 78; church restored to Ch. Ch., ii., 470-2.
Montague, Sir W., asks a favour, i., 386 ; asked to interpose at Risborough, ii., 82.
Monyn, Simon, messenger sent to France, ii., 272, 479.
Mortimer, Roger, warrants the freedom of episcopal elections, i., 21.
Mortimer, Roger, his patronage sought, i., 292.
Mortimer. See Cade.
Mortmain licences, &c., i., 88, 102.
Mortuary roll, form of letter accompanying a, i., 9 ; commission of Brevigerulus, 13 ; a, from Waltham Abbey, 388 ; of Bishop John Hotham of Ely, ii., 114.
Mottrum, Adam, Archdeacon of Canterbury commemorated in a mass, iii., 15.

Mounbrey, Hen. de, schoolfellow of Prior Hathbrand, ii., 307.

Mule, Walter, commissioner of array in Kent, iii., 225.

Mule, Prior Eastry requires a, i., 296.

Murymouth, Adam de (Merymouth), counsel of the Convent and an official of the Archbishop's Court, i., 186; ii., 59, 60, 70, 196; executor of the Bishop of London, 219.

Myddelworth, Will., an intruder in Canterbury College, Oxon., ii., 501.

N.

Nativi (Bond tenants), not to be ordained, i., 307; an ordained, manumitted, ii., 376; iii., 108; a family, one excepted, manumitted, ii., 411; manumitted when the Archbishop acquired Waddon Manor, iii., 31; sons of ordained, 389. *See* Doccombe, Risborough, and other manors of the church.

Navarre, Queen of. (Johanna) offers a ring at the shrine of St. Thomas, i, 456.

Nettlestead, G. de, candidate for Westerham, ii., 165.

Neville, Sir Edw., of Bergavenny, commissioner of array in Kent, iii., 225.

Newington (Oxon.) Manor, dealings with the tenants, i., 146, 382; ii., 382; the bailiff supplies Canterbury College, i., 415, 468; felon's goods at, ii., 418; first gift of, by Elfgyfu Ymma, xxxv. *See* Risborough.

Nichole, James, i., 462.

Noble, J., a debtor of the convent, ii., 332.

Nodel, John, Bedel of Halton, i., 488.

Non-residence, licence for, i., 85.

Northburgh, Mich. de (afterwards Bishop of London), counsel of the convent, ii., 317.

Northo, W. de, the King's Escheator, i., 492; ii., 75.

Northo, Will., chaplain, commemorated in a mass at Ickham chantry, iii., 23.

Norton, R. de, a member of the Archbishop's household, i., 28.

Norwich, Bishop of. (W. Ayermin) his consecration discussed, i., 145; refuses to institute a vicar, 176-80.

Norwich, the see being vacant the Archbishop proposes to make a visitation, i., 144; resistance to the visitation, 153, 155, 236, 516; a rent-collector for Ch. Ch. in the diocese appointed, 309; the Prior of, collector of papal procurations, ii., 270.

Notaries, the creation of, i., 80; a papal constitution relating to, 301; oath of the Prior's, 314.

Nottingham, J. de, rector of Buckland, Dover, i., 502 *et seqq.*, 510.

Novices, letters relating to their admission to Ch. Ch., i., 18, 24, 25, 126, 294, 320, 389, 398, 402, 418; ii., 137, 160, 244, 246, 300, 362, 452; names of five, 155.

Noyers, Miles de, a patron in the matter of the Wine of St. Thomas, i., 54.

Nuntii, papal, in England. Thomas, Cardinal of Albano; Henry, Cardinal of Palestrina; Peter de Ispania, Cardinal of St. Sabina; Ottobon, Cardinal; Cardinal of Albano; Cardinal Gaucelin; Lucas de Flysco, ii., 174-5; Petrus Burgundionis de Romanis, 239.

Nuntii appointed to mediate between Edw. II. and his Queen, i., 181; questions relating to their *procurations*, ii., 174, 238, 270.

Nuttelee, W. de, cross bearer and catspaw to Archbishop Reynold, presents a petition to Edw. II., i., 174; borrows money from Canterbury monks, 210.

Nyewe (Newe), Tho., of Walton, rector of Aldington, founds a chantry at Reculver, ii., 319.

O.

Obedientiaries, certain officials of the monastery appointed by the Archbishop, i., 117; the Prior wishes to nominate, 423; ii., 106, 128, 318; dispute as to form of appointment, i., 506 *et seqq.*; a penitentiary removed, ii., 144-5; a sub-prior nominated, 276; a penitentiary suspended, 287.

Offord, J. de, Dean of Arches, rector of Boughton, afterwards Archbishop, the Prior declines his invitation to dinner, i., 416; his advice asked in the case of Peter de Dene, ii., 41.

Oliver, Joh., uncle to the founder of Dorcward's chantry at Bocking, iii., 53.

Orleans, Duke of (Charles), assists the convent in the matter of the Wine of St. Thomas, iii., 189.

Ormond, Earl of, patron of Ch. Ch. in Ireland, iii., 163.

Orpington, a murder at, i., 68.

Osney, a *tractatus* at, i., 320.

Oxford. Canterbury College, sketch of its history, ii., xxv.; students summoned home for the election of a Prior, i., 8; oratory licenced at the temporary hall, 358; a hall hired in the parish of St. Peter-in-the-East, 392; a student advanced to the reading of the *sentences*, 414, 417; a student dies, 415, 417; supplied from the manor of Newington, 415, 468; St. Ive's degree postponed, ii., 26; a monk has leave to stay up in the long vacation, 222; a student asked to act as tutor to a friend of the Prior, 266; the Archbishop urges the Prior to continue the supply of students, 332; and that a monk may resume his interrupted studies, 386-8; the king's licence for the foundation of the permanent college, 409; the first warden nominated, 416; *tenor fundationis Collegii*, 442; Pagham church appropriated to

Oxford—*cont.*
it, 445; Woodford Manor given to it, 447; intruding seculars ejected, 504; a rent-charge settled on St. Frideswide's, in lieu of payment of purchase money, 509; troubles at, reported to Cardinal Langham, 490, 510; the disused *mansum* in Stockwell Street sold to Westminster, iii., 14; form for preferring a scholar, 184; the mayor of the city gives an acquittance, 197; Dr. Chandler's benefactions to, 260, 267, 270; a warden nominated, 262; money supplied to a scholar, 291; a scholar unexpectedly recalled, 334.

,, Magdalen College, Romney Hospital appropriated to, iii., 306.

,, Merton College, scholarships at, i., 258, 267; a suit with Ch. Ch., iii., 151.

,, St. Frideswide's, two canons migrate to Canterbury, ii., 136.

,, University, a contribution to, from the Chapter of Canterbury, i., 115; the Chancellor is consulted on a liturgical question, 133; R. de Soleby, the proctor for, at the Curia, 402; a subscription to, refused by Ch. Ch., 526.

,, City. Ric. Spragat, mayor; Joh. Northe, Rob. Walford, Tho. Wythik, John Fyzalan, aldermen; John Mychell, Oliver Urry, bailiffs; John Cliffe, John Dolle, chamberlains, iii., 197.

P.

Pagham Church appropriated to Canterbury College, Oxford, ii., 445, 510.

Palfrey, a, contributed by the tenants of Ch. Ch. to each new Prior, i., 364, 380, 408, 426, iii., 405.

Palmer, James, opposed in a suit to the Maison Dieu of Dover, ii., 458.

466   INDEX.

Palmere, Tho., rector of Foulsham, a bondman, manumitted, ii., 376.
Pamfield Manor (or Priory) assigned to Ch. Ch., ii., 242, 258, 316.
Paris, Gilbert, is not eligible for a monastic office, i., 206.
Parliament, formulæ relating to the summoning of the Prior and Chapter, &c., i., 2, 38, 54, 438-42, ii., 371; provisions purchased for the Prior whilst attending, 392; the seneschal asked to be present to advise the Prior, 446; a patriotic speech addressed to, iii., 274.
Parmenter, Joh., commissary to the Archbishop, iii., 252.
Passele, Edm. de, commissioner of sewers, i., 78; a landowner at Merstham, 198.
„   John, his son, ii., 102, 104.
„   Dame Margaret, sues in the manor court of Merstham, ii., 102, 104, 498.
Paxtone, Tho., auditor of the Apostolic Palace, proctor of the Prior at the Curia, ii., 448.
Payn, Joh., bedel at Merstham, ii., 460.
Pecche, Sir J., constable of Dover Castle, i., 112.
Pecche, John, a messenger from the Black Prince, ii., 386.
Peckham, East, questions of rent at, ii., 417; iii., 304.
Peddyng, Hen. and Isabella, wards of the Archbishop at Wingham, i., 368.
Pedefor, Rich., rector of Stanford, an executor, ii., 418.
Pelham, Sir John, commemorated in Arundel's mass in Ch. Ch., ii., 124.
Pembroke, Earl of (William E. Marshall), warrants the freedom of episcopal elections, i., 21.
„   „   (Aymer de Valence), his safe-conduct to Piers Gaveston, iii., 388.
Penne, Rich., lay servant to the Prior, ii., 348.
Pensionary Church, presentation to, and consequent certificates, i., 18, 19.

Peny, Tho., with his wife Joan, commemorated in a mass at Ickham chantry, iii., 23.
Penynton, Rob. de, tenant at Hollingbourne, ii., 358.
Perschor, Will., *dictus de Windsor*, kinsman of Archbishop Raynold and scholar of Merton College, i., 258, 267.
Percy, Hen. de, his safe-conduct to Piers Gaveston, iii., 390.
Pestilence, losses of cattle by, i., 242; the " Black Death," ii., xxi.
Peter, a priest, proprietor of St. Mary Bothaw, iii., 357.
Pisyngg, J., collector of stock for the cellarer, ii., 34.
Plesele, Rob. de, rector of Southfleet, executor of J. de Sheppey, Bishop of Rochester, ii., 451.
Plommer, T., of St. Martin's, infringes the liberties of the church, i., 313.
Plumpton, Will., proctor, witnesses a deed, iii., 291.
Portugal, King of. Alfonso IV., an embassy from, i., 181.
Poterel, Geoff., a confidential messenger from the Archbishop, i., 36.
Pottesgrave, Sir Rich., the king's keeper of Colepeper's forfeited lands, i., 96, 230.
Poukel, Thomas, bailiff in the Weald, i., 485.
Pouns, Will., a disobedient monk, iii., 172 *et seqq.*
Præmunire facias, a writ of, iii., 172.
Prat, Will., mercer, employed by Prior Selling, iii., 272.
Present, a, of insufficient value sent to the Archbishop, i., 28.
Preston (next Faversham), the advowson given to Faversham Abbey, ii., 219.
Primacy of Canterbury, a sketch of the dispute relating to, with the Archbishop of York, i., xxxviii.; composition concerning, iii., 351.
Prittlewell (Essex), complaints of tenants at, iii., 333.

INDEX.   467

Prittlewell, Joh. de, executor to John of London, ii., 406.
Procurations of Papal Nuntii, payment forbidden in a certain case, ii., 508; a collector of, appointed, 270.
Promhelle, John, chaplain at Bredgar College, iii., 68.
Proprietatis vitium, monition concerning, i., 200; denunciation of, 365; a case of, iii., 176–7.
Provision of clerks by the Pope, i., 84, 86, 108, 256, 272, 279, 420.
Pultone, John, candidate for admission to Ch. Ch., ii., 300.
Pyrot, J., executor of J. de Dene, ii., 66, 68.

Q.

Queynterel, Tho., tenant at Risborough, ii., 247.
Quicquid contigerit, the title of an anonymous letter found in the dormitory of Ch. Ch., i., 147. *See* Aledone, Rob.

R.

Randulf, Steph., Rector of Cowden, executor of J. de Sheppey, Bishop of Rochester, ii., 451.
Raynold, Walter. *See* Canterbury, Archbishop of.
Reconciliation of the cathedral churchyard, polluted by bloodshed, i., 800.
Reculver, a pension paid to Ch. Ch. from the manor, ii., 311; a chantry founded at, 319; deceased parishioners at; Hamo Underwalle; John Cok; Thomas, Emma, and John Blowere; Rob. Shephurde, ii., 319, with others, 323.

U   55671.

Redingate, John de, Rector of Westerham, i., 266.
Renham, W. de, Canon of St. Paul's, executor in the matter of Peter de Dene. *See* Dene.
Retlyngg, Tho. de, lay-servant of Ch. Ch., appointed collector of the King's subsidy of wool, ii., 288.
Retlynge, Alan de, surrenders to Ch. Ch. a piece of ground between the monastic precinct and the city wall, iii., 379.
Reygate, Joh., Justice in Eyre, i., 87.
Reynold, John, tenant at East Peckham, iii., 305.
Reynolds, John Priest, Bondman of Halton Bucks, is manumitted, iii., 108.
Ripple, Salomon de, a scandalous friar, i., 110.
Risborough Monachorum Manor (Bucks), bailiff's commission, i., 146; dealings with the tenants at, 326, 380, 486, 488, 494, 500; ii., 62, 74, 76, 82, 86, 131, 152, 204, 232, 244, 247, 290; pledged to pay a ransom to the Danes, xxxv.
Ritual. Question as to the Office for the Feast of the Conception of Our Lady, i., 128, 133; the Lessons for the Feast of St. Richard of Chichester, 306; as to the Translation of St. Benedict, 370.
Rochester, Bishop of. (Haymo de Hethe) confers holy orders on monks of Ch. Ch., &c., i., 131; ii., 22; reciles the cathedral churchyard, polluted by effusion of blood, 153–8; asked to nominate a vicar for Westerham, 164. *See* Rotherham.
Romana Curia, prolixity of suits in, i., 317, 334; proctors of Ch. Ch. at, ii., 16, 64, 448.
Romney. Witnesses to a deed at. Hen. Lewes; Will. Holynbroke; James Colebrond; Joh. Colebrond; Joh. Roger; Joh. Lynot; James atte Capele; Matt. atte More; Daniel Rouge, clerk, ii., 441; the town put under an interdict, ii. 176, 179; the Hospital of SS. Stephen and Thomas at, ii., 436; iii., 306; the

H H

Romney—*cont.*
nominee of the Barons of, withdraws from the monastery, i., 396.
Romney Marsh, a bailiff illegally appointed, i., 388; election of bailiff of the Marsh, ii., 112, 444.
Rondes, Rog. de, Master of Eastbridge Hospital, Canterbury, ii., 251, 288.
Ros, Robert de (with his son Gilbert), warrants the freedom of episcopal elections, i., 21.
Ros, J. de, a letter to, i., 108.
Rotherham, Thomas, Chancellor, Bishop of Rochester and Lincoln, Archbishop of York, his speech in Parliament, iii., xviii, 274.
Rothwell. Rd. de, Priest, rent-collector for Ch. Ch. in London, i., 400, 484.
Rushworth (Norwich dioc.), the collegiate church at, statutes ii., 498.
Rye, toll illegally exacted from a tenant of Ch. Ch., ii., 360.

S.

St. Asaph, Bishop of. (David Applethyn) consecrated, i., 37.
St. Augustine's Abbey, Canterbury, its opposition to the Archbishops, i., lv.; chrism not to be communicated to by Ch. Ch., 29; allusion to the burning of its forged privileges, 341; suit against Archbishop Mepham, 334, 467; sentence, 511, 517; the Archbishop is reminded of the sentence, ii., 10; the case of Peter de Dene, 7, 17, 19, 40, 41, 43; licence permitting the Abbot to travel abroad, 244; the oath exacted before he went, 243; a writ requiring submission to the Archbishop, iii., 364; forged privileges, 365-7; confraternity of Ch. Ch. with, 368.
St. Bertin's Abbey (St. Omer), its confraternity with Ch. Ch., iii., 140-2; Chilham, Throwley, and Moldash churches appropriated to, 140.

St. Clare, J. de, Canon of St. Paul's, Rector of Fulham, Jurisperitus, his opposition to Archbishop Winchelsey, i., liii.; proposed as an official of the Monastery, 27.
St. David's, Bishop of. (Dr. Langton), iii., xxiv., 293, 299.
St. Gregory's Monastery, Canterbury, three canons transported to Bentley and Combwell, i., 336-9, 344; a canon robs the monastic treasury, 343; the Prior of Ch. Ch. intercedes for a canon, as he says, unjustly sentenced, ii., 218.
St. Ives, Hugh de, monk at Ch. Ch., studying at Oxford, i., 414, 417; ii., 27.
St. Leger, Thomas, at variance with his neighbours, ii., 280.
St. Nicholas, Thomas de, commissioner for coastguard, ii., 122.
St. Paul, J. de, counsel of Ch. Ch., a pension to, ii., 204.
St. Sepulchre's Nunnery, Canterbury, a Prioress elected, ii., 467-9; a chantry founded at, 493.
St. Wilfrid, the Bishop of Chichester asks for a relic of, iii., 187.
Salisbury, Earl of (John de Montacut), rebels against Henry IV., iii., xiii., 74.
Saltwood Castle, a prisoner confined there complains, ii., 269.
Sanctorum quatuor, Cardinal, advocate of Ch. Ch., iii., 340.
Sanctuary violated at Ch. Ch., iii., 146, 150.
Sandwich, Sir H. de, the king's recruiting officer, i., 70.
Sandwich, Laur. de, Prior of the Canterbury Dominicans, i., 183, 190.
Sandwich, Tho. de, an insubordinate monk, i., 223; proposes to appeal to Rome, 230; returns to his monastery, 232-4, 238-40, 242, 246.
Sandwich, the town of, its connexion with Ch. Ch., i., lxix.; the inhabitants have a quarrel with those of Canterbury, 247-

INDEX. 469

Sandwich—*cont.*
52; the Barons demand a restitution of the goods of a combaron seized in one of the manors of Ch. Ch., 428, 432, 436, 442; the quays which belong to Ch. Ch. are not to be taxed, 46, 48, 118; a dispute of the inhabitants with the men of Thanet, ii., 130; the chaplain of St. Bartholomew's exchanges his benefice, 286; terms of the exchange of the town and port, made by the Crown and Ch. Ch., iii., 383.

Saundeford, W. de, a prisoner in Saltwood Castle, ii., 269.

Saunderton, Alex., a bondman at Risborough, ii., 244.

Savage, Sir John, the King's recruiting officer, i., 72.

Savage, Arnold, attorney of Ch. Ch., in a suit with Ipswich, ii., 364.

Scaldeford, Steph. de, Rector of Charlwood, clerk of the Archbishop, to whom timber was given, ii., 277.

Scarborgh, Will., chaplain in the Black Prince's chantry, iii., 210.

Schameleys, J., of Womenswould, detained in the Archbishop's prison, i., 413, 436.

Scharp, Joh., of Benenden, a coroner, iii., 289.

Scharsted, Brice de, Counsel of Ch. Ch., i., 186, 237.

Scherman, Hugh, executor to John of London, ii., 406.

Schiterynden, John de, tenant in the Weald, i., 432.

School in the Almonry of Ch. Ch., the Queen nominates a scholar, i., 444; two scholars from Bredgar College admitted, iii., 68.

Scothou, Will. de, Rector of Eastry, ii., 312.

Scotte, Sir John, surety for a debt, ii., 284.

Scotte, John, Sheriff of Kent, iii., 234.

Seasalter, a proposal to reclaim the marsh, i., 139-40.

Selbourn Priory, a vacancy in, i., 114.

Selkyndenne, Will., of Canterbury, has a corrody granted to him, iii., 13.

Selverstone, Hen. de, a canon of Kenilworth, migrates to Ch. Ch., ii., 137.

Selveston, W. de, Rector of Brook, i., 85.

Septvans, Sir W., dies a debtor to Ch. Ch., i., 93.

Sey, Raulyn de, a King's messenger, ii., 20.

Seyton, Roger de, Justice in Eyre, i., 86.

Shelley, Sir Tho., rebels against Henry IV., iii., 74.

Sheppey, Master J., S.T.P., influential in Oxford University, ii., 27.

Sheppey, St. Sexburga's Nunnery, Prio. Hathbrand admitted to confraternity, ii., 333.

Sheriff of Kent infringes the liberties of the church, ii., 22; his oath of office administered, iii., 234-7.

Sherlok, James, lessee of the Irish estates of Ch. Ch., iii., 248-52, 309.

Shirland, Sir Rob., an English governor in Gascony, i., 122.

Solbury, Rob., Rector of Ickham, iii., 23.

Soleby, R. de, Rector of Ickham and proctor at the Curia for Oxford University, and for Ch. Ch., i., 402, 479, 527; ii., 66.

Soleby, Nich. de, proctor at the Curia, i., 528.

Soleby, Will., an intruder in Canterbury College, Oxon., ii., 504.

Somerset, Earl of (John Beaufort), Captain of Calais, iii., 104; buried in Ch. Ch., 170.

Somerset, Edmd., Duke of, has a lease of Meister Homers, iii., 214.

Souche, W. de la, tenant of the convent in Essex, ii., 52.

Southchurch (Essex) manor, taken into the lord's hand, i., 374; the execution of a tenant's will impeded, ii., 406.

Sparsholte, Will. de, a pilgrim from Winchester, ii., 274.

Spice, Rich., Serjeant of Ch. Ch., at Bocking, i., 275.

Sprot, Tho., an office and a corrody given to him, ii., 342.
Stakombe, John de, tenant at Doccombe, i., 418.
Standhull, Tho. de, agent of the Black Prince at Prince's, Risborough, ii., 418.
Stangrave, Sir R. de, timber given to him at Orpington, i., 346, 367.
Stangre, Adam, a judge, ii., 4, 44, 56, 58.
Stanton, Hervey de, justice in Eyre, i., 87.
Stanton, Sir Rob., Steward to Queen Isabella, i., 170.
Staunford, John de, clerk, plaintiff in a suit relating to Waddon Church, i., 274.
Stauren, Walt. de, Treasurer of Lincoln, ii., 159.
Stephenson, Alexander, of Aberdeen, miraculously cured at the Shrine of St. Thomas, iii., 191.
Stisted manor, arrears of rent, i., 58.
Stisted, Rich. de, candidate for admission to Ch. Ch., ii., 452.
Stoke, H. de, a messenger, i., 70.
Stonor, J. de, a judge, asked to be Seneschal of Ch. Ch., ii., 84-8; declines, 98; recommends another in his place, 108; asked to show favour to a suitor, 202.
Stourton, Tho. de, messenger of Queen Isabella, ii., 264.
Stratford, John. *See* Canterbury, Archbishop of.
Stratford, Alex. de, appointed Janitor Curiæ at Ch. Ch., ii., 217.
Stratford-on-Avon, the foundation of a chantry at, confirmed, ii., 267.
Stratton, Rob. de, commemorated in a mass, iii., 15.
Strode, John de, messenger of the convent, ii., 289.
Styve, Tho., proctor for procuring the Wine of St. Thomas, ii., 271.
Subsidies, taxes, and loans to the Crown, a hundred marks given, i., 58; five pence in the mark from the clergy, 72, 76; a loan of a hundred pounds re-

Subsidies—*cont.*
fused, 290; a papal tenth shared with the Crown, 325; the ancient demesnes of the Crown to be taxed, 496; taxation of sheep at Cliff, ii., 1; an aid refused, ii., 20; a tax paid and again demanded, 82, 96; the convent in arrear, 172; a servant of Ch. Ch. appointed to carry the King's wool over sea, 196; Eleigh Manor exempted from scutage, 236; the Black Prince asks for a loan for the King, 256; a servant of Ch. Ch. collector of the King's wool, 288; a proctor appointed to recover a debt from the Crown, 295.
Suffolk, names of a jury empanelled at Henhow. Rich. de Grotene; Peter Botelir; John de Lavenham; Rich. Cakebred; Rich. Wastman; Rog. de Grotene; Joh. Medeway; Joh. atte Hulle; Rob. atte Oke; Rich. de Burton; Alan Molt; Joh. Hamme.
Suly, Seigneur de, a patron in the matter of the Wine of St. Thomas, i., 54.
Swallow, Steph., a recanting heretic, iii., 311.
Swantone, W. de, executor of Archbishop Winchelsey, i., 54.
Symeon, Symekyn, arrives at Canterbury from France, ii., 230.
Syred, John, a free tenant at Risborough, i., 488, 500.

T.

Talbot, Sir Gilbert, claims the Irish estates of Ch. Ch., iii., 252.
Tarenta, Nich. de, counsel of the convent, i., 32; ii., 177, 250; enquires about the Prior's health during the pestilence, 299.
Taylour, Rob., agent for Ch. Ch. in France, iii., 301.

INDEX. 471

Tenterden, inhabitants of: John Hale; —— Swaham; Nicolas Deryng; —— Bettenham (cousin to Sir Rich. Guildford); John Rynder; John Strykynbold, iii., 336.

Thann, Will., his widow delivers the land given to Ch. Ch. by Sir W. Tracy, iii., 359.

Thibaud, Master, physician to Queen Isabella, i., 284, 378.,

Thomas, Rich., L.L.B., chaplain in the Black Prince's Chantry, witnesses a deed, iii., 290.

Thornton, Roger de, Mayor of Newcastle, iii., 84.

Thresk, Rob. de, proctor at the Curia, i., 527; ii., 64, 224, 268.

Timber given and sold by the convent, i., 346, 367, 456; ii., 54, 223, 248, 277.

Tingewick, N. de, physician to Prior Eastry, Rector of Reculver, i., 120; ii., 319.

Tirell, Sir Tho., a messenger bringing a silver image to the Shrine of St. Thomas from the Archbishop of York, iii., 223.

Toll, exemption from, claimed for the tenants of Ch. Ch., ii., 358, 364.

Tonford, Cecilia de, Prioress of St. Sepulchre's, Canterbury, ii., 467.

Toniford, Sir John, messenger of the Archbishop, i., 214.

Topclyf, Will., with his wife, Elizabeth, and his son, John, commemorated in Arundel's mass in Ch. Ch., iii., 124.

Toppeclyve, Will. de, commemorated in a mass at Eastbridge Hospital, iii., 60.

Tracy, Sir W., gives the manor of Doccombe to Ch. Ch., i., 68; iii., 358-9.

Treason, confessions of, iii., 195.

Trewelove, Will., a candidate for admission to Ch. Ch., ii., 246.

Tring Manor, given to the Archbishop by Faversham Abbey, ii., 219.

Tunstall, Rob. de, Rector of St. Dunstan's (in the East), i., 85.

Turvile, Phil., Canon of Lichfield and Rector of Westwell, gives a legacy to Ch. Ch., ii., 206.

Twhisdon, Roger, bailiff of the Prior at Canterbury, iii., 195.

Twitham, Alan de, at variance with his neighbours, ii., 280.

Twytham, Bertram de, conveys a house to Ch. Ch., i., 102.

Tyderleye, W. de, Canon of Wells, proctor at the Curia, ii., 328, 331.

Tyll, Ric., scholar of Canterbury College, iii., 291.

Tyll, Agnes, confraternity granted to, with the privilege of burial near the tomb of St. Thomas, iii., 315.

Tynterne Abbey (De Voto), in Ireland. See Irish estates.

Tyntern Abbey, Monmouthshire. See Irish estates.

Tysted, Tho., scholar of Canterbury College, iii., 334.

U.

Umfreyvile, Gilbert, Lord of Kyme, commemorated in Arundel's mass in Ch. Ch., iii., 124.

V.

Vacancy of the priory, the temporals not in the King's hand, i., 292.

Vachan, Rd., Archdeacon of Surrey, counsel of Ch. Ch., a pension granted to, ii., 290, 293; a professed monk of Ch. Ch., 398.

Valois, Charles of (uncle to Charles IV.), asked to intercede in the matter of the "Wine of St. Thomas," i., 62.

Valoynes, Hen. de, is defrauded by his brother Warreis, i., 94–6; his turbulence, 120.

Valoynes, Joh. de, an insubordinate monk, i., 148; his penance, 223.

Valoynes, Walter de, his recognizances for a trespass, iii., 384.

Valoynes, Warreis de, defrauds his brother of a tenant's homage, i., 94–6; a debtor to the convent, 298.

Vauxhall manor conveyed to Ch. Ch. by the Black Prince as endowment of his chantry, ii., 422.

Verebot, the ferryboat at Sandwich, iii., 383.

Vestments, &c., episcopal, the Prior's petitions to the Pope concerning, ii., 328 *et seqq.*

Visitation, Archiepiscopal, forms of summons, return, &c., i., 3, 5, 286; the Prior's advice as to, 111; difficulties connected with, 119; the Prior's protest against, 152, 224–6; articles of enquiry at a provincial, mentioned, 333; Archbishop Islip proposes to make a, ii., 335; his injunctions appealed against, 394.

W.

Waddon (Ely diocese), a suit concerning the church of, i., 274; the Archbishop manumits a bondman at, iii., 31.

Waldegrave, W. de, attorney in the King's Bench, ii., 38, 44.

Walden, Roger. *See* Canterbury, Archbishop of.

Walemere, J. de, executor of R. de Haute, Rector of Westerham, ii., 171.

Wales, Prince of (Edw. the Black Prince), his letter from Poitiers, ii., 346; reply to the same, 344; whilst quartered at Northbourne he sends corn to the Prior's mill, 362; a loan granted to, 386; his chantry founded and endowed,

Wales, Prince of—*cont.*
388, 422, 424; rules for his priests, iii., 210; chantry impoverished, 257.

„   „   Henry son of Hen. IV., commemorated in Arundel's mass, in Ch. Ch., iii., 123.

Walton, Tho., Vicar of Bersted and Bognor, iii., 240.

Waltham Abbey, mortuary roll from, i., 388.

Walworth Manor, the serjeant's *compotus* to be audited, i., 480; letter of indemnity for waste, ii., 273; a daughter admitted to her father's tenement, 415; recovered after an improvident lease, iii., 257.

Wangford, Will., commissioner of array in Kent, iii., 225.

Wanting, J. de, Warden of Merton College, i., 267.

Wantort, Phil., Rector of Moreton Hampstead, agent of Ch. Ch., ii., 303.

Ward, Thomas, messenger from the Abbot of De Voto, iii., 192.

Wardship. The bailiff of Wingham is ordered to provide maintenance for two wards of the Archbishop, i., 368.

Warenne, Earl (William), warrants the freedom of episcopal elections, i., 21.

Warenne, Earl, the exequies of, i., 29; safe-conduct given to Piers Gaveston, iii., 388; asked to protect the Archbishop on his way to York, 394; patron of Lewes Priory, i., 317–8; asks for a next presentation to a church, ii., 70; asked to be lenient to a trespasser, 210.

Warham, William. *See* Canterbury, Archbishop of.

Warner, John, commissioner of array in Kent, iii., 225.

Warrener, commission for all the manors of Ch. Ch., i., 364.

Waterworks of the Monastery, Archbishop Theobald gives land containing springs, iii., 355.

Watyndon, Ada, Margery, William, Robert, and Luke de, commemorated in masses at Reculver, ii., 319.

Webbe, Tho., scholar of Bredgar College, iii., 68.
Well Chapel (in Ickham), exchange of land at, iii., 302.
Wellisborne, Rob. de, nominated to the vicarage of Monks Eleigh, ii., 268.
Welsche, Will., Abbot of De Voto, ii., 451.
West, John, Rector of Godmersham, iii., 15.
Westbych, John, Abbot of Tyntern (Llandaff dioc.), iii., 10.
Westenhanger, exchange of the benefice, i., 285.
Westerham Church, appropriation of, to Ch. Ch., i., 236-7, 242, 246, 254, 259-66; terms upon which the incumbent rector holds the benefice, ii., 145, 161; the Bishop of Rochester asked to nominate a vicar, 164; a parishioner claims the right, 165; question as to the mesne tithes during the vacancy, and dilapidations, 167 *et seqq.*
Westgate, Joh. de, an insubordinate monk, i., 148.
Westminster, the Abbot irregularly appointed to act as a commissary by the Archbishop, ii., 272; the monastery purchases the Canterbury part of the Benedictine *mansum* at Oxford, iii., 14.
Weston, R. de, clerk of the Archbishop, ii., 227, 232, 233, 238.
Westwell, certificate of the legitimacy of the son of a tenant at, ii., 221.
Whatele, Joh. de, Deputy Seneschal in the Weald, ii., 296.
Whitstable Church appropriated to Plasshy College, iii., 294-6.
Whittington, Richard, his college in St. Michael's Church, iii., 143, 148.
Whyterton, Ric., commissioner of array in Kent, iii., 225.
Whyting, Nich., of Chudleigh, attorney at Doccombe, ii., 348.
Whytten, Walter, agent of Ch. Ch. in Ireland, iii., 152, 160.
Wickham Breux manor, a price offered for the reversion of, i., 104-7.

Wilfrid, Saint, a relic of him asked for by the Bishop of Chichester, iii., 187.
Wills, correspondence relating to the probate of, between Archbishop Warham and King Henry VIII., iii., 416.
Wincheap, Adam de, Canon of St. Gregory's, i., 338-46.
Wincheap, Rob. de, Canon of St. Gregory's, i., 336, 338-46.
Wincheap, R. de, Canon of St. Gregory's, ii., 218.
Winchelsey. *See* Canterbury, Archbishop of.
Winchester, Bishop of. (Rigaud de Asser) is asked to appoint notaries, i., 80.
    „   „   (Peter des Roches) his foundation of Selborne Priory referred to, i., 114.
Winchester, a letter to the Prior of, i., 124; a pilgrim from, recommended, ii., 274.
Windsor, John de, Rector of Bydynton (Winton dioc.), i., 314.
Wine purchased at Sandwich, i., 490.
"Wine of St. Thomas," an annual gift to Ch. Ch. first made by Louis VII. in 1179, documents relating to, i., xxvi., 54, 62-7, 158, 208, 284, 292, 310, 350, 378, 401, 424, 452-4, 460, 470; ii., 11, 12, 24, 48, 271, 478-9, 480-3; iii., xix., 138, 189, 292, 299, 300.
Wingham College, a coadjutor assigned to the Provost, i., 268.
Wissant, dues levied on the Archbishops at the time of their first landing there, i., 138; an agent for Ch. Ch. appointed at, ii., 408.
Wittersham, tenants at: John Lampsyn; Steph. Chever; Simon Henry; Richard Cok; Steph. Cok; John atte Smethe; Tho. Yngelot; Joan atte Smethe; Joan Hever; Simon Hever; Agnes Wyse; Will. de Kyngsnode, ii., 369.
Woodhulle, Hen. de, the first Warden of Canterbury College, ii., 416, 504; migrates from Abingdon Abbey, 497.
Wode, Alex., feoffee in the matter of Pamfield manor, iii., 258.

Wodehouse, R. de, recommends an officer to the Prior, i., 206.

Wodeland, Rich., bailiff at Chichester, i., 198.

Wodelond, Rich., commemorated in a mass at Eastbridge Hospital, iii., 60.

Wodelond, Tho. de, servant at the Domus Dei of Dover, ii., 384.

Woghope, Tho. de, Treasurer to the Archbishop, i., 466; reclaims papers at Beauvais, 487.

Wolton, Tho. de, Master of Eastbridge Hospital, ii., 343, 372; his accounts audited, ii., 483; commemorated in a mass at Eastbridge Hospital, iii., 60

Woltone, Tho. de, Rector of Eynesford, Treasurer to Archbishop Islip, ii., 311.

Woodford Manor given to Canterbury College, ii., 447.

Wootton (Wodeton) manor in Sussex, a fugitive felon at, i., 75; illegal distraint at, 360; a tenant accused of poaching, ii., 210.

Worcester, Bishop of. (Adam Orleton) his licence of *alibi* and profession, i., 241, 259, 276.

„ „ (Sylvester Giglis), patron of Ch. Ch. at Rome, iii., 340 *et seqq.*

Worcester, the Prior of, has permission to bear a pastoral staff, this being afterwards revoked, ii., 328 *et seqq.*

Worcester, Earl of (Joh. Tiptoft), an advocate of Ch. Ch. with the Pope, iii., 215.

Wreck of Sea claimed by the Convent, i., 410.

Wrotham, the Archbishop's manor house at, destroyed, ii., 309.

Wyclif, John, an intruder in Canterbury College, Oxon., ii., 504.

Wycombe, Nich. (the King's Wayte, Gayte, or Vigil), nominated to a corrody

Wycombe—*cont.*
ii., 212, 234; his appointment to a corrody quoted, iii., 34.

Wye College, the mastership united to the vicarage of the parish, iii., 198 *et seqq.*

Wygnod, H. de, a Burgess of Sandwich, i., 490.

Wyleby, Ric. de, Counsel of Ch. Ch., i., 524; ii., 184; as a judge, is asked a favour, iii., 184.

Wylsnake, the *Holy Blood* of, visited by a pilgrim, iii., 191.

Wymborne, J. de, clerk to the Prior, ii. 202; messenger of the Chapter, ii., 267; admitted to confraternity, ii., 457.

Wyngfeld, Sir John, feoffee in the matter of Pamfield manor, iii., 258.

Wynkfeld, John de, attorney for the bailiffs and men of Ipswich, ii., 364.

Wyntyrborne, Tho., feoffee in the matter of Pamfield manor, iii., 258.

Wytfrid, son of Juarius of Iceland, a kinsman of St. Thomas, admitted to confraternity, iii., 137.

Wyvelesty, John, tenant at Holingbourne, steals the Bishop of London's falcon, i., 472.

Y.

Yftele, N. de (Iffley), registrar of the Archbishop, ii., 277.

Yongg, John, Abbot of De Voto in Ireland, iii., 48.

York, Archbishop of. Dispute about carrying the archiepiscopal cross in the province of Canterbury, i., 26, 30, 38, 143; iii., 352-3; final settlement of the dispute, ii., 315; iii., 217, 223, 302; (Thomas I.) his composition with Lanfranc, iii., 351. *See* Rotherham.

York, John of, serjeant at Walworth, i., 480.

CATALOGUE

OF

ENGLISH, SCOTCH, AND IRISH RECORD PUBLICATIONS,

REPORTS OF THE HISTORICAL MANUSCRIPTS COMMISSION,

AND

ANNUAL REPORTS OF THE DEPUTY KEEPERS OF THE PUBLIC RECORDS, ENGLAND AND IRELAND,

Printed for

HER MAJESTY'S STATIONERY OFFICE,

And to be purchased,

Either directly or through any Bookseller, from
EYRE AND SPOTTISWOODE, EAST HARDING STREET, FLEET STREET, E.C.; or
ADAM AND CHARLES BLACK, 6, NORTH BRIDGE. EDINBURGH; or
HODGES, FIGGIS, & Co., 104, GRAFTON STREET, DUBLIN.

CONTENTS.

	Page
CALENDARS OF STATE PAPERS, &c.	3
CHRONICLES AND MEMORIALS OF GREAT BRITAIN AND IRELAND DURING THE MIDDLE AGES	9
PUBLICATIONS OF THE RECORD COMMISSIONERS, &c.	23
WORKS PUBLISHED IN PHOTOZINCOGRAPHY	25
HISTORICAL MANUSCRIPTS COMMISSION	27
REPORTS OF THE DEPUTY KEEPER OF THE PUBLIC RECORDS	31
SCOTCH RECORD PUBLICATIONS	36
IRISH RECORD PUBLICATIONS	37
REPORTS OF THE DEPUTY KEEPER OF THE PUBLIC RECORDS, IRELAND	38

ENGLAND.

CALENDARS OF STATE PAPERS. &c.

[IMPERIAL 8vo., boards. *Price* 15s. each Volume or Part.]

As far back as the year 1800, a Committee of the House of Commons recommended that Indexes and Calendars should be made to the Public Records, and thirty-six years afterwards another Committee of the House of Commons reiterated that recommendation in more forcible words; but it was not until the incorporation of the State Paper Office with the Public Record Office that the Master of the Rolls found himself in a position to take the necessary steps for carrying out the wishes of the House of Commons.

On 7 December 1855, he stated to the Lords of the Treasury that although " the Records, State Papers, and Documents in his charge constitute the most " complete and perfect series of their kind in the civilized world," and although " they are of the greatest value in a historical and constitutional point of view, " yet they are comparatively useless to the public, from the want of proper " Calendars and Indexes." Acting upon the recommendations of the Committees of the House of Commons above referred to, he suggested to the Lords of the Treasury that to effect the object he had in view it would be necessary for him to employ a few Persons fully qualified to perform the work which he contemplated.

Their Lordships assented to the necessity of having Calendars prepared and printed, and empowered the Master of the Rolls to take such steps as might be necessary for this purpose.

The following Works have been already published in this Series:—

CALENDARIUM GENEALOGICUM; for the Reigns of Henry III. and Edward I. Edited by CHARLES ROBERTS, Esq., Secretary of the Public Record Office. 2 Vols. 1865.

    This is a work of great value for elucidating the early history of our nobility and landed gentry.

CALENDAR OF STATE PAPERS, DOMESTIC SERIES, OF THE REIGNS OF EDWARD VI., MARY, ELIZABETH, and JAMES I., preserved in Her Majesty's Public Record Office. *Edited by* ROBERT LEMON, Esq., F.S.A. (Vols. I. and II.), *and by* MARY ANNE EVERETT GREEN, (Vols. III.–XII.). 1856–1872.

Vol. I.— 1547–1580.
Vol. II.— 1581–1590.
Vol. III.—1591–1594.
Vol. IV.—1595–1597.
Vol. V.— 1598–1601.
Vol. VI.—1601–1603. with Addenda, 1547–1565.
Vol. VII.— Addenda, 1566–1579.
Vol. VIII.—1603–1610.
Vol. IX.— 1611–1618.
Vol. X.— 1619–1623.
Vol. XI.— 1623–1625, with Addenda, 1603–1625.
Vol. XII.— Addenda, 1580–1625.

    These Calendars render accessible to investigation a large and important mass of historical materials concerning the Northern Rebellion of 1566–67; the plots of the Catholic fugitives in the Low Countries; numerous designs against Queen Elizabeth and in favour of a Catholic succession; the Gunpowder-plot; the rise and fall of Somerset; the Overbury murder; the disgrace of Sir Edward Coke; the rise of the Duke of Buckingham, and numerous other subjects.

CALENDAR OF STATE PAPERS, DOMESTIC SERIES, OF THE REIGN OF CHARLES I., preserved in Her Majesty's Public Record Office. *Edited by* JOHN BRUCE, Esq., F.S.A., (Vols. I.–XII.); *by* JOHN BRUCE, Esq., F.S.A., and WILLIAM DOUGLAS HAMILTON, Esq., F.S.A., (Vol. XIII.); and *by* WILLIAM DOUGLAS HAMILTON, Esq., F.S.A., (Vols. XIV.–XVII.). 1858–1888.

Vol. I.— 1625–1626.	Vol. XI.— 1637.
Vol. II.— 1627–1628.	Vol. XII.— 1637–1638.
Vol. III.— 1628–1629.	Vol. XIII.— 1638–1639.
Vol. IV.— 1629–1631.	Vol. XIV.— 1639.
Vol. V.— 1631–1633.	Vol. XV.— 1639–1640.
Vol. VI.— 1633–1634.	Vol. XVI.— 1640.
Vol. VII.— 1634–1635.	Vol. XVII.— 1640–41.
Vol. VIII.—1635.	Vol. XVIII.—1641–43.
Vol. IX.— 1635–1636.	Vol. XIX — 1644.
Vol. X.— 1636–1637.	

This Calendar presents notices of a large number of original documents of great value to all inquirers relative to the history of the period to which it refers, many hitherto unknown.

CALENDAR OF STATE PAPERS, DOMESTIC SERIES, DURING THE COMMONWEALTH, preserved in Her Majesty's Public Record Office. *Edited by* MARY ANNE EVERETT GREEN. 1875–1885.

Vol. I.— 1649–1649.	Vol. VIII.—1655.
Vol. II.— 1650.	Vol. IX.— 1655–1656.
Vol. III.— 1651.	Vol. X.— 1656–1657.
Vol. IV.— 1651–1652.	Vol. XI.— 1657–1658.
Vol. V.— 1652–1653.	Vol. XII.— 1658–1659.
Vol. VI.— 1653–1654.	Vol. XIII.— 1659–1660.
Vol. VII.—1654.	

This Calendar is in continuation of those during the reigns from Edward VI. to Charles I.

CALENDAR OF STATE PAPERS :—COMMITTEE FOR THE ADVANCE OF MONEY, 1642–1656. *Edited by* MARY ANNE EVERETT GREEN. In three Parts. 1888.

CALENDAR OF STATE PAPERS :—COMMITTEE FOR COMPOUNDING, &c., 1643–1660. *Edited by* MARY ANNE EVERETT GREEN. Part I., 1889.

CALENDAR OF STATE PAPERS, DOMESTIC SERIES, OF THE REIGN OF CHARLES II., preserved in Her Majesty's Public Record Office. *Edited by* MARY ANNE EVERETT GREEN. 1860–1866.

Vol. I.— 1660–1661.	Vol. V.— 1665–1666.
Vol. II.— 1661–1662.	Vol. VI.— 1666–1667.
Vol. III.—1663–1664.	Vol. VII.—1667.
Vol. IV.—1664–1665.	

CALENDAR OF HOME OFFICE PAPERS OF THE REIGN OF GEORGE III., preserved in Her Majesty's Public Record Office. Vols. I. and II. *Edited by* JOSEPH REDINGTON, Esq. 1878–1879. Vol. III. *Edited by* RICHARD ARTHUR ROBERTS, Esq., Barrister-at-Law. 1881.

Vol. I.—1760 (25 Oct.)–1765.	Vol. III.—1770–1772.
Vol. II.—1766–1769.	

These are the first three volumes of the modern series of Domestic Papers, commencing with the accession of George III.

CALENDAR OF STATE PAPERS relating to SCOTLAND, preserved in Her Majesty's Public Record Office. *Edited by* MARKHAM JOHN THORPE, Esq., of St. Edmund Hall, Oxford. 1858.

Vol. I., the Scottish Series, of the Reigns of Henry VIII., Edward VI., Mary, and Elizabeth, 1509–1589.

Vol. II., the Scottish Series, of the Reign of Elizabeth, 1589–1603; an Appendix to the Scottish Series, 1543–1592; and the State Papers relating to Mary Queen of Scots.

CALENDAR OF DOCUMENTS relating to IRELAND, in Her Majesty's Public Record Office, London. *Edited by* HENRY SAVAGE SWEETMAN, Esq., B.A., Trinity College, Dublin, Barrister-at-Law (Ireland); *continued by* GUSTAVUS FREDERICK HANDCOCK, ESQ. 1875-1886.

Vol. I.— 1171-1251.
Vol. II.— 1252-1284.
Vol. III.—1235-1292.
Vol. IV.—1293-1301.
Vol. V.— 1302-1307.

CALENDAR OF STATE PAPERS relating to IRELAND, OF THE REIGNS OF HENRY VIII., EDWARD VI., MARY, AND ELIZABETH, preserved in Her Majesty's Public Record Office. *Edited by* HANS CLAUDE HAMILTON, Esq., F.S.A. 1860-1885.

Vol. I.— 1509-1573.
Vol. II.—1574-1585.
Vol. III.—1586-1588.
Vol. IV.— 1588-1592.

CALENDAR OF STATE PAPERS relating to IRELAND, OF THE REIGN OF JAMES I., preserved in Her Majesty's Public Record Office, and elsewhere. *Edited by* the Rev. C. W. RUSSELL, D.D., and JOHN P. PRENDERGAST, Esq., Barrister-at-Law. 1872-1880.

Vol. I.— 1603-1606.
Vol. II.— 1606-1608.
Vol. III.—1608-1610.
Vol. IV.—1611-1614.
Vol. V.— 1615-1625.

This series is in continuation of the Irish State Papers commencing with the reign of Henry VIII.; but for the reign of James I., the Papers are not confined to those in the Public Record Office, London.

CALENDAR OF STATE PAPERS, COLONIAL SERIES, preserved in Her Majesty's Public Record Office, and elsewhere. *Edited by* W. NOEL SAINSBURY, Esq. 1860-1884.

Vol. I.—America and West Indies, 1574-1660.
Vol. II.—East Indies, China, and Japan, 1513-1616.
Vol. III.—East Indies, China, and Japan 1617-1621.
Vol. IV.—East Indies, China, and Japan, 1622-1624.
Vol. V.—America and West Indies, 1661-1668.
Vol. VI.—East Indies, 1625-1629.
Vol. VII.—America and West Indies, 1669-1674.

These volumes include an analysis of early Colonial Papers in the Public Record Office, the India Office, and the British Museum.

CALENDAR OF LETTERS AND PAPERS, FOREIGN AND DOMESTIC, OF THE REIGN OF HENRY VIII., preserved in Her Majesty's Public Record Office, the British Museum, &c. *Edited by* J. S. BREWER, M.A., Professor of English Literature, King's College, London (Vols. I.-IV.); and *by* JAMES GAIRDNER, Esq., (Vols. V.—XI.) 1862-1888.

Vol. I.—1509-1514.
Vol. II. (in two Parts)—1515-1518.
Vol. III. (in two Parts)—1519-1523.
Vol. IV.—Introduction.
Vol. IV., Part 1.—1524-1526.
Vol. IV., Part 2.—1526-1528.
Vol. IV., Part 3.—1529-1530.
Vol. V.— 1531-1532.
Vol. VI.— 1533.
Vol. VII.— 1534.
Vol. VIII.—1535, to July.
Vol. IX.— 1535, Aug. to Dec.
Vol. X.— 1536, Jan. to June.
Vol. XI.— 1536, July to Dec.

These volumes contain summaries of all State Papers and Correspondence relating to the reign of Henry VIII., in the Public Record Office, of those formerly in the State Paper Office, in the British Museum, the Libraries of Oxford and Cambridge, and other Public Libraries; and of all letters that have appeared in print in the works of Burnet, Strype, and others. Whatever authentic original material exists in England relative to the religious, political, parliamentary, or social history of the country during the reign of Henry VIII., whether despatches of ambassadors, or proceedings of the army, navy, treasury, or ordnance, or records of Parliament, appointments of officers, grants from the Crown, &c., will be found calendared in these volumes.

CALENDAR OF STATE PAPERS, FOREIGN SERIES, OF THE REIGN OF EDWARD VI., preserved in Her Majesty's Public Record Office. 1547-1553. *Edited by* W. R. TURNBULL, Esq., of Lincoln's Inn, Barrister-at-Law, &c., 1861.

CALENDAR OF STATE PAPERS, FOREIGN SERIES, OF THE REIGN OF MARY, preserved in Her Majesty's Public Record Office. 1553-1558. *Edited by* W. B. TURNBULL, Esq., of Lincoln's Inn, Barrister-at-Law, &c. 1861.

> The two preceding volumes exhibit the negotiations of the English ambassadors with the courts of the Emperor Charles V. of Germany, of Henry II. of France, and of Philip II. of Spain. The affairs of several of the minor continental states also find various incidental illustrations of much interest. The Papers descriptive of the circumstances which attended the loss of Calais merit a special notice; while the progress of the wars in the north of France, into which England was dragged by her union with Spain, is narrated at some length. These volumes treat only of the relations of England with foreign powers.

CALENDAR OF STATE PAPERS, FOREIGN SERIES, OF THE REIGN OF ELIZABETH, preserved in Her Majesty's Public Record Office, &c. *Edited by* the Rev. JOSEPH STEVENSON, M.A., of University College, Durham, (Vols. I.-VII.), and ALLAN JAMES CROSBY, Esq., M.A., Barrister-at-Law, (Vols. VIII.-XI.) 1863-1880.

Vol. I.— 1558-1559.
Vol. II.— 1559-1560.
Vol. III.—1560-1561.
Vol. IV.—1561-1562.
Vol. V.— 1562.
Vol. VI.— 1563.
Vol. VII.— 1564-1565.
Vol. VIII.—1566-1568.
Vol. IX.— 1569-1571.
Vol. X.— 1572-1574.
Vol. XI.— 1575-1577.

> These volumes contain a Calendar of the Foreign Correspondence during the early portion of the reign of Elizabeth. They illustrate not only the external but also the domestic affairs of Foreign Countries during that period.

CALENDAR OF TREASURY PAPERS, preserved in Her Majesty's Public Record Office. *Edited by* JOSEPH REDINGTON, Esq. 1868-1889.

Vol. I.— 1557-1696.
Vol. II.— 1697-1702.
Vol. III.—1702-1707.
Vol. IV.—1708-1714.
Vol. V.— 1714-1719.
Vol. VI.—1720-1728.

> The above Papers connected with the affairs of the Treasury comprise, petitions, reports, and other documents relating to services rendered to the State, grants of money and pensions, appointments to offices, remissions of fines and duties, &c. They illustrate civil and military events, finance, the administration in Ireland and the Colonies, &c., and afford information nowhere else recorded.

CALENDAR OF THE CAREW PAPERS, preserved in the Lambeth Library. *Edited by* J. S. BREWER, M.A., Professor of English Literature, King's College, London; and WILLIAM BULLEN, Esq. 1867-1873.

Vol. I.— 1515-1574.
Vol. II.— 1575-1588.
Vol. III.— 1589-1600.
Vol. IV.—1601-1603.
Vol. V.—Book of Howth; Miscellaneous.
Vol. VI.—1603-1624.

> The Carew Papers relating to Ireland, in the Lambeth Library, are unique and of great importance to all students of Irish history.

CALENDAR OF LETTERS, DESPATCHES, AND STATE PAPERS, relating to the Negotiations between England and Spain, preserved in the Archives at Simancas, and elsewhere. *Edited by* G. A. BERGENROTH, (Vols. I. and II.) 1862-1868, and DON PASCUAL DE GAYANGOS (Vols. III. to V.) 1873-1888.

Vol. I.—Hen. VII.—1485-1509.
Vol. II.—Hen. VIII.—1509-1525.
Supplement to Vol. I. and Vol. II.
Vol. III., Part 1.—Hen. VIII.— 1525-1526.
Vol. III., Part 2.—Hen. VIII.— 1527-1529.
Vol. IV., Part 1.—Hen. VIII.—1529-1530.
Vol. IV., Part 2.—Hen. VIII.—1531-1533.
Vol. IV.. Part 2.—*continued.*— 1531-1533.
Vol. V., Part 1.— Hen. VIII.— 1534-1536.
Vol. V., Part 2.— Hen. VIII.— 1536-1538.

> Mr. Bergenroth was engaged in compiling a Calendar of the Papers relating to England preserved in the archives of Spain. The Supplement contains new

information relating to the private life of Queen Katherine of England; and to the projected marriage of Henry VII. with Queen Juana, widow of King Philip of Castile, and mother of the Emperor Charles V.

Upon the death of Mr. Bergenroth, Don Pascual de Gayangos was appointed to continue the Calendar, and he has been able to add much valuable matter from Brussels and Vienna, with which Mr. Bergenroth was unacquainted.

CALENDAR OF STATE PAPERS AND MANUSCRIPTS, relating to ENGLISH AFFAIRS, preserved in the Archives of Venice, &c. *Edited by* RAWDON. BROWN, Esq, 1864–1884.

Vol. I.— 1202–1509.	Vol. V.— 1534–1554.
Vol. II.— 1509–1519.	Vol. VI., Part I.— 1555–1556.
Vol. III.—1520–1526.	Vol. VI., Part II.— 1556–1557.
Vol. IV.— 1527–1533.	Vol. VI., Part III.—1557–1558.

Mr. Rawdon Brown's researches have brought to light a number of valuable documents relating to various periods of English history; his contributions to historical literature are of the most interesting and important character.

SYLLABUS, IN ENGLISH, OF RYMER'S FŒDERA. *By* Sir THOMAS DUFFUS HARDY, D.C.L., Deputy Keeper of the Public Records. Vol. I.—Will. 1.–Edw. III. 1066–1377. Vol. II.—Ric. II.–Chas. II. 1377–1654. Vol. III., Appendix and Index. 1869–1885.

Rymer's "Fœdera," is a collection of miscellaneous documents illustrative of the History of Great Britain and Ireland, from the Norman Conquest to the reign of Charles II. Several editions of the "Fœdera" have been published, and the present Syllabus was undertaken to make the contents of this great national work more generally known.

REPORT OF THE DEPUTY KEEPER OF THE PUBLIC RECORDS AND THE REV. J. S. BREWER TO THE MASTER OF THE ROLLS, upon the Carte and Carew Papers in the Bodleian and Lambeth Libraries. 1864. *Price* 2s. 6d.

REPORT OF THE DEPUTY KEEPER OF THE PUBLIC RECORDS TO THE MASTER OF THE ROLLS, upon the Documents in the Archives and Public Libraries of Venice. 1866. *Price* 2s. 6d.

In the Press.

CALENDAR OF STATE PAPERS AND MANUSCRIPTS, relating to ENGLISH AFFAIRS, preserved in the Archives of Venice, &c. Vol. VII.—1559-1580.

CALENDAR OF LETTERS, DESPATCHES, AND STATE PAPERS, relating to the Negotiations between England and Spain, preserved in the Archives at Simancas, and elsewhere. *Edited by* DON PASCUAL DE GAYANGOS. Vol VI.—1539-1542.

CALENDAR OF STATE PAPERS:—COMMITTEE FOR COMPOUNDING, &c. *Edited by* MARY ANNE EVERETT GREEN. Part II.

CALENDAR OF STATE PAPERS relating to IRELAND, OF THE REIGN OF ELIZABETH, preserved in Her Majesty's Public Record Office. *Edited by* HANS CLAUDE HAMILTON, Esq., F.S.A. Vol. V.—1592-1596.

DESCRIPTIVE CATALOGUE OF ANCIENT DEEDS, preserved in Her Majesty's Public Record Office. Vol. I.

CALENDAR OF STATE PAPERS, DOMESTIC SERIES, OF THE REIGN OF CHARLES I., preserved in Her Majesty's Public Record Office. *Edited by* WILLIAM DOUGLAS HAMILTON, Esq., F.S.A. Vol. XX. 1645, &c.

CALENDAR OF THE PATENT ROLLS OF THE REIGN OF EDWARD III. *Prepared by Officers of the Public Record Department.*

CALENDAR OF LETTERS AND PAPERS, FOREIGN AND DOMESTIC, OF THE REIGN OF HENRY VIII., preserved in Her Majesty's Public Record Office, the British Museum, &c. *Edited by* JAMES GAIRDNER, Esq. Vol. XII.—1537.

In Progress.

CALENDAR OF STATE PAPERS, COLONIAL SERIES, preserved in Her Majesty's Public Record Office, and elsewhere. *Edited by* W. NOEL SAINSBURY, Esq. Vol. VIII.—East Indies, 1630, &c.

CALENDAR OF TREASURY PAPERS, preserved in Her Majesty's Public Record Office. *Edited by* JOSEPH REDINGTON, Esq. Vol. VII.

CALENDAR OF THE PATENT ROLLS OF THE REIGN OF EDWARD II. *Prepared by Officers of the Public Record Department.*

CALENDAR OF ANCIENT CORRESPONDENCE, Diplomatic Documents, Papal Bulls, and the like, preserved in Her Majesty's Public Record Office.

THE CHRONICLES AND MEMORIALS OF GREAT BRITAIN AND IRELAND DURING THE MIDDLE AGES.

[ROYAL 8vo. *Price* 10s. each Volume or Part.]

On 25 July 1822, the House of Commons presented an address to the Crown, stating that the editions of the works of our ancient historians were inconvenient and defective; that many of their writings still remained in manuscript, and, in some cases, in a single copy only. They added, "that an uniform and convenient edition of the whole, published under His Majesty's royal sanction, would be an undertaking honourable to His Majesty's reign, and conducive to the advancement of historical and constitutional knowledge; that the House therefore humbly besought His Majesty, that He would be graciously pleased to give such directions as His Majesty, in His wisdom, might think fit, for the publication of a complete edition of the ancient historians of this realm, and assured His Majesty that whatever expense might be necessary for this purpose would be made good."

The Master of the Rolls, being very desirous that effect should be given to the resolution of the House of Commons, submitted to Her Majesty's Treasury in 1857 a plan for the publication of the ancient chronicles and memorials of the United Kingdom, and it was adopted accordingly. In selecting these works, it was considered right, in the first instance, to give preference to those of which the manuscripts were unique, or the materials of which would help to fill up blanks in English history for which no satisfactory and authentic information hitherto existed in any accessible form. One great object the Master of the Rolls had in view was to form a *corpus historicum* within reasonable limits, and which should be as complete as possible. In a subject of so vast a range, it was important that the historical student should be able to select such volumes as conformed with his own peculiar tastes and studies, and not be put to the expense of purchasing the whole collection; an inconvenience inseparable from any other plan than that which has been in this instance adopted.

Of the Chronicles and Memorials, the following volumes have been published. They embrace the period from the earliest time of British history down to the end of the reign of Henry VII.

1. THE CHRONICLE OF ENGLAND, by JOHN CAPGRAVE. *Edited by* the Rev. F. C. HINGESTON, M.A., of Exeter College, Oxford. 1858.

    Capgrave was prior of Lynn, in Norfolk, and provincial of the order of the Friars Hermits of England shortly before the year 1464. His Chronicle extends from the creation of the world to the year 1417. As a record of the language spoken in Norfolk (being written in English), it is of considerable value.

2. CHRONICON MONASTERII DE ABINGDON. Vols. I. and II. *Edited by* the Rev. JOSEPH STEVENSON, M.A., of University College, Durham, and Vicar of Leighton Buzzard. 1858.

    This Chronicle traces the history of the great Benedictine monastery of Abingdon in Berkshire, from its foundation by King Ina of Wessex, to the reign of Richard I., shortly after which period the present narrative was drawn up by an inmate of the establishment. The author had access to the title-deeds of the house; and incorporates into his history various charters of the Saxon kings, of great importance as illustrating not only the history of the locality but that of the kingdom. The work is printed for the first time.

3. LIVES OF EDWARD THE CONFESSOR. I.—La Estoire de Seint Aedward le Rei II.—Vita Beati Edvardi Regis et Confessoris. III.—Vita Æduuardi Regis qui apud Westmonasterium requiescit. *Edited by* HENRY RICHARDS LUARD, M.A., Fellow and Assistant Tutor of Trinity College, Cambridge. 1858.

    The first is a poem in Norman French, containing 4,686 lines, addressed to Alianor, Queen of Henry III., probably written in 1245, on the restoration of the church of Westminster. Nothing is known of the author. The second is an anonymous poem, containing 536 lines, written between 1440 and 1450, by command of Henry VI., to whom it is dedicated. It does not throw any new light on the reign of Edward the Confessor, but is valuable as a specimen of the Latin poetry of the time. The third, also by an anonymous author, was apparently written for Queen Edith, between 1066 and 1074, during the pressure of the suffering brought on the Saxons by the Norman conquest. It notices many acts not found in other writers, and some which differ considerably from the usual accounts.

4. MONUMENTA FRANCISCANA. Vol. I.—Thomas de Eccleston de Adventu Fratrum Minorum in Angliam. Adæ de Marisco Epistolæ. Registrum Fratrum Minorum Londoniæ. *Edited by* J. S. BREWER, M.A., Professor of English Literature, King's College, London. Vol. II.—De Adventu Minorum; re-edited, with additions. Chronicle of the Grey Friars. The ancient English version of the Rule of St. Francis. Abbreviatio Statutorum, 1451, &c. *Edited by* RICHARD HOWLETT, Esq., of the Middle Temple, Barrister-at-Law. 1858, 1882.

   The first volume contains original materials for the history of the settlement of the order of Saint Francis in England, the letters of Adam de Marisco, and other papers connected with the foundation and diffusion of this great body. None of these have been before printed. The second volume contains materials found, since the first volume was published, among the MSS. of Sir Charles Isham, and in various libraries.

5. FASCICULI ZIZANIORUM MAGISTRI JOHANNIS WYCLIF CUM TRITICO. Ascribed to THOMAS NETTER, of WALDEN, Provincial of the Carmelite Order in England, and Confessor to King Henry the Fifth. *Edited by* the Rev. W. W. SHIRLEY, M.A., Tutor and late Fellow of Wadham College, Oxford. 1858.

   This work derives its principal value from being the only contemporaneous account of the rise of the Lollards. When written, the disputes of the schoolmen had been extended to the field of theology, and they appear both in the writings of Wycliff and in those of his adversaries. Wycliff's little bundles of tares are not less metaphysical than theological, and the conflict between Nominalists and Realists rages side by side with the conflict between the different interpreters of Scripture. The work gives a good idea of the controversies at the end of the 14th and the beginning of the 15th centuries.

6. THE BUIK OF THE CRONICLIS OF SCOTLAND; or, A Metrical Version of the History of Hector Boece; by WILLIAM STEWART. Vols. I., II., and III. *Edited by* W. B. TURNBULL, Esq., of Lincoln's Inn, Barrister-at-Law, 1858.

   This is a metrical translation of a Latin Prose Chronicle, written in the first half of the 16th century. The narrative begins with the earliest legends and ends with the death of James I. of Scotland, and the "evil ending of the traitors that slew him." Strict accuracy of statement is not to be looked for; but the stories of the colonization of Spain, Ireland, and Scotland are interesting if not true; and the chronicle reflects the manners, sentiments, and character of the age in which it was composed. The peculiarities of the Scottish dialect are well illustrated in this version, and the student of language will find ample materials for comparison with the English dialects of the same period, and with modern lowland Scotch.

7. JOHANNIS CAPGRAVE LIBER DE ILLUSTRIBUS HENRICIS. *Edited by* the Rev. F. C. HINGESTON, M.A., of Exeter College, Oxford. 1858.

   This work is dedicated to Henry VI. of England, who appears to have been, in the author's estimation, the greatest of all the Henries. It is divided into three parts, each having a separate dedication. The first part relates only to the history of the Empire, from the election of Henry I. the Fowler, to the end of the reign of the Emperor Henry VI. The second part is devoted to English history, from the accession of Henry I. in 1100, to 1446, which was the twenty-fourth year of the reign of Henry VI. The third part contains the lives of illustrious men who have borne the name of Henry in various parts of the world. Capgrave was born in 1393, in the reign of Richard II., and lived during the Wars of the Roses, for which period his work is of some value.

8. HISTORIA MONASTERII S. AUGUSTINI CANTUARIENSIS, by THOMAS OF ELMHAM, formerly Monk and Treasurer of that Foundation. *Edited by* CHARLES HARDWICK, M.A., Fellow of St. Catharine's Hall, and Christian Advocate in the University of Cambridge. 1858.

   This history extends from the arrival of St. Augustine in Kent until 1191. Prefixed is a chronology as far as 1418, which shows in outline what was to have been the character of the work when completed. The author was connected with Norfolk, and most probably with Elmham.

9. EULOGIUM (HISTORIARUM SIVE TEMPORIS): Chronicon ab Orbe condito usque ad Annum Domini 1366; a Monacho quodam Malmesbiriensi exaratum. Vols. I., II., and III. *Edited by* F. S. HAYDON, Esq., B.A. 1858–1863.

   This is a Latin Chronicle extending from the Creation to the latter part of the reign of Edward III., and written by a monk of the Abbey of Malmesbury, in Wiltshire, about the year 1367. A continuation, carrying the history of England down to the year 1413, was added in the former half of the fifteenth century by an author whose name is not known. The original Chronicle contains a history of the world generally, but more especially of England to the year 1366. The continuation extends the history down to the coronation of Henry V. The Eulogium itself is chiefly valuable as containing a history, by a contemporary, of the period between 1356 and 1366. Among other interesting matter, the Chronicle contains a diary of the Poitiers campaign, evidently furnished by some person who accompanied the army of the Black Prince. The continuation of the Chronicle is also the work of a contemporary, and gives a very interesting account of the reigns of Richard II. and Henry IV.

10. MEMORIALS OF HENRY THE SEVENTH: Bernardi Andreæ Tholosatis Vita Regis Henrici Septimi; necnon alia quædam ad eundem Regem spectantia. *Edited by* JAMES GAIRDNER, Esq. 1858.

    The contents of this volume are—(1) a life of Henry VII., by his poet laureate and historiographer, Bernard André, of Toulouse, with some compositions in verse, of which he is supposed to have been the author; (2) the journals of Roger Machado during certain embassies on which he was sent by Henry VII. to Spain and Brittany, the first of which had reference to the marriage of the King's son, Arthur, with Catharine of Arragon; (3) two curious reports by envoys sent to Spain in 1505 touching the succession to the Crown of Castile, and a project of marriage between Henry VII. and the Queen of Naples; and (4) an account of Philip of Castile's reception in England in 1506. Other documents of interest are given in an appendix.

11. MEMORIALS OF HENRY THE FIFTH. I.—Vita Henrici Quinti, Roberto Redmanno auctore. II.—Versus Rhythmici in laudem Regis Henrici Quinti. III.—Elmhami Liber Metricus de Henrico V. *Edited by* CHARLES A. COLE, Esq. 1858.

This volume contains three treatises which more or less illustrate the history of the reign of Henry V., viz.: A life by Robert Redman; a Metrical Chronicle by Thomas Elmham, prior of Lenton, a contemporary author; Versus Rhythmici, written apparently by a monk of Westminster Abbey, who was also a contemporary of Henry V. These works are printed for the first time.

12. MUNIMENTA GILDHALLÆ LONDONIENSIS; Liber Albus, Liber Custumarum, et Liber Horn, in archivis Gildhallæ asservati. Vol. I., Liber Albus. Vol. II. (in Two Parts), Liber Custumarum. Vol. III., Translation of the Anglo-Norman Passages in Liber Albus, Glossaries, Appendices, and Index. *Edited by* HENRY THOMAS RILEY, Esq., M.A., Barrister-at-Law. 1859-1862.

The manuscript of the *Liber Albus*, compiled by John Carpenter, Common Clerk of the City of London in the year 1419, gives an account of the laws, regulations, and institutions of that City in the 12th, 13th, 14th, and early part of the 15th centuries. The *Liber Custumarum* was compiled probably by various hands in the early part of the 14th century during the reign of Edward II. The manuscript, a folio volume, is preserved in the Record Room of the City of London, though some portion in its original state, borrowed from the City in the reign of Queen Elizabeth and never returned, forms part of the Cottonian MS. Claudius D. II. in the British Museum. It also gives an account of the laws, regulations, and institutions of the City of London in the 12th, 13th, and early part of the 14th centuries.

13. CHRONICA JOHANNIS DE OXENEDES. *Edited by* Sir HENRY ELLIS, K.H. 1859.

Although this Chronicle tells of the arrival of Hengist and Horsa in England in 449, yet it substantially begins with the reign of King Alfred, and comes down to 1292, where it ends abruptly. The history is particularly valuable for notices of events in the eastern portions of the Kingdom, not to be elsewhere obtained. Some curious facts are mentioned relative to the floods in that part of England, which are confirmed in the Friesland Chronicle of Anthony Heinrich, pastor of the Island of Mohr.

14. A COLLECTION OF POLITICAL POEMS AND SONGS RELATING TO ENGLISH HISTORY, FROM THE ACCESSION OF EDWARD III. TO THE REIGN OF HENRY VIII. Vols. I. and II. *Edited by* THOMAS WRIGHT, Esq., M.A. 1859-1861.

These Poems are perhaps the most interesting of all the historical writings of the period, though they cannot be relied on for accuracy of statement. They are various in character; some are upon religious subjects, some may be called satires, and some give no more than a court scandal; but as a whole they present a very fair picture of society, and of the relations of the different classes to one another. The period comprised is in itself interesting, and brings us through the decline of the feudal system, to the beginning of our modern history. The songs in old English are of considerable value to the philologist.

15. The "OPUS TERTIUM," "OPUS MINUS," &c., of ROGER BACON. *Edited by* J. S. BREWER, M.A., Professor of English Literature, King's College, London. 1859.

This is the celebrated treatise—never before printed—so frequently referred to by the great philosopher in his works. It contains the fullest details we possess of the life and labours of Roger Bacon: also a fragment by the same author, supposed to be unique, the "*Compendium Studii Theologiæ.*"

16. BARTHOLOMÆI DE COTTON, MONACHI NORWICENSIS, HISTORIA ANGLICANA; 449-1298: necnon ejusdem Liber de Achiepiscopis et Episcopis Angliæ. *Edited by* HENRY RICHARDS LUARD, M.A., Fellow and Assistant Tutor of Trinity College, Cambridge. 1859.

The author, a monk of Norwich, has here given us a Chronicle of England from the arrival of the Saxons in 449 to the year 1298, in or about which year it appears that he died. The latter portion of this history (the whole of the reign of Edward I. more especially) is of great value, as the writer was contemporary with the events which he records. An Appendix contains several illustrative documents connected with the previous narrative.

17. BRUT Y TYWYSOGION; or, The Chronicle of the Princes of Wales. *Edited by* the Rev. JOHN WILLIAMS AB ITHEL, M.A. 1860.

This work, also known as "The Chronicle of the Princes of Wales," has been attributed to Caradoc of Llancarvan, who flourished about the middle of the twelfth century. It is written in the ancient Welsh language, begins with the abdication and death of Caedwala at Rome, in the year 681, and continues the history down to the subjugation of Wales by Edward I., about the year 1282.

18. A COLLECTION OF ROYAL AND HISTORICAL LETTERS DURING THE REIGN OF HENRY IV. 1399-1404. *Edited by* the Rev. F. C. HINGESTON, M.A., of Exeter College, Oxford. 1860.

This volume, like all the others in the series containing a miscellaneous selection of letters, is valuable on account of the light it throws upon biographical history, and the familiar view it presents of characters, manners, and events.

19. THE REPRESSOR OF OVER MUCH BLAMING OF THE CLERGY. By REGINALD PECOCK, sometime Bishop of Chichester. Vols. I. and II. *Edited by* CHURCHILL BABINGTON, B.D., Fellow of St. John's College, Cambridge. 1860.

The "Repressor" may be considered the earliest piece of good theological disquisition of which our English prose literature can boast. The author was born about the end of the fourteenth century, consecrated Bishop of St. Asaph in the year 1444, and translated to the see of Chichester in 1450. While Bishop of St. Asaph, he zealously defended his brother prelates from the attacks of those who censured the bishops for their neglect of duty. He maintained that it was no part of a bishop's functions to appear in the pulpit, and that his time might be more profitably spent, and his dignity better maintained, in the performance of works of a higher character. Among those who thought differently were the Lollards, and against their general doctrines the "Repressor" is directed. Pecock took up a position midway between that of the Roman Church and that of the modern Anglican Church; but his work is interesting chiefly because it gives a full account of the views of the Lollards and of the arguments by which they were supported, and because it assists us to ascertain the state of feeling which ultimately led to the Reformation. Apart from religious matters, the light thrown upon contemporaneous history is very small, but the "Repressor" has great value for the philologist, as it tells us what were the characteristics of the language in use among the cultivated Englishmen of the fifteenth century.

20. ANNALES CAMBRIÆ. *Edited by* the Rev. JOHN WILLIAMS AB ITHEL, M.A. 1860.

These annals, which are in Latin, commence in 447, and come down to 1288. The earlier portion appears to be taken from an Irish Chronicle used by Tigernach, and by the compiler of the Annals of Ulster. During its first century it contains scarcely anything relating to Britain, the earliest direct concurrence with English history is relative to the mission of Augustine. Its notices throughout, though brief, are valuable. The annals were probably written at St. Davids, by Blegewryd, Archdeacon of Llandaff, the most learned man in his day in all Cymru.

21. THE WORKS OF GIRALDUS CAMBRENSIS. Vols. I., II., III., and IV *Edited by* J. S. BREWER, M.A., Professor of English Literature, King's College, London. Vols. V., VI., and VII. *Edited by* the Rev. JAMES F. DIMOCK, M.A., Rector of Barnburgh, Yorkshire. 1861-1877.

These volumes contain the historical works of Gerald du Barry, who lived in the reigns of Henry II., Richard I., and John, and attempted to re-establish the independence of Wales by restoring the see of St. Davids to its ancient primacy. His works are of a very miscellaneous nature, both in prose and verse, and are remarkable chiefly for the racy and original anecdotes which they contain relating to contemporaries. He is the only Welsh writer of any importance who has contributed so much to the mediæval literature of this country, or assumed, in consequence of his nationality, so free and independent a tone. His frequent travels in Italy, in France, in Ireland, and in Wales, gave him opportunities for observation which did not generally fall to the lot of mediæval writers in the twelfth and thirteenth centuries, and of these observations Giraldus has made due use. Only extracts from these treatises have been printed before and almost all of them are taken from unique manuscripts.

The Topographia Hibernica (in Vol. V.) is the result of Giraldus' two visits to Ireland. The first in 1183, the second in 1185-6, when he accompanied Prince John into that country. A very interesting portion of this treatise is devoted to the animals of Ireland. It shows that he was a very accurate and acute observer, and his descriptions are given in a way that a scientific naturalist of the present day could hardly improve upon. The Expugnatio Hibernica was written about 1188 and may be regarded rather as a great epic than a sober relation of acts occurring in his own days. Vol. VI. contains the Itinerarium Kambriæ et Descriptio Kambriæ: and Vol. VII., the lives of S. Remigius and S. Hugh.

22. LETTERS AND PAPERS ILLUSTRATIVE OF THE WARS OF THE ENGLISH IN FRANCE DURING THE REIGN OF HENRY THE SIXTH, KING OF ENGLAND. Vol. I., and Vol. II. (in Two Parts). *Edited by* the Rev. JOSEPH STEVENSON, M.A., of University College, Durham, and Vicar of Leighton Buzzard. 1861-1864.

These letters and papers are derived chiefly from originals or contemporary copies extant in the Bibliothèque Impériale, and the Depôt des Archives, in Paris. They illustrate the policy adopted by John Duke of Bedford and his successors during their government of Normandy, and other provinces of France acquired by Henry V. Here may be traced, step by step, the gradual declension of the English power, until we are prepared for its final overthrow.

23. THE ANGLO-SAXON CHRONICLE, ACCORDING TO THE SEVERAL ORIGINAL AUTHORITIES. Vol. I., Original Texts. Vol II., Translation. *Edited and translated by* BENJAMIN THORPE, Esq., Member of the Royal Academy of Sciences at Munich, and of the Society of Netherlandish Literature at Leyden. 1861.

This chronicle, extending from the earliest history of Britain to 1154, is justly the boast of England; no other nation can produce any history, written in its own vernacular, at all approaching it, in antiquity, truthfulness, or extent, the historical books of the Bible alone excepted. There are at present six independent manuscripts of the Saxon Chronicle, ending in different years, and written in different parts of the country. In this edition, the text of each manuscript is printed in columns on the same page, so that the student may see at a glance the various changes which occur in orthography, whether arising from locality or age.

24. LETTERS AND PAPERS ILLUSTRATIVE OF THE REIGNS OF RICHARD III. AND HENRY VII. Vols. I. and II. *Edited by* JAMES GAIRDNER, Esq. 1861-1863.

The papers are derived from the MSS. in Public Record Office, the British Museum, and other repositories. The period to which they refer is unusually destitute of chronicles and other sources of historical information, so that the light obtained from them is of special importance. The principal contents of the volumes are some diplomatic Papers of Richard III.; correspondence between Henry VII. and Ferdinand and Isabella of Spain; documents relating to Edmund de la Pole Earl of Suffolk; and a portion of the correspondence of James IV. of Scotland.

25. LETTERS OF BISHOP GROSSETESTE, illustrative of the Social Condition of his Time. *Edited by* HENRY RICHARDS LUARD, M.A., Fellow and Assistant Tutor of Trinity College, Cambridge. 1861.

The Letters of Robert Grosseteste (131 in number) are here collected from various sources, and a large portion of them is printed for the first time. They range in date from about 1210 to 1253, and relate to various matters connected not only with the political history of England during the reign of Henry III. but with its ecclesiastical condition. They refer especially to the diocese of Lincoln, of which Grosseteste wa bishop.

26. DESCRIPTIVE CATALOGUE OF MANUSCRIPTS RELATING TO THE HISTORY OF GREAT BRITAIN AND IRELAND. Vol. I. (in Two Parts); Anterior to the Norman Invasion. Vol. II.; 1066-1200. Vol. III.; 1200-1327. *By* Sir THOMAS DUFFUS HARDY, D.C.L., Deputy Keeper of the Public Records. 1862-1871.

The object of this work is to publish notices of all known sources of British history, both printed and unprinted, in one continued sequence. The materials, when historical (as distinguished from biographical), are arranged under the year in which the latest event is recorded in the chronicle or history, and not under the period in which its author, real or supposed, flourished. Biographies are enumerated under the year in which the person commemorated died, and not under the year in which the life was written. A brief analysis of each work has been added when deserving it, in which original portions are distinguished from mere compilations. If possible, the sources are indicated from which compilations have been derived. A biographical sketch of the author of each piece has been added, and a brief notice of such British authors as have written on historical subjects.

27. ROYAL AND OTHER HISTORICAL LETTERS ILLUSTRATIVE OF THE REIGN OF HENRY III. Vol. I., 1216-1235. Vol. II., 1236-1272. *Selected and edited by* the Rev. W. W. SHIRLEY, D.D., Regius Professor of Ecclesiastical History, and Canon of Christ Church, Oxford. 1862-1866.

The letters contained in these volumes are derived chiefly from the ancient correspondence formerly in the Tower of London, and now in the Public Record Office. They illustrate the political history of England during the growth of its liberties, and throw considerable light upon the personal history of Simon de Montfort. The affairs of France form the subject of many of them, especially in regard to the province of Gascony. The entire collection consists of nearly 700 documents, the greater portion of which is printed for the first time.

28. CHRONICA MONASTERII S. ALBANI.—1. THOMÆ WALSINGHAM HISTORIA ANGLICANA; Vol. I., 1272-1381 : Vol. II., 1381-1422. 2. WILLELMI RISHANGER CHRONICA ET ANNALES, 1259-1307. 3. JOHANNIS DE TROKELOWE ET HENRICI DE BLANEFORDE CHRONICA ET ANNALES, 1259-1296; 1307-1324; 1392-1406. 4. GESTA ABBATUM MONASTERII S. ALBANI, A THOMA WALSINGHAM, REGNANTE RICARDO SECUNDO, EJUSDEM ECCLESIÆ PRÆCENTORE, COMPILATA; Vol. I., 793-1290: Vol. II., 1290-1349: Vol. III., 1349-1411. 5. JOHANNIS AMUNDESHAM, MONACHI MONASTERII S. ALBANI, UT VIDETUR, ANNALES; Vols. I. and II. 6. REGISTRA QUORUNDAM ABBATUM MONASTERII S. ALBANI, QUI SÆCULO XV^{mo} FLORUERE; Vol. I., REGISTRUM ABBATIÆ JOHANNIS WHETHAMSTEDE, ABBATIS MONASTERII SANCTI ALBANI, ITERUM SUSCEPTÆ; ROBERTO BLAKENEY, CAPELLANO, QUONDAM ADSCRIPTUM: Vol. II., REGISTRA JOHANNIS WHETHAMSTEDE, WILLELMI ALBON, ET WILLELMI WALINGFORDE, ABBATUM MONASTERII SANCTI ALBANI, CUM APPENDICE, CONTINENTE QUASDAM EPISTOLAS, A JOHANNE WHETHAMSTEDE CONSCRIPTAS. 7. YPODIGMA NEUSTRIÆ A THOMA WALSINGHAM, QUONDAM MONACHO MONASTERII S. ALBANI, CONSCRIPTUM. *Edited by* HENRY THOMAS RILEY, Esq., M.A., Cambridge and Oxford; and of the Inner Temple, Barrister-at-Law. 1863-1876.

In the first two volumes is a History of England, from the death of Henry III. to the death of Henry V., by Thomas Walsingham, Precentor of St. Albans.

In the 3rd volume is a Chronicle of English History, attributed to William Rishanger, who lived in the reign of Edward I.: an account of transactions attending the award of the kingdom of Scotland to John Balliol, 1291-1292, also attributed to William Rishanger, but on no sufficient ground: a short Chronicle of English History, 1292 to 1300, by an unknown hand: a short Chronicle Willelmi Rishanger Gesta Edwardi Primi, Regis Angliæ, with Annales Regum Angliæ, probably by the same hand: and fragments of three Chronicles of English History, 1285 to 1307.

In the 4th volume is a Chronicle of English History, 1259 to 1296: Aunals of Edward II., 1307 to 1323, by John de Trokelowe, a monk of St. Albans, and a continuation of Trokelowe's Annals, 1323, 1324, by Henry de Blaneforde: a full Chronicle of English History, 1392 to 1406; and an account of the Benefactors of St. Albans, written in the early part of the 15th century.

The 5th, 6th, and 7th volumes contain a history of the Abbots of St. Albans, 793 to 1411, mainly compiled by Thomas Walsingham: with a Continuation, from the closing pages of Parker MS. VII., in the Library of Corpus Christi College, Cambridge.

The 8th and 9th volumes, in continuation of the Annals, contain a Chronicle, probably by John Amundesham, a monk of St. Albans.

The 10th and 11th volumes relate especially to the acts and proceedings of Abbots Whethamstede, Albon, and Wallingford, and may be considered as a memorial of the chief historical and domestic events during those periods.

The 12th volume contains a compendious History of England to the reign of Henry V., and of Normandy in early times, also by Thomas Walsingham, and dedicated to Henry V. The compiler has often substituted other authorities in place of those consulted in the preparation of his larger work.

29. CHRONICON ABBATIÆ EVESHAMENSIS, AUCTORIBUS DOMINICO PRIORE EVESHAMIÆ ET THOMA DE MARLEBERGE ABBATE, A FUNDATIONE AD ANNUM 1213, UNA CUM CONTINUATIONE AD ANNUM 1418. *Edited by* the Rev. W. D. MACRAY, Bodleian Library, Oxford. 1863.

> The Chronicle of Evesham illustrates the history of that important monastery from its foundation by Egwin, about 690, to the year 1418. Its chief feature is an autobiography, which makes us acquainted with the inner daily life of a great abbey, such as but rarely has been recorded. Interspersed are many notices of general, personal, and local history which will be read with much interest. This work exists in a single MS., and is for the first time printed.

30. RICARDI DE CIRENCESTRIA SPECULUM HISTORIALE DE GESTIS REGUM ANGLIÆ. Vol. I., 447-871. Vol. II., 872-1066. *Edited by* JOHN E. B. MAYOR, M.A., Fellow of St. John's College, Cambridge. 1863-1869.

> The compiler, Richard of Cirencester, was a monk of Westminster, 1355-1400. In 1391 he obtained a licence to make a pilgrimage to Rome. His history, in four books, extends from 447 to 1066. He announces his intention of continuing it, but there is no evidence that he completed any more. This chronicle gives many charters in favour of Westminster Abbey, and a very full account of the lives and miracles of the saints, especially of Edward the Confessor, whose reign occupies the fourth book. A treatise on the Coronation, by William of Sudbury, a monk of Westminster, fills book ii. c. 3. It was on this author that C. J. Bertram fathered his forgery, *De Situ Brittaniæ* in 1747.

31. YEAR BOOKS OF THE REIGN OF EDWARD THE FIRST. Years 20-21, 21-22, 30-31, 32-33, and 33-35 Edw. I.; and 11-12 Edw. III. *Edited and translated by* ALFRED JOHN HORWOOD, Esq., of the Middle Temple Barrister-at-Law. Years 12-13, 13-14, 14, and 14-15 Edward III. *Edited and translated by* LUKE OWEN PIKE, Esq., M.A., of Lincoln's Inn, Barrister-at-Law. 1863-1886.

> The "Year Books" are the earliest of our Law Reports. They contain matter not only of practical utility to lawyers in the present day, but also illustrative of almost every branch of history, while for certain philological purposes they hold a position absolutely unique. The history of the constitution and of the law, of procedure, and of practice, the jurisdiction of the various Courts, and their relation to one another, as well as to the Sovereign and Council, cannot be known without the aid of the Year Books.

32. NARRATIVES OF THE EXPULSION OF THE ENGLISH FROM NORMANDY 1449-1450.—Robertus Blondelli de Reductione Normanniæ: Le Recouvrement de Normendie, par Berry, Hérault du Roy: Conferences between the Ambassadors of France and England. *Edited, from MSS. in the Imperial Library at Paris, by* the Rev. JOSEPH STEVENSON, M.A., of University College, Durham. 1863.

> This volume contains the narrative of an eye-witness who details with considerable power and minuteness the circumstances which attended the final expulsion of the English from Normandy in 1450. Commencing with the infringement of the truce by the capture of Fougères, and ending with the battle of Formigny and the embarkation of the Duke of Somerset. The period embraced is less than two years.

33. HISTORIA ET CARTULARIUM MONASTERII S. PETRI GLOUCESTRIÆ. Vols. I., II., and III. *Edited by* W. H. HART, Esq., F.S.A., Membre correspondant de la Société des Antiquaires de Normandie. 1863-1867.

> This work consists of two parts, the History and the Cartulary of the Monastery of St. Peter, Gloucester. The history furnishes an account of the monastery from its foundation, in the year 681, to the early part of the reign of Richard II., together with a calendar of donations and benefactions. It treats principally of the affairs of the monastery, but occasionally matters of general history are introduced. Its authorship has generally been assigned to Walter Froucester the twentieth abbot, but without any foundation.

34. ALEXANDRI NECKAM DE NATURIS RERUM LIBRI DUO; with NECKAM'S POEM, DE LAUDIBUS DIVINÆ SAPIENTIÆ. *Edited by* THOMAS WRIGHT, Esq., M.A., 1863.

> Neckam was a man who devoted himself to science, such as it was in the twelfth century. In the "De Naturis Rerum" are to be found what may be called the rudiments of many sciences mixed up with much error and ignorance. Neckam was not thought infallible, even by his contemporaries, for Roger Bacon remarks of him, "This Alexander in many things wrote what was true and useful; but he neither can nor ought by just title to be reckoned among authorities." Neckam, however, had sufficient independence of thought to differ from some of the schoolmen who in his time considered themselves the only judges of literature. He had his own views in morals, and in giving us a glimpse of them, as well as of his other opinions, he throws much light upon the manners, customs, and general tone of thought prevalent in the twelfth century. The poem entitled "De Laudibus Divinæ Sapientiæ" appears to be a metrical paraphrase or abridgment of the "De Naturis Rerum." It is written in the elegiac metre, and it is, as a whole, above the ordinary standard of mediæval Latin.

35. LEECHDOMS, WORTCUNNING, AND STARCRAFT OF EARLY ENGLAND; being a Collection of Documents illustrating the History of Science in this Country before the Norman Conquest. Vols. I., II., and III. *Collected and edited*

by the Rev. T. OSWALD COCKAYNE, M.A., of St. John's College, Cambridge, 1864–1866.

    This work illustrates not only the history of science, but the history of superstition. In addition to the information bearing directly upon the medical skill and medical faith of the times, there are many passages which incidentally throw light upon the general mode of life and ordinary diet. The volumes are interesting not only in their scientific, but also in their social aspect.

36. ANNALES MONASTICI. Vol. I.:—Annales de Margan, 1066–1232; Annales de Theokesberia, 1066–1263; Annales de Burton, 1004–1263. Vol. II.:—Annales Monasterii de Wintonia. 519–1277; Annales Monasterii de Waverleia, 1–1291. Vol. III.:—Annales Prioratus de Dunstaplia, 1–1297. Annales Monasterii de Bermundeseia, 1042–1432. Vol. IV.:—Annales Monasterii de Oseneia, 1016–1347; Chronicon vulgo dictum Chronicon Thomæ Wykes, 1066–1289; Annales Prioratus de Wigornia, 1–1377. Vol. V.:—Index and Glossary. *Edited by* HENRY RICHARDS LUARD, M.A., Fellow and Assistant Tutor of Trinity College, and Registrary of the University, Cambridge. 1864–1869.

    The present collection of Monastic Annals embraces all the more important chronicles compiled in religious houses in England during the thirteenth century. These distinct works are ten in number. The extreme period which they embrace ranges from the year 1 to 1432, although they refer more especially to the reigns of John, Henry III., and Edward I. Some of these narratives have already appeared in print, but others are printed for the first time.

37. MAGNA VITA S. HUGONIS EPISCOPI LINCOLNIENSIS. From MSS. in the Bodleian Library, Oxford, and the Imperial Library, Paris. *Edited by* the Rev. JAMES F. DIMOCK, M.A., Rector of Barnburgh, Yorkshire. 1864.

    This work contains a number of very curious and interesting incidents, and being the work of a contemporary, is very valuable, not only as a truthful biography of a celebrated ecclesiastic but as the work of a man, who, from personal knowledge, gives notices of passing events, as well as of individuals who were then taking active part in public affairs. The author, in all probability, was Adam Abbot of Evesham. He was domestic chaplain and private confessor of Bishop Hugh, and in these capacities was admitted to the closest intimacy. Bishop Hugh was Prior of Witham for 11 years before he became Bishop of Lincoln. His consecration took place on the 21st September 1186; he died on the 16th of November 1200; and was canonized in 1220.

38. CHRONICLES AND MEMORIALS OF THE REIGN OF RICHARD THE FIRST. Vol. I.:—ITINERARIUM PEREGRINORUM ET GESTA REGIS RICARDI. Vol. II.:—EPISTOLÆ CANTUARIENSES; the Letters of the Prior and Convent of Christ Church, Canterbury; 1187 to 1199. *Edited by* WILLIAM STUBBS, M.A., Vicar of Navestock, Essex, and Lambeth Librarian. 1864–1865.

    The authorship of the Chronicle in Vol. I., hitherto ascribed to Geoffrey Vinesauf, is now more correctly ascribed to Richard, Canon of the Holy Trinity of London. The narrative extends from 1187 to 1199; but its chief interest consists in the minute and authentic narrative which it furnishes of the exploits of Richard I., from his departure from England in December 1189 to his death in 1199. The author states in his prologue that he was an eye-witness of much that he records; and various incidental circumstances which occur in the course of the narrative confirm this assertion.

    The letters in Vol. II., written between 1187 and 1199, are of value as furnishing authentic materials for the history of the ecclesiastical condition of England during the reign of Richard I. They had their origin in a dispute which arose from the attempts of Baldwin and Hubert, archbishops of Canterbury, to found a college of secular canons, a project which gave great umbrage to the monks of Canterbury, who saw in it a design to supplant them in their function of metropolitan chapter. These letters are printed, for the first time, from a MS. belonging to the archiepiscopal library at Lambeth.

39. RECUEIL DES CRONIQUES ET ANCHIENNES ISTORIES DE LA GRANT BRETAIGNEA PRESENT NOMME ENGLETERRE, par JEHAN DE WAURIN. Vol. I. Albina to 688. Vol. II., 1399–1422. Vol. III., 1422–1431. *Edited by* Sir WILLIAM HARDY, F.S.A. 1864–1879. Vol. IV. 1431–1443. *Edited by* Sir WILLIAM HARDY, F.S.A., and EDWARD L. C. P. HARDY, Esq., F.S.A. 1884.

40. A COLLECTION OF THE CHRONICLES AND ANCIENT HISTORIES OF GREAT BRITAIN. NOW CALLED ENGLAND, by JOHN DE WAVRIN. Albina to 688. (Translation of the preceding Vols. I. and II.) *Edited and translated by* Sir WILLIAM HARDY, F.S.A., and EDWARD L. C. P. HARDY, Esq., F.S.A. 1864–1887.

    This curious chronicle extends from the fabulous period of history down to the return of Edward IV. to England in the year 1471 after the second deposition of Henry VI. The manuscript from which the text of the work is taken is preserved in the Imperial Library at Paris, and is believed to be the only complete and nearly contemporary copy in existence. It is illustrated with exquisite miniatures, vignettes, and initial letters. It was written towards the end of the fifteenth century, having been expressly executed for Louis de Bruges, Seigneur de la Gruthuyse and Earl of Winchester, from whose cabinet it passed into the library of Louis XII. at Blois.

41. POLYCHRONICON RANULPHI HIGDEN, with Trevisa's Translation. Vols. I. and II. *Edited by* CHURCHILL BABINGTON, B.D., Senior Fellow of St. John's College, Cambridge. Vols. III., IV., V., VI., VII., VIII., and IX. *Edited by* the Rev. JOSEPH RAWSON LUMBY, D.D., Norrisian Professor of Divinity, Vicar of St. Edward's, Fellow of St. Catharine's College, and late Fellow of Magdalene College, Cambridge. 1865-1886.

This is one of the many mediæval chronicles which assume the character of a history of the world. It begins with the creation, and is brought down to the author's own time, the reign of Edward III. Prefixed to the historical portion, is a chapter devoted to geography, in which is given a description of every known land. To say that the Polychronicon was written in the fourteenth century is to say that it is not free from inaccuracies. It has, however, a value apart from its intrinsic merits. It enables us to form a very fair estimate of the knowledge of history and geography which well-informed readers of the fourteenth and fifteenth centuries possessed, for it was then the standard work on general history.

The two English translations, which are printed with the original Latin, afford interesting illustrations of the gradual change of our language, for one was made in the fourteenth century, the other in the fifteenth. The differences between Trevisa's version and that of the unknown writer are often considerable.

42. LE LIVERE DE REIS DE BRITTANIE E LE LIVERE DE REIS DE ENGLETERE. *Edited by* JOHN GLOVER, M.A., Vicar of Brading, Isle of Wight, formerly Librarian of Trinity College, Cambridge. 1865.

These two treatises, though they cannot rank as independent narratives, are nevertheless valuable as careful abstracts of previous historians, especially "Le Livere de Reis de Engletere." Some various readings are given which are interesting to the philologist as instances of semi-Saxonized French. It is supposed that Peter of Ickham was the supposed author

43. CHRONICA MONASTERII DE MELSA AB ANNO 1150 USQUE AD ANNUM 1406. Vols. I., II., and III. *Edited by* EDWARD AUGUSTUS BOND, Esq., Assistant-Keeper of Manuscripts, and Egerton Librarian, British Museum. 1866-1868.

The Abbey of Meaux was a Cistercian house, and the work of its abbot is both curious and valuable. It is a faithful and often minute record of the establishment of a religious community, of its progress in forming an ample revenue, of its struggles to maintain its acquisitions, and of its relations to the governing institutions of the country. In addition to the private affairs of the monastery, some light is thrown upon the public events of the time, which are however kept distinct, and appear at the end of the history of each abbot's administration. The text has been printed from what is said to be the autograph of the original compiler, Thomas de Burton, the nineteenth abbot.

44. MATTHÆI PARISIENSIS HISTORIA ANGLORUM, SIVE, UT VULGO DICITUR, HISTORIA MINOR. Vols. I., II., and III. 1067-1253. *Edited by* Sir FREDERIC MADDEN, K.H., Keeper of the Manuscript Department of British Museum. 1866-1869.

The exact date at which this work was written is, according to the chronicler, 1250. The history is of considerable value as an illustration of the period during which the author lived, and contains a good summary of the events which followed the Conquest. This minor chronicle is, however, based on another work (also written by Matthew Paris) giving fuller details, which has been called the "Historia Major." The chronicle here published, nevertheless, gives some information not to be found in the greater history.

45. LIBER MONASTERII DE HYDA: A CHRONICLE AND CHARTULARY OF HYDE ABBEY, WINCHESTER, 455-1023. *Edited, from a Manuscript in the Library of the Earl of Macclesfield, by* EDWARD EDWARDS, Esq. 1866.

The "Book of Hyde" is a compilation from much earlier sources which are usually indicated with considerable care and precision. In many cases, however, the Hyde Chronicler appears to correct, to qualify, or to amplify—either from tradition or from sources of information not now discoverable—the statements, which, in substance, he adopts. He also mentions, and frequently quotes from writers whose works are either entirely lost or at present known only by fragments.

There is to be found, in the "Book of Hyde," much information relating to the reign of King Alfred which is not known to exist elsewhere. The volume contains some curious specimens of Anglo-Saxon and Mediæval English.

46. CHRONICON SCOTORUM: A CHRONICLE OF IRISH AFFAIRS, from the EARLIEST TIMES to 1135; and SUPPLEMENT, containing the Events from 1141 to 1150. *Edited, with Translation, by* WILLIAM MAUNSELL HENNESSY, Esq., M.R.I.A. 1866.

There is, in this volume, a legendary account of the peopling of Ireland and of the adventures which befell the various heroes who are said to have been connected with Irish history. The details are, however, very meagre both for this period and for the time when history becomes more authentic. The plan adopted in the chronicle gives the appearance of an accuracy to which the earlier portions of the work cannot have any claim. The succession of events is marked year by year, from A.M. 1599 to A.D. 1150. The principal events narrated in the later portion of the work are, the invasions of foreigners, and the wars of the Irish among themselves. The text has been printed from a MS. preserved in the library of Trinity College, Dublin, written partly in Latin, partly in Irish.

47. THE CHRONICLE OF PIERRE DE LANGTOFT, IN FRENCH VERSE, FROM THE EARLIEST PERIOD TO THE DEATH OF EDWARD I. Vols. I. and II. *Edited by* THOMAS WRIGHT, Esq., M.A. 1866–1868.

> It is probable that Pierre de Langtoft was a canon of Bridlington, in Yorkshire, and lived in the reign of Edward I., and during a portion of the reign of Edward II. This chronicle is divided into three parts; in the first, is an abridgment of Geoffrey of Monmouth's "Historia Britonum;" in the second, a history of the Anglo-Saxon and Norman kings, to the death of Henry III.; in the third, a history of the reign of Edward I. The principal object of the work was apparently to show the justice of Edward's Scottish wars. The language is singularly corrupt, and a curious specimen of the French of Yorkshire.

48. THE WAR OF THE GAEDHIL WITH THE GAILL, or THE INVASIONS OF IRELAND BY THE DANES AND OTHER NORSEMEN. *Edited, with a Translation, by* JAMES HENTHORN TODD, D.D., Senior Fellow of Trinity College, and Regius Professor of Hebrew in the University, Dublin. 1867.

> The work in its present form, in the editor's opinion, is a comparatively modern version of an undoubtedly ancient original. That it was compiled from contemporary materials has been proved by curious incidental evidence. It is stated in the account given of the battle of Clontarf that the full tide in Dublin Bay on the day of the battle (23 April 1014) coincided with sunrise; and that the returning tide in the evening aided considerably in the defeat of the Danes. The fact has been verified by astronomical calculations, and the inference is that the author of the chronicle, if not an eye-witness, must have derived his information from eye-witnesses. The contents of the work are sufficiently described in its title. The story is told after the manner of the Scandinavian Sagas, with poems and fragments of poems introduced into the prose narrative.

49. GESTA REGIS HENRICI SECUNDI BENEDICTI ABBATIS. CHRONICLE OF THE REIGNS OF HENRY II. AND RICHARD I., 1169–1192, known under the name of BENEDICT OF PETERBOROUGH. Vols. I. and II. *Edited by* WILLIAM STUBBS, M.A., Regius Professor of Modern History, Oxford, and Lambeth Librarian. 1867.

> This chronicle of the reigns of Henry II. and Richard I., known commonly under the name of Benedict of Peterborough, is one of the best existing specimens of a class of historical compositions of the first importance to the student.

50. MUNIMENTA ACADEMICA, OR, DOCUMENTS ILLUSTRATIVE OF ACADEMICAL LIFE AND STUDIES AT OXFORD (in Two Parts). *Edited by* the Rev. HENRY ANSTEY, M.A., Vicar of St. Wendron, Cornwall, and lately Vice-Principal of St. Mary Hall, Oxford. 1868.

> This work will supply materials for a History of Academical Life and Studies in the University of Oxford during the 13th, 14th, and 15th centuries.

51. CHRONICA MAGISTRI ROGERI DE HOUEDENE. Vols. I., II., III., and IV. *Edited by* WILLIAM STUBBS, M.A., Regius Professor of Modern History, and Fellow of Oriel College, Oxford. 1868–1871.

> This work has long been justly celebrated, but not thoroughly understood until Mr. Stubbs' edition. The earlier portion, extending from 732 to 1148, appears to be a copy of a compilation made in Northumbria about 1161, to which Hoveden added little. From 1148 to 1169–a very valuable portion of this work—the matter is derived from another source, to which Hoveden appears to have supplied little, and not always judiciously. From 1170 to 1192 is the portion which corresponds with the Chronicle known under the name of Benedict of Peterborough (*see* No. 49); but it is not a copy, being sometimes an abridgment, at others a paraphrase; occasionally the two works entirely agree; showing that both writers had access to the same materials, but dealt with them differently. From 1192 to 1201 may be said to be wholly Hoveden's work; it is extremely valuable, and an authority of the first importance.

52. WILLELMI MALMESBIRIENSIS MONACHI DE GESTIS PONTIFICUM ANGLORUM DIBBI QUINQUE. *Edited by* N. E. S. A. HAMILTON, Esq., of the Department of Manuscripts, British Museum. 1870.

> William of Malmesbury's "Gesta Pontificum" is the principal foundation of English Ecclesiastical Biography, down to the year 1122. The manuscript which has been followed in this Edition is supposed by Mr. Hamilton to be the author's autograph, containing his latest additions and amendments.

53. HISTORIC AND MUNICIPAL DOCUMENTS OF IRELAND, FROM THE ARCHIVES OF THE CITY OF DUBLIN, &c. 1172–1320. *Edited by* JOHN T. GILBERT, Esq., F.S.A., Secretary of the Public Record Office of Ireland. 1870.

> A collection of original documents, elucidating mainly the history and condition of the municipal, middle, and trading classes under or in relation with the rule of England in Ireland,—a subject hitherto in almost total obscurity. Extending over the first hundred and fifty years of the Anglo-Norman settlement, the series includes charters, municipal laws and regulations, rolls of names of citizens and members of merchant-guilds, lists of commodities with their rates, correspondence, illustrations of relations between ecclesiastics and laity; together with many documents exhibiting the state of Ireland during the presence there of the Scots under Robert and Edward Bruce.

54. THE ANNALS OF LOCH CÉ. A CHRONICLE OF IRISH AFFAIRS, FROM 1041 to 1590. Vols. I. and II. *Edited, with a Translation, by* WILLIAM MAUNSELL HENNESSY, Esq., M.R.I.A. 1871.

> The original of this chronicle has passed under various names. The title of "Annals of Loch Cé" was given to it by Professor O'Curry, on the ground that it was transcribed for Brian Mac Dermot, an Irish chieftain, who resided on the island in Loch Cé, in the county of Roscommon. It adds much to the materials for the civil and ecclesiastical history of Ireland; and contains many curious references to English and foreign affairs, not noticed in any other chronicle.

55. MONUMENTA JURIDICA. THE BLACK BOOK OF THE ADMIRALTY, WITH APPENDICES. Vols. I., II., III., and IV. *Edited by* SIR TRAVERS TWISS, Q.C., D.C.L. 1871–1876.

> This book contains the ancient ordinances and laws relating to the navy, and was probably compiled for the use of the Lord High Admiral of England. Selden calls it the "jewel of the Admiralty Records." Prynne ascribes to the Black Book the same authority in the Admiralty as the Black and Red Books have in the Court of Exchequer, and most English writers on maritime law recognize its importance.

56. MEMORIALS OF THE REIGN OF HENRY VI.:—OFFICIAL CORRESPONDENCE OF THOMAS BEKYNTON, SECRETARY TO HENRY VI., AND BISHOP OF BATH AND WELLS. *Edited, from a MS. in the Archiepiscopal Library at Lambeth, with an Appendix of Illustrative Documents, by* the Rev. GEORGE WILLIAMS, B.D., Vicar of Ringwood, late Fellow of King's College, Cambridge. Vols. I. and II. 1872.

> These curious volumes are of a miscellaneous character, and were probably compiled under the immediate direction of Beckynton before he had attained to the Episcopate. They contain many of the Bishop's own letters, and several written by him in the King's name; also letters to himself while Royal Secretary, and others addressed to the King.

57. MATTHÆI PARISIENSIS, MONACHI SANCTI ALBANI, CHRONICA MAJORA. Vol. I. The Creation to A.D. 1066. Vol. II. A.D. 1067 to A.D. 1216. Vol. III. A.D. 1216 to A.D. 1239. Vol. IV. A.D. 1240 to A.D. 1247. Vol. V. A.D. 1248 to A.D. 1259. Vol. VI. Additamenta. Vol. VII. Index. *Edited by* HENRY RICHARDS LUARD, D.D., Fellow of Trinity College, Registrary of the University, and Vicar of Great St. Mary's, Cambridge. 1872–1884.

> This work contains the "Chronica Majora" of Matthew Paris, one of the most valuable and frequently consulted of the ancient English Chronicles. It is published from its commencement, for the first time. The editions by Archbishop Parker, and William Watts, severally begin at the Norman Conquest.

58. MEMORIALE FRATRIS WALTERI DE COVENTRIA.—THE HISTORICAL COLLECTIONS OF WALTER OF COVENTRY. Vols. I. and II. *Edited, from the MS. in the Library of Corpus Christi College, Cambridge, by* WILLIAM STUBBS, M.A., Regius Professor of Modern History, and Fellow of Oriel College, Oxford. 1872–1873.

> This work, now printed in full for the first time, has long been a desideratum by Historical Scholars. The first portion, however, is not of much importance, being only a compilation from earlier writers. The part relating to the first quarter of the thirteenth century is the most valuable and interesting.

59. THE ANGLO-LATIN SATIRICAL POETS AND EPIGRAMMATISTS OF THE TWELFTH CENTURY. Vols. I. and II. *Collected and edited by* THOMAS WRIGHT, Esq., M.A., Corresponding Member of the National Institute of France (Académie des Inscriptions et Belles-Lettres). 1872.

> The Poems contained in these volumes have long been known and appreciated as the best satires of the age in which their authors flourished, and were deservedly popular during the 13th and 14th centuries.

60. MATERIALS FOR A HISTORY OF THE REIGN OF HENRY VII., FROM ORIGINAL DOCUMENTS PRESERVED IN THE PUBLIC RECORD OFFICE. Vols. I. and II. *Edited by* the Rev. WILLIAM CAMPBELL, M.A., one of Her Majesty's Inspectors of Schools. 1873–1877.

> These volumes are valuable as illustrating the acts and proceedings of Henry VII. on ascending the throne, and shadow out the policy he afterwards adopted.

61. HISTORICAL PAPERS AND LETTERS FROM THE NORTHERN REGISTERS. *Edited by* JAMES RAINE, M.A., Canon of York, and Secretary of the Surtees Society. 1873.

> The documents in this volume illustrate, for the most part, the general history of the north of England, particularly in its relation to Scotland.

62. REGISTRUM PALATINUM DUNELMENSE. THE REGISTER OF RICHARD DE KELLAWE, LORD PALATINE AND BISHOP OF DURHAM; 1311–1316. Vols. I., II., III., and IV. *Edited by* Sir THOMAS DUFFUS HARDY, D.C.L., Deputy Keeper of the Public Records. 1873–1878.

> Bishop Kellawe's Register contains the proceedings of his prelacy, both lay and ecclesiastical and is the earliest Register of the Palatinate of Durham.

63. MEMORIALS OF SAINT DUNSTAN, ARCHBISHOP OF CANTERBURY. *Edited by* WILLIAM STUBBS, M.A., Regius Professor of Modern History, and Fellow of Oriel College, Oxford. 1874.

This volume contains several lives of Archbishop Dunstan, opening various points of Historical and Literary interest.

64. CHRONICON ANGLIÆ, AB ANNO DOMINI 1328 USQUE AD ANNUM 1388, AUCTORE MONACHO QUODAM SANCTI ALBANI. *Edited by* EDWARD MAUNDE THOMPSON, Esq., Barrister-at-Law, and Assistant-Keeper of the Manuscripts in the British Museum. 1874.

This chronicle gives a circumstantial history of the close of the reign of Edward III.

65. THÓMAS SAGA ERKIBYSKUPS. A LIFE OF ARCHBISHOP THOMAS BECKET, IN ICELANDIC. Vols. I. and II. *Edited, with English Translation, Notes, and Glossary by* M. EIRÍKR MAGNÚSSON, M.A., Sub-Librarian of the University Library, Cambridge. 1875–1884.

This work is derived from the Life of Becket written by Benedict of Peterborough, and apparently supplies the missing portions in Benedict's biography.

66. RADULPHI DE COGGESHALL CHRONICON ANGLICANUM. *Edited by* the Rev. JOSEPH STEVENSON, M.A. 1875.

This volume contains the "Chronicon Anglicanum," by Ralph of Coggleshall, the "Libellus de Expugnatione Terræ Sanctæ per Saladinum," usually ascribed to the same author, and other pieces of an interesting character.

67. MATERIALS FOR THE HISTORY OF THOMAS BECKET, ARCHBISHOP OF CANTERBURY. Vols. I., II., III., IV., V., and VI. *Edited by* the Rev. JAMES CRAIGIE ROBERTSON, M.A., Canon of Canterbury. 1875–1883. Vol. VII. *Edited by* JOSEPH BRIGSTOCKE SHEPPARD, Esq., LL.D. 1885.

This publication comprises all contemporary materials for the history of Archbishop Thomas Becket. The first volume contains the life of that celebrated man, and the miracles after his death, by William, a monk of Canterbury. The second, the life by Benedict of Peterborough; John of Salisbury; Alan of Tewkesbury; and Edward Grim. The third, the life by William Fitzstephen; and Herbert of Bosham. The fourth, anonymous lives, Quadrilogus, &c. The fifth, sixth, and seventh, the Epistles, and known letters.

68. RADULFI DE DICETO DECANI LUNDONIENSIS OPERA HISTORICA. THE HISTORICAL WORKS OF MASTER RALPH DE DICETO, DEAN OF LONDON. Vols. I. and II. *Edited, from the Original Manuscripts, by* WILLIAM STUBBS, M.A., Regius Professor of Modern History, and Fellow of Oriel College, Oxford. 1876.

The Historical Works of Ralph de Diceto are some of the most valuable materials for British History. The Abbreviationes Chronicorum extend from the Creation to 1147, and the Ymagines Historiarum to 1201.

69. ROLL OF THE PROCEEDINGS OF THE KING'S COUNCIL IN IRELAND, FOR A PORTION OF THE 16TH YEAR OF THE REIGN OF RICHARD II. 1392–93. *Edited by* the Rev. JAMES GRAVES, A.B. 1877.

This Roll throws considerable light on the History of Ireland at a period little known. It seems the only document of the kind extant.

70. HENRICI DE BRACTON DE LEGIBUS ET CONSUETUDINIBUS ANGLIÆ LIBRI QUINQUE IN VARIOS TRACTATUS DISTINCTI. AD DIVERSORUM ET VETUSTISSIMORUM CODICUM COLLATIONEM TYPIS VULGATI. Vols. I., II., III., IV., V., and VI. *Edited by* SIR TRAVERS TWISS, Q.C., D.C.L. 1878–1883.

This is a new edition of Bracton's celebrated work, collated with MSS. in the British Museum; the Libraries of Lincoln's Inn, Middle Temple, and Gray's Inn; Bodleian Library, Oxford; the Bibliothèque Nationale, Paris; &c.

71. THE HISTORIANS OF THE CHURCH OF YORK, AND ITS ARCHBISHOPS. Vols. I. and II. *Edited by* JAMES RAINE, M.A., Canon of York, and Secretary of the Surtees Society. 1879–1886.

This will form a complete "Corpus Historicum Eboracense," a work very much needed.

72. REGISTRUM MALMESBURIENSE. THE REGISTER OF MALMESBURY ABBEY; PRESERVED IN THE PUBLIC RECORD OFFICE. Vols. I. and II. *Edited by* J S BREWER, M.A., Preacher at the Rolls, and Rector of Toppesfield; *and* CHARLES TRICE MARTIN, Esq., B.A. 1879, 1880.

This work illustrates many curious points of history, the growth of society, the distribution of land, the relations of landlord and tenant, national customs, &c.

73. HISTORICAL WORKS OF GERVASE OF CANTERBURY. Vols. I. and II. THE CHRONICLE OF THE REIGNS OF STEPHEN, HENRY II., and RICHARD I., BY GERVASE, THE MONK OF CANTERBURY. *Edited by* WILLIAM STUBBS, D.D.; Canon Residentiary of St. Paul's, London; Regius Professor of Modern History and Fellow of Oriel College, Oxford; &c. 1879, 1880.

The Historical Works of Gervase of Canterbury are of great importance as regards the questions of Church and State, during the period in which he wrote. This work was printed by Twysden, in the "Historiæ Anglicanæ Scriptores X.," more than two centuries ago.

74. HENRICI ARCHIDIACONI HUNTENDUNENSIS HISTORIA ANGLORUM. THE HISTORY OF THE ENGLISH, BY HENRY, ARCHDEACON OF HUNTINGDON, from A.D. 55 to A.D. 1154, in Eight Books. *Edited by* THOMAS ARNOLD, ESQ., M.A. 1879.

Henry of Huntingdon's work was first printed by Sir Henry Savile, in 1596, in his "Scriptores post Bedam," and reprinted at Frankfort in 1601. Both editions are very rare and inaccurate. The first five books of the History were published in 1848 in the "Monumenta Historica Britannica," which is out of print. The present volume contains the whole of the manuscript of Huntingdon's History in eight books, collated with a manuscript lately discovered at Paris.

75. THE HISTORICAL WORKS OF SYMEON OF DURHAM. Vols. I. and II. *Edited by* THOMAS ARNOLD, ESQ., M.A. 1882–1885.

The first volume of this edition of the Historical Works of Symeon of Durham, contains the "Historia Dunelmensis Ecclesiæ," and other Works. The second volume contains the "Historia Regum," &c.

76. CHRONICLES OF THE REIGNS OF EDWARD I. AND EDWARD II. Vols. I. and II. *Edited by* WILLIAM STUBBS, D.D., Canon Residentiary of St. Paul's, London; Regius Professor of Modern History, and Fellow of Oriel College, Oxford, &c. 1882, 1883.

The first volume of these Chronicles contains the "Annales Londonienses" and the "Annales Paulini:" the second, I.—Commendatio Lamentabilis in Transitu magni Regis Edwardi. II.—Gesta Edwardi de Carnarvan Auctore Canonico Bridlingtoniensi. III.—Monachi cujusdam Malmesberiensis Vita, Edwardi II. IV.—Vita et Mors Edwardi II. Conscripta a Thoma de la Moore.

77. REGISTRUM EPISTOLARUM FRATRIS JOHANNIS PECKHAM, ARCHIEPISCOPI CANTUARIENSIS. Vols. I., II., and III. *Edited by* CHARLES TRICE MARTIN, ESQ., B.A., F.S.A., 1882–1886.

These Letters are of great value for illustrating English Ecclesiastical History.

78. REGISTER OF S. OSMUND. *Edited by* the Rev. W. H. RICH JONES, M.A., F.S.A., Canon of Salisbury, Vicar of Bradford-on-Avon. Vols. I. and II. 1883, 1884.

This Register, of which a complete copy is here printed for the first time, is among the most ancient of the muniments of the Bishops of Salisbury. It derives its name from containing the statutes, rules, and orders made or compiled by S. Osmund, to be observed in the Cathedral and diocese of Salisbury. The first 19 folios contain the "Consuetudinary," the exposition, as regards ritual, of the "Use of Sarum."

79. CHARTULARY OF THE ABBEY OF RAMSEY. Vols. I. and II. *Edited by* WILLIAM HENRY HART, ESQ., F.S.A., and the Rev. PONSONBY ANNESLEY LYONS. 1884, 1886.

This Chartulary of the Ancient Benedictine Monastery of Ramsey, Huntingdonshire, came to the Crown on the Dissolution of Monasteries, was afterwards preserved in the Stone Tower Westminster Hall, and thence transferred to the Public Record Office.

80. CHARTULARIES OF ST. MARY'S ABBEY, DUBLIN, WITH THE REGISTER OF ITS HOUSE AT DUNBRODY, COUNTY OF WEXFORD, AND ANNALS OF IRELAND, 1162–1370. *Edited by* JOHN THOMAS GILBERT, ESQ., F.S.A., M.R.I.A. Vols. I. & II. 1884, 1885.

The Chartularies and register, here printed for the first time, are the only surviving manuscripts of their class in connexion with the Cistercians in Ireland. With them are included accounts of the other establishments of the Cistercian Order in Ireland, together with the earliest body of Anglo-Irish Annals extant.

81. EADMERI HISTORIA NOVORUM IN ANGLIA, ET OPUSCULA DUO DE VITA SANCTI ANSELMI ET QUIBUSDAM MIRACULIS EJUS. *Edited by* the Rev. MARTIN RULE, M.A. 1884.

This volume contains the "Historiæ Novorum in Anglia," of Eadmer; his treatise "De Vita et conversatione Anselmi Archiepiscopi Cantuariensis," and a Tract entitled "Quaedam Parva Descriptio Miraculorum gloriosi Patris Anselmi Cantuariensis."

82. CHRONICLES OF THE REIGNS OF STEPHEN, HENRY II., AND RICHARD I. Vols. I. II., and III., *Edited by* RICHARD HOWLETT, ESQ., of the Middle Temple, Barrister-at-law. 1884–1886.

Vol. I. contains Books I.-IV. of the "Historia Rerum Anglicarum" of William of Newburgh.
Vol. II. contains Book V. of that work, the continuation of the same to A.D. 1298, and the "Draco Normannicus" of Etienne de Rouen.
Vol. III. contains the "Gesta Stephani Regis," the Chronicle of Richard of Hexham, the "Relatio de Standardo" of St. Aelred of Rievaulx, the poem of Jordan Fantosme, and the Chronicle of Richard of Devizes.

83. CHRONICLE OF THE ABBEY OF RAMSEY. *Edited by* the Rev. WILLIAM DUNN MACRAY, M.A., F.S.A., Rector of Ducklington, Oxon. 1886.

This Chronicle forms part of the Chartulary of the Abbey of Ramsey, preserved in the Public Record Office (*see* No. 79).

84. CHRONICA ROGERI DE WENDOVER, SIVE FLORES HISTORIARUM. Vols. I., II., and III. *Edited by* HENRY GAY HEWLETT, Esq., Keeper of the Records of the Land Revenue. 1886-1889.

This edition gives that portion only of Roger of Wendover's Chronicle which can be accounted an original authority.

85. THE LETTER BOOKS OF THE MONASTERY OF CHRIST CHURCH, CANTERBURY. *Edited by* JOSEPH BRIGSTOCKE SHEPPARD, ESQ., LL.D. Vols. I., II., and III., 1887-1889.

The Letters printed in these volumes were chiefly written between the years 1296 and 1333. Among the most notable writers were Prior Henry of Eastry, Prior Richard Oxenden, and the Archbishops Raynold and Meopham.

86. THE METRICAL CHRONICLE OF ROBERT OF GLOUCESTER. *Edited by* WILLIAM ALDIS WRIGHT, Esq., M.A. Parts I. and II., 1887.

The date of the composition of this Chronicle is placed about the year 1300. The writer appears to have been an eye witness of many events which he describes. The language in which it is written was the dialect of Gloucestershire at that time.

87. CHRONICLE OF ROBERT OF BRUNNE. *Edited by* FREDERICK JAMES FURNIVALL, Esq., M.A., Barrister-at-Law. Parts I. and II. 1887.

Robert of Brunne, or Bourne, co. Lincoln, was a member of the Gilbertine Order established at Sempringham. His Chronicle is described by its editor as a work of fiction, a contribution not to English history, but to the history of English.

88. ICELANDIC SAGAS AND OTHER HISTORICAL DOCUMENTS relating to the Settlements and Descents of the Northmen on the British Isles. Vol. 1. Orkneyinga Saga, and Magnus Saga. Vol. II. Hakonar Saga, and Magnus Saga. *Edited by* M. GUDBRAND VIGFUSSON, M.A. 1887.

89. THE TRIPARTITE LIFE OF ST. PATRICK, with other documents relating to that Saint. *Edited by* WHITLEY STOKES, Esq., LL.D., D.C.L., Honorary Fellow of Jesus College, Oxford; and Corresponding Member of the Institute of France. Parts I. and II. 1887.

90. WILLELMI MONACHI MALMESBIRIENSIS DE REGUM GESTIS ANGLORUM, LIBRI V.; ET HISTORIÆ NOVELLÆ, LIBRI III. *Edited by* WILLIAM STUBBS, D.D., Bishop of Oxford. Vols. I. and II. 1887-1889.

91. LESTORIE DES ENGLES SOLUM GEFFREI GAIMAR. *Edited by* the late Sir THOMAS DUFFUS HARDY, D.C.L., Deputy Keeper of the Public Records; *continued and translated by* CHARLES TRICE MARTIN, Esq., B.A., F.S.A. Vols. I. and II. 1888, 1889.

92. CHRONICLE OF HENRY KNIGHTON, Canon of Leicester. *Edited by* the Rev. JOSEPH RAWSON LUMBY, D.D., Norrisian Professor of Divinity. Vol. I. 1889.

93. CHRONICLE OF ADAM MURIMUTH, with the CHRONICLE OF ROBERT OF AVESBURY. *Edited by* EDWARD MAUNDE THOMPSON, ESQ., LL.D., F.S.A., Principal Librarian and Secretary of the British Museum.

94. CHARTULARY OF THE ABBEY OF ST. THOMAS THE MARTYR, DUBLIN. *Edited by* JOHN THOMAS GILBERT, Esq., F.S.A., M.I.R.A.

In the Press.

ICELANDIC SAGAS, AND OTHER HISTORICAL DOCUMENTS relating to the Settlements and Descents of the Northmen on the British Isles. Vols. III.—IV. Translated by Sir GEORGE WEBBE DASENT, D.C.L.

CHARTULARY OF THE ANCIENT BENEDICTINE ABBEY OF RAMSEY, from the MS. in the Public Record Office. Vol. III. Edited by the late WILLIAM HENRY HART, Esq., F.S.A., and the Rev. PONSONBY ANNESLEY LYONS.

CHARTERS AND DOCUMENTS, ILLUSTRATING THE HISTORY OF THE CATHEDRAL AND CITY OF SARUM, 1100–1300; forming an Appendix to the Register of S. Osmund. Vol. III. Edited by the late Rev. W. H. RICH JONES, M.A., F.S.A., and the Rev. W. D. MACRAY, M.A., F.S.A., Rector of Ducklington.

FLORES HISTORIARUM, PER MATTHÆUM.WESTMONASTERIENSEM COLLECTI. Edited by HENRY RICHARDS LUARD, D.D., Fellow of Trinity College, Registrary of the University, and Vicar of Great St. Mary's, Cambridge. Vol. I., II., and III.

RANULF DE GLANVILL; TRACTATUS DE LEGIBUS ET CONSUETUDINIBUS ANGLIÆ, &c. Edited and translated by Sir TRAVERS TWISS, Q.C., D.C.L.

YEAR BOOKS OF THE REIGN OF EDWARD III. Edited and translated by LUKE OWEN PIKE, Esq., M.A., of Lincoln's Inn, Barrister-at-Law.

CHRONICLE OF HENRY KNIGHTON, Canon of Leicester, to the death of RICHARD II. Edited by the Rev. JOSEPH RAWSON LUMBY, D.D. Vol. II.

ANNALS AND MEMORIALS OF ST. EDMUNDS ABBEY. Edited by THOMAS ARNOLD, Esq., M.A.

RECUEIL DES CRONIQUES ET ANCHIENNES ISTORIES DE LA GRANT BRETAIGNE A PRESENT NOMME ENGLETERRE, par JEHAN DE WAURIN. Vol. V. 1443–1461. Edited by the late Sir WILLIAM HARDY, F.S.A., and EDWARD L. C. P. HARDY, Esq., F.S.A., of Lincoln's Inn, Barrister-at-Law.

CHRONICLES OF THE REIGNS OF STEPHEN, HENRY II., AND RICHARD I. Vol. IV. Edited by RICHARD HOWLETT, Esq., of the Middle Temple, Barrister-at-Law.

In Progress.

DESCRIPTIVE CATALOGUE OF MANUSCRIPTS RELATING TO THE HISTORY OF GREAT BRITAIN AND IRELAND. Vol. IV.; 1327, &c. Edited by the late Sir THOMAS DUFFUS HARDY, D.C.L., Deputy Keeper of the Records, and C. TRICE MARTIN, Esq., B.A., F.S.A.

THE TREATISE "DE PRINCIPUM INSTRUCTIONE," of GIRALDUS CAMBRENSIS; with an Index to the first four volumes of the "Works of Giraldus Cambrensis," edited by the Rev. J. S. Brewer. Edited by GEORGE F. WARNER, Esq., of the Department of MSS., British Museum.

THE HISTORIANS OF THE CHURCH OF YORK AND ITS ARCHBISHOPS, Vol. III. Edited by JAMES RAINE, M.A., Canon of York, and Secretary of the Surtees Society.

PUBLICATIONS OF THE RECORD COMMISSIONERS, &c.
[In boards or cloth.]

ROTULORUM ORIGINALIUM IN CURIÂ SCACCARII ABBREVIATIO. Hen. III.—Edw. III. Edited by HENRY PLAYFORD, Esq. 2 Vols. folio (1805—1810). 12s. 6d. each.

CALENDARIUM INQUISITIONUM POST MORTEM SIVE ESCAETARUM. Hen. III.—Ric. III. Edited by JOHN CALEY and JOHN BAYLEY, Esqrs. Folio (1821—1828): Vol. 3, 21s.; Vol. 4, 24s.

LIBRORUM MANUSCRIPTORUM BIBLIOTHECÆ HARLEIANÆ CATALOGUS. Vol. 4. Edited by the Rev. T. HARTWELL HORNE. Folio (1812), 18s.

ABBREVIATIO PLACITORUM. Richard I.—Edward II. Edited by the Right Hon. GEORGE ROSE and W. ILLINGWORTH, Esq. 1 Vol. folio (1811), 18s.

LIBRI CENSUALIS vocati DOMESDAY-BOOK, INDICES. Edited by Sir HENRY ELLIS. Folio (1816), (Domesday-Book, Vol. 3). 21s.

LIBRI CENSUALIS vocati DOMESDAY-BOOK, ADDITAMENTA EX CODIC. ANTIQUISS. Edited by Sir HENRY ELLIS. Folio (1816), (Domesday-Book, Vol. 4). 21s.

STATUTES OF THE REALM. Edited by Sir T. E. TOMLINS, JOHN RAITHBY, JOHN CALEY, and WM. ELLIOTT, Esqrs. Vols. 7, 8, 9, 10, and 11, folio (1819—1828). 31s. 6d. each; Indices, 30s. each.

VALOR ECCLESIASTICUS, temp. Hen. VIII., Auctoritate Regia institutus. Edited by JOHN CALEY, Esq., and the Rev. JOSEPH HUNTER. Vols. 3 to 6, folio (1817–1834). 25s. each. The Introduction, separately, 8vo. 2s. 6d.

ROTULI SCOTIÆ IN TURRI LONDINENSI ET IN DOMO CAPITULARI WESTMONASTERIENS ASSERVATI. 19 Edw. I.—Hen. VIII. Edited by D. MACPHERSON, J. CALEY, W. ILLINGWORTH, Esqrs., and Rev. T. H. HORNE. Vol. 2. folio (1818). 21s.

FŒDERA, CONVENTIONES, LITTERÆ, &c.; or, RYMER'S FŒDERA, New Edition, folio Vol. 3, Part 2. 1361—1377 (1830): Vol. 4, 1377—1383 (1869). Edited by JOHN CALEY and FRED. HOLBROOKE, Esqrs. Vol. 3, Part 2, 21s.; Vol. 4. 6s.

DUCATUS LANCASTRIÆ CALENDARIUM INQUISITIONUM POST MORTEM, &c. Part 3, Calendar to Pleadings, &c., Hen. VII.—13 Eliz. Part 4, Calendar to Pleadings, to end of Eliz. (1827—1834). Edited by R. J. HARPER, JOHN CALEY, and WM. MINCHIN, Esqrs. Folio. Part 3 (or Vol. 2), 31s. 6d.; Part 4 (or Vol. 3), 21s.

CALENDARS OF THE PROCEEDINGS IN CHANCERY, ELIZ.; with Examples of Proceedings from Ric. II. Edited by JOHN BAYLEY, Esq. Vol. 3 (1832), folio, 21s.

PARLIAMENTARY WRITS AND WRITS OF MILITARY SUMMONS, with Records and Muniments relating to Suit and Service to Parliament, &c. Edited by SIR FRANCIS PALGRAVE. (1830—1834.) Folio. Vol. 2, Div. 1, Edw. II., 21s.; Vol. 2, Div. 2, 21s.; Vol. 2, Div. 3, 42s.

ROTULI LITTERARUM CLAUSARUM IN TURRI LONDINENSI ASSERVATI. 2 Vols. folio (1833, 1844). Vol. 1, 1204 - 1224. Vol. 2, 1224—1227. Edited by THOMAS DUFFUS HARDY, Esq. Vol. 1, 63s.; Vol. 2, 18s.

PROCEEDINGS AND ORDINANCES OF THE PRIVY COUNCIL OF ENGLAND. 10 Ric. II.—33 Hen. VIII. Edited by Sir NICHOLAS HARRIS NICOLAS. 7 Vols. royal 8vo. (1834—1837). 14s. each.

ROTULI LITTERARUM PATENTIUM IN TURRI LOND. ASSERVATI. 1201—1216. Edited by T. DUFFUS HARDY, Esq. 1 Vol. folio (1835), 31s. 6d. The Introduction, separately, 8vo. 9s.

ROTULI CURIÆ REGIS. Rolls and Records of the Court held before the King's Justiciars or Justices. 6 Richard I.—1 John. Edited by Sir FRANCIS PALGRAVE. 2 Vols. royal 8vo. (1835). 28s.

ROTULI NORMANNIÆ IN TURRI LOND. ASSERVATI. 1200—1205; 1417—1418. Edited by THOMAS DUFFUS HARDY, Esq. 1 Vol. royal 8vo. (1835). 12s. 6d.

ROTULI DE OBLATIS ET FINIBUS IN TURRI LOND. ASSERVATI, temp. Regis Johannis. Edited by THOMAS DUFFUS HARDY, Esq. 1 Vol. royal 8vo. (1835). 18s.

EXCERPTA E ROTULIS FINIUM IN TURRI LONDINENSI ASSERVATIS. Henry III., 1216—1272. Edited by CHARLES ROBERTS, Esq. 2 Vols. royal 8vo. (1835, 1836); Vol. 1, 14s.; Vol. 2, 18s.

FINES, SIVE PEDES FINIUM; SIVE FINALES CONCORDIÆ IN CURIÂ DOMINI REGIS. 7 Richard I.—16 John, 1195—1214. Edited by the Rev. JOSEPH HUNTER. In Counties. 2 vols. royal 8vo. (1835—1844); Vol. 1, 8s. 6d.; Vol. 2, 2s. 6d.

ANCIENT KALENDARS AND INVENTORIES OF THE TREASURY OF HIS MAJESTY'S EXCHEQUER; with Documents illustrating its History. Edited by Sir FRANCIS PALGRAVE. 3 Vols. royal 8vo. (1836). 42s.

DOCUMENTS AND RECORDS illustrating the History of Scotland, and Transactions between Scotland and England; preserved in the Treasury of Her Majesty's Exchequer. *Edited by* Sir FRANCIS PALGRAVE. 1 Vol. royal 8vo. (1837). 18*s*.

ROTULI CHARTARUM IN TURRI LONDINENSI ASSERVATI. 1199—1216. *Edited by* THOMAS DUFFUS HARDY, Esq. 1 Vol. folio (1837). 30*s*.

REPORT OF THE PROCEEDINGS OF THE RECORD COMMISSIONERS, 1831—1837. 1 Vol. fol. (1837). 8*s*.

REGISTRUM vulgariter nuncupatum "The Record of Caernarvon," e codice MS. Harleiano, 696, descriptum. *Edited by* Sir HENRY ELLIS. 1 Vol. folio (1838), 31*s*. 6*d*.

ANCIENT LAWS AND INSTITUTES OF ENGLAND; comprising Laws enacted under the Anglo-Saxon Kings, with Translation of the Saxon; the Laws called Edward the Confessor's; the Laws of William the Conqueror, and those ascribed to Henry I.; Monumenta Ecclesiastica Anglicana, from 7th to 10th century; and Ancient Latin Version of the Anglo-Saxon Laws. *Edited by* BENJAMIN THORPE, Esq. 1 Vol. folio (1840), 40*s*. 2 Vols. royal 8vo., 30*s*.

ANCIENT LAWS AND INSTITUTES OF WALES; comprising Laws supposed to be enacted by Howel the Good, modified by Regulations prior to the Conquest by Edward I.; and anomalous Laws, principally of Institutions which continued in force. With translation. Also, Latin Transcripts, containing Digests of Laws, principally of the Dimetian Code. *Edited by* ANEURIN OWEN, Esq. 1 Vol. folio (1841), 44*s*. 2 vols. royal 8vo., 36*s*.

ROTULI DE LIBERATE AC DE MISIS ET PRÆSTITIS, Regnante Johanne. *Edited by* THOMAS DUFFUS HARDY, Esq. 1 Vol. royal 8vo. (1844). 6*s*.

THE GREAT ROLLS OF THE PIPE, 2, 3, 4 HEN. II., 1155—1158. *Edited by* the Rev. JOSEPH HUNTER. 1 Vol. royal 8vo. (1844). 4*s*. 6*d*.

THE GREAT ROLL OF THE PIPE, 1 RIC. I., 1189—1190. *Edited by* the Rev. JOSEPH HUNTER. 1 Vol. royal 8vo. (1844). 6*s*.

DOCUMENTS ILLUSTRATIVE OF ENGLISH HISTORY in the 13th and 14th centuries, from the Records of the Queen's Remembrancer in the Exchequer. *Edited by* HENRY COLE, Esq. 1 Vol. fcp. folio (1844). 45*s*. 6*d*.

MODUS TENENDI PARLIAMENTUM. An Ancient Treatise on the Mode of holding the Parliament in England. *Edited by* THOMAS DUFFUS HARDY, Esq. 1 Vol. 8vo. (1846). 2*s*. 6*d*.

REGISTRUM MAGNI SIGILLI REG. SCOT. in Archivis Publicis asservatum. Vol. 1. 1306—1424. (*For continuation see p. 36.*) *Edited by* THOMAS THOMSON, Esq. Folio (1814). 10*s*. 6*d*.

ACTS OF THE PARLIAMENTS OF SCOTLAND. Folio (1814—1875). *Edited by* THOMAS THOMSON and COSMO INNES, Esqrs. Vol. 1, 42*s*. Vols. 5 and 6 (in three Parts), 21*s*. each Part; Vols. 4, 7, 8, 9, 10, and 11, 10*s*. 6*d*. each; Vol. 12 (Index), 63*s*. Or, 12 Volumes in 13, 12*l*. 12*s*.

ACTS OF THE LORDS AUDITORS OF CAUSES AND COMPLAINTS (ACTA DOMINORUM AUDITORUM). 1466—1494. *Edited by* THOMAS THOMSON, Esq. Fol. (1839). 10*s*. 6*d*.

ACTS OF THE LORDS OF COUNCIL IN CIVIL CAUSES (ACTA DOMINORUM CONCILII), 1478—1495. *Edited by* THOMAS THOMSON, Esq. Folio (1839). 10*s*. 6*d*.

ISSUE ROLL OF THOMAS DE BRANTINGHAM, Bishop of Exeter, Lord High Treasurer, containing Payments out of the Revenue, 44 Edw. III., 1370. *Edited by* FREDERICK DEVON, Esq. 1 Vol. 4to. (1835), 35*s*. Or, royal 8vo., 25*s*.

ISSUES OF THE EXCHEQUER, James I.; from the Pell Records. *Edited by* FREDERICK DEVON, Esq. 1 Vol. 4to. (1836), 30*s*. Or, royal 8vo., 21*s*.

ISSUES OF THE EXCHEQUER, Henry III.—Henry VI.; from the Pell Records. *Edited by* FREDERICK DEVON, Esq. 1 Vol. 4to. (1837), 40*s*. Or, royal 8vo., 30*s*.

HANDBOOK TO THE PUBLIC RECORDS. *By* F. S. THOMAS, Esq., Secretary of the Public Record Office. 1 Vol. royal 8vo. (1853). 12*s*.

HISTORICAL NOTES RELATIVE TO THE HISTORY OF ENGLAND. Henry VIII. — Anne (1509-1714). A Book of Reference for ascertaining the Dates of Events. *By* F. S. THOMAS, Esq. 3 Vols. 8vo. (1856). 40*s*.

STATE PAPERS, DURING THE REIGN OF HENRY THE EIGHTH : with Indices of Persons and Places. 11 Vols. 4to. (1830—1852), 10*s*. 6*d*. each.
   Vol. I.—Domestic Correspondence.
   Vols. II. & III.—Correspondence relating to Ireland.
   Vols. IV. & V.—Correspondence relating to Scotland.
   Vols. VI. to XI.- Correspondence between England and Foreign Courts.

WORKS PUBLISHED IN PHOTOZINCOGRAPHY.

DOMESDAY BOOK, or the GREAT SURVEY OF ENGLAND OF WILLIAM THE CONQUEROR, 1086; fac-simile of the Part relating to each county, separately (with a few exceptions of double counties). Photozincographed, by Her Majesty's Command, at the Ordnance Survey Office, Southampton, Colonel Sir HENRY JAMES, R.E., F.R.S., &c., DIRECTOR-GENERAL of the ORDNANCE SURVEY, under the Superintendence of W. BASEVI SANDERS, Esq., Assistant Keeper of Her Majesty's Records. 35 Parts, imperial quarto and demy quarto (1861–1863), boards. Price 8s. to 1l. 3s. each Part, according to size; or, bound in 2 Vols., 20l. (*The edition in two volumes is out of print.*)

  This important and unique survey of the greater portion of England* is the oldest and most valuable record in the national archives. It was commenced about the year 1084 and finished in 1086. Its compilation was determined upon at Gloucester by William the Conqueror, in council, in order that he might know what was due to him, in the way of tax, from his subjects, and that each at the same time might know what he had to pay. It was compiled as much for their protection as for the benefit of the sovereign. The nobility and people had been grievously distressed at the time by the king bringing over large numbers of French and Bretons, and quartering them on his subjects, " each " according to the measure of his land," for the purpose of resisting the invasion of Cnut, King of Denmark, which was apprehended. The Commissioners appointed to make the survey were to inquire the name of each place; who held it in the time of King Edward the Confessor; the present possessor; how many hides were in the manor; how many ploughs were in the demesne; how many homagers; how many villeins; how many cottars; how many serving men; how many free tenants; how many tenants in soccage; how much wood, meadow, and pasture; the number of mills and fish ponds; what had been added or taken away from the place; what was the gross value in the time of Edward the Confessor; the present value; and how much each free man or soc-man had, and whether any advance could be made in the value. Thus could be ascertained who held the estate in the time of King Edward; who then held it; its value in the time of the late King; and its value as it stood at the formation of the survey. So minute was the survey, that the writer of the contemporary portion of the Saxon Chronicle records, with some asperity—" So very narrowly he caused it to be " traced out, that there was not a single hide, nor one virgate of land, nor even, " it is shame to tell, though it seemed to him no shame to do, an ox, nor a cow, " nor a swine was left, that was not set down." The first, in folio, contains the Domesday Survey is in two parts or volumes. counties of Bedford, Berks, Bucks, Cambridge, Chester, and Lancaster, Cornwall, Derby, Devon, Dorset, Gloucester, Hants, Hereford, Herts, Huntingdon, Kent, Leicester and Rutland, Lincoln, Middlesex, Northampton, Nottingham, Oxford, Salop, Somerset, Stafford, Surrey, Sussex, Warwick, Wilts, Worcester, and York. The second volume, in quarto, contains the counties of Essex, Norfolk and Suffolk.

  Domesday Book was printed *verbatim et literatim* during the last century, in consequence of an address of the House of Lords to King George III. in 1767. It was not, however, commenced until 1773, and was completed early in 1783. In 1860, Her Majesty's Government, with the concurrence of the Master of the Rolls, determined to apply the art of photozincography to the production of a fac-simile of Domesday Book, under the superintendence of Colonel Sir Henry James, R.E., Director-General of the Ordnance Survey, Southampton.

FAC-SIMILES OF NATIONAL MANUSCRIPTS, from WILLIAM THE CONQUEROR to QUEEN ANNE, selected under the direction of the Master of the Rolls, and Photozincographed, by Command of Her Majesty, by Colonel Sir HENRY JAMES, R.E., F.R.S., DIRECTOR-GENERAL of the ORDNANCE SURVEY, and edited by

---

* For some reason left unexplained, many parts were left unsurveyed; Northumberland, Cumberland, Westmoreland, and Durham, are not described in the survey; nor does Lancashire appear under its proper name; but Furness, and the northern part of Lancashire, as well as the south of Westmoreland, with a part of Cumberland, are included within the West Riding of Yorkshire. That part of Lancashire which lies between the Ribble and Mersey, and which at the time of the survey comprehended 688 manors, is joined to Cheshire. Part of Rutland is described in the counties of Northampton and Lincoln.

W. BASEVI SANDERS, Assistant Keeper of Her Majesty's Records. *Price,* each Part, with translations and notes, double foolscap folio, 16s.

Part I. (William the Conqueror to Henry VII.). 1865. (*Out of print.*)
Part II. (Henry VIII. and Edward VI.) 1866.
Part III. (Mary and Elizabeth). 1867.
Part IV. (James I. to Anne). 1868.

The first Part extends from William the Conqueror to Henry VII., and contains autographs of the kings of England, as well as of many other illustrious personages famous in history, and some interesting charters, letters patent, and state papers. The second Part, for the reigns of Henry VIII. and Edward VI., consists principally of holograph letters, and autographs of kings, princes, statesmen, and other persons of great historical interest, who lived during those reigns. The third Part contains similar documents for the reigns of Mary and Elizabeth, including a signed bill of Lady Jane Grey. The fourth Part concludes the series, and comprises a number of documents taken from the originals belonging to the Constable of the Tower of London; also several records illustrative of the Gunpowder Plot, and a woodcut containing portraits of Mary Queen of Scots and James VI., circulated by their adherents in England, 1580–3.

FAC-SIMILES OF ANGLO-SAXON MANUSCRIPTS. Photozincographed, by Command of Her Majesty, upon the recommendation of the Master of the Rolls, by the DIRECTOR-GENERAL of the ORDNANCE SURVEY, Lieut.-General J. CAMERON, R.E., C.B., F.R.S., and edited by W. BASEVI SANDERS, Assistant Keeper of Her Majesty's Records. Part I. Price 2*l.* 10*s.*

The Anglo-Saxon MSS. represented in this volume form the earlier portions of the collection of archives belonging to the Dean and Chapter of Canterbury, and consist of a series of 25 charters, deeds, and wills, commencing with a record of proceedings at the first Synodal Council of Clovestho in 742, and terminating with the first part of a tripartite cheirograph, whereby Thurston conveyed to the Church of Canterbury land at Wimbish in Essex, in 1049, the sixth year of the reign of Edward the Confessor.

FAC-SIMILES OF ANGLO-SAXON MANUSCRIPTS. Photozincographed, by Command of Her Majesty, upon the recommendation of the Master of the Rolls, by the DIRECTOR-GENERAL of the ORDNANCE SURVEY, Major-General A. COOKE, R.E., C.B., and collected and edited by W. BASEVI SANDERS, Assistant Keeper of Her Majesty's Records. Part II. *Price* 3*l.* 10*s.*
(Also, separately. Edward the Confessor's Charter. *Price* 2*s.*)

The originals of the Fac-similes contained in this volume belong to the Deans and Chapters of Westminster, Exeter, Wells, Winchester, and Worcester; the Marquis of Bath, the Earl of Ilchester, Winchester College, Her Majesty's Public Record Office, Bodleian Library, Somersetshire Archæological and National History Society's Museum in Taunton Castle, and William Salt Library at Stafford. They consist of charters and other documents granted by, or during the reigns of, Baldred, Æthelred, Offa, and Burgred, Kings of Mercia; Uhtred of the Huiccas, Ceadwalla and Ini of Wessex; Æthelwulf, Eadward the Elder, Æthelstan, Eadmund the First, Eadred, Eadwig, Eadgar, Eadward the Second, Æthelred the Second, Cnut, Eadward the Confessor, and William the Conqueror, embracing altogether a period of nearly four hundred years.

FAC-SIMILES OF ANGLO-SAXON MANUSCRIPTS. Photozincographed, by Command of Her Majesty, upon the recommendation of the Master of the Rolls, by the DIRECTOR-GENERAL of the ORDNANCE SURVEY, Colonel R. H. STOTHERD, R.E., C.B., and collected and edited by W. BASEVI SANDERS, Assistant Keeper of Her Majesty's Records. Part III. Price 6*l.* 6*s.*

This volume contains fac-similes of the Ashburnham collection of Anglo-Saxon Charters, &c., including King Alfred's Will. The MSS. represented in it, range from A.D. 697 to A.D. 1161, being charters, wills, deeds, and reports of Synodal transactions during the reigns of Kings Wihtred of Kent, Offa, Eardwulf, Coenwulf, Cuthred, Beornwulf, Æthelwulf, Ælfred, Eadward the Elder, Eadmund, Eadred, Queen Eadgifu, and Kings Eadgar, Æthelred the Second, Cnut, Henry the First, and Henry the Second. In addition to these are two belonging to the Marquis of Anglesey, one of them being the Foundation Charter of Burton Abbey by Æthelred the Second with the testament of its great benefactor Wulfric.

Public Record Office,
November 1889.

HISTORICAL MANUSCRIPTS COMMISSION.

REPORTS OF THE ROYAL COMMISSIONERS APPOINTED TO INQUIRE WHAT PAPERS AND MANUSCRIPTS BELONGING TO PRIVATE FAMILIES AND INSTITUTIONS ARE EXTANT WHICH WOULD BE OF UTILITY IN THE ILLUSTRATION OF HISTORY, CONSTITUTIONAL LAW, SCIENCE, AND GENERAL LITERATURE.

Date.	—	Size.	Sessional Paper.	Price.
1870 (Reprinted 1874.)	FIRST REPORT, WITH APPENDIX Contents :— ENGLAND. House of Lords; Cambridge Colleges; Abingdon, and other Corporations, &c. SCOTLAND. Advocates' Library, Glasgow Corporation, &c. IRELAND. Dublin, Cork, and other Corporations, &c.	f'cap	[C. 55]	s. d. 1 6
1871	SECOND REPORT, WITH APPENDIX, AND INDEX TO THE FIRST AND SECOND REPORTS Contents :— ENGLAND. House of Lords; Cambridge Colleges; Oxford Colleges; Monastery of Dominican Friars at Woodchester, Duke of Bedford, Earl Spencer, &c. SCOTLAND. Aberdeen and St. Andrew's Universities, &c. IRELAND. Marquis of Ormonde; Dr. Lyons, &c.	,,	[C. 441]	3 10
1872	THIRD REPORT, WITH APPENDIX AND INDEX Contents :— ENGLAND. House of Lords; Cambridge Colleges; Stonyhurst College; Bridgewater and other Corporations; Duke of Northumberland, Marquis of Lansdowne, Marquis of Bath, &c. SCOTLAND. University of Glasgow; Duke of Montrose, &c. IRELAND. Marquis of Ormonde; Black Book of Limerick, &c.	,,	[C. 673]	6 0

Date.	—	Size.	Sessional Paper.	Price.
				s. d.
1873	FOURTH REPORT, WITH APPENDIX. PART I. - - - - - Contents :— ENGLAND. House of Lords; Westminster Abbey; Cambridge and Oxford Colleges; Cinque Ports, Hythe, and other Corporations, Marquis of Bath, Earl of Denbigh, &c. SCOTLAND. Duke of Argyll, &c. IRELAND. Trinity College, Dublin; Marquis of Ormonde.	f'cap	[C. 857]	6 8
,,	DITTO. PART II. INDEX - - -	,,	[C.857i.]	2 6
1876	FIFTH REPORT, WITH APPENDIX. PART I. - Contents :— ENGLAND. House of Lords; Oxford and Cambridge Colleges; Dean and Chapter of Canterbury; Rye, Lydd, and other Corporations, Duke of Sutherland, Marquis of Lansdowne, Reginald Cholmondeley, Esq., &c. SCOTLAND. Earl of Aberdeen, &c.	,,	[C.1432]	7 0
,,	DITTO. PART II. INDEX - - -	,,	[C.1432 i.]	3 6
1877	SIXTH REPORT, WITH APPENDIX. PART I. - Contents :— ENGLAND. House of Lords; Oxford and Cambridge Colleges; Lambeth Palace; Black Book of the Archdeacon of Canterbury; Bridport, Wallingford, and other Corporations; Lord Leconfield, Sir Reginald Graham, Sir Henry Ingilby, &c. SCOTLAND. Duke of Argyll, Earl of Moray, &c. IRELAND. Marquis of Ormonde.	,,	C. 1745	8 6
,,	DITTO. PART II. INDEX - - -	,,	[C.2102]	1 10
1879	SEVENTH REPORT, WITH APPENDIX. PART I. - - - - - Contents :— House of Lords; County of Somerset; Earl of Egmont, Sir Frederick Graham, Sir Harry Verney, &c.	,,	[C.2340]	7 6
	DITTO. PART II. APPENDIX AND INDEX - Contents :— Duke of Athole, Marquis of Ormonde, S. F. Livingstone, Esq., &c.	,,	[C. 2340 i.]	3 6
1881	EIGHTH REPORT, WITH APPENDIX AND INDEX. PART I. - - - Contents :— List of collections examined, 1869-1880. ENGLAND. House of Lords; Duke of Marlborough; Magdalen College, Oxford; Royal College of Physicians; Queen Anne's Bounty Office; Corporations of Chester, Leicester, &c. IRELAND. Marquis of Ormonde, Lord Emly, The O'Conor Don, Trinity College, Dublin, &c.	,,	[C.3040]	8 6

Date.	—	Size.	Sessional Paper.	Price.
				s. d.
1881	Ditto. Part II. Appendix and Index - Contents :— Duke of Manchester.	f'cap	[C.3040 i.]	1 9
1881	Ditto. Part III. Appendix and Index - Contents :— Earl of Ashburnham.	,,	[C.3040 ii.]	1 4
1883	Ninth Report, with Appendix and Index. Part I. - - - - Contents :— St. Paul's and Canterbury Cathedrals; Eton College ; Carlisle, Yarmouth, Canterbury, and Barnstaple Corporations, &c.	,,	[C.3773]	5 2
1884	Ditto. Part II. Appendix and Index - Contents :— England. House of Lords; Earl of Leicester ; C. Pole Gell, Alfred Morrison, Esquires, &c. Scotland. Lord Elphinstone, H. C. Maxwell Stuart, Esq., &c. Ireland. Duke of Leinster, Marquis of Drogheda, &c.	,,	[C.3773 i.]	6 3
1884	Ditto. Part III. Appendix and Index - - - - - Contents :— Mrs. Stopford Sackville.	,,	[C.3773 ii.]	1 7
1883	Calendar of the Manuscripts of the Marquis of Salisbury, K.G. (or Cecil MSS.). Part I. - - - -	8vo.	[C.3777]	3 5
1885	Tenth Report - - - - This is introductory to the following :—	,,	[C.4548]	0 3½
1885	(1.) Appendix and Index - - Earl of Eglinton, Sir J. S. Maxwell, Bart., and C. S. H. D. Moray, C. F. Weston Underwood, G. W. Digby, Esquires.	,,	[C.4575]	3 7
1885	(2.) Appendix and Index - - The Family of Gawdy, formerly of Norfolk.	,,	[C.4576 iii.]	1 4
1885	(3.) Appendix and Index - - Wells Cathedral.	,,	[C.4576 ii.]	2 0
1885	(4.) Appendix and Index - - Earl of Westmorland ; Captain Stewart ; Lord Stafford ; Sir N. W. Throckmorton, Bart., Stonyhurst College; Sir P. T. Mainwaring, Bart., Misses Boycott, Lord Muncaster, M.P., Captain J. F. Bagot, Earl of Kilmorey, Earl of Powis, Revs. T. S. Hill, C. R. Manning, and others, the Corporations of Kendal, Wenlock, Bridgnorth, Eye, Plymouth, and the County of Essex.	,,	[C.4576]	3 6
1885	(5.) Appendix and Index - - - The Marquis of Ormonde, Earl of Fingall, Corporations of Galway, Waterford, the Sees of Dublin and of Ossory, the Jesuits in Ireland.	,,	[4576 i.]	2 10

Date.		Size.	Sessional Paper.	Price.
				s. d.
1887	(6.) APPENDIX AND INDEX - Marquis of Abergavenny, Lord Braye, G. F. Luttrell, P. P. Bouverie, W. B. Davenport, M.P., R. T. Balfour, Esquires.	8vo.	[C.5242]	1 7
1887	ELEVENTH REPORT - This is introductory to the following :—	,,	[C. 5060 vi.]	0 3
1887	(1.) APPENDIX AND INDEX - H. D. Skrine, Esq., Salvetti Correspondence.	,,	[C.5060]	1 1
1887	(2.) APPENDIX AND INDEX - House of Lords. 1678–1688.	,,	[C. 5060 i.]	2 0
1887	(3.) APPENDIX AND INDEX - Corporations of Southampton and Lynn.	,,	[C. 5060 ii.]	1 8
1887	(4.) APPENDIX AND INDEX - Marquess Townshend.	,,	[C. 5060 iii.]	2 6
1887	(5.) APPENDIX AND INDEX Earl of Dartmouth.	,,	[C. 5060 iv.]	2 8
1887	(6.) APPENDIX AND INDEX - Duke of Hamilton.	,,	[C. 5060 v.]	1 6
1888	(7.) APPENDIX AND INDEX - Duke of Leeds, Marchioness of Waterford, Lord Hothfield, F. Darwon, Hamon le Strange, A. W. Savile, Esquires; Bridgwater Trust Office, Reading Corporation Inner Temple Library.	,,	[C.5612]	2 0
1888	CALENDAR OF THE MANUSCRIPTS OF THE MARQUIS OF SALISBURY, K.G. (or CECIL MSS.). Part II. -	,,	[C.5463]	3 5
1889	TWELFTH REPORT. This will be introductory to the following :—	In the Press.		
1888	(1.) APPENDIX. Earl Cowper, K.G. (Coke MSS., at Melbourne Hall, Derby) Vol. I.	,,	[C.5472]	2 7
1888	(2.) APPENDIX Ditto. Vol. II.	,,	[C.5613]	2 5
1888	(3.) APPENDIX AND INDEX Ditto. Vol. III.	In the Press.		
1888	(4.) APPENDIX Duke of Rutland, G.C.B. Vol. I.	,,	[C.5614]	3 2
	(5.) APPENDIX AND INDEX - Ditto. Vol. II.	In the Press.		
	(6.) APPENDIX. House of Lords, 1689, &c.	In the Press.		
	(7.) APPENDIX. S. H. le Fleming, Esq., of Rydal.	In the Press.		

Stationery Office,
November 1889.

ANNUAL REPORTS OF THE DEPUTY KEEPER OF THE PUBLIC RECORDS.

REPORTS Nos. 1–22, IN FOLIO, PUBLISHED BETWEEN 1840 AND 1861, ARE NO LONGER ON SALE. SUBSEQUENT REPORTS ARE IN OCTAVO.

Date.	Number of Report.	Chief Contents of Appendices.	Sessional No.	Price.
				s. d.
1862	23	Subjects of Research by Literary Inquirers, 1852–1861.—Attendances at the various Record Offices, previously to the passing of the Public Record Act.	C. 2970	0 4
1863	24	List of Calendars, Indexes, &c., in the Public Record Office.	C. 3142	0 7½
1864	25	Calendar of Crown Leases, 33–38 Hen. VIII.—Calendar of Bills and Answers, &c., Hen. VIII.-Ph. & Mary, for Cheshire and Flintshire.—List of Lords High Treasurers and Chief Commissioners of the Treasury, from Hen. VII.	C. 3318	0 8
1865	26	List of Plans annexed to Inclosure Awards, 31 Geo. II.–7 Will. IV.—Calendar of Privy Seals, &c., Hen. VI.-Eliz., for Cheshire and Flintshire.—Calendar of Writs of General Livery, &c., for Cheshire, Eliz.-Charles I.—Calendar of Deeds, &c., on the Chester Plea Rolls, Hen. III. and Edw. I.—List of Documents photozincographed, Will. I.-Hen. VII.	C. 3492	0 7
1866	27	List of Awards of Inclosure Commissioners.—References to Charters in the Cartæ Antiquæ and the Confirmation Rolls of Chancery, Ethelbert of Kent-James I.—Calendar of Deeds, &c., on the Chester Plea Rolls, Edw. II.—List of Documents photozincographed, Hen. VIII. and Edw. VI.	C. 3717	1 6
1867	28	Fees in the Public Record Office.—Calendar of Fines, Cheshire and Flintshire, Edw. I.—Calendar of Deeds, &c., on the Chester Plea Rolls, Edw. III.—List of Documents photozincographed,	C. 3839	0 10½

Date.	Number of Report.	Chief Contents of Appendices.	Sessional No.	Price.
				s. d.
		Mary and Eliz., and Scottish, Part I.—Table of Law Terms, from the Norman Conquest to 1 Will IV.		
1868	29	Calendar of Royal Charters.—Calendar of Deeds, &c., on the Chester Plea Rolls, Richard II.-Hen. VII.—Durham Records, Letter and Report.	C. 4012	0 9
1869	30	Duchy of Lancaster Records, Inventory.—Durham Records, Inventory, Indexes to Kellawe's Register.—Calendar of Deeds, &c., on the Chester Plea Rolls, Hen. VIII.—Calendar of Decrees of Court of General Surveyors, 34-38 Hen. VIII.—Calendar of Royal Charters.—State Paper Office, Calendar of Documents relating to the History of, to 1800.—List of Documents photozincographed, Eliz.-Anne.—Tower of London. Index to Documents in custody of the Constable of.—Calendar of Dockets, &c., for Privy Seals, 1634-1711, in the British Museum. Report of the Commissioners on Carte Papers.—Venetian Ciphers.	C. 4165	3 0
1870	31	Duchy of Lancaster Records, Calendar of Royal Charters, Will. II.-Ric. II.—Durham Records, Calendar of Chancery Enrolments; Cursitor's Records.—List of Officers of Palatinate of Chester, in Cheshire and Flintshire, and North Wales.—List of Sheriffs of England, 31 Hen. I. to 4 Edw. III.—List of Documents photozincographed, Scottish, Part II.	[C. 187]	2 3
1871	32	Part I.—Report of the Commissioners on Carte Papers.—Calendarium Genealogicum, 1 & 2 Edw. II.—Durham Records, Calendar of Cursitor's Records, Chancery Enrolments—Duchy of Lancaster Records, Calendar of Rolls of the Chancery of the County Palatine.	[C. 374]	2 2
1871	--	Part II.—Charities; Calendar of Trust Deeds enrolled on the Close Rolls of Chancery, subsequent to 9 Geo. II. c. xxxvi.	[C. 374] I.	5 6
1872	33	Duchy of Lancaster Records, Calendar of Rolls of the Chancery of the County Palatine.—Durham Records, Calendar of the Cursitor's Records, Chancery Enrolments.—Report on the Shaftesbury Papers.—Venetian Transcripts.—Greek copies of the Athanasian Creed.	[C. 620]	1 10
1873	34	Parliamentary Petitions; Index to the Petitions to the King in Council.—	[C. 728]	1 9

Date.	Number of Report.	Chief Contents of Appendices.	Sessional No.	Price.
				s. d.
		Durham Records, Calendar of the Cursitor's Records, Chancery Enrolments.—List of Documents photozincographed. Scottish, Part III.—Supplementary Report on the Shaftesbury Papers.		
1874	35	Duchy of Lancaster Records, Calendar of Ancient Charters or Grants.—Palatinate of Lancaster; Inventory and Lists of Documents transferred to the Public Record Office. — Durham Records, Calendar of Cursitor's Records, Chancery Enrolments.—List of Documents photozincographed, Irish, Part I.—Second Supplementary Report on the Shaftesbury Papers.	[C. 1043]	1 6
1875	36	Durham Records, Calendar of the Cursitor's Records, Chancery Enrolments.—Duchy of Lancaster Records; Calendar of Ancient Charters or Grants.—List of Documents photozincographed; Irish, Part II.—M. Armand Baschet's Report upon Documents in French Archives relating to British History.—Calendar of Recognizance Rolls of the Palatinate of Chester, to end of reign of Hen. IV.	[C. 1301]	4 4
1876	37	Part I.—Durham Records, Calendar of the Cursitor's Records, Chancery Enrolments.—Duchy of Lancaster Records, Calendar of Ancient Rolls of the Chancery of the County Palatine.—M. Baschet's list of French Ambassadors, &c., in England, 1509-1714.	[C. 1544]	1 2
1876	—	Part II.—Calendar of Recognizance Rolls of the Palatinate of Chester; Hen. V.-Hen. VII.	[C. 1544] I.	4 4
1877	38	Exchequer Records, Catalogue of Special Commissions, 1 Eliz. to 10 Vict., Calendar of Depositions taken by Commission, 1 Eliz. to end of James I.—List of Representative Peers for Scotland and Ireland.	[C. 1747]	4 3
1878	39	Calendar of Recognizance Rolls of the Palatinate of Chester, 1 Hen. VIII.-11 Geo. IV. — Exchequer Records, Calendar of Depositions taken by Commission, Charles I.—Duchy of Lancaster Records; Calendar of Lancashire Inquisitions post Mortem, &c.—Third Supplementary Report on the Shaftesbury Papers.—Anglo-Saxon Charters photozincographed.—M. Baschet's List of Despatches of French Ambassadors to England, 1509-1714.	[C. 2123]	4 6

U 55671.

c

Date.	Number of Report.	Chief Contents of Appendices.	Sessional No.	Price.
				s. d.
1879	40	Calendar of Depositions taken by Commission, Commonwealth–James II.—Miscellaneous Records of Queen's Remembrancer in the Exchequer.—Durham Records, Calendar of the Cursitor's Records, Chancery Enrolments.—Duchy of Lancaster Records, Calendar of Patent Rolls, 5 Ric. II.-21 Hen. VII.—Rules and Regulations respecting the public use of the Records.	[C. 2377]	3 0
1880	41	Calendar of Depositions taken by Commission, William and Mary to George I.—Calendar of Norman Rolls, Hen. V., Part I.—Anglo-Saxon Charters photozincographed.—Report from Rome.—List of Calendars, Indexes, &c. in the Public Record Office on 31st December 1879.	[C. 2658]	4 8
1881	42	Calendar of Depositions taken by Commission, George II.—Calendar of Norman Rolls, Hen. V., Part II. and Glossary.—Calendar of Patent Rolls, 1 Edw. I.—Anglo-Saxon Charters photozincographed.—Transcripts from Paris.	[C. 2972]	4 0
1882	43	Calendar of Privy Seals, &c., 1–7 Charles I.—Duchy of Lancaster Records, Inventory of Court Rolls, Hen. III.-Geo IV., Calendar of Privy Seals, Ric. II.—Calendar of Patent Rolls, 2 Edw. I.—Anglo-Saxon Charters photozincographed.—Fourth Supplementary Report on the Shaftesbury Papers.—Transcripts from Paris.—Report on Libraries in Sweden.—Report on Papers relating to English History in the State Archives, Stockholm.—Report on Canadian Archives.	[C. 3425]	3 10
1883	44	Calendar of Patent Rolls, 3 Edw. I.—Durham Records, Cursitor's Records, Inquisitions post Mortem, &c.—Calendar of French Rolls, 1–10 Hen. V.—Anglo-Saxon Charters photozincographed.—Report from Venice.—Transcripts from Paris.—Report from Rome.	[C. 3771]	3 6
1884	45	Duchy of Lancaster Records, Inventory of Ministers' and Receivers' Accounts, Edw. I.-Geo. III.—Durham Records, Cursitor's Records, Inquisitions post Mortem, &c.—Treasury of the Receipt of the Exchequer, Calendar of Diplomatic Documents. — Anglo-Saxon Charters photozincographed. — Transcripts from Paris. — Reports from Rome and Stockholm. — Report on	[C. 4425]	4 3

Date.	Number of Report.	Chief Contents of Appendices.	Sessional No.	Price.
				s. d.
1885	46	Archives of Denmark, &c.—Transcripts from Venice. — Calendar of Patent Rolls, 4 Edw. I. Presentations to Offices on the Patent Rolls, Charles II. — Anglo-Saxon Charters, &c., photozincographed.—Transcripts from Paris.—Reports from Rome.—Second Report on Archives of Denmark, &c.— Calendar of Patent Rolls, 5 Edw. I.—Catalogue of Venetian Manuscripts bequeathed by Mr. Rawdon Brown to the Public Record Office.	[C. 4746]	2 10
1886	47	Transcripts from Paris.—Reports from Rome.—Third Report on Archives of Denmark, &c.—List of Creations of Peers and Baronets, 1483-1646.—Calendar of Patent Rolls, 6 Edw. I.	[C. 4888]	2 2
1887	48	Calendar of Patent Rolls, 7 Edw. I.—Calendar of French Rolls, Henry VI.—Calendar of Privy Seals, &c., 8–11 Charles I. — Calendar of Diplomatic Documents.—Schedules of Valueless Documents.	[C. 5234]	3 0
1888	49	Calendar of Patent Rolls, 8 Edw. I.—Calendar of Early Chancery Proceedings.—Index to Leases and Pensions (Augmentation Office).—Calendar of Star Chamber Proceedings.	[C. 5596]	3 0
1889	50	Calendar of Patent Rolls, 9 Edw. I.	[C. 5847]	1 2
		Indexes to Printed Reports, viz.: Reports 1–22 (1840–1861) „ 23–39 (1862–1878)	— —	4 0 2 0

Public Record Office,
 November 1889.

SCOTLAND.

CATALOGUE OF SCOTCH RECORD PUBLICATIONS

PUBLISHED UNDER THE DIRECTION OF

THE LORD CLERK REGISTER OF SCOTLAND.

[OTHER WORKS RELATING TO SCOTLAND WILL BE FOUND AMONG THE PUBLICATIONS OF THE RECORD COMMISSIONERS, see pp. 26–28.]

1. CHRONICLES OF THE PICTS AND SCOTS, AND OTHER EARLY MEMORIALS OF SCOTTISH HISTORY. Royal 8vo., half bound (1867). *Edited by* WILLIAM F. SKENE, LL.D. *Price* 10s. *Out of print.*
2. LEDGER OF ANDREW HALYBURTON, CONSERVATOR OF THE PRIVILEGES OF THE SCOTCH NATION IN THE NETHERLANDS (1492–1503); TOGETHER WITH THE BOOKS OF CUSTOMS AND VALUATION OF MERCHANDISES IN SCOTLAND. *Edited by* COSMO INNES. Royal 8vo., half bound (1867). *Price* 10s.
3. DOCUMENTS ILLUSTRATIVE OF THE HISTORY OF SCOTLAND FROM THE DEATH OF KING ALEXANDER THE THIRD TO THE ACCESSION OF ROBERT BRUCE, from original and authentic copies in London, Paris, Brussels, Lille, and Ghent. In 2 Vols. royal 8vo., half bound (1870). *Edited by* Rev. JOSEPH STEVENSON. *Price* 10s. each.
4. ACCOUNTS OF THE LORD HIGH TREASURER OF SCOTLAND. Vol. 1, A.D. 1473–1498. *Edited by* THOMAS DICKSON. 1877. *Price* 10s.
5. REGISTER OF THE PRIVY COUNCIL OF SCOTLAND. *Edited and arranged by* J. H. BURTON, LL.D. Vol. 1, 1545–1569. Vol. 2, 1569–1578. Vol. 3, A.D. 1578–1585. Vol. 4, A.D. 1585–1592. Vol. 5, 1592–1599. Vol. 6, 1599–1604. Vol. 7, 1604–1607. Vol. 8, 1607–1610. Vol. 9 in progress. *Edited by* DAVID MASSON, LL.D. 1877–1887. *Price* 15s. *each*.
6. ROTULI SCACCARII REGUM SCOTORUM. THE EXCHEQUER ROLLS OF SCOTLAND Vol. 1, A.D. 1264–1359. Vol. 2, A.D. 1359–1379. *Edited by* JOHN STUART, LL.D., and GEORGE BURNETT, Lyon King of Arms. 1878–1880. Vol. 3, A.D. 1379–1406. Vol. 4, A.D. 1406–1436 (1880). Vol. 5, A.D. 1437–1454 (1882). Vol. 6, 1455–1460 (1883). Vol. 7, 1460–1469 (1884). Vol. 8, A.D. 1470–1479 (1885). Vol. 9, 1480–1487. Addenda, 1437–1487 (1886) Vol. 10, 1488–1496 (1887). Vol. 11, 1497–1591 (1888). Vol. 12, 1502–1507. *Edited by* GEORGE BURNETT. *Price* 10s. *each*.
Vol. 13 (in progress). Vol. 14 (in progress).
7. CALENDAR OF DOCUMENTS RELATING TO SCOTLAND. *Edited by* JOSEPH BAIN. Vol. 1 (1881). Vol. II. 1272–1307 (1884). Vol. III. 1307–1357 (1887). Vol. IV., 1357–1509 (1888). *Price* 15s. *each.*
8. REGISTER OF THE GREAT SEAL OF SCOTLAND. (Vol. 1, A.D. 1306–1424, see p. 24). Vol. 2, A.D. 1424–1513 (1882). Vol. 3, A.D. 1513–1546 (1883). Vol. 4, A.D. 1546–1580 (1886). Vol. 5, A.D. 1580–1593 (1888). Vol. 6, A.D. 1593–1609. (In the press.) *Edited by* JAMES BALFOUR PAUL and J. M. THOMSON. *Price* 15s. *each.*
9. THE HAMILTON PAPERS. Vol. 1. In the press.

FAC-SIMILES OF THE NATIONAL MSS. OF SCOTLAND. (*Out of print.*) Parts I., II., and III. *Price* 21s. *each.*

Stationery Office,
October 1889.

IRELAND.

CATALOGUE OF IRISH RECORD PUBLICATIONS.

1. CALENDAR OF THE PATENT AND CLOSE ROLLS OF CHANCERY IN IRELAND. HENRY VIII., EDWARD VI., MARY, AND ELIZABETH, AND FOR THE 1ST TO THE 7TH YEAR OF CHARLES I. *Edited by* JAMES MORRIN, Royal 8vo. (1861–3). Vols. 1, 2, and 3. *Price* 11s. each.
2. ANCIENT LAWS AND INSTITUTES OF IRELAND.
   Senchus Mor. (1865–1880.) Vols. 1, 2, 3, and 4. *Price* 10s. each. Vol. 5 in progress.
4. Abstracts of the Irish Patent Rolls of James I. Unbound. *Price* 25s.
   Abstracts of the Irish Patent Rolls of James I. With Supplement. *Price* 35s.
5. ULSTER, ANNALS OF. Otherwise Annals of Senat; a Chronicle of Irish Affairs from A.D. 431 to A.D. 1540. With a translation and Notes. Vol. 1, A.D. 431–1056. 600 pp. Half morocco. *Price* 10s.
6. CHARTÆ, PRIVILEGIA EL IMMUNITATES, being transcripts of Charters and Privileges to Cities Towns Abbeys and other Bodies Corporate. 18 Henry II. to 18 Richard II. (1171 to 1395.) Printed by the Irish Record Commission, 1820–1830. Folio. 92 pp. Boards (1889). *Price* 5s.

FAC-SIMILES of NATIONAL MANUSCRIPTS of IRELAND, FROM THE EARLIEST EXTANT SPECIMENS TO A.D. 1719. *Edited by* JOHN T. GILBERT, F.S.A., M.R.I.A. Part 1 *is out of print*. Parts II. and III. *Price* 42s. each. *Part IV.* 1. *Price* 5l. 5s. *Part IV.* 2. *Price* 4l. 10s.

    This work forms a comprehensive Palæographic Series for Ireland. It furnishes characteristic specimens of the documents which have come down from each of the classes which, in past ages, formed principal elements in the population of Ireland, or exercised an influence in her affairs. With these reproductions are combined fac-similes of writings connected with eminent personages or transactions of importance in the annals of the country to the early part of the eighteenth century.

    The specimens have been reproduced as nearly as possible in accordance with the originals, in dimensions, colouring, and general appearance. Characteristic examples of styles of writing and caligraphic ornamentation are, so far as practicable, associated with subjects of historic and linguistic interest. Descriptions of the various manuscripts are given by the Editor in the Introduction. The contents of the specimens are fully elucidated and printed in the original languages, opposite to the Fac-similes—line for line—without contractions—thus facilitating reference and aiding effectively those interested in palæographic studies.

    In the work are also printed in full, for the first time, many original and important historical documents.

    Part I. commences with the earliest Irish MSS. extant.
    Part II.: From the Twelfth Century to A.D. 1299.
    Part III.: From A.D. 1300 to end of reign of Henry VIII.
    Part IV. 1.: From reign of Edward VI. to that of James I.
    In Part IV. 2.—the work is carried down to the early part of the eighteenth century, with Index to the entire publication.

ACCOUNT OF FAC-SIMILES OF NATIONAL MANUSCRIPTS OF IRELAND. IN ONE VOLUME; 8vo., WITH INDEX. *Price* 10s. Parts I. and II. together. *Price* 2s. 6d. Part II. *Price* 1s. 6d. Part III. *Price* 1s. Part IV. 1. *Price* 2s. Part IV. 2. *Price* 2s. 6d.

Stationery Office,
    October 1889.

ANNUAL REPORTS OF THE DEPUTY KEEPER OF THE PUBLIC RECORDS, IRELAND.

Date.	Number of Report.	Chief Contents of Appendices.	Sessional No.	Price. s. d.
1869	1	Contents of the principal Record Repositories of Ireland in 1864.—Notices of Records transferred from Chancery Offices.—Irish State Papers presented by Philadelphia Library Company.	[C. 4157]	2 3
1870	2	Notices of Records transferred from Chancery, Queen's Bench, and Exchequer Offices.—Index to Original Deeds received from Master Litton's Office.	[C. 137]	1 0
1871	3	Notices of Records transferred from Queen's Bench, Common Pleas, and Exchequer Offices.—Report on J. F. Ferguson's MSS.—Exchequer Indices, &c.	[C. 329]	2 0
1872	4	Records of Probate Registries	[C. 515]	0 2½
1873	5	Notices of Records from Queen's Bench Calendar of Fines and Recoveries of the Palatinate of Tipperary, 1664-1715.—Index to Reports to date.	[C. 760]	0 8
1874	6	Notices of Records transferred from Chancery, Queen's Bench, and Common Pleas Offices.—Report respecting "Facsimiles of National MSS. of Ireland."—List of Chancery Pleadings (1662-1690) and Calendar to Chancery Rolls (1662-1713) of Palatinate of Tipperary.	[C. 963]	0 7½
1875	7	Notices of Records from Exchequer and Admiralty Offices.—Calendar and Index to Fiants of Henry VIII.	[C. 1175]	0 7
1876	8	Calendar and Index to Fiants of Edward VI.	[C. 1469]	1 3
1877	9	Index to the Liber Munerum Publicorum Hiberniæ.—Calendar and Index to Fiants of Philip and Mary.	[C. 1702]	0 8
1878	10	Schedule of Parochial Registers deposited.—Index to Deputy Keeper's 6th, 7th, 8th, 9th, and 10th Reports.	[C. 2034]	0 3½
1879	11	Calendar to Fiants of Elizabeth (1558-1570)	[C. 2311]	1 4
1880	12	Calendar to Fiants of Elizabeth, continued (1570-1576).—Schedule of Parish Registers of Ireland.	[C. 2583]	1 3

Date.	Number of Report.	Chief Contents of Appendices.	Sessional No.	Price.
				s. d.
1881	13	Calendar to Fiants of Elizabeth, continued (1576–1583).	[C. 2929]	1 5
1882	14	Report of Keeper of State Papers containing Catalogue of Commonwealth Books transferred from Bermingham Tower.	[C. 3215]	0 6½
1883	15	Calendar to Fiants of Elizabeth, continued (1583–1586).—Index to Deputy Keeper's 11th, 12th, 13th, 14th; and 15th Reports.	[C. 3676]	1 0
1884	16	Calendar to Fiants of Elizabeth, continued (1586–1595).	[C. 4062]	1 6
1885	17	Report on Iron Chest of attainders following after 1641 and 1688.—Queen's Bench Calendar to Fiants of Elizabeth, continued (1596–1601).	[C. 4487]	1 6
1886	18	Calendar to Fiants of Elizabeth, continued (1601–1603).—Memorandum on Statements (1702) and Declarations (1713–14) of Huguenot Pensioners.—Schedule of present places of custody of Parish Registers.	[C. 4755]	1 1
1887	19	Notice of Records of Incumbered and Landed Estates Courts.—Report of Keeper of State Papers, containing Table of Abstracts of Decrees of Innocence (1663), with Index.	[C. 5185]	0 6
1888	20	Calendar to Christ Church Deeds in Novum Registrum. 1174–1684. Index to Deputy Keeper's 16th, 17th, 18th, 19th, and 20th Reports.	[C. 5535]	0 8½
1889	21	Index to Calendars of Fiants of the reign of Queen Elizabeth. Letters A—C.	[C. 5835]	1 0

Public Record Office of Ireland.
      October 1889.

Lightning Source UK Ltd.
Milton Keynes UK
UKOW032035111012

200469UK00001B/38/P